汇集十年精华
展现裁判思维
促进适法统一

中国法院年度案例集成丛书

执行纠纷

裁判规则
理解与适用

国家法官学院
最高人民法院司法案例研究院
—— 编 ——

中国法制出版社
CHINA LEGAL PUBLISHING HOUSE

《中国法院年度案例集成丛书》通讯编辑名单

刘晓虹　北京市高级人民法院
王　凯　北京市高级人民法院
董　扬　天津市高级人民法院
童若涵　河北省高级人民法院
崔铮亮　山西省高级人民法院
杨智勇　内蒙古自治区高级人民法院
周文政　辽宁省高级人民法院
苏　浩　吉林省高级人民法院
王　妍　黑龙江省高级人民法院
牛晨光　上海市高级人民法院
缪　芳　江苏省高级人民法院
卢檠绅　江苏省高级人民法院
符东杰　江苏省南通市中级人民法院
宋婉龄　江苏省无锡市中级人民法院
杨　治　浙江省高级人民法院
蒋　莹　浙江省高级人民法院
刘伟玲　安徽省高级人民法院
杨　宇　福建省高级人民法院
章光园　江西省高级人民法院
李　宁　山东省高级人民法院
郭宇凌　河南省高级人民法院
宋淼军　湖北省高级人民法院
黄　娅　湖北省宜昌市中级人民法院
唐　竞　湖南省高级人民法院
李　雪　广东省高级人民法院
邹尚忠　广西壮族自治区高级人民法院
陈小青　广西壮族自治区高级人民法院
李周伟　海南省高级人民法院
闫帅锋　重庆市高级人民法院
任　梦　四川省高级人民法院
李丽玲　云南省高级人民法院
石　瑾　云南省昆明市中级人民法院
伍席芳　贵州省高级人民法院
余长智　贵州省贵阳市中级人民法院
王丽萍　西藏自治区高级人民法院
郑亚非　陕西省高级人民法院
张旦旦　甘肃省高级人民法院
王　晶　青海省高级人民法院
康　莹　宁夏回族自治区高级人民法院
石孝能　新疆维吾尔自治区高级人民法院
吉　雄　新疆维吾尔自治区高级人民法院生产建设兵团分院

序

党的十八大以来，以习近平同志为核心的党中央高度重视依法治国，明确提出全面依法治国，坚持在法治轨道上推进国家治理体系和治理能力现代化。党的二十大报告指出，要坚持走中国特色社会主义法治道路，建设中国特色社会主义法治体系、建设社会主义法治国家，围绕保障和促进社会公平正义，坚持依法治国、依法执政、依法行政共同推进，坚持法治国家、法治政府、法治社会一体建设，全面推进科学立法、严格执法、公正司法、全民守法，全面推进国家各方面工作法治化。人民法院始终坚持以习近平新时代中国特色社会主义思想为指导，深入贯彻落实习近平法治思想，把加强案例指导和研究作为助力推进全面依法治国的重要途径，通过制定司法解释、发布指导性案例、提炼裁判要旨、推行类案检索等系列举措，深入推进法律适用统一，不断提升司法质量、效率和公信力，努力让人民群众在每一个司法案件中感受到公平正义。

“中国法院年度案例丛书”是国家法官学院于2012年开始编辑出版的一套大型案例丛书，每年年初定期出版。截至2022年，已经连续出版11年。2020年起，丛书由国家法官学院和最高人民法院司法案例研究院共同编著。丛书编辑始终坚持以习近平新时代中国特色社会主义思想为指导，深入贯彻落实习近平法治思想，深化成果运用，认真总结案例积累的审判执行经验做法，积极回应人民群众多元司法需求，记录我国司法审判执行工作发展进程，助力丰富司法审判理论，构建中国法治话语体系。该丛书案例涵盖人民法院刑事、民事、商事、行政、知产、环资和执行各业务领域，按照业务领域和案由层级设计分册及纲目，目前汇编案例合计1.2万余篇。丛书严格遵循案例选编要求，突出争议焦点、裁判规则和法律适用分析，追求“好读有用”，已经形成品牌效应。为总结十余年的案例编选和研究经验，在全国各级人民法院的大力支持下，国家法官学院与最高人民法院司法案例研究院经全面梳理丛书的1.2万余篇案例，以新法新规为依据，对于其中“判得好且写得好”的案例进行再次深度加工，编辑出版“中国法院年度案例集成丛书”。

“中国法院年度案例集成丛书”坚决贯彻落实党的二十大报告关于坚持全面依法治国，推进法治中国建设的部署要求，深度挖掘优秀案例在完善裁判规则体系、促进统一法律适用、促进民法典等新法新规正确实施和应用法学研究等方面的法治价值、学术价值和时代价值，探索体系化提炼和编纂裁判规则的新思路，发挥司法案例的规范、指导、评价、引领作用，展现新时代我国法治建设成就，大力弘扬社会主义核心价值观，助推全民法治意识和法治素养提升。

“中国法院年度案例集成丛书”共15个分册：《物权纠纷裁判规则理解与适用》《合同纠纷裁判规则理解与适用》《借款担保纠纷裁判规则理解与适用》《人格权纠纷裁判规则理解与适用》《婚姻家庭与继承纠纷裁判规则理解与适用》《侵权纠纷裁判规则

理解与适用》《道路交通纠纷裁判规则理解与适用》《保险纠纷裁判规则理解与适用》《劳动纠纷裁判规则理解与适用》《公司纠纷裁判规则理解与适用》《金融纠纷裁判规则理解与适用》《知识产权纠纷裁判规则理解与适用》《行政纠纷裁判规则理解与适用》《刑事案例裁判规则理解与适用》《执行纠纷裁判规则理解与适用》。丛书在编辑工作中坚持以下原则：一是突出裁判规则价值。以历年"中国法院年度案例丛书"采用的1.2万余篇案例为精选基础，优中选优，提供给读者十余年积累的多类型、多视角的疑难新型典型性案例，概览人民法院的类型化裁判规则。二是方便读者检索。为体现以读者为本的理念，丛书分卷细化，每卷根据最新的案由、法律适用问题分类编排案例，以裁判规则、裁判思路或案件焦点的核心内容作为主标题，让读者一目了然，迅速找到目标案例。三是注重案例分析的实用性。根据最新的法律法规以及司法解释对原"法官后语"进行完善，高度提炼案例对理解和适用新法新规的参考价值，为新型疑难法律适用问题提供解决方案，为司法工作提供借鉴，为法学研究提供启迪。

中国法制出版社始终全力支持"中国法院年度案例集成丛书"的出版，给了作者和编辑们巨大的鼓励。该丛书还提供了数据库增值服务，内附精美书签，扫描其中二维码，即可免费查阅往年同类案例数据库。我们在此谨表谢忱，并希望通过共同努力，臻于至善，真正探索出一条编辑案例书籍、挖掘案例价值的新路，不断增强丛书案例的代表性、时代性、权威性，丰富案例类型，细化裁判规则，提升分析质量，以更好服务于社会主义法治国家建设、服务于司法审判执行工作、服务于学习研究法律的广大读者。

“中国法院年度案例集成丛书”既是法官、检察官、律师等法律工作者的办案参考和司法人员培训的实用教材，也是社会大众学法用法的经典案例读本，同时是教学科研机构案例研究的良好素材。当然，我们难以一步到位实现初衷，该丛书还存在各种不足甚至错误，欢迎读者批评指正。我们愿听取各方建议，不断拓宽司法案例研究领域，有效发挥类案裁判规则功能，立足新发展阶段，实现中国特色司法案例研究事业的高质量发展。

国家法官学院

最高人民法院司法案例研究院

2023 年 2 月

目 录

Contents

一、对不动产的执行

001 涉房产执行案件中案外人执行异议成立的条件 / 1

——廖某琴诉某小额贷款公司案外人执行异议之诉案

002 执行程序中被执行人未成年子女名下房产的处理 / 6

——陈某阳、陈某羽诉颜某全执行异议之诉案

003 离婚协议对房屋所有权的约定能否排除执行 / 12

——李某诉陈某秋执行异议之诉案

004 金钱债权执行中，案外人对被执行人的拆迁安置房提出异议，符合一定条件可以排除执行 / 16

——沈某芬诉丁某娟等申请执行人执行异议之诉案

005 经济适用房买受人物权期待权的认定 / 20

——黄某诉秦某明案外人执行异议之诉案

006 债务人在离婚协议中约定将房屋赠与子女并未办理不动产转移登记不影响债权人申请执行 / 27

——蒋某某诉白某甲、白某乙执行异议之诉案

007 案外人重复提出执行异议的，不得提起执行异议之诉 / 33
——刘某义诉胡某、胡某华执行异议之诉案

008 案外人执行异议之诉，既要确认案外人对执行标的是否享有实体权利，又要对该实体权利能否阻却强制执行作出判断 / 41
——甘某涛诉某融资担保公司执行异议之诉案

009 以物抵债协议不能排除对执行标的的强制执行 / 46
——何某飞诉姜某等案外人执行异议之诉案

010 婚内形成的分割房产的调解书不能作为阻碍执行的依据 / 51
——王某诉王某泉执行异议之诉案

011 案外共有人与申请执行人权利冲突的解决路径 / 57
——赵某诉刘某荣案外人执行异议之诉案

012 执行和解中以物抵债的债权人能否排除对该标的之强制执行 / 63
——李某峰诉某建筑公司案外人执行异议之诉案

013 被执行人死亡、继承人放弃继承时对登记在被执行人名下的共有农村住宅可进行查封等强制措施处置 / 69
——贺某喜等诉董某合案外人执行异议之诉案

014 涉房产执行案件中抵押权实现后，租赁合同对受让人是否具有约束力 / 74
——某节能科技公司与某投资公司等案外人执行异议案

015 明知限购政策仍购买房屋导致无法办理过户登记的，不属于“非因买受人原因未办理过户登记” / 78
——吴某与某银行无锡分行、孙某案外人执行异议案

016 买受人在订立买卖合同时明知不动产存在瑕疵无法办理过户登记，可以认定为“买受人自身过错”，不能排除执行 / 84
——某商贸公司诉甲食品公司案外人执行异议之诉案

017 案外人基于不动产被查封前订立的租赁合同要求带租拍卖，应属案外人对执行标的提出的异议 / 89
——某产业集团诉吴某彪、某钢材公司执行异议之诉案

018 不动产添附物的所有权归属认定原则 / 93
——庞某水诉邵某明等执行异议案

019 执行异议审查中案外人居住权的认定 / 99
——柳某芳、陈某珍与某银行镜湖支行等案外人执行异议案

020 无过错不动产买受人物权期待权排除金钱债权执行 / 103
——马某俭诉韩某伟、某房地产开发公司案外人执行异议之诉案

021 案外人异议程序中承租权的认定 / 108
——王某生与某银行宣武支行等案外人执行异议案

022 房屋未经竣工验收并非阻却一般物权期待权中“合法占有”的要素 / 113
——许某尹与某银行学田支行等案外人执行异议案

023 房屋被查封后，又返还查封的购房款情况下如何确定分配顺序 / 119
——张某洪与某小额贷款公司执行复议案

024 通知轮候查封案件债权人参与分配的条件 / 126
——施某辉与姜某如等执行复议案

025 案外人执行异议案件适用第三人撤销之诉应从严审查 / 131
——某建设公司诉某建筑集团等第三人撤销之诉案

026 对未办理物权登记房屋的执行能否支持 / 137
——李某峰诉刘某成执行异议之诉案

027 房产买受人怠于行使权利，对未及时办理过户登记存在过错的，不得阻却执行 / 142
——吴某华诉某银行城市广场支行等案外人执行异议之诉案

028 房屋借名人的民事权益不能排除执行 / 148
——王某兰诉游某案外人执行异议之诉案

029 夫妻一方基于婚内财产分割协议主张对涉案房产享有实体权利能否排除法院的强制执行 / 152
——陈某与佟某案外人执行异议案

030 借名买车时，实际出资人对车辆享有的所有权可以排除强制执行 / 157
——明某春诉彭某利、杨某案外人执行异议之诉案

031 物权期待权在执行异议中成立的具体条件 / 162
——崔某珍诉史某宁、刘某鹏案外人执行异议之诉案

032 “以租抵债”能否阻却法院执行的认定 / 167
——甲网络公司与浙江某公司等案外人执行异议案

033 未实际占有涉案房屋的以房抵债不能产生排除强制执行的物权期待权 / 174
——曹某醒诉陈某梅等案外人执行异议之诉案

034 利益均衡原则在预售商品房执行中的运用 / 180
——房产公司诉欧某群案外人执行异议之诉案

035 案外人主张租赁权成立的条件 / 188
——胡某君与宋某军等案外人执行异议案

036 离婚后一方对未办理所有权登记手续房屋享有实体权利的判断 / 192
——某银行锦江支行诉袁某华、姜某文申请执行人执行异议之诉案

037 案外人针对执行法院轮候查封的被执行人名下的房屋提出的执行异议之诉不应受理 / 197
——王某云诉马某敦案外人执行异议之诉案

038 涉案房产是否属于超标的查封的认定规则 / 203
——穆某与佟某、某银行北京分行执行异议案

039 房屋产权代持不能阻却法院强制执行 / 207
——王某琦诉王某彬、赵某田案外人执行异议之诉案

040 案外人执行异议之诉中不宜对归责于不动产买受人的“过错”作扩大解释 / 212
——刘甲诉刘乙、谭某案外人执行异议之诉案

041 案外人与被执行人的以物抵债协议能否排除对不动产的执行 / 217

——彭某与某银行中山分行、杨某案外人执行异议案

042 承租人对抗强制执行须以实际占有为前提 / 221

——黄某、武某诉某银行宜春分行案外人执行异议之诉案

043 商品房次买受人有权主张排除对房屋的强制执行 / 232

——李甲诉信托公司案外人执行异议之诉案

044 涉房产执行案件中执行异议成立的条件 / 237

——王甲诉姜某案外人执行异议之诉案

045 为免缴税费未过户房屋，提执行异议不予支持 / 241

——叶甲、叶乙诉吴某案外人执行异议之诉案

046 申请执行人同意以房款抵扣租金的，被执行人唯一住房不构成阻却执行之事由 / 247

——戴某与许某申请执行复议案

047 特定房地产市场管理下购房人物权期待权的保护 / 252

——王某诉盛某等申请执行人执行异议之诉案

048 未成年子女对登记在其名下的房屋提起执行异议之诉的处理 / 256

——孙小夏诉陈某案外人执行异议之诉案

049 查封影响房屋买卖合同的履行，但不影响该合同的效力 / 263

——黄某诉置业公司所有权确认、合同效力确认案

050 违法建筑权属认定不属于民事诉讼受理的范畴 / 268

——物业公司诉乔某、赵某案外人执行异议之诉案

051 共有房产未分割前，共有人提出执行异议之诉阻却执行的应予驳回 / 278

——袁某诉某有限合伙企业案外人执行异议之诉案

052 夫妻共有房产归一方所有之判决不能排除法院的在先查封执行行为 / 282

——吴某与秦某、刘某执行异议案

053 案外人执行异议之诉中排除强制执行的要件 / 288

——陈某甲诉韩某、建材销售公司案外人执行异议之诉案

054 不动产权属证书具有“推定”而非“绝对”的证据效力 / 294

——李甲诉刘某英、赖某梅案外人执行异议之诉案

055 开发商解除购房合同可排除法院的强制执行 / 299

——置业公司诉张某案外人执行异议之诉案

056 以房抵债协议不属于具有排除强制执行效力的买卖合同 / 305

——龙某诉姜某案外人执行异议之诉案

057 执行异议之诉案件中“买卖不破租赁”的适用 / 311

——王甲诉融资公司案外人执行异议之诉案

058 配偶名下房屋能否被查封 / 315

——杨某与侯某等案外人执行异议案

059 首封债权法院与优先受偿债权执行法院存在执行冲突时原则上可由已经进入终局执行且享有在先优先受偿债权的执行法院负责查封财产的处分 / 320
——典当公司与传媒公司公证债权文书执行案

060 案外人就轮候查封的房产无权向执行法院提案外人异议 / 327
——实业公司与融资担保公司等执行复议案

061 超标查封的认定 / 333
——陈某锋与王某明、吴某楠执行异议案

062 查封前已进行的商品房买卖合同备案登记能否阻止或者排除执行 / 339
——刘某峰与舒某文等案外人执行异议案

063 房产拍卖中对案外人主张房屋租赁权的审查与处理 / 346
——于某与李某等执行异议案

二、对金钱和账户的执行

064 案涉账户内的资金其实质性权属并非账户开立人所有时能否排除法院的执行 / 352
——张某伟诉黄某炼执行异议之诉案

065 账户内的资金是否享有质权的司法认定及强制执行程序排除的规程 / 357
——某银行凯里金泉支行诉林某标案外人执行异议之诉案

066 请求追加"被追加的"被执行人的合伙人无法律依据 / 366
——边某萍诉冯某恩执行异议之诉案

067 三方达成执行和解后，一方未完全履行和解协议的处理 / 376
——某珠宝公司与杨某天执行复议案

068 执行法院可直接审查执行和解协议之效力 / 380
——某制造公司与某电子科技公司执行和解争议案

069 被申请执行人将专用存款账户资金混同后无证据证明专项资金与自有资金相区分的不能阻却法院执行 / 384
——信息系统公司与某教育局执行复议案

070 关于迟延履行利息减免问题的范围界定 / 388
——王某亮与陈某等被执行人执行异议案

071 被执行人以执行程序开始前达成和解协议且已履行完毕为由，向执行法院提出终结生效法律文书执行的，应予支持 / 393
——李某来与姚某建、王某梅执行复议案

072 对保全裁定不服的，应通过复议程序进行审查 / 398
——某轴承制造公司与徐某等执行复议案

073 信用证保证金账户阻却强制执行的审查认定 / 404
——A 银行青岛分行与 B 银行开发区支行执行异议案

074 案外人不能以执行依据错误为由提起执行异议之诉 / 412
——孙某诉张某平、许某海案外人执行异议之诉案

075 债务人异议中，以抵销方式履行债务的认定 / 419
——F 公司与国际公司执行异议案

076 在金钱债权执行中保护案外买受人的物权期待权 / 426
——洪某凯与张某文、徐某阳案外人执行异议案

077 执行程序中具有生存权属性的债权应当优先受偿 / 436
——小贷公司与唐某淑劳动争议执行异议案

078 抵押登记优先受偿权范围的认定 / 440
——某银行红星支行诉 N 公司执行分配方案异议之诉案

079 抵押财产足值时是否能申请保全另一方其他财产 / 446
——D 公司重庆分公司与 N 公司、M 公司诉中财产保全案

080 财产保全错误标准的认定与归责 / 450
——陈某、何某群诉何某明申请诉中财产保全损害责任案

081 明显超标的保全的认定标准 / 455
——J 公司与陈某雨执行复议案

082 人民法院对国家拨付给被执行人的危房改造补助资金能否强制执行 / 462
——郑甲与王某执行复议案

083 债务人异议中以提存方式履行债务的认定 / 466
——王某与网络公司执行异议案

084 被执行人仅对自己的单方行为承担迟延履行期间加倍部分债务利息 / 471
——麻某、刘某与工程公司执行复议案

085 诉讼保全中被保全人的担保人在执行程序中的地位及异议性质 / 476
——朱某与李某申请执行人执行异议案

086 在继承遗产范围内承担责任判项的执行 / 482
——投资中心与金某等执行复议案

087 案外人异议之诉中法院对夫妻共同财产排除执行的审查原则及范围 / 487
——杨某诉石材公司等案外人执行异议之诉案

088 执行依据已明确抚养费负担标准与方式的不属于执行内容不明确 / 499
——郝某与季某执行复议案

089 基于工程款优先受偿权提起执行异议之诉的认定 / 504
——建设公司诉胡某、房地产公司案外人执行异议之诉案

090 保证金账户质权设立的认定 / 510
——某银行石家庄分行诉罗某案外人执行异议之诉案

091 实际施工人对发包人的工程款债权相比承包人不具有优先受偿性 / 518
——蒋某诉孙某等案外人执行异议之诉案

092 建设工程款优先受偿权行使的形式及期限 / 524
——农村信用合作联社诉陆甲等第三人撤销之诉案

093 验资账户所有人对该账户内资金是否享有所有权 / 530
——曾某杰诉江某智申请执行人执行异议之诉案

094 被告未按生效裁判文书指定期间履行非金钱给付义务的，原告应当提起确认之诉，确认迟延履行金的计算标准，再通过执行程序主张迟延履行金，而非提起给付之诉，直接要求被告支付迟延履行金 / 536
——杨某菁诉建筑工程公司商品房预售合同案

三、对动产的执行

（一）对机动车的执行

095 特殊动产的优先处置权争议问题 / 544
——胡某与陈某忠执行协调案

096 执行异议审查中车辆排除执行异议的认定规则 / 548
——某二手车经营有限公司与金某、某实业有限公司案外人执行异议案

097 案外人能否依据另案生效法律文书对金钱债权的执行提出异议 / 552
——薛某红与某投资基金公司、陈某海案外人执行异议案

098 案外人以借名买车为由提出执行异议的不予支持 / 557
——祁某某诉徐某某案外人执行异议之诉案

099 车辆权属登记证书是否系车辆所有权人的认定依据案 / 561
——叶某诉党某、郭某案外人执行异议之诉案

100 行政机关的机动车登记系对机动车的行政管理行为，不能单纯以此作为认定机动车所有权的依据 / 567
——李某勇诉黄某海、李某申请执行人执行异议之诉案

101 借名买车人可以请求法院停止对涉案车辆的执行 / 572
——李某诉沈某某案外人执行异议之诉案

102 执行异议中车辆所有权的认定标准 / 577
——高某诉魏某波案外人执行异议之诉案

(二) 对担保物的执行

103 同一债权既有保证又有物的担保，物的价值不明的，是否能同时执行保证人及担保物 / 582
——何某邦与某银行等执行异议案

104 违法限制竞买人参加竞买的拍卖应予撤销 / 587
——某酒业公司与某农业物资公司执行异议案

105 案外人不能依据名为质押实为顶账的协议来确认享有质权和排除强制执行 / 592
——于某诉巩某案外人执行异议之诉案

106 金钱质押执行异议的处理模式选择 / 598
——A 银行哈尔滨分行与保理公司等案外人执行异议案

107 对保证金账户的资金提出执行异议案件的处理 / 604
——景某诉 A 银行南阳分行申请执行人执行异议之诉案

108 案外人对执行标的的租赁权及租金抵销权无法对抗申请执行人对执行标的依法享有的担保物权 / 610
——张某、钟某与贷款公司等案外人执行异议案

109 执行担保与债务加入之辨析 / 616
——袁某宝申请变更、追加当事人案

110 保证金质押的效力认定 / 621
——某银行天津分行诉张某娜等案外人执行异议之诉案

111 根据书面质押合同约定占有的金钱产生质权的效力 / 626
——某银行云南省分行诉邹某案外人执行异议之诉案

112 质权设立的认定 / 635
——赵某顺与冯某珍案外人执行异议案

113 质押关系中质权、保证金专户等问题的认定 / 639
——农信社诉担保公司、贸易公司案外人执行异议之诉案

114 银行存款质押“特定化”的认定 / 646
——周某诉某银行某某分行申请执行人执行异议之诉案

115 抵押担保财产和财产保全财产系同一财产且成为执行标的时，抵押权人对抵押担保财产享有优先受偿权 / 659
——李甲诉某银行射洪支行等案外人执行异议之诉案

116 提供抵押物的抵押担保人所承担的责任能否超出担保物价值范围 / 665
——投资公司与资产公司等执行复议案

117 国内信用证开证保证金属于质权具有债权担保功能 / 673
——某银行成都分行诉罗某案外人执行异议之诉案

118 银行账户的质权设立认定 / 677
——某银行荆门分行诉陈某、化工公司执行异议之诉案

119 最高额金钱质押依法成立的可享有优先受偿权并阻却处分性执行措施 / 685
——农行宁乡县支行诉路桥公司等执行异议案

120 对正在执行中的债务提供担保是否具有可诉性 / 691
——李某香诉冯某民保证合同案

四、对调解协议的执行

121 被执行人根据执行和解协议约定的内容申请强制执行是否予以支持 / 701
——某铝业公司与某气体公司执行异议案

122 诉讼外和解全部履行完毕方可裁定终结执行 / 706
——家品公司与 F 公司、魏某启执行复议案

123 和解协议迟延履行完毕能否申请执行 / 712
——银行广州机场路支行与 Y 公司等执行复议案

124 执行程序中不宜直接认定民事调解书以违约为条件的给付内容 / 723
——葛某清、吴某英与房产开发公司执行异议案

125 规避执行的调解书应被撤销 / 729
——贺某源诉王某晶、王某菲第三人撤销之诉案

126 执行前达成和解协议，债权人在协议履行中能否申请强制执行 / 733
——商贸公司长沙分公司与物流公司、再生资源分公司执行异议案

127 执行前和解协议的效力认定 / 739
——施某祥与陈某正、狄某江执行异议案

128 和解协议未经法院确认不具有执行和解协议的效力 / 743
——李某与马某芹执行异议案

129 人民法院能否直接裁定执行和解中担保的财产 / 747
——黄某伟诉康某国承揽合同案

130 执行和解中约定一次性支付抚养费后能否再次起诉要求增加抚养费 / 751
——王某某诉王某华抚养费案

五、对债权的执行

131 到期债权的执行 / 756
——胡某芳诉童某堂等案外人执行异议之诉案

132 民间借贷类公证债权文书申请执行的审查要点及证明标准 / 761
——许某与左某阳、朱某执行公证债权文书案

133 公证债权文书效力判断不属于案外人执行异议之诉受理范围 / 766
——张某东诉柳某等案外人执行异议之诉案

134 竞买人在执行程序中可撤销网络司法拍卖 / 771
——胡某与黄某琴等执行复议案

135 执行程序中救济权滥用现象的思考 / 776
——吕某民与姜某林、汽配公司执行复议案

136 名为项目重组实为公司分立可追加受让资产的公司为被执行人 / 782
——F 公司与杨某平、J 公司执行复议案

137 未依法清算注销公司属于规避执行，法院可以追加股东为被执行人 / 788
——H 公司与 B 公司申请追加被执行人案

138 执行中债务加入与执行担保的认定标准与区分 / 793
——K 公司与 H 公司申请追加被执行人案

139 到期债权在执行异议中的实现路径 / 803
——工程机械公司诉供热节能科技中心案外人执行异议之诉案

140 特许经营合同中非典型执行异议之诉的司法认定 / 812
——张甲诉张乙申请执行人执行异议之诉案

141 罚金刑执行中涉夫妻共同财产的审查与处置 / 817
——廖某与傅某罚金刑执行案

142 非举债方在执行过程中对夫妻共同债务的追认，应作为参与分配的执行依据 / 821

——林某诉蔡某、吴某执行分配方案异议之诉案

143 实际施工人享有的工程债权请求权不能阻却法院针对承包方（名义施工人）享有的对发包方到期工程债权的执行 / 829

——卢某诉商贸公司案外人执行异议之诉案

144 赋予强制执行效力的债权文书执行中申请执行人涉嫌刑事犯罪的应如何处理 / 833

——杨某与施某申请不予执行公证债权文书案

145 可否直接执行被执行人对第三人的到期债权 / 838

——某银行北京分行与投资公司等执行生效判决案

146 经质押登记且经法院生效判决确认的应收账款债权可以强制执行 / 842

——A 县交通运输局与江某臻等执行异议案

147 未变更登记的特殊动产受让人能否对抗转让人的强制执行债权人 / 846

——余某芳诉徐某军案外人执行异议之诉案

148 平等债权人中仅一人接受流拍财产抵债时应如何处置 / 851

——韩某与张某平执行复议案

149 债权人否认债务人提交的还款凭证关联性的应当承担相应举证责任 / 856

——林某与孔某金不予执行公证债权文书案

150 公证债权文书执行审查 / 861

——赵某德申请不予执行公证债权文书案

151 赋予强制执行效力的民间借贷公证债权文书是否需审查款项交付 / 867

——朱某梅申请不予执行公证债权文书案

152 与船舶无关的普通债权不能当然执行挂靠被执行人名下的船舶股份 / 872

——燃料供应公司诉某银行宁波分行、船务公司案外人执行异议之诉案

153 夫妻债权债务抵销权行使之抗辩事由 / 876

——酒店公司与刘某敏执行异议案

154 对于发生在夫妻关系存续期间，但执行依据未明确夫妻共同债务、也未明确夫妻一方个人债务的执行案件，可否执行夫妻共同财产与被执行人配偶财产 / 879

——农村信用合作联社与吴某国等金融借款合同案

155 公证机构对于赋予强制执行效力的公证债权文书不予签发执行证书的，当事人不能就公证书上所载债权债务关系直接向人民法院提起诉讼 / 883

——关某臣诉陈某生民间借贷案

156 执行中到期债权能否认定为收入 / 887

——房地产公司与王某杰等执行异议案

六、特殊情况下的执行

157 超标的查封的认定 / 892
——杨某与某矿业公司等执行异议案

158 股东出资应否加速到期在执行程序中的认定 / 897
——某建筑设备租赁公司与某劳务公司等执行异议案

159 追加一人公司原股东为被执行人的司法认定标准 / 901
——金某有诉施某梅案外人执行异议之诉案

160 执行特定标的物灭失应另行起诉请求赔偿损失 / 908
——某科技公司与某电子工业公司执行异议案

161 申请执行人怠于申请处置财产案件终结执行程序 / 912
——李某明与工业公司执行异议案

162 公司发起人资本充实责任的判定 / 918
——H 公司诉李某达执行异议之诉案

163 股东在违法减资范围内对公司债务承担补充责任 / 924
——S 公司诉谭某、Y 公司执行异议之诉案

164 股权代持中的隐名权利人是否有足以排除强制执行的权益 / 929
——张某诉潘某、陆某执行异议之诉案

165 融资租赁合同约定租赁物由出租人所有时，出租人的所有权足以排除强制执行 / 933
——Z 公司诉李某森、W 公司案外人执行异议之诉案

166 执行依据生效之后发生的重大调整足以影响判决公正执行的，被执行人可通过执行异议程序进行救济 / 938
——杨某梅与万某桂、肖某执行异议案

167 执行异议案件中，被执行人应当作为必要的共同诉讼人参与诉讼 / 944
——张某卫诉陈某君案外人执行异议之诉案

168 执行中股东未届期限的认缴出资应加速到期的认定标准 / 950
——Z 公司与 J 杂志社执行异议案

169 签订信托财产现状分配协议取得信托财产申请执行的认定 / 955
——A 信托公司变更申请执行人案

170 申请执行时效届满后被执行人同意履行，应视为放弃时效抗辩权 / 959
——吕某与孙某执行异议案

171 电信公司未变更手机号码过户登记时执行异议的审查 / 963
——关某与网络通信公司许昌市分公司执行异议案

172 汇款错误不构成“足以排除强制执行的实体权益” / 968
——环保技术公司诉郭某案外人执行异议之诉案

173 协助执行义务人不协助法院执行而承担相应法律责任的条件 / 976
——刘某与陈某、建设工程公司执行复议案

174 案外人申请不予执行仲裁裁决案件的法律适用 / 982
——蔡某与建设发展公司等申请不予执行仲裁裁决案

175 公司作为被执行人时能否追加、变更股东为被执行人 / 988

——商贸公司与伍某、王某追加执行人执行异议案

176 执行款不足额时本金、利息、迟延履行金的清偿顺序 / 991

——商某与陈某、翁某执行复议案

177 隐名股东不得以内部股权转让协议排除法院强制执行显名股东股权 / 997

——科技公司与丝织厂、纺织服装公司案外人执行异议案

178 追加未足额履行出资义务即转让股权的股东为被执行人的责任认定 / 1001

——建筑工程公司诉贺某等申请执行人执行异议之诉案

一、对不动产的执行

001 涉房产执行案件中案外人执行异议成立的条件

——廖某琴诉某小额贷款公司案外人执行异议之诉案

【案件基本信息】

1. 裁判书字号

湖北省恩施土家族苗族自治州中级人民法院（2019）鄂28民终2462号民事判决书

2. 案由：案外人执行异议之诉

3. 当事人

原告（被上诉人、执行案外人）：廖某琴

被告（上诉人、申请执行人）：某小额贷款公司

第三人（被执行人）：彭某

【基本案情】

彭某与案外人廖某云原系夫妻关系，婚后生育一女廖某琴。彭某与廖某云在婚姻关系存续期间修建一栋4层楼的私房（以下简称诉争房产）。2001年10月15日，彭某与廖某云自愿签署《离婚协议书》，约定诉争房产归女儿廖某琴所有。2007年12月19日，廖某云向人民法院起诉请求判令诉争房产归自己所有。该院于2008年6月30日作出（2008）恩民初字第76号民事判决书，判决驳回廖某云的诉讼请求，该判决书并经二审维持。因修建诉争房产土地使用相关手续初始登记在彭某名下，2009年彭某以自

己的名义申请对诉争房产办理了土地使用权证及房屋所有权证。

2011 年 1 月 25 日，彭某因需要贷款将诉争房产抵押给某银行施南支行并办理了抵押登记。2018 年 3 月 8 日，廖某琴就与彭某诉争房产所有权确认纠纷一案向人民法院提起诉讼，该院于 2018 年 5 月 31 日作出民事调解书，约定诉争房产的所有权属于廖某琴，彭某协助廖某琴办理产权过户手续。2018 年 3 月 9 日，某小额贷款公司与彭某民间借贷纠纷一案由人民法院作出民事调解书，约定彭某在 2018 年 3 月 10 日偿还完某小额贷款公司借款本金 100 万元及利息。该民事调解书发生法律效力后，彭某未按调解书约定履行义务，某小额贷款公司向人民法院申请强制执行，该院于 2018 年 5 月 14 日作出（2018）额 2827 执 273 号之二执行裁定书，裁定查封诉争房产。2018 年 7 月 19 日，廖某琴向人民法院提出书面异议请求被裁定驳回后，2018 年 8 月 7 日，廖某琴向该院提起案外人执行异议之诉。

2019 年 1 月 15 日，诉争房产因政府征收，彭某与人民政府签署《房屋征收补偿协议》，协议约定：人民政府给予彭某一次性货币补偿款 4176104.93 元。2019 年 1 月 22 日，人民法院裁定提取彭某在人民政府的房屋征收补偿款。

【案件焦点】

廖某琴对涉案诉争房产是否具有足以阻止执行的实体民事权益。

【法院裁判要旨】①

湖北省恩施土家族苗族自治州来凤县人民法院经审理认为：廖某琴对涉案诉争房产具有足以阻止执行的实体民事权益。理由如下：一、彭某无恶意串通逃避债务的主观故意。彭某与廖某云签订《离婚协议书》时即将诉争房产赠与廖某琴，该赠与行为在前，某小额贷款公司债权形成在后。二、诉争房产不是某小额贷款公司债权期待实现的责任财产。诉争房产已经因彭某与廖某云的离婚协议约定而不再是彭某与廖某云的责任财产，自然也不能成为其债权期待实现的责任财产，且廖某琴未完成对诉争房产的变更登记并非其主观故意而系客观不能。三、廖某琴享有的物权请求权具有优先性。廖某琴对某小额贷款公司的借款并未使用分文，且在其父母离婚时一直实际占有并使用诉争房产，该房产是其生活的重要保障，该请求权相比于某小额贷款公司的一般普通债权具有优先性。

鉴于该诉争房产现已被人民政府征收，该房屋不动产物权实际已转化为征收补偿款的财产性权利，廖某琴对诉争房产所有权变更登记到其名下的请求权，自然享有对该房产征收拆迁补偿款的所有权。根据《最高人民法院关于适用〈中华人民共和国民事诉讼法〉的解释》第三百一十二条的规定，对案外人提起的执行异议之诉，案外人同时提出确认其权利的诉讼请求的，人民法院可以在判决中一并作出判断，故廖某琴请求确认诉争房产对应的拆迁补偿款所有权人为廖某琴的诉讼请求应当予以支持。

综上所述，湖北省来凤县人民法院作出如下判决：

---

① 编者注：本书【法院裁判要旨】适用的法律法规等条文均为案件裁判当时有效，下文不再对此进行提示。

一、不得执行恩施市龙凤镇石桥河的房屋对应的房屋拆迁补偿款；

二、确认恩施市龙凤镇石桥河的房屋对应的征地拆迁补偿款所有权人为廖某琴。

二审法院同意一审法院裁判意见。

【法官后语】①

法院在强制执行过程中，被执行人的房屋作为重要资产，常常被列为执行的对象，由于经济活动的复杂性和物权公示制度在彰显权利归属上的有限性，人民法院应申请执行人的申请对登记在被执行人名下的房屋进行查封、扣押时可能会因房屋的真实权利人与房屋登记权利人不一致导致房屋的实质权利人与申请执行人对房屋的执行权利产生冲突。这就需要法官在审理案外人涉房执行异议之诉时从主观和客观方面对案外人是否对案涉房屋享有实体权利进行实质性审查：

1. 主观要素的认定

(1) 执行案外人是否存在恶意串通逃避债务的主观故意

被执行人为逃避债务与案外执行人恶意串通损害债权人合法权益的行为在主观上便是一种故意，此时无须考虑客观标准即可认定案外人不具有排除执行的权利，反之，则可以作为排除执行的要件之一。本案中，彭某与廖某云离婚协议约定将诉争房产划归廖某琴所有在前，且系夫妻双方真实意思表示，而某小额贷款公司的债权形成在后，两者相隔16年之久，廖某琴不存在恶意串通逃避债务的

① 编者注：本书【法官后语】对此类法律问题涉及的法律法规等内容进行了时效性更新，下文不再对此进行提示。

主观故意。

（2）执行案外人未及时办理不动产物权登记是否存在主观上的故意或重大过失

《中华人民共和国民法典》规定了不动产物权登记的效力，不动产物权登记制度是对社会市场交易秩序的一种维护，法律不保护在权利上睡觉的人，而对司法实践中积极行使自己权利的公民应当依法予以肯定。本案中，廖某琴一直在积极地行使对诉争房产变更登记请求权，因诉争房产初始登记在彭某名下，且办理了抵押登记，导致廖某琴客观上不能办理变更登记，廖某琴主观上并不存在拖延办理变更登记的故意或过失。

2. 客观要素认定——房屋的真实权属优先于房屋登记的外观权属

登记是不动产物权公示的方法，它具备的仅仅是物权归属的推定效力，并不能完全真实体现物权的归属情况。《最高人民法院关于适用〈中华人民共和国民法典〉物权编的解释（一）》第二条也规定："当事人有证据证明不动产登记簿的记载与真实权利状态不符，其为该不动产物权的真实权利人，请求确认其享有物权的，应予支持。"

本案中，彭某与廖某云签署《离婚协议书》时即将诉争房产划归廖某琴所有，其本质上应属于夫妻双方对家庭所有的不动产的处分行为，其处分的目的就是引起诉争房产的物权变动。《中华人民共和国民法典》规定，基于人民法院的法律文书、人民政府的征收决定、继承等因素引起物权变动的，不以登记为不动产物权变动的生效要件，相关权利人当然地取得不动产物权。本案中廖某琴之父廖某云死亡后，廖某琴当然地享有对廖某云部分遗产的继承权，且彭某也在法院生效法律文书中对诉争房产的所有权予以了确认。廖某琴作为诉争房产真实权利人，自然具备排除执行的权利。

本案中因诉争房产已被政府依法征收且相关征收补偿款已经到账，廖某琴所享有的物权请求权已经转化为征收补偿款的财产性权利，廖某琴作为诉争房产的所有人当然对该房产征收补偿款享有所有权。据此认定廖某琴不得执行诉争房产对应的房屋拆迁补偿款的诉讼请求及确认该房屋对应的拆迁补偿款所有权人为廖某琴的诉讼请求，依法应当予以支持。

编写人：湖北省恩施土家族苗族自治州咸丰县人民法院　王君娥

002 执行程序中被执行人未成年子女名下房产的处理

——陈某阳、陈某羽诉颜某全执行异议之诉案

【案件基本信息】

1. 裁判书字号

江苏省无锡市中级人民法院（2020）苏02民终1592号民事判决书

2. 案由：执行异议之诉

3. 当事人

原告（上诉人、案外人）：陈某阳、陈某羽

被告（被上诉人、申请执行人）：颜某全

第三人（被执行人）：陈某根

【基本案情】

2018年11月7日，颜某全与陈某根民间借贷纠纷一案，江苏省无锡市惠山区人民法院作出（2018）苏0206民初2404号民事判决书，因陈某根未履行生效法律文书所确定的义务，申请执行人颜某全向江苏省无锡市惠山区人民法院申请强制执行，在执行过程中，法院于2019年4月1日查封了案外人陈某阳、陈某羽名下坐落于无锡市惠山区某小区的房产。案外人陈某阳、陈某羽提出异议，认为法院无权查封。

经查，案外人陈某阳、陈某羽系被执行人陈某根与其前妻石某敌的子女，陈某阳2003年7月8日生，陈某羽2010年1月2日生。2009年6月23日，陈某根与石某敌协议离婚。现陈某阳、陈某羽均由石某敌抚养。

2011年12月13日，陈某阳、陈某羽与顾某旗、刘某兰签订房屋买卖合同一份，约定顾某旗、刘某兰自愿将坐落于无锡市惠山区某小区的房屋作价75万元出售给陈某阳、陈某羽。因顾某旗、刘某兰的子女在学区上学，双方约定在协议签订后5年内办理过户手续。后顾某旗、刘某兰未依约办理过户手续，陈某阳、陈某羽诉至无锡市惠山区人民法院，审理过程中查明，顾某旗、刘某兰系委托颜某全出售该房屋的购房款75万元已于2011年12月12日悉数以现金的形式由陈某根在颜某全的店中交付给颜某全，颜某全出具的收条载明房款已一次性付清。陈某阳、陈某羽的委托诉讼代理人在该案中自述购房款的组成为陈某根家中现金25万元、向任某萍借款20万元、向阮某借款30万元，上述事实亦由任某萍、阮某证实。后无锡市惠山区人民法院于2018年7月

24日作出（2018）苏0206民初862号民事判决，判决陈某阳、陈某羽与顾某旗、刘某兰于2011年12月13日签订的房屋买卖合同继续履行，顾某旗、刘某兰于判决发生法律效力后10日内协助陈某阳、陈某羽办理无锡市惠山区某小区的房屋过户手续。经陈某阳、陈某羽申请强制执行，2019年3月8日，该房产所有权人变更登记为陈某阳、陈某羽。

另查明，2015年8月15日，陈某根向颜某全出具借条一张，借条载明“今借颜某全人民币壹佰肆拾玖万元，于2016年8月15日前还本付息”。

【案件焦点】

强制执行程序中对登记在被执行人未成年子女名下的房屋能否执行。

【法院裁判要旨】

江苏省无锡市惠山区人民法院经审理认为：首先，关于本案所涉房屋的购房款来源，房屋买卖合同签订时陈某阳、陈某羽均系未成年人，并没有与房屋转让款对应的收入来源，故案涉房产应认定系陈某根出资购买并登记在其未成年人子女名下。其次，陈某根与颜某全的债权债务关系发生在2013年左右，而案涉房产于2019年3月8日登记在陈某阳、陈某羽名下，在陈某根负有债务的情况下，案涉房产登记在陈某阳、陈某羽名下，损害了债权人的利益。最后，案涉房产实际由陈某根的弟弟陈某青租住其中，陈某阳、陈某羽实际同其母亲石某敬居住，故案涉房产并非陈某阳、陈某羽基本生活所需。

综上所述，陈某阳、陈某羽虽系案涉房产的登记权利人，但综合案涉房产的出资情况、登记时间、陈某根的负债情况以及房屋的实际使用情况等，陈某阳、陈某羽并非案涉房产的实际权利人，故其要求排除强制执行的诉讼请求，法院不予支持。

江苏省无锡市惠山区人民法院依据《中华人民共和国民事诉讼法》第二百二十七条，《最高人民法院关于适用〈中华人民共和国民事诉讼法〉的解释》第三百零四条、第三百零六条、第三百零八条、第三百一十一条、第三百一十三条，《最高人民法院关于人民法院办理执行异议和复议案件若干问题的规定》第二十四条之规定，判决如下：

驳回陈某阳、陈某羽的诉讼请求。

陈某羽、陈某阳不服江苏省无锡市惠山区人民法院作出的一审判决，向江苏省无锡市中级人民法院提起上诉。

江苏省无锡市中级人民法院经审理认为：案涉房产登记的所有权人为陈某阳、陈某羽，故根据《中华人民共和国物权法》第九条第一款的规定，不动产物权的设立、变更、转让和消灭，经依法登记，发生效力，但法律另有规定的除外。故本案案涉房产如无法律另有规定，应为陈某阳、陈某羽所有。陈某阳、陈某羽虽系未成年人，不具备支付大额房款的能力，但作为顾某旗、刘某兰的售房委托代理人颜某全仍参与签订了该房屋买卖协议，说明颜某全对陈某阳、陈某羽的父母作为实际出资人是知晓的，颜某全也于 2011 年 12 月 12 日出具了收到 75 万元购房款的收条，房款已全部结清，故陈某阳、陈某羽通过父母出资取得案涉房屋是真实的，并无不合法之处。同时，陈某根、石某敬支付的购房款是于 2011 年 12 月 12 日全部付清的，对此颜某全作为售房代理人是参与和知晓的。而陈某根与颜某全的借贷关系产生于 2015 年 8 月，此时颜某全对陈某根系个人借款及案涉房产系其陈某阳、陈某羽名下购买也是明知的，故本案不存在石某敬、陈某根以离婚为名逃避案涉房产归还案涉债务的恶意。

江苏省无锡市中级人民法院依据《中华人民共和国民事诉讼法》第一百七十条第一款第二项和《最高人民法院关于适用〈中华人民共和国民事诉讼法〉的解释》第三百一十二条第一款第一项的规定，作出如下判决：

一、撤销无锡市惠山区人民法院（2019）苏 0206 民初 4245 号民事判决；

二、不得执行陈某阳、陈某羽名下的涉案房产［无锡市惠山区人民法院作出的（2018）苏 0206 执 608 号执行裁定］。

【法官后语】

该案例实际上涉及三个法律层面的问题，分别为物权法定主义、赠与法律关系、债权人的利益保护问题，这三个层面是层层递进、依次展开的逻辑关系，也是一个正向推理的过程。

物权法定主义作为民事物权法领域的一条基本原则，已明确物权的种类与内容只能由法律来规定，不允许当事人自由创设。物权，又称对世权、绝对权，《中华人民共和国民法典》第二百零九条第一款明确规定，不动产物权的设立、变更、转让和消灭，经依法登记，发生效力；未经登记，不发生效力，但法律另有规定的除外，该条表明，不动产物权采用登记生效主义。

既然本案中陈某阳、陈某羽系不动产登记簿上记载的权利人，根据物权法定主义，毋庸置疑，无论陈某阳、陈某羽系何种民事行为能力人，其当然系涉案房产的所有权人。

既如此，陈某阳、陈某羽非被执行人，为何法院仍然会查封其名下的房屋呢？这里就涉及赠与法律关系与债权人利益保护的冲突问题。因本案中的被执行人陈某根系陈某阳、陈某羽之父，陈某阳、陈某羽又系未成年人，根据常识判断，其根本无经济能力来购买价值较大的房屋，申请执行人颜某全完全有理由怀疑该涉案房产系陈某根为逃避其债务，将房产赠与其子女的，故颜某全对陈某阳、陈某羽对房产的所有权发起挑战，请求法院予以查封，也有法可依。本案最终判决结果为不得执行涉案房产，因为从现有证据看，被执行人陈某根不存在无偿转让财产逃避颜某全债务的行为，虽然陈某阳、陈某羽获得涉案房产物权的时间为2018年，但其取得物权所依据的基础法律事实发生在2011年，且即便购房款系陈某根所出，因2011年颜某全与陈某根的债的关系尚未发生，在颜某全提供不出有利的证据前提下，陈某根将其所购房屋赠与其子女完全属于一个合法的行为，该行为并未损害到债权人颜某全的利益。故法院据此作出的判决完全符合法律规定，也符合法律精神。

编写人：江苏省无锡市惠山区人民法院　陈钦欢

003 离婚协议对房屋所有权的约定能否排除执行
——李某诉陈某秋执行异议之诉案

【案件基本信息】

1. 裁判书字号

沈阳市中级人民法院（2020）辽01民终3823号民事判决书

2. 案由：执行异议之诉

3. 当事人

原告（被上诉人）：李某

被告（上诉人）：陈某秋

第三人：陈某宇

【基本案情】

李某与陈某宇于2003年5月30日登记结婚。2007年1月26日，一座建筑面积86.29平方米住宅楼（以下简称案涉房屋）登记在陈某宇名下，陈某宇取得该房屋《房屋所有权证》。2014年8月15日，陈某宇与李某签订《离婚协议书》约定案涉房屋归李某所有，房屋贷款由李某偿还，婚生子由李某抚养。同日两人登记离婚。此后李某及其所抚养婚生子陈某一在案涉房屋居住，但并未办理案涉房屋产权变更登记。另查，陈某宇于2018年1月30日至2019年8月12日用其住房公积金账户资金偿还案涉房屋房贷。

2018年12月10日，辽宁省沈阳市法库县人民法院（以下简称法库县人民法院）作出（2018）辽0124民初2275号民事判决，确认陈某宇父亲陈某新在陈某秋处非法吸收存款，至陈某新被刑事拘留时共欠陈某秋本息合计45万元，陈某宇于2014年8月20日为陈某秋出具45万元欠条，即陈某新欠款转由陈某宇承担。法库县人民法院判决陈某宇偿还陈某秋欠款45万元。陈某宇提起上诉，沈阳市中级人民法院作出（2019）辽01民终2827号民事判决，判决驳回上诉维持原判。

后该案进入执行阶段，2019年8月12日法库县人民法院裁定查封案涉房屋。8月15日李某提出书面执行异议，请求停止对案涉房屋执行。8月28日，法库县人民法院作出（2019）辽0124执异168号执行裁定，驳回李某的异议请求。李某不服该裁定，提起本案执行异议之诉。

【案件焦点】

案外人通过《离婚协议书》约定房屋所有权，但并未变更登记，能否排除签署《离婚协议书》之后形成的普通债权的强制执行。

【法院裁判要旨】

辽宁省沈阳市法库县人民法院经审理认为：案涉房屋为李某与陈某宇夫妻关系存续期间共同财产。虽然案涉房屋产权变更未作登记，但李某与陈某宇签订的《离婚协议书》已约定案涉房屋归李某所有。陈某宇对陈某秋的债务是其个人债务且形成于离婚协议之后，证明双方并非假离婚而恶意逃债。而且，案涉房屋为李某及其所抚养婚生子唯一住房，故对李某的诉讼请求予以支持。

辽宁省沈阳市法库县人民法院作出如下判决：

一、停止对案涉房屋的执行；

二、确认李某与陈某宇于2014年8月15日签订的《离婚协议书》有效；

三、确认案涉房屋产权归李某所有；

四、驳回李某的其他诉讼请求。

陈某秋提起上诉。

辽宁省沈阳市中级人民法院经审理认为：案涉房屋作为李某与陈某宇的共有财产，虽然《离婚协议书》约定该房屋归李某所有，但该约定不属于法律规定的可不经登记直接发生物权效力的情形。故李某在取得登记前，对该房屋享有的并非物权，仍是债权性权利。故一审法院确认案涉房屋归李某所有不当，法院予以纠正。关于李某是否能够排除执行：首先，李某对案涉房屋权利形成于陈某秋债权之前。从权利内容看，李某享有的请求权直接针对案涉房屋，而陈某秋享有的是普通金钱债权，未指向特定财产。结合陈某秋的债权为陈某宇的个人债务，李某对案涉房屋的权利应具有优先性。其次，《离婚协议书》形成时间早于陈某宇出具欠条的时间，且该协议书中对财产和债务的分割并未特别倾斜于一方，符合常理。本案也无充分证据证明存在虚假离婚逃避债务情形。最后，李某对案涉房屋的权利包含了基本的居住权，相比于陈某秋的普通金钱债权具有一定的优先性。综上所述，李某对案涉房屋享有的权利能够阻却本案法院的执行。

辽宁省沈阳市中级人民法院依照《中华人民共和国民事诉讼法》第一百七十条第一款第二项之规定，作出如下判决：

一、维持法库县人民法院（2019）辽 0124 民初 3522 号民事判决第一项、第二项；

二、撤销法库县人民法院（2019）辽 0124 民初 3522 号民事判决第三项、第四项；

三、驳回陈某秋的上诉请求；

四、驳回李某的其他诉讼请求。

【法官后语】

对于离婚协议约定房产归一方所有，但未办理变更登记时，案外人是否可据此排除执行的问题，笔者认为可从以下方面考量案外人权利是否能够排除执行：首先，应判断是否存在恶意逃避债务的情形，具体而言，可结合离婚时间与债务形成时间先后、离婚行为是否合理及离婚协议对财产和债务的约定是否过度倾向一方等因素。其次，参照《最高人民法院关于人民法院办理执行异议和复议案件若干问题的规定》第二十八条、第二十九条关于物权期待权的规定，离婚协议的形成时间应在申请执行人债权形成以及执行标的房屋被查封之前，案外人应在查封前合法占有房屋且对未能办理变更登记无过错。再次，案外人基于离婚协议的约定，享有的是直接指向执行标的房屋的请求权。而如果申请执行人是基于金钱债权查封该房屋，其权利并不指向该房屋，案外人权利相比而言应具有优先性。而如申请执行人的债权为直接指向该房屋的非金钱债权，则其基于物权公示公信力对该房屋享有的权利应予以优先保护，案外人不能排除执行。最后，还应注重对案外人基本生存权的维护。实践中，离婚取得房产的一方通常为子女的抚养方，如案外人无其他住房，该房产为保障期生活居住的唯一房产，则应奉行生存利益优先的原则，不得执行该房产。本案法院按照上述思路，确定案外人李某对案涉房屋享有足以排除执行的民事权益，保护了无过错方李某的基本生存居住权。

本案一审与二审的分歧在于，一审法院认为离婚协议对财产的约定可以直接产生物权变动的效果，故直接确认案涉房屋归李某所有。但二审法院认为，原《中华人民共和国物权法》与《中华人民共和国民法典》均规定基于法律行为的不动产物权变动，应以登记为依据。① 离婚协议对财产的分割不属于法定的可以直接变动物权的情形，不能直接产生物权变动效力，故案外人李某对案涉房屋享有的仅为请求办理变更登记的请求权，应属于债权性权利。故二审法院对一审判决的所有权确认部分予以改判。

编写人：辽宁省沈阳市中级人民法院　王虹　勾雪峰

004 金钱债权执行中，案外人对被执行人的拆迁安置房提出异议，符合一定条件可以排除执行

——沈某芬诉丁某娟等申请执行人执行异议之诉案

【案件基本信息】

1. 裁判书字号

江苏省无锡市惠山区人民法院（2020）苏0206民初437号民事判决书

2. 案由：申请执行人执行异议之诉

3. 当事人

原告：沈某芬

① 《中华人民共和国物权法》第九条规定："不动产物权的设立、变更、转让和消灭，经依法登记，发生效力；未经登记，不发生效力，但法律另有规定的除外……"《中华人民共和国民法典》第二百零九条延续了上述规定，该条规定："不动产物权的设立、变更、转让和消灭，经依法登记，发生效力；未经登记，不发生效力，但是法律另有规定的除外……"

被告：丁某娟、邓某兴、许某华

【基本案情】

2017年2月16日，邓某兴与许某华签订《安置房买卖协议》一份，邓某兴将其位于无锡市惠山区长乐苑51-××××号房屋以18万元出售给许某华。后邓某兴出具《收条》两份，确认收到许某华购房款18万元。2018年10月24日，丁某娟与许某华签订《房屋买卖合同》一份，约定：许某华将位于无锡市惠山区长乐苑51-××××号房屋以52万元出售给丁某娟，丁某娟于合同签订之日支付定金5000元，于合同签订之日起十五日内支付首期购房款39.5万元，剩余房款于产权证下来一次性支付给许某华。邓某兴亦在该合同落款处签名。合同签订后，丁某娟支付购房款40万元。2020年8月24日，丁某娟将剩余房款12万元交付至无锡市惠山区人民法院。丁某娟购买案涉房屋后一直居住在内，且多次要求办理房屋登记过户手续。惠山区长安街道拆迁管理办公室出具《证明》一份，内容为：邓某兴因惠山开发区建设需要原老房已拆除，实际安置面积186平方米，现安置房在长乐苑51-××××号。长乐苑51-××××号房屋已经满足办理产权证的条件，但因该房屋在办证过程中于2019年8月21日被本院查封，故目前尚未办理产权证。

沈某芬因对邓某兴享有金钱债权，向江苏省无锡市惠山区人民法院申请强制执行。2019年8月21日，江苏省无锡市惠山区人民法院查封案涉房屋。执行过程中，案外人丁某娟提出执行异议。江苏省无锡市惠山区人民法院审查后，于2019年12月10日裁定解除对案涉房屋的查封，故沈某芬提起申请执行人执行异议之诉，请求准许执行上述房屋。

【案件焦点】

已经支付款项但是未变更登记的案外人对被执行人名下的拆迁安置房是否享有足以排除执行的权利。

【法院裁判要旨】

江苏省无锡市惠山区人民法院审理后认为：在金钱债权执行中，买受人对登记在被执行人名下的不动产提出异议，符合下列情形且其权利能够排除执行的，人民法院应予支持：（一）在人民法院查封之前已签订合法有效的书面买卖合同；（二）在人民法院查封之前已合法占有该不动产；（三）已支付全部价款，或者已按照合同约定支付部分价款且将剩余价款按照人民法院的要求交付执行；（四）非因买受人自身原因未办理过户登记。丁某娟在案涉房屋被查封前即与许某华签订书面房屋买卖合同，邓某兴亦在该合同中签字认可，丁某娟提供的银行转账记录、煤气缴纳凭证可以证明其在案涉房屋查封前已经合法占有该房屋，并已经按照合同约定支付部分购房款且将剩余价款按照人民法院的要求交付至江苏省无锡市惠山区人民法院。虽然案涉房屋未办理过户登记，但丁某娟积极要求办理产权过户登记手续，不存在主观过错，且经法院向惠山区长安街道拆迁管理办公室调查查明，案涉房屋已经符合产权证办理的条件，仅是由于在办证过程中被查封导致目前未能办理产权证，故非因丁某娟自身的原因未能办理过户登记。江苏省无锡市惠山区人民法院认为丁某娟已经举证证明其对执行标的享有足以排除强制执行的民事权益。

江苏省无锡市惠山区人民法院依照《中华人民共和国民事诉讼法》第二百二十七条，《最高人民法院关于适用〈中华人民共和国民事诉讼法〉的解释》第三百零四条、第三百零六条、第三百零八条、第三百一十一条、第三百一十三条,《最高人民法院关于人民法院办理执行异议和复议案件若干问题的规定》第二十八条之规定,作出如下判决:

驳回沈某芬的诉讼请求。

判决后,双方当事人均未上诉,本判决现已生效。

【法官后语】

我国现行法律规范将执行异议之诉区分为三种类型:案外人执行异议之诉、申请执行人执行异议之诉及执行分配方案异议之诉。本案虽系申请执行人执行异议之诉,但判断执行标的能否执行,需查明案外人就执行标的是否享有足以排除强制执行的民事权益,以此确定案外人所享有的权利在效力上是否优先于申请执行人的权利。在考量权利优先性问题时,应当结合案外人与执行标的的关系的性质、被执行人对执行标的支配权的范围、执行标的是否构成交易的信赖等因素予以综合判断。即应首先对案外人享有的实体权利作出认定后,结合执行行为依据的请求权性质和类型,对于两种权利的优先性进行比较分析,审查案外人所享有的民事权利是否优先于执行依据的请求权,从而判断其异议能否成立。

本案的特殊性在于执行标的系被执行人因拆迁所得安置房,拆迁安置房未进行不动产登记,买受人能否申请排除执行。审理法院认为,拆迁安置房系对被拆迁人的整体补偿,具有对价性,且缴纳了土地出让金即可在市场流通,涉及拆迁安置房的买卖合同不属于因政策原因限制转让的合同,即所涉买卖合同系有效合同。因此,只要买受人能够证明其在人民法院查封之前已签订书面买卖合同,并在人民法院查封之前已合法占有该不动产,支付全部价款,或者已按照合同约定支付部分价款且将剩余价款按照人民法院的要求交付执行和非因买受人自身原因未办理过户登记的，即应认定其享有排除执行的权利。案外人执行异议之诉应界定为诉讼救济之诉，属于兼具确认之诉和形成之诉的新型诉讼形态。正是基于这种新型的诉讼类型，在执行异议之诉案件审理中，既要就原告对执行标的是否具有某种实体权利作出审查，又要对该实体权利能否阻却强制执行进行判断，唯此方能真正发挥其不同于一般确认之诉的功能。上述内容的审查，应该作为案外人执行异议之诉的基本审理思路，以最终确定案外人提起的执行异议之诉是否能够成立。

编写人：江苏省无锡市惠山区人民法院　季静娜

005　经济适用房买受人物权期待权的认定

——黄某诉秦某明案外人执行异议之诉案

【案件基本信息】

1. 裁判书字号

江苏省无锡市中级人民法院（2020）苏02民终3785号民事判决书

2. 案由：案外人执行异议之诉

3. 当事人

原告（上诉人、案外人）：黄某

被告（被上诉人、申请执行人）：秦某明

第三人（被执行人）：徐某婷

【基本案情】

黄某诉称：其于2010年5月9日与徐某婷签订合法有效的房屋买卖合同，约定徐某婷将某小区118-××××室房屋（以下简称涉案房屋）转让给原告。合同签订后，原告付清房款，并占有使用涉案房屋至今。后涉案房屋在允许上市交易前被法院查封，未能办理过户手续并非原告自身原因所致。综上所述，原告黄某对涉案房屋享有物权期待权，请求排除执行。

秦某明辩称：不动产物权变动未经登记不发生效力，涉案房屋登记在徐某婷名下，黄某未办理登记，不具有所有权。黄某在签订房屋买卖合同时，涉案房屋尚未符合上市交易的条件，房屋买卖合同违反强制性规定，无法取得变更不动产登记的效力，无法对抗其申请执行，黄某也无证据证明涉案房屋未办理过户非本人过错，故黄某不符合一般不动产买受人物权期待权成立的条件，法院有权对涉案房屋进行强制执行，请求驳回黄某的诉讼请求。

经审理查明，2016年8月11日，江苏省无锡市梁溪区人民法院对秦某明诉徐某婷民间借贷纠纷一案作出（2016）苏0203民初766号民事判决，徐某婷应归还秦某明借款本金100万元及相应利息等。徐某婷不服，提起上诉。2017年1月6日，江苏省无锡市中级人民法院作出（2016）苏02民终4601号民事判决：驳回上诉，维持原判。判决生效后，江苏省无锡市梁溪区人民法院立案强制执行。在本案执行过程中，江苏省无锡市梁溪区人民法院于2017年9月20日轮候查封涉案房屋。案外人黄某对本案执行标的提出异议后，江苏省无锡市梁溪区人民法院于2019年12月27日作出（2019）苏0213执异138号执行裁定，驳回案外人黄某的异议请求。黄某不服该裁定，提起执行异议之诉。

涉案房屋登记在徐某婷名下，属于经济适用房，于2014年9月18日之前不得进入市场。2009年12月24日，黄某以2万元的价格向徐某婷的父亲徐某忠购得涉案房屋的房票。2010年5月9日，黄某与徐某忠签订《经济适用房转让协议书》，约定徐某忠向黄某转让涉案房屋，只收取住房转让费2万元，购房款278608元由黄某自行负担；5年后，徐某忠应配合黄某办理房屋过户手续，过户费用由黄某承担等。2014年3月24日，原江苏省无锡市崇安区人民法院（以下简称崇安法院，已并入江苏省无锡市梁溪区人民法院）在吴某诉徐某婷等民间借贷纠纷一案中首次查封涉案房屋。该案进入执行程序后，崇安法院于2016年3月16日续查封一次。后因查封期限届满未续封，本案轮候查封自动生效。2017年7月30日，徐某婷出具情况说明，称徐某忠系受其全权委托与黄某于2010年5月9日签订的《经济适用房转让协议书》。

【案件焦点】

黄某对涉案房屋是否享有排除本案执行的合法权益。

【法院裁判要旨】

江苏省无锡市梁溪区人民法院经审理认为：本案系在金钱债权执行中，买受人对登记在被执行人名下的不动产提出异议，可参照适用《最高人民法院关于人民法院办理执行异议和复议案件若干问题的规定》第二十八条的规定，买受人请求排除执行的，应当同时符合下列四个条件：（1）在法院查封之前已签订合法有效的书面买卖合同；（2）在法院查封之前已合法占有该不动产；（3）已支付全部价款，或者已按照合同约定支付部分价款且将剩余价款按照法院的要求交付执行；（4）非因买受人自身原因未办理过户登记。比照上述规定，黄某不具备物权期待权成立的必要条件，无权据此排除涉案房屋的执行，理由如下：其一，黄某与徐某婷签订的《经济适用房转让协议书》因违反社会公共利益而无效。根据涉案房屋的房屋登记簿证明，黄某向徐某婷购买的系经济适用房，而非拆迁安置房。经济适用房系国家为保护低收入群体的住房权益而安排的政策性房屋，供应对象为城市低收入住房困难家庭，体现了社会公共利益。黄某在禁售期内通过向徐某婷购买房票的方式低价购买涉案房屋，损害社会公共利益，应属无效。其二，黄某未提供充分证据证明其已支付全部房款。黄某主张现金支付15万元首付款，如此大额款项以现金方式交付有违常理，且其提供的收款说明系徐某婷事后出具，本院不予采信；其主张徐某芳代为归还的贷款，仅提供48600元对应的存款凭条，无法证明全部房贷系由徐某芳代其归还，该院亦不予采信。其三，黄某主张在法院首次查封前已占有使用涉案房屋，缺乏证据证明。黄某虽然提供了房屋租赁合同和承租人的证人证言，但其本人未在房屋租赁合同上签名，且证人与房屋租赁合同约定的承租人不一致，其亦未提供证据证明涉案房屋在被查封前的租金支付情况，该院不予采信。其四，黄某对涉案房屋未过户存在过错。黄某明知涉案房屋未满上市交易期限，无法办理过户登记，仍执意购买，理应承担因出让人涉诉导致涉案房屋被法院查封、不能过户的交易风险。

江苏省无锡市梁溪区人民法院依照《中华人民共和国合同法》第五十二条第四项、《中华人民共和国民事诉讼法》第二百二十七条、《最高人民法院关于适用〈中华人民共和国民事诉讼法〉的解释》第三百一十二条第一款第二项、《最高人民法院关于人民法院办理执行异议和复议案件若干问题的规定》第二十八条之规定，作出如下判决：

驳回黄某的诉讼请求。

黄某不服一审判决，提起上诉。

江苏省无锡市中级人民法院经审理认为：本案案涉房屋现登记在徐某婷名下，房屋登记簿也明确载明“此房于 2014 年 9 月 18 日前不得进入市场”，而黄某却向法院出具了其与徐某忠于 2009 年 12 月 24 日签订的关于案涉房屋的转让协议，该协议不但违反了房屋登记簿的约定，签协议的出让方也不是登记的房屋所有权人，尽管徐某婷于 2017 年 7 月 30 日出具情况说明《经济适用房转让协议书》系其委托其父亲徐某忠全权办理，但徐某婷与秦某明的民间借贷事实已经法院生效判决，徐某婷的这一情况说明涉嫌逃避债务，其证明力很低，因无其他证据佐证，该院对此不予采信。另作为买受人的黄某明知该房属于限购房屋，在不符合条件的情况下仍然购房导致无法办理过户手续，系对政策限制的忽略，是买受人的自身原因导致未办理过户登记。且黄某亦未提供已付清房款和实际占有使用该案涉房屋的充分证据，其主张案涉房屋排除本案的执行，无事实和法律依据，该院不予支持。

江苏省无锡市中级人民法院依照《中华人民共和国民事诉讼法》第一百七十条第一款第一项的规定，作出如下判决：

驳回上诉，维持原判。

【法官后语】

登记在被执行人名下的房屋被查封后，案外人以其系房屋买受人、享有物权期待权为由向执行法院提出异议，请求排除强制执行。

此时，应当重点围绕经济适用房买卖行为是否有效，以及买受人对未及时办理过户手续是否存在过错等方面进行审查。

1. 经济适用房买卖行为的效力审查

经济适用房是指政府提供政策优惠，限定套型面积和销售价格，按照合理标准建设，面向城市低收入住房困难家庭供应，具有保障性质的政策性住房。国家通过《国务院关于解决城市低收入家庭住房困难的若干意见》等文件，规定购买经济适用房不满5年，不得上市交易。司法实践中，对5年禁售期内的经济适用房买卖行为是否有效存在讨论空间。支持买卖有效论者认为，由于《国务院关于解决城市低收入家庭住房困难的若干意见》《经济适用住房管理办法》不属于强制性效力性规定，故不影响经济适用房买卖合同的效力。值得注意的是，最高人民法院曾对再审申请人某房地产开发公司与被申请人孔某法良房屋买卖合同纠纷一案作出（2015）民申字第3336号民事裁定书①，认为“经济适用房买卖合同的效力并无效力性强制性规定认定其无效，某房地产公司提出的合同无效的主张，不符合《合同法》第五十二条规定的情形”，借此，有些论者认为最高人民法院的司法裁判观点肯定了经济适用房买卖合同的效力。

但笔者认为该观点有待商榷。经济适用房系国家为保护低收入群体的住房权益而安排的政策性房屋，供应对象为城市低收入住房困难家庭，体现了社会公共利益。如果对在禁售期内买卖经济适用

① 参见《孔某良诉某房地产开发公司房屋买卖合同纠纷申请再审民事裁定书》，载中国裁判文书网，https://wenshu.court.gov.cn/website/wenshu/181107ANFZ0BXSK4/index.html?docId=8yAVlAKarxZT+6SRaPJVewZyj0oiYPK8IFXrm5oYGtRBrghIm4e3CZO3qNaLMqs-JUTWcuuSWqFJE3z3XhifmxiN05NRB6QgWvb77MR4zDn6pr6sF3dKxlFugPJCrRuQ3，最后访问时间：2023年1月31日。

房的行为作出肯定性评价，允许其自由交易，将严重影响国家保障性住房政策的实际效果，妨害国家对经济适用房的正常管理，进而损害住房困难者的公共利益。某房地产公司案的背景为某房地产公司将其开发的经济适用房转让给买受人，但未告知买受人房屋性质实为经济适用房，买受人有理由相信房屋可以自由买卖。在此情况下，最高人民法院为保护无过错买受人的权利，认定合同有效并无不当。

本案中，黄某系通过向经济适用房申购人买入房票的方式违法取得购房资格，从而低价取得涉案房屋，明显损害社会公共利益，理应对该买卖行为的效力作出否定性评价。需要补充的是，原《中华人民共和国合同法》第五十二条第四项有关合同行为因“损害社会公共利益”而无效的规定，已为《中华人民共和国民法典》第一百五十三条第二款的规定所取代。该款明确规定“违背公序良俗的民事法律行为无效”，而公序良俗包含了社会秩序和善良风俗，民事法律行为则包含了合同行为，故损害社会公共利益的合同行为可被涵摄于违背公序良俗的民事法律行为概念之内。因此，虽然《中华人民共和国民法典》有关规定发生变化，裁判者依然可以适用新法条作为未来否定此类买卖行为效力的依据。

2. 未及时办理过户手续的原因审查

关于一般不动产买受人物权期待权，《最高人民法院关于人民法院办理执行异议和复议案件若干问题的规定》第二十八条规定应当同时符合四个条件：(1) 在法院查封之前已签订合法有效的书面买卖合同；(2) 在法院查封之前已合法占有该不动产；(3) 已支付全部价款，或者已按照合同约定支付部分价款且将剩余价款按照法院的要求交付执行；(4) 非因买受人自身原因未办理过户登记。前三点属于客观事实，第四点因为涉及买受人主观过错，易引发争议。本案中，经济适用房受政策限制，在禁止上市交易期间不得交易、过户。由于房屋登记簿已明确登记了禁售期，作为买受人的黄某对于自身不具有购买身份、不符合过户条件的情况应当属于明知。黄某在不符合条件的情况下仍然执意购房导致无法办理过户手续，属于对政策限制的忽略，对未及时办理过户登记具有重大过错，理应承担因出让人涉诉导致案涉房屋被法院查封、不能过户的交易风险。

综上所述，案外人在禁售期内购买登记在被执行人名下的经济适用房，房屋买卖行为因违反社会公共利益而无效。案外人明知不符合购买经济适用房的条件，忽略国家限购政策，对房屋无法及时办理过户登记具有过错。在此情况下，案外人以其对房屋享有物权期待权为由请求排除法院执行，依法不予支持。

编写人：江苏省无锡市梁溪区人民法院　李绥栋

006 债务人在离婚协议中约定将房屋赠与子女并未办理不动产转移登记不影响债权人申请执行

——蒋某某诉白某甲、白某乙执行异议之诉案

【案件基本信息】

1. 裁判书字号

湖南省益阳市桃江县人民法院（2020）湘0922民初2679号民事判决书

2. 案由：执行异议之诉

3. 当事人

原告：蒋某某

被告：白某甲、白某乙

【基本案情】

蒋某某与白某乙等人合伙协议纠纷一案，湖南省益阳市桃江县人民法院于2019年12月10日立案后，于2020年1月10日作出（2019）湘0922民初3695号民事判决，驳回蒋某某的全部诉讼请求。蒋某某不服，向湖南省益阳市中级人民法院提起上诉，湖南省益阳市中级人民法院审理后认为该案应属居间合同纠纷，于2020年4月28日作出（2020）湘09民终459号民事判决书，撤销了湖南省益阳市桃江县人民法院（2019）0922民初3695号民事判决书，并判决白某乙于该判决生效之日起十日内返还蒋某某25万元。因白某乙没有履行生效法律文书确定的义务，蒋某某向湖南省益阳市桃江县人民法院申请强制执行，该院作出（2020）湘0922执589号执行裁定书，查封了白某乙所有的A房屋一套，查封期限为3年。

白某甲系白某乙之女，白某乙与其前妻离婚时约定夫妻双方自购的夫妻共有房产及家里电器、家私归白某乙所有，待女儿成年后，转为女儿白某甲所有。原告蒋某某依据生效裁判文书申请执行被告白某乙名下房屋时，白某甲已满18周岁，故白某甲提出执行异议，请求依法解除对案涉房屋的查封，湖南省益阳市桃江县人民法院于2020年8月12日作出（2020）湘0922执异21号执行裁定书，中止对登记在白某乙名下房屋的执行。蒋某某对裁定不服，向湖南省桃江县人民法院提起执行异议之诉。

【案件焦点】

白某甲对案涉房产是否享有足以排除强制执行的民事权益。

【法院裁判要旨】

湖南省益阳市桃江县人民法院经审理认为：不动产物权的设立、变更、转让和消灭，经依法登记，发生效力；未经登记，不发生效力，但法律另有规定的除外。案涉房屋登记在白某乙名下，白某甲未取得案涉房屋的所有权，不能对抗第三人，不能基于案涉房屋所有权人的身份排除强制执行；白某乙与其前妻签订的《离婚协议》中约定案涉房屋待女儿独立后转为女儿白某甲所有，该约定应视为白某乙与其前妻将房产赠女儿的意思表示。赠与房屋，如根据书面赠与合同办理了过户手续的，应当认定赠与关系成立；未办理过户手续，但赠与人根据书面赠与合同已将产权证书交与受赠人，受赠人根据赠与合同已占有、使用该房屋的，可以认定赠与有效，但应令其补办过户手续。本案中，白某乙、白某乙前妻仅是在《离婚协议》中对赠与房产作出了意思表示，协议虽然对白某甲设定了利益，但该利益是否实现取决于白某乙、白某乙前妻是否现实履行赠与房产的产权过户义务。《离婚协议》作出后，白某甲、白某乙前妻并未将房产办理至白某甲名下，对于本案中的房产赠与而言，在白某乙将房产过户至白某甲之前，赠与关系并未成立，白某甲对于房产不享有所有权。即使受赠人白某甲表示接受并已经实际占有案涉房屋，但《离婚协议》是白某乙、白某乙前妻之间对于离婚财产如何处理的安排，而并非白某乙、白某乙前妻与白某甲之间签订的书面赠与合同，也不能认定赠与有效，故白某甲不能基于案涉房屋受赠人身份排除强制执行。

湖南省桃江县人民法院依照《中华人民共和国物权法》第六条、第九条,《中华人民共和国民事诉讼法》第一百四十四条,《最高人民法院关于适用〈中华人民共和国民事诉讼法〉的解释》第三百一十三条第一项之规定，作出如下判决：

准许继续执行白某乙所有的A房屋。

判决后，双方当事人均未上诉，本判决现已生效。

【法官后语】

本案是不动产登记效力对抗执行的典型案例。《中华人民共和国民法典》于2021年1月1日实施,《中华人民共和国物权法》同时失效。依照《最高人民法院关于适用〈中华人民共和国民法典〉时间效力的若干规定》第一条第二款“民法典施行前的法律事实引起的民事纠纷案件，适用当时的法律、司法解释的规定，但是法律、司法解释另有规定的除外”之规定，因引起本案民事纠纷的法律事实发生于《中华人民共和国民法典》施行之前，故应当适用《中华人民共和国物权法》之相关规定。《中华人民共和国民法典》第二百零八条、第二百零九条是对《中华人民共和国物权法》第六条、第九条的沿袭，是对物权公示公信原则、不动产登记效力的规定。发生于民法典施行后的法律事实引起的相关民事纠纷则应当适用《中华人民共和国民法典》第二百零八条、第二百零九条之规定。

公示公信原则是原《中华人民共和国物权法》的基本原则，包括物权公示原则和物权公信原则，它们是两个相互依存的原则，基本含义是物权经过法定公示方法而取得物权的公信力。

公示，即公开揭示，使人周知之义。物权公示，是指在物权变动时，必须将物权变动的事实通过一定的公示方法向社会公开，使第三人知道物权变动的情况，以避免第三人遭受损害并保护交易安全。物权公示原则指物权的变动即物权产生、变更或者消灭，必须以特定的、可以从外部察知的方式，即公示表现出来的物权法基本规则。

公信，是指物权变动经过公示以后所产生的公信力。物权公信原则所着眼的，正是物权变动中公示形式所产生的这种公信力，它是指物权变动按照法定方法公示以后，不仅正常的物权变动产生公信后果，而且即使物的出让人事实上无权处分，善意受让人基于对公示的信赖，仍能取得物权的原则。

按照公示公信原则的要求，不动产物权变动的公示方法是登记，不动产物权的设立、变更、转让和消灭应当依照法律规定登记，才能取得公信力；动产物权变动的公示方法是交付，动产物权的设立和转让，应当依照法律规定交付，动产交付产生动产物权变动的公信力。

不动产物权的设立、变更、转让和消灭，统称为不动产物权变动。不动产物权变动的公示方法是登记。不动产物权变动必须依照法律规定进行登记，只有经过登记，才能够产生物权变动的效果，才具有发生物权变动的外部特征，才能取得不动产物权变动的公信力。不动产物权变动未经登记，不发生物权变动的法律效果，法律不承认其物权已经发生变动，也不予以法律保护。

本案中，被告白某乙与白某乙前妻在《离婚协议》中约定将夫妻共有房产在女儿白某甲成年后归白某甲所有。《中华人民共和国民法典》第二百零八条规定，不动产物权的设立、变更、转让和消灭，应当依照法律规定登记。动产物权的设立和转让，应当依照法律规定交付。换言之，只有办理完房屋权属转移变更登记后，才能完成房屋权属的转让。案涉房屋由于未办理相应登记，故白某乙、白某甲应向不动产登记管理部门提交相关资料，办理房屋权属转移变更登记，从而真正地完成案涉房屋的权属移转，否则，不能发生物权转移的效力。

另外，《离婚协议》中约定将房产赠与子女后但并未办理过户至该子女名下的，即使已将房屋产权证书交与子女，赠与关系亦并未成立，子女对于该房产不享有所有权。《离婚协议》是离婚的夫妻之间对于离婚财产如何处理的安排，而并非与其子女之间签订的书面赠与合同。赠与关系的成立必须以赠与物的交付为准，对于房屋则必须办理过户手续，否则赠与关系不成立。本案中，白某乙与白某乙前妻仅是在《离婚协议》中对赠与房产作出了意思表示，协议虽然对白某甲设定了利益，但该利益是否实现取决于白某乙与白某乙前妻是否已经履行了赠与房产的产权过户义务。《离婚协议》作出后，白某乙与白某乙前妻并未将房产办理至白某甲名下，而是仍然登记在白某乙名下。对于房产赠与而言，在房产未过户至白某甲之前，赠与关系并未成立，白某甲对于房产不享有所有权。即使其已经占有、使用该房屋，但因《离婚协议》仅是白某乙与白某乙前妻之间对于离婚财产如何处理的安排，而并非与其子女之间签订的书面赠与合同，故不能认定赠与有效。白某甲并非案涉房屋的权利人，不享有足以排除人民法院依据蒋某某的申请对案涉房产强制执行的民事权益，故白某甲不享有可以排除强制执行的民事权益，人民法院应当准许继续执行该案涉房产。

编写人：湖南省益阳市桃江县人民法院　吴燕

007 案外人重复提出执行异议的，不得提起执行异议之诉

——刘某义诉胡某、胡某华执行异议之诉案

【案件基本信息】

1. 裁判书字号

北京市第三中级人民法院（2020）京 03 民终 11746 号民事裁定书

2. 案由：执行异议之诉

3. 当事人

原告（上诉人）：刘某义

被告（被上诉人）：胡某、胡某华

【基本案情】

刘某义与胡某华曾签订《房屋改造合同》《协议》，约定刘某义在胡某华承租的宋庄镇菜园村的土地投资建设部分厂房和职工宿舍，如胡某华不能给付工程款，则上述建筑物的所有权归刘某义所有。2019 年 4 月 29 日，北京市通州区宋庄镇菜园村民委员会与刘某义及胡某华签署《腾退确认书》，确认被腾退的地上物中有 18732.15 平方米属于刘某义所有。2019 年 5 月 19 日，刘某义与胡某华签订了《腾退补偿预付款的分款协议》，确认预付补偿款中的 571.95 万元直接发放到刘某义的账户。2019 年 5 月 23 日，北京市通州区人民法院前往宋庄镇政府对此采取了查封冻结，该裁定中的申请执行人为胡某。2019 年 9 月 29 日，宋庄镇菜园村民委员会与刘某义及宋庄镇政府三方签订了《腾退补偿款预付款协议》，

再次确认刘某义是部分地上物的直接腾退补偿对象。由于北京市通州区人民法院的查封导致镇政府不发放刘某义的补偿款，刘某义因此向北京市通州区人民法院提起执行异议，后刘某义撤回了执行异议。之后，刘某义再次提出执行异议，北京市通州区人民法院（2019）京0112执异806号执行裁定书以异议重复为由驳回刘某义的执行异议，故提起刘某义本案诉讼。

【案件焦点】

案外人重复提出执行异议，被人民法院裁定驳回后，案外人仍然不服的，应向上一级人民法院申请复议，还是提起案外人执行异议之诉。

【法院裁判要旨】

北京市通州区人民法院经审理认为：刘某义所依据的（2019）京0112执异806号裁定书，对刘某义所提出的异议申请，依据《最高人民法院关于人民法院办理执行异议和复议案件若干问题的规定》第十五条予以裁定驳回，但所指出的救济路径为向本院提出执行异议之诉，而该第十五条的规定属于不符合受理条件的情形，按照《最高人民法院关于人民法院办理执行异议和复议案件若干问题的规定》第二条的规定，应属于向上一级人民法院申请复议的情形，而不属于直接提起执行异议之诉的情形，故本案不符合执行异议之诉的受理条件，对刘某义的起诉应予以驳回。

刘某义不服一审裁定提出上诉。

北京市第三中级人民法院经审理认为：《最高人民法院关于人民法院办理执行异议和复议案件若干问题的规定》第二条规定，执行异议符合《中华人民共和国民事诉讼法》第二百二十五条或者第二百二十七条规定条件的，人民法院应当在三日内立案，并在立案后三日内通知异议人和相关当事人。不符合受理条件的，裁定不予受理；立案后发现不符合受理条件的，裁定驳回申请。异议人对不予受理或者驳回申请裁定不服的，可以自裁定送达之日起十日内向上一级人民法院申请复议。上一级人民法院审查后认为符合受理条件的，应当裁定撤销原裁定，指令执行法院立案或者对执行异议进行审查。第十五条规定，当事人、利害关系人对同一执行行为有多个异议事由，但未在异议审查过程中一并提出，撤回异议或者被裁定驳回异议后，再次就该执行行为提出异议的，人民法院不予受理。案外人撤回异议或者被裁定驳回异议后，再次就同一执行标的提出异议的，人民法院不予受理。本案中，刘某义提起本案执行异议之诉所涉及的（2019）京 0112 执异 806 号裁定书，对于刘某义提出的异议申请，认为系刘某义就同一执行行为已提出过执行异议，撤回后又再次提出执行异议，不应重复审查，并依据上述第十五条规定驳回刘某义的异议申请。根据上述第十五条规定，此种情形属于不符合受理条件的情形，而依据上述第二条规定，此种情形应向上一级人民法院申请复议，而非直接提起执行异议之诉，因此，一审法院认定本案不符合执行异议之诉的受理条件，驳回刘某义的起诉是正确的，应予维持。

【法官后语】

本案的审理争议焦点在于：案外人重复提出执行异议，被人民法院裁定驳回后，案外人仍然不服的，应向上一级人民法院申请复议，还是提起案外人执行异议之诉？如案外人依据该驳回异议申请裁定书指明的救济路径，提起案外人执行异议之诉，那么人民法院应否作为案外人执行异议之诉案件予以受理？回答以上问题，需要在研究执行异议之诉的价值取向基础上，对于当事人如何维护相应权益指明路径。

1. 执行异议之诉的价值取向

本案系执行异议之诉纠纷。2007 年《中华人民共和国民事诉讼法》修改，设立了执行异议之诉制度。通过之后几次修改，以及 2015 年《最高人民法院关于适用〈中华人民共和国民事诉讼法〉的解释》的制定，在我国民事诉讼中逐渐形成了裁判文书生效后的争议裁判“程序网络”。执行异议之诉是这一特殊的争议裁判“程序网络”的关键线条。从执行实践的现实需要来看，设置执行异议之诉的民事诉讼程序，对于进一步规范强制执行行为，减少执行瑕疵具有重要现实意义。从强制执行法的基本理论看，设置执行异议之诉制度，符合诉权保护、权利救济和权力制约的基本法治原理。

执行异议之诉虽属于民事之诉，但又不同于普通民事之诉，有其独特价值。法律制度的价值一般表现为公正、公平、效率、权威、秩序、平衡等多个层面。民事诉讼的本质是分配争议民事法益的场域。公正是接受分配者的首要期许。就民事审判而言，公正价值优先于效益价值、安定价值应无争议。民事执行以实现生效裁判文书业已分配的权利与义务为其基本功能，因此执行应秉持效益优先和兼顾公正、安定的价值取向。程序状态与程序的价值预设有密切关联，在多程序具有共同目的时，更是如此。价值体系失调，可能使同类程序处在事实上的竞合状态，进而导致程序运行上的混乱状态；合理的价值预设，会引导出妥当的程序设置，使诸程序各司其能、井然有序。当执行程序中出现了实体争议，亦即围绕实体权利、义务分配的争议，就会产生程序对象的交叠，进而产生功能交错的各种状态。在此程序对象交叠的场域，效益优先和兼顾公正、安定的价值取向是否恰当？民事诉讼是一种公共服务，其价值定位来源于民事诉讼参加者对于诉讼的期许。一般而言，涉及实体权利义务分配的争议，民事诉讼参加者更重视分配的公正性。这种公正追求倾向会随着争议标的重要性的增长、标的金额的增加而不断增强。执行异议之诉制度作为司法裁判权的程序载体，必须以公正为目标；而执行工作讲求效率，这就要求在构建执行异议之诉制度时又要考虑效率。因此，执行异议之诉制度应以“保障公正”为基本价值目标，同时将“注重效率”作为重要价值取向。

2. 执行异议之诉与执行复议的路径选择

实践中，对该争议有不同观点：一种观点认为，根据《最高人民法院关于人民法院办理执行异议和复议案件若干问题的规定》第十五条第二款规定，案外人撤回异议或者被裁定驳回异议后，再次就同一执行行为提出异议的，人民法院不予受理。结合《最高人民法院〈关于最高人民法院关于人民法院办理执行异议和复议案件若干问题的规定〉理解与适用》一书中对该条规定的理解，该规定是对于人民法院行使执行裁决权时，贯彻民事诉讼中“一事不再理”原则，以达到提高执行效率、效果的相关规定。该规定分为两个部分，一部分是当事人、利害关系人对同一执行行为有多个异议事由的，应当一并提出；另一部分是案外人对执行标的主张实体权利并提出组织执行的异议的，被裁定驳回、按撤回异议处理或者撤回异议的，不得重复提出异议。人民法院在作出处理时，应当告知、释明异议人其他救济途径，注意与审判监督程序及案外人异议之诉的过渡，在驳回案外人异议的裁定中，应当写明相应的救济途径，依据《中华人民共和国民事诉讼法》第二百三十四条的规定，案外人仍向执行机构提出异议的，应当引导其通过审判监督程序或者诉讼途径解决。因此，在人民法院驳回案外人再次提出的执行异议作出裁定后，案外人可依据《中华人民共和国民事诉讼法》第二百三十四条的规定，提起案外人执行异议之诉，人民法院亦应予受理。

另一种观点认为，《最高人民法院关于人民法院办理执行异议和复议案件若干问题的规定》第二条系针对执行异议符合或者不符合《中华人民共和国民事诉讼法》第二百三十二条或者第二百三十四条规定条件的，人民法院应当如何处理的规定，即该条规定包含了案外人提出的执行异议符合或者不符合民事诉讼规定受理条件的，人民法院应当如何处理的情形。对于不符合受理条件的，裁定不予受理；立案后发现不符合受理条件的，应裁定驳回申请。同时，根据第二百三十二条的规定，异议人对不予受理或者驳回申请裁定不服的，可以自裁定送达之日起十日内向上一级人民法院申请复议。故该款规定了异议人对不予受理或者驳回申请裁定不服的，应通过向上一级人民法院申请复议的路径来救济，而非提起案外人执行异议之诉。该条规定与《最高人民法院关于人民法院办理执行异议和复议案件若干问题的规定》第十五条第二款并不矛盾，第十五条第二款规定的是人民法院不予受理案外人提出异议的情形，对于符合该不予受理情形的，仍应按照该法第二条第三款规定处理，即异议人对不予受理或者驳回申请裁定不服的，可向上一级人民法院申请复议。因此，对于人民法院以案外人曾提出执行异议撤诉后，再次提出执行异议，不应重复审查为由，裁定驳回了案外人执行异议申请的，案外人可向上一级人民法院申请复议，而不应提起案外人执行异议之诉。如已经作为案外人执行异议之诉案件受理的，则由于该起诉不符合案外人执行异议之诉案件受理条件，应裁定驳回案外人的起诉。

笔者倾向于第二种观点。《最高人民法院关于人民法院办理执行异议和复议案件若干问题的规定》第十五条规定的撤回异议处理的结果，不同于民事审判程序中撤诉的结果，不再赋予异议人重新提起异议的权利。主要基于以下考虑：执行行为一般不涉及实体权利，执行行为异议裁定不同于民事判决，一般也是对程序性事项作出认定，为了保障执行效率这一首要目标，不赋予异议人再行异议的权利。同时第二条又给予了驳回申请不服的救济路径。为了防止法院变相提供执行异议的门槛，《最高人民法院关于人民法院办理执行异议和复议案件若干问题的规定》第二条增设了异议人不服不予受理或驳回申请裁定的，有向上一级人民法院申请复议的权利。这是从诉讼程序中借鉴而来，对于执行异议程序中当事人的权利保护更为完善和充分，不应仅限于执行行为异议裁定不服的狭隘理解。因此，案外人重复提出执行异议，被人民法院裁定驳回后，案外人仍然不服的，应向上一级人民法院申请复议，不应提起执行异议之诉。

当该争议进入民事之诉，执行异议之诉是否应该受理？以上争议系执行程序中执行异议的处理规定，而目前执行异议之诉相关适用规定也仅限于《中华人民共和国民事诉讼法》及其司法解释，缺乏系统性的规定。此时，如何处理与执行异议之诉的程序价值有很大关系。执行异议之诉制度的效益优先和兼顾公正、安定的价值取向，不允许当事人对于执行异议反复无限制滥用。程序方面，不得不提到执行异议与执行异议之诉的联系。《中华人民共和国民事诉讼法》规定了案外人提起执行异议之诉适用的前提条件，即案外人对执行标的存在执行异议的，应先向执行法院提出异议，法院自收到书面异议之日起十五日内审查，理由成立的，裁定中止对该标的的执行，理由不成立的，裁定驳回。案外人如对裁定不服，与原判决、裁定无关的，可以自裁定送达之日起十五日内向法院提起执行异议之诉。前置程序的立法初衷是提高执行的效率，使一部分执行异议的案件能消化在执行机关的异议审查中，减少案件进入审判程序的数量，形成案件分流，案外人提出的异议不足以排除执行的，执行异议程序审查中直接驳回，若案外人的异议权确有足以排除执行依据的，则停止执行，从而实现执行问题快速有效地解决。具体而言，执行异议制度设立的理性模式，是通过与执行异议之诉程序形成“漏斗”模型的程序样态，实现对案件的过滤作用。通过对案外人执行异议案件的筛选，尽可能地将纠纷解决在执行阶段，实现执行程序的效率要求。故，即使执行异议之诉存有民事之诉的属性，在此程序问题的处理上，也须保持与执行异议规定的一致性，以确保执行救济制度功效最大限度发挥。也就是说，如案外人提起执行异议之诉，那么人民法院应裁定对于执行异议之诉案件驳回起诉。

从2007年《中华人民共和国民事诉讼法》增设执行异议之诉制度至今，执行异议之诉案件数量不大，但增速明显。由于执行异议之诉的法条规定较少，探索性很强，本案例的探索研究有利于推动执行异议之诉制度的不断完善。

编写人：北京市第三中级人民法院　闫慧　肖萌萌

008 案外人执行异议之诉，既要确认案外人对执行标的是否享有实体权利，又要对该实体权利能否阻却强制执行作出判断

——甘某涛诉某融资担保公司执行异议之诉案

【案件基本信息】

1. 裁判书字号

新疆维吾尔自治区昌吉市人民法院（2020）新 2301 民初 1943 号民事判决书

2. 案由：执行异议之诉

3. 当事人

原告：甘某涛

被告：某融资担保公司

第三人：某商贸公司、高某兵、袁某英、高某棣

【基本案情】

2008 年 12 月 17 日，某置业公司与甘某涛签订了《商品房买卖合同》，并向甘某涛出具一张收据，注明：以工程款转顶房款 456264 元；同日，某蔬菜盐业公司向甘某涛出具订购合同，将其商业综合楼下 11 号门面房抵甘某涛综合楼配套工程款。2011 年 7 月 25 日，某蔬菜盐业公司变更名称为某商贸公司。甘某涛于 2011 年至今将涉案门面房出租给他人，其间，涉案房屋的水费、电费均由承租人向某商贸公司缴纳。

某商贸公司于 2011 年取得包括 11 号门面房在内的前述商业综

合楼的房产权证，于2017年1月20日办理抵押登记，抵押权人为某融资担保公司，担保债权数额为800万元。某融资担保公司与某商贸公司、高某兵、袁某英、高某棣追偿权纠纷一案，经法院出具（2019）新23民终13号民事调解书结案。某融资担保公司作为申请执行人向法院申请强制执行，甘某涛于2020年4月22日对法院执行前述商业综合楼一层11号商业用房的执行行为提出书面异议，法院遂作出“驳回案外人甘某涛的异议请求”的（2020）新2301执异40号执行裁定书，甘某涛于2020年5月11日向法院提出案外人执行异议之诉。

另查明，某商贸公司与某置业公司住所地均位于前述商业综合楼，法定代表人均为高某兵，某商贸公司占某置业公司96.5%的股权，赵某江、高某艳均为两公司股东，并且2001年某置业公司的审计报告中挂账有某商贸公司综合楼工程款的项目。

【案件焦点】

案外人执行异议之诉中，案外人对执行标的是否享有足以排除强制执行的民事权益。

【法院裁判要旨】

新疆维吾尔自治区昌吉市人民法院经审理认为：《最高人民法院关于人民法院办理执行异议和复议案件若干问题的规定》第二十八条规定：“金钱债权执行中，买受人对登记在被执行人名下的不动产提出异议，符合下列情形且其权利能够排除执行的，人民法院应予支持：（一）在人民法院查封之前已签订合法有效的书面买卖合同；（二）在人民法院查封之前已合法占有该不动产；（三）已支付全部价款，或者已按照合同约定支付部分价款且将剩余价款按照人民法院的要求交付执行；（四）非因买受人自身原因未办理过户登记。”案外人享有的权利排除执行，四个要件必须全部具备，缺一不可。

本案中，第一，涉案门面房的所有权登记在某商贸公司名下，某置业公司与某商贸公司的法定代表人均为高某兵，且办公场所相同，长期以来两个公司存在经营、资产、人员等方面严重混同，两个公司实质上已混同一体，某商贸公司对2008年某置业公司以其名义销售登记在其名下的房产明知且认可，涉案门面房的买卖合同是某置业公司、某商贸公司与甘某涛三方当事人的真实意思表示，且甘某涛签订房屋买卖合同中约定的11号门面房系某商贸公司昌市房字第0××1号房权证中的房屋的一部分。第二，某置业公司2010年即出具了收款收据，证实涉案综合楼11号门面房的房款456264元已全额抵付，因两家公司财务混同，该收款收据视为已交付某商贸公司全额房款。第三，甘某涛购买房屋后于2011年将涉案门面房出租给他人，并收取了相应的租赁费，即其2019年涉案房屋查封前已合法占有涉案房屋。第四，涉案门面房未办理房产过户登记，因该涉案房屋的房产系4层商业综合楼的其中一部分，并无独立的房产登记手续，涉案房屋不符合过户登记条件，故无法将涉案门面房过户给甘某涛，并非甘某涛消极不行使登记权利。综上所述，甘某涛对案涉不动产享有足以排除执行的物权期待权，应停止对案涉房屋的执行。

对于甘某涛要求确认案涉房屋所有权是否应予支持。由于案涉房产并未办理所有权登记变更手续，目前仍登记在某商贸公司名下，依照《中华人民共和国物权法》第九条关于“不动产物权的设立、变更、转让和消灭，经依法登记，发生效力；未经登记，不发生效力，但是法律另有规定的除外”的规定，根据甘某涛与某商贸公司签订的商品房买卖合同，现阶段甘某涛对案涉房产仅享有请求相关登记机关进行所有权人变更的权利，尚不具备直接确认其享有所有权的基础和条件，法院对甘某涛请求确认对案涉房产享有所有权的请求，不予支持。

新疆维吾尔自治区昌吉市人民法院依照《中华人民共和国民事诉讼法》第一百四十四条、第二百二十七条（自2022年1月1日起施行的《中华人民共和国民事诉讼法》第一百四十七条、第二百三十四条），《最高人民法院关于适用〈中华人民共和国民事诉讼法〉的解释》第九十条、第三百零七条、第三百一十一条、第三百一十二条第一款，《最高人民法院关于人民法院办理执行异议和复议案件若干问题的规定》第二十八条之规定，作出如下判决：

一、停止对涉案门面房强制执行；

二、驳回原告甘某涛的其他诉讼请求。

判决后，双方当事人均未上诉，本判决现已生效。

【法官后语】

案外人执行异议之诉作为一项新类型案件，其本身具有两栖性，横跨实体法和程序法两大领域。在程序上不同于普通民事诉讼程序，要求案外人提起诉讼须符合《中华人民共和国民事诉讼法》第一百二十二条的起诉条件，且案外人的执行异议申请已经被人民法院裁定驳回，并在法律规定的时间内提出明确排除对执行标的执行而与原判决、裁定无关的诉讼请求。对于甘某涛要求立即停止对位于某商贸公司综合楼一层11号商业门面房的强制执行的请求，甘某涛作为案外人在提起执行异议申请被驳回后，在法定期间内提起异议之诉，符合法律规定。

提起案外人执行异议之诉，诉争本质上是实体权利之争，亦即案外人在起诉时应在证据外观上享有《最高人民法院关于适用〈中华人民共和国民事诉讼法〉的解释》第三百零九条、第三百一十条第二款的“足以排除强制执行的民事权益”，在实体审理时，《最高人民法院关于人民法院办理执行异议和复议案件若干问题的规定》第二十八条规定：“金钱债权执行中，买受人对登记在被执行人名下的不动产提出异议，符合下列情形且其权利能够排除执行的，人民法院应予支持：（一）在人民法院查封之前已签订合法有效的书面买卖合同；（二）在人民法院查封之前已合法占有该不动产；（三）已支付全部价款，或者已按照合同约定支付部分价款且将剩余价款按照人民法院的要求交付执行；（四）非因买受人自身原因未办理过户登记。”结合本案情况，以上 4 个条件本案的原告均提交证据证实，第一，本案涉案门面房的商品房买卖合同是某置业公司、某商贸公司与甘某涛三方当事人的真实意思表示，买卖合同签订的时间为 2008 年，涉案房屋查封时间为 2019 年；第二，涉案房产系某商贸公司昌市房字第 0××1 号房权证中的房屋的一部分，且涉案房产属于以房抵债，涉案房屋款项于 2010 年已全额抵付；第三，某商贸公司交付涉案房产后甘某涛于 2011 年将房屋对外出租，表明甘某涛在涉案门面房 2019 年被查封前已经合法占有；第四，涉案门面房未办理房产过户登记，某商贸公司自认系其自身原因，涉案房屋不符合房屋过户登记条件，故无法将涉案门面房过户给甘某涛，并非甘某涛消极不行使登记权利，因此未进行物权变更登记的原因不可归责于甘某涛。综上所述，甘某涛对案涉不动产享有足以排除执行的物权期待权，应停止对案涉房屋的执行，故甘某涛作为案外人享有对案涉不动产足以排除执行的物权期待权。

对于原告要求确权的请求，根据《最高人民法院关于适用〈中华人民共和国民事诉讼法〉的解释》第三百一十二条第二款（自2022年《最高人民法院关于适用〈中华人民共和国民事诉讼法〉的解释》第三百一十条第二款）的规定，案外人同时提出确认其权利的诉讼请求的，人民法院可以在判决中一并作出裁判。但本案中甘某涛虽享有对案涉不动产足以排除执行的物权期待权，因案涉房产目前仍登记在第三人名下，且已办理抵押，依照《中华人民共和国民法典》第二百零九条关于“不动产物权的设立、变更、转让和消灭，经依法登记，发生效力；未经登记，不发生效力，但是法律另有规定的除外”的规定，尚不具备直接确认其享有所有权的基础和条件，法院对原告请求确认对案涉房产享有所有权的请求，不予支持。

编写人：新疆维吾尔自治区昌吉市人民法院　马旭荣

009 以物抵债协议不能排除对执行标的的强制执行

——何某飞诉姜某等案外人执行异议之诉案

【案件基本信息】

1. 裁判书字号

江苏省南通市中级人民法院（2020）苏06民终3787号民事判决书

2. 案由：案外人执行异议之诉

3. 当事人

原告（上诉人、案外人）：何某飞

被告（被上诉人、申请执行人）：姜某

被告（被上诉人、被执行人）：王某、马某红

【基本案情】

何某飞与王某系朋友关系，2010 年，王某向某水利开发公司（何某飞持该公司 95%的股权，并担任该公司法定代表人）借款 900 万元。借款发生后，王某无力偿还全部借款，遂以其名下位于某小区 F 栋 801 室、901 室两处房产折抵借款 132.4 万元。

上述两套房屋登记情况为：某小区 F 楼 901 室房屋产权证已于 2012 年办理了变更登记，该房屋所有权人现登记为何某飞；801 室房屋未办理过户登记手续，房屋所有权人仍登记为王某。801 室房屋未办理过户登记的原因是彼时三亚市出台了房屋限购政策，在三亚市（区）范围内，非海南省户籍居民家庭限购 1 套住房，何某飞不是海南省户籍居民，无法对该套房屋办理过户登记手续。

2018 年 3 月 15 日，对于姜某诉王某、马某红民间借贷纠纷一案，江苏省南通市通州区人民法院出具民事调解书，双方达成调解协议：王某、马某红于 2018 年 7 月 30 日前一次性偿还姜某借款 500 万元。履行期间届满后，王某、马某红未能履行还款义务，姜某便向江苏省南通市通州区人民法院申请强制执行。执行过程中，江苏省南通市通州区人民法院委托海南省三亚市城郊人民法院对登记在王某名下位于某小区 F 栋 801 室房屋进行查封。2019 年 4 月 4 日，江苏省南通市通州区人民法院作出执行裁定，决定拍卖该房屋。法院在执行过程中，案外人何某飞提出异议，认为其为该房屋的实际所有人，故要求法院停止执行。江苏省南通市通州区人民法院认为何某飞的异议理由不能成立，裁定驳回其请求。何某飞不服该裁定，依法向江苏省南通市通州区人民法院提出执行异议之诉。

【案件焦点】

何某飞要求法院停止对某小区 F 楼 801 室房屋执行并确认该房屋归其所有是否符合法律规定。

【法院裁判要旨】

江苏省南通市通州区人民法院经审理认为:《最高人民法院关于人民法院办理执行异议和复议案件若干问题的规定》第二十八条规定,“金钱债权执行中,买受人对登记在被执行人名下的不动产提出异议,符合下列情形且其权利能够排除执行的,人民法院应予支持:(一)在人民法院查封之前已签订合法有效的书面买卖合同;(二)在人民法院查封之前已合法占有该不动产;(三)已支付全部价款,或者已按照合同约定支付部分价款且将剩余价款按照人民法院的要求交付执行;(四)非因买受人自身原因未办理过户登记”。本案中,何某飞要求排除对案涉房屋的执行不符合上述规定。理由为:(1)物权期待权是指案外人对房屋虽尚不享有物权法意义上的物权,但因具备了物权的实质性要素,依法可以合理预期通过办理不动产登记将该物权期待权转化为物权法意义上的现实物权。本案中,根据三亚市商品房限购政策,何某飞不符合购买第 2 套房屋的条件,无法请求出卖人即王某为其办理案涉房屋过户登记,故其对案涉房屋不享有物权期待权。(2)何某飞称购买案涉房屋是为以房抵债,即其签订购房合同不是为了获得房屋所有权,而是为了实现借款债权的清偿,根据债权平等原则,某水利开发公司对王某享有的债权相较于本案所涉执行债权而言,并不具有优先保护的价值。(3)何某飞提供的案涉房屋的物业管理费和有线电视费等收据上记载的用户名均为王某,上述费用不能认定为何某飞所交,何某飞主张其实际占有的房屋依据不足。（4）何某飞未能举证其曾向房屋登记机关提交办理房屋过户登记，其主张不能办理房屋过户登记系房屋限购政策而自身不存在过错的意见亦不能成立。

江苏省南通市通州区人民法院依照《中华人民共和国合同法》第一百三十条，《中华人民共和国民事诉讼法》第二百二十七条，《最高人民法院关于适用〈中华人民共和国民事诉讼法〉的解释》第三百一十条、第三百一十一条、第三百一十二条第一款第二项之规定，作出如下判决：

驳回原告何某飞的诉讼请求。

二审法院同意一审法院的裁判意见。

【法官后语】

本案是一起处于限购政策中的房屋买受人要求排除强制执行的案例。本案争议焦点是何某飞对讼争房屋是否享有阻却法院强制执行的实体权利。根据何某飞主张的购买房屋情况：（1）何某飞在房屋被查封前与卖房人王某签订了《商品房买卖合同》；（2）限购政策并非法律、行政法规，不能成为合同无效的事由，故《商品房买卖合同》应认定为有效；（3）何某飞以其名下公司对卖房人王某所享有的债权抵算购房款并将房屋交由其家人入住；（4）非因其自身原因未办理过户登记。结合以上4点，在不考虑以房抵债行为及限购政策的前提下，何某飞符合《最高人民法院关于人民法院办理执行异议和复议案件若干问题的规定》第二十八条规定的房屋买受人的条件，可取得对房屋的物权期待权，有权排除强制执行。

根据民法理论，物权期待权是当事人对取得物权可能性的期待，没有取得物权可能性的主体不享有物权期待权。房地产限购政策虽然不是法律、行政法规，但属于行政命令。该行政命令直接限制了不符合购房条件的房屋买受人取得房屋所有权的可能。因此，没有购房资格的主体不可能对所购房屋享有物权期待权，也不可能根据《最高人民法院关于人民法院办理执行异议和复议案件若干问题的规定》第二十八条的规定要求排除强制执行。本案中，因限购政策的影响，何某飞事实上无法请求将讼争房屋变更登记至自己名下，其要求阻却另案执行及确认房屋所有权的请求，不应得到支持。

一般而言，案外人不享有足以排除另案执行的民事权益时，无权主张排除另案对于诉争标的物的强制执行程序。但是，《最高人民法院关于人民法院办理执行异议和复议案件若干问题的规定》第二十八条对债权人以其享有的债权可以排除强制执行作出了例外规定。如适用该规定，则需要案件事实符合例外规定中的每一适用要件。本案中，何某飞与王某签订的以房屋冲抵借款的合同不同于房屋买卖合同，实质属于以物抵债，是债的清偿，而不是房屋买卖合同，相对于另案执行的民事权益而言，并不具有优先保护的价值，因而不能适用《最高人民法院关于人民法院办理执行异议和复议案件若干问题的规定》第二十八条的规定，何某飞不能主张排除另案强制执行。

本案的典型意义在于，以物抵债协议未实际履行的，案外人未取得抵债物所有权，不享有足以排除另案执行的民事权益，不能据此排除强制执行程序。所以，当事人在签订以物抵债协议后，应当注意及时办理所有权变更登记。另外，房屋买受人也要密切关注限购政策，防范风险。如前案例所述，限购政策虽然不影响房屋买卖合同效力，但由于限购政策，房屋无法办理过户登记。在限购因素未消除的情况下，房屋买受人将面临已支付房款却无法取得房屋所有权的巨大风险。

编写人：江苏省南通市通州区人民法院　邓建华　赵洪芳

010 婚内形成的分割房产的调解书不能作为阻碍执行的依据

——王某诉王某泉执行异议之诉案

【案件基本信息】

1. 裁判书字号

北京市第二中级人民法院（2020）京02民终10125号民事判决书

2. 案由：执行异议之诉

3. 当事人

原告（上诉人）：王某

被告（被上诉人）：王某泉

第三人：孟某云

【基本案情】

王某与孟某云于2007年8月27日登记结婚，2012年3月30日，王某泉与孟某云签订《协议书》：甲、乙双方协商一致，共同确认自2007年以来，甲方（王某泉）陆续借给乙方（孟某云）人民币2300万元……乙方孟某云与王某为共同债务人，互相承担连带责任。该协议有王某泉、孟某云、王某三方签名。2013年9月26日，北京市某公证处作出（2013）京某内民证字第30764号公证书，2014年11月20日作出（2014）京某执字第00951号执行证书，执行标的为本金人民币28175000元+利息+违约金+实现债权所产生的其他相关费用。其后王某以共有权确认纠纷为案由向北京市昌平区人民法院提起诉讼请求依法确认涉案房屋的共有份额。2014 年 3 月 26 日北京市昌平区人民法院作出（2014）昌民初字第 1555 号民事调解书。该调解书确认王某占有北京市昌平区枫树家园×区××号房屋 59%的份额；孟某云占有前述房屋 41%的份额。因孟某云未履行上述公证书载明的义务，王某泉向北京市西城区人民法院申请强制执行。北京市西城区人民法院于 2015 年 1 月 5 日以 2015 年西执字第 01323 号执行案件立案执行，2016 年 3 月 24 日，该案以本次执行程序终结结案。2015 年 2 月 3 日，法院执行实施部门查封孟某云名下的涉案房屋，查封期限自 2015 年 2 月 3 日至 2017 年 2 月 2 日。后涉案房屋的查封期限予以延期。王某与孟某云于 2017 年 5 月 4 日办理离婚登记。

【案件焦点】

王某与孟某云在婚内形成的房屋产权比例分配的调解书能否阻碍执行。

【法院裁判要旨】

北京市西城区人民法院经审理认为：《最高人民法院关于人民法院办理执行异议和复议案件若干问题的规定》第二十六条规定，“金钱债权执行中，案外人依据执行标的被查封、扣押、冻结前作出的另案生效法律文书提出排除执行异议，人民法院应当按照下列情形，分别处理：（一）该法律文书系就案外人与被执行人之间的权属纠纷以及租赁、借用、保管等不以转移财产权属为目的的合同纠纷，判决、裁决执行标的归属于案外人或者向其返还执行标的且其权利能够排除执行的，应予支持；（二）该法律文书系就案外人与被执行人之间除前项所列合同之外的债权纠纷，判决、裁决执行标的归属于案外人或者向其交付、返还执行标的的，不予支持；（三）该法律文书系案外人受让执行标的的拍卖、变卖成交裁定或者以物抵债裁定且其权利能够排除执行的，应予支持”。本案中，王某与孟某云对涉案房屋共有权份额确认的（2014）昌民初字第1555号民事调解书不属于上述条款中规定的能够排除执行的判决、裁决，现涉案房屋登记在被执行人孟某云一人名下，执行实施部门查封该房屋并无不当。王某的异议请求，缺乏事实及法律依据，法院不予支持。

对于王某提出的对涉案房屋的确权诉求，法院认为王某与孟某云已就涉案房屋的权属份额在北京市昌平区人民法院达成调解，并由该院出具了（2014）昌民初字第1555号民事调解书，该调解书早已生效，故法院对王某的该诉求不予支持。

北京市西城区人民法院依照《中华人民共和国民事诉讼法》第一百五十四条第一款第十一项、第二百二十七条，《最高人民法院关于人民法院办理执行异议和复议案件若干问题的规定》第二十六条第一款之规定，作出如下判决：

驳回原告王某的诉讼请求。

王某不服一审判决，提出上诉。

北京市第二中级人民法院经审理认为：《最高人民法院关于人民法院民事执行中查封、扣押、冻结财产的规定》第二条规定，人民法院可以查封、扣押、冻结登记在被执行人名下的不动产。根据本案审理查明的事实，涉案房屋系孟某云在与王某登记结婚之前以个人名义购买，并且登记在孟某云个人名下，涉案房屋的不动产登记簿上记载房屋共有情况为单独所有。孟某云与王某泉于2013年9月26日就双方签订的《还款协议》办理公证，并赋予《还款协议》强制执行效力。后王某泉依据北京市某公证处作出的执行证书向一审法院申请强制执行。一审法院受理该案后于 2015 年 2 月 3 日查封登记在孟某云名下的涉案房屋，符合上述司法解释的规定，并无不当。本案中，王某请求确认其为涉案房屋的所有权人，要求解除对涉案房屋的查封。根据王某提供的证据，王某曾向北京市昌平区人民法院提起诉讼，请求确认其与孟某云对涉案房屋的共有份额。在该案审理过程中，孟某云与王某自愿达成调解协议，北京市昌平区人民法院据此于 2014 年 3 月 26 日作出（2014）昌民初字第 1555 号民事调解书，确认王某占有涉案房屋 59%的份额，孟某云占有涉案房屋 41%的份额，但双方当事人并未就涉案房屋办理所有权变更登记。在涉案房屋被查封后，王某与孟某云于 2017 年 5 月 4 日签订《离婚协议书》，约定涉案房屋归王某所有。法院认为，王某与孟某云就涉案房屋权属所作出的离婚协议约定，不能对抗一审法院在先的查封行为。王某要求确认其为涉案房屋的所有权人的诉讼请求，依据不足，法院不予支持。综上所述，王某的上诉请求不能成立，应予驳回；一审判决认定事实清楚，适用法律正确，应予维持。

北京市第二中级人民法院依法判决：驳回上诉，维持原判。

【法官后语】

本案涉及的核心问题是，在金钱债权案件的执行程序中，法院依法查封登记在被执行人名下的房产，案外人以另案的确权调解书提起执行异议之诉，要求确认房屋的所有权并要求阻却对该房产的执行，法院能否支持。《最高人民法院关于人民法院办理执行异议和复议案件若干问题的规定》第二十六条规定，金钱债权执行中，案外人依据执行标的被查封、扣押、冻结前作出的另案生效法律文书提出排除执行异议，人民法院应当按照下列情形，分别处理：(1) 该法律文书系就案外人与被执行人之间的权属纠纷以及租赁、借用、保管等不以转移财产权属为目的的合同纠纷，判决、裁决执行标的归属于案外人或者向其返还执行标的且其权利能够排除执行的，应予支持。(2) 该法律文书系就案外人与被执行人之间除前项所列合同外的债权纠纷，判决、裁决执行标的归属于案外人或者向其交付、返还执行标的的，不予支持。(3) 该法律文书系案外人受让执行标的的拍卖、变卖成交裁定或者以物抵债裁定且其权利能够排除执行的，应予支持。本案中，王某所举证的调解书是否属于该条中第一项所称的能够排除执行的裁判文书。笔者认为答案是否定的，因为该调解书并不直接产生物权变动的法律后果，因而不能阻却执行程序。物权变动大致可以分为两类，一类是基于法律行为引起的物权变动，另一类则是基于法律规定、法院判决、仲裁裁决、政府征收决定、继承以及事实行为等非依法律行为引起的物权变动。《中华人民共和国民法典》第二百二十九条亦规定，因人民法院、仲裁机构的法律文书或者人民政府的征收决定等，导致物权设立、变更、转让或消灭的，自法律文书或者征收决定等生效时发生效力。上述法律规定即针对前述第二类物权变动进行的规定。该种情况下的物权变动不经登记或交付，可以直接生效。

但并非所有的法律文书都可以直接引起物权变动。《最高人民法院关于适用〈中华人民共和国民法典〉物权编的解释（一）》第七条规定："人民法院、仲裁机构在分割共有不动产或者动产等案件中作出并依法生效的改变原有物权关系的判决书、裁决书、调解书，以及人民法院在执行程序中作出的拍卖成交裁定书、变卖成交裁定书、以物抵债裁定书，应当认定为民法典第二百二十九条所称导致物权设立、变更、转让或者消灭的人民法院、仲裁机构的法律文书。”上述规定实际明确了能够导致物权变动的法律文书指的是形成性的法律文书，给付性和确认性的法律文书不能导致物权变动。确认性的法律文书对应的是确认之诉，确认之诉并不以权利的实现为目的，其仅就某种权利或法律关系以及事实的存在与否予以宣告，根本上不导致任何权利的变动。形成性法律文书对应的是形成之诉，形成之诉是指一方请求法院、仲裁机构变动或消灭其与对方当事人之间现存的民事法律关系的诉。

本案中，原告通过调解书确认原告及第三人对涉案房屋所享有的份额比例，属于确认之诉，且不属于人民法院在分割共有不动产案件中作出并依法生效的改变原有物权关系的法律文书，故其不能产生物权变动的效果。原告据此要求法院予以确权并要求停止执行，与法律规定不符，亦不符合法理。本案判决的重要意义在于，明确了案外人不能依据另案生效的确权调解书阻却在金钱债权执行案件中对登记在被执行人名下房产的执行措施，该类案件在日益增长的案外人执行异议之诉案件中越来越常见，通常情况下是由作为夫妻一方的案外人针对作为被执行人的夫妻另一方以夫妻双方之间形成的确权调解书为由向夫妻另一方的债权人提起案外人执行异议之诉，要求停止执行登记在夫妻另一方名下的财产，甚至同时要求确认权属归作为案外人的夫妻一方所有。在该类案件中，存在极大的道德风险，即夫妻双方在已明知另一方对外负债的情况下，通过达成婚内或离婚调解书的形式分割财产，已达到逃避履行债务的目的，故在该类案件中，法律必须对此作出严格的规制，保护债权人的合法权益。此案例对该类案件的分析和处理，起到了很好的示范作用，有助于该类案件裁判尺度的统一。

编写人：北京市西城区人民法院　陈访雄

011 案外共有人与申请执行人权利冲突的解决路径

——赵某诉刘某荣案外人执行异议之诉案

【案件基本信息】

1. 裁判书字号

北京市丰台区人民法院（2020）京 0106 民初 18111 号民事判决书

2. 案由：案外人执行异议之诉

3. 当事人

原告：赵某

被告：刘某荣

第三人：陈某昊

【基本案情】

2008 年 4 月 18 日赵某和陈某昊登记结婚。2013 年 4 月 24 日，买受人陈某昊和出卖人某置业公司签订《商品房买卖合同》，约定陈某昊购买山西省太原市龙城南路××号 6 幢 1 单元 301 号商品房（预售商品房）。

刘某荣与某工贸公司、杨某兵、张某、赵某海、陈某昊、赵某娜、樊某借款合同纠纷一案，法院于 2016 年 5 月 20 日作出的（2015）丰民（商）初字第 14853 号民事判决书已经发生法律效力，判决如下：

一、被告某工贸公司于本判决生效之日起七日内偿还原告刘某荣借款本金人民币 2500 万元；

二、被告某工贸公司于本判决生效之日起七日内支付原告刘某荣自2014年4月14日起至2015年7月8日止的利息6975000元；

三、被告某工贸公司于本判决生效之日起七日内，以2500万元为基数，按照每日万分之六点二的利率，支付原告刘某荣自2015年7月9日起至实际付清之日止的利息；

四、被告杨某兵、张某、赵某海、陈某昊、赵某娜、樊某对被告某工贸公司的上述债务承担连带清偿责任；

五、被告杨某兵、张某、赵某海、陈某昊、赵某娜、樊某承担连带清偿责任后有权向被告某工贸公司追偿；

六、驳回原告刘某荣的其他诉讼请求。如果未按本判决指定的期间履行给付金钱义务，应当依照《中华人民共和国民事诉讼法》第二百五十三条之规定，加倍支付迟延履行期间的债务利息。

2016年7月26日，刘某荣向法院申请执行，法院依法受理，案号为（2016）京0106执4705号。在执行过程中，经法院穷尽财产调查措施，未发现被执行人名下有可供执行的财产。2017年1月，法院作出（2016）京0106执4705号执行裁定书，裁定（2016）京0106执4705号案件终结本次执行程序。2017年11月9日，法院作出（2016）京0106执4705号执行裁定书，裁定继续预查封被执行人陈某昊名下山西省太原市龙城南路××号6幢1单元301号商品房。2017年11月20日，某市国土资源局向法院出具《告知函》，内容为“北京市丰台区人民法院：我中心根据太原市房产交易服务中心《预查封房产档案查询结果反馈单》内容原文回复如下：经某房地产登记系统、楼盘信息查询，截至2017

年11月10日16点39分，续予查封陈某昊名下龙城南路××号6幢1单元301号商品房的房产。付款方式：一次性付款，已签约已备案。限制期限：2017-11-09~2020-11-08。特此函告”。

赵某以其拥有查封的涉案房屋一半产权及借款债务是陈某昊个人债务为由，向法院提出执行异议，法院于2020年5月6日作出（2020）京0106执异239号执行裁定书，驳回赵某的异议请求。随后，赵某提起本次诉讼，请求法院判令立即停止对山西省太原市龙城南路××号6幢1单元301号房屋的执行（拍卖）并解除该房屋中原告享有份额内财产的查封。

【案件焦点】

1. 如何解决申请执行人基于债权对房屋享有的执行权利与房屋上原附着的案外人共有权利之间发生的冲突；2. 如何保护案外共有人的合法权益。

【法院裁判要旨】

北京市丰台区人民法院经审理认为：《最高人民法院、国土资源部、建设部关于依法规范人民法院执行和国土资源房地产管理部门协助执行若干问题的通知》第十五条规定，人民法院可以对被执行人购买的办理了商品房预售合同登记备案手续或者商品房预告登记的房屋采取预查封措施。根据2017年11月20日某市国土资源局向法院出具的《告知函》，法院对陈某昊购买的位于山西省太原市龙城南路××号6幢1单元301号房屋采取继续预查封措施，符合法律规定。依据赵某提交的证据可知，涉案房屋为赵某与陈某昊在婚姻关系存续期间购买，依据《中华人民共和国婚姻法》第十七条的规定，应属夫妻共同财产。《最高人民法院关于人民法院民事执行中查封、扣押、冻结财产的规定》第十四条第一款规定："对被执行人与其他人共有的财产，人民法院可以查封、扣押、冻结，并及时通知共有人。"由此可知，赵某以涉案房屋属于夫妻共同财产为由要求停止执行，缺乏依据。《最高人民法院关于人民法院民事执行中查封、扣押、冻结财产的规定》第十四条第二款规定，"共有人协议分割共有财产，并经债权人认可的，人民法院可以认定有效。查封、扣押、冻结的效力及于协议分割后被执行人享有份额内的财产；对其他共有人享有份额内的财产的查封、扣押、冻结，人民法院应当裁定予以解除"，该条款明确规定了"对其他共有人享有份额内的财产的查封、扣押、冻结，法院应当裁定予以解除"的前提条件是"共有人协议分割共有财产，并经债权人认可"，本案中，赵某和陈某昊夫妻关系正常存续，法律一般不允许夫妻婚内分割共同财产，故赵某要求解除对龙城南路××号 6 幢 1 单元 301 号房屋中赵某享有份额内财产的查封，不符合法律规定，法院不予支持。但应当指出的是，法院在对龙城南路××号 6 幢 1 单元 301 号房屋进行拍卖时，应当在赵某和陈某昊夫妻共有财产的范围内对陈某昊享有的财产份额予以处分，不得损害赵某的财产份额。

北京市丰台区人民法院依照《中华人民共和国婚姻法》第十七条，《最高人民法院关于适用〈中华人民共和国婚姻法〉若干问题的解释（三）》第四条，《最高人民法院关于人民法院民事执行中查封、扣押、冻结财产的规定》第十四条第一款之规定，作出如下判决：

驳回赵某的全部诉讼请求。

判决后，双方当事人均未上诉，本判决现已生效。

【法官后语】

本案实质上是申请执行人基于债权对房屋享有的执行权利与房屋上原附着的案外人共有权利之间发生的冲突，此时可通过以下步骤综合判断案外人对房屋的实体权利能否对抗执行。

1. 判断债权债务属性

申请执行人对房屋的执行权利是根据生效裁判文书确定的债权衍生而来，是为实现债权而产生，本质上仍属债权。作为执行依据的裁判文书如果没有认定为夫妻共同债务的，不宜直接追加夫妻另一方为案件的被执行人，该债务仅为夫妻一方（被执行人）的个人债务。若为夫妻共同债务则应共同偿还，显然无法对抗执行，无须继续讨论。

2. 明晰房屋执行问题

（1）确定房屋的权属。涉案房屋仅登记在被执行人名下，需确定是否属于被执行人及案外人共有、是否有其他共有权人。涉案房屋购买于陈某昊与赵某夫妻关系存续期间，在夫妻双方无特别约定的情况下，应认定为夫妻共有房屋。

（2）确定房屋的共有份额。夫妻共同财产，归夫妻共同所有，夫妻双方有平等的处理权，一般不可以进行分割。但《中华人民共和国民法典》第三百零三条同时规定，共同共有人在共有的基础丧失或者有重大理由需要分割时可以请求分割。夫妻共同所有的财产，除另有约定的外，分割时夫妻各占一半份额。

（3）共有房屋的执行范围。根据《最高人民法院关于人民法院民事执行中查封、扣押、冻结财产的规定》第十二条的规定，一般情况下，直接进入执行程序，在执行时及于共有房屋的全部，只需做到及时通知案外共有人即可。共有房屋变现后，对被执行人名下份额的款项进行执行、冲抵申请执行人的债权，属于案外共有人的份额下的款项退还给案外共有人。

以下两种特殊情况可以阻止对整个共有房屋的强制执行，先通过分割协议或者析产诉讼方式分割共有财产然后进入执行程序。

第一种情况是，共有人对共有财产进行协议分割，并得到债权人认可，此时对房屋的权利及其份额由申请执行人、被执行人、案外共有人协商确定、达成合意，如无其他违反法律法规的情形，该协议有效，应按照协议进行强制执行：对协议分割后被执行人享有的份额为的财产可以强制执行，对案外共有人享有份额内的财产不予强制执行，已经采取强制措施的应当裁定解除；如果共有人对份额没有协商一致，或者协议没有得到债权人的认可，可见各方未达成合意，此时继续执行全部共有财产。

第二种情况是，共有人提起析产诉讼或者申请执行人代位提起析产诉讼的，可以起到中止执行共有财产的效果。可以在共有人内部进行析产诉讼，也可以由申请执行人代位被执行人作为一方当事人，由共有人作为对方当事人，提起析产诉讼，待析产诉讼结果确定后，申请执行人可以申请恢复执行，法院应以析产诉讼的结果为依据，继续执行。

（4）保障案外共有人的权益。案外共有人可以通过以上两种方式阻止对共有财产的执行，如果没能先对该共有财产析产、分割，然后再进行司法处置的话，在拍卖该共有不动产时，应保留案外共有人的财产份额，仅执行被执行人享有的份额。

综上所述，由于涉案房屋购买于陈某昊与赵某夫妻关系存续期间，应认定为夫妻共有房屋，在没有分割协议或者析产诉讼中止执行程序的情况下，法院可直接执行该共有房屋的全部，但在执行过程中，要充分保障案外共有人的合法权益。申请执行人为实现对夫妻一方享有的债权而申请强制执行时，法院应当在夫妻共有财产的范围内对被执行人享有的财产份额予以处分，不得损害案外共有人的财产份额。

当前我国法院强制执行的法律依据主要是民事诉讼法及最高人民法院关于强制执行的有关司法解释，今后，更应进一步细化法律法规，优化案外共有人与申请执行人之间的利益平衡，在执行过程中保障案外共有人对共有财产的优先购买权。

编写人：北京市丰台区人民法院　商丽颖　李晓慧

012 执行和解中以物抵债的债权人能否排除对该标的之强制执行

——李某峰诉某建筑公司案外人执行异议之诉案

【案件基本信息】

1. 裁判书字号

最高人民法院（2019）最高法民申 3875 号民事裁定书

2. 案由：案外人执行异议之诉

3. 当事人

原告（执行案外人、上诉人、再审申请人）：李某峰

被告（申请执行人、被上诉人、再审被申请人）：某建筑公司

第三人（被执行人）：某房地产开发公司

【基本案情】

2016年12月5日，吉林省吉林市中级人民法院审理某建筑公司与某房地产开发公司一案，查封了某房地产开发公司在吉林市船营区34处涉案房屋。该案执行过程中，李某峰向吉林省吉林市中级人民法院提起案外人执行异议之诉，庭审中查清，吉林省吉林市中级人民法院曾于2016年8月11日作出（2016）吉02民初131号之一裁定书，查封了某房地产开发公司包含本案涉案房屋在内的48套房屋，在该判决书生执行过程中，李某峰与某房地产开发公司达成以物抵债和解协议，2018年6月8日，吉林省吉林市中级人民法院作出（2018）吉02执192号之一执行裁定书，解除了对上诉房屋的查封。同日，李某峰到吉林市房屋权属交易服务中心对上述房屋办理了商品房合同备案并缴纳了房屋的专项维修资金。另查明，2018年7月2日，李某峰到吉林市某物业公司缴纳了本案涉案的6套房屋的2018年7月1日至2019年6月30日的物业费。执行异议之诉审查中，吉林市中级人民法院认为李某峰对案涉34（其中1套房屋已经出卖给刘某办理了备案登记，一套房屋出卖给李某艳办理了备案登记，李某峰不再主张权利）套房屋中的6套房屋享有排除执行的民事权益，故判决支持李某峰的部分诉求（支持6套，未支持26套）。李某峰不服，上诉至吉林省高级人民法院。2019年5月，吉林省高级人民法院判决驳回李某峰上诉，维持原判。李某峰不服，向最高人民法院申请再审，2019年8月30日，最高人民法院裁定驳回李某峰的再审申请。

【案件焦点】

在执行和解中达成以物抵债协议后，李某峰对原审判决不予停止执行的 26 套房屋，是否享有足以排除强制执行的民事权益。

【法院裁判要旨】

吉林省吉林市中级人民法院经审理认为：李某峰提供的维修资金的收费票据显然无法证实其已经对涉案房屋进行了实际占有，但其提供的 6 份物业费票据可以证明其已经对这 6 套房屋进行了管理，应视为对此 6 套房屋李某峰已经合法占有，可以排除执行。对涉案的其他房屋，李某峰自己承认其并未办理入住手续，亦未缴纳过涉案房屋的物业、水、暖、电等费用，故不能得出李某峰已经占有使用涉案房屋的结论，其请求排除执行的理由不符合法律规定，法院依法不予支持。关于李某峰提出涉案房屋已经归其所有的主张，《中华人民共和国物权法》第九条第一款规定："不动产物权的设立、变更、转让和消灭，经依法登记，发生效力；未经登记，不发生效力，但法律另有规定的除外。"现涉案房屋仍登记在某房地产开发公司名下，李某峰虽然在房产登记部门进行了合同备案登记，然而，合同备案登记属于行政机关的行政管理行为，不具有物权期待权的法律效力，也不发生物权效力。故法院对李某峰的此主张不予支持。综上所述，李某峰请求确认涉案房屋归其所有的诉讼请求依据不足，法院不予支持。李某峰请求停止执行的诉讼请求部分有理，法院对有理的部分予以支持。

吉林省吉林市中级人民法院依照《中华人民共和国物权法》第九条《最高人民法院关于人民法院办理执行异议和复议案件若干问题的规定》第二十八条，《中华人民共和国民事诉讼法》第二百二十七条，《最高人民法院关于适用〈中华人民共和国民事诉讼法〉的解释》第九十条、第三百一十一条、第三百一十二条之规定，作出如下判决：

一、停止执行坐落于吉林市船营区涉案房屋；

二、驳回李某峰的其他诉讼请求。

李某峰不服一审判决，提前上诉。

吉林省高级人民法院经审理认为：李某峰与某房地产开发公司在执行过程中达成和解协议，签订合法有效的以房抵债合同并支付了全部房屋价款，认定其性质属于一般房屋买卖合同。关于李某峰提出涉案房屋已经归其所有的主张，现涉案房屋仍登记在某房地产开发公司名下，李某峰虽然在房产登记部门进行了合同备案登记，然而，合同备案登记属于行政机关的行政管理行为，不具有物权期待权的法律效力，也不发生物权效力。根据《最高人民法院关于人民法院办理执行异议和复议案件若干问题的规定》第二十八条的规定："金钱债权执行中，买受人对登记在被执行人名下的不动产提出异议，符合下列情形且其权利能够排除执行的，人民法院应予支持：（一）在人民法院查封之前已签订合法有效的书面买卖合同；（二）在人民法院查封之前已合法占有该不动产；（三）已支付全部价款，或者已按照合同约定支付部分价款且将剩余价款按照人民法院的要求交付执行；（四）非因买受人自身原因未办理过户登记。"本案中，李某峰执行异议能否成立的关键是其对房屋是否已经合法占有。从本案的事实来看，李某峰提供的维修资金的收费票据显然无法证实其已经对涉案房屋进行了实际占有，但其提供的6份物业费票据可以证明其已经对这6套房屋进行了管理，应视为已对此6套房屋合法占有，可以排除执行。对涉案的其他房屋，李某峰承认其并未办理入住手续，亦未缴纳过涉案房屋的物业、水、暖、电等费用，故不能得出其已经占有使用涉案房屋的结论，因此不能排除强制执行。

吉林省高级人民法院依照《中华人民共和国民事诉讼法》第一百七十条第一款第一项的规定，作出如下判决：

驳回上诉，维持原判。

李某峰不服吉林省高级人民法院（2019）吉民终138号民事判决，向最高人民法院申请再审。

最高人民法院认为：原审法院认定李某峰并未占有案涉房屋，不予支持李某峰对案涉房屋排除强制执行的诉讼请求并无不当。作出如下裁定：

驳回李某峰的再审申请。

【法官后语】

当事人之间自行签订的以物抵债协议在未进行变更登记或交付前，不产生物权变动的效果，所以案外人不能主张排除对于该抵债物的强制执行程序。当事人除以自行签订以物抵债协议的方式进行以物抵债外，还有通过法院介入以执行和解的形式进行的以物抵债。那么，在有法院介入的情况下，未进行变更登记或交付前，是否产生物权变动呢？如果债务人不履行和解协议的，债权人能否要求其继续履行？或者要求法院确认抵债物归债权人所有呢？

首先，应明确执行和解过程中以物抵债协议的性质。《最高人民法院第二巡回法庭法官会议纪要（第一辑）》一书中的司法观点认为：当事人在执行程序中达成的以物抵债的和解协议，本质上属于当事人意思自治的私权利的行使，属于当事人意思自治的行为，具有合同的性质。法院在执行程序中作出的和解协议，是对于当事人意思表示一致的确认，人民法院的参与只产生见证人的效果，并不直接产生抵债物权属变动的效果。抵债物的权属变动应按照《中华人民共和国物权法》第九条相关规定处理，即不动产的登记或动产的交付，执行和解协议本身并不产生物权变动的效果，《中华人民共和国民法典》第二百零九条第一款沿袭了此规定。如果债权人未及时要求债务人办理变更登记或交付，一旦该抵债物成为另案的执行标的物，债权人以案外人的身份申请排除对抵债物的执行将无法得到支持。但是，当案外人存在占有的事实时，即参照适用“一般不动产买受人”的物权期待权排除强制执行，法院可能会以物抵债协议等同于一般房屋买卖合同进而适用《最高人民法院关于人民法院办理执行异议和复议案件若干问题的规定》第二十八条的规定，支持案外人申请中止执行。本案再审中，最高人民法院再次适用了这一观点，李某峰虽与某房地产开发公司在执行中达成了和解协议，但并非法院的执行行为，不直接发生物权变动的效力；同时，商品房预售合同登记备案是指国家对不动产交易的一种行政管理方式，目的在于对房地产开发经营企业的商品房预售行为进行行政管理，并非赋予当事人因合同而取得登记请求权的物权效力，故李某峰不能因此直接取得案涉房屋的所有权。

其次，对于合法占有的审查，应当从对占有的事实和行为两方面进行判断：一是要审查案外人对不动产是否实现了对涉案房屋的支配和控制，审查案外人是否取得了房屋钥匙、是否办理了入住手续以及是否缴纳了水、暖、电、气及物业费用等；二是审查案外人占有的原因行为是否合法，以及占有行为本身是否合法。本案中，李某峰通过以物抵债的形式合法取得占有案涉房屋的权利，但其提供的6份物业费票据可以证明其已经对这6套房屋进行了管理，应视为对此6套房屋已经合法占有；对涉案的其他房屋提交的维修基金发票、商品房备案单、商品房包销合同等证据，只能证明其与某房地产开发公司在案涉26套房屋被查封前存在着以房抵债的执行和解行为，故不能认为其占有案涉房屋。

综上所述，执行程序中，执行和解协议系当事人意思自治的结果，本质上属于合同的范畴，其性质可认定为一般房屋买卖合同，不直接导致物权变动的法律效果，抵债物未变更登记或未交付的，债权人无权直接排除对抵债物的强制执行。作为一般的房屋买卖合同，执行和解中的以物抵债协议则可以适用《最高人民法院关于人民法院办理执行异议和复议案件若干问题的规定》第二十八条的规定，若核对案件事实符合该条款规定的四要件，即可排除抵债物的强制执行程序，反之则不可排除。

编写人：吉林省延边林区中级人民法院　孙源海

013 被执行人死亡、继承人放弃继承时对登记在被执行人名下的共有农村住宅可进行查封等强制措施处置

——贺某喜等诉董某合案外人执行异议之诉案

【案件基本信息】

1. 裁判书字号

山东省聊城市中级人民法院（2020）鲁15民终3079号民事裁定书

2. 案由：案外人执行异议之诉

3. 当事人

原告（上诉人、案外人）：贺某喜、李甲、李乙

被告（被上诉人、申请执行人）：董某合

【基本案情】

李某喜为山东省高唐县姜店镇某村村民，在本村拥有宅基地一处，建有北房五间及其他附属物。2011年6月2日，高唐县人民政府向李某喜颁发了集体土地使用权证。贺某喜与李甲、李乙分别系李某喜的妻子、儿子。因董某合诉李某喜民间借贷纠纷一案，人民法院于2019年2月20日作出（2018）鲁1526民初3436号民事判决：被告李某喜于判决生效后十日内偿还原告董某合借款20080元。判决后，双方当事人均未提起上诉。2019年3月4日，李某喜死亡。同年10月22日，人民法院作出（2019）鲁1526执1001号执行裁定书，查封李某喜所有的位于山东省高唐县姜店镇某村的宅基地一处、北房五间及其地上附着物。2020年4月15日，人民法院立案恢复执行董某合与李某喜民间借贷纠纷案，同年4月20日，人民法院向李甲、李乙、贺某喜发出执行通知书等。2020年5月11日，李甲、李乙、贺某喜提出书面执行异议，请求法院裁定中止对涉案房屋的执行并解除（2019）鲁1526执1001号执行裁定书对涉案房屋的查封。2020年5月18日，李甲、李乙、贺某喜提交了放弃继承声明。人民法院经审查，于2020年5月22日作出（2020）鲁1526执异25号民事裁定书，裁定：（1）停止对李甲、李乙、贺某喜的执行；（2）驳回李甲、李乙、贺某喜的其他异议请求。原告不服，诉至本院。诉讼中，原告主张，因合法建造、拆除房屋等事实行为设立或者消灭物权的，自事实行为成就时发生效力。涉案房屋是由李甲、李乙兄弟二人于2007年出资建造，在建造房屋完成后，该房屋即为原告二人所有。

【案件焦点】

1. 案外人贺某喜等对案涉宅基地及房屋、附属建筑物享有的权利种类及性质；2. 该权利是否足以排除人民法院的强制执行。

【法院裁判要旨】

山东省聊城市高唐县人民法院经审理认为：本案系案外人执行异议之诉，案外人应举证证明其对案涉标的享有足以排除强制执行的民事权益。李某喜、贺某喜夫妻婚姻关系存续期间所得的财产，归夫妻共同所有。案涉房产于贺某喜与李某喜婚姻存续期间取得，双方享有共同所有权。李甲、李乙对于案涉房屋为其合法建造的主张无证据支持，即便存在出资翻建房屋的事实，也不属于《中华人民共和国民法典》第二百三十一条规定的情形，本院不予采信。虽然集体土地使用权证载明的土地使用权人为李某喜，但根据《中华人民共和国土地管理法》“农村村民一户只能拥有一处宅基地”的规定，该宅基地为李某喜“户”共同使用。“户”的人员范围，以公安机关户口登记簿登记的人员为准。经查，该户现有人员为李甲、李乙、贺某喜。原告贺某喜与李某喜共同共有涉案房屋，在李某喜死亡，贺某喜、李乙、李甲放弃对李某喜遗产继承的情况下，应根据《最高人民法院关于人民法院民事执行中查封、扣押、冻结财产的规定》第十四条规定对涉案房屋及其他附属物进行分割，并以分割后的李某喜遗产清偿债务。

“足以排除强制执行的民事权益”是指所主张的民事权益是唯一的、独占的民事权益，能够完全排除强制执行，在共同共有的情况下，共有人之一的共有并非唯一的、独占的民事权益，其可以通过行使优先购买权、分割共有物或者共有物的拍卖所得等方式实现自己的物权保护。因此，原告李甲、李乙、贺某喜并未举证证明其对执行标的享有足以排除强制执行的民事权益，其诉求本院不予支持。案外人贺某喜等可与申请执行人根据《最高人民法院关于人民法院民事执行中查封、扣押、冻结财产的规定》第十四条的规定对涉案房屋及其他附属物进行分割，并以分割后的李某喜遗产清偿债务。

山东省聊城市高唐县人民法院作出如下判决：

驳回李甲、李乙、贺某喜的诉讼请求。

贺某喜等三原告不服，提起上诉。后贺某喜等三人以与董某合达成调解为由，向二审法院申请撤回上诉。二审法院裁定予以准许。

【法官后语】

如何既保障申请执行人的债权权利得以实现，又不至于造成农民流离失所的不良后果，是人民法院在处理涉农执行案件时的价值导向。本案除涉及执行标的系农村住宅外，还存在被执行人死亡的客观情形，在农村村民无其他财产可供执行的情况下，更为顺利执结案件加大了难度。

根据我国法律规定，夫妻关系存续期间所得的财产属于夫妻共同财产。夫妻双方对共同财产享有平等的所有权，性质为共同共有。在一方死亡后，双方共有关系失去其基础，应首先将夫妻共同财产的一半分割出去归配偶所有，剩余的财产作为死者个人遗产进行分割。本案系争执行标的物（宅基地一处、北房五间及其地上附着物）为案外人贺某喜与被执行人李某喜婚后取得，其中北房五间及其他地上附着物为二人共同共有；房屋项下宅基为村集体所有，李某喜家庭户包括李某喜、贺某喜、李甲、李乙享有宅基地使用权。在李某喜死亡后，其对房屋及其他附着物的所有权转化为其遗产。根据

《最高人民法院关于适用〈中华人民共和国民事诉讼法〉的解释》第四百七十三条第二句的规定，作为被执行人的公民死亡，继承人放弃继承的，人民法院可以直接执行被执行人的遗产。司法实践中，存在继承人放弃遗产继承的情况。本案案外人贺某喜等作为法定继承人自愿放弃继承的声明，并不存在法律规定的无效情形，应认定其有效。基于此，理论上李某喜对案涉房屋及其他附属物享有的遗产份额可以作为执行标的以偿还申请执行人债务。但由此带来的问题在于，该农村房屋其他权利人的权益如何保障？

根据《中华人民共和国土地管理法》及国家政策规定，农村居民每户只能有一处不超过标准的宅基地，多出的宅基地，要依法收归集体所有。同时禁止城镇居民在农村购置宅基地。农村村民出卖、出租、赠与住宅后，再申请宅基地的，不予批准。因房屋与其项下土地基于物理状态属性而不可分割，按照“房屋所有权主体与土地使用权主体一致”原则，一般而言，农村住宅只能在本集体经济组织内部转让，不得出售给本集体经济组织成员之外的人。因此，对农村住宅进行司法拍卖等变现处置，存在不宜操作、情感伦理等诸多困难因素。故在执行农村住宅时应持有更为审慎的态度并采取灵活的处置方式。本案中，执行法官通过对案涉宅基地及地上房屋、附属建筑物采取查封措施，起到督促继承人（共有权利人、占有人）主张权利救济并对是否接受遗产继承作出处置，及时划定了可供执行的财产范围，客观上达到了双方达成调解的效果，实现了定分止争。由此而言，对农村住宅采取查封等强制措施，仍是督促被执行人及其他义务人履行裁判义务的有效助手。

编写人：山东省高唐县人民法院　李秀红

014 涉房产执行案件中抵押权实现后，租赁合同对受让人是否具有约束力

——某节能科技公司与某投资公司等案外人执行异议案

【案件基本信息】

1. 裁判书字号

江苏省宜兴市人民法院（2020）苏0282执异90号执行裁定书

2. 事由：案外人执行异议

3. 当事人

案外人：某节能科技公司

申请执行人：某投资公司

被申请执行人：某玻璃公司、某线缆公司、周某军、张某霞、郭某英

【基本案情】

2017年6月16日，某玻璃公司向某银行宜兴支行（以下简称宜兴支行）借款150万元，某线缆公司对债务提供连带责任保证担保，周某军、张某霞、郭某英对债务提供连带责任保证担保。2017年6月23日，某玻璃公司以其名下坐落于宜兴市杨巷镇某村的土地1宗及房屋3幢与宜兴支行签订《最高额抵押合同》，并于同日办理土地、房屋的抵押登记手续，登记最高债权数额为4653万元。2017年7月12日，某玻璃公司向宜兴支行借款三笔，分别为499万元、999万元、999万元，周某军、张某霞、郭某英为该三笔债务提供连带责任保证担保。后因借款偿还发生纠纷，诉至

法院。2018 年 8 月 10 日，宜兴市人民法院对宜兴支行诉某玻璃公司等金融借款合同纠纷一案作出（2018）苏 0282 民初 3141 号民事判决，判决某玻璃公司于本判决发生法律效力之日起十日内向宜兴支行偿还本金、期内欠息、逾期利息、复利、律师费等各项损失，且宜兴支行有权以某玻璃公司名下坐落于宜兴市杨巷镇某村的土地、房屋折价或拍卖、变卖所得价款在最高额 4653 万元内优先受偿。

判决生效后，某玻璃公司等未按照判决书履行相应义务。根据某投资公司的申请，宜兴市人民法院于 2020 年 6 月 8 日作出（2019）苏 0282 执 6194 号执行裁定书，裁定：（1）拍卖登记在被执行人某玻璃公司名下坐落在宜兴市杨巷镇某村工业集中区厂房和土地及附属设施用于清偿债务。（2）责令被执行人某玻璃公司及其他占有使用人在收到本裁定之日起十五日内将以上房产腾空后交付给法院拍卖，逾期本院将依法追究其相应的法律责任，构成犯罪的依法追究刑事责任。

执行过程中，案外人某节能科技公司提出异议称，该公司与某玻璃公司于 2017 年 7 月 4 日签订书面租赁合同，对于宜兴市杨巷镇某村工业集中区厂房系合法承租。租赁期间，该公司征得某玻璃公司同意后在公司东北角搭建了约 350 平方米的风机房及车棚，该机房及车棚应属他公司所有。为维护该公司的合法权益，请求法院带租拍卖某玻璃公司厂房，并确定该公司添附财产权益。

【案件焦点】

涉不动产的执行案件中，抵押人将已抵押的财产出租的，抵押权实现后，该租赁行为对受让人是否具有约束力。

【法院裁判要旨】

江苏省宜兴市人民法院经审理认为：根据《最高人民法院关于适用〈中华人民共和国担保法〉若干问题的解释》第六十六条之规定，抵押人将已抵押的财产出租的，抵押权实现后，租赁合同对受让人不具有约束力。本案某节能科技公司与某玻璃公司签订房产租赁合同时间在某玻璃公司将厂房、土地设定抵押给宜兴支行之后，后宜兴支行将对某玻璃公司的债权及抵押权一并转让给本案申请执行人某投资公司。现申请执行人申请法院拍卖某玻璃公司厂房、土地等整体资产实现抵押权，某节能科技公司的租赁权不得对抗申请执行人，某节能科技公司与某玻璃公司签订的房产租赁合同对受让人不具有约束力。对于异议人主张自行建造的风机房、车棚所有权益，其未提供相应证据加以证明，本院不予采信。综上所述，某节能科技公司异议请求于法无据，本院不予支持。

江苏省宜兴市人民法院依据《中华人民共和国民事诉讼法》第二百三十四条，《最高人民法院关于人民法院办理执行异议和复议案件若干问题的规定》第八条第一款、第十七条第一项之规定，裁定如下：

一、拍卖登记在某玻璃公司名下坐落在宜兴市杨巷镇某村工业集中区的厂房、土地等整体资产用于清偿债务；异议人某节能科技公司的租赁权不得对抗本案申请执行人（抵押权人）某投资公司，对买受人没有约束力；

二、驳回某节能科技公司的其他异议请求。

【法官后语】

本案为涉及不动产执行的案外人异议案件，争议焦点为抵押后所涉房产的租赁行为对受让人是否具有约束力。本案的关键在于该租赁行为发生在抵押之前还是之后。本案中，某节能科技公司与某玻璃公司签订房产租赁合同时间在某玻璃公司将厂房、土地设定抵押给宜兴支行之后，后宜兴支行将对某玻璃公司的债权及抵押权一并转让给本案申请执行人某投资公司。现申请执行人申请法院拍卖某玻璃公司厂房、土地等整体资产实现抵押权，某节能科技公司的租赁权不得对抗申请执行人，某节能科技公司与某玻璃公司签订的房产租赁合同对受让人不具有约束力。

在执行实务中，法院在拍卖被执行人的不动产时，常常遇到案外承租人以对该不动产享有租赁权为由，主张“买卖不破租赁”的情形。《中华人民共和国民法典》第四百零五条规定，抵押权设立前，抵押财产已经出租并转移占有的，原租赁关系不受该抵押权的影响。《最高人民法院关于审理城镇房屋租赁合同纠纷案件具体应用法律若干问题的解释》第十四条规定，租赁房屋在承租人按照租赁合同占有期限内发生所有权变动，承租人请求房屋受让人继续履行原租赁合同的，人民法院应予支持。但租赁房屋具有下列情形或者当事人另有约定的除外：（一）房屋在出租前已设立抵押权，因抵押权人实现抵押权发生所有权变动的；（二）房屋出租前已被人民法院依法查封的。相较于原《最高人民法院关于适用〈中华人民共和国担保法〉若干问题的解释》，《中华人民共和国民法典》第四百零五条对抵押关系及租赁关系的要求更加严谨、合理，一方面，对于抵押权及租赁关系优先的界限更为合理和具有可操作性，在一定程度上减少了伪造证据的可能性；另一方面，同时既提醒了抵押权人应及时登记公示权利，又提醒了承租人要尽快合法占有房屋，以免权利受损，在一定程度上起到了提示作用。可见，法院拍卖不动产时适用附带租约拍卖的条件必须满足：(1) 存在合法有效的租赁合同；(2) 租赁物已经交付承租人且承租人继续占有租赁物；(3) 拍卖时租赁合同尚在租赁期间内；(4) 拍卖物若有抵押权，则在抵押权设立前已经签订了合法有效的租赁合同；(5) 房屋在出租前尚未被人民法院依法查封的。否则，案外人以承租人身份主张附带租约拍卖即主张“买卖不破租赁”的执行异议之诉将不能得到法院的支持，不仅徒增案外人的讼累及诉讼费用的负担，而且浪费司法资源。

另外，通过本案要警惕被执行人与案外人通谋倒签时间伪造租赁合同以干扰执行拍卖的问题，法院在执行过程中，应着重审查案外人异议内容的真实性，对于以虚假合同等方式试图阻碍、拖延执行的行为和行为人，加大处罚力度，情节严重的以“拒不执行判决、裁定罪”移送公安部门立案侦查，追究其刑事责任。

编写人：江苏省宜兴市人民法院　石代阳

015 明知限购政策仍购买房屋导致无法办理过户登记的，不属于“非因买受人原因未办理过户登记”

——吴某与某银行无锡分行、孙某案外人执行异议案

【案件基本信息】

1. 裁判书字号

江苏省无锡市梁溪区人民法院（2020）苏0213执异53号执行裁定书

2. 事由：案外人执行异议

3. 当事人

案外人：吴某

申请执行人：某银行无锡分行

被执行人：孙某

【基本案情】

某银行无锡分行诉孙某金融借款合同纠纷一案，江苏省无锡市梁溪区人民法院（以下简称梁溪法院）于2019年7月3日立案受理后，根据某银行无锡分行的保全申请，作出（2019）苏0213民初7636号民事裁定：冻结孙某的银行存款15万元或查封、扣押其相应价值的财产。同日，查封了孙某名下位于无锡市惠山区某小区161-××××室的房屋（以下简称案涉房屋）。

2019年8月1日，梁溪法院对该案作出判决：孙某应于本判决发生法律效力之日起十日内向某银行无锡分行返还借款本金15万元；并支付期内欠息1828.81元、逾期罚息、期内欠息之复利。判决生效后，因孙某未及时履行，梁溪法院立案强制执行。在执行过程中，作出（2019）苏0213执5758号执行裁定：拍卖被执行人孙某名下的案涉房屋。

案外人吴某提出异议称，2018年2月25日，其通过房产中介向孙某购买案涉房屋，双方签订《无锡市房屋转让协议》，约定总房款95万元，首期房款50万元，剩余房款待房屋可上市交易后，于2020年3月1日前办理过户手续完毕以银行贷款方式支付。合同签订后，吴某支付给孙某50万元购房款，并对案涉房屋进行装修并入住。现案涉房屋被法院查封，无法办理过户手续。吴某认为其对案涉房屋享有物权期待权，没有办理产证登记是因过户政策原因导致，不属于其过错导致，请求中止执行并解除对案涉房屋的查封。

某银行无锡分行认为，案涉房屋现登记在孙某名下，法院查封、拍卖并无不当。

另查明，《无锡市不动产（房屋）登记簿证明》载明：案涉房屋权利人为孙某，建筑面积 92.76 平方米，登记日期为 2018 年 2 月 1 日。无锡市房地产调控领导小组下发通知，明确了 2017 年 5 月 20 日 24 时之后取得不动产权证的住房，自取得不动产权证之日起满 2 年（法人单位 3 年）方可转让。

【案件焦点】

案涉房屋未办理过户登记是否系吴某自身原因所致。

【法院裁判要旨】

江苏省无锡市梁溪区人民法院经审理认为：我国不动产物权的设立、变更、转让和消灭，必须经依法登记，才发生效力。吴某购买案涉房屋，未办理房屋所有权登记，故不发生物权效力。案外人依据物权期待权保护原则排除法院强制执行，应同时具备四个条件：（1）在人民法院查封之前已签订合法有效的书面买卖合同；（2）在人民法院查封之前已合法占有该不动产；（3）已支付全部价款，或者已按照合同约定支付部分价款且将剩余价款按照人民法院的要求交付执行；（4）非因买受人自身原因未办理过户登记。本案中，吴某对案涉房屋是否享有足以排除执行的民事权益，关键在于判断未办理过户登记是否出于买受人自身原因。无锡市房地产调控领导小组下发通知，规定了 2017 年 5 月 20 日 24 时之后取得不动产权证的住房，自取得不动产权证之日起满 2 年（法人单位 3 年）方可转让。

可见吴某购买案涉房屋时，因受到政策限制，不能办理交易过户登记。但吴某忽视政策限制，依然购买，因此未能办理过户登记归责于买受人自身原因，不受无过错买受人物权期待权保护。案外人吴某排除执行的异议请求，本院不予支持。

江苏省无锡市梁溪区人民法院依照《中华人民共和国物权法》第九条第一款，《中华人民共和国民事诉讼法》第二百二十七条，《最高人民法院关于人民法院办理执行异议和复议案件若干问题的规定》第二十八条之规定，作出如下裁定：

驳回吴某的异议请求。

【法官后语】

1. 买受人对登记在被执行人名下不动产享受足以排除强制执行民事权益之规定与内涵

《最高人民法院关于人民法院办理执行异议和复议案件若干问题的规定》第二十八条规定："金钱债权执行中，买受人对登记在被执行人名下的不动产提出异议，符合下列情形且其权利能够排除执行的，人民法院应予支持：（一）在人民法院查封之前已签订合法有效的书面买卖合同；（二）在人民法院查封之前已合法占有该不动产；（三）已支付全部价款，或者已按照合同约定支付部分价款且将剩余价款按照人民法院的要求交付执行；（四）非因买受人自身原因未办理过户登记。"该司法解释规定了一般不动产买受人在何种情形下能够排除基于对出卖人的强制执行程序而对买受人所购不动产的强制执行，解决的是在执行程序中买受人对所买不动产的权利保护与基于金钱执行债权人的权利保护发生冲突时，基于对正当买受人合法权利的特别保护之目的而设置的特殊规则。该规定的立法目的是保护正当买受人的基本居住权，其不仅涵盖了物权性质，更倾向于对人身权（生存权）的基本保护，故而在一定程度上突破了债权平等和合同相对性原则，在司法实践中需要审慎认定。

2. 关于“非因买受人自身原因未办理过户登记”之情形与例外情形分析

根据上述规定，买受人若想享有排除法院强制执行的民事权益，就必须同时满足上述四个条件。本案中，吴某与孙某签订了书面买卖合同，支付了购房款并实际占有、使用了案涉房屋，已满足了前述规定的三个条件，问题的关键在于案涉房屋未办理过户登记是否系非因其自身原因所致。司法实务中，大多数执行异议人都符合前三项规定而未办理房屋过户登记，原因多种多样，应根据具体情形进行严格甄别。从实践中看，能够归责于买受人的原因可以分为三个方面。一是对他人权利障碍的忽视。例如，不动产之上设定有其他人的抵押权登记。二是对政策限制的忽视。例如，明知某地限制购房，在不符合条件的情况下仍然购房导致无法办理过户手续。三是消极不行使登记权利。例如，有的交易当事人为了逃税等而故意不办理登记的，不应受到该原则的保护。相反地，如未过户系因出卖人不协助过户、房屋过户存在客观障碍、房管部门的缘故等，则不能认定系因买受人个人原因导致房屋未过户。此种情况下，法院为了实现其他债权而针对不动产采取执行措施，极易损害在查封之前的已经签订的买卖合同、支付合理对价并且合法占有房屋，而非因买受人自身原因导致房屋未过户的善意买受人。

3. 买受人在购房前明知房屋无法办理过户登记而仍然购买的，应认定无法办理过户系其自身原因

如果房屋买受人对房屋所在地的买售和过户政策知道或应当知

道，还购买标的房屋导致未能按约过户，应当认定因买受人自身原因未办理过户登记，房屋买受人不得依据上述规定排除对标的房屋的执行。本案即属这种情形。根据无锡当地政策，不动产售卖方需在取得不动产满两年后方可转让并办理过户登记，本案中，吴某在购房前便已知道该政策规定，应当能够预见此次交易存在较大风险，虽然限购政策不影响合同效力，但对房屋过户期限作了诸多限制，在此情况下其仍然购买了该房屋，显然未尽到作为一般购房者的谨慎注意义务。不动产的设立、变更、转让和消灭，经依法登记方发生效力，未经登记，不发生效力。虽然吴某与孙某约定两年后办理过户登记，但这只是双方之间约定的过户期限，无法对抗不动产物权的变动规则，因此不应认定吴某对涉案房屋未进行过户登记是因客观原因所致，应系其自身购房政策与风险的忽视所致，存有过错。

房屋买卖应注意遵守限购政策，防止遭受不测。如前所述，限购政策虽然不影响房屋买卖合同效力，但直接影响房屋买卖合同的履行。即便房屋买卖合同有效，但基于限购政策也无法办理过户登记。如所购房屋无法办理过户登记，房屋买受人即无法最终取得所有权，即便实际占有房屋也可能面临诸多不测。

编写人：江苏省无锡市梁溪区人民法院　罗扬

016 买受人在订立买卖合同时明知不动产存在瑕疵无法办理过户登记，可以认定为“买受人自身过错”，不能排除执行

——某商贸公司诉甲食品公司案外人执行异议之诉案

【案件基本信息】

1. 裁判书字号

天津市第三中级人民法院（2020）津03民终3451号民事判决书

2. 案由：执行异议之诉

3. 当事人

原告（上诉人）：某商贸公司

被告（被上诉人）：甲食品公司

第三人（被上诉人）：张某良、乙食品公司

【基本案情】

2005年7月至2006年1月，乙食品公司分别取得坐落于大连市某村房字第××1号、××2号、××3号、××4号房屋所有权证，该房屋所有权证填发机关为大连市某区村镇建设办公室。对于上述房屋，某商贸公司提交了张某良与大连市某区某屯镇人民政府于2005年4月7日签订的《小学校舍转让、土地租赁合同书》，乙食品公司（出让方）、张某良（出让方）、某商贸公司（受让方）

于2015年2月15日签订的《房屋转让、土地租赁合同书》，乙食品公司、某商贸公司、张某良于2015年3月2日签订的《土地转租、房屋转让合同书》，某商贸公司、乙食品公司、张某良于2015年3月6日签订的《交接确认书》。根据某商贸公司提交的专用收款收据记载，乙食品公司于2015年4月16日至17日收到了某商贸公司给付的购房（转租土地）款共计400万元。

某商贸公司提交了辽宁省大连市中级人民法院（2018）辽02民终5359号民事判决书，系乙食品公司与某宠物食品公司返还原物纠纷一案，乙食品公司原一审诉讼请求为：判令某宠物食品公司返还相关房屋，一审法院经审理驳回了乙食品公司的诉讼请求，乙食品公司提出上诉，二审判决驳回上诉、维持原判。

2017年4月，甲食品公司因与乙食品公司、张某良产生相关合同纠纷，诉至法院，法院作出相关民事判决，并进入强制执行程序，在执行程序中，法院对案涉房屋采取了查封措施，某商贸公司提出书面异议，法院经审查后，分别作出（2019）津0116执异40066号、40068号、40070号执行裁定书，均裁定驳回了某商贸公司的异议请求。某商贸公司遂在法定期限内提起案外人执行异议之诉一案，形成本案。

某商贸公司庭审中自述，其与张某良、乙食品公司签订合同前，案涉房屋内部结构已被改造，在未被恢复原状前，无法办理测绘评估等房屋过户前置程序。

【案件焦点】

某商贸公司主张排除法院强制执行程序的诉讼请求能否成立。

【法院裁判要旨】

天津市滨海新区人民法院经审理认为：根据《最高人民法院关于人民法院办理执行异议和复议案件若干问题的规定》第二十八条“金钱债权执行中，买受人对登记在被执行人名下的不动产提出异议，符合下列情形且其权利能够排除执行的，人民法院应予支持：（一）在人民法院查封之前已签订合法有效的书面买卖合同；（二）在人民法院查封之前已合法占有该不动产；（三）已支付全部价款，或者已按照合同约定支付部分价款且将剩余价款按照人民法院的要求交付执行；（四）非因买受人自身原因未办理过户登记”的规定，乙食品公司如主张成立，应当就上述要件进行举证。根据庭审调查，案涉房屋所有权证填发机关为大连市某区村镇建设办公室，并非房屋登记机关，上述房屋坐落土地性质尚不明确，根据现有证据，不能确认某商贸公司提交的《小学校舍转让、土地租赁合同书》《房屋转让、土地租赁合同书》《土地转租、房屋转让合同书》的合法性。因此，某商贸公司请求排除强制执行措施的主张，不予支持。某商贸公司还请求确认案涉房屋所有权为其所有，亦不予支持。某商贸公司提交的辽宁省大连市中级人民法院（2018）辽 02 民终 5359 号民事判决书，经审查，该判决书与本案没有关联性，某商贸公司依此证明其为案涉房屋实际所有权人的主张，不予确认。

天津市滨海新区人民法院依照《最高人民法院关于适用〈中华人民共和国民事诉讼法〉的解释》第三百一十一条，第三百一十二条第一款第二项、第二款等规定，作出如下判决：

驳回某商贸公司的诉讼请求。

某商贸公司不服一审判决，提起上诉。

天津市第三中级人民法院经审理认为：二审中，某商贸公司自认案涉房屋未办理过户登记手续的原因是需要把土地性质由集体土地变更为国有土地，以及案涉房屋因存在改建扩建，需要重新办理登记手续，某商贸公司自乙食品公司处购买案涉房屋，对无法办理过户登记的情况是明知的。天津市第三中级人民法院经审理同意一审法院裁判意见。

天津市第三中级人民法院依照《中华人民共和国民事诉讼法》第一百六十九条第一款、第一百七十条第一款第一项之规定，作出如下判决：

驳回上诉，维持原判。

【法官后语】

《中华人民共和国民法典》第二百零九条规定，不动产物权的设立、变更、转让和消灭，经依法登记，发生效力；未经登记，不发生效力。但在实践中，往往是先签订不动产买卖合同，后进行过户登记，买受人取得法律意义上的所有权就滞后于债权合意。此时就容易产生对买受人相应的风险。

《最高人民法院关于人民法院办理执行异议和复议案件若干问题的规定》第二十八条（《民法典》颁布实施后，该司法解释虽然进行了修改，但第二十八条仍然保留了该规定）正是为解决上述风险而设置的规则，立法目的在于解决执行程序中买受人对所买受不动产的权利保护与基于金钱执行债权人的权利保护产生的冲突。该条规定赋予无过错不动产买受人权利以对抗出卖人债权或物权的效力，在执行程序上对不动产受让人进行优先保护，从而达到维护不动产买受人合法权利、交易安全及社会稳定的目的。该条文一共有四个构成要件，缺一不可。就本文探讨的第四个要件“非因买受人自身原因未办理过户登记”。笔者认为，应当从以下三个方面进行理解。

一是买受人在不动产买卖过程中不存在过错。换言之，也就是买受人在买卖过程中尽到了合理的注意义务。例如，买受人在买卖合同签订之前对不动产进行了考察，对是否能够办理过户登记向主管部门进行过咨询等。

二是买受人对不动产未办理过户登记的原因承担举证责任。买受人应当举证证明其就过户登记事宜向不动产出卖人请求行使权利或者存在客观合理理由，如果并未举证证明，则承担不利后果。例如，买受人向房屋登记机构递交过户登记材料等积极行为的。

三是买受人自身原因与不动产未办理过户登记存在因果关系。这一点是指买受人未尽到合理注意义务，导致了案涉不动产不能办理过户登记。例如，买受人没有注意到不动产之上设定有其他人的抵押权登记，在抵押权登记没有注销前，房管部门不能为不动产办理过户登记。

本案中，某商贸公司在购买该房屋时，明知房屋坐落的土地性质没有变为国有用地，并且房屋存在私自改扩建的情况，在这个情况下无法办理过户登记，却仍然签订买卖合同并支付对价，虽然其实际占有该不动产，其自身原因与未办理过户事实存在因果关系，法院最终判决驳回了某商贸公司的诉讼请求。

编写人：天津市滨海新区人民法院　张艳辉

天津市北辰区人民法院　周杨

017 案外人基于不动产被查封前订立的租赁合同要求带租拍卖，应属案外人对执行标的提出的异议

——某产业集团诉吴某彪、某钢材公司执行异议之诉案

【案件基本信息】

1. 裁判书字号

江苏省无锡市中级人民法院（2020）苏02民终505号民事裁定书

2. 案由：执行异议之诉

3. 当事人

原告（上诉人、申请执行人）：某产业集团

被告（被上诉人、案外人）：吴某彪

被告（被执行人）：某钢材公司

【基本案情】

某银行无锡分行与肖某香、詹某洋、某钢铁贸易公司、某投资担保公司、某钢材公司金融借款合同纠纷一案，江苏省无锡市惠山区人民法院于2013年10月28日作出（2013）惠商初字第0766号民事判决书。2014年12月30日，某银行无锡分行将上述债权转让给某资产管理公司南京办事处。2015年3月20日，某资产管理公司南京办事处又将上述债权转让给某产业集团。2015年6月3日，某产业集团申请强制执行。

2018年6月4日，江苏省无锡市惠山区人民法院作出（2015）

惠执字第 01200 号之一执行裁定书，裁定对案涉土地使用权及其上商铺、办公用房进行不带租拍卖。案外人吴某彪以其系承租人为由提出执行异议。江苏省无锡市惠山区人民法院审查后作出（2019）苏 0206 执异 20 号执行裁定，撤销上述（2015）惠执字第 01200 号之一执行裁定书，并裁定对案涉土地使用权及其上商铺、办公用房进行带租拍卖。后某产业集团提起申请执行人执行异议之诉。

【案件焦点】

案外人基于不动产被查封前订立的租赁合同提出要求带租拍卖，是否属于案外人对执行标的提出的异议。

【法院裁判要旨】

江苏省无锡市惠山区人民法院经审理认为：本案当事人所争议的是对拍卖标的物的带租或不带租拍卖方式，是对人民法院执行行为提出的异议，而不是对拍卖标的物的权属等实体权利存在争议。该院亦已作出（2019）苏 0206 执异 20 号执行裁定书，裁定：变更为对被执行人某钢材公司名下坐落于无锡市惠山区西站物流园洛南大道与洛神路交叉口西南侧的国有土地使用权及其上商铺、办公用房进行带租拍卖。根据法律规定，当事人对此类执行异议裁定结果不服的，可以依照《中华人民共和国民事诉讼法》第二百三十二条的规定，向上一级人民法院申请复议，而不是提起诉讼。本案中，某产业集团并不具备提起诉讼的权利，其可以在法定期限内向江苏省无锡市中级人民法院提出复议，故对某产业集团本案之诉讼请求应予驳回。

江苏省无锡市惠山区人民法院依照《中华人民共和国民事诉讼法》第一百五十七条第三项、第二百三十二条，《最高人民法院关于人民法院办理执行异议和复议案件若干问题的规定》第二十一条第五项之规定，作出如下裁定：

驳回原告某产业集团的起诉。

某产业集团不服该裁定，提起上诉。

江苏省无锡市中级人民法院经审理认为：对于案外人（承租人）基于不动产或动产被抵押、质押或查封之前与被执行人订立的租赁合同提出执行异议，请求在租赁期内阻止向受让人移交占有被执行人不动产或动产的，适用《中华人民共和国民事诉讼法》第二百三十四条规定进行审查，并就是否停止执行作出裁定。由此引发的执行异议之诉案件，则按照不同的情形进行处理。

本案中，案外人吴某彪系以被执行人某钢材公司不动产承租人身份提出执行异议，认为其已在查封之前与被执行人某钢材公司订立了租赁合同，请求在租赁期内阻止向受让人移交占有被执行人不动产（带租拍卖），应当适用《中华人民共和国民事诉讼法》第二百三十四条规定进行审查。江苏省无锡市惠山区人民法院对其异议审查后已作出（2019）苏0206执异20号执行裁定书，并告知案外人、当事人如不服该裁定，可分情形申请依照审判监督程序办理或提起诉讼的救济途径。故某产业集团不服该执行裁定提起执行异议之诉符合相关法律规定。江苏省无锡市惠山区人民法院适用法律有误，应予纠正。

江苏省无锡市中级人民法院依照《中华人民共和国民事诉讼法》第一百七十八条，《最高人民法院关于适用〈中华人民共和国民事诉讼法〉的解释》第三百三十条的规定，作出如下裁定：

一、撤销江苏省无锡市惠山区人民法院民事裁定；

二、本案指令江苏省无锡市惠山区人民法院审理。

【法官后语】

执行异议和复议程序是民事执行过程中的基本规定之一。虽然“强制执行乃品尝法律胜利之甜美果实”，但为了确保法律之公正公平，执行异议和复议程序对于保护当事人、利害关系人以及案外人的合法权益，保障执行程序的公正具有十分重要的意义。

根据《中华人民共和国民事诉讼法》第二百三十二条及第二百三十四条的规定，执行异议和复议程序又可以分为“执行行为异议”和“案外人异议”。所谓“执行行为异议”是指当事人、利害关系人认为人民法院的执行行为违反法律规定，向执行法院提出的书面异议；所谓“案外人异议”，又称“执行标的异议”，是指执行案件当事人以外的第三人，对执行标的主张阻止执行的实体权利，请求对该标的停止执行而向执行法院提出的实体异议。实践中，对于“执行行为异议”与“执行标的异议”极其容易混淆，由于“执行行为异议”与“执行标的异议”后续的救济途径完全不同，因此应该严加区分。

本案中，吴某彪要求对案涉不动产进行带租拍卖，实际主张的权利系法院拍卖的不动产上的租赁权利，本案争议的焦点实质上是对该案应适用“执行异议程序”还是“执行复议程序”，因为适用的程序不同，最终导致的救济途径也完全不同。

吴某彪提出的系“租赁权利”，租赁权，根据之前的《中华人民共和国合同法》及现行的《中华人民共和国民法典》的规定，均突破了合同的相对性，规定了买卖不破租赁的制度，理论上也称之为租赁权的物权化，也就是说吴某彪提出的实际上是一个具有准物权性质的权利，指向的对象系法院拍卖的不动产，并依附于该不动产，这就符合了“执行标的异议”的主体和客体要求。

吴某彪并非对法院拍卖被执行人不动产的行为存有异议，他没有阻却法院的拍卖行为，只是希望法院在拍卖后能够依据“买卖不破租赁”原则保障其租赁权利，即请求在租赁期内阻止向受让人移交占有被执行人不动产。《中华人民共和国民事诉讼法》第二百三十四条明确规定的适用条件是“案外人对执行标的提出书面异议的”，本案中，虽然从形式上来看，案外人针对的是对法院裁定“不带租拍卖”这一行为提出异议，但其事实上是主张对执行标的享有租赁权这一可以阻却执行的实体权利，而并非针对拍卖这一执行行为。因此，案外人主张不动产租赁权的异议属于一个典型的“执行标的异议”，江苏省无锡市中级人民法院发回重审有理有据，符合法律规定。

编写人：江苏省无锡市惠山区人民法院　荆佩

018　不动产添附物的所有权归属认定原则

——庞某水诉邵某明等执行异议案

【案件基本信息】

1. 裁判书字号

浙江省台州市天台县人民法院（2020）浙 1023 民再 7 号民事判决书

2. 案由：执行异议之诉

3. 当事人

原告：庞某水

被告：庞某梅

原审第三人：邵某明、某滤网有限公司

再审第三人：某滤网厂

【基本案情】

某滤网厂系邵某明投资的个人独资企业，其在天台县平桥镇友谊东路×号建有11间一层平房。2004年3月20日，天台县建设规划局颁发给某滤网厂建设工程规划许可证，准许其在上述地址建设2937平方米的房屋，局部五层。2006年4月25日，天台县人民政府向某滤网厂颁发第5078号国有土地使用权证。2007年2月23日，庞某水与某滤网厂签订房产出让合同，出让价款共计43万元。2008年，庞某水对购买的两间平房加建至五层半楼房。2009年3月19日，庞某水以某滤网厂的名义支付了违法建设罚款11616元（五层半部分）。2014年10月27日，天台县人民政府颁发给某滤网厂第03444号国有土地使用权证，载明的内容同第5078号国有土地使用权证。包括出让给庞某水在内的11间房屋一直未办理房屋所有权证。

庞某梅诉某滤网有限公司、邵某明买卖合同纠纷一案，浙江省台州市天台县人民法院（2017）浙1023民初字第2520号民事调解书确认，由某滤网有限公司、邵某明在2017年12月31日之前支付庞某梅货款20.75万元并支付利息和诉讼费。因未履行调解书确认的义务，庞某梅向法院申请执行，法院作出执行裁定书，裁定查封坐落于天台县平桥镇友谊东路×号的房产，并再作出执行裁定书，裁定拍卖该房产。庞某水提出执行异议，经听证后法院作出执行裁定书，裁定驳回异议人庞某水的异议。庞某水不服该执行裁定又向提起案外人执行异议之诉，法院作出民事判决，驳回庞某水的诉讼请求。判决生效后，法院于2019年12月3日对位于天台县平桥镇友谊东路×号房地产（包括案涉房屋）进行公开拍卖。

2020年7月13日，经天台县人民法院审判委员会讨论决定，对庞某水与庞某梅、邵某明、某滤网有限公司案外人执行异议之诉一案作出（2020）浙1023民监9号民事裁定，再审以（2020）浙1023民再7号判决撤销（2018）浙1023民初4445号民事判决。

【案件焦点】

1. 能否确认庞某水为案涉房屋所有权人；2. 庞某水对案涉房屋是否享有足以排除强制执行的民事权益。

【法院裁判要旨】

浙江省台州市天台县人民法院经再审审理认为：第一，关于庞某水能否确认为案涉房屋所有权人问题。案涉房屋的房屋所有权虽未登记，但土地使用权登记在某滤网厂名下。其土地用途明确为工业用地，而庞某水在向某滤网厂购买了两间一层平房后又出资加建至五层半楼房并转为商住用房，属于改变了土地用途，且该改变未经行政部门批准，故案涉房产出让合同因违反强制性规定而应认定无效。无效的合同自始没有法律约束力，且双方因该合同取得的财产应当相互返还。本案中，因案涉房屋出让合同无效，某滤网厂应返还庞某水购房款43万元。房产出让合同约定出让一层平房，当然及于该一层平房建筑范围内的土地使用权，故庞某水应返还某滤网厂案涉房屋中一层及建筑范围内的土地使用权。案涉房屋二层至五层半楼房部分系庞某水自己出资建造并一直居住使用，相关罚款也是庞某水支付，故案涉房屋二层至五层半楼房部分系庞某水购房后所添附，不属于相互返还的范围，应属于庞某水所有。第二，关于庞某水对案涉房屋是否享有足以排除强制执行的民事权益问题。因案涉房屋的一层及建筑范围内的土地使用权属于某滤网厂所有，某滤网厂又系邵某明投资的个人独资企业，在邵某明没有履行生效法律文书确认的义务时，本院依法可以执行其个人投资的独资企业的财产，因此庞某水关于停止对案涉房屋强制执行的请求不能成立，本院不予支持。

浙江省台州市天台县人民法院依照《中华人民共和国民事诉讼法》第二百零七条，《最高人民法院关于适用〈中华人民共和国民事诉讼法〉的解释》第三百一十二条、第四百零七条第二款之规定，作出如下判决：

一、撤销本院（2018）浙1023民初4445号民事判决；

二、驳回庞某水要求停止对坐落于天台县平桥镇友谊东路×号西数第六间、第七间两间五层半房产的执行诉讼请求；

三、坐落于天台县平桥镇友谊东路×号西数第六间、第七间两间五层半房产的一层及建筑范围内土地使用权拍卖所得的相应价款属于某滤网厂所有（由某滤网厂返还庞某水已支付的购房款人民币43万元），二层至五层半楼房部分拍卖所得的相应价款属于庞某水所有。

【法官后语】

本案的主要争议焦点为添附物的所有权归属问题，为此就本案所涉添附物归属问题有两种观点：

第一种观点：出让合同因违反强制性规定而依法被认定无效，行为人对依据该合同取得的财产进行添附形成的物，应归属于原所有权人，添附人可以在确定合同无效后向所有权人追偿。

第二种观点：出让合同虽被确认为无效合同，但行为人依据该合同取得相应财产后进行的添附，依法产生物权效力，该添附物应归属于添附人，不属于合同无效后相互返还的范围。

产生上述分歧主要是对不动产与不动产之间的添附所产生的法律后果认识不同。现行情况下，对动产与不动产之间的附和及动产与动产之间的附和所产生的法律后果一般无争议，但不同所有人之间的不动产是否能发生附和？不动产之间发生附和后的所有权归属如何？笔者认为，不同所有人之间的不动产与不动产可以发生附和，且在添附产生的不动产与原不动产可以进行区分的情况下，添附的不动产应属于添附人所有。具体理由如下：

1. 不动产之间发生附和后添附物归属添附人的法律基础

《中华人民共和国民法典》第三百二十二条规定，因加工、附和、混合而产生的物的归属，有约定的，按照约定；没有约定或者约定不明确的，依照法律规定；法律没有规定的，按照充分发挥物的效用以及保护无过错当事人的原则确定。笔者认为，不动产与不动产之间的附和，因添附物与原物性质相同，当两者发生附和时，应当依据《中华人民共和国民法典》的规定及添附制度的目的，结合不动产的性质、价值，运用充分发挥物的效用及保护无过错当事人的原则予以认定。具体至本案，笔者认为，添附物应归原审原告庞某水，理由如下：

(1) 本案添附行为构成原始取得。添附作为所有权取得的重要方式，属于原始取得的范畴。从增进社会财富、充分发挥物的效用的原则出发，应承认添附可以引起物权的变动。具体到本案，案涉房屋二层至五层半由庞某水出资建造，并由其一直居住使用，该添附所形成的添附物即使可以恢复原状，但对庞某水及庞某梅所造成的损失也是巨大的。因而，从充分发挥物的效用原则出发，应当确认庞某水通过原始取得的方式获取了案涉添附物的所有权。

(2) 不动产原物与添附物可区分。本案中，案涉房屋虽为一个整体，但其一层及建筑范围内的土地与二层至五层半楼房部分是可以区分的，且在原审判决生效后已进行分别评估，具备将添附物归属添附人所有的基础。

(3) 符合保护无过错方原则。案涉房产出让合同虽因违反强制性规定被认定无效，但案涉房屋加盖的二层至五层半系庞某水自己出资建造并一直居住使用，相应的罚款也由庞某水支付，且庞某水与邵某玥对双方之间的房产出让行为均予以认可，双方亦按约履行了合同义务，庞某水不存在过错。再审判决关于案涉房屋二层至五层半楼房部分系庞某水购房后所添附，应属于庞某水所有的认定，是保护无过错当事人原则的具体体现。

2. 不动产之间发生附和后添附物归属添附人的现实基础

司法裁判应对现实需求进行回应，认定不动产之间发生附和后添附物归属添附人符合公平原则。如上文所述，在司法实务中，对于不动产之间的附和尚有争议，如不认可不动产之间可以产生附和，或者简单地认为不动产附和产生的添附物属于原不动产所有人，有悖于公平原则。本案中，庞某水为案涉添附物付出巨大财物，且在建成后一直实际使用居住，如不能确认庞某水对添附物享有所有权，将有违公平原则。故在具体司法裁判中，我们应公平合理分配责任，平衡各方利益。

编写人：浙江省台州市天台县人民法院　王晓娇　王定飞

019　执行异议审查中案外人居住权的认定

——柳某芳、陈某珍与某银行镜湖支行等案外人执行异议案

【案件基本信息】

1. 裁判书字号

浙江省绍兴市越城区人民法院（2020）浙0602执异24号执行裁定书

2. 事由：案外人执行异议

3. 当事人

案外人：柳某芳、陈某珍

申请执行人：某银行镜湖支行

被执行人：某公司、包某

【基本案情】

案外人柳某芳、陈某珍系第三人柳某才父母，柳某才与被执行人包某于1999年4月21日登记结婚，于2012年5月23日协议离婚，离婚协议约定作为夫妻共同财产的两处住房分割如下：（1）住房A登记在男方名下，离婚后，该房屋所有权归男方，产权无须更改，该套房屋继承权归女儿柳某怡所有（包括附房），女

方可以居住到男方的住房A里，拥有一间单独的卧室居住，其他公用，女方可以自由出入，居住期间男方不得赶女方出住处。(2) 住房B即本案所涉房产（以下简称涉案房产，经查该房产原系柳某才户拆迁安置所得），登记在男方名下，离婚后，该套房屋所有权归女方所有，双方相互配合办理产权变更登记手续，继承权归女儿柳某怡所有，女方同意此房给男方父母居住到有生之年（包括附房）。2013年10月23日，涉案房产登记于包某名下。2018年1月22日，包某作为借款人，某银行镜湖支行作为贷款人，签订了《个人循环借款合同》及对应的《最高额抵押合同》，并于同日办理了关于涉案房产的最高额抵押登记手续。此后，因包某未按约还款，某银行镜湖支行向本院提起诉讼。本院受理后诉讼保全轮候查封了涉案房产。2019年8月2日，本院作出（2019）浙0602民初4618号民事判决书，判令被告包某归还原告某银行镜湖支行借款本金40万元及相应利息，于本判决生效之日起30日内履行；原告某银行镜湖支行就其享有的上述第一项债权，对涉案房产经折价或拍卖、变卖所得价款在711900元本金及相应利息、罚息范围内享有优先受偿权；被告某公司对被告包某的上述第一项债务承担连带清偿责任。该判决生效后，因被告未自觉履行，根据原告申请，本院于2020年1月17日立案执行。执行中，本院于2020年3月11日作出（2020）浙0602执425号申报公告。该公告在涉案房产处张贴后，案外人向本院提出执行异议，要求在执行中保障案外人对涉案房产的居住权，遂致本案争议发生。

【案件焦点】

案外人柳某芳、陈某珍基于被执行人包某与第三人柳某才离婚协议中关于涉案房产居住权的约定能否足以请求法院在执行涉案房产时保障其居住权。

【法院裁判要旨】

浙江省绍兴市越城区人民法院经审理认为：本案中，被执行人至今尚未清偿生效法律文书确定的义务，本院依法可以处置本案抵押物即登记于被执行人包某名下的涉案房产以清偿债务。本案经审查查明，涉案房产系柳某才户拆迁安置所得，被执行人包某取得涉案房产单独所有权来源于其与柳某才之间签订的《离婚协议》，而该离婚协议中明确约定“女方同意此房给男方父母居住到有生之年”。被执行人包某理应遵守。因上述离婚协议签订于作为本案执行依据的（2019）浙0602民初4618号民事判决书所涉债务发生及涉案房产办理抵押登记、被法院查封之前，故本院在处置涉案房产时对案外人的合法居住权亦应予以保护。综上所述，为保护当事人合法权益，尊重老有所养、老有所居的社会公德，结合本案实际，对案外人的执行异议请求，本院予以支持。

浙江省绍兴市越城区人民法院依据《中华人民共和国民事诉讼法》第二百二十七条之规定，作出如下裁定：

本院在执行坐落于涉案房产的过程中应保障案外人柳某芳、陈某珍合法居住该房产至百年的权益。

【法官后语】

本案系执行异议审查案件。出于“审执分离”的原则要求和对案外人实体权利的程序保障，《中华人民共和国民事诉讼法》以第二百三十二条、第二百三十四条规定分别建立了案外人实体异议和执行行为异议两类不同性质的异议，并适用不同的程序。本案中，异议人系基于居住权对作为执行标的的涉案房产提出执行异议。对于此类执行异议如何审查，在程序上和实体上，《中华人民共和国民事诉讼法》及《最高人民法院关于人民法院办理执行异议和复议案件若干问题的规定》均无明确规定。对此，本案合议庭认为，首先，从程序上，本案中案外人提出的居住权异议所指向的对象为作为案件执行标的的涉案房产；其权利性质是一种在涉案房产上设定的类似于租赁权的实体性权利负担；其提出执行异议的目的是阻止在其有生之年向受让人移交占有被执行人的不动产。故本案应适用《中华人民共和国民事诉讼法》第二百二十七条所规定的案外人异议程序予以审查。其次，从实体上，参照《最高人民法院关于人民法院办理执行异议和复议案件若干问题的规定》关于租赁权的相关规定，本案可结合以下四项标准来判断案外人所主张的居住权异议能否成立：一是该项权利的真实性、合法性，是否存在案外人与被执行人恶意串通以规避执行的嫌疑。二是该项权利取得的时间，即案外人取得该权利是否在执行标的被法院查封之前。三是该权利的行使状态，案外人是否在执行标的被法院查封之前即已行使居住权并持续至今。四是法律对权利保护的价值判断。从权利外观上，在《中华人民共和国民法典》出台之前，法律并未设立居住权登记制度。因此，如申请执行人本身系执行标的的善意买受人或抵押权人，则其基于物权公示公信制度对执行标的所享有的权利，在执行中应予以优先保护。但如果申请执行人仅仅是普通的金钱债权人，其与居住权人相比和执行标的的关联程度及支配关系明显要弱，如果将其债权优先于居住权予以保护既缺乏合理的基础，也不符合保障居者有其屋的社会公序良俗。正是基于上述标准，综合考虑本案事实，合议庭最终裁定案外人对执行标的所提出的居住权异议成立。①

编写人：浙江省绍兴市越城区人民法院　张剑

020　无过错不动产买受人物权期待权排除金钱债权执行

——马某俭诉韩某伟、某房地产开发公司案外人执行异议之诉案

【案件基本信息】

1. 裁判书字号

青海省高级人民法院（2020）青民终86号民事判决书

2. 案由：案外人执行异议之诉

3. 当事人

原告（上诉人、案外人）：马某俭

被告（被上诉人、申请执行人）：韩某伟

被告（被上诉人、被执行人）：某房地产开发公司

【基本案情】

韩某伟与某房地产开发公司借款合同纠纷一案，青海省西宁市中级人民法院（以下简称西宁中院）受理后，因韩某伟申请诉讼财产保全，该院于2015年9月30日查封了某房地产开发公司

---

① 《中华人民共和国民法典》第十四章专门规定了居住权，其中第三百六十八条明确规定："居住权无偿设立，但是当事人另有约定的除外。设立居住权的，应当向登记机构申请居住权登记。居住权自登记时设立。"结合《最高人民法院关于适用〈中华人民共和国民法典〉时间效力的若干规定》第一条之规定，笔者认为，在民法典施行前已设立的居住权，仍可适用本案案例中设定的审查标准，对于民法典施行后新设立的居住权，则应严格依照民法典的规定进行审查处理。

名下40套房产。该案经审理后，判决某房地产开发公司向韩某伟偿还借款本息共计1560万元。判决生效后，因某房地产开发公司未按期履行义务，韩某伟向西宁中院申请强制执行，西宁中院于2019年4月29日作出执行裁定，拍卖案涉被查封房产。案外人马某俭得知拍卖公告后，对其中的1221室房屋提出执行异议，西宁中院经审查后认为，马某俭虽与某房地产开发公司签订了房屋认购书，亦按照认购书现金支付全部价款，但该认购书明确等某房地产开发公司通知时双方再签订商品房买卖合同，该未竣工验收的不动产现仍未交付使用，马某俭的权利足以排除执行，裁定驳回了案外人马某俭的异议请求。

另查明，2013年11月1日，某房地产开发公司与马某俭签订《房屋认购书》，约定：马某俭自愿订购某小区2201室房屋（现房号为1221室），房屋总价为773122元。马某俭于签订此认购书时，向某房地产开发公司支付房款773122元（以实际收款收据为准）。马某俭签订该认购书后，等某房地产开发公司通知签订出售合同，同时支付首期款，如在通知后逾期7天到15天不来签订出售合同的，某房地产开发公司不再保留其认购房号。双方约定马某俭的付款方式为一次性付款。马某俭于签约当日付清房款，某房地产开发公司开具收据。马某俭与某房地产开发公司签订《房屋认购书》并付清房款后，双方并未签订正式的商品房预售合同或商品房买卖合同，亦未办理房屋产权变更登记手续。

再查明，案涉房屋于2011年9月30日取得商品房预售许可证。某房地产开发公司将案涉房屋钥匙于2015年7月17日交付马某俭。马某俭未入住案涉1221室房屋，房屋内水电暖均未开通。

经西宁中院向西宁市不动产登记服务中心核实，位于西宁市城东区×路26号1号楼1单元1085室面积为177.65平方米的住宅登记于马某俭名下，房屋所有权证颁发日期为2015年10月27日。

【案件焦点】

1. 马某俭对讼争房屋是否享有受法律保护的实体权利；2. 该权利是否能够排除强制执行。

【法院裁判要旨】

青海省西宁市中级人民法院经审理认为：本案情形应参照《最高人民法院关于人民法院办理执行异议和复议案件若干问题的规定》第二十九条审查马某俭作为商品房消费者是否享有物权期待权，是否足以排除强制执行。（1）在人民法院查封之前马某俭与某房地产开发公司签订《房屋认购书》。认购书对于房屋交付标准、交付时间、违约责任等主要内容并未明确，不具备商品房买卖合同的基本要素，系为将来订立正式商品房买卖合同而签订的预约合同。（2）马某俭名下尚有其他用于居住的房屋。（3）马某俭付清房屋全款。综上所述，马某俭的情形不符合《最高人民法院关于人民法院办理执行异议和复议案件若干问题的规定》第二十九条第一款、第二款的规定，其不享有对案涉房屋的物权期待权，亦不享有足以排除强制执行的民事权益。

青海省西宁市中级人民法院判决：

驳回马某俭的诉讼请求。

马某俭不服一审判决，提出上诉。

青海省高级人民法院经审理认为:《最高人民法院关于人民法院办理执行异议和复议案件若干问题的规定》第二十八条和第二十九条是选择适用的关系,马某俭在不符合第二十九条规定的情形时,可适用第二十八条之规定。第一,马某俭签订合同的时间是在人民法院查封之前。某房地产开发公司于2011年9月30日取得《商品房预售许可证》,于2013年11月1日与马某俭签订《房屋认购书》,该认购书有效。《房屋认购书》明确了双方当事人的名称、商品房的位置、具体房号、面积、单价、总价、付款方式,且某房地产开发公司已按约定收受了全部购房款,并将房屋交付马某俭,双方买卖合同已实际履行,《房屋认购书》应认定为商品房买卖合同。第二,马某俭已于2015年7月17日领取案涉房屋钥匙,应认定马某俭在人民法院查封之前已合法占有案涉房屋。第三,马某俭已支付全部价款。第四,案涉房屋尚未办理竣工验收手续,客观上不具备办理产权过户登记的条件。马某俭对案涉房屋未办理过户登记手续并无过错。综上所述,判决:

一、撤销青海省西宁市中级人民法院(2019)青01民初450号民事判决;

二、不得执行位于西宁市城东区某小区1221室房产(房屋认购书为某小区2201室),并解除保全措施。

【法官后语】

近年来,案外人执行异议之诉案件呈上升趋势,且该类型案件涉及人数较多,故正确适用法律显得尤为重要。本案二审法院进行改判,保护了无过错买受人物权期待权。关于对金钱债权的执行,《最高人民法院关于人民法院办理执行异议和复议案件若干问题的规定》第二十八条和第二十九条分别作出了具体规定。第二十八条规定:“金钱债权执行中，买受人对登记在被执行人名下的不动产提出异议，符合下列情形且其权利能够排除执行的，人民法院应予支持:(一)在人民法院查封之前已签订合法有效的书面买卖合同;(二)在人民法院查封之前已合法占有该不动产;(三)已支付全部价款，或者已按照合同约定支付部分价款且将剩余价款按照人民法院的要求交付执行;(四)非因买受人自身原因未办理过户登记。”第二十九条规定:“金钱债权执行中，买受人对登记在被执行的房地产开发企业名下的商品房提出异议，符合下列情形且其权利能够排除执行的，人民法院应予支持:(一)在人民法院查封之前已签订合法有效的书面买卖合同;(二)所购商品房系用于居住且买受人名下无其他用于居住的房屋;(三)已支付的价款超过合同约定总价款的百分之五十。”比较上述两条规定:从条文主旨来看，第二十八条是对无过错不动产买受人物权期待权的保护，适用于买受人对登记在被执行人名下的不动产提出异议的情形，系普适性的条款，对于所有类型的被执行人及不动产均可适用;而第二十九条是对商品房消费者物权期待权的保护，适用于买受人对登记在被执行的房地产开发企业名下的商品房提出异议的情形，是专门针对房地产开发企业的被执行人所开发的商品房而规定的特别条款。从立法精神及意图来看，第二十九条强调对民生权利即生存权、居住权的保护，故着眼点在于所购商品房系用于居住且买受人名下无其他用于居住的房屋，该条既不要求买受人主观上无过错，也不要求支付全部价款，更不要求占有房屋，总体上比较宽泛。上述两条文虽然适用于不同的情形，但是如果被执行人为房地产开发企业，且被执行的不动产为登记于其名下的商品房，则同时符合了登记在被执行人名下的不动产与登记在被执行的房地产开发企业名下的商品房两种情形，对于法律的适用，不应因有特别规定的保护，而排斥一般保护。即只要符合其中一条的规定，买受人即享有足以排除强制执行的民事权益。

法院在审理案外人执行异议之诉时，需要对各种权利的顺位、优先性进行比较。第二十九条对商品房消费者物权期待权的保护，是对生存权的保护，生存权在法的价值位阶中处于最高位阶，其应优先于所有的权利受到保护；建设工程价款优先受偿权系法定优先权，优先于无过错不动产买受人物权期待权受保护；而无过错不动产买受人物权期待权，将来会过渡为物权，在与申请执行人实现一般金钱债权发生冲突时，应优先保护无过错不动产买受人的保护物权期待权。

编写人：青海省高级人民法院　商海英

021　案外人异议程序中承租权的认定

——王某生与某银行宣武支行等案外人执行异议案

【案件基本信息】

1. 裁判书字号

北京市第一中级人民法院（2020）京01执异375号执行裁定书

2. 事由：案外人执行异议

3. 当事人

案外人：王某生

申请执行人：某银行宣武支行

被执行人：甲房地产公司、乙房地产公司、韩某龙

【基本案情】

北京市第一中级人民法院在执行某银行宣武支行与甲房地产公司、乙房地产公司、韩某龙借款合同纠纷一案过程中，查封了北京市朝阳区北小营安慧东里×号院××号房屋（以下简称××号房屋），王某生以其为上述房屋承租人为由向法院提出书面异议。王某生请求确认其对××号房屋享有租赁权及优先购买权，并请求确认对××号房屋内的装饰装修及设备设施财产享有所有权，并停止执行。王某生认为自2012年起至今其一直占有使用××号房屋，且在其入住时该房屋是毛坯房，不具备居住使用条件，王某生先后对该房屋进行精装修，该房屋是王某生家庭自住用房，作为××号房屋承租人，王某生自2012年占有使用该房屋至今，依法享有承租使用权，如对××号房屋执行拍卖，王某生依法享有优先购买权。

某银行宣武支行与甲房地产公司、乙房地产公司、韩某龙借款合同纠纷一案，北京市第一中级人民法院于2004年9月作出（2004）一中民初字第8393号民事判决书，判决如下：

一、甲房地产公司于本判决生效后十日内返还某银行宣武支行借款本金人民币2501万元及利息；

二、被告甲房地产公司以抵押合同约定的抵押物折价或变卖后的价款，对上述债务承担担保责任，并优先清偿不能偿还本金部分之利息；

三、如被告甲房地产公司以上述抵押物折价并清偿后仍然未能还清本判决第一项之债务，则被告乙房地产公司及被告韩某龙对该不能清偿之债务承担连带清偿责任，清偿责任范围限额人民币1000万元。

后韩某龙不服上述判决，上诉至北京市高级人民法院，该院于2005年1月25日作出（2004）高民终字第1552号民事判决书，判决驳回上诉，维持原判。因甲房地产公司、乙房地产公司、韩某龙未履行生效判决书确定的义务，某银行宣武支行向法院申请强制执行，法院于2005年2月5日立案执行。

2020年11月12日，北京市第一中级人民法院作出（2005）一中扰字第646号公告，主要内容为：法院作出的（2004）一中民初字第8393号民事判决书已经发生法律效力。法院于2007年6月22日正式查封被执行人甲房地产公司名下××号房屋。非经法院同意，任何人不得对上述被查封的财产转移、隐匿、损毁、变卖、抵押、典当、赠送、出租等，如对上述财产主张权利，应当在本公告公布之日起十日内书面向法院立案庭提起案外人异议。

【案件焦点】

王某生提供照片、装修费等证据材料能否证明其对涉案房屋享有租赁权，如享有租赁权能否排除法院强制执行。

【法院裁判要旨】

北京市第一中级人民法院经审理认为：《最高人民法院关于人民法院办理执行异议和复议案件若干问题的规定》第三十一条第一款规定："承租人请求在租赁期内阻止向受让人移交占有被执行的不动产，在人民法院查封之前已签订合法有效的书面租赁合同并占有使用该不动产的，人民法院应予支持。"本案中，××号房屋登记在被执行人甲房地产公司名下，因甲房地产公司未履行生效判决书确定的义务，法院对其名下的房产采取强制措施合法有据。案外人王某生提供照片、装修费用明细等证据要求确认其为××号房屋的承租人，停止对××号房屋执行的异议请求，证据不足，法院不予支持。因本案尚未对××号房屋进行评估拍卖，王某生所提评估拍卖中将其对××号房屋的添附物予以区分等异议请求，法院不予审查。

北京市第一中级人民法院依据《中华人民共和国民事诉讼法》第二百二十七条，《最高人民法院关于人民法院办理执行异议和复议案件若干问题的规定》第二十五条第一款第一项之规定，作出如下裁定：

驳回案外人王某生提出的异议请求。

【法官后语】

《最高人民法院关于人民法院办理执行异议和复议案件若干问题的规定》第三十一条第一款规定："承租人请求在租赁期内阻止向受让人移交占有被执行的不动产，在人民法院查封之前已签订合法有效的书面租赁合同并占有使用该不动产的，人民法院应予支持。"可见，只有承租人基于租赁权所提异议，才属于案外人异议，应按照《中华人民共和国民事诉讼法》（2021年修正）第二百三十四条进行审理。承租人基于承租法律关系所提案外人异议的权利基础主要有二：租赁权以及租赁权派生权利—优先购买权，即"买卖不破租赁""承租人享有优先购买权"。

分析上述法律规定，审理此类案件主要存在三项审理要点：(1) 时间要件：案外人与案件被执行人签订书面租赁合同必须在法院查封之前，如果执行标的物上存在租赁权，则法院在拍卖执行标的时要对标的物的权利负担情况进行公示，拍卖财产上的租赁权以及其他用益物权不因拍卖而消灭，该项权利会继续存在于拍卖财产上。带租拍卖会影响执行标的物的竞拍价格，进而会对申请执行人债权的实现产生影响。因此，案外人与被执行人之间签订的租赁合同必须在法院查封前，如不满足，为避免案外人与被执行人恶意逃避执行，应直接驳回案外人所提异议，而无须再对租赁合同合法性进行审查。(2) 合法性要件：案外人与被执行人签订的书面合同需合法有效。一般而言案外人与被执行人根据《中华人民共和国城市房地产管理法》第五十四条以及相关法律规定到房地产管理部门办理了租赁登记备案手续的租赁合同具有对外公示效力，其签订时间不存在倒签的可能性，可认定为合法有效的租赁合同。但对于没有履行备案手续的租赁合同，需结合当事人提交的交付租金、交付物业费、水电煤气费用凭证等证据材料进一步分析租赁合同的合法性、真实性以及有效性。对于当事人仅能提供租赁合同、租金收据的情况，应慎重认定，避免存在租赁合同倒签，案外人与被执行人伪造虚假租赁关系，逃避法院强制执行的情形。(3) 权利外观要件：执行标的物需在法院查封前就已移交承租人占有使用。执行过程在审查案外人异议案件中，权利外观主义是法官的权属判断重要标准之一。租赁权的设立是基于债权性基础关系即租赁合同，占有是判断租赁权是否客观真实的重要权利外观要件。因此，此类案件要求承租人必须在法院查封前就已实际占有使用涉案房屋。但要注意，如果租赁合同未经公示，占有人仅仅依据占有的实施主张租赁权则不能对抗申请执行人的强制执行申请。

另外，执行程序中审查案外人异议，应秉持执行效率至上的价值取向，执行程序以快速、及时地实现生效法律文书内容为目标，而审判程序以追求实体公正为目标，案外人异议审查程序过于烦琐不仅侵蚀民事执行的效率，也与审执分离的基本宗旨不符。因此，对于租赁合同是否合法有效以及租赁关系是否真实存在等实体问题，应以形式审查并作出形式判断为原则。

值得注意的是，为降低此类案件审查难度，法院在今后普法工作中要积极倡导对租赁合同进行备案，同时执行实施也要严格落实现场查封制度，严厉打击虚假租赁，对于通过虚假租赁对抗法院执行的行为，一经查实，对相关责任人员进行拘留、罚款，对于符合拒不履行判决、裁定罪的相关责任人员，要依法追究其刑事责任。

编写人：北京市第一中级人民法院　赵翔

022 房屋未经竣工验收并非阻却一般物权期待权中“合法占有”的要素

——许某尹与某银行学田支行等案外人执行异议案

【案件基本信息】

1. 裁判书字号

江苏省南通市崇川区人民法院（2020）苏0602执异79号执行裁定书

2. 事由：案外人执行异议

3. 当事人

案外人：许某尹

申请执行人：某银行学田支行

被执行人：某房地产开发公司、陆某明、陆某

【基本案情】

2017年2月22日，江苏省南通市崇川区人民法院根据申请执行人某银行学田支行申请，立案强制执行，案号为（2017）苏0602执617号，并于2017年5月8日作出（2017）苏0602执617号执行裁定：冻结、扣划被执行人某房地产开发公司、陆某明、陆某银行存款2772691.67元及迟延履行期间的债务利息（利息以实际结算为准），或查封、扣押、提取其相应价值的其他财产。2019年2月27日，法院查封某房地产开发公司名下的综合楼109室、110室时，显示该商品房已办理合同预售备案，预购人为许某尹。2019年10月25日，该院对上述查封不动产作出执行裁定，进行拍卖。

2018年2月9日，许某尹作为买受人与某房地产开发公司作为出卖人签订《商品房买卖合同（预售）》，由许某尹购买某房地产开发公司南通市某大厦综合楼第一层109室、110室商品房房产，各96万元，合计总价款192万元。同日，某房地产开发公司（甲方）与许某尹（乙方）签订《认购协议书》，约定乙方认购甲方的综合楼第一层109室、110室房产，购房款总价204万元。甲方已收到乙方两套车库款10万元整，收到乙方支付的109室、110室认购款194万元，当日办妥向市房管局产权交易中心申请办理撤销原顾某娟购房的网签备案手续，并将上述房屋网签备案到购房人名下。购房款一次性支付至甲方指定收款人张某峰账户内。

2018年2月9日，许某尹将购房款204万元支付至上述某房地产开发公司指定张某峰账户内。某房地产开发公司出具情况说明及收据确认收到许某尹所付204万元109室、110室购房款的事实。2019年1月6日，某房地产开发公司（甲方）与许某尹（乙方）就109室、110室形成《房屋交接单》一份，确认甲方将该房屋交付乙方，乙方确认接受房屋及其现有瑕疵；甲方承诺自即日起承担对房屋质量的保修责任；甲方确认乙方应付的购房款已经全额付清。甲方承诺在具备相应条件时为乙方办妥产权过户登记手续。

另查明，某大厦工程已经通过单位工程竣工验收及消防验收，未通过综合验收。

【案件焦点】

买受人现实占有未经竣工验收的房屋能否构成合法占有。

【法院裁判要旨】

江苏省南通市崇川区人民法院经审理认为：案外人许某尹与某房地产开发公司在该院查封之前签订了《商品房买卖合同（预售）》且经网上备案，并足额支付了价款，虽未办理过户登记，但系某房地产开发公司未经综合验收所致，与买受人自身无关。对于是否符合合法占有条件，法院认为，首先，某房地产开发公司已经向许某尹出具了房屋交接确认书确认某房地产开发公司交付房屋的事实，说明许某尹对于争议房屋已经具有实际的管理和支配的权利。其次，虽然《中华人民共和国建筑法》第六十一条规定，建筑工程竣工经验收合格后，方可交付使用；未经验收或者验收不合格的，不得交付使用。但该规定系管理性规定并非效力性规定，且其限制的对象为开发商而非购房者，不应扩大适用于购房者。某大厦工程已经通过单位工程竣工验收、消防验收，虽未综合验收，但案外人作为购房者，自愿在没有办理综合验收手续的情况下以现状接收房屋，虽然对于之后可能产生的质量责任或使用风险依法处于不利的法律地位，但该接收行为系对其自身权利的处分，未违反法律、行政法规的禁止性规定，应当予以准许，不能以此否定买受人已经实际占有该房屋的事实，更不能据此认定占有争议房屋不合法。综上所述，许某尹与某房地产开发公司之间在法院查封争议车位前已经签订书面的合法有效的《商品房买卖合同（预售）》且经网上备案，许某尹已经支付全部价款且在查封前合法占有争议房屋，虽未办理过户登记，但并非其自身原因所致。因此，许某尹所提执行异议能够成立，能够排除法院执行。

江苏省南通市崇川区人民法院依照《中华人民共和国民事诉讼法》第二百二十七条，《最高人民法院关于人民法院办理执行异议和复议案件若干问题的规定》第十七条第二项、第二十八条的规定，作出如下裁定：

解除对南通市某大厦综合楼第一层 109 室、110 室房屋的查封，中止对前述不动产的执行。

【法官后语】

在执行异议纠纷或执行异议之诉纠纷中，申请执行人的执行利益与案外人作为买受人的民事权益产生冲突，如何平衡此种利益冲突，是一般物权期待权所存在的现实意义。本案中，开发商向买受人交付的房屋未经过竣工验收，但并不因此阻却合法占有要件的成立。

1. 未经竣工验收的房屋属于合法建筑

《中华人民共和国民法典》第二百三十一条规定：“因合法建

造、拆除房屋等事实行为设立或者消灭物权的，自事实行为成就时发生效力。”房地产开发企业符合法律规定和审批部门规定所开发建设的房屋，系属于合法建造，应取得所有权。所建设的房屋是否通过竣工验收，并不影响开发商对于该房屋所有权的取得。买受人的期待物权来源于开发商对所建筑房屋的所有权，因此该期待权利的来源具有合法性。未经竣工验收的房屋可以成为一般买受人物权期待权的客体。

2. 未经竣工验收的房屋具有可期待的利益

期待利益是期待权的核心要义，作为开发商建设的房屋，即使尚未经过竣工验收，但不可否认其仍然具有财产属性的特质。建设工程可以设定法定抵押权，作为不动产其所有的财产性价值，能够得以体现。而相对而言，开发商所建造的房屋，虽然没有经过竣工验收，但是客观上，其所具有的财产价值并不因此丧失，具备买受人所期待享有的利益性质。在执行过程中，建设工程或者未经竣工验收的房屋，可以作为被执行的标的，也体现了其财产性利益的属性。

3. 合法占有应理解为有权占有、自主占有

在占有的分类中，并无合法占有的概念及分类。无论是《最高人民法院关于人民法院办理执行异议和复议案件若干问题的规定》第二十八条中规定的“合法占有”，抑或《最高人民法院关于人民法院民事执行中查封、扣押、冻结财产的规定》第十七条中规定的“实际占有”，基于该两项条款所要保护的案外人的合法权利来看，其均应当是指向同样的占有标准，要求案外人为有权占有、自主占有，从而与无权占有、他主占有区别开来。对于一般买受人的物权期待权而言，对于其的保护是基于其所享有的期待权利是合法取得

的权利，因此其占有行为必然是有权占有而非无权占有，否则会丧失法律对于该权利保护的基础。

4. 文义解释中合法是限定占有行为而非房屋的客观状态

对于买受人所购买的房产尚未经过竣工验收，仍然登记于开发商名下，开发商已经履行了交付手续，将房屋交付给买受人，该房屋已经房屋单体验收和消防验收，仅是未经过竣工验收，房屋已经具备使用的功能。在此种情形下，应作出如下认定：一方面，对占有与交付之行为并非必然作出同等的价值判断。《中华人民共和国建筑法》等法律禁止交付未经竣工验收的房屋，但开发商实际上进行了交付，在此交付行为中，买受人与开发商对于交付是真实的合意，意思表示均是指向由买受人对房屋进行实际占有和支配。买受人基于开发商的交付行为而占有，其具有占有的意思表示，客观上也形成对物的管领和控制，该占有事实已经发生，有合法的权利基础。另一方面，对交付行为合法的限定并不必然等同于所占有的房屋必须满足竣工验收条件。《中华人民共和国建筑法》等法律禁止交付的基础，是基于所建设房屋未经过竣工验收的手续，由房屋的客观状态，而作出对交付行为性质的认定。《最高人民法院关于人民法院办理执行异议和复议案件若干问题的规定》第二十八条中的“合法”，应是着眼于占有行为所依赖的权利基础，即是否有合法的占有途径，而该权利基础的来源是开发商作为原权利人的转移。因此，在开发商向买受人交付的房屋尚未经过竣工验收的情形，并不能否定合法占有条件的成就。

编写人：江苏省南通市崇川区人民法院　张慧

023 房屋被查封后，又返还查封的购房款情况下如何确定分配顺序

——张某洪与某小额贷款公司执行复议案

【案件基本信息】

1. 裁判书字号

山东省济南市中级人民法院（2020）鲁 01 执复 59 号执行裁定书

2. 事由：执行复议

3. 当事人

异议人（利害关系人）：张某洪

申请执行人（复议申请人）：某小额贷款公司

被申请执行人：牛某

【基本案情】

某小额贷款公司与傅某丹、某担保公司、李某征小额借款合同纠纷一案，经山东省济南市中级人民法院作出（2018）鲁 01 民终 8929 号终审判决，“一、傅某丹于本判决生效之日起十日内偿还某小额贷款公司借款本金 200 万元……”在执行过程中，牛某向山东省济南市历城区人民法院出具财产担保书及个人保证书，其中牛某提供的财产担保为其购买的登记在甲公司名下的位于烟台市莱山区迎春大街××号××层的六套房屋（以下简称案涉房产）。2019 年 9 月 20 日，山东省济南市历城区人民法院作出（2019）鲁 0112 执 1705 号之一执行裁定，裁定：如甲公司解除与担保人牛某

签订的关于案涉房产的商品房买卖合同，冻结甲公司应当返还给牛某的全部款项，期限为3年。同日，山东省济南市历城区人民法院作出（2019）鲁0112执1705号之二执行裁定，裁定：查封担保人牛某购买的登记在甲公司名下的案涉房产，期限为3年。

2017年11月13日，山东省菏泽市曹县人民法院作出（2017）鲁1721民初5752号民事裁定，裁定查封牛某所有的案涉房产，查封期限为3年。2018年4月23日，山东省菏泽市曹县人民法院对张某洪与某担保公司、李某征、牛某民间借贷纠纷一案作出（2017）鲁1721民初5752号民事判决，判决："某担保公司偿还张某洪借款本金133万元及利息91277.78元及逾期利息……"

2019年10月15日，山东省烟台市莱山区人民法院对甲公司与牛某房屋买卖合同纠纷一案作出民事判决，判决解除甲公司与牛某签订的六份商品房买卖合同，牛某将案涉房产返还给甲公司，甲公司退还牛某购房款共计3134414.7元。该六份判决现已发生法律效力，目前已立案执行。

张某洪认为，山东省菏泽市曹县人民法院对案涉房产的查封早于山东省济南市历城区人民法院，山东省济南市历城区人民法院（2019）鲁0112执1705号之一执行裁定查封案涉房产返还款项侵犯了其合法权益，请求法院予以撤销。

【案件焦点】

1. 张某洪、某小额贷款公司对被冻结涉案房产返还款项受偿的顺位问题；2. 张某洪是否系利害关系人；3. 牛某向山东省济南市历城区人民法院出具财产担保的效力问题。

【法院裁判要旨】

山东省济南市历城区人民法院经审理认为：根据《最高人民法院关于人民法院办理执行异议和复议案件若干问题的规定》第七条第一款的规定，“当事人、利害关系人认为执行过程中或者执行保全、先予执行裁定过程中的下列行为违法提出异议的，人民法院应当依照民事诉讼法第二百二十五条规定进行审查：（一）查封、扣押、冻结、拍卖、变卖、以物抵债、暂缓执行、中止执行、终结执行等执行措施；（二）执行的期间、顺序等应当遵守的法定程序；（三）人民法院作出的侵害当事人、利害关系人合法权益的其他行为”。本案中，异议人实质上是对人民法院对同一执行财产执行顺序应遵守的法定程序提出的异议。根据上述法律规定，本案应当依照《中华人民共和国民事诉讼法》第二百三十二条规定进行审查。《最高人民法院、国土资源部、建设部关于依法规范人民法院执行和国土资源房地产管理部门协助执行若干问题的通知》第十五条的规定，“下列房屋虽未进行房屋所有权登记，人民法院也可以进行预查封：（一）作为被执行人的房地产开发企业，已办理了商品房预售许可证且尚未出售的房屋；（二）被执行人购买的已由房地产开发企业办理了房屋权属初始登记的房屋；（三）被执行人购买的办理了商品房预售合同登记备案手续或者商品房预告登记的房屋”。第十八条规定，预查封的效力等同于正式查封。牛某购买的六套涉案房产已经办理了商品房预售备案及预告登记，山东省菏泽市曹县人民法院对涉案房屋的查封符合上述规定，查封合法有效。《最高人民法院关于人民法院民事执行中查封、扣押、冻结财产的规定》第二十四条（2008年）规定，查封、扣押、冻结的财产灭失或者毁损的，查封、扣押、冻结的效力及于该财产的替代物、赔偿款。人民法院应当及时作出查封、扣押、冻结该替代物、赔偿款的裁定。涉案房产已被山东省菏泽市曹县人民法院、山东省烟台市莱山区人民法院及山东省济南市历城区人民法院先后查封，其中山东省菏泽市曹县人民法院查封系首封，已经产生查封效力。山东省烟台市莱山区人民法院及山东省济南市历城区人民法院查封系轮候查封，尚未产生查封效力。山东省烟台市莱山区人民法院对甲公司与牛某房屋买卖合同纠纷一案依法作出六份民事判决，解除了甲公司与牛某签订的商品房买卖合同，该判决已经生效。商品房买卖合同解除后山东省菏泽市曹县人民法院对涉案房产的查封效力即及于甲公司合同解除后应返还牛某的购房款，该购房款应视为牛某在甲公司的到期债权，债权金额为3134414.7元。此后山东省菏泽市曹县人民法院裁定冻结牛某在甲公司享有到期债权中的2313125元，并向甲公司发出履行通知，均符合执行程序的法律规定。山东省济南市历城区人民法院基于牛某系（2019）鲁0112执1705号案件的保证人，只能执行牛某在甲公司到期债权中山东省菏泽市曹县人民法院采取执行措施之外的部分，即只能对到期债权中2313125元之外的部分采取执行措施。2019年9月20日山东省济南市历城区人民法院作出（2019）鲁0112执1705号之一执行裁定，裁定冻结甲公司应当返还牛某的全部款项，实际冻结了牛某在甲公司的全部债权，没有法律及事实依据，也侵犯了异议人张某洪的合法权益，应予纠正。因此，张某洪的异议成立，法院予以支持。

山东省济南市历城区人民法院依照《中华人民共和国民事诉讼法》第二百三十二条，《最高人民法院关于人民法院民事执行中查封、扣押、冻结财产的规定》第二十四条及《最高人民法院关于人民法院办理执行异议和复议案件若干问题的规定》第七条、第十七条的规定，作出如下裁定：

撤销本院（2019）鲁 0112 执 1705 号之一执行裁定及协助执行通知。

复议申请人某小额贷款公司不服该裁定，申请复议。

山东省济南市中级人民法院经审理认为：张某洪对山东省济南市历城区人民法院冻结甲公司应返还给牛某的全部款项提出书面异议，系本案的利害关系人。《最高人民法院关于人民法院民事执行中查封、扣押、冻结财产的规定》第二十六条规定，被执行人就已经查封、扣押、冻结的财产所作的移转、设定权利负担或者其他有碍执行的行为，不得对抗申请执行人。牛某在已经被山东省菏泽市曹县人民法院查封的六套房产上设定权利负担，其提供执行担保的行为有效，但不得对抗张某洪。关于受偿顺序问题，《最高人民法院关于人民法院执行工作若干问题的规定（试行）》第五十五条第一款规定，多份生效法律文书确定金钱给付内容的多个债权人分别对同一被执行人申请执行，各债权人对执行标的物均无担保物权的，按照执行法院采取执行措施的先后顺序受偿。山东省菏泽市曹县人民法院查封系首查封，已经产生查封效力，山东省济南市历城区人民法院查封系轮候查封。因山东省菏泽市曹县人民法院的执行措施早于山东省济南市历城区人民法院，故张某洪对涉案房产返还款项的受偿顺位，应当先于某小额贷款公司。

山东省济南市中级人民法院依照《中华人民共和国民事诉讼法》第二百三十四条，《最高人民法院关于人民法院办理执行异议和复议案件若干问题的规定》第十七条第一款第四项、第二十三条第一款第二项之规定，作出如下裁定：

一、撤销原执行裁定；

二、张某洪关于对返还牛某的购房款优先于某小额贷款公司的债权受偿的异议成立。

【法官后语】

本案为涉及查封房产的执行复议，争议的焦点是对返还查封房产购房款项的执行分配问题。审理的关键在于，在首封法院已经对案涉房产进行查封，当事人又为其他法院提供执行担保，轮候查封法院不仅对案涉房产进行查封，同时对案涉房产因合同解除而返还的款项进行查封，在这一情况下，如何衡量和保护前后两个申请执行人的合法权益，正确分配其受偿顺序，就成为法官应当衡量的问题。

本案中，2017年11月13日，山东省菏泽市曹县人民法院作出（2017）鲁1721民初5752号民事裁定，裁定查封牛某所有的案涉房产，查封期限为三年。2019年9月20日，牛某提供执行担保，山东省济南市历城区人民法院作出（2019）鲁0112执1705号之一执行裁定，裁定查封案涉房产及返还购房款项。2019年10月15日，山东省烟台市莱山区人民法院对甲公司与牛某房屋买卖合同纠纷一案作出民事判决，判决解除甲公司与牛某签订的六份商品房买卖合同，牛某将案涉房产返还给甲公司。山东省济南市历城区人民法院认为，其只能执行牛某在甲公司到期债权中山东省菏泽市曹县人民法院采取执行措施之外的部分，即只能对到期债权中2313125元之外的部分采取执行措施，因而裁定撤销其作出的执行行为。

从执行措施的顺位上看，山东省济南市历城区人民法院所做查封，明显晚于山东省菏泽市曹县人民法院，且山东省济南市历城区人民法院的查封依据，是牛某主动提供的执行担保，该执行担保作出时，其提供的财产已经被山东省菏泽市曹县人民法院查封。根据《最高人民法院关于人民法院民事执行中查封、扣押、冻结财产的规定》第二十六条[①]规定，牛某在已经被山东省菏泽市曹县人民法院查封的六套房产上设定权利负担，其提供执行担保的行为有效，但不得对抗张某洪。因而在对案涉房产的处置上，某小额贷款公司在与张某洪对抗时，并无担保物权，就为适用《最高人民法院关于人民法院执行工作若干问题的规定（试行）》第八十八条[②]第一款规定提供了法理依据，根据上述规定，应当按照采取执行措施的先后顺序受偿。山东省济南市历城区人民法院在执行异议审理阶段，直接裁定将查封行为撤销，过于简单，不利于保护第二顺位的债权人。因而在复议阶段，对异议裁定予以撤销，同时支持异议人张某洪关于对返还牛某的购房款优先于某小额贷款公司的债权受偿的异议。

《最高人民法院关于人民法院民事执行中查封、扣押、冻结财产的规定》第二十四条[③]的适用范围是冻结财产的灭失、毁损，同时查封效力基于该财产的替代物、赔偿款。在查封财产被解除合同，财物互相返还的情况下，应当在查明有无担保物权的基础上，按照执行顺序的前后受偿。

编写人：山东省济南市中级人民法院　李富建　邵大林

---

① 参见《最高人民法院关于人民法院民事执行中查封、扣押、冻结财产的规定》(2020修正) 第二十四条。

② 参见《最高人民法院关于人民法院执行工作若干问题的规定（试行）》(2020修正) 第五十五条。

③ 参见《最高人民法院关于人民法院民事执行中查封、扣押、冻结财产的规定》(2020修正) 第二十二条。

024 通知轮候查封案件债权人参与分配的条件

——施某辉与姜某如等执行复议案

【案件基本信息】

1. 裁判书字号

江苏省南通市中级人民法院（2020）苏 06 执复 146 号执行裁定书

2. 事由：执行复议

3. 当事人

案外人（复议申请人）：施某辉

申请执行人：姜某如

被执行人：张某、黄某林

【基本案情】

姜某如诉张某、黄某林买卖合同纠纷一案，姜某如依据江苏省南通市通州区人民法院（2016）苏 0612 民初 2268 号民事判决向该院申请强制执行，该院于 2016 年 6 月 20 日立案强制执行，后于 2016 年 7 月 28 日裁定终结本次执行程序。后姜某如向该院申请恢复执行，该院于 2020 年 3 月 5 日立案恢复执行。在执行过程中，该院于 2020 年 6 月 12 日成功拍卖了黄某林购买的位于海门市的房产。拍卖成交后，该院于 2020 年 7 月 23 日作出（2020）苏 0612 执恢 165 号执行财产分配方案，并于 2020 年 7 月 28 日向债权人等当事人送达。

2020年8月3日，施某辉向江苏省南通市通州区人民法院递交参与分配申请书，要求参与分配，该院于2020年8月8日作出（2020）苏0612执恢165号通知书，依法不准许施某辉参与分配。施某辉提出异议称，其与张某、黄某林之间的民间借贷纠纷一案，已由江苏省海门市人民法院受理，并于2020年7月8日依法作出（2020）苏0684民初2204号民事判决。在该案审理过程中，江苏省海门市人民法院于2020年5月8日查封了被江苏省南通市通州区人民法院拍卖的案涉不动产。江苏省南通市通州区人民法院在启动参与分配程序过程中，明知拍卖标的有司法查封的情况下，既未通知审理法院，也未通知异议人。2020年8月3日，施某辉在知晓江苏省南通市通州区人民法院启动分配程序后，根据《最高人民法院关于适用〈中华人民共和国民事诉讼法〉的解释》第五百零八条之规定，申请参与分配，江苏省南通市通州区人民法院以施某辉申请参与分配已过截止日期为由，通知施某辉不准参与分配。施某辉认为，其未能及时申请参与分配，系因无法及时知晓江苏省南通市通州区人民法院的执行进程，江苏省南通市通州区人民法院拍卖的标的物存在其他法院的司法查封，在处置过程中，理应保障其他债权人的合法权益，履行通知义务，而江苏省南通市通州区人民法院未予通知，导致异议人未能及时响应江苏省南通市通州区人民法院的参与分配程序。现为保障异议人的债权和合法权益得以有效实现，根据《中华人民共和国民事诉讼法》第二百二十五条之规定，提出异议，要求撤销江苏省南通市通州区人民法院（2020）苏0612执恢165号通知书，准许施某辉参与分配。

【案件焦点】

参与分配程序中，主持分配法院是否应当通知轮候查封案件的债权人参与分配。

【法院裁判要旨】

江苏省南通市通州区人民法院经审理认为：施某辉向江苏省南通市通州区人民法院递交参与分配申请书，因其申请参与分配的时间在截止日期之后，故其不符合参与分配的条件。法院书面告知不准许施某辉参与分配，符合相关法律规定。

江苏省南通市通州区人民法院依照《中华人民共和国民事诉讼法》第二百二十五条，《最高人民法院关于人民法院办理执行异议和复议案件若干问题的规定》第十一条、第十七条第一项的规定，裁定如下：

驳回施某辉的异议请求。

施某辉不服该裁定，申请复议。

江苏省南通市中级人民法院经审理认为：复议申请人施某辉在诉讼过程中申请江苏省海门市人民法院对案涉房产进行了查封，该查封属于轮候查封性质，轮候查封在之前的查封措施未撤销或失效前不具有查封的效力，属于效力待定性质，江苏省南通市通州区人民法院在处置案涉财产前并未撤销原有查封，该查封措施也并未因超过查封时间而失效，故施某辉申请的查封措施并未发生查封案涉房产的法律效力。至于江苏省南通市通州区人民法院在处置案涉房产及制作分配方案时是否应当通知江苏省海门市人民法院或者轮候查封的申请人施某辉，江苏省高级人民法院于 2020 年 3 月 11 日发出了《关于正确理解和适用参与分配制度的指导意见》。根据该指导意见第十三条第一款第三项规定，其他法院对被分配财产已经采取轮候查封、扣押、冻结措施且已书面通知主持分配法院的，应通知已取得执行依据的轮候查封债权人申请参与分配。江苏省海门市人民法院轮候查封后未通知江苏省南通市通州区人民法院，且施某辉在财产处置时未依据其取得的执行依据及时申请参与分配，故江苏省南通市通州区人民法院依法制作分配方案并无通知江苏省海门市人民法院或施某辉的法定义务。现施某辉向江苏省南通市通州区人民法院递交参与分配申请书的时间在江苏省南通市通州区人民法院将分配方案送达符合参与分配资格的当事人之后，施某辉的参与分配申请依法不应支持，故江苏省南通市通州区人民法院作出的通知及驳回施某辉的异议请求的裁定并无不当。综上所述，施某辉的复议请求不能成立，法院不予支持。原审异议裁定认定事实清楚，适用法律正确。

江苏省南通市中级人民法院依照《最高人民法院关于人民法院办理执行异议和复议案件若干问题的规定》第二十三条第一款之规定，作出如下裁定：

驳回施某辉的复议请求，维持江苏省南通市通州区人民法院的裁定。

【法官后语】

本案的争议焦点是执行法院是否应当主动通知轮候查封案件的债权人申请参与分配。《最高人民法院关于适用〈中华人民共和国民事诉讼法〉的解释》第五百零六条规定："被执行人为公民或者其他组织，在执行程序开始后，被执行人的其他已经取得执行依据的债权人发现被执行人的财产不能清偿所有债权的，可以向人民法院申请参与分配。对人民法院查封、扣押、冻结的财产有优先权、担保物权的债权人，可以直接申请参与分配，主张优先受偿权。”从上述规定看，参与分配应当依债权人申请启动，但上述规定也没有明确禁止通知债权人参与分配，实践中也确有执行法院会主动通知债权人申请参与分配的情形。理论上，也有观点认为从债权公平受偿角度，应当主动通知明知的轮候查封案件的债权人申请参与分配。由于实践的做法和理论上的观点，使得本案是否支持复议申请人的复议请求对以后审查类似问题具有一定的指导意义。

上述司法解释规定参与分配依申请启动，系由民事强制执行请求权的性质决定的。申请参与分配其实就是民事强制执行请求权在分配程序中的具体体现，与向人民法院申请强制执行具有相同的法律效果。强制执行请求权作为当事人的程序权利，应当由当事人自行行使，如果当事人不行使，系其自己放弃权利。启动参与分配程序亦同，如果债权人不申请参与分配，特别是轮候查封案件的债权人知晓首封法院而不申请参与分配的情形，系其自己放弃申请参与分配的权利。所以，首封法院不应主动将其纳入分配程序。另外，在明知有轮候查封案件而不通知债权人参与分配，与债权公平受偿原则也不相违背。因为执行程序与破产程序不同，执行系个案清偿，虽然在债务人作为个人时可以通过参与分配公平受偿，但也仅是相对公平的受偿，无法与破产程序完全公平受偿相提并论。虽然知道有轮候查封的债权人而未通知，但就已经申请参与分配的债权进行分配，也是在一定范围内实现了公平受偿。所以，不通知轮候查封案件的债权人申请参与分配具有理论正当性。但也有例外，如果轮候查封法院查封财产后已书面通知主持分配法院的，虽然轮候查封案件的债权人没有申请参与分配，但是轮候查封法院通知了首封法院，系代替债权人作出了申请参与分配的意思表示，此时首封法院应当通知轮候案件的债权人申请参与分配。

本案中，在申请参与分配时间节点前，轮候查封案件的债权人没有主动申请参与分配，轮候查封法院也没有通知首封法院，故首封法院不将其债权纳入分配程序并无不当。通过本案的审查，提示相关债权人要及时行使权利参与分配，相关执行法院在轮候查封时应当主动通知首封法院或主持分配法院，以维护债权人的合法权益。

编写人：江苏省南通市中级人民法院　范加庆

025　案外人执行异议案件适用第三人撤销之诉应从严审查

——某建设公司诉某建筑集团等第三人撤销之诉案

【案件基本信息】

1. 裁判书字号

江苏省南通市中级人民法院（2020）苏06民终2821号民事裁定书

2. 案由：第三人撤销之诉

3. 当事人

原告（上诉人）：某建设公司

被告（被上诉人）：某建筑集团、某投资公司、王某锋、张某燕

【基本案情】

2016年6月28日，某投资公司与某建设公司签订《以房抵款协议》，约定某投资公司应向某建设公司支付工程款约2865万元，在满足双方施工合同约定的工程款结算及付款条件之后，某投资

公司用于抵销某建设公司工程款的房屋房号为“×××”，车位号为“D××1”“D××2”，住宅建筑面积211.85平方米，房屋价款264万元。协议还约定，自协议签订之日起，某建设公司可以指定该房屋的实际买受人。同日，某投资公司与苏某签订《商品房买卖合同》，约定苏某购买前述×××室房屋及车位，房屋及车位总价款264万元。

2017年1月9日，某建设公司与王某锋、张某燕签订《协议书》，约定某建设公司将前述×××室及车位D××1、D××2出让给王某锋、张某燕。同日，某投资公司与王某锋、张某燕签订《商品房买卖合同》，约定王某锋、张某燕购买前述×××室房屋。

法院在审理某建筑集团与某投资公司建设工程合同纠纷一案中，某建筑集团向法院提出财产保全的申请，法院于2016年12月9日作出（2016）苏0602民初6355号民事裁定：冻结被申请人某投资公司银行存款人民币48000000元，或查封、扣押相应价值的财产。法院（2016）苏0602执保376号案对（2016）苏0602民初6355号民事裁定书予以实施，于2016年12月14日向南通市不动产登记中心发出协助执行通知书，查封前述×××室房产。后王某锋、张某燕对法院查封上述房产提出执行异议，法院经审理，于2017年7月20日作出（2017）苏0602执异60号执行裁定书，裁定中止对前述×××室房产的执行。某建筑集团向法院起诉，请求判决对前述×××室房产继续执行。法院于2018年2月11日作出（2017）苏0602民初4543号民事判决，判决准许执行（2016）苏0602执保376号案依据（2016）苏0602民初6355号民事裁定对前述×××室房产的查封，该判决已发生法律效力。

2019年5月15日，江苏省南通市崇川区人民法院作出(2019)苏0602民初2143号民事调解书，载明某建设公司与某投资公司自愿达成协议：(1)双方确认继续履行双方于2016年6月28日订立的商品房买卖合同；(2)某投资公司于调解书生效之日起三十日内协助某建设公司办理前述×××室及车位D××1、D××2所有权变更登记手续。

【案件焦点】

某建设公司作为利害关系人能否撤销法院作出的执行异议之诉判决。

【法院裁判要旨】

江苏省南通市崇川区人民法院经审理认为：根据法律规定，案外人寻求法律救济的途径包括执行异议、执行异议之诉及第三人撤销权之诉等，上述各项诉讼制度具有不同立法目的及适用条件。案外第三人认为法院已经发生法律效力的判决、裁定、调解书损害其民事权益，可以在规定的时限内向原审法院提出申请要求撤销他人之间已经生效的、错误的判决、裁定和调解书。由此可见，虽然法律并未将执行异议之诉的生效判决排除在第三人撤销权之诉客体范围外，但第三人撤销权之诉的起诉及受理仍应符合相应的限定条件。本案原告起诉撤销相关判决，本质上是基于其对执行标的享有民事权益要求排除执行，仍属于执行异议的范畴。某建设公司请求撤销的执行异议之诉判决系王某锋、张某燕对执行标的提出异议而引起，解决的是王某锋、张某燕对执行标的所主张的权利与执行行为的冲突，最终作出的判决是准许执行。该判决不影响某建设公司通过执行异议、执行异议之诉等程序寻求救济。某建设公司认为权益受损并非该判决所致。某建设公司提起第三人撤销之诉不符合起诉条件。

江苏省南通市崇川区人民法院依照《中华人民共和国民事诉讼法》第一百五十四条第一款第三项，《最高人民法院关于适用〈中华人民共和国民事诉讼法〉的解释》第二百零八条第三款、第二百九十二条规定，作出如下裁定：

驳回某建设公司的起诉。

二审法院同意一审法院裁判意见。

【法官后语】

案外人申请再审制度、执行异议之诉和第三人撤销之诉共同构建了我国案外人权利救济体系。案外人寻求救济可以诉讼程序阶段为基础，以不同的主体身份，来确定所具体适用的救济程序。《最高人民法院关于适用〈中华人民共和国民事诉讼法〉的解释》虽对三者之间的交叉问题予以细化，但具体到司法实践中，三大制度的衔接与准入，依然存在诸多适用难点。本案便涉及案外人执行异议制度与第三人撤销之诉的识辨以及能否对案外人执行案件提起撤销之诉的新问题。

1. 法律上并不排斥案外人执行异议之诉成为第三人撤销之诉的客体及对象

第三人撤销之诉程序中，案外人针对的对象是原裁判，其认为原裁判的部分或者全部内容侵害了其民事权益。《最高人民法院关于适用〈中华人民共和国民事诉讼法〉的解释》第二百九十五条明确规定以下特定类型的裁判不适用第三人撤销之诉，“（一）适用特别程序、督促程序、公示催告程序、破产程序等非讼程序处理的案件；

（二）婚姻无效、撤销或者解除婚姻关系等判决、裁定、调解书中涉及身份关系的内容；（三）民事诉讼法第五十四条规定的未参加登记的权利人对代表人诉讼案件的生效裁判；（四）民事诉讼法第五十五条规定的损害社会公共利益行为的受害人对公益诉讼案件的生效裁判。”与传统诉讼相比，无论是程序设置还是功能构造，案外人执行异议之诉虽具有特殊性，但仍属诉的一种，根据上述司法解释，法律并未将案外人执行异议之诉的裁判排除在第三人撤销之诉的客体之外。

案外人执行异议之诉表面解决的是案外人或申请执行人认为法院对特定标的物执行具有违法性或正当性，应当停止或许可法院的强制执行行为，体现了程序保护的功能作用。但实质上反映了申请执行人依据生效裁判享有的权利主张与案外人对执行标的权利主张的冲突与对抗，实体层面应属于案外人与被执行人对该执行标的的权属纠纷，系平等主体之间民事纠纷，体现了制度的实体保护功能。由此，案外人执行异议之诉的复杂性决定了其并非单一的形成之诉或确认之诉或给付之诉，而是一种兼具多重性质的复合型新类型诉讼。《最高人民法院关于适用〈中华人民共和国民事诉讼法〉的解释》第三百一十条第二款规定，案外人执行异议之诉中，同时提出确认其权利的诉讼请求的，人民法院可以在判决中一并作出裁判。具体实践操作中，对于案外人作为一项独立诉讼请求提出的确权主张，法院一般都会一并作出裁决，甚至排斥另案确权的程序选择。案外人执行异议之诉的复合性，恰恰决定了在对执行标的物的实体审查及权属确认过程中，必然涉及是否需要通知第三人参加诉讼，实体的处理结果也可能产生导致案外人实体权益受损的情形。因此，当第三人认为案外人执行异议之诉的裁决，损害其实体权益时，依据现行法律规定，可以提起撤销之诉。

2. 对案外人执行异议案件提起第三人撤销之诉应秉持限制主义立场

如前文所述，第三人撤销之诉的立法目的在于弥补案外人未能在原诉进行依法攻击防御，可能对案外人的民事权益带来消极影响，从而赋予其程序救济的权利。但在某些情况下，也要警惕案外人滥用引发一系列不适的问题。由于第三人撤销之诉是一种事后程序保障，因此其权利的对抗性应当严格予以审查，特别是针对案外人执行异议案件提出撤销之诉，虽在理论上具有合法性和可能性，但实践中案外人相关诉求易与其他程序救济混淆不清，审查时更应该秉持审慎的态度，否则，可能引发程序错乱，损害生效裁判的既判力和稳定性，对当前固有的案外人救济体系造成冲击。

对于第三人撤销之诉的原告主体资格和范围，在有法律上的利害关系的判断上，应比第三人参加诉讼的标准更高，应当结合实体要件加以判断。一方面，提起第三人撤销之诉的主体应严格限定于执行异议之诉案件中第三人；另一方面，在提出事由方面，不仅需原裁判对案外人合法权益形成障碍，案外人对此有不可分割的利益，且一般无法通过“另诉”方式解决，即须与原审裁判具有权利义务关系、有直接牵连，系存在法律上利害关系的第三人。对于存在事实上的利害关系的案外人，为查明案件事实可以追加第三人，但因其不享有实体权利义务，无权提起第三人撤销之诉。

此外，需要强调的是，《最高人民法院关于适用〈中华人民共和国民事诉讼法〉的解释》明确了第三人撤销之诉中原诉的判决、裁定的部分或者全部内容是指判决、裁定的主文部分，排除了生效裁判文书中事实认定和事实理由作为撤销对象的可行性。故笔者认为，在对执行异议之诉案件提起第三人撤销之诉时，如非判决主文部分存在内容错误，第三人不宜提起撤销之诉。如在案外人执行异议之诉中，法院最终以案外人系房屋单独所有权人为由，最终判决不得执行该标的。而事实上的房屋属于共同共有，其他共有人亦不得以法院判决错误为由撤销该诉。

编写人：江苏省南通市中级人民法院　杨盛

026　对未办理物权登记房屋的执行能否支持

——李某峰诉刘某成执行异议之诉案

【案件基本信息】

1. 裁判书字号

河北省黄骅市人民法院（2019）冀 0983 民初 5799 号民事判决书

2. 案由：执行异议之诉

3. 当事人

原告（申请执行人）：李某峰

被告（被申请执行人）：刘某成

第三人：陈某国、高某英

【基本案情】

2015 年 1 月 25 日，第三人陈某国与房地产公司签订商品房买卖合同，购买某小区×号楼×单元×室的住宅楼一套，价款为 196491 元。

2018年4月9日，陈某国与刘某成签订房屋买卖合同，约定将前述住宅楼出售给刘某成，价款为37万元，于签订之日支付34万元，房屋过户手续办理完毕支付剩余3万元。合同签订后，刘某成于2018年4月9日通过银行转账支付给陈某国34万元，陈某国于当日为刘某成出具证明，并把商品房买卖合同、楼房钥匙等交付于刘某成。之后，刘某成将涉案房屋进行了简单装修并入住。2019年2月20日，刘某成就涉案房屋与供排水公司签订供用水合同，并缴纳水费。其他物业费是刘某成以陈某国的用户名交付的。刘某成在2019年4月16日向黄骅市人民法院起诉要求陈某国配合过户手续，后得知该房屋已被查封，不得已撤诉。

2016年7月7日，李某峰与陈某国签订借款合同，陈某国向李某峰借款40万元，月利息为3%，借款期限为2016年7月至2017年7月，并约定将涉案房屋进行抵押。因涉案房产未办理房产证而未办理抵押登记。2019年3月14日，原告李某峰向黄骅市人民法院申请诉权保全，请求对陈某国、高某英所有的价值300万元的财产予以保全，黄骅市人民法院作出（2019）冀0983执保180号之一民事裁定书，裁定查封陈某国名下的前述住宅楼一套，查封期间为三年。

2019年7月2日，刘某成对（2019）冀0983执保180号之一民事裁定查封的执行标的提出执行异议，后法院听证审查，作出（2019）冀0983执异45号执行裁定书，裁定中止（2019）冀0983执保180号之一民事裁定的执行。

【案件焦点】

李某峰请求对涉案房屋进行查封的许可是否应得到支持。

【法院裁判要旨】

河北省黄骅市人民法院经审理认为：根据《最高人民法院关于人民法院民事执行中查封、扣押、冻结财产的规定》（本案以下简称《查封规定》）第十七条的规定，被执行人将其所有的需要办理过户登记的财产出卖给第三人，第三人已经支付部分或者全部价款并实际占有，但未办理过户登记手续的，如果第三人对此没有过错，人民法院不得查封、扣押、冻结。本案中，在法院查封之前，被告人刘某成与第三人陈某国签订房屋买卖合同且支付了房屋价款，并提交水费、物业费票据、照片等证据证实被告刘某成已实际占有涉案房屋。对于房屋未办理过户登记的原因，被告刘某成称在购买房屋时，涉案房屋当时不能办理登记手续，当自己得知可以办理房屋登记后又一直联系不到陈某国，后起诉陈某国要求其配合过户手续。被告刘某成未怠于行使自己的权利，因此认定刘某成对未办理过户登记手续不存在过错。综上所述，人民法院对涉案房屋不得查封、扣押、冻结。根据《最高人民法院关于适用〈中华人民共和国民事诉讼法〉的解释》第三百一十三条的规定，对申请执行人提起的执行异议之诉，人民法院经审理，案外人就执行标的享有足以排除强制执行的民事权益的，判决驳回诉讼请求。本案中，虽然涉案房屋未办理物权登记，但刘某成对涉案房屋已实际占有，依法对该房屋享有足以排除强制执行的民事权益，故应驳回原告的诉讼请求。

河北省黄骅市人民法院依照《最高人民法院关于人民法院民事执行中查封、扣押、冻结财产的规定》第十七条，《最高人民法院关于适用〈中华人民共和国民事诉讼法〉的解释》第三百一十三条的规定，作出如下判决：

驳回原告李某峰的诉讼请求。

判决后，双方当事人均未上诉，本判决现已生效。

【法官后语】

执行法律关系纷繁复杂，执行中各方合法权益受到侵害的情形在所难免，而执行异议之诉是执行救济的重要途径，既可以保障案外人的实体权利，完善司法救济制度，又可以维护各方主体的合法权益。执行异议之诉的案件类型有：（1）案外人基于所有权、用益物权、担保物权、合法占有权等提出的执行异议之诉；（2）申请执行人对执行标的的请求许可执行提出的执行异议之诉；（3）基于分配方案的异议提出的执行分配方案异议之诉。本案属于第二种类型，是申请人请求对涉案房屋进行查封许可提出的执行异议之诉。申请人要求对被执行人已出售给第三人的未过户房屋进行查封执行，法院能否执行的关键在于第三人是否存在过错。在司法实践中，也有观点认为：若严格按照不动产登记生效原则，涉案房屋未办理登记手续，房屋仍是被执行人的财产，法院的查封是合法的。这是依据《中华人民共和国物权法》（本案以下简称《物权法》）第九条的规定，只是没有考虑到该条的但书情形（《中华人民共和国民法典》（以下简称《民法典》）第二百零八条、第二百零九条对不动产物权登记失效原则与此规定相同）。在这里探讨的是对《物权法》第九条的理解与《查封规定》第十七条的适用。

《物权法》第九条规定，不动产物权的设立、变更、转让和消灭，经依法登记，发生效力；未经登记，不发生效力，但法律另有规定的除外。第十五条规定，当事人之间订立有关设立、变更、转让和消灭不动产物权的合同，除法律规定或者合同另有约定外，自合同成立时生效；未办理物权登记的，不影响合同效力。（《中华人民共和国民法典》第二百一十五条对此略有文字修改)。根据上述法律规定可以看出，我国法律采用的是形式主义的物权变动模式，明确登记是物权变动的生效要件。所谓物权行为，是指以物权设立、转移、变更、废止为目的的法律行为，其核心内容包括债权合意，即债法上的合同和交付或登记的物权合意。债法合意是原因行为，物权合意是结果行为。物权法把原因行为和结果行为相结合，但二者又相互独立。如果债权合意无效或者被撤销，那么物权合意也会被撤销；相反如果债权合意有效，物权合意因程序等原因被撤销，权利人仍可要求对方当事人继续履行债权合意所设定的义务，履行物权合意。就房屋买卖合同而言，只要买卖双方主体适格、意思表示无瑕疵，该合同就是有效合同，双方均应以合同履行自己的义务，办理房屋过户登记的物权合意会产生物权变动的结果，产生公示公信的效力。在实际生活中，物权登记在很大程度上停留在行政管理层面，不具有强制性。现实中存在大量买房不过户的现象。那么在执行过程中，我们面对这一现象又当如何处理？本案中第三人与被执行人之间的债权合意是有效的，没有物权合意，如果依据法律的规定适用物权登记生效原则，那么对第三人的权益怎样权衡？本案适用的《查封规定》第十七条，是基于不动产登记生效原则从平衡利益的角度作出的变通性规定，其立法宗旨在于维护市场交易的稳定性、安全性，在理论上引入了过错原则，对无过错第三人的债权赋予物权性质予以优先保护，应将其理解为《物权法》第九条规定中的但书的情形，是我国立法者通过法律和司法解释对各方利益的权衡。

随着《民法典》的实施，《物权法》已经废止，本文中适用的《物权法》第九条的规定与《民法典》第二百零九条的内容一致。

编写人：河北省黄骅市人民法院　黄蕊

027 房产买受人怠于行使权利，对未及时办理过户登记存在过错的，不得阻却执行

——吴某华诉某银行城市广场支行等案外人执行异议之诉案

【案件基本信息】

1. 裁判书字号

福建省厦门市中级人民法院（2019）闽02民终1697号民事判决书

2. 案由：案外人执行异议之诉

3. 当事人

原告（上诉人）：吴某华

被告（被上诉人）：某银行城市广场支行、林某岛、洪某叶

【基本案情】

某花园×幢×号楼×室房产登记在林某岛名下。林某岛作为甲方，吴某华作为乙方，某房屋中介所作为丙方，三方签订一份《房产买卖协议》，约定：林某岛将前述房产出售给吴某华，购房款为131500元，（含定金10000元）于林某岛办理全权委托公证书给吴某华当日一次性付清；林某岛收到吴某华全部购房款当日将房产交付吴某华使用。朱某明作为某房屋中介所的经办人在落款处签名。

2012年11月25日，林某岛出具收条确认收到吴某华定金10000元。

2012年11月29日，林某岛出具收条确认收到吴某华的房款121500元。同日，林某岛、洪某叶在某公证处签署委托书，委托吴某华代为办理讼争房产交易、过户的一切手续等。该公证处于2012年12月4日出具公证书。

吴某华提交物业费收款收据，显示吴某华缴交了2013年1月至3月、2017年4月至2018年3月的公摊，2013年1月至2月的水费，2013年1月至12月、2014年1月至12月、2015年1月至12月、2017年1月至12月、2018年1月至3月的物业管理费，2013年1月至12月、2014年1月至12月、2015年1月至12月的公维金。物业公司出具《物业管理缴交证明》，证明吴某华已经缴清2012年12月至2018年3月31日前的物业管理费及水电公摊。

吴某华申请证人朱某明出庭作证，朱某明陈述吴某华向林某岛购买讼争房产，购房款由吴某华现金支付给林某岛，并由林某岛出具收条。吴某华购买讼争房产后，房产交由朱某明代为出租。

2013年9月10日，一审法院因执行农商行与林某岛、叶某文、吴某娟、洪某叶、陈某福金融借款合同纠纷一案，查封讼争房产。吴某华于2018年1月10日向一审法院提出书面异议，一审法院于2018年1月24日作出（2018）闽0206执异4号执行裁定，裁定驳回吴某华的异议请求。吴某华不服该裁定，于法定期限内向法院提起诉讼，请求确认前述房产为吴某华所有，并判令停止对该房产的执行。

【案件焦点】

1. 案涉房产案外人执行异议案件中，案外人因自身原因导致房产未办理过户登记的认定；2. 买受人就办理房产过户手续已取得出售人的委托授权，是否属于买受人自身原因致使房产未办理过户登记。

【法院裁判要旨】

福建省厦门市湖里区人民法院经审理认为：本案系吴某华对登记在被执行人名下的不动产提出异议而引起的案外人执行异议之诉。吴某华与林某岛在中介的居间下签订《房产买卖协议》，双方意思表示真实，且协议内容不违反法律及行政法规的强制性规定，认定为合法有效。吴某华提交了2013年缴交物业费、公摊的收款收据，物业管理单位也出具证明来证明吴某华已缴纳2018年3月31日前的物业管理费，吴某华申请的证人亦陈述房产完成交易后交由其代为出租，因此吴某华提交的证据能够形成证据链，证明在2013年9月10日本院查封讼争房产前吴某华已合法占有讼争房产。吴某华提交取款凭证、林某岛出具的收条，收条的金额、日期能够与取款凭证的金额、日期相对应。吴某华申请作为中介经办人的朱某明出庭作证，朱某明亦陈述吴某华系现金支付了全部的购房款，足以认定吴某华已经现金支付全部购房款。本案争议的焦点在于吴某华是否因自身原因未办理过户登记。2012年11月29日，吴某华已经可以办理讼争房产的过户登记，讼争房产于2013年9月10日被查封，吴某华于2018年1月10日提出执行异议。吴某华主张因公证书中其系房产交易的受托人故无法将房产办理过户登记至自己名下，但从该公证书的内容可知吴某华取得代为出售房产的权利并未要求房产过户至其名下，且吴某华至今也没有通过其他途径主张过权利，足以认定吴某华系自身原因怠于主张权利，造成讼争房产未及时办理过户登记。故吴某华就执行标的不享有足以排除强制执行的民事权益，吴某华诉请确认讼争房产归其所有并停止对讼争房产的执行，没有事实和法律依据，本院不予支持。

福建省厦门市湖里区人民法院依照《中华人民共和国民事诉讼法》（2017 年修正，下同）第六十四条第一款、第一百四十四条、第二百二十七条，《最高人民法院关于适用〈中华人民共和国民事诉讼法〉的解释》第三百一十二条第二项，《最高人民法院关于人民法院办理执行异议和复议案件若干问题的规定》第二十八条之规定，作出如下判决：

驳回吴某华的全部诉讼请求。

吴某华不服一审判决，提出上诉。

福建省厦门市中级人民法院经审理认为：围绕吴某华的上诉请求，对其作为案涉房产的买受人，是否因其自身原因导致房产未办理过户登记进行分析认定。吴某华于 2012 年 11 月签订案涉《房产买卖协议》，于 2012 年 12 月 4 日办理委托书公证，公证时间至房产被查封有十个月左右，其间吴某华作为受托人完全可以办理讼争房产过户登记，而并非必须有林某岛的配合。且讼争房产于 2013 年被查封，吴某华直至 2018 年才提起执行异议，其对于房产的权属状态主观存在明显懈怠。故吴某华主张非因其自身原因导致讼争房产未办理过户登记，证据不足，本院不予采纳。

福建省厦门市中级人民法院依据《中华人民共和国民事诉讼法》第一百四十四条、第一百七十条第一款第一项、第一百七十四条的规定，作出如下判决：

驳回上诉，维持原判。

【法官后语】

本案为涉及房产执行的案外人执行异议之诉。《最高人民法院关于人民法院办理执行异议和复议案件若干问题的规定》第二十八条规定：“金钱债权执行中，买受人对登记在被执行人名下的不动产提出异议，符合下列情形且其权利能够排除执行的，人民法院应予支持：（一）在人民法院查封之前已签订合法有效的书面买卖合同；（二）在人民法院查封之前已合法占有该不动产；（三）已支付全部价款，或者已按照合同约定支付部分价款且将剩余价款按照人民法院的要求交付执行；（四）非因买受人自身原因未办理过户登记。”该司法解释规定了未办理过户登记的不动产买受人排除执行的构成要件，本案双方签订的买卖合同合法有效，且买受人已经履行了全部付款义务并实际占有讼争房屋，已满足前三个要件，但对其是否因自身原因未办理过户登记具有较大争议。

我国不动产物权的变动以登记为生效要件，出卖人与买受人所签订房屋买卖合同无法直接发生物权变动的效力，买受人取得的仅是请求出卖人交付并办理移转登记的债权，而非物权。《最高人民法院关于人民法院办理执行异议和复议案件若干问题的规定》第二十八条的规定为不动产买受人的债权提供了接近于物权效力的特别优先保护，在其满足特定要件时，可以排除法院的强制执行。故而，法院在处理此类案件时，应当对前述要件进行严格审查，以防止物权与债权之间界限的模糊，特别是应严格审查不动产买受人对于未办理过户是否存在过错。本案中，双方签订买卖合同后，出卖人将房产过户登记手续等事宜委托吴某华办理，并就委托书办理了公证，吴某华取得委托授权至房产被查封，间隔时间有十个月左右，其间吴某华作为受托人完全可以独立办理讼争房产过户登记，而并非必须要有林某岛的配合。且讼争房产于2013年被查封，吴某华直至2018年才提起执行异议，其对于房产的权属状态在主观上存在明显懈怠。吴某华能行使权利但长期不行使，应当认定对于房产未办理过户登记，吴某华存在过错。若权利人能行使权利而长期不行使，将使当事人间的法律地位长期处于不确定状态，并导致当事人间社会关系的事实状态和法律状态长期不一致，不利于当事人建立新的、确定化的社会关系，不利于财产的有效利用和正常流转，也不利于维持社会秩序的稳定及社会公共利益。更为重要的是，权利人长期不行使权利，将会导致标的财产的权属状态呈现事实上与法律上的错位，形成权利表征，导致善意第三人因对此种权利表征的合理信赖而发生错误交易，从而产生额外的交易成本。要真正发挥维护社会秩序稳定、尽快实现财产流转的目的，消灭当事人间原有法律关系的作用，使当事人权利真正落实归位，必须鞭策权利人在合理期限内积极行使权利。否则，法律应使那些躺在权利上睡觉的人，因不及时行使权利而受到惩罚。尽管吴某华支付了全部购房款并实际占有房产，但其在可以行使权利时怠于行使，应当承担由此造成的后果。

编写人：福建省厦门市湖里区人民法院　刘路英　刘晓洪

028 房屋借名人的民事权益不能排除执行

——王某兰诉游某案外人执行异议之诉案

【案件基本信息】

1. 裁判书字号

重庆市第三中级人民法院（2019）渝03民终588号民事判决书

2. 案由：案外人执行异议之诉

3. 当事人

原告（上诉人）：王某兰

被告（被上诉人）：游某

第三人：聂某

【基本案情】

2014年6月6日，置业公司（甲方）与聂某（乙方）签订《重庆市商品房买卖合同》，约定乙方以按揭方式购买甲方开发建设的位于重庆市江北区的预售商品房一套（以下简称涉案房屋），总价578766元，乙方于当日支付首付款173766元，剩余房款40.5万元由银行按揭支付。2015年4月23日，聂某与某银行大礼堂支行（以下简称某银行大礼堂支行）以及置业公司签订《个人按揭贷款合同》，借款人和抵押人均为聂某，抵押物即涉案房屋，王某兰作为聂某的委托代理人也在合同上签名。2015年6月30日，某银行大礼堂支行向聂某发放合同约定的贷款总金额40.5万元。置业公司于2016年4月23日出具了付款方为聂某的“销售不动产统一发票（自开）”。

因聂某向游某借款13万元逾期未偿还，游某诉前向重庆市南川区人民法院（以下简称南川区人民法院）申请将涉案房屋财产保全并得到支持。其后，南川区人民法院作出聂某偿还游某借款13万元的判决。判决生效后，游某申请强制执行。

2018年7月5日，王某兰以涉案房屋为其财产为由向法院提出执行异议。南川区人民法院经审理后，作出驳回王某兰执行异议的（2018）渝0119执异76号裁定。王某兰不服，遂提起本案诉讼。

【案件焦点】

在借名买房的情况下，借名人与出名人之间的借名约定能否对抗善意的申请执行人。

【法院裁判要旨】

重庆市南川区人民法院经审理认为：现有证据无法确定王某兰与聂某之间达成借名买房协议，形成借名买房行为。即使双方存在借名买房行为，双方的约定也只在其内部产生债权债务关系，而不发生物权变动的效果，不能据此认定借名人是不动产物权的所有权人。王某兰对涉案房屋并不享有足以排除人民法院强制执行的民事权益。

重庆市南川区人民法院根据《最高人民法院关于办理执行异议和复议案件若干问题的规定》第二十五条，《中华人民共和国民事诉讼法》第一百一十九条、第一百四十四条、第二百二十七条和《最高人民法院关于适用〈中华人民共和国民事诉讼法〉的解释》第九十条、第三百一十二条的规定，作出如下判决：

驳回王某兰的诉讼请求。

王某兰不服一审判决，提起上诉。

重庆市第三中级人民法院经审理认为：根据《中华人民共和国物权法》第九条第一款之规定，不动产物权的设立、变更、转让和消灭，经依法登记，发生效力；未经登记，不发生效力，但法律另有规定的除外。王某兰与聂某之间的借名登记约定不能对抗善意的申请执行人游某。首先，借名人与出名人的借名登记契约，只在其内部产生债权债务关系，不发生物权变动的效果，不能据此认定借名人是不动产物权的所有权人。借名人可请求将房屋过户至自己名下，其享有的是债权请求权，而非物权，不能阻却执行。其次，根据物权公示原则，物权必须采用法定的公示方式才能取得对抗第三人的效果。因此，在借名买房的情况下，借名人与出名人之间的借名登记约定不得对抗善意的申请执行人。最后，借名人对房屋登记在他人名下本身具有过错，而且借名协议是为了规避国家法律和政策，对此产生的风险借名人理应自行承担。故对上诉人要求停止执行的诉讼请求，不予支持。

重庆市第三中级人民法院依照《中华人民共和国民事诉讼法》第一百七十条第一款第一项之规定，作出如下判决：

驳回上诉，维持原判。

【法官后语】

借名买房是借名人与被借名人协商一致，以被借名人名义购买房屋并登记在被借名人名下，且约定房屋归借名人所有的行为。借名买房行为使事实物权与表彰物权发生分离，导致法院执行行为复杂化，在涉及被借名人为被执行人的执行案件中，往往存在借名人与申请执行人权利保护的冲突。这时，应优先保护申请执行人的权利。下面就具体原因展开论述。

其一，执行债权具有权利优先性。相对于其他未决债权，执行债权是经过生效法律文书确认的具有强制执行力的债权，是经由司法机关耗费司法资源，经过诉辩对抗而将基础债权通过生效法律文书升格为执行债权，并在执行权力的保障下进行的查封、扣押、冻结行为，由国家强制力作为保障和后盾。这类债权无疑优于其他未经诉讼程序确认的债权，应当在程序上赋予其权利实现上的优先性。

其二，借名人具有可非难性。常见的借名购房目的有规避法律法规、政策，如规避限购、限贷政策，不符合特定房屋购买主体资格而借用符合购买资格主体之人资格等；逃避国家税收，减轻缴税负担；隐藏财产，躲避债务等。一般来说，借名人与被借名人的借名购房行为是以迂回手段达到违反法律法规、政策，逃避债务等目的，具有可非难性。这些借名购房的目的都是规避现有制度而不当追求私利，不利于国家房产政策的贯彻落实，且容易导致房产调控目标的落空，其行为造成房屋产权关系的不确定性，并给予被执行人逃避义务可乘之机，也违反诚实信用原则。若不诚信者反受其利，则是挑战司法公信力。

其三，优先保护第三人利益更符合外观主义原则。外观主义原则的根源是实际权利人本人行为的可非难性。既然真实权利人有过错而导致权属公示错误，则当然要为自身行为承担不利后果。被借名人的债权人若善意信赖物权登记进行司法程序，且执行程序已启动，则善意债权人和司法执行机构的信赖利益并不亚于交易相对人可能付出的代价及受损利益，因此依外观主义原则的内在机理，非交易第三人的信赖利益同样需尊重和保护，外观主义原则理当突破

“交易”内涵桎梏而得以更广泛地适用。

编写人：重庆市第三中级人民法院 张景卫

029 夫妻一方基于婚内财产分割协议主张对涉案房产享有实体权利能否排除法院的强制执行

——陈某与佟某案外人执行异议案

【案件基本信息】

1. 裁判书字号

北京市西城区人民法院（2019）京 0102 执异 360 号执行裁定书

2. 事由：案外人执行异议

3. 当事人

案外人：陈某

申请执行人：佟某

被执行人：胡某

【基本案情】

陈某与胡某于 2005 年 2 月 6 日登记结婚，2014 年 12 月 30 日，双方以胡某名义与置业公司签订商品房预售合同，购买北京市西城区某房产一处（以下简称案涉房产），商品房预售合同载明：房屋价格为 1999.116 万元，房屋交付时间为 2017 年 12 月 31 日前，办理产权证的时间期限为房屋交付之日起 730 日内。为购买该房，2016 年 12 月，陈某与胡某共同向某银行总行营业部贷款 1399 万元，贷款期限自 2016 年 12 月 8 日至 2046 年 12 月 8 日。

2018 年 1 月，置业公司交付房屋，但自房屋交付开始，置业公司未能如约协助胡某与陈某办理产权过户登记手续。

2016 年 7 月，陈某与胡某开始分居。2017 年 9 月 6 日，陈某和胡某签订《夫妻财产约定协议书》并经公证处进行公证，其中约定胡某与置业公司签订的《北京市商品房预售合同》中的案涉房产归陈某所有，属于陈某个人财产。

2018 年 6 月 27 日，陈某将北京市另处房产售出，并将部分售出房款用于提前偿还案涉房屋的部分贷款。自 2018 年 6 月起案涉房屋的贷款偿还及房屋使用产生的水电、车位等费用均由陈某负担。自 2018 年 1 月起，陈某一直携女儿在涉案房屋居住。

2016 年 7 月，胡某与佟某相识并同居，于 2018 年 1 月 20 日生育一女名佟某 2。佟某 2 出生后一直随胡某与佟某共同生活。2018 年 11 月 19 日，佟某以胡某为被告诉至法院，后经生效判决，胡某应支付佟某 2 自 2018 年 11 月至 2028 年 10 月的抚养费 600 万元。

2019 年，佟某作为佟某 2 的代理人依据生效判决向北京市西城区人民法院申请强制执行。执行中，北京市西城区人民法院于 2019 年 7 月 29 将案涉房屋进行了预查封。

【案件焦点】

夫妻一方在涉案房产未办理变更登记的情况下，能否基于婚内财产分割协议对涉案房产主张实体权利，进而排除执行。

【法院裁判要旨】

北京市西城区人民法院经审理认为：由于房屋出售方的原因，

陈某、胡某未能实际办理取得所有权证，但其与开发商签订有合法的商品房预售合同，同时办理了预售登记，履行了付款义务，并实际入住，依据相关法律规定，陈某、胡某作为买受方，二人已经取得对房屋的实体权利。夫妻可以约定婚姻关系存续期间所得财产以及婚前财产归各自所有、共同所有或部分各自所有、部分共同所有，但约定应采取书面形式。涉案房屋系陈某、胡某婚后共同所购，属于夫妻共同财产，二人经过协商，基于各自真实意思表示，并经国家公证机关公证，签订夫妻财产分割协议，对双方所购房产归属作出约定，属于有效的民事法律行为，故应认定陈某与胡某签订的夫妻财产分割协议有效，陈某据此已经取得对涉案房产的实体权利。佟某起诉胡某给付子女抚养一案的立案时间和法院生效判决确认胡某支付抚养费的时间都发生在陈某和胡某订立夫妻财产分割协议的一年以后，由此可以确认陈某和胡某订立夫妻财产分割协议时，佟某对胡某的债权尚未实际发生，故佟某以自己对胡某享有合法债权，陈某和胡某之间签订财产分割协议时已构成对佟某债权的非法侵害，理由不能成立。

北京市西城区人民法院依照《中华人民共和国民法通则》第一百三十四条、第一百三十六条，《中华人民共和国婚姻法》第十九条，《中华人民共和国公证法》第二条、第三十六条，《中华人民共和国民事诉讼法》第六十四条第一款、第二百二十七条，《最高人民法院关于人民法院办理执行异议和复议案件若干问题的规定》第二十九条之规定，作出如下裁定：

中止对案涉房屋的执行。

【法官后语】

随着人们婚姻观念的多元化，夫妻二人在夫妻关系存续期间对房产等婚内财产权属进行约定的情况屡见不鲜。在此社会背景下，因婚内财产分割协议而约定房产归一方所有，后因种种原因导致所约定的房产未能办理过户登记，致使第三方债权人与夫妻一方发生执行异议的情况时有发生。对于婚内夫妻财产权属分割协议的效力，尤其是在涉及第三方债权的情况下，夫妻一方能否基于该协议主张实体权利从而排除执行，司法实务及理论界亦存在争议，基本上可归纳为两种观点：一种观点认为，依据《中华人民共和国婚姻法》第十九条之规定，夫妻双方可以对婚前和婚内财产的归属进行协议约定，《中华人民共和国民法典》第一千零六十五条对此有相同规定，但在表述上将“夫妻双方”改为“男女双方”，但该协议仅在夫妻双方之间产生效力，且由于婚内财产分割协议对于第三人而言具有隐蔽性，故在涉及第三方债权与夫妻另一方基于财产分割协议而享有的权益发生冲突时，应优先保护善意第三人。另一种观点认为，依照物权法通说观点，我国不动产的权属认定原则实行登记主义，夫妻财产分割协议虽然对夫妻双方具有法律上的约束力，但仅凭夫妻财产分割协议并不能产生物权变动的效果，只有在涉不动产办理变更登记手续后才能发生物权变动，进而具有公示公信力，产生对抗第三人债权的效果。

婚内财产分割协议能否产生足以排除强制执行的问题，实质上是夫妻一方基于财产分割协议形成的权属变更登记请求权与一般债权之间效力优先的问题。从二者的权利性质上看，变更登记请求权虽然属于债权的范畴，但其与其他一般债权不同的是该债权请求权指向的是特定标的的物权，本质上属于一种物权期待权，具有物权化特征，而其他一般债权所指向的对象则是债务人的一般责任财产，不具有特定性，故其在权利性质上优于其他一般债权。但基于目前我国社会诚信体系尚不完善，在市场交易和社会活动中经常出现不诚信事件，夫妻之间相互串通签署财产分割协议以逃避债务的情况时有发生，在司法实务中，应结合个案具体情况，进行综合判断，依据《最高人民法院关于人民法院民事执行中的查封、扣押、冻结财产的规定》第十五条及《最高人民法院关于人民法院办理执行异议和复议案件若干问题的规定》第二十八条的立法精神，夫妻一方基于财产分割协议在涉案房产未办理过户登记的情况下如要产生对抗第三人债权排除执行的效力，应从以下几个方面进行考量：

1. 婚内财产分割协议合法有效

婚内财产分割协议应是基于夫妻双方在平等自愿的基础上对婚内财产的归属进行约定的一种协议，应满足合同有效的构成要件。

2. 婚内财产分割协议形成的时间应早于第三人债权形成的时间

如果财产分割协议的形成时间早于第三人债权形成时间，则可以较为合理地排除夫妻双方合谋逃避债务的情形，此时应保护夫妻另一方对涉案不动产享有的权益。

3. 未办理产权过户是否存在过错

法语有云，躺在权利上睡觉的人“法律不保护”。如果未办理不动产产权变更登记系不动产存在按揭、抵押或另一方不配合等不可归责于当事人自身过错原因导致，则应保护其正当权益。

4. 夫妻另一方是否已在涉案房产中实际居住

《最高人民法院关于人民法院民事执行中的查封、扣押、冻结财产的规定》第十五条及《最高人民法院关于人民法院办理执行异议和复议案件若干问题的规定》第二十八条都强调了“实际占有”在案外人异议成立条件中的重要性，即案外人需对涉案房产处于实际的占有状态，实务中，法院一般会根据物业费、水电费缴纳凭证等相关证据对案外人是否实际占有进行综合判断。

编写人：北京市西城区人民法院　李子耀

030 借名买车时，实际出资人对车辆享有的所有权可以排除强制执行

——明某春诉彭某利、杨某案外人执行异议之诉案

【案件基本信息】

1. 裁判书字号

北京市顺义区人民法院（2019）京 0113 民初 28536 号民事判决书

2. 案由：案外人执行异议之诉

3. 当事人

原告：明某春

被告：彭某利

第三人：杨某

【基本案情】

在彭某利与杨某民间借贷纠纷一案中，双方当事人自愿达成如下调解协议："杨某于二零一八年六月一日之前支付彭某利两万元，于二零一八年十月一日之前支付彭某利五万元，于二零一九年十二月三十日之前支付彭某利二十万元等。"杨某未主动履行生效法律文书确定的义务，在执行过程中，北京市顺义区人民法院

依法查封登记在杨某名下机动车一辆。后明某春以其为该车辆的实际所有人为由要求中止对车辆的执行并解除查封。本院作出执行裁定，驳回明某春的异议请求。明某春不服上述裁定，向法院提起诉讼，故形成本案。

涉案车辆登记的所有权人为杨某。2018年6月26日，杨某获得北京市小客车配置指标。2018年10月9日，明某春租用杨某的北京市小客车配置指标，为所购小型普通客车办理了机动车注册。该机动车所需保险等费用系由明某春缴纳，并由明某春实际占有使用。

在本案审理过程中，明某春陈述：明某春是天津户籍，没有获得北京市小客车号牌的资格；明某春通过中介联系到杨某，租用了杨某的车辆牌照；涉案车辆购买后一直由明某春使用，税款、保险费等相关费用亦由明某春支付；涉案车辆先后被北京市密云区人民法院、北京市顺义区人民法院、北京市东城区人民法院查封，明某春向上述三家法院均已提出执行异议；北京市密云区人民法院裁定支持了明某春的执行异议，各方均未提出起诉，该裁定已经生效；北京市顺义区人民法院裁定驳回了明某春的执行异议，故形成本案；北京市东城区人民法院尚未就执行异议作出审查意见。

杨某认可明某春的陈述意见，并认可明某春向其租用车辆号牌指标．涉案车辆由明某春出资购买，一直由明某春使用，杨某没有为涉案车辆交纳过任何费用。

【案件焦点】

在车辆限购政策下，借名买车时，实际出资人对所购车辆享有的权利是否可以排除强制执行。

【法院裁判要旨】

北京市顺义区人民法院经审理认为：本案的争议焦点为明某春是否就涉案车辆享有民事权益，以及该民事权益是否足以排除强制执行。明某春作为提起执行异议之诉的案外人，应当就其对执行标的享有足以排除强制执行的民事权益承担举证证明责任。

首先，关于明某春是否就涉案车辆享有民事权益的问题。明某春提供的证据已经能够证明其为涉案车辆的实际购买人及实际的占有使用人，而彭某利未能提供足以反驳的相反证据。因此，明某春对于涉案车辆享有民事权益，且该权益为所有权。

对于涉案车辆的登记问题。公安机关办理的机动车登记，是准予或者不准予该车辆上道路行驶的登记，并不是机动车所有权登记。因此，公安机关的登记信息，不宜作为判断机动车所有权的依据，故不能仅依据车辆登记认定涉案车辆所有权人为杨某。

其次，关于明某春享有的民事权益是否足以排除强制执行的问题。本案中，明某春对于涉案车辆享有的权利为物权中的所有权。所有权属于对世权，是权利人依法对特定的物全面支配和排他的权利。而彭某利系因对杨某的债权提起诉讼并申请执行，其对于涉案车辆本身并未享有任何意义上的物权或者物权期待权。故明某春对于涉案车辆的所有权，足以排除彭某利因债权申请的强制执行。

本案中，虽然涉案车辆的实际权利人为明某春，但其并未提交其取得北京市小客车指标的证明文件，故其并不具备在京购车资格。因此，本院虽支持明某春就涉案车辆排除强制执行的诉求，但并非确认明某春享有车牌号的相关权益。

北京市顺义区人民法院依照《最高人民法院关于适用〈中华人民共和国民事诉讼法〉的解释》第三百一十一条、第三百一十二条的规定，作出如下判决：

不得执行车架号为×××、发动机号为×××的小型普通客车。

判决后，双方当事人均未上诉，本判决现已生效。

【法官后语】

“借名登记”“车户分离”等车辆的形式物权和实质物权相分离，容易引发有关车辆所有权的纠纷。

本案的争议焦点即在于在借名买车的情形下，实际出资人能否以其为车辆实际所有权人为由排除强制执行。该问题产生的根源在于确定实际出资人是否享有所购车辆的所有权。

从行政法角度看，购车指标是一种行政许可，是行政相对人购买车辆的必备法律资格。对于实际出资人不具有购车指标时，其对所购车辆享有权利类型以及该权利能否排除强制执行，存在两种观点。认为实际出资人享有所有权，并可以排除强制执行的理由包括：

根据法律相关规定，机动车的物权变动采登记对抗而非登记生效主义，注册登记的目的仅仅是对抗善意第三人，并不能表明车辆所有权的归属。因此，所有权仍然归实际出资人。

这里需要注意的是，公安机关办理的机动车登记，是准予或者不准予上道路行驶的登记，与机动车所有权无关。因此，公安机关的登记信息，不宜作为判断机动车所有权的唯一依据。

作为执行案件中的申请执行人，并非从被执行人处取得涉案车辆所有权或其他物权的善意第三人，善意取得制度对其并不适用。

而持相反观点的理由包括：公安机关对于机动车所有权的登记

对外具有公示公信效力。被借名人与实际出资之间的合同约定只能约束相对双方，不能对抗第三人。

《最高人民法院关于人民法院办理执行异议和复议案件若干问题的规定》第二十五条规定“对案外人的异议，人民法院应当按照下列标准判断其是否系权利人：……（二）已登记的机动车、船舶、航空器等特定动产，按照相关管理部门的登记判断；未登记的特定动产和其他动产，按照实际占有情况判断”。根据上述规定，机动车登记在被借名人名下，因此被借名人属于车辆的权利人，可以强制执行。

实际出资及使用人明知自己目前不符合购车资格，即使购买车辆也不能办理车辆登记手续，仍签订借名买车协议，以此方式规避《机动车登记规定》，明显违反了机动车登记的规定，构成对机动车登记管理公共利益的损害，其行为不应受法律保护。

本案同意第一种观点，对于机动车等特殊动产而言，物权的设立和变动采用交付生效主义，登记只是对抗善意第三人的要件，不是物权设立和变动的生效要件。具体理由同判案理由，在此不再赘述。

同时，应当注意的是，审判实践中认定“实际出资人”身份时，应严格审查涉案机动车的购置合同、发票、付款流水、机动车保险办理情况、机动车年检情况、机动车占有情况等证据，以防止机动车名义登记人以此方式逃避强制执行。

编写人：北京市顺义区人民法院　牛佳雯　王耀飞

031 物权期待权在执行异议中成立的具体条件

——崔某珍诉史某宁、刘某鹏案外人执行异议之诉案

【案件基本信息】

1. 裁判书字号

北京市第三中级人民法院（2019）京 03 民终 16562 号民事判决书

2. 案由：案外人执行异议之诉

3. 当事人

原告（案外人）：崔某珍

被告（被执行人）：史某宁

被告（申请执行人）：刘某鹏

【基本案情】

×号房屋登记于史某宁名下。2014 年 10 月 17 日，史某宁向尹某齐出具委托书，委托其办理×号房屋出售事宜。2014 年 12 月 5 日，崔某珍与尹某齐签订房屋买卖合同，约定：房屋成交价为 142.5 万元，房屋设有抵押，出卖人应于 2014 年 12 月 30 日前办理抵押注销手续。买受人先行支付定金 25 万元，后续支付 65 万元购房款，剩余尾款 52.5 万元于办理产权过户当日（2015 年 1 月 10 日前）一次性付清。在崔某珍如期支付定金 25 万元及后续 65 万元购房款后，双方于 2015 年 1 月 7 日办理了网签手续。2015 年年初，崔某珍就×号房屋进行了物业交割并入住该房屋，但直至 3 月其发现史某宁通过公证撤销了尹某齐的售房委托，导致抵押贷款

无法清偿，亦无法办理过户手续。崔某珍便开始替史某宁部分分期偿还房屋贷款（共计代偿16万余元），并将购房尾款52.5万元一次性存入自己名下的银行账户予以保存，后于2015年3月13日在北京市朝阳区人民法院起诉史某宁、尹某齐，要求继续履行房屋买卖合同。该案截至本书交稿时因撤诉再次立案（原因后述），仍在审理过程中。

2014年，刘某鹏以民间借贷纠纷为由向北京市朝阳区人民法院（以下简称朝阳区人民法院）起诉史某宁。朝阳区人民法院于2015年1月27日依刘某鹏的诉讼保全申请查封了×号房屋，并于2015年4月17日判决史某宁偿还刘某鹏借款本金55万元及借款利息。2015年7月16日，该案进入执行程序，并对×号房屋启动司法拍卖程序。

2015年11月5日，×号房屋的抵押权人某银行因史某宁并未按期偿还抵押贷款，向北京市东城区人民法院提起诉讼。北京市东城区人民法院判决史某宁偿还某银行借款本金60余万元及利息，并享有×号房屋折价或拍卖、变卖价款的优先受偿权。

崔某珍在看到×号房屋的拍卖公告后，于2015年11月11日向北京市朝阳区人民法院提起执行异议。因并未缴纳全部房款且抵押登记并未解除，朝阳区人民法院认为案外人并未尽到注意义务，驳回了其执行异议。因在提起执行异议之前，崔某珍已向法院提起房屋买卖合同的诉讼，其并不知晓被查封的房产必须通过执行异议之诉程序予以救济，故并未在法定期限内提起执行异议之诉，导致丧失了诉权。崔某珍在知晓正确的程序后，向北京市高级人民法院提起执行监督。考虑崔某珍确实因为不知晓诉讼程序而丧失实体诉权，北京市高级人民法院将该执行异议发回重审，以保证崔某珍享有执行异议之诉的实体诉权。朝阳区人民法院的执行异议裁定及一审案外人执行异议之诉仍以崔某珍尚未支付全部房款及不能证明在保全查封之前实际占有×号房屋为由，驳回了崔某珍的异议请求及诉讼请求。

崔某珍不服一审判决，向北京市第三中级人民法院提起上诉，要求：（1）停止对×号房屋的执行；（2）确认×号房屋归崔某珍所有；（3）要求史某宁继续履行房屋买卖合同，并协助办理过户。

【案件焦点】

1. 物权期待权执行异议之诉的法律适用；2. 案外人占有不动产的时间认定；3. 支付剩余价款的相关问题；4. 是否因抵押尚未解除而确定案外人未尽注意义务；5. 执行异议之诉与房屋买卖合同纠纷诉讼的竞合问题。

【法院裁判要旨】

北京市第三中级人民法院经审理认为：（1）《最高人民法院关于人民法院办理执行异议和复议案件若干问题的规定》适用于执行异议和复议程序，但第二十八条确属实质审查条款，可以作为执行异议之诉审理的参照。（2）崔某珍所提供的占有证据为2015年1月19日的物业交接清单，中介工作人员的证词，2月5日、6日购买家电的票据及2月7日缴纳水费、物业费等票据。故崔某珍在1月19日（法院1月27日查封前）占有×号房屋的事实具有高度可能性。（3）因史某宁撤销代理人的售房委托，导致崔某珍没有支付房屋尾款的对象。而因不了解法律规定，崔某珍不知应将房屋尾款交付法院，经北京市第三中级人民法院释明后，崔某珍在上诉期间将准备好的房屋尾款 52.5 万元交至一审法院执行账户。（4）在交易价格相对较高的北京市二手房交易市场中，交易房屋存在按揭抵押系常态，不能因出卖人未按合同约定解除抵押而将未办理过户登记归责于买受人崔某珍。且崔某珍在发现合同履行出现障碍后，曾按月支付部分按揭试图解除抵押，并提起了房屋买卖合同纠纷诉讼，因此其一直积极主张权利，对房屋未能办理过户并无过错。（5）综上所述，崔某珍符合《最高人民法院关于人民法院办理执行异议和复议案件若干问题的规定》第二十八条规定的条件，故对其停止对×号房屋强制执行的诉讼请求予以支持。虽然案外人在执行异议之诉中同时起诉被执行人继续履行合同、交付标的物等具有债权给付内容的诉讼请求人民法院应予审理，但根据《最高人民法院关于适用〈中华人民共和国民事诉讼法〉的解释》第二百四十七条的规定，崔某珍起诉史某宁、尹某齐房屋买卖合同纠纷一案立案在先，因此崔某珍要求史某宁继续履行房屋买卖合同，并协助办理过户的诉讼请求构成重复起诉，予以驳回。

最终，北京市第三中级人民法院判决如下：

一、不得执行×号房屋；

二、驳回崔某珍的其他诉讼请求。

【法官后语】

本案作为案外人执行异议之诉案件，具有典型性。同时，下面笔者就本案的争议焦点进行逐一探讨。

第一，物权期待权的规定可参见《最高人民法院关于人民法院办理执行异议和复议案件若干问题的规定》第二十八条。

第二，本案中案外人占有房屋的时间与保全查封的时间过于接近，根据《执行异议和复议规定》第二十八条第二项之规定，无过错买受人需在人民法院查封之前已合法占有该不动产。但本案中买受人在不动产进行网签登记时确无司法查封，其在做物业交割时很难预想到自己买受的房屋会被查封，故北京市第三中级人民法院对买受人入住时间进行保护性认定，笔者认为是较为合理的。

第三，因为买受人并不知晓法律规定，故在上诉之前一直未将剩余价款交至法院，导致持续败诉，直至上诉期间经释明才将尾款交至执行法院指定账户。笔者认为，《最高人民法院关于人民法院办理执行异议和复议案件若干问题的规定》第二十八条第三项作为物权期待权成立的必要条件，在买受人明确有意向交付尾款的情况下（本案中崔某珍将该笔尾款一直保留在自己的中行账户内，从未支取），人民法院有义务对买受人就该条款进行释明，不能因买受人不知晓缴纳尾款的方式导致其无法实现物权期待权。

第四，虽然《最高人民法院关于人民法院办理执行异议和复议案件若干问题的规定》第二十八条基本能解决司法实务中的大部分问题，但在本案中暴露出涉及抵押权人利益时该条款无法进行各方利益的保护。本案中，买受人完全符合《最高人民法院关于人民法院办理执行异议和复议案件若干问题的规定》第二十八条的四项条件，然而其缴纳的尾款已不足以清偿抵押权人的债权，这就导致即使法院停止对涉案标的物的执行，买受人在代位清偿抵押贷款前仍无法办理过户手续，无法达到其诉讼目的。故在不动产买卖过程中，应有更为严格的操作规定，保证购房款必须优先清偿抵押债权，防止出卖人挪用购房款致抵押登记无法解除的情况发生。

第五，因买受人先行提起了房屋买卖合同纠纷，在得知购买房产已被查封后又提起了执行异议及执行异议之诉，北京市第三中级人民法院以构成重复起诉为由驳回其要求史某宁继续履行房屋买卖合同，并协助办理过户的诉讼请求；同时，因涉案标的物被法院查封，房屋买卖合同纠纷案件中止审理长达5年，直至执行异议之诉程序结束后才刚刚恢复审理。这就导致执行异议之诉程序结束后并未起到案结事了的作用，买受人交付的房屋尾款无法确定性质，无法确定抵押权人对该笔案款是否享有优先受偿权，更无法进行案款分配及发还程序，给执行实施案件留下大量问题。目前，针对案外人能否或是否需要单独提起继续履行房屋买卖合同纠纷之诉，还是可在或必须在执行异议之诉程序中一并审理，还没有统一的规定。笔者认为，为保证执行效率，减少案件数量，在执行异议中一并审理继续履行房屋买卖合同，同时排除案外人单独提出继续履行房屋买卖合同纠纷之诉，才能真正在执行异议之诉中做到定分止争，切实提高执行效率，保障各方当事人的合法权益。

编写人：北京市朝阳区人民法院　范骏　吴琼

032　“以租抵债”能否阻却法院执行的认定

——甲网络公司与浙江某公司等案外人执行异议案

【案件基本信息】

1. 裁判书字号

北京市第三中级人民法院（2019）京03执异383号执行裁定书

2. 事由：案外人执行异议

3. 当事人

案外人：甲网络公司

申请执行人：浙江某公司

被执行人：汽车公司、甲控股公司、贾某亭、甘某、贸易公司、吴某

【基本案情】

公证处作出的第 19750 号、第 19751 号、第 19752 号、第 19753 号、第 19754 号、第 19755 号公证书以及第 00843 号执行证书发生法律效力后，浙江某公司向北京市高级人民法院申请对汽车公司、甲控股公司、贾某亭、甘某、贸易公司、吴某进行强制执行，北京市高级人民法院指令北京市第三中级人民法院执行，北京市第三中级人民法院于 2017 年 8 月 8 日立案受理，执行案号为（2017）京 03 执 646 号。在执行过程中，北京市第三中级人民法院于 2017 年 8 月 9 日查封贸易公司名下的不动产，其中包含本案所涉的××大厦。为有序、高效地处置被执行人的财产，北京市第三中级人民法院对案外人甲网络公司下达了令其从××大厦清退的指令。对此，甲网络公司提出异议，称其与贸易公司之间就××大厦签有租赁协议，协议已生效且尚未到期，双方一直在依约履行过程中，因而双方之间的租赁关系合法有效，应受法律保护，故依据《中华人民共和国民事诉讼法》第二百二十七条提出异议，请求北京市第三中级人民法院中止从××大厦清退甲网络公司的行为。在异议案件审查过程中，根据在案证据材料，北京市第三中级人民法院查明，甲网络公司与贸易公司就××大厦的使用权先后签订了《办公楼租赁合同补充协议》及两份补充协议。双方于 2017 年 7 月

签订的《办公楼租赁合同补充协议》中的第九条约定，甲网络公司对贸易公司所享有的366436090.30元应收款债权与乐视网对贸易公司因原协议所产生或预计产生的应缴纳的租金在366436090.30元额度内抵销。双方于2017年12月31日签订的《办公楼租赁合同补充协议（二）》第二条约定，甲网络公司对贸易公司所享有的187044174.24元应收款债权与甲网络公司对贸易公司因原协议及补充协议所预计产生的应缴纳的租金在187044174.24元额度内抵销。

【案件焦点】

案外人甲网络公司与贸易公司签订的房屋租赁合同及补充协议是否具有阻却北京市第三中级人民法院从××大厦清退案外人的效力。

【法院裁判要旨】

北京市第三中级人民法院经审理认为：执行过程中，案外人对执行标的提出书面异议的，人民法院应当自收到书面异议之日起十五天内审查，理由成立的，裁定中止对该标的执行；理由不成立的，裁定驳回。本案争议焦点为：案外人甲网络公司与贸易公司签订的房屋租赁合同及补充协议是否具有阻却北京市第三中级人民法院从××大厦清退案外人的效力。

首先，房屋租赁合同是指房屋出租人将房屋提供承租人使用，承租人定期支付租金，并于合同终止时将房屋归还给出租人的协议。故承租人缔约的目的是取得房屋的使用权，出租人则为收取租金。本案中，从案外人甲网络公司与贸易公司签订的房屋租赁合同及补充协议性质看，双方虽然以房屋租赁合同名义签订合同，但是合同约定内容及条款显示，该协议名为租赁合同，实际上是双方基于债权债务关系产生的抵偿欠款约定，其实质是以房屋租金抵偿欠款。因此，对于该合同的性质，不能认定为房屋租赁合同。

其次，案外人甲网络公司依据租赁合同及协议要求中止北京市第三中级人民法院从××大厦清退案外人的主张，鉴于其依据的上述合同并不能认定为房屋租赁合同，故其主张并无法律依据，对其异议请求北京市第三中级人民法院不予支持。

北京市第三中级人民法院依照《中华人民共和国民事诉讼法》第二百二十七条、《最高人民法院关于人民法院办理执行异议和复议案件若干问题的规定》第十七条第一项之规定，作出如下裁定：

驳回异议人甲网络公司的异议请求。

【法官后语】

1. “买卖不破租赁”原则在执行程序中的体现

租赁权的“买卖不破租赁”的规定使其具有一定的“相对支配性”，产生了物权色彩，无论是大陆法系国家还是英美法系国家都将“买卖不破租赁”作为民事立法领域的原则之一予以坚守，我国立法也不例外。《中华人民共和国民法典》就“买卖不破租赁”作出了规定，在执行阶段，“买卖不破租赁”制度亦有规定，《最高人民法院关于人民法院民事执行中拍卖、变卖财产的规定》第二十八条第二款规定：“拍卖财产上原有的租赁权及其他用益物权，不因拍卖而消灭，但该权利继续存在于拍卖财产上，对在先的担保物权或者其他优先受偿权的实现有影响的，人民法院应当依法将其除去后进行拍卖。”在此基础上，《最高人民法院关于人民法院办理执行异议和复议案件若干问题的规定》第三十一条第一款作了进一步的细化：

“承租人请求在租赁期内阻止向受让人移交占有被执行的不动产，在人民法院查封之前已签订合法有效的书面租赁合同并占有使用该不动产的，人民法院应予支持。”

2. “以租抵债”合同中的案外人能否以其“承租权”阻却法院执行

执行实践中，时有案外人提出，其已通过将被执行人所欠的债款抵作租金的形式对法院执行的不动产进行租赁，要求以此“租赁权”排除法院的执行行为，本案所审理的即此类问题。

在《最高人民法院关于人民法院办理执行异议和复议案件若干问题的规定》第三十一条第一款中，将案外人的租赁权排除执行行为的条件规定为“在人民法院查封之前已签订合法有效的书面租赁合同并占有使用该不动产”，其中包含的条件有：第一，案外人与被执行人应在法院查封前签订租赁合同；第二，租赁合同应以书面形式体现；第三，租赁合同应合法有效；第四，应在法院查封前对案涉不动产占有并使用。通过上述条件可知，签订租赁合同，是当事人享受租赁权从而阻却法院执行的前提条件。

我国《中华人民共和国民法典》第七百零三条规定：“租赁合同是出租人将租赁物交付承租人使用、收益，承租人支付租金的合同。”租金是指承租人因对出租人提供的租赁物进行使用、收益而支付的对价。[①] 由此可见，在租赁合同中，出租人进行出租的目的是获取租金，从而使自己的财产获得增加，承租人的目的是对相应财产进行使用、收益，而在“以租抵债”合同中，债务人将自己所有的不动产提供给案外人的目的是进行债务清偿，减少自己的负债，案

① 王利明：《合同法分则研究》（上卷），中国人民大学出版社2012年版，第323页。

外人的目的除使用不动产外，更为主要的是保证债权的实现。“以租抵债”合同的签订，实质上是对原债权债务关系中的债务偿还方式进行改变，只是这种改变较为复杂，是以租赁合同的形式进行的，但其实质仍为债务人以其房屋使用权抵偿欠款的合同。故本案合议庭在合议之后，认为“以租抵债”的“租赁合同”不应视为租赁合同，不能对抗法院的强制执行行为，并最终以此作出了驳回案外人异议的裁决结果。

有学者及法律工作人员认为，虽然“以物抵债”合同并非传统意义上的租赁合同，但是双方当事人亦形成了租赁关系，在此情况下，应当保护案外人的“承租权”，允许其以此阻却法院执行。笔者认为这种观点并不妥当。

首先，如上文所述，“以租抵债”合同虽在形式上与租赁合同相似，看上去案外人与被执行人似乎形成了租赁关系，但其实质是债务人以其房屋使用权抵偿欠款的合同之债，在此种情况下，即便根据法律的规定，因其与租赁合同形似而神不似，亦不应将其参照租赁合同的相关规定，将案外人视作不动产的承租人，从而给予其以租赁权阻却法院执行的权利。

其次，如果案外人享有承租人的地位，进而可以租赁权阻却法院执行，则将损害其他债权人的利益。“买卖不破租赁”原则的目的是保护承租人的租赁权，而在“以租抵债”的法律关系中，案外人所欲达成的不仅是使用案涉不动产，其亦带有处分被执行人不动产租金以抵偿自己债权的目的，案外人的身份应视作债权人，故在执行过程中，如果被执行人存在其他债权人，如果认可“以租抵债”合同属于租赁合同，案外人与被执行人之间形成了租赁关系，则相当于被执行人在未经其他债权人同意的情况下，擅自以自己的某一财产向某一债权人偿还特定债务，这将会影响其他债权人债权的实现，违反公平这一法律基本原则。

最后，由于租赁合同没有登记制度，执行程序中如何识别租赁权的真实性存在难题，尤其是可能产生被执行人与案外人通过倒签时间伪造租赁合同以干扰执行的问题。[①] 在司法实践中，租金是否如实缴纳是判断租赁关系是否真实的重要参考。然而，从"以租抵债"合同的内容上看，在履行该类合同时，案外人并不需要向被执行人支付租金，或者以其他方式为被执行人增加财产或提供服务，而是以抵偿债务的方式来履行合同，在这种情况下，案外人与被执行人通过倒签等方式串通伪造合同的便利性大大增加，如果允许案外人可以其"承租权"阻却法院的强制执行，则其他债权人的债权得以实现的风险将过分增大。

综上，笔者认为，无论是从法理上还是司法实践上，案外人都不应凭借"以租抵债"合同而主张其"承租权"，阻却法院的执行行为。

3. 对于"以租抵债"合同的一些立法建议

对于"以租抵债"能否排除法院执行，各地法院均进行了探索。然而，目前我国法律层面并未对此进行规定，这使法官在办理相关案件时，难以准确适用相应法律，故笔者呼吁在将来的立法与司法解释活动中，相关部门可以对这一问题进行进一步的规范，以保护各方主体的利益。

此外，"以物抵债"合同虽然不能作为租赁合同看待，但其并非

---

① 最高人民法院执行局编：《最高人民法院关于人民法院办理执行异议和复议案件若干问题的规定理解与适用》，人民法院出版社2015年版，第444页。

无效，对于合同的各方当事人亦具有效力，并且这类合同对于实现债权人债权，缓解债务人债务压力，促进社会资源的高效利用都具有一定的积极意义。

编写人：北京市第三中级人民法院　宫森　刘哲尔

033　未实际占有涉案房屋的以房抵债不能产生排除强制执行的物权期待权

——曹某醒诉陈某梅等案外人执行异议之诉案

【案件基本信息】

1. 裁判书字号

广东省广州市中级人民法院（2019）粤01民终6574号民事判决书

2. 案由：案外人执行异议之诉

3. 当事人

原告（上诉人）：曹某醒

被告（上诉人）：陈某梅、陈某东

被告：廖某太

第三人：傅某和

【基本案情】

陈某东、陈某梅与廖某太民间借贷一案，广州市越秀区人民法院（以下简称越秀区人民法院）于2015年3月31日诉保查封了廖某太名下的三套房屋（以下简称涉案房屋），后于2016年2月

1日以（2016）粤0104执1140号案立案执行。在执行期间，案外人曹某醒以其已于2015年2月4日与廖某太就涉案房屋签订买卖合同并办理了网签手续，且有广州仲裁委员会于2015年8月4日作出的生效的（2015）穗仲案字第2357号民事裁决书，裁决将涉案房屋过户到其名下为由提出书面异议，案外人曹某醒为证明其主张向越秀区人民法院提交了数张银行转账回单及数份载明上述转账为受曹某醒委托的向廖某太出借的借款的《证明》、关于涉案房屋的《广州市存量房买卖合同》、廖某太保证于2015年3月20日前办理涉案房屋产权过户的《补充合同》、裁决廖某太在涉案房屋涂销抵押和解除查封后十天将房屋过户给其的（2015）穗仲案字第2357号裁决书、其于2014年12月30日对涉案房屋进行出租的《商铺租赁合同》。申请执行人陈某东、陈某梅辩称案外人于2015年2月14日才与廖某太签订买卖合同，却于2014年12月占有涉案房屋并进行出租不符合常理，且双方合同约定于2015年3月20日前办理过户手续，案外人对未能按约定在法院查封前办理过户手续负有责任，不能排除法院的强制执行。

越秀区人民法院经审理查明：曹某醒与廖某太签订的关于涉案房屋的买卖合同是基于其与廖某太之间的借贷关系，并非真实的房屋买卖关系，不能适用《最高人民法院关于人民法院办理执行异议和复议案件若干问题的规定》第二十八条的规定进行审查。故于2018年4月27日作出（2018）粤0104执异72号执行裁定，裁定驳回曹某醒对涉案房屋所提的异议请求。

曹某醒不服上述裁定，提起案外人异议之诉。越秀区人民法院认为，鉴于有生效裁决书确认曹某醒已付清购房款，且曹某醒能证明其在查封前占有涉案房屋，故于2018年9月13日作出（2018）粤0104民初19561号民事判决，判决如下：

一、撤销（2018）月0104执异72号执行裁定；

二、停止对涉案房屋的执行；

三、解除对涉案房屋的查封；

四、确认涉案房屋所有权归曹某醒所有；

五、驳回曹某醒的其他诉讼请求。

陈某梅、陈某东不服上述判决，提起上诉。

广东省广州市中级人民法院经审理认为，曹某醒未能充分证明其在法院查封前占有涉案房屋，亦未能充分证明对涉案房屋不能办理过户手续具有不可归责自身的原因，另曹某醒明知涉案房屋被法院查封未及时向执行法院主张权利，而是向广州仲裁委员会申请裁决，且该裁决书有关过户事项能否予以执行仍需以涉案房屋的查封的解除为前提，曹某醒对涉案房屋并不享有足以排除法院强制执行的合法权益，故于2019年8月27日作出（2019）粤01民终6574号民事判决，判决如下：

一、撤销越秀区人民法院（2018）粤0104民初19561号民事判决；

二、驳回曹某醒的全部诉求。

【案件焦点】

案外人曹某醒对涉案房屋是否享有足以排除法院强制执行的合法权益。

【法院裁判要旨】

广东省广州市越秀区人民法院经审理认为：广州仲裁委员会作出的、已经发生法律效力的裁决书已确认曹某醒与廖某太于本院查封涉讼房屋之前签订的三份《广州市存量房买卖合同》及一份《补充合同》为合法有效，同时确认曹某醒已向廖某太支付了全部的购房款。至今未能办理过户登记手续是因廖某太的其他债务纠纷被本院查封，非因曹某醒自身原因。而且，曹某醒亦已提供了相关的商铺租赁合同证明其已实际占有涉讼房屋，符合《最高人民法院关于人民法院办理执行异议和复议案件若干问题的规定》第二十八条的规定。故曹某醒对涉讼房屋的权利能够排除执行，曹某醒确认涉讼房屋归其所有及要求停止对涉讼房屋的执行并解除查封的诉讼请求合法。

综上，广东省广州市越秀区人民法院作出如下判决：

一、撤销本院（2018）粤 0104 执异 72 号执行裁定书；

二、停止对涉案房屋的执行；

三、解除对涉案房屋所有权的查封；

四、确认涉案房屋所有权归原告曹某醒所有；

五、驳回原告曹某醒的其他诉讼请求。

各方均不服，提起上诉。

广东省广州市中级人民法院经审理认为：曹某醒以其已向廖某太购买涉案房屋并付清房款且实际占有为由，诉请排除原审法院对涉案房屋的强制执行，但其一，曹某醒在本案中所提交的证据并不足以充分证明其在原审法院查封涉案房屋之前已实际占有涉案房屋；其二，依据曹某醒所提交的证据，其已于 2015 年 2 月 15 日向廖某太付清全部房款，且与廖某太约定在 2015 年 3 月 20 日之前办理涉案房屋的过户手续，但双方并未在该约定期限内办理过户手续，而曹某醒并未充分举证证明未能办理过户手续是因不可归责于其自身的原因所致；其三，曹某醒明知涉案房屋已被原审法院查封，却未及时向原审法院提出执行异议主张权利，而是向广州仲裁委员会申请裁决廖某太协助其办理涉案房屋的过户手续，并在取得仲裁裁决书后以此为依据向原审法院提出执行异议；其四，（2015）穗中案字第 2357 号仲裁裁决书确认的办理涉案房屋过户手续的前提条件是涂销抵押和解除查封，故该裁决书有关过户事项能否予以执行仍需以审查涉案房屋的查封能否解除为前提。故曹某醒对涉案房屋并不享有足以排除原审法院强制执行的合法权益，其诉请停止对涉案房屋的查封并确认涉案房屋归其所有，依据不充分。

综上，广东省广州市中级人民法院作出如下判决：

一、撤销越秀区人民法院（2018）粤 0104 民初 19561 号民事判决；

二、驳回曹某醒的全部诉讼请求。

【法官后语】

本案有以下三个问题值得探讨。

1. 借款合同关系能否转化为商品房买卖关系

本案中，被执行人廖某太逾期未能向曹某醒清偿到期债务，双方签订商品房买卖合同，将借款转化为购房款并经生效裁决确认，将借款合同关系转变为买卖合同关系，属当事人达成事后变更法律关系性质的一致意思表示，应当予以尊重。

2. 终止借款合同关系后签订商品房买卖合同，但未实际占有涉案房屋，能否产生足以排除法院强制执行的物权期待权

双方签订商品房买卖合同，但不动产物权的设立、变更、转让

和消灭，经依法登记产生效力，未经登记，不发生效力。在房屋办理过户登记前，涉案房屋的物权并未发生变动，案外人曹某醒依据上述商品房买卖合同，仅享有未来请求将房屋过户至其名下的债权请求权，不足以形成优先于一般债权的利益，案外人要产生足以排除强制执行的物权期待权仍应同时满足《最高人民法院关于人民法院办理执行异议和复议案件若干问题的规定》第二十八条规定的四个条件。本案中，曹某醒所提交的证据并不足以充分证明其在原审法院查封涉案房屋之前已实际占有涉案房屋，且未在双方约定期限内办理过户手续，而曹某醒并未充分举证证明未能办理过户手续是因不可归责于其自身的原因所致，故不能产生排除法院强制执行的物权期待权。

3. 法院查封执行标的后，另案生效的裁判文书能否作为排除法院强制执行的依据

本案中，根据《最高人民法院关于人民法院办理执行异议和复议案件若干问题的规定》第二十六条第二款的规定，金钱债权执行中，案外人依据执行标的被查封、扣押、冻结后作出的另案生效法律文书提出排除执行异议的，人民法院不予支持。《最高人民法院、国土资源部、建设部关于依法规范人民法院执行和国土资源房地产管理部门协助执行若干问题的通知》第二十二条规定，被查封的房屋在查封期间不能办理权属变更、转移登记手续。据上述规定，案外人对被法院查封的不动产主张实体权利，应首先通过向执行法院提出书面异议及异议之诉的途径予以解决，而不能通过另案裁决、诉讼的形式直接对查封中的不动产变更权属。曹某醒得知涉案房屋已被原审法院查封后向广州仲裁委员会请求作出的要求廖某太协助其办理涉案房屋的过户手续裁决不能排除法院的强制执行。

值得注意的是，民间借贷中的私下以物抵债行为，被执行人不仅容易与案外人串通，制造虚假诉讼，达到逃避债务的目的，且私下以物抵债行为亦可能会损害其他普通债权人公平受偿的权益，故借款合同双方终止借款合同关系后签订以物抵债协议或买卖合同，应首先审查是否存在合同无效情形、是否符合法律禁止流押的规定以及是否符合《最高人民法院关于审理民间借贷案件适用法律若干问题的规定》的规定，在协议合法有效的情况下结合案外人占有情况等证据审查案外人享有的权益能否排除执行，以期能最大限度地保护各方当事人权益，防止被执行人虚假诉讼逃避债务，保障、提升执行实效。

编写人：广东省广州市越秀区人民法院　朱林霞　王月娇

034 利益均衡原则在预售商品房执行中的运用

——房产公司诉欧某群案外人执行异议之诉案

【案件基本信息】

1. 裁判书字号

广东省佛山市中级人民法院（2018）粤06民终7714号民事判决书

2. 案由：案外人执行异议之诉

3. 当事人

原告（上诉人）：房产公司

被告（被上诉人）：欧某群

第三人（被执行人）：建材公司、刘某荣、刘某传、罗某盛

【基本案情】

2014年12月21日，房产公司与案外人某银行佛山市分行（以下简称某银行佛山分行）签订一份《楼宇抵押贷款合作协议》，约定某银行佛山分行为房产公司开发建设并销售的某楼盘的抵押贷款合作方；某银行佛山分行为整个项目的购房人提供相关贷款业务；在楼宇销售期间，房产公司对某银行佛山分行向购房人发放的住房抵押贷款，在银行的最高贷款额限度内，同意为所有购房人的每一笔贷款，提供无条件、不可撤销的连带保证。2015年8月1日，房产公司与刘某荣签订《广东省商品房买卖合同》，约定房产公司将某楼盘4座涉案房屋出售给刘某荣，售价为622708元，其中首期款为192708元，剩余房款43万元申请办理银行按揭手续。该合同同时约定了违约金的计算以及解除合同的情形。合同签订后，刘某荣向房产公司支付了首期购房款192708元，某银行佛山分行向房产公司支付了贷款43万元。2015年9月17日，《广东省商品房买卖合同》办理备案登记。涉案房屋于2015年9月17日办理了预购商品房买卖预告登记，预告权利人为刘某荣，其占有份额为100%。该房产于2015年9月17日办理预抵押登记，登记抵押权利人为某银行佛山分行。

2016年2月26日，欧某群起诉建材公司、刘某荣、刘某传、罗某盛，该院经审理后作出（2016）粤0605民初3445号民事判决，判决建材公司支付欠款452.3万元予欧某群，刘某荣、刘某传、罗某盛承担连带清偿责任。该判决生效后，欧某群申请强制执行，执行案号为（2016）粤0605执8327号。执行过程中，执行法院于2017年5月11日作出（2016）粤0605执8327号之一执行裁定，裁定拍卖或变卖刘某荣所有的涉案房屋。房产公司随后提出执行异议，请求中止对涉案房屋的拍卖。2017 年 9 月 26 日执行法院作出（2017）粤 0605 执异 440 号执行裁定，驳回房产公司的异议请求。房产公司遂提起本案诉讼。

【案件焦点】

房产公司是否对涉案房屋享有排除执行的民事权益。

【法院裁判要旨】

广东省佛山市南海区人民法院经审理认为：民事活动应遵循公平原则及诚实信用原则。本案中，刘某荣与房产公司在 2015 年 8 月 1 日签订《广东省商品房买卖合同》及补充协议后，已按合同约定支付了全部购房款，双方签订的《广东省商品房买卖合同》也已办理了预售登记备案手续，即该买卖合同项下的房产应视为刘某荣的财产，刘某荣对该房产享有物权期待权，该权利应受到法律保护。执行法院将涉案房产作为刘某荣的财产予以执行符合法律规定。房产公司提出的执行异议依据不足，故对其诉讼请求不予支持。

广东省佛山市南海区人民法院判决：

驳回房产公司的诉讼请求。

房产公司不服一审判决，提起上诉。

广东省佛山市中级人民法院经审理认为：第一，根据《中华人民共和国物权法》第三十条的规定，房产公司因合法建造的事实行为而对包括涉案房屋在内的某楼盘商品楼宇设立了物权，其对涉案房屋享有物权。刘某荣在尚未办理涉案房屋的房屋变更登记的情况下，并未取得涉案房屋的物权，涉案房屋的物权人仍为房产公司。

第二，物权期待权本质上属于债权，但在符合条件的情况下，能够具备一定的物权效力，并对不动产物权人的部分权利行为产生排他效力。《中华人民共和国物权法》第二十条第一款明确规定预告登记后发生的非经预告登记权利人同意的其他物权处分行为均不发生物权效力，可见经过预告登记的物权期待权被赋予了一定的排他效力，它在一定程度上能够对抗物权人的处分权。本案中，刘某荣已经就涉案房屋办理预告登记，成为预告登记权利人，对涉案房屋享有排他效力的物权期待权。房产公司有关因刘某荣未按期履行还贷义务，其实际上并未收回销售涉案房屋的对价的主张，是对房产公司与刘某荣之间的商品房买卖合同关系，以及房产公司、刘某荣与某银行佛山分行之间的银行贷款担保保证合同关系的混淆。本案中，刘某荣通过支付首期款、办理银行按揭贷款的方式已经支付了全部购房款，刘某荣在商品房买卖合同中的义务已经履行完毕，其并不存在违约情形。至于刘某荣未按期偿还银行贷款导致房产公司承担其作为保证人而应承担的连带清偿责任，这属于三者之间的银行贷款担保保证合同关系，且房产公司在与某银行佛山分行签订《楼宇抵押贷款合作协议》时，已经预知存在这种合同风险。

第三，房产公司代刘某荣偿还贷款等费用归根结底是房产公司让渡涉案房屋物权过程中因刘某荣过错而支出的款项，是涉案房屋能够作为刘某荣的责任财产被强制执行的前提条件。而本案申请执行人仅为对涉案房屋不享有物权权益的普通债权人，故执行法院在涉案房屋变价款中应当预先扣除并支付房产公司代刘某荣偿还贷款等费用。

综上，房产公司对涉案房屋享有的民事权益并不能排除本案执行。

广东省佛山市中级人民法院作出如下判决：

驳回上诉，维持原判。

【法官后语】

利益均衡是法经济学中的一个概念，以追求各利益主体间配置最优化作为价值目标，遵循公平原则、统筹兼顾原则、效益最大化原则。结合本案的特点，归纳此类案件的处理意见为：法院根据普通金钱债权人申请对购房者通过按揭贷款方式购买并办理了预告登记的、出现“断供”的商品房采取强制执行措施，贷款银行或已承担保证责任的开发商请求排除执行，法院不予支持。法院在处置前述商品房后，其变价款应当先行扣除未清偿完毕的贷款或开发商代偿的贷款本息等费用，再清偿申请执行人（普通金钱债权人）的债权，如有余款，退还购房者。其合理性分析如下。

1. 商品房属于购房者的责任财产

根据《最高人民法院、国土资源部、建设部关于依法规范人民法院执行和国土资源房地产管理部门协助执行若干问题的通知》第十五条的规定，购房者办理了商品房预售合同登记备案手续或者商品房预告登记，该商品房即可作为购房者的责任财产。由于在执行领域中，存在人民法院强制执行手段的参与，而执行结果又往往使得不动产直接发生物权变动效力，因此在确定不动产是否属于被执行人责任财产问题上采取实质界分更为合适。

2. 物权优先于债权的例外——预告登记制度

物权被称为对世权，具备优先于债权的效力。但现行法律中也存在物权优先于债权的例外情形。《中华人民共和国民法典》第二百二十一条第一款明确规定预告登记后发生的非经预告登记权利人同意的其他物权处分行为均不发生物权效力同此规定，可见经过预告登记的物权期待权被赋予了一定的排他效力，它在一定程度上能够对抗物权人的处分权。

3. 返还商品房请求权的限制影响

为保障自身权益，开发商一般会与购房者约定在开发商因购房者“断供”被贷款银行要求承担保证责任后享有解除合同的权利。但是考虑双务合同解除必然涉及相互返还义务，为平衡各方当事人利益，只有在开发商已经返还价款的情况下才有返还商品房请求权适用的空间。

4. 不违背各方当事人的真实诉求

在开发商与购房者之间的商品房买卖（预售）合同关系、贷款银行与购房者之间的金融借款合同关系、贷款银行与购房者的抵押担保合同关系、贷款银行与开发商的阶段性担保合同关系以及购房者与申请执行商品房的金钱债权人之间或因民间借贷，或因合同关系成立的债权债务关系中，只有购房者的行为目标明确指向商品房的物权，而其他当事人的行为虽然或多或少与商品房有关，但其最终目标均指向商品房对应的价款。因此，从各方当事人的真实诉求分析，继续执行预售商品房以取得相关价款再进行分配并不违背各方当事人的意愿和追求。

5. 房产价值损益的合理处置

受我国房地产市场价格行情的影响，商品房的原购买价格与执行阶段的市场价值之间通常会存在较大的差异。商品房因市场价格行情上扬，将产生增值价值，这部分价值若属于购房者，则能够用以清偿购房者拖欠普通金钱债权人的债务，有利于债权最大化的实现。商品房因市场价格行情下跌，将产生贬损价值，这部分价值由购房者自行承担，亦符合市场的风险承担原则。①

这个案件之后，佛山两级法院对类似情况的执行形成了较为统一的操作，即在处置相关商品房后，将其变价款先行扣除未清偿完毕的贷款或开发商代偿的贷款本息等费用，再清偿申请执行人（普通金钱债权人）的债权，如有余款退回购房者。

第一，开发商主张的代偿款应当在变价款中先行受偿。首先，在商品房未发生物权变动的情况下，开发商仍是商品房的登记物权人。开发商代购房者偿还贷款等费用是其在让渡商品房物权过程中因购房者过错而支出的款项，也是商品房能够作为购房者责任财产被强制执行的前提条件，该款项的支出导致开发商原本已经回收完毕的购房款部分流失。从公平角度出发，应当首先保障开发商回收其已代付的贷款等费用。其次，开发商业向贷款银行承担保证责任后，可以继受贷款银行对商品房享有的期待利益。抵押权属于担保物权范畴，其是为担保债务的履行而设置的，最终目标是保障权利人的债权不至于落空。因此，即使抵押权预告登记并非正式的抵押登记，不具备设立抵押权的法律后果，但其仍具备一定的保障债权得以实现的法律效力，登记权利人也因登记而享有成为抵押权人的期待利益。若开发商业已向贷款银行承担保证责任，该期待利益亦

---

① 参见王群、陈光卓：《预查封商品房之变价款的执行清偿顺位》，载《人民司法》2018年第35期。

理应由开发商继受。再次，开发商为化解其因承担保证责任而造成损失的风险，而在合同或者补充协议中约定的解除或回购条款，本质上为非典型担保，它的设置并不是真的要取得房屋所有权，而是要确保其利益不发生减损。虽然我国现行立法上只确认典型担保的优先效力，但在利益均衡过程中非典型担保仍是值得考虑和借鉴的因素。

第二，变价款在先行清偿贷款银行或开发商债权后，可清偿普通金钱债权人的债权。首先，由于普通金钱债权人的债权并不指向特定的商品房，不涉及商品房物权关系，因此，在权利保护的顺序上，他们的普通债权并不能优先于对特定商品房享有期待利益的债权。其次，如果商品房存在增值收益，那么直接处置商品房对普通金钱债权人更为有利，但却必然对贷款银行或开发商产生影响，因此只有在充分保障贷款银行或开发商合法权益的情况下，商品房的执行才能顺利推进，普通金钱债权人的债权才有得以实现的空间。

第三，变价款分配后的余款退还购房者。法院将商品房作为被执行人责任财产进行强制执行，在商品房变价款分配后仍有剩余的情况下，余款理应退还给购房者。

编写人：广东省佛山市中级人民法院　黎健毅　李慧

035 案外人主张租赁权成立的条件
——胡某君与宋某军等案外人执行异议案

【案件基本信息】

1. 裁判书字号

北京市西城区人民法院（2019）京0102执异144号执行裁定书

2. 事由：案外人执行异议

3. 当事人

案外人：胡某君

申请执行人：宋某军

被执行人：郑某、罗某飞

【基本案情】

案外人胡某君称其为涉案房屋的合法承租人，目前仍在合理承租期限内，自己与郑某签订的房屋租赁合同发生在郑某与宋某军签订的房屋买卖合同之前，形成合法的阻却事由，申请法院依法中止强制向申请执行人宋某军交付涉案房屋。

申请执行人宋某军对胡某君所提异议中的承租关系不予认可，认为系胡某君与郑某恶意串通，以明显不合理的低价承租被执行的不动产。

北京市西城区人民法院查明，2017年6月13日，本院作出（2017）京0102民初56号民事判决。2017年12月28日，北京市第二中级人民法院作出（2017）京02民终12199号民事判决：驳回上诉，维持原判。诉讼中，无论一审期间还是二审期间，郑某均未提及涉案房屋租赁事宜。判决生效后，宋某军向本院申请强制执行，本院于2018年1月10日以（2018）京0102执465号执行案件立案执行，同日向郑某下达执行通知书。

2018年12月10日，胡某君向本院提交执行异议申请，请求中止执行行为。另查明，2016年3月21日，郑某委托某中介卖房时，中介派人进入房屋拍摄照片后上传至其App进行挂牌出售，房屋使用状态为办公用房。2016年3月24日，某中介的经纪人进入房屋拍摄各房间照片，房屋使用状态为办公用房。2016年9月8日，房屋买受人宋某军签订合同前看房拍摄照片，房屋使用状态为办公用房。在与宋某军于2016年9月13日签订房屋买卖合同时，郑某曾在合同中明确表示“出卖人未将该房出租”。

听证中，胡某君称房屋租赁合同签订后并没有立即接受该房屋，房屋的状态是长期处于郑某所在公司的办公用房状态，因为郑某当时考虑出售房屋，双方关系本来不错，如果出售了就不再承租。一年后，一般天热的时候才开始使用该房屋。

【案件焦点】

1. 案外人胡某君主张的租赁权是否依法成立；2. 胡某君的租赁权能否排除强制执行。

【法院裁判要旨】

北京市西城区人民法院经审理认为：2016年9月13日签订房屋买卖合同时，房屋使用状态为办公用房，郑某在合同中明确表示“出卖人未将该房出租”，胡某君称其与郑某签订房屋租赁合同后，其以郑某当时想出售房屋为由，没有立即入住，可以认定2016年9

月13日房屋买卖合同签订时，即使胡某君与郑某于2016年1月1日签订了房屋租赁合同，但该租赁合同也并未实际履行。

2017年5月26日后，胡某君对该房屋进行了改造使用，但对建筑面积为207.41平方米的房屋，约定每月租金才3000元，明显大幅度低于市场价格，且租期自2016年1月1日起至2035年12月31日止共20年，胡某君所称租金价低是因为他是郑某开办公司的老员工，他身患肝病，郑某为照顾他，以及便于他女儿与崔某静之间进行业务合作，明显不具合理性，本院不予采信。

基于以上事实，对于宋某军主张胡某君与郑某构成恶意串通，以明显不合理的低价承租争议房屋，本院予以采信。无论胡某君对其提交的崔某静名下银行交易明细、微信聊天截图、五份缴费凭证，能否证实交纳了租金、其他费用，均动摇不了宋某军该主张。对胡某君所申请法院应依法中止强制向申请执行人宋某军交付涉案房屋的请求，本院不予支持。

北京市西城区人民法院依照《中华人民共和国民事诉讼法》第二百二十七条、《最高人民法院关于人民法院办理执行异议和复议案件若干问题的规定》第三十一条第二款之规定，作出如下裁定：

驳回胡某君的异议请求。

【法官后语】

承租人作为租赁合同的一方，所有权的任意性变动会导致其承租权的丧失，那么承租人的权利保障便无从谈起。基于"买卖不破租赁"的法律规定，人民法院在执行程序中同样要保护承租人的租赁权。但在执行程序中如何识别租赁权的真实性存在困难，尤其是容易产生被执行人与案外人通过倒签时间伪造租赁合同以干扰执行的问题，而案外人主张租赁权的异议成立，后续的“带租拍卖”执行措施可能对被执行不动产产生重大影响，进而影响申请执行人债权的实现，因此对于案外人主张承租权成立的条件应进行严格审查。需同时符合以下两个条件方能成立：其一，在法院查封之前已签订合法有效的书面租赁合同；其二，在法院查封之前承租人已占有、使用该不动产。在案外人异议案件的审查中，应该综合是否实际交纳租金、租金是否严重偏离市场价格、交纳方式是否符合一般交易习惯、物业管理缴费凭证等因素进行综合认定，以防止承租人与被执行人恶意串通拖延执行。在涉及房屋买卖及抵押登记的情形时，也可以参考相关合同中是否有关于房屋出租情况的表述。本案中，考虑到每月租金数额明显低于市场价格、一次性签订20年租赁合同、签订房屋买卖合同中明确表示“出卖人未将该房出租”、原一审及二审程序中均未提及出租事项等多项因素，认定胡某君的异议请求不成立。

根据《最高人民法院关于人民法院办理执行异议和复议案件若干问题的规定》第三十一条的规定，案外人承租在先的租赁权成立仍不能阻却拍卖等强制执行措施，其产生的法律后果是签署租赁协议及合法占有的承租人能在租赁期内阻止向受让人移交占有被执行人的不动产，即继续承租涉案房屋直至租赁期满。实践中，需要予以明确的是该项异议属于案外人针对执行标的提出的异议，执行法院应当对此进行立案审查，并作出裁定，不可直接认定租赁权成立并予以执行。为贯彻“执裁分离”原则，案外人异议案件应当由独立于执行实施部门的裁判部门进行审查；当事人如对审查结果不服可提起案外人异议之诉，通过异议之诉程序解决涉案房屋租赁权相关争议。

另外，在涉及不动产抵押情形时，租赁权成立的条件之一是订立抵押合同前抵押财产已出租，即租赁权成立的时间节点要同时满足在法院查封之前和在订立抵押合同之前两个要素，对于抵押权设立后出租抵押财产的，该租赁关系不得对抗已登记的抵押权。此时，承租人以对租赁物上设有抵押权不知情且自身善意为由主张权利的，亦不予支持。

执行程序中保护合法承租人的租赁权，是对案外人和申请执行人权益的平衡，实践中涉及案外人主张租赁权的异议案件情形复杂，在异议案件处理程序中应予以审慎对待、仔细甄别。

编写人：北京市西城区人民法院　张毅　赵颖

036 离婚后一方对未办理所有权登记手续房屋享有实体权利的判断

——某银行锦江支行诉袁某华、姜某文申请执行人执行异议之诉案

【案件基本信息】

1. 裁判书字号

四川省成都市锦江区人民法院（2019）川0104民初5228号民事判决书

2. 案由：申请执行人执行异议之诉

3. 当事人

原告：某银行锦江支行

被告：袁某华、姜某文

【基本案情】

2005年11月16日，袁某华与姜某文登记结婚。2007年11月29日，袁某华与姜某文以按揭贷款方式购买涉案房屋。2009年6月22日，袁某华与姜某文办理该房屋所有权登记，登记所有权人为姜某文与袁某华，共有方式为共同共有。

2013年9月16日，袁某华与姜某文登记离婚。离婚时，双方签订《离婚协议》，约定涉案的房屋归女方所有；姜某文每月支付两个孩子生活费3000元；姜某文如对外负有债务，由姜某文自行承担，与袁某华无关。

离婚后，案涉房屋由袁某华母子居住使用。2019年1月11日，袁某华提前结清了上述案涉房屋的按揭贷款。

2018年11月，成都市锦江区人民法院（以下简称锦江区人民法院）对某银行锦江支行与姜某文信用卡纠纷一案作出（2017）川0104民初7890号民事判决，确认截至2017年7月19日，姜某文欠某银行锦江支行信用卡本金25273.62元及利息、滞纳金等款项，判决姜某文归还某银行锦江支行本金25273.62元及利息、滞纳金等。该判决发生法律效力后，某银行锦江支行向锦江区人民法院申请强制执行。锦江区人民法院于2018年11月16日作出（2018）川0104执4370号执行裁定，查封姜某文与袁某华共同共有的涉案的房屋。袁某华提出执行异议，锦江区人民法院于2019年3月12日作出（2019）川0104执异13号执行裁定，裁定中止对案涉房屋的执行。

【案件焦点】

离婚协议中约定将登记在双方名下的房屋，归属一方所有并为其实际占有，但并未办理所有权转移登记，人民法院因另一方的债务对于登记在双方名下的房屋实施强制执行时，一方以其为权利人为由，提出执行异议，能否排除执行。

【法院裁判要旨】

四川省成都市锦江区人民法院经审理认为：袁某华与姜某文达成《离婚协议》，约定案涉讼争房屋归袁某华所有，不违反法律、行政法规的强制性规定，双方已依该协议，解除婚姻关系；该协议产生于法院对案涉讼争房屋执行查封之前，无证据证明袁某华与姜某文存在恶意串通、逃避债务的主观恶意。依据该协议，袁某华享有将讼争房屋的所有权变更登记至其名下的请求权。从成立时间上看，该请求权远远早于某银行锦江支行对姜某文因信用卡纠纷所形成的金钱债权；从内容上看，袁某华的请求权针对特定的财产，某银行锦江支行的请求权并未指向特定的财产；从性质上看，某银行锦江支行与姜某文之间的金钱债权，系姜某文与袁某华婚姻关系解除后发生，属于姜某文的个人债务；从发生的根源上看，双方离婚时，约定诉争房屋归袁某华所有，该房屋具有为袁某华及其子女维持生活必需、提供生活保障的功能。与某银行锦江支行的金钱债权相比，袁某华享有的请求权在伦理上具有一定的优先性。另外，参考《最高人民法院关于人民法院办理执行异议和复议案件若干问题的规定》第二十八条规定之精神，袁某华与姜某文所签订之《离婚协议》，在人民法院对案涉讼争房屋查封之前；在人民法院查封之前，袁某华已合法占有该不动产；在双方签订《离婚协议》时，因案涉诉争房屋系以按揭贷款方式购买，并不具备办理产权过户登记的条件，现姜某文下落不明，未办理案涉诉争房屋产权过户登记并非袁某华自身原因导致。故作为离婚中无过错配偶一方的袁某华对约定房产的物权期待权，亦应优先于某银行锦江支行的金钱债权。因此，袁某华对案涉讼争房屋享有足以阻却执行的实体权利。

四川省成都市锦江区人民法院依照《最高人民法院关于适用〈中华人民共和国民事诉讼法〉的解释》第三百一十三条之规定，作出如下判决：

驳回原告某银行锦江支行的诉讼请求。

判决后，双方当事人均未上诉，本判决现已生效。

【法官后语】

在执行异议之诉中，双方离婚协议对于房屋所有权的约定能否对抗申请执行人。对此，在司法实践中，有两种意见，一种意见认为，离婚协议中已经约定了登记在夫妻双方名下的房屋所有权归属一方所有，但未办理所有权转移登记。人民法院因另一方作为被执行人的金钱债务对于登记在双方名下的房屋实施强制执行时，一方以其为权利人为由，提出执行异议，请求排除执行的，人民法院不予支持。另一种意见则认为，离婚协议中约定将登记在双方名下的房屋，归属于一方所有并为其实际占有，但并未办理所有权转移登记，人民法院因另一方作为被执行人的债务对登记在双方名下的房屋实施强制执行时，一方以其为权利人为由，提出执行异议，请求排除执行，人民法院应予支持。双方存在恶意串通逃避债务情形的除外。

笔者认为，要确定双方离婚协议对于房屋所有权的约定能否对抗申请执行人，关键要看双方是否存在恶意逃避债务的情形，案外异议人对未办理案涉房屋所有权登记是否存在过错。主要应从以下几个方面进行审查：一是要审查离婚协议成立时间是否在申请人金钱债权确定之前，以及离婚协议的成立时间与申请人金钱债权形成的时间间隔；二是要审查约定享有房屋权属一方是否实际占有、使用房屋，另一方是否在案涉房屋居住；三是要审查在离婚协议中，取得房屋的一方是否对另一方给予补偿，财产分割是否合理，后续按揭贷款是否由取得房屋一方偿还；四是要审查未办理所有权转移登记的原因。通过对上述几个方面的审查，如能够排除双方存在恶意逃避债务的情形，从内容看，则认为约定取得房屋一方的案外异议人所享有的将案涉房屋的所有权变更登记至其名下的请求权，系指向特定的财产，而申请人的债权请求权并未指向特定的财产；从性质上看，在该请求权成立之后，诉争房屋实质上已经因双方之间的约定而不再为被执行人的责任财产，诉争房屋并未影响到被执行人的责任财产；从发生的根源及保障功能上看，案外异议人因离婚取得诉争房屋，该房屋具有为其及子女维持生活必需、提供生活保障的功能，在伦理上具有优先性。另外，从《最高人民法院关于人民法院办理执行异议和复议案件若干问题的规定》第二十八条规定的执行法院应在一定条件下保护无过错不动产买受人的物权期特权精神看，作为离婚中无过错配偶一方对约定房产的物权期待权，亦应优先于申请人的金钱债权。综上，可认定离婚协议中约定取得房屋一方对诉争房屋享有足以阻却执行的实体权利。本案的判处，为司法实践中此类执行异议之诉案件的处理，提供了思路。

本案判决于《中华人民共和国民法典》施行之前，无论《中华人民共和国民法典》施行之前的《中华人民共和国物权法》，还是《中华人民共和国民法典》均规定了不动产物权的登记生效原则，未明确承认独立的物权期待权。物权期待权本质上是一种债权请求权。

《最高人民法院关于人民法院办理执行异议和复议案件若干问题的规定》（2020年修正）第二十八条、第二十九条对物权期待权排除执行进行明确。其中，第二十八条将主体设定为一般房屋买受人，规定买受人物权期待权获得保护的条件是在查封之前已签订书面合法有效合同、已占有、已全款、办证无过错，重在保护实质物权；第二十九条将主体设定为购买商品房的消费者，规定消费者商品房物权期待权获得保护的条件是在查封之前已签订书面合法有效合同、名下无其他居住房屋、已支付超50%的价款，重在对生存权的保障。本案认定离婚后一方对未办理所有权登记手续的约定房产所享有的物权期待利益，能够阻却普通债权人享有的金钱债权的执行，与上述规定所蕴含的法律精神与价值一致。另外，根据修正施行后的《最高人民法院关于适用〈中华人民共和国民事诉讼法〉的解释》（2022年修正），本案判决依据应为《最高人民法院关于适用〈中华人民共和国民事诉讼法〉的解释》第三百一十条的规定。

编写人：四川省成都市锦江区人民法院　王多军

037 案外人针对执行法院轮候查封的被执行人名下的房屋提出的执行异议之诉不应受理

——王某云诉马某敦案外人执行异议之诉案

【案件基本信息】

1. 裁判书字号

北京市第一中级人民法院（2020）京01民终1731号民事裁定书

2. 案由：案外人执行异议之诉

3. 当事人

原告（上诉人）：王某云

被告（被上诉人）：马某敦

第三人：孟某岗、某公司

【基本案情】

王某云与孟某岗于2001年1月4日登记结婚，于2012年11月29日登记离婚。

马某敦与某公司、孟某岗合同纠纷一案，我院经审理于2017年12月28日作出（2017）京0114民初12403号民事判决书，判决：（1）某公司给付马某敦欠款15万元，于本判决生效后七日内给付；（2）某公司按日万分之六的利率给付马某敦所欠款项的违约金（以5万元为基数，自2017年5月1日起计算至实际付清之日止；以10万元为基数，自2017年10月2日起计算至实际付清之日止）；（3）孟某岗对上述第一项、第二项内容承担连带保证责任，并可在承担保证责任后向某公司追偿；（4）驳回马某敦的其他诉讼请求。上述判决生效后，某公司、孟某岗未按时履行生效法律文书确定的义务，2018年3月14日，马某敦向我院申请强制执行，我院以（2018）京0114执3390号立案执行。在本案执行过程中，我院于2018年6月6日作出（2018）京0114执3390号执行裁定书和协助执行通知书，轮候查封了孟某岗名下的涉案房屋。案外人王某云就此向我院提出书面异议，认为涉案房屋是其与孟某岗婚姻关系存续期间所购买，是夫妻共同共有的财产，虽然其已于2012年11月29日离婚，但离婚时并未对该房屋进行分割，故请求我院停止对涉案房屋的执行。我院经审理于 2019 年 4 月 22 日作出（2019）京 0114 执异 91 号执行裁定书，裁定驳回王某云的异议请求。王某云遂提起执行异议之诉，请求法院判令停止对涉案房屋的执行，并且依法确认涉案房屋为王某云和孟某岗共同所有。

【案件焦点】

本案系案外人针对执行法院轮候查封的被执行人名下房屋的执行行为提起的执行异议而产生的执行异议之诉，是否符合法律规定的执行异议之诉的受理范围。

【法院裁判要旨】

北京市昌平区人民法院经审理认为：本案是案外人王某云对我院于 2018 年 6 月 6 日作出（2018）京 0114 执 3390 号执行裁定书和协助执行通知书，轮候查封被执行人孟某岗名下涉案房屋的执行行为提起的执行异议而产生的执行异议之诉。《最高人民法院关于人民法院民事执行中查封、扣押、冻结财产的规定》（2008 年）第二十八条第一款规定，对已被人民法院查封、扣押、冻结的财产，其他人民法院可以进行轮候查封、扣押、冻结。查封、扣押、冻结解除的，登记在先的轮候查封、扣押、冻结即自动生效。本案系王某云对涉案房屋的轮候查封行为提出的执行异议之诉，但是轮候查封自在先的查封解除时自动生效。现（2018）京 0114 执 3390 号执行案件中的轮候查封并未生效。

北京市昌平区人民法院依照《中华人民共和国民事诉讼法》第一百五十四条、第一百六十四条第二款、第二百二十七条，《最高人民法院关于人民法院民事执行中查封、扣押、冻结财产的规定》第二十八条之规定，作出如下裁定：

驳回王某云的起诉。

后王某云不服，上诉于北京市第一中级人民法院。

北京市第一中级人民法院经审理认为：案外人提起执行异议之诉所要解决的问题实质上是案外人是否对执行标的享有足以阻止强制执行的民事权益。如果案外人享有足以阻止强制执行的民事权益，则可以据此要求执行法院停止对执行标的的强制执行。即只要停止针对执行标的强制执行，案外人的民事权益即得到保障。本案系案外人王某云对一审法院针对涉案房屋实施的轮候查封行为有异议提起的执行异议之诉，即便一审停止实施轮候查封行为，因有在先的查封行为存在，王某云所主张的民事权益也无法通过停止执行轮候查封行为得到保障。因此，王某云对涉案房屋的轮候查封行为并不具有法律上的直接利害关系，一审法院对王某云针对涉案房屋的轮候查封行为提出的执行异议之诉不应受理，已经受理的应当裁定驳回起诉。故二审法院同意一审法院的裁判意见。

北京市第一中级人民法院依照2017年修正的《中华人民共和国民事诉讼法》第一百七十条第一款第一项、第一百七十一条之规定，作出如下裁定：

驳回上诉，维持原裁定。

【法官后语】

本案系案外人针对法院执行中轮候查封的被执行人名下的房屋主张民事权益提起执行异议而产生的执行异议之诉，争议的焦点是本案是否符合法律规定的执行异议之诉的受理范围，这需要厘清以下两个问题：(1) 轮候查封的效力；(2) 案外人异议审查的价值。

关于第一个问题，根据《最高人民法院关于人民法院民事执行中查封、扣押、冻结财产的规定》第二十六条第一款的规定，对已被人民法院查封、扣押、冻结的财产，其他人民法院可以进行轮候查封、扣押、冻结。查封、扣押、冻结解除的，登记在先的轮候查封、扣押、冻结即自动生效。从司法解释的规定来看，轮候查封有别于正式查封。正式查封的实质在于禁止或者限制被执行人处分其名下某特定财产，直接影响其对该财产的占有、使用和收益。轮候查封则是一种法院已经作出，但尚未生效的执行措施，在性质上不属于查封，它只有一种预期效力。也就是说，正式查封的效果能使被执行人绝对丧失对查封财产的处分权，而轮候查封是对其他人民法院已经查封的财产，执行法院依次按时间先后在登记机关进行登记，排队等候。如果前一顺位查封解除，轮候查封自然发生查封之效力；如果人民法院对已查封的全部财产进行处分，该财产上的轮候查封自始未产生查封的效力。因此，在查封未依法解除或者未执行完毕之前，轮候查封的效力仍然是未定状态。

关于第二个问题，案外人提起执行异议之诉所要解决的问题实质上是案外人对执行标的是否享有足以排除强制执行的民事权益。如果案外人就执行标的享有足以排除强制执行的民事权益，则可以判决不得执行该执行标的。即只要停止针对执行标的的强制执行，则案外人的民事权益即得到保障。

从某种程度上说，轮候查封仅是排队等候的权利，在转化为正式查封之前，这种排队等候的权利不是使被执行人丧失对财产的处分权的原因，也不会产生强制执行的效果，更不会损害案外人对标的物享有的实体权利，即轮候查封实质上没有产生法律效力。具体到本案中，案外人王某云对我院执行过程中轮候查封的被执行人名下房屋提起的执行异议之诉，即便判决停止实施轮候查封行为，因有在先的查封行为存在，故王某云所主张的民事权益无法通过停止执行轮候查封行为得到保障。因此，案外人针对轮候查封所提出的执行异议之诉，应当不予受理。

综上，轮候查封在性质和效力上属于临时性措施，该司法强制措施的作用在于确保轮候查封债权人能够取得在先查封债权人从查封物中所得利益的剩余部分，防止债务人转移财产，客观上未对查封标的物进行处置，即便将来进入执行程序，具体还有多少财产可用于实现本案的债权，尚取决于在先查封案件的执行情况，故此时案外人对执行标的主张排除执行的理由与事实不符。本案例提供了一个重要的分析样本，通过对相关制度的法律性质的分析，确立了对案外人权利保护的条件和标准。最后，我们更倾向于这一种思路，轮候查封在未转化为正式查封之前，仅是一种效力待定的执行行为，案外人如仅针对轮候查封的标的物提起执行异议，不属于执行异议之诉的受理范围，案外人坚持提起异议之诉的，应当不予受理，已经受理的，应当裁定驳回起诉，并告知其应当针对正式查封主张权利，待正式查封解除，即轮候查封自动变为生效查封后，再行提起案外人异议。

编写人：北京市昌平区人民法院　邵敏　王慧霞

038 涉案房产是否属于超标的查封的认定规则

——穆某与佟某、某银行北京分行执行异议案

【案件基本信息】

1. 裁判书字号

北京市西城区人民法院（2019）京0102执异310号执行裁定书

2. 事由：执行异议

3. 当事人

申请执行人：佟某、某银行北京分行

被执行人：穆某

【基本案情】

2018年8月24日，某公证处依据（2016）京中信内经证字70701号-70702号、（2017）京中信内经证字101815号公证书，作出（2018）京中信执字01354号执行证书："执行标的：（1）借款本金人民币壹仟肆佰玖拾万元整；（2）截至2018年8月7日的欠付利息、罚息、复利人民币壹拾柒万叁仟叁佰壹拾伍元肆角整；（3）自2018年8月8日起至欠款清偿之日止的利息、罚息、复利（均按合同约定计算，具体算法以合同约定为准）；（4）公证费人民币贰万玖仟捌佰元整。责任范围：（1）穆某作为债务人，就上述债务向某银行北京分行承担清偿责任；（2）穆某作为抵押人，以其名下位于北京市西城区的约定抵押财产就上述债务向某银行北京分行承担抵押责任。"

某银行北京分行向北京市西城区人民法院申请强制执行。2019年2月13日，本院以（2019）京0102执5300号案件立案执行。

2019年3月1日，执行实施部门冻结了穆某名下银行存款，实际控制5万余元。

2019年3月13日，本院执行实施部门对穆某名下涉案房屋进行查封。

2019年3月1日，本院作出（2019）京0102执5300号限制消费令，限制穆某高消费。2019年3月6日本院作出（2019）京0102执5300号执行决定书，将穆某纳入失信被执行人名单。

执行中，申请执行人某银行北京分行与被执行人穆某一致要求我院采用全国法院询价评估系统对涉案房屋进行评估，法定期限内，A大数据评估询价平台、B拍卖大数据询价平台、C电商平台反馈了询价结果，执行实施部门将以上述三平台反馈价格的平均价36757037.47元作为涉案房产评估价格。

2018年11月30日，本院作出（2018）京0102民初28701号民事判决：涉案房屋由原告段某卿、薛某珊、薛某平、薛某旭、薛某晔与被告穆某共同所有；其中原告段某卿占有该房三十二分之五的份额，原告薛某珊占有该房三十二分之四的份额，原告薛某晔占有该房三十二分之一的份额，原告薛某旭占有该房三十二分之一的份额，原告薛某平占有该房三十二分之一的份额，被告穆某占有该房三十二分之二十的份额。

【案件焦点】

执行实施部门对被执行人名下房产的查封是否属于超标的查封情形。

【法院裁判要旨】

北京市西城区人民法院经审理认为：查封的涉案房屋评估价格为36757037.47元，另根据生效判决认定穆某占有涉案房屋的份额，结合评估价格，穆某对涉案房屋享有的价值约为22973148.125元。判定执行实施案件中是否存在超标的查封情形，应当查明执行案件的标的数额，本案中，根据执行证书的认定，执行标的为本金1490万元，截至2018年8月7日的欠付利息、罚息、复利173315.4元，自2018年8月8日起至欠款清偿之日止的利息、罚息、复利及公证费为29800元。在认定执行标的数额时，应综合考虑迟延履行利息、执行费用、拍卖佣金、拍卖标的物过户费、在确定拍卖保留价时依法可以下浮的比例以及三次流拍下调价格的影响。根据评估拍卖的相关规定，首次拍卖以评估价格的80%作为保留价，每次拍卖可再降低20%，如果对查封的标的物进行三次拍卖，则存在涉案房产成交价格不足以清偿执行证书中认定的穆某对某银行北京分行债务的可能性。现执行实施部门冻结控制的穆某名下存款金额，不属于超标的采取执行措施。对于穆某主张解除对其名下银行账户冻结的请求，没有事实及法律依据，不予支持。

北京市西城区人民法院依照《中华人民共和国民事诉讼法》第一百五十四条第一款第十一项、第二百二十五条的规定，作出如下裁定：

驳回被执行人穆某的执行异议请求。

【法官后语】

在执行实务中，认定是否超标的查封，需要综合考虑主债权数额及利息、违约金、迟延履行利息等，且需要对查封财产变价处置中合理支出的费用进行考虑，同时，对于所查封的涉案财产是否设立了抵押权等其他优先权也需要进行考虑，进而综合判定涉案查封标的处置完结后是否可以全额覆盖申请执行人债权数额。相关法律及司法解释中，对于超标的查封仅在《最高人民法院关于人民法院民事执行中查封、扣押、冻结财产的规定》第十九条中有规定，即查封、扣押、冻结被执行人的财产，以其价额足以清偿法律文书确定的债权额及执行费用为限，不得明显超标的额查封、扣押、冻结。同时规定，发现超标的额查封、扣押、冻结的，人民法院应当根据当事人申请或依职权，及时解除对超标的额部分财产的查封、扣押、冻结措施，但该财产是不可分割物且被执行人无其他可供执行的财产或其他财产不足以清偿债务的除外。该条款是基于对执行权限缩性价值的考量，然而，超标的查封在实务中认定较为复杂，尤其在涉及需要拍卖变价的不动产或其他财产时，是否属于超标的查封或者所查封、扣押的标的能否足额满足申请执行人的债权，需要对该查封标的的最终可能实现的变价款进行综合考量。

在案涉财产是否属于超标的查封的判定上，可分为两种情形：其一是在涉案财产未经评估的情况下，需要法院参照同类查封标的的市场价格，对涉案财产变价款进行初步的判定；其二是涉案财产在已经经过评估的情况下，该情形更加接近所查封标的变价后的真实价款。上述两种情况均需要最终经过司法处置程序后，即经过市场的检验后才能真正地确定所变价款是否可以覆盖申请执行债权的数额。执行程序以快速实现债权人权益，及时兑现生效法律文书确定的内容为追求的价值取向，对于实践中是否属于超标的查封，因客观原因导致无法对所查封、扣押的标的进行一个真实意义上的价值衡量，故需要对所查封、扣押的执行标的进行审慎的价值判断，一方面，是为了最大限度地保护申请执行债权；另一方面，是防止被执行人以超标的查封为由解除查封、冻结措施后转移财产，逃避执行，因此，对于所查封、扣押的执行标的不仅需要考虑变价过程中的费用，同时，因所需变价的标的经市场检验后的最终价值具有不可预知性，故应从法律程序上即可能的最终降价幅度上进行审慎推测。

具体到本案，执行实施部门查封了被执行人名下涉案房产，但涉案房屋评估价格为36757037.47元，被执行人只对涉案房产享有三十二分之二十的份额，结合评估价格，被执行人穆某对涉案房屋享有的价值约为22973148.125元，同时，综合考虑迟延履行利息、执行费用、拍卖佣金、拍卖标的物过户费、在确定拍卖保留价时依法可以下浮的比例以及三次流拍下调价格的影响，在进行综合判定后涉案房产成交价格存在不足以清偿执行证书中认定的穆某对某银行北京分行债务的可能性，故此，该案不存在超标的查封情形。

编写人：北京市西城区人民法院　李子耀

039 房屋产权代持不能阻却法院强制执行

——王某琦诉王某彬、赵某田案外人执行异议之诉案

【案件基本信息】

1. 裁判书字号

北京市第三中级人民法院（2019）京03民终3883号民事判决书

2. 案由：案外人执行异议之诉

3. 当事人

原告（上诉人）：王某琦

被告（被上诉人）：王某彬、赵某田

第三人：鲁某侠

【基本案情】

2005年，王某琦从某出版社处购买×号房屋并将该套房屋登记至自己的名下。2009年，鲁某侠筹建某公司，因需要启动资金找到王某琦帮忙，王某琦自愿将自己名下×号房屋做抵押贷款，帮助鲁某侠解决资金困难。因王某琦年逾六十，不符合银行贷款资格，故与某公司的员工赵某田达成协议：王某琦将×号房屋过户到赵某田名下，以便办理抵押贷款事宜，银行贷款由鲁某侠偿还，房屋仍由王某琦占有并对外出租，房屋所有权证书及他项权证仍然由王某琦持有。赵某田为办理银行贷款与王某琦签订房屋买卖合同并将×号房屋过户至其名下，但赵某田并未给付王某琦相应对价。随后，赵某田办理了银行贷款95万元。该笔贷款汇入了鲁某侠经营的印刷公司账户，后鲁某侠每月向赵某田的银行卡转款，再由赵某田向银行归还贷款。2016年8月，涉案房屋的银行贷款全部还清。王某琦与赵某田、鲁某侠签订《房产归属情况说明》，确认×号房屋的实际所有权人为王某琦，赵某田愿意配合办理过户手续，将×号房屋过户到王某琦指定的人名下，返还其房产。

2014年11月2日，北京市顺义区人民法院对王某彬与赵某田民间借贷纠纷一案作出（2014）顺民（商）初字第14765号民事调解书，确认赵某田应于2014年11月30日之前返还王某彬借款30万元。由于赵某田逾期未履行生效调解书确定的给付义务，王某彬提出强制执行申请。在执行过程中，北京市顺义区人民法院将赵某田名下的×号房屋予以查封。王某琦提出案外人执行异议，请求终止（2015）顺执字第1642号一案的执行，解除对×号房屋的查封。北京市顺义区人民法院经审理作出（2018）京0113执异56号执行裁定书，裁定驳回王某琦所提异议申请。后，王某琦提出案外人执行异议之诉，要求停止对×号房屋的执行，解除查封措施。

【案件焦点】

1. 房屋产权代持协议能否产生物权变动的法律效果，能否推翻房屋登记机构对涉案房屋的所有权登记；2. 房屋产权代持能否阻却法院对涉案房屋的强制执行。

【法院裁判要旨】

北京市顺义区人民法院经审理认为：×号房屋的权属登记信息显示，涉诉房屋的登记所有权人为赵某田。王某琦、鲁某侠、赵某田签订《房产归属情况说明》以及王某琦诉讼中提交的一系列证据旨在证明赵某田对涉诉房屋系代为持有所有权。依照《中华人民共和国物权法》（以下简称《物权法》）第六条①、第十四条②、第十六条③的规定，不动产的权属情况应以不动产登记簿记载的内容为准。就效力而言，不动产登记簿记载的内容具有推定力和公信力。依照《物权法》第九条之规定，我国采取的是登记生效主义的不动产物权变动模式，即除法律另有规定外，不动产物权变动原则上以登记完成为生效要件。而所有权代持并不属于法律另有规定的情况，亦不属于《物权法》第二十八条、第二十九条、第三十条“其他规定”

---

① 本条是关于物权的设立和变动的公示方法的规定，与《中华人民共和国民法典》第二百零八条一致。

② 本条是关于不动产物权变动的生效时间的规定，与《中华人民共和国民法典》第二百一十四条一致。

③ 本条是关于不动产登记簿的效力和管理的规定，与《中华人民共和国民法典》第二百一十六条一致。

之情形。因此，依据《物权法》规定的物权公示原则，产权代持协议的效力主要体现在对内的效力上，对外不具有物权效力，不能直接引起物权变动。另外，王某琦出于某些因素考虑将×号房屋登记在赵某田名下，就应当预见到可能由此带来的风险，并应当承担此种风险出现的后果。因赵某田经生效法律文书确定对王某彬承担债务，本院在执行中依据不动产登记簿，采取查封登记在赵某田名下的×号房屋符合物权法定原则，该执行措施并无不当。至于所查封的房产，在被执行后用于偿付债务而导致王某琦经济损失的，王某琦可基于债权关系向赵某田主张损失赔偿。

北京市顺义区人民法院依照《中华人民共和国物权法》第六条、第九条、第十四条、第十六条，《最高人民法院关于人民法院办理执行异议和执行复议案件若干问题的规定》第二十四条、第二十五条之规定，作出如下判决：

驳回原告王某琦的全部诉讼请求。

二审法院同意一审法院的裁判意见。

【法官后语】

近年来，伴随着房地产市场行情的火爆，市场主体规避国家调控政策的行为层出不穷，“房屋产权代持”就是其中的典型。本案诉讼系涉案房屋的名义产权人对外负债引起，其债权人请求执行涉案房屋以清偿债务，实际出资人提出产权确权请求及执行异议。对于实际出资人以案外人的身份提起执行异议之诉的，鉴于法律对因法律行为引起的不动产物权变动采用债权形式主义，应认定产权代持不能产生物权效力，也不能导致物权变动，实际出资人因未能取得物权而不能对抗代持人的债权人所提起的法院强制执行。

本案中，王某琦主张权利的主要理由为，其为涉案房屋的实际买受人、出资人，赵某田仅是受其委托代为持有产权，并无买受不动产的意思表示，故认为房屋所有权证登记显示的内容与实际权利状态并不相符，法院应当据此直接确认其为实际产权人，进而停止对×号房屋的强制执行。

本案发生在《中华人民共和国民法典》施行前，当时我国涉及不动产物权变动的相关规定为《中华人民共和国物权法》第九条、第十五条。根据上述规定可知立法深意：一是不动产物权变动的原因行为是否有效，应依据合同法律相关规定来判断，而并非以是否办理登记为标准进行判断；二是不动产物权的变动，应依法判断，以登记为必要条件，而不能认为合同生效就必然产生不动产物权变动效力。《中华人民共和国民法典》施行后，物权编有关不动产物权设立及变动的立法精神并未改变，本案适用的法律规则也一以贯之的承继下来。故对于《中华人民共和国民法典》施行后的同类案件，裁判思路并无变化。

本案中，王某琦、赵某田、鲁某侠之间签订的有关确认涉案房屋产权归属的《房产归属情况说明》等协议，实质上是在通过协议的方式确认涉案房屋的产权代持关系。那么，关于代持房屋产权协议的效力问题及物权变动的问题，可以得出以下结论：（1）代持房屋产权协议系名义买受人与实际买受人之间的债权合意，该合意因未违反法律强制性规定而有效；（2）代持协议的效力只限于协议各方内部，对外不能产生物权效力，也不能直接引起物权变动。不动产物权因未登记到实际买受人名下，实际买受人尚不能享有物权。

综上，涉案房屋登记在他人名下，系案外人（实际买受人）的自愿选择，既然未登记在自己名下，其请求确认权属的主张自然不应得到支持，案外人所享有的只能是依据代持产权协议，要求名义买受人继续履行协议、办理变更登记的请求权。又因涉案不动产已被法院查封，该变更登记的请求已无法实现，案外人只能向产权代持人主张违约赔偿请求权，自然无法对抗其他债权人所提起的强制执行。

需要强调的是，根据法律和房地产登记的相关规定，房屋登记机关对房屋的登记管理是对房屋产权登记确权的唯一法定部门。如果允许以公民、法人私下协议的方式来挑战法律、法规的相关产权登记制度的规定，势必造成社会经济乱序和公民法人有关诚实信用方面要求的降低。

编写人：北京市顺义区人民法院　王思思　王耀飞

040　案外人执行异议之诉中不宜对归责于不动产买受人的“过错”作扩大解释

——刘甲诉刘乙、谭某案外人执行异议之诉案

【案件基本信息】

1. 裁判书字号

四川省宜宾市中级人民法院（2019）川15民终86号民事判决书

2. 案由：案外人执行异议之诉

3. 当事人

原告（上诉人）：刘甲

被告（被上诉人）：刘乙、谭某

【基本案情】

1999年8月13日，谭某以某公司经办人的身份与刘甲签订一份《房屋销售合同》，约定刘甲购买某公司开发的临街门面1间，房屋总价为16.5万元。签订合同当天刘甲支付了购门面房款1万元，而后陆续支付购房款19万元（该笔款中包含上述门面款以及商品住宅款，住宅价款7.98万元），2000年3月29日支付购房款25000元（该款用于支付商品住宅购房款）。

案涉房屋竣工验收后，谭某于2002年向刘甲交付了案涉门面房，该房一直由刘甲管理使用至今。2002年4月29日，案涉房屋的房权证下发，因刘甲款项尚未付清，故谭某将案涉房屋办理在自己名下，2003年4月7日，在刘甲向谭某结清上述门面房及住宅的所有购房款后，谭某作为收款人，刘甲作为缴款人于当天签订《购房结算书》，房款已足额缴付，谭某代表公司与刘甲已完清购房付款结算。款项付清后，谭某将案涉房屋的房权证原件交由刘甲保管至今。

2015年10月27日，刘乙以谭某未归还借款20万元为由向四川省宜宾市翠屏区人民法院（以下简称翠屏区法院）提起民间借贷纠纷案，申请查封案涉房屋，法院对案涉房屋进行了查封。在翠屏区法院执行中，刘甲以案外人身份提出书面异议，要求撤销翠屏区法院作出的民事裁定书，解除并停止对案涉房屋的查封和执行。翠屏区法院裁定驳回案外人刘甲的异议请求。刘甲不服，提起案外人执行异议之诉。

【案件焦点】

案外人刘甲未办理过户登记是否存在过错。

【法院裁判要旨】

四川省宜宾市翠屏区人民法院经审理认为：对刘甲要求停止对案涉房屋强制执行的诉求，《最高人民法院关于人民法院办理执行异议和复议案件若干问题的规定》第二十八条的规定："金钱债权执行中，买受人对登记在被执行人名下的不动产提出异议，符合下列情形且权利能够排除执行的，人民法院应予支持：（一）在人民法院查封之前已签订合法有效的书面买卖合同；（二）在人民法院查封之前已合法占有该不动产；（三）已支付全部价款，或者已按照合同约定支付部分价款且将剩余价款按照人民法院的要求交付执行；（四）非因买受人自身原因未办理过户登记。"如上述分析，上述规定的前三个条件本案均符合，但就案涉房屋至今未过户至刘甲名下，法院认为系"因买受人刘甲自身原因"，故不符合应支持排除执行的范畴。

四川省宜宾市翠屏区人民法院依照《最高人民法院关于适用〈中华人民共和国民事诉讼法〉的解释》第三百零七条、第三百一十条、第三百一十一条、第三百一十二条，《最高人民法院关于人民法院办理执行异议和复议案件若干问题的规定》第二十八条规定，作出如下判决：

驳回刘甲的诉讼请求。

一审宣判后，刘甲提起上诉。四川省宜宾市中级人民法院经审理认为：金钱债权执行中，案外人对登记在被执行人名下的不动产提出异议，在审查案外人对未办理过户登记是否存在过错时，应结合具体案件情况，不宜对"过错"作扩大解释。本案从归责原因、权利基础、占有使用现状、执行异议之诉的实质来看，即使刘甲未及时要求谭某办理过户登记存在一定的过错，该过错也不足以导致其请求权的丧失。一审法院以未办理过户登记刘甲存在重大过错为由驳回其异议不当，予以纠正，上诉人刘甲的该项上诉理由成立，应予支持。

四川省宜宾市中级人民法院依照《中华人民共和国民事诉讼法》第一百七十条第一款第二项的规定，作出如下判决：

一、撤销四川省宜宾市翠屏区人民法院（2018）川1502民初2385号民事判决；

二、停止对涉案房屋的执行；

三、确认涉案房屋归刘甲所有。

【法官后语】

需要说明的是，依照《最高人民法院关于适用〈中华人民共和国民法典〉时间效力的若干规定》第一条第二款规定，民法典施行前的法律事实引起的民事纠纷案件，适用当时的法律、司法解释的规定，但是法律、司法解释另有规定的除外。本案案件事实、审理期间均发生在《中华人民共和国民法典》施行前，故在法律、司法解释条文引用时适用的是当时的条文顺序、内容。

从实践来看，能够归责于买受人的原因主要是四个层面：一是对他人权利障碍的忽略，如存在抵押权登记；二是对政策限制的忽略，如不符合购房条件仍然购买，导致无法办理过户；三是消极不行使登记权利，如为了逃税而未办理登记等；四是恶意串通，损害国家、集体、公共利益和他人合法权益。

笔者认为，金钱债权执行中，案外人对登记在被执行人名下的不动产提出异议，在审查案外人对未办理过户登记是否存在过错时，应结合具体案件情况，不宜对“过错”作扩大解释。

首先，对于普通的民事主体，不能苛求其法律素养有多高。诉讼与执行本身有一定的时间要求，很可能不能满足对买受人物权期待权的保护要求。本案中，执行法院在2010年受理刘甲的保全异议

（肖某诉谭某民间借贷纠纷案）后未予作出答复，后来因为保全到期自然解封，对此刘甲并不知情。基于刘甲不知房屋查封已经解除的情况，其有理由相信房屋还在查封中，不能办理登记。因此，不能以房屋已经解除查封，就把没有办理过户的过错归咎于刘甲。

其次，刘甲已经实际占有房屋，并且未怠于主张权利。在《中华人民共和国物权法》实施以前，案涉买卖合同已经生效，案涉房屋已经交付刘甲占有使用，刘甲的占有使用行为从2002年一直延续至今。2010年因肖某诉谭某民间借贷纠纷案案涉房屋被一审法院查封，刘甲以案外人身份及时提起了保全异议，因一审法院未对该保全异议作出处理，直至保全期满案涉房屋自动解除保全，至此能证明刘甲在积极主张权利。

再次，刘甲对本案执行标的享有所有权并不必然损害申请执行人权益。一是从成立时间上来看，刘甲要求谭某办理过户登记手续的物权请求权要早于刘乙与谭某因民间借贷纠纷所形成的债权请求权。二是从权利性质上来看，刘乙的请求权基础在于与谭某之间的民间借贷纠纷产生的债权，并不是基于谭某享有涉案房屋所有权而产生。在此意义上，刘甲的请求权即使排除刘乙债权的执行，也并未对其债权的实现形成不利影响。三是从权利发生的根源上来看，刘甲购买房屋具有为其提供生活收益与保障等生存利益关系，在刘甲购买房屋并实际占有使用多年的情况下，与刘乙以获取利息收益为目的的金钱债权相比，刘甲的请求权具有准物权的性质。

最后，在谭某不配合的情况下，刘甲客观上难以办理过户登记。根据古某对谭某的笔录来看，谭某认可刘甲已经付清了全部款项，其应当积极协助刘甲办理过户登记手续。结合本案诉讼情况来看，谭某消极应诉，在谭某不积极配合过户的情况下，刘甲客观上难以办理过户登记，房屋未过户不能完全归责于买受人刘甲。

编写人：四川省宜宾市中级人民法院　王付兵

041 案外人与被执行人的以物抵债协议能否排除对不动产的执行

——彭某与某银行中山分行、杨某案外人执行异议案

【案件基本信息】

1. 裁判书字号

广东省中山市第一人民法院（2018）粤2071执异209号执行裁定书

2. 事由：案外人执行异议

3. 当事人

案外人：彭某

申请执行人：某银行中山分行

被申请执行人：杨某

【基本案情】

某银行中山分行诉摄影器材公司、杨某金融借款合同纠纷一案，中山市中级人民法院经审理作出（2014）中中法民四初字第17号民事判决书，根据判决内容，摄影器材公司向某银行中山分行偿还借款本金美元1179493.53元，并支付借款期内利息和逾期罚息及复利至款项清偿之日止；杨某就摄影器材公司上述债务向某银行中山分行承担连带清偿责任。判决生效后，因被执行人未履行判决，中山市中级人民法院于2017年8月10日立案执行。2017年11月20日，中山市中级人民法院以被执行人杨某名下的财产位于中山市第一人民法院辖区范围内，且涉案房产被中山市

第一人民法院于2014年6月27日以另案作在先查封为由，裁定(2014)中中法民四初字第17号民事判决由中山市第一人民法院执行。执行过程中，中山市第一人民法院于2018年4月13日作出执行裁定，裁定：拍卖或变卖被执行人杨某所有的房地产（以下简称涉案房产）的1/2份额，拍卖或变卖所得用于清偿杨某所欠债务，并于2018年5月7日在房产所在地张贴公告。

案外人彭某主张，因杨某兄弟投资设立的摄影器材公司拖欠其开立的塑胶材料公司货款无法偿还，双方遂于2014年6月18日签订《以房抵债协议》，约定杨某和何某将涉案房产以评估价代摄影器材公司抵偿所欠塑胶材料公司部分债务，指定彭某为房产新的产权人，并将房屋相关的房产证、土地证、房屋钥匙交付彭某。2014年6月25日，杨某和何某委托他人代为办理房屋过户的手续，委托书按《两岸公证书使用查证协议》的约定，于2014年7月21日经广东省公证协会认证核验。涉案房产被中山市第一人民法院查封，导致彭某无法办理过户，无法办理产权过户不能归责于彭某。彭某向中山市第一人民法院提出案外人异议，请求停止对杨某名下涉案房产1/2份额的执行。

【案件焦点】

以物抵债协议能否排除案件执行。

【法院裁判要旨】

广东省中山市第一人民法院经审理认为：《最高人民法院关于人民法院办理执行异议和复议案件若干问题的规定》第二十五条第一款第一项规定，对案外人的异议，人民法院应当按照下列标准判断其是否系权利人：（一）已登记的不动产，按照不动产登记簿判断；未登记的建筑物、构筑物及其附属设施，按照土地使用权登记簿、建设工程规划许可、施工许可等相关证据判断。基于执行程序的特点，涉案房产登记在杨某与何某名下，法院据此对杨某所占有涉案房产 1/2 产权份额予以查封并拟进行拍卖于法有据。案外人彭某主张的以物抵债协议，即使真实，也实为约定债务的清偿，目的是消灭金钱债务，仅能产生债法的效力，在该涉案房产并未办理物权转移手续之前，案外人彭某根据以物抵债协议享有的仅是抵债标的物的登记请求权和物的交付请求权，本质上属于债权请求权，而非物权，亦不属于《最高人民法院关于人民法院办理执行异议和复议案件若干问题的规定》第二十八条及第二十九条规定的保护范围，故其依据以物抵债协议主张其对执行标的享有足以排除强制执行的权利，不予支持。至于案外人彭某依据以物抵债协议所享有的权利可通过其他法律途径予以主张。

广东省中山市第一人民法院依照《中华人民共和国民事诉讼法》第二百二十七条，《最高人民法院关于适用〈中华人民共和国民事诉讼法〉执行程序若干问题的解释》第十五条，《最高人民法院关于人民法院办理执行异议和复议案件若干问题的规定》第二十五条，《最高人民法院关于适用〈中华人民共和国民事诉讼法〉的解释》第四百六十五条第一款第一项的规定，作出如下裁定：

驳回案外人彭某的异议请求。

【法官后语】

本案为案外人对执行标的主张享有权利，排除案件执行的案外人异议。焦点是以物抵债协议能否排除案件执行。对案外人异议，审查的关键在于案外人所主张的权利能否排除申请执行实现的债权。《最高人民法院关于人民法院办理执行异议和复议案件若干问题的规定》第二十四条规定了对案外人提出的排除执行异议，人民法院应当审查案外人是否系权利人、该权利的合法性与真实性，该权利能否排除执行。能够排除效力的实体权利主张包括：（1）所有权。（2）物权期待权（对于案外人异议的物权期待权，指《最高人民法院关于人民法院办理执行异议和复议案件若干问题的规定》第二十八条至第三十条内容）。（3）特殊的担保物权。一般而言，当担保财产被金钱债权人申请执行时，案外人对执行财产主张担保物权时，执行法院需要保障担保物权人在受偿顺位上的优先顺位，但该权利并不能排除执行。但对一些特殊行业，基于公共利益的考量，法律或者司法解释赋予了其对特殊财产的担保物权具有排除执行的效力。（4）租赁权和用益物权。由于租赁权和用益物权以对物使用、收益为权利内容，案外人如对执行标的主张租赁权和用益物权，虽不能排除物的转让，却可以阻止交付占有。

抵债标的物的受让人能否适用物权期待权保护？实践中以物抵债的问题比较复杂，尤其是对于案外人与被执行人恶意串通倒签抵债时间以排除其他债权人、使受让人偏颇受偿的问题突出，尚无鉴定合同确切签订时间的有效技术手段，抵债又无须支付具体价款，无法通过其他证据来判断抵债合意的真伪。对买受人物权期待权进行保护，实际上隐含的理念是，物之交付的债权优先于金钱债权，而抵债协议的目的是消灭金钱债，不应优先于另外一个金钱债权的实现。《最高人民法院关于人民法院办理执行异议和复议案件若干问题规定理解与适用》一书中未将抵债受让人列入物权期待权保护范围。

本案中，案外人主张与被执行人就执行标的存有以物抵债协议，也就是说案外人基于以物抵债协议所享有的权利能否排除执行。该以物抵债协议的目的在于消灭案外人彭某开立塑胶材料公司对杨某的债权，非单纯的房屋买卖；以物抵债协议并不能形成优于其他债权的利益，且破坏了债权平等受偿的原则，损害其他与杨某之间存在债权债务关系的当事人合法权利救济途径，故不能认定以物抵债协议而产生的物权期待权及物权本身。基于以物抵债仅能产生债法的效力，在执行标的并未办理物权转移手续之前，执行标的所有权仍属于被执行人。因此，案外人彭某对涉案房产并不享有所有权，也不享有足以排除强制执行的其他实体权利，对其主张不予支持。

编写人：广东省中山市第一人民法院　张婉仪

042　承租人对抗强制执行须以实际占有为前提

——黄某、武某诉某银行宜春分行案外人执行异议之诉案

【案件基本信息】

1. 裁判书字号

江西省宜春市中级人民法院（2018）赣09民终1589号民事判决书

2. 案由：案外人执行异议之诉

3. 当事人

原告（上诉人）：黄某、武某

被告（被上诉人）：某银行宜春分行

第三人（上诉人）：熊某、沈某

【基本案情】

江西省袁州区人民法院经审理查明：2012年6月5日至2013年7月15日，第三人熊某累计向原告方借款186万元，后尚有150万元借款未归还。

2013年10月21日，原告方与第三人签订了《房屋租赁合同》和《债权转租代租协议》，《房屋租赁合同》主要约定：熊某将×室店铺（房屋建筑面积114.4平方米）出租给原告方，租期自2013年10月22日起至2033年10月22日止，共计二十年，租金150万元在合同生效之日一次性支付，承租方可转租，如出租方提前终止合同，应退还未使用期间的逾期的租金收益，并承担本合同总租额30%的违约金45万元。《债权转租代租协议》主要约定：第三人将×室店铺一次性出租给原告二十年，总租金150万元人民币，原告方同意将此前借给第三人的186万元人民币本金、除已归还的本金36万元和截至现在前述所有借款的利息全部结清，双方此前借钱债务两清，为了有利短期出租，委托熊某代原告方短期出租，并代办出租期间的相关物业管理事宜，代为出租期限为五年，总租金不少于60万元，其后由原告方独立使用与转租，终止委托出租。

2013年12月9日，汽车运输公司向被告某银行宜春分行申请贷款，熊某为该公司法定代表人，并且以×室店铺提供抵押担保，当时该店铺为毛坯状态。该笔贷款按期偿还给了被告。2014年12月29日，第三人熊某向被告申请贷款，并再次以×室店铺提供抵押担保，借款金额为250万元，借款期限自2015年1月5日起至

2016年1月4日止。

2014年3月14日，第三人熊某与案外人签订《商铺租赁合同》，约定租期五年。2014年10月17日，熊某与叶某、艾甲、艾乙签订《房屋租赁合同补充协议》，约定：叶某将上述商铺转让给艾甲、艾乙使用，熊某予以认可。2014年3月至2015年3月，熊某将其间收取的租金21.4万元转付给了原告方。2015年5月6日，熊某出具授权委托书，内容为："大连万达物业管理有限公司南昌分公司，×室店铺已出租给武某使用二十年，今后该商铺的出租收益管理权由武某享有、行使。熊某授权武某前来贵公司办理相关该商铺出租转租等相关事宜。"

2015年7月30日，第三人熊某因涉嫌非法吸收公众存款罪被刑事拘留，2016年9月27日，高安市人民法院判决熊某犯非法吸收公众存款罪，判处有期徒刑四年。

因第三人熊某在被告处借款到期后未能按期偿还借款本金及利息，被告于2015年7月23日诉至法院，在诉讼过程中，被告申请财产保全，该院作出了（2015）赣0902民初943-1号民事裁定书，9月11日，该院查封了×室店铺。本案经审理后于2015年11月16日作出（2015）袁民二初字第943号民事判决书，判决：（1）熊某、沈某偿还某银行宜春分行借款本金250万元及利息；（2）某银行宜春分行对熊某、沈某的抵押物的折价款或拍卖、变卖款享有优先受偿权。判决生效后，被告向法院申请执行，该院于2016年10月24日委托评估公司对上述房产进行评估，2017年5月4日，裁定拍卖该房产。原告于2017年8月14日提出了执行异议请求保留原告对商铺的租赁权，在租赁期结束后即2033年10

月22日之后向受让人移交房产。法院经审查后认为原告的异议理由不能成立，2017年8月28日作出（2017）赣0902执异55号执行裁定书，裁定驳回武某、黄某的异议请求。原告方遂诉至法院。

另查明：2017年1月，原告将熊某、沈某、艾甲、艾乙作为被告，将大连万达物业管理有限公司南昌分公司作为第三人以房屋租赁合同纠纷向南昌市东湖区人民法院起诉，请求：（1）确认武某、黄某与熊某、沈某签订的《房屋租赁合同》合法有效，武某、黄某为×室店铺的承租人；（2）要求艾甲、艾乙支付自2015年9月至2017年1月的租金14.4万元和每日0.5‰的滞纳金1800元；3. 判令被告共同承担诉讼费用。在审理过程中，艾乙提出该案所涉《商铺租赁合同》已签订了仲裁协议，应提交仲裁解决。法院经审查后认为武某、黄某依据《商铺租赁合同》《房屋补充合同》起诉要求艾甲、艾乙支付租金及滞纳金，因《商铺租赁合同》已约定“协商或调解不成，提交商铺所在地仲裁委员会仲裁”，2017年5月10日，南昌市东湖区人民法院作出了（2017）赣0102民初302号之一民事裁定书，裁定驳回武某、黄某的起诉。原告方就该案已提起上诉，尚无处理结果。

【案件焦点】

被执行人以房屋使用权用于抵偿案外人的债务，如案外人未实际占有使用房屋，该案外人能否以其享有租赁权为由请求排除强制执行。

【法院裁判要旨】

江西省袁州区人民法院经审理认为：

第一，关于原告的第二项诉请，确认《房屋租赁合同》合法有效以及原告为店铺的承租人的问题。该项诉讼请求，原告在向南昌市东湖区人民法院起诉房屋租赁合同纠纷案件中亦已经进行了主张。法院认为该案当事人之间存在仲裁协议，并驳回了原告的起诉。现原告方不服东湖区人民法院驳回起诉的裁定已经提起上诉，该案尚无处理结果，故原告的该项诉讼请求存在重复起诉的情形，且本案为案外人执行异议之诉，该请求不属于本案审理范围，不予审理。

第二，关于原告的第一项、第三项诉请。法院认为，该诉请系原告以不动产租赁权为由主张排除强制执行，根据《最高人民法院关于人民法院办理执行异议和复议案件若干问题的规定》第三十一条第一款的规定，承租人请求在租赁期内阻止向受让人移交占有被执行的不动产，在人民法院查封之前已经签订合法有效的书面租赁合同并占有使用该不动产的，人民法院应予支持。原告的该项主张必须具备两项要件：其一，原告与第三人在法院对不动产予以查封前，已订立真实有效的不动产租赁合同；其二，原告在法院对不动产予以查封前，已对不动产持续占有、使用，即已交付租金并采取明显方式在不动产内生活、生产、经营、装修等，以产生对不特定第三人的公示效果。

本案中，原告提交了商铺抵押前及法院查封前其与第三人签订的《房屋租赁合同》，第三人对该合同无异议，但经查明，原告与第三人签订该合同前存在债权债务关系，且根据双方的《债权转租代租协议》，进一步证实了第三人系用商铺二十年的租金收益清偿对原告的150万元债务的事实，而且前期的租金系熊某收取后转付给原告方，后来熊某出具了授权委托书授权原告武某享有商铺的出租收益管理权，但原告方与承租人艾甲、艾乙就租赁费问题产生了纠纷。

原告与第三人之间并未建立出租与承租的法律关系，故原告与第三人签订的《房屋租赁合同》不是实质上的租赁合同，而是第三人与原告之间的债务清偿协议。综上，对原告的上述诉讼请求，不予支持。

江西省宜春市袁州区人民法院依照《中华人民共和国民事诉讼法》第六十四条、《最高人民法院关于适用〈中华人民共和国民事诉讼法〉的解释》第三百一十二条、《最高人民法院关于人民法院办理执行异议和复议案件若干问题的规定》第三十一条的规定，判决如下：

驳回原告黄某、武某的诉讼请求。

黄某、武某、熊某、沈某均不服一审判决，提起上诉。

江西省宜春市中级人民法院经审理认为：《最高人民法院关于人民法院办理执行异议和复议案件若干问题的规定》第三十一条第一款规定，承租人请求在租赁期内阻止向受让人移交占有被执行的不动产，在人民法院查封之前已经签订合法有效的书面租赁合同并占有使用该不动产的，人民法院应予支持。该法律规定的目的在于平衡承租人和申请执行人利益，是对排除人民法院强制执行所作出的特殊规定。基于物权的公示效力，如当事人以租赁权来对抗依法登记成立的担保物权时，应当对租赁权的成立进行严格审查。因此，承租人提出对已依法登记成立的抵押权排除执行，应同时具备两项要件：其一，承租人与第三人在人民法院对不动产予以查封前，已订立真实有效的不动产租赁合同；其二，承租人在人民法院对不动产予以查封前，已对不动产持续占有、使用。对于第二项要件中的“占有、使用”，其含义应当包括承租人已交付租金并采取明显方式在不动产内生活、生产、经营、装修等，以产生对不特定第三人的公示效果。本案中，黄某、武某与熊某签订《房屋租赁合同》前双方存在债权债务关系，黄某、武某并未占有使用案涉店铺，且根据双方的《债权转租代租协议》，进一步证实了熊某、沈某系用商铺二十年的租金收益清偿对黄某、武某的150万元债务的事实。房屋租赁合同是指房屋出租人将房屋提供给承租人使用，承租人定期支付租金，并于合同终止时将房屋归还给出租人的协议，故承租人缔约的目的是取得房屋的使用权，出租人则是为了收取租金。黄某、武某与熊某、沈某之间签订的《房屋租赁合同》并非实质上的租赁合同，双方并未建立出租与承租的法律关系，而仅是双方之间的债务清偿协议，其性质为合同之债。因此，黄某、武某主张适用《最高人民法院关于人民法院办理执行异议和复议案件若干问题的规定》第三十一条规定排除强制执行，依据不充足，不予支持。关于黄某、武某请求确认《房屋租赁合同》合法有效且其为案涉店铺的承租人的问题，因案涉店铺已由案外人实际租赁使用，牵涉案外人权益问题，且案外人未参与本案诉讼，故不宜在本案作出处理。

江西省宜春市中级人民法院依照《中华人民共和国民事诉讼法》第一百七十条第一款第一项的规定，作出如下判决：

驳回上诉，维持原判。

【法官后语】

执行过程中，案外人以其对执行标的（房屋）享有租赁权为由，要求排除人民法院强制执行的情形较为常见。因我国当前租赁权的设立并未采取登记等公示方式，被执行人与案外人虚构租赁关系、故意规避执行的现象也不断增多。人民法院在审理此类案件时，应坚持将案外人是否实际占有、使用租赁物作为基本要件，从严审查案外人对执行标的租赁权的真实性、合法性，从而防止因当事人恶意串通损害法院执行效率和债权人权益的实现。

1. 在先租赁权排除强制执行的法理基础和法律依据

当事人得以在先租赁权排除人民法院强制执行，源自“买卖不破租赁”原则。所谓“买卖不破租赁”，即在租赁关系存续期间，即使所有权人将租赁物让与他人，对租赁关系也不产生影响，买受人不能以其成为租赁物的所有权人为由否认原租赁关系的存在并要求承租人返还租赁物。为保护经济上处于劣势的不动产承租人及谋求社会安定，当前大多数国家民事立法均确立了“买卖不破租赁”原则，我国亦如此。租赁物在租赁期间发生所有权变动的，不影响租赁合同的效力。订立抵押合同前抵押财产已出租的，原租赁关系不受该抵押权的影响。该原则也被贯彻到执行程序之中，《最高人民法院关于人民法院民事执行中拍卖、变卖财产的规定》第二十八条第二款即规定，“拍卖财产上原有的租赁权及其他用益物权，不因拍卖而消灭”。同时，《最高人民法院关于人民法院办理执行异议和复议案件若干问题的规定》第三十一条第一款亦规定：“承租人请求在租赁期内阻止向受让人移交占有被执行的不动产，在人民法院查封之前已签订合法有效的书面租赁合同并占有使用该不动产的，人民法院应予支持。”因此，在人民法院对执行标的（房屋）采取执行强制措施前已设立租赁权的，承租人向人民法院请求排除强制执行，具有充足的法律依据。

2. 承租人实际占有、使用租赁物，应作为审查判断在先租赁权成立与否的基本要件

从案外人执行异议之诉制度设立的目的来看，是为案外人阻却执行提供司法救济的一种特殊制度安排，它与一般的诉讼在功能和

程序设置上都有所区别。《最高人民法院关于人民法院办理执行异议和复议案件若干问题的规定》第二十四条规定，对案外人提出的排除执行异议，人民法院应当审查下列内容：（一）案外人是否系权利人；（二）该权利的合法性与真实性；（三）该权利能否排除执行。因此，案外人执行异议之诉的裁判要坚持实质审理原则，要基于执行标的权属变化及其争议赖以产生的基础性的实体法律关系予以判断，不能简单地根据权利外观径直判断。人民法院在审查租赁关系真实性时，应当审查承租人是否实际占有租赁物，重点审查承租人是否已交付租金并采取明显方式在不动产内生活、生产、经营、装修等，以产生对不特定第三人的公示效果。对于名为租赁实为借贷担保、房屋使用权抵债等关系的，因承租人并未实际占有使用租赁物的，对该租赁关系不予认可，承租人以其享有租赁权为由请求排除强制执行的，人民法院不予支持。其理由在于：

其一，将占有、使用作为判断承租人能否排除强制执行的审查要件，符合相关法律规定。《最高人民法院关于审理城镇房屋租赁合同纠纷案件具体应用法律若干问题的解释》强调了占有对于租赁关系成立的重要意义，该司法解释第五条规定，就同一房屋存在多份有效租赁合同，承租人均主张履行的情况下，人民法院按照占有、登记、合同成立在先的顺序确定优先履行的承租人。《最高人民法院关于人民法院办理执行异议和复议案件若干问题的规定》第三十一条第一款规定：“承租人请求在租赁期内阻止向受让人移交占有被执行的不动产，在人民法院查封之前已签订合法有效的书面租赁合同并占有使用该不动产的，人民法院应予支持。”因此，将承租人是否已实际占有、使用租赁物，作为判断租赁权是否真实并得以排除执行的基本要件，是符合现行立法规定的。

其二，将占有、使用作为判断承租人能否排除强制执行的审查要件，符合“买卖不破租赁”制度的设立目的。确立“买卖不破租赁”原则的立法目的在于保护弱势群体，避免由于出租人处分租赁物的行为危及承租人基本的生存权或居住权。案外人以其享有租赁权要求排除强制执行，人民法院所保护的合法租赁关系亦应当满足租赁合同真实有效、承租人实际占有租赁物在抵押及查封之前等条件。在名为租赁实为借贷担保、房屋使用权抵债等情形下，当事人之间签订房屋租赁合同的缔约目的在于实现债务清偿，承租人并不实际占用、使用房屋进行生产、生活和经营，其对于租赁物的依赖尚未建立，故对于案涉房屋的执行并不危及其生存权或居住权。因此，案外人虽提供了与诉争房产有关的租赁协议，但未能证明该房产在法院查封之前已被其占有使用，其无权请求阻止向买受人移交占有诉争房产。

其三，将占有、使用作为判断承租人能否排除强制执行的审查要件，是防止案外人和被执行人恶意串通规避执行的有效措施。当前，虽然我国实行房屋租赁登记备案制度，但相关规定的立法目的在于行政管理和治安管理需要，并非效力性规范，在现阶段登记并非租赁权的公示方式。现实生活中，当事人主动进行房屋租赁登记备案的比例较低。正因如此，虚假租赁极易成为被执行人对抗执行的惯用手段。这些虚假租赁一般以伪造租赁合同方式进行，合同签订时间落款为查封甚至抵押登记之前，租期较长，租金较低或假称租金已全部付清。如对此类虚假租赁不予甄别，往往导致执行标的物无法拍卖处置或者拍卖价款过低，严重影响债权人实现债权，损害司法公信力。因在虚假租赁中，当事人一般都不会对租赁物直接进行占有使用，事后要伪造占有使用方面的证据也较难，故将占有使用租赁物作为审查判断租赁关系是否真实合法的要件，有助于防范和减少案外人和被执行人恶意虚构租赁关系情形的发生，有利于人民法院正确认定事实作出公正处理。

3. 审查判断承租人是否实际占用、使用租赁物的注意事项

如前所述，我国现行法对租赁合同的对抗力缺乏公示要求，被执行不动产上的租赁权易于成立且在外观上难辨真伪，致使众多债务人利用法律的漏洞签订假性租约规避执行。因此，在审查承租人是否实际占有、使用租赁物时，要重点审查承租人是否已交付租金并采取明显方式在不动产内生活、生产、经营、装修等，是否产生了对不特定第三人的公示效果。司法实践中，应注意的问题有：

(1) 合理分配举证责任。有一种观点认为，根据“谁主张，谁举证”的原则，既然系申请执行人主张租赁关系是虚假的，就应由其承担虚假租赁事实的证明责任。笔者认为，这种看法系对举证责任分配的机械理解，在一定程度上放纵了虚假租赁行为的产生，显非合理。

在案外人执行异议之诉中，对租赁关系真实性的审查一般是由案外人（承租人）提起异议而引起的，即案外人主张租赁权合法有效来阻却执行，而债权人（申请执行人）认为租赁关系是虚假的，实质上是对案外人主张的否认，而非抗辩或提出新的主张。因此，由案外人证明租赁权合法有效且能阻却执行，更符合“谁主张，谁举证”的原则。此时，案外人应提供证据证明其已占有使用租赁物，如不能达到高度盖然性的证明标准，应由其承担举证不能的法律后果；而申请执行人为推翻案外人主张所提供的证据为反证，只需削弱本证的证明力从而动摇法官的心证即可。如此分配举证责任，才更符合“谁主张，谁举证”原则的本质要求，也有助于减少虚假租赁的产生。

（2）综合全案证据进行审慎判断。笔者认为，在案外人以其享有租赁权提起执行异议之诉要求排除强制执行的案件审理过程中，人民法院应当从严把关审查租赁权的真实性，根据当事人提供的全部证据进行综合分析，得出具有高度盖然性的结论。具体包括：

第一，在时间节点上，要求案外人（承租人）开始占有的时间节点必须是在案涉房屋抵押、查封前，而且必须至今占有，也即必须是在法院执行时仍然占有。

第二，在外观形式上，可从五个方面进行审查判断：①案外人是否在设立抵押或法院采取查封前已经在案涉房屋内进行生产经营；②案外人是否在设立抵押或法院采取查封前已经领取以案涉房屋作为住所地的营业执照且至今未变更住所地的；③案外人是否在设立抵押或法院采取查封前已经由其且至今仍由其支付案涉房屋水电、物业管理、房屋维修金等费用的；④案外人是否在设立抵押或法院采取查封前已经对案涉房屋根据租赁用途进行装修的；⑤案外人提供其他确切证据证明其已在设立抵押、查封前直接占有案涉房屋的。

编写人：江西省宜春市中级人民法院　高胜敏　蒋玲玲

043　商品房次买受人有权主张排除对房屋的强制执行

——李甲诉信托公司案外人执行异议之诉案

【案件基本信息】

1. 裁判书字号

山东省济南铁路运输中级人民法院（2017）鲁71民初1号民事判决书

2. 案由：案外人执行异议之诉

3. 当事人

原告（案外人）：李甲

被告（申请执行人）：信托公司

第三人（被申请执行人）：实业公司

【基本案情】

2010年11月21日，实业公司与案外人李乙签订《商品房预售合同》，双方约定：李乙购买实业公司开发建设的×室房屋。双方在合同中对相关权利义务内容进行了明确约定。之后，双方办理了涉案房屋期房网上签约及《商品房预售合同》备案登记。2012年8月31日，李乙向实业公司付清了全部购房款项，实业公司向李乙办理了房屋交付手续。但因实业公司的原因，涉案房屋未能办理不动产权属过户登记。

2013年4月6日，李乙与李甲签订《房产转让协议》，双方约定：李乙将其自实业公司购买的涉案房屋转让给李甲，转让价格为李乙与开发商实际成交金额572825元另加住宅专项维修基金10761元，合计总价583586元。在协议第五条，双方还约定：由于×室房屋已交房尚未办理房产证，暂无法办理过户手续，李乙应协助李甲进行房产更名手续。至2013年7月，李甲向李乙支付了全部购房款，李乙出具了收款收据并将房屋交付给李甲。李甲的家人对涉案房屋进行了装饰装修并实际居住。李甲与李乙为办理涉案房屋产权过户登记，经实业公司同意，将该房屋的购房款收据由交款人李乙更换为李甲，收据入账日期仍为原李乙交款日期。2013年8月29日，李乙与实业公司在泰安市房产管理部门撤销了涉案房屋预售登记备案，2013年9月5日办理了《商品房预售合同》撤销手续。

山东省济南铁路运输中级人民法院在执行申请执行人信托公司与被执行人实业公司等股权回购纠纷一案中，于2013年9月11日查封了登记在实业公司名下的部分房产，其中包括涉案房产。李甲就此向法院提出执行异议，请求停止对涉案房屋的强制执行。法院经审查后作出（2015）济铁中执异字第4号执行异议裁定，驳回李甲的异议。李甲不服该执行裁定，遂提起本案诉讼。

【案件焦点】

李甲作为商品房次买受人，对登记在实业公司名下的涉案房屋是否享有足以排除强制执行的民事权益。

【法院裁判要旨】

山东省济南铁路运输中级人民法院经审理认为：本案第三人实业公司与案外人李乙于2010年11月签订的《商品房预售合同》、李乙与李甲于2013年4月签订的《房产转让协议》，均系当事人的真实意思表示，且不违反法律强制性规定，应属合法有效。李乙在其与实业公司所订《商品房预售合同》履行过程中，将其基于《商品房预售合同》而合法享有的对涉案房屋的占有、使用权，以及请求实业公司办理房屋所有权登记、转移房屋所有权的物权期待权，一并转让给李甲。该项转让已经通知实业公司，实业公司认可李乙向李甲转让交付涉案房屋，并为李甲更换了购房款收据。上述行为全部发生在涉案房屋被查封之前。李甲虽尚未与实业公司办理商品房买卖网上签约及预售合同备案登记，尚未取得涉案房产的所有权，但并不影响其对涉案房产享有合法的居住权和物权期待权。实业公司在涉案房屋被查封之前已经收到全部购房价款，并将房屋交付给购房人，涉案房屋早已脱离实业公司的管理与控制，且购房人对未能办理产权过户登记手续并无过错，因此，涉案房屋不属于实业公司的可供执行财产。

山东省济南铁路运输中级人民法院依照《中华人民共和国民事诉讼法》第二百二十七条，《最高人民法院关于适用〈中华人民共和国民事诉讼法〉的解释》第二百四十条、第三百一十二条第一款第一项、第三百一十四条第一款的规定，作出如下判决：

一、不得执行×室房屋；

二、(2015) 济铁中执异字第 4 号执行异议裁定于本判决生效时自动失效。

判决后，双方当事人均未上诉，本判决现已生效。

【法官后语】

案外人执行异议之诉案件的审理重点在于案外人是否对争议的执行标的享有足以排除强制执行的民事权益。在金钱债权执行案件中，被执行人（开发商）收取全部购房款并将房屋交付买受人，因被执行人原因未能办理房屋产权过户登记，买受人对此没有过错的，不得对该房屋采取强制执行措施。但对于尚未办理过户登记的买受人又将房屋转让的，次买受人是否有权主张排除执行，法律及司法解释并未作出明确规定。我们认为，相对于普通金钱债权，应更侧重于对人民群众房屋居住权等基本生存权益的司法保护。

关于李乙与李甲之间《房产转让协议》的效力问题，虽然李乙是在没有办理涉案房屋产权登记、尚未取得房屋所有权的情况下，又将涉案房屋转让给李甲，但《中华人民共和国城市房地产管理法》第三十八条第六项关于未依法登记领取权属证书的房屋不得转让的规定，在性质上应属于管理性强制性规定，而非效力性强制性规定，不应作为认定房屋买卖合同无效的法律依据。李乙与李甲签订的《房产转让协议》系双方的真实意思表示，应属合法有效。

商品房预售合同的登记备案，性质上应为国家对商品房预售行为的行政管理措施，不是确认合同效力的必备条件，与商品房买卖的民事法律效力没有直接关联。为办理涉案房屋的所有权过户登记，李乙与实业公司在房产管理部门解除了之前签订的《商品房预售合同》并撤销了预售备案登记，因涉案房屋被查封，实业公司未能与李甲就涉案房屋再行办理商品房买卖网上签约及预售合同备案登记。李乙与实业公司并未互相返还涉案房屋及购房款，双方撤销预售备案登记、解除预售合同的行为，其目的并非真正解除双方的商品房买卖合同关系，而是其继续履行商品房买卖合同、转移房屋所有权的一种方式。

本案中，实业公司在涉案房屋被查封之前已收到全部购房价款，并将房屋实际交付购房人，涉案房屋早已脱离实业公司的管理与控制，且购房人对未能办理产权过户登记手续并无过错，因此涉案房屋不属于实业公司的可供执行财产。按照《最高人民法院关于人民法院民事执行中查封、扣押、冻结财产的规定》第十七条的规定，对涉案房屋不得进行查封。次买受人李甲在法院采取查封措施之前已经交纳全部购房款并实际占有、居住房屋，基于合法转让而取得对房屋的占有、居住权和物权期待权，可以依照《最高人民法院关于人民法院办理执行异议和复议案件若干问题的规定》第二十八条的规定，主张排除其他金钱债权对涉案房屋的强制执行。

编写人：济南铁路运输中级法院　李建波

044 涉房产执行案件中执行异议成立的条件

——王甲诉姜某案外人执行异议之诉案

【案件基本信息】

1. 裁判书字号

北京市第二中级人民法院（2018）京02民终2399号民事判决书

2. 案由：案外人执行异议之诉

3. 当事人

原告（上诉人）：王甲

被告（被上诉人）：姜某

第三人：王乙、张某

【基本案情】

2014年6月19日，（2012）西民初字第17700号民事判决认定：（1）王乙、张某于本判决生效之日起十日内向姜某偿还借款本金×万元；（2）王乙、张某于本判决生效之日起十日内向姜某支付利息；（3）王乙、张某于本判决生效之日起十日内向姜某支付滞纳金；（4）姜某在本判决第一项、第二项、第三项债权范围内，对某房屋享有抵押权，对该房屋折价、拍卖、变卖后所得的价款，享有优先受偿权。王乙、张某对判决不服，提起上诉。2014年9月19日，北京市第二中级人民法院判决：驳回上诉，维持原判。

此后，姜某依法申请强制执行。法院以（2014）西执字第9702号案件立案执行后，因被执行人王乙、张某未能自动履行上述生效判决确定的义务，法院于2015年11月3日在不动产登记机关对登记在王乙名下某房屋予以查封，查封期限为三年（自2015年11月3日起至2018年11月2日止）。2017年6月27日，法院在某司法拍卖网络平台发布拍卖公告。同年7月29日，该房屋以人民币×万元成交。2017年8月4日，王甲向法院提出执行异议，请求法院：（1）确认案外人的承租人身份；（2）通知房屋竞买人拍卖房产存在租赁事宜；（3）将案外人列为被拍卖房屋的优先购买人。2017年8月28日，法院以（2017）京0102执异108号执行裁定驳回了王甲的异议。王甲不服，提起本案之诉。

【案件焦点】

案外人以不动产租赁权排除强制执行应如何认定。

【法院裁判要旨】

北京市西城区人民法院经审理认为：案外人以不动产租赁权排除强制执行，必须具备两个条件：其一，案外人与被执行人在人民法院对不动产予以查封前，已订立真实有效的不动产租赁合同；其二，案外人在人民法院对不动产予以查封前，已对不动产持续占有、使用，即已交付租金并采取明显方式在不动产内生活、生产、经营、装修等，以产生对不特定第三人的公示效果。如不符合这两个条件，则不能排除强制执行。本案中，现有证据能够证明原告与第三人签有房屋租赁合同，但不能证明法院对该房屋予以查封时，原告在之前已对该房屋持续占有、使用。因此，法院认定王甲就该房屋不享有足以排除强制执行的民事权益，对其诉讼请求，不予支持。

北京市西城区人民法院依照《中华人民共和国民事诉讼法》第二百二十七条，《最高人民法院关于适用〈中华人民共和国民事诉讼法〉的解释》第三百一十一条、第三百一十二条第一款第二项、第二款的规定，作出如下判决：

驳回王甲的全部诉讼请求。

王甲不服一审判决，提起上诉。

北京市第二中级人民法院经审理认为：《最高人民法院关于人民法院办理执行异议和复议案件若干问题的规定》第三十一条第一款规定，承租人请求在租赁期限内阻止向受让人移交占有被执行的不动产，在人民法院查封之前已签订合法有效的书面租赁合同并占有使用该不动产的，人民法院应予支持。依据上述法律规定，承租人享有的不动产租赁权及优先购买权能够排除不动产执行的必要条件为：一是存在真实有效的书面租赁合同，二是占有、使用该不动产。本案中，尽管王甲与王乙、张某就涉案房屋签订了书面租赁合同，但王甲自签订租赁合同起至法院查封涉案房屋三年多时间里，并未实际占有、使用涉案房屋，故王甲以其就涉案房屋享有租赁权及优先购买权为由要求法院对涉案房屋停止执行，缺乏法律依据，不予支持。

北京市第二中级人民法院依照《中华人民共和国民事诉讼法》第一百七十条第一款第一项之规定，作出如下判决：

驳回上诉，维持原判。

【法官后语】

司法实践中，在法院将涉案房产查封之后，经常会出现案外人以与被执行人签订的房屋租赁合同早于法院查封时间为由向法院提出执行异议之诉，法院在判断案外人是否有足以排除执行的实体权利时会综合多种情况予以考虑，不会以房屋租赁合同时间签订的日期早于法院查封日期为单一考虑因素。针对执行标的提出的执行异议之诉成立的条件是案外人具有足以阻止标的转移、交付的实体性权利，具有物权属性，而基于房屋租赁合同，承租人享有两种权利：一是向出租方请求将租赁物交付的债权；二是占有租赁物后，对租赁物享有的占有、使用、收益的权利。因此，租赁合同具有双重属性，一种是基于合同的债权请求权，另一种是被“物权化”的租赁权。只有经过公示的租赁权才具备排除法院强制执行的效力，但公示的方式至今仍没有普遍定论，主流有两种观点：一种是以登记为公示要件；另一种是以占有为要件。我国法律并未明确租赁权的公示方式，但根据《最高人民法院关于审理城镇房屋租赁合同纠纷案件具体应用法律若干问题的解释》第五条的规定，就同一房屋存在多份有效租赁合同，承租人均主张权利的情况下，人民法院以已经合法占有租赁房屋的为第一顺序权利人。其关于“占有”的优先性的强调对于房屋租赁权的认定具有重要参照价值。在房屋租赁关系中适用“买卖不破租赁”的原则，打破了合同的相对性，使得买受人成为租赁合同的相对性，其实质上是对在租赁关系中“弱者”的保护，防止因物权的变动而导致处于弱者地位的承租人被驱逐、流放。从“弱者”思维角度出发，很少有签订了房屋租赁合同而不去实际占有的情形，因此在执行过程中，为兼顾效率和保护“弱者”的承租权角度，租赁权的成立以占有或者登记为公示要件。租赁合同的成立并不必然导致享有租赁权，而享有租赁权必须是基于租赁合同取得的权利。

承租人享有的不动产租赁权及优先购买权能够排除不动产执行的必要条件为：一是存在真实有效的书面租赁合同，二是占有、使用该不动产。具体到本案中，王甲与王乙、张某签订的《房屋租赁协议》系双方当事人的真实意思表示，不违反法律法规的强制性规定，系合法有效的合同，但是否具备排除法院执行的效力，需要判断王甲是否具有实体上的权利即租赁权，王甲与王乙、张某签订租赁合同之后长达五年时间未占有、使用该涉案房屋，对涉案房屋不具有事实上的支配、使用的权利，不具有向不特定的人公示占有的效力，因此其并未取得该涉案房屋的租赁权也就达到不了排除执行的效力。

编写人：北京市西城区人民法院　罗涛　李子耀

045　为免缴税费未过户房屋，提执行异议不予支持

——叶甲、叶乙诉吴某案外人执行异议之诉案

【案件基本信息】

1. 裁判书字号

浙江省丽水市中级人民法院（2018）浙 11 民终 390 号民事判决书

2. 案由：案外人执行异议之诉

3. 当事人

原告（上诉人）：叶甲、叶乙

被告（被上诉人）：吴某

第三人：张甲、张乙

【基本案情】

2009年8月4日，第三人张甲、张乙分别与原告叶甲、叶乙签订《买卖契约》，将某小区B区B2幢第一直、第二直地基以69.2万元转让给原告叶甲、叶乙。2009年7月28日，两原告分别向第三人支付定金各5万元。2009年8月4日，两原告付清剩余购房款59.2万元。第三人张甲、张乙将地基及所有建房手续交付给原告叶甲、叶乙。两原告共同出资建造房屋，所建房屋为某小区B区12幢1单元101室、201室、301室、401室、501室五套房产（以下简称五套房产）。2012年4月16日，房屋办理了房产证，五套房产均登记在第三人张甲、张乙名下。同时，办理了国有土地使用权证，土地使用权类型为划拨。2012年5月11日，第三人张甲、张乙公证委托原告叶甲办理五套房产出售相关的一切手续。2010年至2016年，两原告将上述房屋中的101室、201室、301室、401室四套房产出售给他人，缴纳了土地出让金，并办理了产权过户手续。

另，案外人吴某与第三人张甲民间借贷纠纷一案，法院作出民事判决并已生效，吴某根据生效判决书申请执行，法院查封了登记在被告张甲名下某小区B区12幢1单元501室房屋。原告知悉上述情况后，向法院提出执行异议，后该异议被裁定驳回。

原告主张：叶甲、叶乙从张甲、张乙处购得安置地基B2幢第一直、第二直并付清了全部价款。二人共同出资将两直地基合并建造房屋。因要与移民名册相对应故建成的房屋先行登记在了两第三人名下。案涉房屋系受让空地基后出资建造，属于原始取得，依法应当认定为两原告所有。请求：（1）确认案涉房屋为原告所有；（2）停止对案涉房屋的执行；（3）解除对案涉房屋的查封。

【案件焦点】

1. 关于两原告对涉案房屋是否享有所有权的问题；2. 关于两原告对涉案房屋是否享有足以排除执行的权利。

【法院裁判要旨】

浙江省景宁畲族自治县人民法院经审理认为：第一，根据《中华人民共和国物权法》第九条、第十四条的规定，不动产所有权的取得，除了法律另有规定的情形外，只有在不动产登记簿上记载之后，方能取得包括所有权在内的所有不动产物权。本案中，案涉房屋登记在第三人张甲、张乙名下，在不动产登记没有变更的情况下，两原告要求确认对案涉房屋享有所有权的诉求，于法无据，法院依法不予支持。第二，《最高人民法院关于人民法院办理执行异议和复议案件若干问题的规定》第二十八条规定："金钱债权执行中，买受人对登记在被执行人名下的不动产提出异议，符合下列情形且其权利能够排除执行的，人民法院应予支持：（一）在人民法院查封之前已签订合法有效的书面买卖合同；（二）在人民法院查封之前已合法占有该不动产；（三）已支付全部价款，或者已按照合同约定支付部分价款且将剩余价款按照人民法院的要求交付执行；（四）非因买受人自身原因未办理过户登记。"本案中，原告叶甲、叶乙的情形符合该规定的第一项至第三项。然而，2012 年 5 月 21 日，第三人张甲、张乙已通过公证处公证委托原告叶甲代为办理房屋产权的变更、过户等相关手续。由此可见，从 2012 年 5 月 21 日开始，两原告已经具备办理房屋产权过户的条件。庭审中，原告陈述为了避免缴纳较高税费未将登记在第三人张甲、张乙名下的房产过户到自己名下，而是在确定买受人后直接将房屋过户到买受人名下。故，涉案房屋因两原告存在过错而未及时办理产权过户手续，两原告对涉案房产不享有足以排除执行的民事权益。两原告要求停止对涉案房屋的强制执行的诉讼请求，法院依法不予支持。法院作出查封措施并无不当。

浙江省景宁畲族自治县人民法院依照《中华人民共和国物权法》第九条、第十四条，《最高人民法院关于人民法院办理执行异议和复议案件若干问题的规定》第二十八条，《最高人民法院关于适用〈中华人民共和国民事诉讼法〉的解释》第三百一十二条第二项，《中华人民共和国民事诉讼法》第一百四十四条的规定，作出如下判决：

驳回原告叶甲、叶乙的诉讼请求。

叶甲、叶乙均不服一审判决，提起上诉。

浙江省丽水市中级人民法院同意一审法院的裁判意见，并认为两上诉人在未办理两直地基土地使用权变更登记的情形下，作为行政许可的建造主体之外的人员，在案涉地基上建造房屋系属在他人财产上进行添附，且该房屋建成后的初始登记权利人亦为原审第三人张甲、张乙，故应认定两上诉人的前述建造行为并不具备《中华人民共和国物权法》第三十条所规定的“合法建造”之特征。

浙江省丽水市中级人民法院依照《中华人民共和国民事诉讼法》第一百七十条第一款第一项之规定，作出如下判决：

驳回上诉，维持原判。

【法官后语】

1. 关于“非因买受人自身原因未办理过户登记”原因分析

《最高人民法院关于人民法院办理执行异议和复议案件若干问题的规定》第二十八条规定的目的在于保护善意买受人的合法权益。

司法实践中，符合第二十八条前三项规定而房屋未过户的原因多种多样，我们应根据具体情形进行严格甄别。从实践中看，能够归责于买受人的原因可以分为三个层面：一是对他人权利障碍的忽视。例如，不动产之上设定有其他人的抵押权登记，而买受人没有履行合理的注意义务，导致登记时由于存在他人抵押权而无法登记。二是对政策限制的忽视。例如，明知某地限制购房，在不符合条件的情况下仍然购房导致无法办理过户手续。三是消极不行使登记权利。例如，有的交易当事人为了逃税等而故意不办理登记的，不应受到该原则的保护。反之，如未过户系因出卖人不协助过户、房屋过户存在客观障碍、房管部门的缘故等，则不能认定系因买受人个人原因导致房屋未过户。此种情况下，法院为了实现其他债权而针对不动产采取执行措施，极易损害在查封之前的已经签订买卖合同、支付合理对价并且合法占有房屋，而非因买受人自身原因导致房屋未过户的善意买受人。

2. 关于《中华人民共和国物权法》第三十条“合法建造”的理解

《中华人民共和国物权法》第三十条规定：“因合法建造、拆除房屋等事实行为设立或者消灭物权的，自事实行为成就时发生效力。”该条是关于因事实行为而设立或者消灭物权的规定。这些因事实行为而导致的物权的设立或者消灭，自事实行为成就时发生效力，而无须遵循一般的物权公示方法（不动产为登记，动产为交付）即发生效力。然而，合法建造取得物权，应符合两个前提条件：一是必须有合法的建房手续，完成特定审批手续，取得合法土地权利，符合规划要求；二是房屋应当建成。本案中，买受人虽购买了案涉房屋地基，但并未进行变更登记，未取得地基的土地使用权。在此情形下，两上诉人作为行政许可的建造主体之外的人员，在案涉地基上建造房屋系属在他人财产上进行添附，不能认定其建造行为属于“合法建造”。

3. 关于本案适用新旧法律衔接的说明

因本案判决于《中华人民共和国民法典》编纂之前，相较于案件判决时，《中华人民共和国民事诉讼法》及其司法解释也发生了变化，故就本案相关法律适用衔接做一个说明。一是《中华人民共和国民法典》部分。本案法官审理依据的《中华人民共和国物权法》第九条、第十四条以及法官后语中涉及的第三十条，在2021年1月1日《中华人民共和国民法典》生效后，适用的法律相应变更为《中华人民共和国民法典》第二百零九条、第二百一十四条、第二百三十一条。二是《民事诉讼法》及其司法解释部分。修正后的《中华人民共和国民事诉讼法》自2022年1月1日起施行，修正后的《中华人民共和国民事诉讼法》司法解释自2022年4月10日起施行。对案例判决涉及的《中华人民共和国民事诉讼法》第一百四十四条和第一百七十条第一款，对应修正后的《中华人民共和国民事诉讼法》第一百四十七条、第一百七十七条第一款；中华人民共和国民事诉讼法《最高人民法院关于适用〈中华人民共和国民事诉讼法〉的解释》第三百一十二条第二项对应修正后的第四百六十三条第一款第二项。上述几处法律的修正，除了法条条款有所变更，内容并无修改之处。

编写人：浙江省景宁畲族自治县人民法院　肖来

浙江省丽水市莲都区人民法院　张敏芬

046 申请执行人同意以房款抵扣租金的，被执行人唯一住房不构成阻却执行之事由

——戴某与许某申请执行复议案

【案件基本信息】

1. 裁判书字号

江苏省无锡市中级人民法院（2018）苏 02 执复 11 号民事裁定书

2. 事由：申请执行复议

3. 当事人

申请执行人：许某

被执行人（异议人、复议申请人）：戴某

被执行人：耿甲、耿乙

【基本案情】

2016 年 5 月 30 日，原江苏省无锡市南长区人民法院（现为江苏省无锡市梁溪区人民法院，以下简称梁溪法院）作出（2015）南民初字第 1218 号民事判决书，判决：（1）耿甲、戴某于本判决生效后五日内归还许某借款 100 万元及相应利息（自 2013 年 11 月 26 日起至实际给付之日止按中国人民银行公布的银行同期同档贷款基准利率的四倍计算）；（2）耿乙对上述第一项还款承担连带责任；（3）驳回许某的其他诉讼请求。判决生效后，因耿甲、戴某、耿乙未履行还款义务，许某于2017年5月向梁溪法院申请

执行。同年12月21日，梁溪法院作出（2017）苏0213执1763号执行裁定，拍卖被执行人戴某名下某小区601室的房产。

另查明，被执行人耿甲与戴某原系夫妻关系，1994年3月育有一女儿耿丙，2013年10月登记离婚。601室房屋为戴某唯一住房，现由戴某、耿丙及戴某母亲窦丙三人居住。

戴某提出异议称：（1）601室系戴某及其母亲、女儿生活所必需的唯一居住用房，法院依法不得拍卖；（2）耿甲对他人有债权，已进入执行程序，在法院未执行完毕前拍卖戴某房产不合理，请求法院停止拍卖。

申请执行人许某则称，在同意提供租金的情况下，可以拍卖被执行人生活必需的居住房屋。本案诉讼至今已两年半，耿甲债权尚未执行到位，而且金额有限，请求立即拍卖戴某房产。

【案件焦点】

在申请执行人同意从房屋变价款中扣除一定租金的情况下，被执行人能否以生活所必需的唯一居住用房为由阻却执行。

【法院裁判要旨】

江苏省无锡市梁溪法院经审理认为：本案属于金钱债权的执行，金钱债权的执行标的，可以是被执行人所有的任何可供执行的财产。人民法院在执行被执行人房产的过程中，应当保障被执行人及其所扶养家属的基本居住权，而不是房屋所有权。本案中，申请执行人同意从房屋变价款中扣除相应租金，用于解决被执行人及其所扶养家属在一定期限内的居住问题。在这一前提下，对于被执行人及其扶养家属维持生活所必需的居住房屋，人民法院可以强制执行。异议人戴某提出本案另一被执行人耿甲有债权正在申请法院执行，请求法院在耿甲债权执行到位后再拍卖其房产，无法律依据。

江苏省无锡市梁溪法院依照《中华人民共和国民事诉讼法》第二百二十五条、《最高人民法院关于人民法院办理执行异议和复议案件若干问题的规定》第二十条第一款之规定，作出如下裁定：

驳回异议人戴某的异议请求。

戴某对该裁定不服，向江苏省无锡市中级人民法院申请复议。

江苏省无锡市中级人民法院经审理认为：根据法律规定，金钱债权执行中，符合下列情形之一，被执行人以执行标的系本人及所扶养家属维持生活必需的居住房屋为由提出异议的，人民法院不予支持：（一）对被执行人有扶养义务的人名下有其他能够维持生活必需的居住房屋的；（二）执行依据生效后，被执行人为逃避债务转让其名下其他房屋的；（三）申请执行人按照当地廉租住房保障面积标准为被执行人及所扶养家属提供居住房屋，或者同意参照当地房屋租赁市场平均租金标准从该房屋的变价款中扣除五年至八年租金的。本案中，申请执行人同意从房屋变价款中扣除相应租金，用于解决被执行人及其所扶养家属在一定期限内的居住问题，符合上述第三项的规定，人民法院可以强制执行。复议人戴某提出本案另一被执行人耿甲有债权正在法院执行中，请求法院在耿甲债权执行到位后再拍卖其房产，无法律依据。

江苏省无锡市中级人民法院依照《中华人民共和国民事诉讼法》第二百二十五条、《最高人民法院关于人民法院办理执行异议和复议案件若干问题的规定》第二十三条第一项之规定，作出如下裁定：

驳回戴某的复议申请，维持梁溪法院（2018）苏 0213 执异 1 号执行裁定。

【法官后语】

执行是司法程序中极为重要的一环，事关债权人利益的最终实现，是司法公正的最后一道防线。然而在趋利避害的本能唆使下，被执行人会以各种理由逃避执行，挑战着司法的公信力与权威。其中，法院在处置被执行人的房产时，个别被执行人会以被执行房屋系被执行人及其所扶养家属生活所必需的唯一居住用房提出异议，主张法院不能处置相应房屋，这是阻却法院顺利执行的一大难题。当执行标的是被执行人及其所抚养家属唯一住房的情况下，一方面，对唯一住房的执行直接关系到被执行人所享有的作为生存权一部分的基本居住权的实现；另一方面，是申请执行人对其应享有的已被法院生效判决确认的债权及利益的实现。当两者发生碰撞与冲突时，如何在维护债权人合法权益、保障被执行人生存权益之间找到平衡点，考验着司法机关的司法智慧、能力与水平。

为了有力破解“执行难”，特别是针对被执行财产的抗辩等问题，最高人民法院出台了诸多司法解释，其中，《最高人民法院关于人民法院办理执行异议和复议案件若干问题的规定》第二十条明确规定，金钱债权执行中，符合下列情形之一，被执行人以执行标的系本人及其所扶养家属维持生活必需的居住房屋为由提出异议的，人民法院不予支持：（一）对被执行人有扶养义务的人名下有其他能够维持生活必需的居住房屋的；（二）执行依据生效后，被执行人为逃避债务转让其名下其他房屋的；（三）申请执行人按照当地廉租住房保障面积标准为被执行人及所扶养家属提供居住房屋，或者同意参照当地房屋租赁市场平均租金标准从该房屋的变价款中扣除五至八年租金的。该司法解释明确了在哪些情形下人民法院可以执行被执行人及其所抚养家属生活必需的住房。其传递出了这样一个理念，即“唯一住房”并非不可执行，在保障被执行人及其所扶养家属基本居住权的前提下，其仍可成为法院的执行标的，确保债权人合法权益的实现。该规定的基本思路是：第一，人民法院保障的是被执行人的居住权，而非房屋所有权；第二，这种居住权应当是被执行人及其扶养的家属生活所必需的，否则便没有保障的必要；第三，保障是有期限的，债权人对债务人生存权的保障是应急性，所谓“救急不救穷”，债务人最终还是应当向当地政府申请住房保障，不能让本应由政府承担的社会保障义务全部转嫁给债权人承担；第四，被执行人不能利用法律对其生存权的保障来逃避执行。

本案中，申请执行人在异议期间已向法院书面同意从房屋变价款中扣除相应租金，用于解决被执行人及其所扶养家属在一定期限内的居住问题，符合上述司法解释第三项关于“保留租金”的规定，已为被执行人及其所抚养家属提供了最基本的生活保障，故法院依法可以处置被执行人唯一房产用于偿债，在保障被执行人生存权的前提下，有效地保障了执行申请人的合法权益，做到了强制执行与人性化执行的融合与贯通。本案也系一起典型的反制规避执行、解决“执行难”问题的执行案件，为类似执行案件的处理提供了一定思路与参考。

编写人：江苏省无锡市梁溪区人民法院　罗扬

047 特定房地产市场管理下购房人物权期待权的保护

——王某诉盛某等申请执行人执行异议之诉案

【案件基本信息】

1. 裁判书字号

黑龙江省鸡西市中级人民法院（2018）黑 03 民初 73 号民事判决书

2. 案由：申请执行人执行异议之诉

3. 当事人

原告：王某

被告：盛某、徐某、房地产开发公司

【基本案情】

王某与房地产开发公司、徐某借款合同纠纷一案，经鸡西仲裁委员会调解达成一致意见，确认房地产开发公司、徐某于 2015 年 11 月 1 日前向王某偿还借款 5000 万元及案件受理费 131775 元。因房地产开发公司、徐某到期未履行给付义务，王某向鸡西市中级人民法院申请执行。鸡西市中级人民法院于 2015 年 12 月 9 日作出（2015）鸡法执字第 82-1 号执行裁定书，查封房地产开发公司与徐某所有的位于鸡西市鸡冠区红星乡红星村××小区的部分房源，包括案涉房屋即××小区 8 号楼 1 单元 201 室。盛某于 2018 年 5 月 14 日向鸡西市中级人民法院提出执行异议，鸡西市中级人民法院于2018年5月23日作出了（2018）黑03执异41号执行裁定书，中止对鸡西市鸡冠区红星乡红星村××小区8号楼1单元201室的执行。王某对该裁定不服，提起申请执行人执行异议之诉。

另查明，盛某自述其通过××小区建筑商杜某购买抹账房屋即本案诉争房屋，2013年3月22日，其与房地产开发公司签订购房协议书，同时交付房款，因案涉房屋没有开通水、电、热，不具备交付条件，房屋至今尚未交付。

【案件焦点】

案外人盛某主张其享有排除强制执行的民事权益是否成立。

【法院裁判要旨】

黑龙江省鸡西市中级人民法院经审理认为：本案系申请执行人执行异议之诉，案外人应当就执行标的享有足以排除强制执行的民事权益承担举证证明责任。在人民法院查封之前，盛某从××小区建筑商处购房取得案涉房屋，并与房地产开发公司签订书面购房协议，支付全部价款，约定房屋交付时间。因××小区没有水、电及供热，至今没有交付使用，责任在于房地产开发公司，盛某对没有办理产权登记无过错，故盛某对案涉房屋提出的异议理由成立。

黑龙江省鸡西市中级人民法院依照《最高人民法院关于人民法院办理执行异议和复议案件若干问题的规定》第二十八条，《中华人民共和国民事诉讼法》第一百四十四条、第二百二十七条，《最高人民法院关于适用〈中华人民共和国民事诉讼法〉的解释》第三百一十三条之规定，作出如下判决：

驳回王某的诉讼请求。

判决后，双方当事人均未上诉，本判决现已生效。

【法官后语】

通常的房地产项目开发是应先取得建设工程规划许可证和国有土地使用证，开发企业招标，与施工企业签订建设工程施工合同，报批取得建设工程开工证，施工企业进场施工，报批取得商品房销售（预售）许可证，此后方可对外销售建成或在建房屋。而本案所涉××小区是在“先开工建设，后补办手续”等情形下进行开发建设。建设单位与施工单位在文件许可下，进行开工建设，但并未按规定补办相关手续，工程建设并未全部完成，亦未取得商品房预售许可证即开始对外销售在建房屋。而尤为需要明确的是，案涉开发项目虽被许可开工建设，但至今没有其他任何行政审批批准手续，但对房地产开发公司未补办开发建设手续、预售手续、自行售房等违规行为。在工程停工后，针对众多购房人、回迁人反映，按照省委、省政府文件精神，鸡西市保障办又多次协调，已经为案涉小区进行了通水、通电、供暖等相关施工。案涉小区之购房人系在预售房屋情形下购买房屋，而非明知所购房屋为非法建筑，面临强制拆除等而执意购买等情形。

对购房人盛某的权益保护应当优先于一般金钱债权人王某。如前所述，案涉协议购房并非通常的商品房销售、商品房买卖。同时，××小区房地产开发建设也不等同于通常依法进行的房地产开发建设。无论盛某等购房人直接与房地产开发公司签订购房协议、认购房屋，抑或购买抵偿施工人工程款的房屋，均应认定购房人、施工人及房地产开发公司关于案涉房屋买卖的意思表示真实，购房协议已经成立。但在协议效力上，案涉小区没有取得商品房预售许可证的情形下，不能认定购房协议已经生效。但需指出的是，与购房人购买尚未取得商品房预售许可证的房屋情形相似，王某出借房地产开发公司款项亦是投放于尚未取得建设工程规划许可证、国有土地使用证、建设工程开工证等行政审批手续的房地产开发项目，且在查封时仍缺少上述开发建设手续。其所申请强制执行的房屋，不完全符合法律意义上的登记在被执行人名下的房屋。对于执行异议之诉案件之裁判，在相关权利人的权利均具有一定合法基础及受保护理由的情形下，其所需解决的重要问题是依法衡平何种权利更为优先、何种权利更为迫切需要依法予以维护。盛某签订购房协议购买房屋，作为购房人其请求排除强制执行之行为系关系其生存权益保障，而王某请求强制执行之行为则系关系其债权权益维护，在二者出现冲突之时，基于本案纠纷产生及演变的具体实际，在盛某签订购房协议、支付房屋价款均先于案涉房屋被查封保全的情形下，根据《最高人民法院关于建设工程价款优先受偿权问题的批复》所规定之精神，即建设工程价款、抵押权、其他债权和消费者权利的比较原则，应当依法裁判盛某对所购房屋享有的权益优先于王某申请执行房地产开发公司之金钱之债。

此外，现有证据不能证明盛某等购房人存在协助房地产开发公司逃避其与王某债务的恶意。2015 年 12 月 9 日，鸡西市中级人民法院根据鸡西仲裁委员会仲裁调解书作出执行裁定，查封了包含案涉房屋在内的××小区部分房屋，而盛某等购房人、施工人及房地产开发公司之间形成房屋买卖合同关系的时间均在上述查封之前。房地产开发公司以房抵偿工程款或直接出售案涉房屋的行为，无论是否存在由此降低其企业清偿债务的责任能力，导致无力履行偿还王某借款的情形，现有证据均不能证明盛某等购房人对此明知。在政府有关部门对案涉小区开发、销售持默许态度下，应当认定盛某等购房人购买房屋不存在过错。因政府有关部门管理缺失，导致购房人签订购房协议时，忽视了对所购房屋是否已经核发商品房预售许可证的审查。购房人虽有一定过失，但基于特定的房地产市场管理实际，不应据此否定购房人所享有的物权期待权。本案中，鸡西市保障办已经多次协调，为案涉小区进行了通水、通电、供暖等相关施工，且承诺尽早使小区业主能够办理房屋产权证书。与执行程序中的执行异议审查所持的重点审查外观要素、判断标准较低相比较，审理执行异议之诉案件则需对权利有无及其实质作出甄别、判断、认定，并更倾向于保护无过错房屋买受人的包括消费者物权期待权和物权期待权在内的生存权益。因此，基于本案纠纷的客观实际及特定状况，在盛某先于法院查封购买案涉房屋的情形下，判决驳回原告王某的诉讼请求。

值得注意的是，本案系在特殊时期、特殊条件下所形成的类型案件，在执行异议之诉个案审理时，应严格适用《最高人民法院关于人民法院办理执行异议和复议案件若干问题的规定》第二十八条、第二十九条的规定，准确认定买受人享有的物权期待权及消费者物权期待权的适用条件。

编写人：黑龙江省鸡西市中级人民法院　徐媛凤

048　未成年子女对登记在其名下的房屋提起执行异议之诉的处理

——孙某夏诉陈某案外人执行异议之诉案

【案件基本信息】

1. 裁判书字号

河南省信阳市中级人民法院（2018）豫15民终4284号民事判

决书

2. 案由：案外人执行异议之诉

3. 当事人

原告（上诉人）：孙某夏（化名）

被告（被上诉人）：陈某

第三人：丰某

【基本案情】

第三人丰某与孙某于1996年10月30日在罗山县子路镇婚姻登记处登记结婚，1997年8月21日生育长女，取名丰某春（化名），2006年2月20日生育次女，取名孙某夏。双方于2016年8月1日协议离婚，协议约定：其夫妻名下的四套房产均归女方孙某所有（其中一套为某小区302号房，即本案争议房产），并均称双方婚姻存续期间无共同债务。双方离婚后，孙某于同年10月9日将302号房产赠与原告孙某夏，并将房子过户到原告孙某夏名下。2015年10月9日，第三人丰某因经商房地产欠被告陈某借款57.6万元，经罗山县人民法院判决，丰某应偿还陈某借款57.6万元。该判决生效后，被告陈某向法院申请强制执行，（2017）豫1521执689号执行裁定书裁定扣押被执行人丰某女儿孙某夏名下302号房一套。

原告孙某夏认为房屋产权已过户至其名下，认为法院扣押错误，于2018年1月18日向法院提出执行异议申请，法院审查后于2018年1月29日作出（2018）豫1521执异1号执行裁定书，裁定驳回执行异议。异议人孙某夏向河南省信阳市中级人民法院申请执行复议，河南省信阳市中级人民法院于2018年5月16日作出裁定，撤销了（2018）豫1521执异1号执行裁定书，并发回河南省罗山县人民法院重新作出裁定，河南省罗山县人民法院又于2018年6月13日重新作出（2018）豫1521执异1号执行裁定书，裁定驳回异议人孙某夏的执行异议申请。孙某夏收到该裁定书后十五日内又提起案外人执行异议之诉。

【案件焦点】

1. 未成年子女通过父母离婚协议而获赠房屋并不承担任何债务，该房屋所有权归谁所有。2. 人民法院在执行该房产时，未成年子女以案外人名义提起执行异议之诉，请求排除对登记在其名下的房屋强制执行的，人民法院是否应当予以支持。

【法院裁判要旨】

河南省罗山县人民法院经审理认为：《中华人民共和国物权法》第十七条规定，不动产权属证书是权利人享有该不动产物权的证明。第三十三条规定，因物权的归属、内容发生争议的，利害关系人可以请求确认权利。不动产权属证书是权利人享有该不动产物权的证明，一般情况下，登记权利人即推定为实际权利人，但有证据证明房款实际出资人不是登记权利人时，亦要根据实际出资情况确定房屋的归属。本案中，原告孙某夏系未成年人，无独立的收入来源，其登记在个人名下的302号房产系其母亲孙某与其父亲丰某2007年、2008年左右出资购买，而非父母之外第三人的赠与所得。该房屋购买时间为原告母亲孙某与其父亲丰某婚姻存续期间，亦属夫妻共同财产。第三人丰某欠被告陈某借款时间为2015年10月9日，借款系经营房地产开发，亦发生在原告母亲孙某与其父亲丰某婚姻存续期间，依法应属夫妻共同债务。原告母亲孙某与其父亲丰某在离婚时，尚未偿还被告陈某借款，恶意将房产分割给孙某并将该案争议房产以赠与名义过户原告名下，孙某与丰某的行为违反婚姻法夫妻共同财产偿还夫妻共同债务的规定，损害了陈某的合法利益。故（2017）豫1521执689号执行裁定书裁定扣押被执行人丰某女儿名下302号房一套并无不妥，裁定驳回异议人孙某夏的执行异议申请亦无不当。原告诉称法院作出的（2017）豫1521执689号执行裁定书，该裁定书侵犯了原告的房屋所有权，理由不能成立，其诉讼请求不予支持，其诉讼请求依法应予驳回。

河南省罗山县人民法院依据《中华人民共和国物权法》第十七条、第三十三条，《中华人民共和国婚姻法》第四十一条，《中华人民共和国民事诉讼法》第二百二十七条，《最高人民法院关于适用〈中华人民共和国民事诉讼法〉的解释》第三百一十二条规定，作出如下判决：

驳回孙某夏的诉讼请求。

宣判后，孙某夏不服一审判决，提起上诉。

河南省信阳市中级人民法院经审理认为：孙某夏对案涉302号房屋不享有足以排除强制执行的民事权益。丰某陈述该房产系2007年或2008年购买，在其与孙某夫妻关系存续期间，应为夫妻共同财产。丰某与孙某在明知存在本案债务的情况下，于2016年8月1日签订《离婚协议书》约定将夫妻名下包括案涉房产在内的四套房产全部归女方所有，并不让女方承担任何债务，该分割行为明显不均等，使丰某的责任财产明显减少，2016年9月22日，双方又将案涉房产共同赠与未成年的女儿孙某夏所有，该夫妻财产分割行为与赠与行为属于恶意逃避债务的行为，严重损害了债权人陈某的利益，根据《中华人民共和国合同法》第五十二条第二项的规定，此赠与行为无效，案涉房产应按照丰某与孙某共同财产处理。《最高人民法院关于人民法院民事执行中查封、扣押、冻结财产的规定》第十四条第一款规定："对被执行人与其他人共有的财产，人民法院可以查封、扣押、冻结，并及时通知共有人。"即使涉案房屋存在其他共有人，人民法院依然可以对该房屋进行扣押。涉案房屋的共有人可以另行提起共有物分割诉讼，请求法院对该房屋进行分割。孙某夏由于不能因赠与取得案涉房产的所有权，其对案涉房产不享有足以排除强制执行的民事权益，一审驳回其诉讼请求并无不当。上诉人提出已经取得涉案房产的不动产权属证书，一审法院在对该证书未有任何评价的情况下，驳回上诉人的起诉请求，违反物权登记的公示公信力和物权登记法律制度。根据执行异议之诉案件实质审理原则，要基于执行标的权属变化及其争议赖以产生的基础性实体法律关系予以判断，不能简单地根据权利外观及程序性法律或司法解释对权利归属加以审查。上诉人孙某夏取得案涉房产的基础法律关系是赠与行为，在赠与行为无效的情况下，其不能取得案涉房产的所有权，所以即使房产登记在其名下，也不能排除人民法院对该房产的强制执行。

综上所述，孙某夏的上诉请求不能成立，应予驳回；因本案是执行异议之诉，一审不宜在本案中认定丰某所欠陈某的57.6万元款项系夫妻共同债务，原审法院裁判理由部分欠妥，但结果正确，法院予以维持。

河南省信阳市中级人民法院依照《中华人民共和国民事诉讼法》第一百七十条第一款第一项之规定，作出如下判决：

驳回上诉，维持原判。

【法官后语】

关于孙某夏对案涉房产是否享有足以排除强制执行的民事权益，本案存在两种不同的观点：

第一种观点认为，孙某夏已经取得涉案房产的不动产权属证书，根据物权登记的公示公信力和物权登记的法律制度，孙某夏对执行标的享有足以排除强制执行的民事权益。

第二种观点则认为，根据执行异议之诉案件实质审理原则，要基于执行标的权属变化及其争议赖以产生的基础性实体法律关系予以判断，不能简单地根据权利外观及程序性法律或司法解释对权利归属加以审查。上诉人孙某夏取得案涉房产的基础法律关系是赠与行为，在赠与行为无效的情况下，其不能取得案涉房产的所有权，所以即使房产登记在其名下，也不能排除人民法院对该房产的强制执行。

笔者倾向第二种观点，理由如下：

第一，从赠与行为的效力角度来看。丰某陈述该房产系 2007 年或 2008 年购买，在其与孙某夫妻关系存续期间，应为夫妻共同财产。丰某与孙某在明知存在本案债务的情况下，于 2016 年 8 月 1 日签订《离婚协议书》约定将夫妻名下包括案涉房产在内的四套房产全部归女方所有，并不让女方承担任何债务，该分割行为明显不均等，使丰某的责任财产明显减少，2016 年 9 月 22 日，双方又将案涉房产共同赠与未成年的女儿孙某夏所有，该夫妻财产分割行为与赠与行为属于恶意逃避债务的行为，严重损害了债权人陈某的利益。恶意串通，损害国家、集体或者第三人利益的合同应属无效，因此赠与行为无效，案涉房产应按照丰某与孙某共同财产处理。

第二，从未成年人获得财产的来源角度看。涉案房产变更为孙某夏所有的登记时间为2016年10月31日，孙某夏系2006年2月出生，获得房产时孙某夏尚未成年。婚姻关系存续期间取得的财产，一般情况下均为夫妻共同财产。未成年子女系家庭成员的一员，一般没有独立经济来源，日常生活尚且靠父母供给，其名下财产自然是共有财产的组成部分，房屋虽登记在未成年子女名下，仍为家庭共同财产。未成年子女作为家庭成员之一，其名下的财产除因奖励、报酬等合法来源获得外，不论来源于父母任何一方，都具有家庭共同财产的性质。现孙某夏主张房屋归其个人所有，那么就应当举证证明其是通过上述的方式取得，但孙某夏主张涉案房屋是基于其母亲孙某与其父亲丰某离婚时，孙某因离婚事由而取得该房产，孙某又将该房产赠与孙某夏，并非上述方式获得，故登记在孙某夏名下的涉案房产应属于丰某与孙某共同财产。

第三，从法的适用规则的角度来看。一般法是指在效力范围上具有普遍性的法律，即针对一般的人或事，在较长时期内，在全国范围内普遍有效的法律。特别法是指对特定主体、事项，或在特定地域、特定时间有效的法律。在物或财产的归属问题上，物权法关于产权推定制度的规定，适用于一般物权登记，不适用于夫妻财产。即根据法律相关规定，我国不动产物权变动原则上采取登记生效主义，不动产登记簿是物权归属和内容的依据，但是不动产登记簿作为不动产物权公示手段所具有的公信力，主要是针对不特定的第三人而言。第三人由于信赖物权登记而为之进行不动产交易，即使登记权利与真实权利不符，但法律仍然承认其具有与真实权利状态相同的法律效果，以此保护第三人利益。但是，婚姻法对于夫妻之间财产共有权的取得有明确规定，即婚姻关系存续期间所得的财产一般情况下均为夫妻共同财产，因此本案中涉案房产的归属应当适用婚姻家庭相关法律规定。

编写人：河南省信阳市中级人民法院 郑佳 阮江帆 任静源

049 查封影响房屋买卖合同的履行，但不影响该合同的效力

——黄某诉置业公司所有权确认、合同效力确认案

【案件基本信息】

1. 裁判书字号

江苏省无锡市新吴区人民法院（2018）苏0214民初1892号民事判决书

2. 案由：所有权确认、合同效力确认纠纷

3. 当事人

原告：黄某

被告：置业公司

【基本案情】

2012年8月14日，置业公司原法定代表人冯某以该公司名义，与黄某签订一份《购房合同》，约定置业公司将某小区13号A室出售给黄某，房屋建筑面积为46平方米，价格为40万元，约定交房时间为2013年2月1日。双方对于逾期付款、逾期交房、产权登记时间等均作了约定。该份合同未加盖置业公司公章。同日，黄某通过他人向冯某汇款支付40万元房款，冯某出具了收条。2012年12月10日，置业公司与黄某又签订一份经网上备案

系统备案的《商品房买卖合同》，约定由黄某购买某小区13号A室，建筑面积48.49平方米，售价708827元。

2013年8月13日，冯某以置业公司名义与黄某签订一份《换房协议》，写明：……在交房时发现，13号A室根本无法居住使用，鉴于以上情况，双方达成如下协议：将购买房屋变更为13号B室，价款40万元不变；次日，黄某通过置业公司销售经理蒋某完成13号B室的交接。之后黄某入住、使用至今。

因涉及案外人的诉讼，13号B室由法院在2011年12月31日起查封，在2013年8月13日签订上述《换房协议》时，该房屋处于查封状态。

2017年1月4日，因置业公司不能清偿到期债务，法院裁定受理案外人对置业公司的破产清算申请，指定无锡市金顺经济咨询有限公司为置业公司破产管理人。

黄某向法院起诉请求：(1)确认双方关于13号B室的买卖合同成立、有效；(2)确认该房屋不属于置业公司的财产；(3)判令置业公司协助黄某办理该房屋的过户手续（诉讼中黄某又撤回该第3项诉讼请求）。

【案件焦点】

查封期间对房屋进行转卖，合同是否有效，是否可以办理过户手续。

【法院裁判要旨】

江苏省无锡市新吴区人民法院经审理认为：冯某为置业公司进入破产程序前的法定代表人，其以公司名义与黄某签订的《购房合同》等应认定是双方当事人的真实意思表示，具有法律效力。即便该两份合同没有加盖置业公司印章，冯某作为公司法定代表人有权利代表公司从事经营活动，不因此影响合同效力。关于签订《换房协议》时，房屋处于法院查封状态，因查封事实确会影响协议的履行，但不影响协议的效力，《换房协议》也不因此而无效。关于双方合同与标准化的《商品房买卖合同》不符，因双方对合同标的物、当事人名称、价款都已达成一致，此情形不影响买卖合同成立。至于款项支付至冯某个人账户，应属公司与法定代表人的内部关系，不影响合同的成立及合同效力。综上，黄某关于其购买 13 号 B 室的买卖合同成立、有效的诉讼请求，应予支持。

关于黄某诉请确认 13 号 B 室不属于置业公司的财产，《中华人民共和国物权法》第九条第一款规定，不动产物权的设立、变更、转让和消灭，经依法登记，发生效力；未经登记，不发生效力，但法律另有规定的除外。据此，商品房购买人以已支付全部购房款或者以实际占有为由，主张取得商品房权属的，不予支持。13 号 B 室属于置业公司财产，黄某依据《购房合同》《换房协议》享有相应债权。故判决如下：

一、确认黄某与置业公司就 13 号 B 室房屋的买卖合同成立、有效。

二、驳回黄某的其他诉讼请求。

判决后，双方当事人均未上诉，本判决现已生效。

【法官后语】

查封是诉讼法规定的保全、执行措施，是人民法院依据职权作出的具有法律强制力的行为。通常，法院查封都有“未经许可，不得转让、出卖、抵押”等限制性要求。但实践中，被法院查封的房屋被开发商进行出卖的情况时有发生。在法院查封期间将房屋出卖，该买卖合同效力如何，应如何恰当处理，是司法实务中的难题。一种意见认为该合同无效，其理由主要是认为《中华人民共和国城市房地产管理法》第三十八条第二项规定了“司法机关和行政机关依法裁定、决定查封或者以其他形式限制房地产权利的”，不得转让，该条规定为法律强制性规定，违反此条规定即符合法律规定的合同无效情形。另一种意见则认为，出卖被查封房屋的行为仅是妨害民事诉讼行为，不影响合同效力。笔者赞同第二种意见，查封不影响房屋买卖合同的效力，但影响合同的履行。

强制性规定分为效力性强制性规定和管理性强制性规定。效力性规定是指绝对不允许特定类型民事行为发生效力的强制性规定，如禁止毒品交易的规定等。管理性规定是指授权管理机关可以就特定类型民事行为对民事主体采取行政处罚措施的强制性规定，违反管理性规定，可能会发生行政责任，但不当然影响民事行为的效力。例如，禁止在街头摆摊设点等规定。因此，判断涉法院查封的房屋买卖合同的效力关键在于判断《中华人民共和国城市房地产管理法》第三十八条规定是管理性强制性规定还是效力性强制性规定。

《中华人民共和国城市房地产管理法》第三十八条第二项虽然明确有“不得”等强制性字眼，但没有直接规定合同无效，所以需要进一步识别。该法主要是规范房地产开发企业的经营行为，而不是调整民事关系，所以它是一部行政管理性法律。其第三十八条规定了七种房地产不得转让的情形。其中第六项“未依法登记领取权属证书的”房地产“不得转让”的规定已被通说和司法判例认为是管理性规定，如果同一法条中只有第某项为效力性强制性规定，而其他为管理性强制性规定的话，不符合立法规则统一的原理，也不符合立法技术的要求。《最高人民法院关于审理买卖合同纠纷案件适用法律问题的解释》第三条第一款规定，当事人一方以出卖人在缔约时对标的物没有所有权或者处分权为由主张合同无效的，人民法院不予支持。由此可见，该条对无权处分的买卖合同作了有效认定。以“举重以明轻”的道理，查封期间的房屋买卖合同更应有效。该条文现已被《中华人民共和国民法典》第五百九十七条所取代，该条规定因出卖人未取得处分权致使标的物所有权不能转移的，买受人可以解除合同并请求出卖人承担违约责任。法律、行政法规禁止或者限制转让的标的物，依照其规定。

这条规定的就是无权处分的效力和违约责任，也就是原则上是有效的，当事人可以根据有效的结果追究违约方的违约责任。除非是法律、行政法规的特别规定。这里的限制转让是否包括我们这种查封情形下的转让，笔者认为是不包括，执行规范性文件认可此类合同的有效性。根据《最高人民法院关于人民法院民事执行中查封、扣押、冻结财产的规定》第二十四条第一款规定：“被执行人就已经查封、扣押、冻结的财产所作的移转、设定权利负担或者其他有碍执行的行为，不得对抗申请执行人。”该规定明确了被执行人的转让行为不得对抗申请执行人，其基础是转让合同有效，若无效显然也就不存在对抗第三人的问题。

房屋买卖合同在履行过程中，如该房屋因法院查封导致交付或过户障碍，买受人诉请出卖人履行交付或过户义务，法院应如何判决。笔者认为，因履行过程中有司法行为的介入，阻却了继续履行的可能，只有该阻却情形消除，才能判决过户。法院查封行为形成了法律上或事实上不能履行的状态。根据该条规定，买受人要求继续履行的不应得到支持。但买受人依据《购房合同》等享有相应债权，可以据此维护自己的合法权益。

编写人：江苏省无锡市新吴区人民法院　徐贞　李庆玲

050　违法建筑权属认定不属于民事诉讼受理的范畴

——物业公司诉乔某、赵某案外人执行异议之诉案

【案件基本信息】

1. 裁判书字号

北京市第一中级人民法院（2018）京01民终2771号民事裁定书

2. 案由：案外人执行异议之诉

3. 当事人

原告（被上诉人）：物业公司

被告（上诉人）：乔某

被告（被上诉人）：赵某

【基本案情】

实业公司是物业公司全资成立的子公司。2003年11月11日，某农场通过划拨方式获得涉案房屋及场地所在的土地使用权。2005年8月8日，实业公司（乙方）与某农场（甲方）签订《场地占用合同》，约定甲方将涉案房屋及场地租给乙方使用，乙方对房屋及场地只有使用权及出租权。合同租赁期限为18年。2006年3月至5月，实业公司在该场地上建房3024平方米。2006年6月，实业公司（甲方、出租方）与乔某（乙方、承租方）签订了《房

屋租赁合同》，将涉案房屋及场地出租。合同约定：租赁期限为十年（自2006年7月1日起至2016年6月30日止）；年租金551880元；租赁期间，乙方不得擅自对所承租场地增设他物，若乙方需对场地进行改动，增建设施，需要事先征得甲方的书面同意，乙方未经甲方同意，必须对租赁地恢复原状，并赔偿甲方的损失等约定。2007年至2008年，乔某在其租用的场地内自建房屋2860平方米。就乔某的自建房屋，乔某与物业公司发生分歧。经双方友好协商，在2013年3月28日，物业公司（甲方、出租方）与乔某（乙方、承租方）签订《房屋租赁合同补充协议》，约定：乙方新增2860平方米的建筑从签订本协议之日起，无偿归甲方所有；乙方按每日每平方米0.30元人民币从2013年7月1日起向甲方交纳租金；本协议未列内容仍按房屋租赁合同执行等内容。合同签订后，物业公司与乔某一直按照合同约定履行自己的合同义务。

2013年9月26日，经北京市工商行政管理局海淀分局核准，实业公司注销。根据《企业纳税清算查账鉴证报告》、物业公司董事会决议，实业公司所有剩余财产全部转入母公司物业公司。2016年3月23日，该院在执行赵某与乔某公证债权文书一案过程中，作出（2015）海执字第13641号公告，将乔某所建房产查封，查封依据是：某公证处的公证债权文书。物业公司向该院执行部门提出执行异议。该院于2016年8月18日作出（2016）京0108执异134号执行裁定书驳回物业公司的异议请求。物业公司对该裁定不服，提起本案诉讼。2016年12月19日，某农场出具一份《证明》。《证明》的内容是：物业公司是某农场的控股公司，涉案房屋及场地的土地使用权属于某农场，自2005年8月8日起交由物业公司对外进行经营管理，期限至2023年8月7日，并签订了《场地占用合同》。在此期间，该场地由物业公司独立对外进行经营管理，该场地对外产生的纠纷由物业公司负责解决，必要时有权依法进行诉讼解决纠纷。

物业公司主张对诉争房屋具有物权并排除人民法院对诉争房屋的查封，向一审法院起诉请求：（1）判令确认乔某对其所建的所有建筑不享有所有权、用益物权等任何权利，该建筑物的用益物权（占有、使用及收益权）自2013年3月28日至2023年8月7日由物业公司享有；（2）判令立即解除2016年3月23日北京市海淀区人民法院对上述场地上建筑所采取的查封措施。乔某辩称：法院的查封措施是正确的，物业公司不应起诉此案。乔某与物业公司是租赁关系，双方的合同应属无效，请求法院驳回物业公司的诉讼请求。赵某辩称：不同意物业公司的诉讼请求。物业公司提出的确认之诉不应与本案一并审理。无论物业公司提交的合同是否真实，均是物业公司与乔某之间的事情，不能对抗第三人。

庭审中，乔某表示，其建造房屋并未履行任何手续，未取得合法的建造手续，该建筑物的权属亦无相关部门的认定。

【案件焦点】

物业公司对诉争房屋是否享有排除查封行为的民事权利。

【法院裁判要旨】

北京市海淀区人民法院经审理认为：《最高人民法院关于人民法院办理执行异议和复议案件若干问题的规定》第二十五条规定，案外人对已登记的不动产提出的异议，应按照不动产登记簿判断其是否系权利人；对未登记的建筑物、构筑物及其附属设施，按照土地使用权登记簿、建设工程规划许可、施工许可等相关证据判断。2003 年，某农场通过划拨方式获得涉案房屋及场地的土地使用权。2005 年，实业公司通过租赁方式获得其上土地及房屋的使用权及租赁权。2006 年，实业公司在租赁土地内建造 3024 平方米建筑。2013 年，实业公司所有财产全部转入物业公司，物业公司继承实业公司的债权债务，物业公司获得对场地的使用权。且依据某农场出具的《证明》，可以证明物业公司对涉案房屋及场地对外经营管理的事实，并有权负责解决对外纠纷。

不动产物权的设立，未经登记，不发生效力。2007 年至 2008 年，乔某在其租用的场地内自建房屋 2860 平方米，但该建筑未经房屋建设部门批准，为私自建造房屋的行为。乔某未依法进行产权登记，不能取得对该建筑的所有权。乔某增设 2860 平方米房屋的行为未经物业公司同意，物业公司可以要求乔某恢复原状或赔偿损失。2013 年，物业公司与乔某签订《房屋租赁合同补充协议》，是双方的真实意思表示，且未违反法律、行政法规的强制性规定，应属有效。合同约定，乔某新增 2860 平方米建筑面积从签订本协议之日起，无偿归物业公司所有。《房屋租赁合同补充协议》是乔某对增设建筑物处理，该院据此合同确认 2860 平方米场地内自建房屋用益物权发生转移。物业公司是 2860 平方米自建房屋的真实权利人，且在物业公司土地租赁期间具有排除强制执行的民事权益。

北京市海淀区人民法院依照《中华人民共和国物权法》第九条第一款，《最高人民法院关于适用〈中华人民共和国民事诉讼法〉的解释》第三百一十二条第一款第一项、第三百一十二条第二款，

《最高人民法院关于人民法院办理执行异议和复议案件若干问题的规定》第二十五条第一款第一项的规定，作出如下判决：

一、乔某对涉案房屋及场地所建的所有建筑不享有所有权、用益物权，物业公司在2013年3月28日至2023年8月7日对该建筑物享有占有、使用、收益的权利；

二、自判决生效之日起解除（2015）海执字第13641号公告查封的乔某租赁的实业公司位于涉案房屋及场地内所建的所有建筑。

乔某不服原审判决，提起上诉。

北京市第一中级人民法院经审理认为：本案系物业公司提起的案外人执行异议之诉，其依据与乔某签订的《房屋租赁合同补充协议》中约定的乔某自建2860平方米的建筑无偿归物业公司所有等内容，以物业公司取得上述建筑物的用益物权，即占用、使用、收益权，乔某不享有任何物权为由，主张北京市海淀区人民法院对上述建筑物的查封错误，并提起本案诉讼要求确认其对诉争建筑物享有占有、使用及收益权的权利，并请求判令解除北京市海淀区人民法院对上述场地上建筑所采取的查封措施。《最高人民法院关于适用〈中华人民共和国民事诉讼法〉的解释》第三百一十条规定："对案外人提起的执行异议之诉，人民法院经审理，按照下列情形分别处理：（一）案外人就执行标的享有足以排除强制执行的民事权益的，判决不得执行该执行标的；（二）案外人就执行标的不享有足以排除强制执行的民事权益的，判决驳回诉讼请求。案外人同时提出确认其权利的诉讼请求的，人民法院可以在判决中一并作出裁判。"根据该条规定，人民法院应依据案外人就执行标的是否享有足以排除强制执行的民事权益作出处理。就本案而言，即物业公司对北京市海淀区人民法院（2015）海执字第13641号公告查封的建筑物是否享有足以排除强制执行的民事权益。经查，本案诉争建筑物由乔某自行建造，在上述行为未经过有权机关批准，亦未取得涉案房屋的合法所有权权属证书的前提下，乔某通过与物业公司签订《房屋租赁合同补充协议》的方式其诉争房屋转让的行为无法改变房屋的属性。根据《最高人民法院关于人民法院办理执行异议和复议案件若干问题的规定》第二十五条的规定，案外人对已登记的不动产提出的异议，应按照不动产登记簿判断其是否系权利人；对未登记的建筑物、构筑物及其附属设施，按照土地使用权登记簿、建设工程规划许可、施工许可等相关证据判断。在此情况下，确认物业公司是否享有足以排除强制执行的民事权益，必然涉及诉争建筑物是否符合规划、是否经过合法批建，即是否属于合法建筑的认定，而该认定不属于人民法院受理民事诉讼的范围。《中华人民共和国民事诉讼法》第一百一十九条规定，当事人提起诉讼应属于人民法院受理民事诉讼的范围。不符合上述规定的，应裁定驳回原告的起诉。据此，本案应裁定驳回物业公司的起诉。

综上所述，北京市第一中级人民法院依照《最高人民法院关于适用〈中华人民共和国民事诉讼法〉的解释》第三百三十条的规定，作出如下裁定：

一、撤销北京市海淀区人民法院（2018）京 0108 民初 30522 号民事判决；

二、驳回物业公司的起诉。

【法官后语】

案外人执行异议之诉，是指案件执行过程中，案外人对执行依据确定的执行标的主张享有实体权利，进而请求法院对该实体上法律关系进行裁判，以阻止法院对执行标的进行执行的诉讼。根据该定义，人民法院对于执行标的应否继续进行执行，应基于异议人是否对执行标的具有实体权利，如案外人的实体权利足以排除人民法院的执行，则中止执行，否则裁定驳回其申请，案外人可就此提起案外人执行异议之诉。因此，在案外人执行异议之诉中，人民法院应就案外人对执行标的是否享有所有权或其他实体权利进行认定，不可避免地涉及对执行标的物所有权权属的认定。案外人执行异议之诉中，案外人提出异议的标的物中，不动产占有相当的数量，案外人多基于对不动产具有所有权要求法院确认权属并停止执行。在该类案件中，有一类不动产较为特殊，即未进行不动产登记的建筑物、构筑物及其附属设施，对于该类不动产的权属的认定，应进行严格审查，对于未经规划、审批的建筑物，不宜通过民事诉讼确认其权属。

1. 人民法院对不动产的执行，原则上以该不动产权属证明上登记的权利人认定所有权归属

不动产物权的确定原则上应以经登记公示的不动产权属证明为准。《中华人民共和国物权法》规定，国家对不动产实行统一登记制度，法律另有规定的除外，不动产物权的设立、变更、转让和消灭，经依法登记，发生效力；未经登记，不发生效力，不动产物权自记载于不动产登记簿时发生效力。《中华人民共和国民法典》也基本沿袭了这一规定。一般而言，不动产登记簿记载的权利人，应为该不动产的物权人。不动产登记制度自古有之，由于不动产的不可移动性，其所有权的转移难以通过交付不动产本身进行公示，更多地体现为通过交付该不动产对应的所有权凭证的方式转移所有权，登记行为则是对该种交付方式的公权力的确认，经过公示，不动产权属

的转移具有法律上的效力，即一般通过由房地产管理部门进行登记并出具不动产权属证书的方式确定权属。司法实践中，不动产登记簿以及对应的不动产权属权证书，是判断不动产所有权的直接依据，在无相反证据否定的情况下，人民法院亦根据不动产权属证书记载的内容认定不动产的所有权归属，在执行程序中，执行人员据此认定案涉财产是否为被执行人的财产，并采取具体的执行措施予以执行。因此，人民法院在执行过程中，根据不动产登记确定执行标的物的所有权人为被执行人后，方可对该标的物采取查封、变卖、拍卖等措施，通过上述行为获得价款后交予申请执行人以完结执行程序。

2. 案外人执行异议之诉的实质是否定经过登记的不动产物权，重新对权属进行认定

不动产所有权原则上以登记的内容确定所有权人，根据《最高人民法院关于人民法院办理执行异议和复议案件若干问题的规定》第二十五条第一项的规定，案外人对已登记的不动产提出的异议，应按照不动产登记簿判断其是否系权利人。但实践中，个别情况下不动产权属证书上记载的所有权人与实际所有权人并不一致。如前所述，不动产物权的设立、变更以登记作为公示和生效的要件，但转移不动产的行为与不动产物权登记行为本身有可能存在时间上的不连续性，即转移不动产的行为已经完成的情况下，物权登记行为，也就是变更不动产权属证明可能具有一定的延迟，造成实质上的权利人与登记的权利人不一致的情形。如此时该不动产登记的权利人因涉及被执行，则根据登记公示的结果，人民法院将根据不动产权属证明上记载的权利人采取相应的执行措施。因此，案外人提出执行异议之诉，系认为自己为诉争不动产的实际权利人，其诉讼的基

础是诉争不动产的登记所有权人与实际所有权人不一致，并意图通过否定不动产登记的内容重新确认诉争不动产的权属。从这个角度讲，案外人执行异议之诉具有确权之诉的特征，涉及对物权权属的确认。《最高人民法院关于人民法院办理执行异议和复议案件若干问题的规定》第二十八条中即规定，在金钱债权执行中，如买受人在查封前已签订合法有效的书面买卖合同并已合法占有该不动产，且已支付全部价款或交付执行未付部分价款的，在非其自身原因未办理过户登记的情况下，其对登记在被执行人名下的不动产提出异议的，人民法院应予支持。据此，在执行程序中，不动产权属证书记载的内容并非认定被执行物的所有权人并采取执行措施的绝对依据。在特定情形下，人民法院可依据执行标的物的不动产权利转移合同及履行情况综合认定该标的物的实际权利人，即突破了以不动产权属证书登记的内容确定不动产所有权人的规定。据此可知，案外人执行异议之诉中涉及对不动产的权属进行确认。

3. 案外人异议之诉，乃至民事诉讼中，对不动产物权的确认，应以诉争不动产物权具有合法性为前提，而对不动产合法性的确定并非民事诉讼的审理范畴

《最高人民法院关于人民法院办理执行异议和复议案件若干问题的规定》第二十五条规定，对未登记的建筑物、构筑物及其附属设施的权利人，按照土地使用权登记簿、建设工程规划许可、施工许可等相关证据判断。根据该规定，即使作为执行标的物的不动产并未进行登记，亦可根据其他与该不动产相关的依据认定权利人。但是，实践中登记的建筑物、构建物并非一定具有合法性，如该不动产未取得合法批建手续，则其建设缺乏符合法律规定的依据，即通常所称违法建筑。《中华人民共和国城乡规划法》规定，在城市、镇

规划区内进行建筑物、构筑物、道路、管线和其他工程建设的，建设单位或者个人应当向城市、县人民政府城乡规划主管部门或者省、自治区、直辖市人民政府确定的镇人民政府申请办理建设工程规划许可证。未取得建设工程规划许可证规定进行建设的，县级以上地方人民政府城乡规划主管部门有权责令建设者停止建设、限期改正、限期拆除，并可对建设者进行罚款、没收实物或者违法收入等处罚。根据上述法律规定，建设者进行建设前，应当取得相应的建设工程规划许可证，同时，对于未取得上述许可而进行建设的，对于是否存在违法事实应由规划主管部门认定。据此，在案外人执行异议之诉的执行标的为未经登记的建筑物，需要判断该建筑物是否取得了相应的规划、批建手续，在该建筑物未取得任何许可文件的情况下，该建筑物的合法性需要进一步予以认定，而该认定并非案外人执行异议之诉或民事诉讼审理、处理和认定的范畴。因此，在民事诉讼和执行中，如涉及对不具有合法性或合法性需进一步确定的建筑物、构建物等不动产的权属的认定，应首先由有权的行政管理部门对该不动产的合法性作出认定，因该争议不属于民事诉讼的受理范围，故应裁定驳回起诉。

就本案而言，物业公司以对诉争建筑物享有足以排除强制执行的民事权益提起案外人执行异议之诉，要求确认其具有相应权益，但诉争建筑物由乔某自行建造，并未经过有权机关批准，亦未取得合法的所有权权属证书，在此情况下，确认物业公司的民事权益应以诉争建筑物的合法性为基础，该认定不属于人民法院受理民事诉讼的范围，而一审判决判令乔某不享诉争建筑物的有所有权、用益物权，进而确认物业公司在相应期间内享有占有、使用、收益的权利，实质上为变相确认不具合法性的建筑物的权属，超出了民事诉讼受理案件的范围，处理结果不当，北京市第一中级人民法院撤销一审判决，裁定驳回物业公司的起诉。需要说明的是，一审判决判令解除查封的处理结果亦有不当，原因在于，在案外人执行异议之诉中，应就案外人是否享有排除执行的实体权益进行审查，其对应的结果为是否对诉争执行标的物继续执行，而是否解除对执行标的物的查封系应否对该标的物是否继续执行的后续处理行为，不宜在案外人执行异议之诉中进行处理。

编写人：北京市第一中级人民法院　徐硕

051　共有房产未分割前，共有人提出执行异议之诉阻却执行的应予驳回

——袁某诉某有限合伙企业案外人执行异议之诉案

【案件基本信息】

1. 裁判书字号

北京市高级人民法院（2018）京民终586号民事裁定书

2. 案由：案外人执行异议之诉

3. 当事人

原告（上诉人、案外人）：袁某

被告（被上诉人、申请执行人）：某有限合伙企业

第三人（被执行人）：某公司、王某

【基本案情】

王某与袁某系夫妻关系，于2003年5月20日登记结婚。2006年7月5日，案涉房屋登记在王某名下。王某系某公司的实际控

制人，袁某于 2015 年 4 月 9 日担任某公司的董事。

2013 年 5 月，某公司与某有限合伙企业签订《股权转让协议》《股权转让协议补充协议》。2013 年 6 月，某公司与某有限合伙企业等签订《股权转让主体变更补充协议》。后因上述协议的履行，某有限合伙企业向中国国际贸易仲裁委员会提起仲裁申请，某公司、王某是被申请人。在仲裁期间，北京市第二中级人民法院依据某有限合伙企业的财产保全申请，于 2016 年 11 月 21 日查封了案涉房屋。仲裁裁决生效后，因某公司、王某未履行法定义务，某有限合伙企业向法院申请执行。北京市第二中级人民法院于 2017 年 10 月 9 日以（2017）京 02 执 561 号立案执行。后袁某以案涉房屋系其与王某的夫妻共同财产、王某担保之债非夫妻共同债务为由提出书面异议，该院经审查作出（2018）京 02 执异 245 号执行裁定书，驳回袁某的异议请求。

后袁某向北京市第二中级人民法院提出案外人执行异议之诉。庭审中，王某认可案涉房屋系其与袁某的夫妻共同财产。

【案件焦点】

1. 袁某对案涉房屋是否享有权利；2. 袁某享有的权利是否足以排除执行。

【法院裁判要旨】

北京市第二中级人民法院经审理认为：因生效仲裁裁决中将王某列为债务人，未将袁某列为债务人，依据现有情况，法院将裁决所认定的债务视为王某个人所负担的债务，不对是否构成共同债务进行审查。

关于袁某对案涉房屋是否享有权利，结合王某与袁某婚姻登记时间以及案涉房屋登记在王某名下的时间，可知案涉房屋为王某与袁某婚姻关系存续期间取得的财产。庭审中王某认可案涉房屋系其与袁某的夫妻共同财产，没有证据显示袁某与王某进行了分别财产约定，故应认定案涉房屋为袁某与王某的夫妻共同财产，袁某对案涉房屋享有权利。袁某主张对案涉房屋享有二分之一份额的权利，该部分主张涉及袁某与王某对夫妻共有财产的分割问题，不在本案的审理范围内，袁某可另行主张，法院对袁某的该项请求不予支持。

关于袁某享有的权利是否足以排除执行，案涉房屋是王某与袁某的夫妻共同财产即王某与袁某共同共有案涉房屋，因王某是案涉房屋的所有权人之一，且房屋并非可分之物，故法院对案涉房屋采取执行措施，符合法律规定。同时袁某在诉讼中表明其诉讼目的也并非阻却查封、拍卖，只是执行实施中预留相应的财产份额，所以对法院执行程序没有必要停止，袁某可在执行程序中表明自己的权利即可。综上，袁某对案涉房屋享有的权利不足以排除法院的执行，袁某的诉讼请求不成立。

北京市第二中级人民法院依照《中华人民共和国婚姻法》第十七条，《最高人民法院关于人民法院办理执行异议和复议案件若干问题的规定》第二十四条、第二十五条，《最高人民法院关于适用〈中华人民共和国民事诉讼法〉的解释》第三百一十一条、第三百一十二条之规定，作出如下判决：

驳回袁某的诉讼请求。

后袁某提出上诉，在二审审理期间其申请撤回起诉，北京市高级人民法院裁定撤销一审判决，准许袁某撤回起诉。

【法官后语】

《中华人民共和国民事诉讼法》第二百三十四条赋予了案外人提起执行异议之诉的权利。《最高人民法院关于适用〈中华人民共和国民事诉讼法〉的解释》第三百零九条规定，案外人或者申请执行人提起执行异议之诉的，案外人应当就其对执行标的享有足以排除强制执行的民事权益承担举证证明责任。该条规定明确了执行异议之诉中举证责任的分配原则。该司法解释第三百一十条规定，案外人就执行标的享有足以排除强制执行的民事权益的，判决不得执行该执行标的。故在适用该法条时应首先判断被执行人是否对执行标的享有实体权益，其次判断案外人对执行标的所享有的实体权益对于申请执行人依据执行依据所享有的债权是否具有优先效力，最后判断法院依申请的强制执行行为是否会妨害案外人对该执行标的所享有的权利。如果不构成妨害，则应判决驳回案外人的执行异议。

审判实践中，作为夫妻的一方对法院依申请采取的执行措施提出案外人执行异议之诉的案件屡见不鲜，但处理结果还有分歧，有待统一。夫妻双方对于婚后的共有财产除有特殊约定外，享有共同共有的权利。当共有财产特别是共有房产被作为执行标的的，夫妻另一方以其对共有房产享有一半份额提出停止对其享有份额部分的房产的执行的请求是否予以支持。夫妻基于共同共有财产制，除特别规定或约定外，对夫妻关系存续期间所得财产享有共同共有的权利。夫妻一方对共有财产（房产）享有的共有权一般是优先于普通债权的，即根据前述对司法解释适用的理解，对共有人提出的执行异议之诉请求应着重判断法院依申请的强制执行行为是否会妨害案外人对该执行标的所享有的权利。案外人所提执行异议请求实质上是对执行标的主张实体性权利。根据《中华人民共和国民法典》第二百九十九的规定，共同共有人对共有的不动产共同享有所有权。在共有房产未分割前，夫妻的共有权利及于共同共有的房产全部，即夫妻双方均对共有房产享有100%的财产权利。根据《最高人民法院关于人民法院民事执行中查封、扣押、冻结财产的规定》第十二条的规定，法院可以对被执行人与其他人共有的财产进行查封，但是在共有人提起析产诉讼或债权人代位提起析产诉讼之前，不得对查封财产实施处分行为，且在析产诉讼期间应中止对该标的的执行。故人民法院在共有房产未析产前对共有房产采取查封措施，并不违反法律规定，并不构成对夫妻另一方所享有的权利的妨害。

本案中，袁某以其对夫妻共有房产享有二分之一份额为由，请求法院停止对涉及房产二分之一份额部分的执行，因其与王某的夫妻关系尚在存续期间，且也未通过诉讼对共有房产进行析产分割，故其主张对被执行的共有房产享有二分之一份额的权利缺乏依据，其要求停止执行的请求也不应予以支持。

编写人：北京市第二中级人民法院　蒋春燕

052 夫妻共有房产归一方所有之判决不能排除法院的在先查封执行行为

——吴某与秦某、刘某执行异议案

【案件基本信息】

1. 裁判书字号

福建省福州市鼓楼区人民法院（2019）闽0102执异174号执行裁定书

2. 事由：执行异议

3. 当事人

异议人：吴某

申请执行人：秦某

被申请执行人：刘某

【基本案情】

申请执行人秦某与被申请执行人刘某民间借贷纠纷执行一案，法院于2018年10月9日作出（2017）闽0102民初8301号民事判决：（1）刘某于本判决生效之日起十日内偿还秦某借款48万元及利息（利息计算方式：以48万元为本金，自2015年5月3日起至还清借款之日，按年利率24%计付）；（2）驳回秦某的其他诉讼请求。该判决于2018年12月3日生效。申请执行人秦某向法院申请诉中财产保全，法院于2017年11月28日依据（2017）闽0102民初8301号《民事裁定书》查封刘某、吴某共有的×号楼102单元（本案讼争房产），查封期限自2017年11月28日起至2020年11月27日止。

异议人吴某向法院提出执行异议：请求法院依法解除对讼争房产的执行措施。异议人认为，《离婚协议书》和福州市台江区人民法院（2018）闽0103民初2022号《民事判决书》证明诉争房产的实际所有人为异议人吴某，而非被执行人刘某，法院不应当查封执行吴某所有的房产。

刘某、吴某于2009年5月22日与某集团公司签订《订购协议书》，购买讼争房产。讼争房产自2014年8月12日起登记在刘某、吴某名下，为共同共有。刘某、吴某于2006年6月30日登记结婚，2011年1月25日登记离婚。二人提交福州市台江区民政局备案的离婚协议第二条约定："双方共同买受的讼争房产归女方所有，房屋的按揭贷款由女方自行负担，男方协助女方办理房产变更登记手续。"双方未办理房产过户登记手续。

吴某与刘某离婚后财产纠纷一案，福州市台江区人民法院于2018年7月2日作出（2018）闽0103民初2022号民事判决：一、确认吴某、刘某双方于2011年1月25日签订的《离婚协议书》有效；二、本案讼争房产归吴某所有。该判决于2018年8月22日生效。

【案件焦点】

夫妻共有房产归一方所有之判决能否排除法院的在先查封执行行为。

【法院裁判要旨】

福建省福州市鼓楼区人民法院经审理认为：根据《最高人民法院关于人民法院办理执行异议和复议案件若干问题的规定》第二十五条"已登记的不动产，按照不动产登记簿判断"其是否系权利人之规定，讼争房产登记在刘某、吴某名下，刘某、吴某系讼争房产的共有权人。《最高人民法院关于人民法院民事执行中查封、扣押、冻结财产的规定》第十四条第一款规定，对被执行人与其他人共有的财产，人民法院可以查封、扣押、冻结。被申请执行人刘某系讼争房产的共有权人，在其不履行生效法律文书确定的义务时，法院依法可以查封其房产。《最高人民法院关于人民法院办理执行异议和复议案件若干问题的规定》第二十六条第二款规定："金钱债权执行中，案外人依据执行标的被查封、扣押、冻结后作出的另案生效法律文书提出排除执行异议的，人民法院不予支持。”异议人吴某据以提出执行异议的（2018）闽0103民初2022号《民事判决书》系于2018年8月22日生效，而讼争房产于2017年11月28日已被法院依法查封，法院查封行为在前，故异议人的异议请求不能排除法院的查封执行行为。

福建省福州市鼓楼区人民法院依法裁定如下：

驳回吴某的异议申请。

【法官后语】

本案为涉及房产执行的执行异议，争议焦点为夫妻共有房产归一方所有之判决能否排除法院的在先查封执行行为。审查关键在于确定讼争房产是否是案外人吴某的个人财产、法院判决讼争房产归吴某一人所有能否阻止本案执行。本案中，刘某、吴某离婚协议在前，但因未办理产权过户登记手续，讼争房产未发生物权变动，仍为刘某、吴某的共有财产。被申请执行人刘某未履行生效法律文书确定的义务，故法院可以查封其名下与吴某的共有房产。法院查封在前，福州市台江区人民法院确认讼争房产归吴某一人所有的判决生效在后，由于法院的查封行为具有固定物权的效力，故异议人的异议请求不能排除本案执行，异议人提出的执行异议不成立。

综合本案及执行异议审查实践，可以发现被执行人（被申请执行人、借款人）的配偶所提执行异议大多呈现以下特征：

1. 关于法律关系

被执行人配偶提出执行异议的案件大多为民间借贷纠纷、借款合同纠纷等财产借贷纠纷，被申请执行人与申请执行人的借贷法律关系多发生在被申请执行人与其配偶的婚姻关系存续期间，借款用于买房、购车等。

2. 关于诉讼请求

被执行人配偶的异议请求大致为：请求法院中止/终止执行标的房屋，请求法院撤销查封标的房屋的民事裁定书/执行裁定书，请求法院解除对标的房屋的查封、冻结，请求法院中止拍卖标的房屋。前述请求的目的在于排除法院的强制执行、阻止法院执行标的房屋。

3. 关于提出执行异议的依据

被执行人配偶据以提出执行异议的依据主要包括离婚协议和法院生效法律文书，对标的房屋主张所有权，认为标的房屋系其个人财产，非被执行人的财产，法院不应当执行该房屋。

（1）离婚协议

①协议内容：被执行人与其配偶离婚协议约定异议所涉债务由被执行人承担、标的房屋归其配偶一人所有，并办理了民政局备案登记。②签订时间：被执行人借款后至法院执行完毕之前。③房屋产权：被执行人与其配偶未办理房屋产权过户登记。

（2）法院生效法律文书

法院生效法律文书就被执行人与其配偶离婚财产纠纷案认定离婚协议有效，标的房屋归配偶所有。

4. 法院查封标的房屋在前，标的房屋归属被执行人配偶一人所有之判决生效在后

被执行人借款后逾期还款，申请执行人（债权人、出借人、贷款人）诉至法院，往往在诉讼前申请诉前财产保全、在诉讼中申请诉中保全或是在法院裁判生效后作为申请执行人向法院申请强制执行被执行人的财产。被执行人名下与配偶共同所有的房产被法院采

取查封执行措施，被执行人配偶因此以案外人身份向法院提出执行异议。

综上，被执行人配偶之执行异议涉及法律问题如下：

1. 离婚协议不具有物权变动效力

夫妻可以书面约定婚姻关系存续期间所得财产的所有权归属一方或双方，该协议对夫妻双方具有约束力。法院法律文书确认离婚协议有效、执行标的归属于配偶，配偶基于债权请求权可以请求被执行人办理产权过户登记手续，权利基础为债权，根据债权平等原则，基于一般债权的交付请求权不能对抗本案对标的房屋的执行，标的房屋所有权仍属于被执行人。不动产物权的设立、变更、转让和消灭，经依法登记，发生效力；未经登记，不发生效力，但法律另有规定的除外。被执行人与其配偶虽签有离婚协议，但因未进行产权过户登记，不产生物权变动效力，故离婚协议对债权人不具有约束力。

2. 法院查封行为具有固定物权的效力

江苏省高级人民法院在江苏省扬州新宇房地产有限公司与胡某、林某执行异议之诉案判决中明确：执行法院查封房产后即具有固定权利现状、排除之后物权变动的效力。本案执行的债权是金钱债权，被执行人配偶之异议依据是执行标的被查封后法院作出的另案确权文书，理应适用《最高人民法院关于人民法院办理执行异议和复议案件若干问题的规定》第二十六条第二款规定，不予支持被执行人配偶的执行异议。

编写人：福建省福州市鼓楼区人民法院　李小梅　张莉珍

053 案外人执行异议之诉中排除强制执行的要件

——陈某甲诉韩某、建材销售公司案外人执行异议之诉案

【案件基本信息】

1. 裁判书字号

北京市第一中级人民法院（2017）京01民终8951号民事判决书

2. 案由：案外人执行异议之诉

3. 当事人

原告（被上诉人）：陈某甲

被告（上诉人）：韩某、建材销售公司

【基本案情】

因韩某欠案外人祁某借款，而祁某欠陈某乙（陈某甲之子）欠款，经协商一致，韩某欠款债权转移至陈某乙。陈某甲与韩某、魏某丽（韩某之妻）就诉争房屋签订房屋买卖合同，合同尾部甲方处有韩某及魏某丽的签名和手印，乙方处有陈某甲的签名和手印，合同未注明签订日期。陈某甲称合同签订时间为2014年10月24日，韩某在一审中陈述签订时间是2014年，在二审中陈述为2015年。

陈某甲称用韩某欠陈某乙的170万元债务折抵房款，韩某不再偿还陈某乙170万元欠款。韩某称双方无房屋买卖的真实意愿，签订该合同实际上是为韩某欠陈某乙的170万元提供担保。2014年10月24日，韩某向陈某甲出具收条，载明：今收到陈某甲购

房款 170 万元，包括订金 2 万元。2014 年 11 月 19 日，韩某和陈某乙就诉争房屋办理抵押登记手续，《房屋他项权证》记载的房屋他项权利人为陈某乙，债权数额为 170 万元。对于诉争房屋未过户原因，陈某甲称因该 204 号房屋尚有约 10 万元抵押贷款，故约定一年内完成房屋解押手续再办理过户手续。对于交接钥匙时间，陈某甲和韩某分别称是 2015 年 11 月和 12 月。陈某甲称自己对该房屋装修后于 2016 年年初入住。

因韩某欠建材销售公司债务，法院于 2013 年 9 月 3 日作出民事调解书确认债务的后续清偿问题。后韩某未清偿该债务，2014 年 12 月 19 日，建材销售公司申请执行，法院于 2015 年 1 月 19 日作出裁定，对诉争房屋进行查封。2016 年 11 月 23 日，陈某甲对执行标的提出书面异议。法院于 2016 年 12 月 26 日裁定驳回。

另外，（2016）京 0119 民初 7170 号案件庭审中，陈某乙陈述：在 2014 年 10 月 24 日我借韩某 170 万元，收条是根据这笔钱转化过来的，借条已经给了韩某，借款没有利息，借钱前韩某同意卖房才借给他的，当时去建委过户韩某还欠着公积金贷款，所以没有及时过户，房产证是签合同时韩某给我的，170 万元在当时属于市场价。

【案件焦点】

陈某甲与韩某夫妇是否存在房屋买卖合同关系，是否符合足以排除强制执行的构成要件。

【法院裁判要旨】

北京市延庆区人民法院经审理认为：因陈某甲有购房意向，经陈某甲、陈某乙、韩某及魏某丽协商一致，陈某甲与韩某及魏某丽订立房屋买卖合同，韩某将房屋出售给陈某甲，价款 170 万元。韩某不再偿还陈某乙的 170 万元债务，以该债务折抵陈某甲的购房款。韩某给陈某甲写了“今收到陈某甲购房款 170 万元”的收条，且办理了他项权登记。后韩某已将房屋产权证及钥匙交予陈某甲，并约定办理房屋过户时间。陈某甲交纳了供暖费、物业费及水电费等费用，对房屋进行了装修并实际入住。综上，陈某甲支付了全部价款，且价款合理，交纳了涉及房屋的其他费用，并实际占有该房屋，对未办理房屋过户手续不存在过错，故陈某甲提起案外人执行异议之诉应予支持。

北京市延庆区人民法院依照《中华人民共和国民事诉讼法》第二百二十七条，《最高人民法院关于适用〈中华人民共和国民事诉讼法〉的解释》第三百一十二条第一款第一项、第二款，《最高人民法院关于人民法院民事执行中查封、扣押、冻结财产的规定》第十七条之规定，判决如下：

一、陈某甲提起的案外人执行异议之诉成立；

二、北京市延庆区人民法院停止对诉争房屋的执行；

三、（2016）京 0119 执异 73 号执行异议裁定书于本判决生效时自动失效。

韩某和建材销售公司均不服一审判决，提起上诉。

北京市第一中级人民法院经审理认为：对于足以排除强制执行的民事权益，需要综合分析案外人和申请执行人各自的权利性质和权利效力边界。申请执行人建材销售公司的权利性质，属于生效调解书确定的普通债权。

关于案外人陈某甲的权利性质。案外人一般须主张其对执行标的物享有所有权或者其他足以阻止执行标的物转让、交付的实体权利，且案外人应当就其享有的该种实体权利所依据的事实承担举证责任。陈某甲主张其与韩某签订有房屋买卖合同并已实际履行，但双方就该《房屋买卖合同》是否具有真实的房屋买卖的意思表示产生争议。陈某甲称双方签订《房屋买卖合同》系基于真实的房屋买卖的意思表示，且《房屋买卖合同》与《收条》均形成于 2014 年 10 月 24 日。韩某称《房屋买卖合同》是根据《收条》内容后补的，目的是作为韩某欠陈某乙的 170 万元债务的担保。由于《房屋买卖合同》上没有载明签订日期，且双方并未就收条内容进行实际交割，《房屋买卖合同》和《收条》上载明的付款情况与实际情况并不一致。陈某甲所称以债权抵销购房款的主张，与陈某乙、韩某就诉争房屋另行办理他项权利抵押的事实矛盾，陈某甲、陈某乙就此未作出合理解释，对陈某甲该项主张，不予采信。另外，根据陈某乙在另案庭审过程中的陈述可以看出双方实际上不具有真实的房屋买卖的意思，而是以房屋作为借款的担保，不能还款再以房屋买卖的形式以房抵债。因此，陈某甲不能以存在房屋买卖关系且对房屋享有权利为由主张排除建材销售公司的强制执行。

退言之，即使存在真实的房屋买卖意愿，根据《最高人民法院关于人民法院办理执行异议和复议案件若干问题的规定》第二十八条的规定，金钱债权执行中需要同时具备四个条件才能排除执行：查封之前有合法有效的房屋买卖合同；查封之前实际占有使用房屋；已支付全部价款；非因自身原因未办理过户。但陈某甲并不存在实际的价款支付行为，且拿到钥匙时间和装修后实际入住时间都远晚于法院查封时间，不符合排除执行的法律要件。陈某甲并未提供充分证据证明其对执行标的物享有足以排除强制执行的民事权益，其提出案外人执行异议的诉求不符合法律规定，应予驳回。

北京市第一中级人民法院依照《最高人民法院关于人民法院办理执行异议和复议案件若干问题的规定》第二十八条，《最高人民法院关于适用〈中华人民共和国民事诉讼法〉的解释》第三百一十二条第一款第二项，《中华人民共和国民事诉讼法》第一百七十条第一款第二项的规定，作出如下判决：

一、撤销北京市延庆区人民法院（2017）京 0119 民初 617 号民事判决书；

二、驳回陈某甲的诉讼请求。

【法官后语】

对于金钱债权执行中案外人执行异议之诉的分析，应严格采用要件分析方法对于构成要件逐一进行分析，从而认定案外人就执行标的是否享有足以排除强制执行的民事权益。《最高人民法院关于人民法院办理执行异议和复议案件若干问题的规定》第二十八条规定的构成要件有四：法院查封之前有合法有效的房屋买卖合同；法院查封之前实际占有使用房屋；已支付全部价款，或者已按照合同约定支付部分价款且将剩余价款按照法院的要求交付执行；非因自身原因未办理过户。本案中暂且不论陈某甲与韩某之间是否存在真实的房屋买卖合同关系，即使双方存在真实的房屋买卖合同关系，但因为欠缺“查封之前实际占有涉案房屋”这一条件，或因欠缺“已支付全部价款”这一条件，仍不足以排除建材销售公司对于房屋的强制执行。之所以要在金钱债权的强制执行程序中设置案外人执行异议这一环节，是从物权优先于债权的角度出发，保护已经订有房屋买卖合同、交付了全部房款、实际入住房屋，只差最后办理过户登记一步的此类在事实上已享有物权的买受人的利益。

审理案外人执行异议之诉案件，要加强对能够对抗强制执行的实体权利类型的研究，对于足以排除强制执行的民事权益，需综合分析案外人和申请执行人各自的权利性质和权利效力边界，统一案外人执行异议之诉的裁判标准和裁判尺度。案外人一般须主张其对执行标的物享有所有权或者其他足以阻止执行标的物转让、交付的实体权利，且应当就其享有的该种实体权利所依据的事实承担举证责任。法院需要对于案外人对执行标的主张的所有权或者租赁权、消费者物权期待权等其他排除执行的实体权利与申请执行人对于执行标的的优先受偿权进行比较，从而具体判断何种权利应予优先保护。对于尚未办理过户登记手续的房屋买卖行为而引发的案外人执行异议之诉，如果申请执行人据以申请执行的为一般金钱债权，且买受人对于未办理房屋权属过户登记手续并无过错的，一般应当支持买受人关于排除强制执行的请求。对于类似于本案情况，以房屋买卖的形式作为债权担保，在债务到期之前，双方本不存在房屋买卖的真实意思表示，属于通谋虚伪表示，房屋买卖合同不发生法律效力。在债务到期之后，如果存在以房抵债的意思表示而引发案外人执行异议之诉，且抵债价格合理，虽尚未办理过户登记，但债权人已经合法占有诉争房屋，而申请执行人据以申请执行的为一般金钱债权，债权人请求排除对于该房屋的强制执行的，应当予以支持。但如果抵债价格明显不合理，或者有其他证据证明债权人与被执行人存在恶意串通损害申请执行人利益等情形的，则不应当支持。

编写人：北京市第一中级人民法院　刘瑾

054 不动产权属证书具有“推定”而非“绝对”的证据效力

——李甲诉刘某英、赖某梅案外人执行异议之诉案

【案件基本信息】

1. 裁判书字号

江西省赣州市中级人民法院（2017）赣07民终3291号民事判决书

2. 案由：案外人执行异议之诉

3. 当事人

原告（上诉人）：李甲

被告（被上诉人）：刘某英、赖某梅

第三人：李乙、罗某玲

【基本案情】

2009年10月19日至2012年4月11日，李乙作为借款人和连带责任担保人，欠下刘某英、赖某梅合计2181万元。李乙、罗某玲夫妻拒不还款，刘某英、赖某梅分别向法院申请强制执行。2013年12月8日，李乙因涉嫌诈骗罪被公安机关网上追逃，下落不明。李甲是李乙、罗某玲的小儿子，2011年5月26日系在校大学生，2014年12月11日与苏某薇登记结婚。李甲购买执行标的期间，李乙、罗某玲与李甲的银行账户之间资金交易频繁。经统计，2011年5月4日至2013年11月17日，李乙、罗某玲存入李

甲名下账户资金总额达到5340746元（不含李乙作连带担保后，指定他人账户存入李甲名下的240万元）；李甲账户转回李乙、罗某玲账户和转到刘某英账户的资金共计297.87万元。

2011年5月26日，李乙、罗某玲出资为李甲购买总价值7172740元的房屋和车位，李乙、罗某玲支付款项包括房屋及两车位的部分定金、首付款及按揭款。其中，2012年1月至7月和2013年3月、4月、5月、11月，李乙、罗某玲有规律地在当月10日即房屋按揭还款日之前存入足够的资金到李甲的还款账户中。2016年1月19日，苏某薇转款300万元给李甲。2016年1月20日，李甲还清了执行标的的剩余贷款。江西省全南县人民法院于2016年1月26日作出（2014）全执字第574-17号执行裁定书，裁定查封了李甲名下的执行标的。2016年6月1日，该院作出（2014）全执异字第574-2号执行裁定书，裁定驳回了李甲提起的案外人执行异议。李甲遂于2016年6月16日提起案外人执行异议之诉，要求判令解除查封，终止强制执行李甲享有所有权的房屋及车位。

【案件焦点】

1. 登记在李甲名下的房屋和车位是否属于李甲个人所有；2. 法院是否应当解除对执行标的的查封和终止强制执行。

【法院裁判要旨】

江西省全南县人民法院经审理认为，登记在李甲名下的执行标的不属于李甲个人所有，李乙、罗某玲具有共同共有权，李甲没有足以排除强制执行的民事权益，理由如下：（1）李乙、罗某玲先后通过刷卡支付给房地产开发公司的资金流转可以说明李乙、罗某玲实际支付了执行标的部分定金和首付款。（2）李乙、罗某玲的银行账户与李甲购房按揭还款账户资金往来密切，且资金往来有一定的规律，包括时间上的规律和资金数额上的规律，2012 年 1 月 9 日至 2013 年 11 月 5 日，李乙、罗某玲存入李甲还款账户的资金足够归还上述时间段的按揭款，可以说明虽然是以李甲的名义购房和办理按揭，但是偿还按揭款的资金由李乙、罗某玲在按时支付。李甲也没有提交证据证明李乙、罗某玲支付的款项是因其他原因而支付的。（3）李甲工商银行账号交易显示，李甲代李乙偿还了欠刘某英的 60 万元借款，同时其账户无故增加了 240 万元存款。可以说明李甲名下存款与李乙、罗某玲的资金高度混同，或者李甲账户基本上由李乙、罗某玲在支配使用，李乙、罗某玲存入李甲名下账户的资金不是李甲的资金，在李甲与李乙、罗某玲的资金交易和购买执行标的的过程中，李甲是按照李乙、罗某玲的意思而行事。（4）李乙没有按时支付按揭款的时间与其被追逃的时间相符，之后才由李甲继续履行了还款义务。2016 年 12 月 23 日李甲出具的情况说明承认 2011 年至 2012 年李乙、罗某玲到广州时住在案涉房屋。（5）2011 年 5 月 26 日，李甲还是在校大学生，按照常理其经济来源方式有限，日常生活来源尚且可能依靠其父母提供。同时根据《最高人民法院关于适用〈中华人民共和国民事诉讼法〉的解释》第三百一十一条“案外人或者申请执行人提起执行异议之诉的，案外人应当就其对执行标的享有足以排除强制执行的民事权益承担举证证明责任”的规定，如果李甲主张执行标的是其本人购买，就应当有相应的证据证明其在校时具有较高的经济收入，其购买执行标的的全部资金是其个人合法收入所得，但是李甲提交的证据不足以证明其购房时的自有经济收入与其购买力相匹配，不能证明其购房的资金是其个人合法收入所得。在整个购房过程中，李乙、罗某玲与李甲未明确份额，应属于家庭成员在家庭共同生活关系存续期间共同出资所得的财产，房屋虽登记在李甲名下，但不影响该房屋共同共有的性质，该执行标的属于李甲与李乙、罗某玲的共同共有财产。李乙、罗某玲和李甲作为共同共有人对共有的房屋平等地享有占有、使用、收益和处分的权利。所以，李甲没有足以排除强制执行的民事权益，其主张执行标的是其个人享有所有权的意见，不符合实际情况，不予支持。

法院不应当解除对执行标的的查封和终止强制执行，理由如下：李甲与李乙、罗某玲作为共同共有人对共有的房屋平等地享有占有、使用、收益和处分的权利。李乙、罗某玲借刘某英、赖某梅的借款均被法院查实并判决合法有效，李乙、罗某玲应当承担还款责任，为保护合同当事人的合法权益，李甲名下的执行标的系不可分割的整体，法院可以依据《最高人民法院关于人民法院民事执行中查封、扣押、冻结财产的规定》第十四条第一款“对被执行人与其他人共有的财产，人民法院可以查封、扣押、冻结，并及时通知共有人”的规定继续执行，不应当解除对执行标的的查封和终止强制执行，但是执行过程中应当保留李甲相应的合法权益。故对李甲的诉讼请求，不予支持。

江西省全南县人民法院依照《最高人民法院关于适用〈中华人民共和国民事诉讼法〉的解释》第一百零八条第一款、第三百一十一条、第三百一十二条第一款第二项，《最高人民法院关于人民法院民事执行中查封、扣押、冻结财产的规定》第十四条第一款的规定，作出如下判决：

驳回李甲的诉讼请求。

二审法院同意一审法院的裁判意见。

【法官后语】

本案涉及对《中华人民共和国物权法》第十七条[①]"不动产权属证书是权利人享有该不动产物权的证明"的理解问题。最高人民法院所作的关于物权法的司法解释[②]对此已经作出明确规定，虽然实践中仍有观点认为应坚持物权登记公示效力，根据房屋登记直接认定房屋权属，但通说认为房产登记人与实际购房人不一致，不能简单地认定房产归谁所有，需要依据证据的指向来认定实际所有权人，不动产权属证书记载的事项在无相反证据证明的情形下，应推定不动产权属证书记载的事项真实，房屋"登记在谁的名下就归谁所有"，但如果权属证书记载的事项与实际情况不符，可根据该相反证据作出与不动产权属证书记载事项相反的事实认定，法律追求的是客观事实。也就是按照最高人民法院关于物权法解释的相关规定，依据证据规则的要求，综合认定不动产物权的归属，即未赋予不动产登记簿绝对的证明力。

实践中，为了逃避法院强制执行，有的被执行人故意将财产转移或登记至他人名下，有的被执行人将不动产登记在未成年人名下，导致法院执行困难，严重损害了债权人的合法权益。本案则是被执行人将共有不动产登记至已经成年的在校大学生一人名下，因此该

---

① 2020年5月28日第十三届全国人民代表大会第三次会议通过《中华人民共和国民法典》已于2021年1月1日施行，我国民法典实施后，原《中华人民共和国物权法》同时废止，《中华人民共和国民法典》物权编第二百一十七条代替原《中华人民共和国物权法》第十七条。

② 2015年12月10日通过的《关于适用〈中华人民共和国物权法〉若干问题的解释（一）》，2021年1月1日我国《民法典》施行后，原《物权法》及《最高人民费用关于适用〈中华人民共和国物权法〉若干问题的解释（一）》废止，相关解释详见2020年12月25日通过的《最高人民法院关于适用〈中华人民共和国民法典〉物权编的解释（一）》，该解释已于2021年1月1日施行。

类案件的判决需要更翔实的事实依据和证据支持，需要更严密的逻辑思维，对于房屋的权属作出客观的判断。对此，法院根据当事人的证据指向和对案情综合分析，认为物权登记证书作为一种拟制事实，并不总能反映真实不动产物权关系。登记在李甲名下价值巨大的不动产，与其当时的购买力不匹配，且从房屋价款的支付情况能够认定主要系李乙夫妇出资，可以认为该不动产权证书记载的事项与客观事实不符，应当作出与之相反的认定。故法院认为案涉标的属于家庭成员共同出资所得的财产。因此，法院可以依法对案涉不动产继续采取强制执行措施，但李甲并非被执行人，应当保留其享有的份额。

编写人：江西省全南县人民法院　赖春文

055 开发商解除购房合同可排除法院的强制执行

——置业公司诉张某案外人执行异议之诉案

【案件基本信息】

1. 裁判书字号

福建省厦门市思明区人民法院（2017）闽 0203 民初 16816 号民事判决书

2. 案由：案外人执行异议之诉

3. 当事人

原告：置业公司

被告：张某

第三人：建设集团公司、林某、郭某

【基本案情】

2014年1月17日，置业公司与林某签订《商品房买卖合同》，合同约定：林某向置业公司购买位于某广场A栋办公塔楼×单元房产（本案讼争房产），林某于合同签订时向置业公司支付50%购房款，余款由林某向置业公司认可的贷款银行申请贷款。2014年9月22日，林某作为借款人、置业公司作为保证人与某银行股份有限公司厦门分行（以下简称厦门某分行）签订《个人购房抵押（保证）借款合同》，约定借款金额564万元，借款期限120个月，借款偿还方式为固定日还本付息。2014年10月，厦门某分行将林某贷款额发放至置业公司账户，后林某多期未按约定履行还本付息的义务，置业公司作为连带责任保证人，在厦门某分行催告下于2016年1月29日代偿贷款本息共计440631.73元。2016年9月22日，厦门某分行向林某发出《债务提前到期通知书》，宣布解除《个人购房抵押（保证）借款合同》，于2016年9月25日向置业公司发出《扣款通知书》，告知置业公司因其已向林某宣布债务提前到期，要求置业公司履行担保责任，并于2016年10月10日从置业公司账户直接扣划5385581.34元用于偿还林某的贷款本息。后因与林某之间商品房买卖合同纠纷，置业公司向厦门仲裁委员会（以下简称厦门仲裁委）申请仲裁，请求解除与林某签订的《商品房买卖合同》。2017年3月31日，厦门仲裁委作出仲裁裁决书，裁决前述《商品房买卖合同》已于2016年7月6日解除，该仲裁裁决已发生法律效力。

2015年8月5日，法院在审理张某与建设集团公司、林某、郭某民间借贷纠纷一案过程中，保全查封了林某名下的讼争房产，并于2016年4月15日作出（2015）思民初字第12733号民事调解书，协议内容主要如下：（1）双方共同确认，建设集团公司、林某、郭某尚欠张某借款本金650万元，同意于协议签订当日共同偿还张某50万元，余款自2016年4月14日起每月还款金额不少于2万元，且在2017年4月14日前还款金额不少于300万元，余下300万元在2018年4月14日前还清；（2）若建设集团公司、林某、郭某未按时足额还款，张某有权立即按借款本金1032.4万元（扣除已还部分）及利息向法院申请强制执行。2016年5月16日，张某向法院申请强制执行，执行案号为（2016）闽0203执3017号。2017年9月5日，置业公司对执行标的提出书面异议，认为其与林某签订的《商品房买卖合同》已经被生效的仲裁裁决书解除，该房产的所有权仍然归属于置业公司而未发生转移，故请求解除对前述房产的查封。2017年10月16日，法院作出（2017）闽0203执异90号执行裁定，驳回置业公司的异议请求。故置业公司提起案外人异议之诉。

讼争房产由置业公司开发建设，于2017年1月9日办理初始登记，房产产权至今未办理，目前仍登记在置业公司名下，与林某仅办理预售备案登记；现讼争房产空置，已被法院查封。

【案件焦点】

在法院对债务人购买的尚未办理产权证的期房采取预查封行为后，开发商解除与债务人之间的购房合同是否可以排除法院的强制执行。

【法院裁判要旨】

福建省厦门市思明区人民法院经审理认为：根据仲裁裁决书所

查明的事实及裁决结果，置业公司与林某在签订《商品房买卖合同》时，讼争房产系预售商品房；置业公司已取得全部购房款，讼争房产亦进行了相应合同备案及预告登记。但林某自2015年开始，持续未依约偿还银行贷款本息，导致贷款银行宣布讼争房产贷款提前到期，此间置业公司作为连带保证人已代林某付清银行贷款本息，置业公司每次履行代偿义务后，均以快递方式向林某寄送《催告函》，林某均签收，但至今仍未偿还置业公司的代偿费用，故厦门仲裁委裁定置业公司与林某就本案讼争房产所签订的《商品房买卖合同》已于2016年7月6日解除。因此，讼争房产的所有权实际并未转移，至今仍属于置业公司所有，张某申请执行置业公司所有的讼争房产无事实和法律依据，法院不予采信；置业公司要求停止对讼争房产的强制执行并解除查封的诉讼请求，法院予以支持。综上，法院对讼争房产予以强制执行不当，应予以纠正。

福建省厦门市思明区人民法院依照《中华人民共和国物权法》第十五条，《中华人民共和国民事诉讼法》第六十四条第一款、第一百四十四条、第二百二十七条，《最高人民法院关于适用〈中华人民共和国民事诉讼法〉执行程序若干问题的解释》第十九条之规定，作出如下判决：

停止对某广场A栋办公塔楼×单元房产的强制执行，并解除查封。

判决后，双方当事人均未上诉，本判决现已生效。

【法官后语】

本案涉及的法律难点是：法院是否有权根据债权人的请求预查封购房人尚未取得房产证的期房？在购房人违约的情况下，开发商是否有权根据合同约定解除购房合同并要求排除法院对案涉房产的强制执行？

1. 购房人因未履行所负债务，其购买的期房虽未实际交付或取得所有权，但法院依然有权对该房产进行预查封

《最高人民法院、国土资源部、建设部关于依法规范人民法院执行和国土资源房地产管理部门协助执行若干问题的通知》第十五条第三项已经明确人民法院有权对债务人购买的办理了商品房预售合同登记备案手续的房屋进行预查封。该预查封待房屋权属完成登记后自动转为正式查封登记，以保护债权人诉讼利益的实现。该通知第十八条规定“预查封的效力等同于正式查封”，所以在预查封期间债务人不得对该房产进行转移和处分。根据上述规定，债权人对债务人虽未实际占有，但已作预售合同登记备案的房屋申请预查封，可以有效地催促债务人积极履行还债义务。同时，在债务人未能履行债务时，可申请将该房产处置变现以实现债权清偿。通常情况下，执行法院在预查封之后会给开发商发《协助执行通知书》要求开发商“禁止办理转移、抵押手续；若涉退房，则协助扣留退房款；办理产权登记时，通知该院”。

2. 开发商未实际交付的商品房被购房人的债权人申请查封的，应如何处理

第一，开发商在签署商品房预售合同时应预先约定购房人违约的情形，并约定己方的单方解除权，以排除房屋在未交付前被查封而给己方造成的处分权被限制的可能性。第二，判断购房人是否已经支付或有能力支付购房款。如果购房人已无能力继续支付购房款，开发商可以购房人违约或合同约定为由解除合同。第三，不动产物权的设立、变更、转让和消灭，经依法登记，发生效力；未经登记，

不发生效力，但法律另有规定的除外。本案中，置业公司和林某签订《商品房买卖合同》后仅办理了预售合同的备案登记，尚未办理不动产物权的产权登记，故林某仅享有该合同的债权，涉案房产的所有权依然归置业公司所有。开发商收到执行法院在预查封之后发出的《协助执行通知书》时，因房屋所有权未发生变动，开发商面临两种选择：要么解除房屋买卖合同，通过案外人执行异议或案外人执行异议之诉等救济程序保护自己的权利，同时将本应退还给买受人的购房款支付至执行法院账户；要么配合法院就作为执行标的的房屋实施拍卖的强制执行措施，并协助法院办理拍卖后的产权过户手续。

3.《商品房买卖合同》解除后，若开发商提出案外人执行异议，在无证据证明开发商和购房人恶意串通逃避执行的情况下，针对讼争房产的执行行为应停止

前述通知第二十二条规定，预查封期间不得办理抵押、转让等权属变更、转移登记手续。《最高人民法院关于人民法院民事执行中查封、扣押、冻结财产的规定》第二十四条规定，被执行人就已经查封、扣押、冻结的财产所作的移转、设定权利负担或者其他有碍执行的行为，不得对抗申请执行人。第三人未经人民法院准许占有查封、扣押、冻结的财产或者实施其他有碍执行的行为的，人民法院可以依据申请执行人的申请或者依职权解除其占有或者排除其妨害。人民法院的查封、扣押、冻结没有公示的，其效力不得对抗善意第三人。《最高人民法院关于人民法院办理执行异议和复议案件若干问题的规定》第二十六条第二款规定：金钱债权执行中，案外人依据执行标的被查封、扣押、冻结后作出的另案生效法律文书提出排除执行异议的，人民法院不予支持。上述针对查封财产的规定仅

限制了被执行人、第三人在查封标的上以规避执行为目的而再次设定权利负担、改变权属及占有现状的行为，但并未限制非以规避执行为目的而对被查封财产上原有基础关系依法变更的权利。本案中，并无证据显示置业公司和林某解除商品房买卖合同的行为存在恶意规避执行行为的目的，故其行使合同解除权符合法律规定，但林某在该合同被解除后所得的购房款仍可作为执行标的，故判决停止对本案讼争房产的执行并无不当。

编写人：福建省厦门市思明区人民法院　邱福香

056 以房抵债协议不属于具有排除强制执行效力的买卖合同

——龙某诉姜某案外人执行异议之诉案

【案件基本信息】

1. 裁判书字号

北京市第二中级人民法院（2017）京02民终3972号民事判决书

2. 案由：案外人执行异议之诉

3. 当事人

原告（上诉人）：龙某

被告（被上诉人）：姜某

第三人：李某

【基本案情】

2013年8月12日，出借人姜某与借款人李某签订《最高额借款合同》，借款最高额为500万元。同日，双方签订《房地产抵押协议》，李某将登记在其名下的涉诉房产抵押给姜某。双方于2013年8月13日办理抵押登记。

2014年1月22日，姜某与李某签订《还款合同》，约定依据《最高额借款合同》实际发生借款金额为480万元。李某应还款金额为480万元，还款期至2014年3月31日。2014年3月10日，某公证处出具（2014）京中信内民证字21225号公证书，对上述《还款合同》进行了公证，并依法赋予其强制执行效力。2014年6月5日，某公证处出具（2014）京中信执字00383号执行证书，载明申请执行人为姜某，被申请执行人为李某。2014年6月9日，姜某向法院申请强制执行，执行中，法院于2014年8月4日查封了登记在李某名下的涉诉房产。

另外，2010年6月4日，龙某与李某签订《协议书》，载明：李某所欠龙某现金500万元，自协议签订后两年内全部还清……龙某现在所居住的涉诉房产属李某所有，在李某全部还清所欠龙某500万元欠款后将房产归还给李某。如李某不能按期归还欠款，须将龙某所居住的李某所有的涉诉房屋按市场价转让给龙某，李某须积极协助办理房产过户手续。龙某称，因李某欠其200万元，从2003年起李某将涉诉房屋交给其居住。2010年双方确认欠款共500万元。但龙某和李某均未提交款项往来凭证。龙某与李某均认可，因李某未能按时偿还借款，双方口头商定将涉诉房屋以300万元折抵给龙某。李某称，因涉诉房屋被抵押无法过户给龙某。

龙某认为，姜某对实际属于龙某的房屋申请强制执行有误，法院驳回龙某异议请求也是不当的，因此要求停止对涉诉房屋的强制执行。

【案件焦点】

“以房抵债”协议是否属于具有排除强制执行效力的买卖合同。

【法院裁判要旨】

北京市丰台区人民法院经审理认为：不动产物权的设立、变更、转让和消灭，依照法律规定应当登记的，自记载于不动产登记簿时发生效力。龙某与李某达成的是以房抵债的关系，龙某依据以房抵债的约定可要求李某办理变更登记手续，但该权利仍属于债权，须办理变更登记后才发生物权变动效力。现房屋仍登记在李某名下，未办理房屋变更登记手续，故龙某尚未取得涉诉房屋的所有权。此外，姜某对涉案房屋享有合法的抵押权，抵押权亦优先于所有权获得保护。综上所述，法院查封涉诉房屋合法有据。龙某要求停止对房屋执行的请求，法院不予支持。

北京市丰台区人民法院依照《中华人民共和国物权法》第九条、《中华人民共和国民事诉讼法》第一百四十四条之规定，作出如下判决：

驳回龙某的全部诉讼请求。

北京市第二中级人民法院经审理认为：《最高人民法院关于人民法院办理执行异议和复议案件若干问题的规定》第二十八条规定，金钱债权执行中，买受人对登记在被执行人名下的不动产提出异议，符合下列情形且其权利能够排除执行的，人民法院应予支持：

（一）在人民法院查封之前已签订合法有效的书面买卖合同；（二）在人民法院查封之前已合法占有该不动产；（三）已支付全部价款，或者已按照合同约定支付部分价款且将剩余价款按照人民法院的要求交付执行；（四）非因买受人自身原因未办理过户登记。

龙某与李某之《协议书》涉及双方之间借款以及不能还款情况下以房抵债两个方面的内容，涉及民间借贷和以房抵债两个法律关系，其中以房抵债法律关系的产生以民间借贷法律关系合法有效为前提。自然人之间的借款合同自贷款人提供借款时生效，龙某未提交充分证据证明其向李某实际提供了借款，且关于借款款项的组成、来源等细节的陈述均存在不一致之处，故无法确认涉案协议书中民间借贷部分为有效合同，在此基础上，亦无法确认双方存在以房抵债的法律关系。故龙某不属于符合上述规定的不动产买受人，其上诉主张不能成立。

即使龙某与李某之间存在以房抵债的法律关系，在涉案房屋并未将所有权人变更为龙某的情况下，龙某尚未取得涉案房屋的物权，其依据以房抵债的约定享有要求李某办理变更登记手续的债权请求权。而姜某对涉案房屋享有合法的抵押权，抵押权属于担保物权，优先于债权获得保护。龙某享有的债权并不能优先于姜某的抵押权受到保护，并不属于足以排除执行行为的权益。

北京市第二中级人民法院依照《中华人民共和国民事诉讼法》第一百七十条第一款第一项之规定，作出如下判决：

驳回上诉，维持原判。

【法官后语】

本案中，龙某提起案外人执行异议之诉的依据，是其与李某之间所签订的以房抵债协议，考察龙某与李某之间是否存在有效的以房抵债的基础法律关系、以房抵债协议是否使债权人“享有足以排除强制执行的民事权益”的效力是本案的审理重点。其中，对异议人所主张的权利是否属于“足以排除强制执行的民事权益”进行考察，更具有规范性普适意义，因其在权利层面明确了当事人是否可提起案外人执行异议之诉的大前提，也免去了在案外人执行异议之诉案由下，过多介入基础法律关系审理的诉累。

本案以房抵债协议是否符合《最高人民法院关于人民法院办理执行异议和复议案件若干问题的规定》第二十八条[①]（针对存在买卖合同得被执行人名下不动产符合特定条件时排除强制执行）的规定，应从以下三个方面进行考察：第一，上述司法解释第二十八条所保护的权利指向。第二十八条系延续并细化了原《最高人民法院关于人民法院民事执行中查封、扣押、冻结财产的规定》第十七条的内容，其所保护的是不动产买卖中买受人的期待权，因此该第二十八条所述的“合法有效的书面买卖合同”应仅指基于购买不动产目的所订立的不动产买卖合同。第二，以房抵债协议的法律性质。以房抵债的本质是以物抵债。一般而言，典型的以物抵债约定主要有三种方式，

---

① 第二十八条　金钱债权执行中，买受人对登记在被执行人名下的不动产提出异议，符合下列情形且其权利能够排除执行的，人民法院应予支持：

（一）在人民法院查封之前已签订合法有效的书面买卖合同；

（二）在人民法院查封之前已合法占有该不动产；

（三）已支付全部价款，或者已按照合同约定支付部分价款且将剩余价款按照人民法院的要求交付执行；

（四）非因买受人自身原因未办理过户登记。

其一是发生在债权未到期之前，双方约定债权到期后未能履行时以特定物进行抵债，此种方式的以物抵债协议实质上是为担保未到期债权而设立的非典型性抵押，具有后让与担保的特征。[①] 其二是发生在债权到期后，因债务人未能履行合同，债权人与债务人私下或诉讼中协商以特定物抵债，以替代原有债务的履行、消灭原债权债务。此种情况下以物抵债合同的实质是代物清偿协议。其三是在执行阶段，在有生效法律文书的前提下，执行人与被执行人之间达成的以物抵债。[②] 第三，本案中以房抵债协议是否具有物权期待权。从案件事实来看，龙某与李某之间的以房抵债协议附着于确认借款的《协议书》之中，订立时间在借款到期之前，其目的系为双方借款关系进行担保，其订立是为了确保金钱债权得到履行，并不直接具有购买涉诉房屋的目的，也就当然不具有以取得房屋所有权为目的的物权期待权，因此其并不属于《最高人民法院关于人民法院办理执行异议和复议案件若干问题的规定》第二十八条所保护的权利范畴。

进一步讲，本案当事人主张通过以房抵债协议排除对标的物的强制执行，其权利冲突的实质是非典型担保与抵押担保两种担保方式之间的权利冲突。抵押权作为法定的担保物权应优先于非典型担保这类债权获得保护。因此，本案两审法院均认定龙某享有的债权不能优先于姜某的抵押物权、龙某的债权不属于足以排除执行行为的权益，驳回其停止对房屋执行的请求。

编写人：北京市丰台区人民法院　庄永生

---

① 有学者主张应区分让与担保、后让与担保。参见杨立新：《后让与担保：一个正在形成的习惯法担保物权》，载《中国法学》2013 年第 3 期。

② 有学者认为，以物抵债仅仅是我国程序法上的规定。参见严之：《代物清偿法律问题研究》，载《当代法学》2015 年第 1 期。

057 执行异议之诉案件中“买卖不破租赁”的适用
——王甲诉融资公司案外人执行异议之诉案

【案件基本信息】

1. 裁判书字号

广东省汕头市中级人民法院（2017）粤 05 民终 232 号民事判决书

2. 案由：案外人执行异议之诉

3. 当事人

原告（上诉人）：王甲

被告（被上诉人）：融资公司

第三人：金属公司、王乙、金某

【基本案情】

广东省汕头市澄海区人民法院在审理融资公司与金属公司、王乙、金某追偿权纠纷一案期间，依法作出（2014）汕澄法民二初字第 40 号之一民事裁定书，裁定查封金属公司所有的位于×路东侧的土地使用权及地上建筑物。经审理，双方当事人于 2014 年 3 月 26 日自愿达成调解协议，约定由金属公司付还融资公司代垫款（替付还某银行汕头金湖支行）2015977.34 元以及该款自 2014 年 2 月 26 日起至实际还款之日止按日 1.5‰计的违约金等。该案民事调解书生效后，因金属公司、王乙、金某未按照上述协议履行付款义务，融资公司向法院申请强制执行。在执行过程中，法院于 2015 年 4 月 20 日作出拍卖金属公司所有的位于×路东侧土地使用权及王乙享有权利的地上建筑物的裁定。2015年4月28日，王甲以案外人身份提出执行异议，认为其与金属公司于2014年1月3日就位于×路东侧的厂房达成了厂房租赁合同，金属公司名下的该处厂房已租给原告使用，租期为2014年1月3日至2034年1月2日，租金为159.84万元，已经全部支付，涉案厂房的使用权属于原告。原告请求停止对上述厂房的执行并解除查封。法院经审查认为其异议不成立，于2015年12月9日作出（2015）汕澄法执外异字第5号之二执行裁定书，裁定驳回王甲的异议。王甲不服，遂提起本案之诉。

【案件焦点】

承租人是否可以以其租赁权对抗申请执行人。

【法院裁判要旨】

广东省汕头市澄海区人民法院经审理认为：案外人执行异议之诉的原告应当就阻却执行的事实和理由承担举证责任。金属公司在债务即将到期的情况下，未积极履行相应义务，而是与王甲签订租赁合同，将公司的财产长期租给王甲使用，且未将租金用于偿还债务。金属公司虽出具收到王甲场地租金159.84万元的收款收据，但实际并未收到该款项，而是由该公司的法定代表人王乙与王甲及案外人王某歆约定将王乙结欠王某歆借款145.25万元用于抵偿原告应支付金属公司的租金。王甲并未提供证据证明其在与金属公司签订租赁合同后依约定支付相应的租金，其无法依此合同取得涉案厂房的租赁使用权。且原告没有提交证据证明其对涉案厂房拥有合法用益物权。故原告提出确认其对融资公司申请执行及查封的×路东侧厂房享有租赁使用权的用益物权，依据不足，理由不成立，法院不予支持。

广东省汕头市澄海区人民法院依照《中华人民共和国民事诉讼法》第六十四条第一款，《最高人民法院关于适用〈中华人民共和国民事诉讼法〉的解释》第三百一十一条、第三百一十二条第一款第二项的规定，作出如下判决：

驳回王甲的诉讼请求。

王甲不服，提起上诉。

广东省汕头市中级人民法院经审理认为：根据《中华人民共和国合同法》第二百二十九条的规定，租赁物在租赁期间发生所有权变动的，不影响租赁合同的效力。即买卖不破租赁原则。即使王甲与金属公司之间存在租赁合同关系，融资公司依照生效法律文书申请执行涉案土地使用权及地上建筑物的执行行为与王甲主张的其享有的租赁使用权并不冲突。王甲以其享有涉案土地使用权及地上建筑物租赁使用权的用益物权为由请求不得执行本案执行标的，理由依据不足，法院依法予以驳回。因王甲对本案执行标的并不享有足以排除强制执行的民事权益，其主张对融资公司申请执行及查封的厂房享有租赁使用权的用益物权，不属于本案案外人执行异议之诉的审理范围，可以另寻法律途径解决。

广东省汕头市中级人民法院依照《中华人民共和国民事诉讼法》第一百七十条第一款第一项之规定，作出如下判决：

驳回上诉，维持原判。

【法官后语】

本案为涉及房产执行的执行异议之诉，执行程序中，承租人拟以租赁权阻止租赁物转移占有，需同时满足以下条件：租赁合同须形成在法院查封之前；承租人须在查封前占有房屋；不存在虚构租赁事实的行为。

1. 承租人提起执行异议之诉的条件

根据“买卖不破租赁”的相关法律规定，承租人租赁的标的物被法院强制执行时，并不必然导致租赁权消灭，因此承租人并不当然有权提起执行异议之诉。承租人提起执行异议之诉的条件是：法院否定承租人租赁权的成立或存续时，因涉及实体权利的争议，承租人主张其享有足以阻却执行的租赁权的，在执行异议被裁定驳回后，可以提起执行异议之诉。如果承租人只是对执行法院要求其交出房屋的行为有异议的，应当认为是对执行行为有异议，属于《中华人民共和国民事诉讼法》规定的执行行为异议，应当按照执行裁定书指引通过执行异议程序解决。

2. 审查承租人享有房屋租赁权的裁判标准

《最高人民法院关于人民法院办理执行异议和复议案件若干问题的规定》第三十一条第一款规定“承租人请求在租赁期内阻止向受让人移交占有被执行的不动产，在人民法院查封之前已签订合法有效的书面租赁合同并占有使用该不动产的，人民法院应予支持”，因此对于承租人的执行异议之诉应严格审查承租人与被执行人在查封之前是否签订了合法有效的房屋租赁合同，且已按约定支付了租金，并实际占有使用租赁物。对租赁关系的审查，可以综合考虑双方是否签订房屋租赁合同、房屋租赁合同的签订是否真实、租赁房屋的真实合意、房屋的交付情况、租金收取是否符合市场行情及支付方式、支付凭证、房屋入住使用情况（包括物业费及水电费缴费情况、购置材料、委托施工装修的情况等）、租赁物交付时间与查封时间对比等情况。进而审查承租人与出租人履行租赁关系情况与租赁合同约定是否一致，以避免被执行人利用规则阻碍执行，保护各方当事人的利益。

实务中，被执行人为了规避执行而与第三人虚构租赁关系、倒签租赁合同等现象均有存在，对于执行异议之诉案件中未经备案登记和公证的租赁合同应严格把握审查尺度，通过判决引导租赁关系当事人进行租赁备案登记和公证，充分发挥司法的能动指导作用。但作为裁判者我们也深深感到，租赁权需要公示。通过诉讼对虚假租赁关系予以审查涤除的难度大大增加，我国立法应进一步明确租赁权公示性要求。

编写人：广东省汕头市澄海区人民法院　林锐琴

058　配偶名下房屋能否被查封

——杨某与侯某等案外人执行异议案

【案件基本信息】

1. 裁判书字号

北京市石景山区人民法院（2016）京 0107 执异 25 号执行裁定书

2. 事由：案外人执行异议

3. 当事人

案外人：杨某

申请执行人：侯某、柳某、李甲、苏某

被执行人：李乙

【基本案情】

杨某与李乙系夫妻关系。因李乙犯诈骗罪，石景山检察院于2011年1月17日向北京市石景山区人民法院（以下简称石景山法院）提起公诉，石景山法院经审理，作出（2011）石刑初字第64号刑事判决书，判决如下：(1) 被告人李乙犯诈骗罪，判处有期徒刑十一年，剥夺政治权利二年，并处罚金人民币1.1万元；(2) 被告人李乙违法所得的人民币96.4万元继续追缴，追缴后分别发还被害人侯某人民币15万元、李甲人民币2.5万元、柳某人民币68.3万元、苏某人民币10.6万元。判决生效后，李乙缴纳罚金1.1万元，但未退赔被害人侯某等款项，被害人侯某等向北京市石景山法院申请强制执行退赔违法所得。

执行过程中查明，李乙于2010年3月15日将位于北京市×区×南里×号楼的某房屋（涉案房屋，该房屋为夫妻共同财产）在杨某不知情的情况下出卖给闫某，闫某未按合同给付房款，李乙向海淀区人民法院（以下简称海淀法院）起诉并申请强制执行，现未执行到位。石景山法院向海淀法院出具函，提出李乙与杨某在海淀法院申请执行闫某房款49.5万元中有李乙份额，请海淀法院执行到位该案款后，发还前告知石景山法院，石景山法院将涉及罪犯李乙的部分优先弥补被害人损失。另查明，因涉案房屋为夫妻共同财产，李乙配偶杨某名下亦登记有涉案房屋，石景山法院出具（2015）石执字第5156号裁定书和协助执行通知书查封杨某名下的涉案房屋。杨某不服，向石景山法院提出执行异议，要求撤销（2015）石执字第5156号执行裁定书，解除对其名下涉案房屋的查封。

在执行异议审查过程中，杨某认可涉案房屋虽登记在其个人名下，但为杨某与李乙夫妻共同所有。其提出以下理由：(1) 侯某、柳某、李甲、苏某与李乙不属于民事纠纷范畴，李乙已经被国家公诉机关提起公诉并经法院判处刑罚。(2) 刑事判决书中被执行人履行的义务为：执行有期徒刑和缴纳罚金，并没有设定其他义务。对被执行人违法所得继续追缴，系由法院根据判决书对李乙的违法所得进行追缴，不是对配偶的合法财产进行执行。石景山法院执行李乙配偶名下的合法房产没有法律依据。申请执行人柳某辩称：房子是夫妻共同财产，查封没有问题，追缴的财产应该包括合法财产。故不同意杨某的异议请求。申请执行人苏某辩称：查封是对的，故不同意杨某的异议请求。申请执行人侯某、李甲未提交答辩意见。被执行人李乙辩称：法院查封的房产跟我没关系，同意杨某的异议请求。

【案件焦点】

1. 执行实施部门是否能直接查封被执行人配偶名下房屋；2. 执行实施部门应查封房屋全部份额还是一半份额。

【法院裁判要旨】

北京市石景山区人民法院经审理认为：涉案房屋是李乙与杨某夫妻关系存续期间购买的，现杨某主张该房产是其个人财产证据不足，法院不予采信。本院在执行过程中，对登记在杨某名下涉案房屋的查封，符合法律规定，执行措施并无不当。因此，案外人杨某提出撤销北京市石景山区人民法院作出的（2015）石执字第 5156 号查封裁定的请求本院不予支持。裁定如下：

驳回杨某请求撤销北京市石景山区人民法院作出的（2015）石执字第5156号查封裁定的异议。

【法官后语】

法院认为，执行实施部门可以直接查封被执行人配偶名下房屋的全部份额。主要理由如下：

1.“审执分离”情况下，执行实施部门仍有一定判断权

执行权从民事执行权分配目的看，国家强制执行权的目的是实现生效法律文书所确定的权利，执行权分为执行实施权和执行裁判权，执行实施权是执行机关对被执行人采取查封、冻结、扣押等强制执行措施，是主动采取。执行裁决权是依当事人及案外人申请审查执行行为的合法性及追加、变更当事人。执行实施部门在采取执行措施时对于是否为当事人财产、应采取何种强制执行措施等有一定的判断权，对被执行人配偶名下房屋是否为夫妻共同财产应属于执行实施部门的权利，因此由执行实施部门直接查封被执行人配偶名下房屋不违反“审执分离”思想。

2. 夫妻共有房屋登记在一方名下比较普遍，创造简单快捷的解决路径，才有利于解决执行难的问题

在执行实施中，夫妻共同房屋登记在一方名下不在少数，将房屋转移登记到配偶名下，只有赋予执行实施部门在执行过程中进行简单快速的审查才能杜绝此类规避执行行为的发生，保护申请人利益，解决执行难的问题。如果不由执行实施部门直接查封，由申请人向执行裁决部门申请确认夫妻共同财产，由申请人举证不仅加大了难度也造成了程序上的烦琐。

3. 执行裁判庭查封被执行人配偶名下房屋，给付了被执行人配偶应有的救济权利

《最高人民法院关于人民法院民事执行中查封、扣押、冻结财产的规定》第十二条规定，法院查封共有财产时应及时通知共有人，同时《中华人民共和国民事诉讼法》第二百二十七规定，案外人可以提起案外人异议和案外人异议之诉。因此，执行实施部门直接查封被执行人配偶名下房屋后，法律给予了其充分的保护途径。

4. 夫妻共同财产的份额确认应依夫妻申请

夫妻对共有财产不分份额的共有，主要是考虑情感因素，不依当事人申请而推定夫妻对共有财产的份额，不符合情理。同时推定50%份额查封，如果被执行人所占份额大于50%，夫妻双方必定不会提出异议，如所占份额小于50%，被执行人配偶也可以提出异议，按照《最高人民法院关于人民法院民事执行中查封、扣押、冻结财产的规定》第十二条的规定，对被执行人配偶享有的份额内财产的查封，法院应当解除。

编写人：北京市石景山区人民法院　穆尚静

059 首封债权法院与优先受偿债权执行法院存在执行冲突时原则上可由已经进入终局执行且享有在先优先受偿债权的执行法院负责查封财产的处分

——典当公司与传媒公司公证债权文书执行案

【案件基本信息】

1. 裁判书字号

北京市朝阳区人民法院（2012）朝执字第14111号执行裁定书

2. 事由：公证债权文书执行

3. 当事人

申请执行人：典当公司

被执行人：传媒公司

【基本案情】

2012年8月24日，传媒公司与典当公司签订《房地产抵押典当合同》，经北京市某公证处公证并赋予强制执行效力。根据《房地产抵押典当合同》的约定，传媒公司于2012年8月24日，向典当公司借款1180万元，借款期限为3个月。传媒公司以其名下位于北京市朝阳区朝阳路67号×号楼的254号房屋（以下简称254号房屋）、位于北京市朝阳区朝阳路67号×1号楼的801号房屋（以下简称801号房屋）、位于北京市朝阳区朝阳路67号×2号楼的802号房屋（以下简称802号房屋）共三套房产为上述借款提供抵押担保。双方同时约定，如传媒公司到期不能履行还款义务时，典当公司有权持公证书直接向公证机构申请执行证书并向有管辖权的人民法院申请执行，传媒公司自愿接受有管辖权人民法院对其财产予以强制执行。

2012年9月8日，传媒公司的上述三套房产为上述借款提供的抵押担保在北京市朝阳区房屋管理局办理了抵押登记。

2012年11月1日，北京市某公证处作出《执行证书》，确认执行标的为：(1) 欠款本金共计人民币1180万元、利息共计人民币51920元（截至2012年10月29日止）、应付未付利息的逾期违约金141.6元（截至2012年10月29日止）、综合管理费28320元（截至2012年10月29日止）、应付未付综合管理费的逾期违约金849.6元（截至2012年10月29日止）；(2) 自2012年10月30日起至上述款项全部偿还之日止利息及综合管理费，以人民币1180万元为计算，按每日千分之一计算；(3) 公证费用2.36万元以及实现债权的费用；(4) 典当公司对254号房屋、801号房屋、802号房屋的三套房产可以依照法定程序以拍卖、变卖该抵押物所得的价款优先受偿。

【案件焦点】

首封债权法院与优先受偿债权执行法院存在执行冲突时是否可由已经进入终局执行且享有在先优先受偿债权的执行法院负责查封财产的处分。

【法院裁判要旨】

由于传媒公司未履行生效法律文书确定的义务，故典当公司于2012年11月9日向法院申请强制执行。

在执行过程中，北京市朝阳区人民法院（以下简称朝阳法院）于2012年11月24日查封了254号房屋、801号房屋、802号房屋。经查，杭州市余杭区人民法院（以下简称余杭法院）因某银行股份有限公司杭州余杭支行（以下简称某银行余杭支行）申请执行被执行人传媒公司一案，已于2012年10月19日先于朝阳法院对上述254号房屋、801号房屋、802号房屋进行查封，该案涉案标的为800万元，系一般债权。由于申请人典当公司系优先受偿债权人，朝阳法院于2013年3月1日，函请余杭法院，由朝阳法院对254号房屋、801号房屋、802号房屋进行处置。2013年4月18日，余杭法院函复朝阳法院将254号房屋、801号房屋、802号房屋的处置权交付朝阳法院。2013年5月，朝阳区法院决定对254号房屋、801号房屋、802号房屋进行评估、拍卖，并现场张贴了公告。2013年7月16日，北京中土源房地产评估有限公司出具评估报告，报告显示204号房屋、801号房屋、802号房屋的估价结果为1300万元。2013年8月8日，上述房屋由北京中招国际拍卖有限公司进行了第一次拍卖。案外人罗某惠竞买成功，竞买价格为1346万元。2013年8月30日，罗某惠取得了上述房屋的房屋所有权证。2013年9月20日，朝阳法院对上述房屋进行了强制腾退，接收了房屋。

另，2013年8月8日，申请人向法院提交《执行申请书》，其执行请求明确为：15220631.2元（包括借款本金及利息、违约金等）。2014年9月30日，经申请人典当公司申请，朝阳法院依法向申请人典当公司发还案款1346万元。申请人典当公司放弃部分债权，并出具了结案说明。自此，本案全部执行完毕。

【法官后语】

司法实践中，经常出现对被查封财产享有优先受偿权的债权（以下简称优先受偿债权），进入执行程序后发现此前查封的财产已被其他法院（以下简称首封法院）在诉前、诉中、申请执行前或者仲裁前、仲裁中以及在执行中在先查封、扣押或者冻结（以下简称在先查封）的情形，在此情形下往往会产生在首封法院与优先受偿债权的执行法院、在首封债权人与优先受偿债权人就被查封财产应由哪个法院负责处置等相关问题产生争议。

本案中，朝阳法院对254号房屋、801号房屋、802号房屋的查封后于余杭法院，但朝阳法院作为优先受偿债权法院可否对上述254号房屋、801号房屋、802号房屋进行拍卖、变卖并优先受偿。笔者认为，原则上应当由已经进入终局执行且享有在先优先受偿债权的执行法院负责查封财产的处分。现从优先受偿债权的种类、首封债权与优先受偿债权存在执行冲突时的司法困境，确定查封财产处分法院的原则、查封财产移送处分的程序等方面进行如下分析：

1. 优先受偿债权的种类

优先受偿债权主要包括对查封财产依法享有抵押权、质权、留置权等担保物权的债权，以及依法享有优先受偿权的建设工程款以及依法享有船舶优先权的债权等依法享有优先权的其他债权。

本案中，传媒公司与典当公司对254号房屋、801号房屋、802号房屋办理了抵押登记，典当公司应享有优先受偿权。而根据《中华人民共和国民法典》第四百一十四条的规定，抵押权已经登记的，按照登记的时间先后确定清偿顺序；抵押权已经登记的先于未登记的受偿；抵押权未登记的，按照债权比例清偿。某银行余杭支行所享有的债权，由于性质上属于无抵押担保的一般债权，不能对抗有抵押权的典当公司。因此，本案在执行实施中，朝阳法院系享有优先受偿债权的执行法院，余杭法院系首封法院。

2. 首封债权与优先受偿债权存在执行冲突时的司法困境

第一，当优先受偿债权案件中查封财产已被其他法院在先查封时，依据《最高人民法院关于人民法院执行工作若干问题的规定（试行）》第五十六条的规定，优先受偿债权的执行法院对查封财产并无处分权。第二，当查封财产设定了担保物权等优先受偿债权时，拍卖保留价在清偿优先债权和强制执行费用后可能所剩无几。对于在先查封案件的申请执行人而言，无法从查封财产的处置变现中受益，该拍卖为无益拍卖，故该申请执行人一般不会申请对查封的财产进行拍卖。在这种情形下，根据《最高人民法院关于人民法院民事执行中拍卖、变卖财产的规定》第六条的规定，除非申请执行人申请，人民法院不得进行拍卖，并且应当重新确定拍卖保留价，拍卖保留价应当大于优先债权及强制执行费用的总额。故而首封法院不会对该查封财产进行处置。由此形成了无论是首封法院还是优先受偿债权的执行法院均无法处置查封财产的僵局。第三，优先受偿债权的实现受制于在先查封案件的进展，根据《最高人民法院关于人民法院执行工作若干问题的规定（试行）》的要求，首封法院对查封财产享有处分权，如果首封法院因某些原因不启动或者拖延处分查封财产，则优先受偿债权的实现则将受制于在先查封案件的进展。甚至部分在先查封案件系债务人与第三人恶意串通伪造的诉讼，或者第三人在申请保全后怠于及时行使债权或者人为将债权诉讼过程复杂化，并且通过与债务人和解的方式达成还款期限延长的还款协议，将每期的还款额度压低，约定在还款协议未履行完毕前不解除对财产的查封等。此时，在先查封案件迟迟未进入执行程序，首封法院也无法及时对查封财产进行处置，优先受偿债权只有待在先查封案件审结并且进入执行程序后才有可能实现。

本案中，朝阳法院作为优先受偿债权的执行法院与作为首封法院的余杭法院在处理上述案件时，即面临上述司法困境，因254号房屋、801号房屋、802号房屋的估价仅够清偿典当公司的优先债权和强制执行费用，在先查封案件的申请执行人某银行余杭支行，无法从查封财产的处置变现中受益，因此，某银行余杭支行怠于申请对上述查封的财产进行拍卖，导致典当公司无法实现其债权。由此可见，朝阳法院与余杭法院在处理该案中，应当遵循何种原则，确定上述查封财产的处分法院成为突破上述司法困境的关键。

3. 确定查封财产处置法院的原则

第一，执行便捷原则，即通常情况下，应当由财产所在地法院负责处分，避免由查封财产所在地法院以外的执行法院处分查封财产而产生的执行不便；第二，终局执行原则，即原则上由首先进入终局执行的法院负责处分，避免因有关案件尚未进入终局执行而造成的执行迟延；第三，无益拍卖禁止原则，即原则上由优先受偿权在先但查封、扣押或者冻结顺位在后的法院负责处分，避免出现在先查封法院对查封财产进行处分并清偿优先债权和强制执行费用后无剩余可能；第四，公平保护原则，即原则上在根据债权性质公平保护各债权人合法权益的同时也要公平保护被执行人的合法权益，避免优先受偿债权随着迟延履行期间的增加而增加，从而损害其他债权人和被执行人的合法权益。

本案中，上述被查封的254号房屋、801号房屋、802号房屋均在北京市朝阳区，案件已经进入执行程序，且上述房产的估价仅够清偿典当公司的优先债权和强制执行费，因此应由朝阳法院处置上述查封房产为宜。

当然，基于上述原则，以下两种情况也可以由首封法院对查封财产予以处置：第一，如果在先查封的债权即为享有在先优先受偿权的债权，其虽未进入执行程序，但查封财产在依法清偿在先查封的债权以及执行费用等后无剩余的；第二，在先查封债权对查封财产已经进入财产变现程序，且查封财产在依法清偿在先的优先受偿债权以及执行费用后能够全部或者部分清偿在先查封债权的。

本案中，如果254号房屋、801号房屋、802号房屋经估价，上述房产的变现款足以清偿强制执行费及典当公司的优先债权后，仍能够全部或部分清偿某银行余杭支行的全部或部分债权的，由余杭法院对上述房产进行处置也无妨。

4. 查封财产移送处分的程序

若案件应当由进入终局执行且享有在先优先受偿债权的执行法院处分查封财产的，优先受偿债权的执行法院应当发函给首封法院，函请首封法院索要处分权。首封法院应当在收到函件后及时作出回函并将查封财产移送享有优先受偿债权的执行法院处分。

本案中，朝阳法院与余杭法院为妥善处置254号房屋、801号房屋、802号房屋做了大量的沟通协调工作。朝阳法院于2013年3月1日函请余杭法院交付对上述房产的处分权，2013年4月18日，余杭法院回函称："你院要求我院移交本院首先进行查封传媒公司的3套房屋处置权的函收悉。现某银行余杭支行同意将本院首先进行查封被告传媒公司的254号房屋、801号房屋、802号房屋的处置权移交给你院。请你院在处置后，除扣除优先受偿的款项及应当扣除的相关费用外，将剩余变现款项全部冻结于你院账户，并将冻结的数额函告我院"。2013年9月1日，朝阳法院函复余杭法院称："典当公司申请执行传媒公司借款合同纠纷案件执行过程中，2013年4月18日，贵院向我院出具《函》，将贵院查封的传媒公司名下的254号房屋、801号房屋、802号房屋的处置权交由我院。现上述房屋均已拍卖完毕，拍卖成交款为1346万元，传媒公司应支付典当公司款项数额为15220631.2元，拍卖款项不足以支付其主张的执行标的物额。现致函贵院，特告知该情况，征询贵院意见，并请贵院询问某银行余杭支行是否有异议。如贵院、某银行余杭支行无异议，我院审查确认将拍卖款1346万元悉数发还典当公司。如有异议，请出具书面异议意见。”

后余杭法院回函表示无异议，朝阳法院将案款发还典当公司。本案经朝阳法院与余杭法院的充分沟通协调，突破了同一财产上同时存在首封债权法院与优先受偿债权执行法院的司法僵局，使本案顺利执结。

编写人：北京市朝阳区人民法院　李林强

060 案外人就轮候查封的房产无权向执行法院提案外人异议

——实业公司与融资担保公司等执行复议案

【案件基本信息】

1. 裁判书字号

广东省深圳市中级人民法院（2015）深中法执复字第157号执行裁定书

2. 事由：执行复议

3. 当事人

案外人（异议人、申请复议人）：实业公司

申请执行人：融资担保公司

被执行人：官某、陈某、詹某、贸易公司、模型公司

【基本案情】

关于申请执行人融资担保公司与被执行人官某、陈某、詹某、贸易公司、模型公司追偿权纠纷一案，深圳市福田区人民法院作出的（2013）深福法民二初字第691号民事判决书判令：詹某向融资担保公司偿还代偿款人民币174180.96元及相应违约金（违约金自2012年12月31日起按照每日千分之二计算至判决确定的履行期限届满之日止）；官某、陈某、模型公司、贸易公司就詹某所负债务向融资担保公司承担连带清偿责任；官某、陈某、模型公司、贸易公司承担清偿责任后，有权向詹某追偿。

因上列被执行人未履行生效判决所确定的法律义务，融资担保公司向福田区人民法院申请强制执行，该院依法受理，案号为（2013）深福法执字第8729号。执行期间，福田区人民法院轮候查封了被执行人官某名下位于深圳市的房屋（以下简称涉案房产）。

实业公司对上述执行措施不服，向福田区人民法院提出异议，称：涉案房产被查封前已经于2012年11月27日由被执行人出售给异议人，异议人已付清全部价款。涉案房产已经交付异议人使用，且双方已经向深圳市产权登记中心申请办理过户并取得回执。2012年12月24日，涉案房产被查封导致无法过户，查封案号为（2013）深福法执字第3574号。异议人随即向福田区人民法院提出执行异议，在执行异议裁定作出后，又提起执行异议之诉。福

田区人民法院于2014年5月9日作出（2013）深福法民三初字第2036号民事判决书，确认异议人已付清房款、实际占有房屋，并申请了转移登记，涉案房产被查封并非异议人的过错，不应承担不利后果，据此判决停止对涉案房产的执行。该判决生效后，福田区人民法院在（2013）深福法执字第3574号案件中解除了对涉案房产的查封。随后，涉案房产的第一顺位轮候查封机关深圳市罗湖区人民法院（以下简称罗湖区人民法院）对该房产取得正式查封，异议人向罗湖区人民法院提出申请后，罗湖区人民法院也已解除对涉案房产的查封。随后，涉案房产的第二顺位轮候查封机关即深圳市盐田区人民法院（以下简称盐田区人民法院）对涉案房产取得正式查封。因该房产后续还有很多轮候查封，异议人已对包括本案在内的全部执行案件均提出执行异议，请求解除对涉案房产的查封。

【案件焦点】

福田区人民法院是否应当受理实业公司对于被轮候查封的涉案房产提出的案外人异议。

【法院裁判要旨】

广东省深圳市中级人民法院经审理认为：根据《最高人民法院关于适用〈中华人民共和国民事诉讼法〉的解释》第四百八十六条的规定，对被执行的财产，人民法院非经查封、扣押、冻结不得处分。另根据《最高人民法院关于人民法院民事执行中查封、扣押、冻结财产的规定》第二十八条第一款及《最高人民法院、国土资源部、建设部关于依法规范人民法院执行和国土资源房地产管理部门协助执行若干问题的通知》第二十条的规定，对已被人民法院查封、扣押、冻结的财产，其他人民法院可以进行轮候查封、扣押、冻结。查封、扣押、冻结解除的，登记在先的轮候查封、扣押、冻结即自动生效；查封法院对查封的土地使用权、房屋全部处理的，排列在后的轮候查封自动失效。再根据《最高人民法院关于适用〈中华人民共和国民事诉讼法〉执行程序若干问题的解释》第十五条的规定，案外人对执行标的主张所有权或者有其他足以阻止执行标的转让、交付的实体权利的，可以依照原《中华人民共和国民事诉讼法》第二百零四条（现行《民事诉讼法》第二百二十七条）的规定，向执行法院提出异议。由上述规定可知，轮候查封并不具有正式查封的法律效力，只有对执行标的实施正式查封的法院才有权对执行标的予以强制处分。对执行标的的强制处分，包括转让标的和交付标的。因此，案外人如若对执行标的主张所有权或其他足以阻止标的强制处分的实体权利，必须向正式查封的执行法院提出案外人异议。福田区人民法院在执行本案过程中对涉案房产目前为第十五顺位轮候查封，对该房产不具有强制处分权。相应的，对申请复议人实业公司针对涉案房产提出的案外人异议，福田区人民法院无权受理。因此，福田区人民法院作出的（2015）深福法执外异字第48号执行裁定，事实认定清楚，适用法律正确，处理结果得当，应予维持。

【法官后语】

执行实务中，案外人异议通常是源于执行法院对执行标的实施的查封行为，而法院的查封行为既可能是正式查封，也可能是轮候查封。由此衍生出来的问题便是，案外人能否针对法院对执行标的的轮候查封行为提案外人异议？

所谓轮候查封，是指对其他人民法院已经查封的财产，执行法院依次按时间先后在登记机关进行登记，或者是在其他人民法院进行记载，排列等候，查封依法解除后，在先的轮候查封自动转为正式查封的制度。[①] 轮候查封，是最高人民法院为“禁止重复查封”与“防止查封落空”这对矛盾而创设的制度。禁止重复查封，对于稳定查封秩序确有必要，理由在于查封不仅是对查封财产的一种司法保全，也是对查封财产日后得以顺利变现的一种保障。查封系以国家强制力为依托，合法限制查封标的权利人的私法处分权能[②]，并赋予法院对查封财产的排他性处分权。倘若允许两个以上法院对同一财产同时或先后实施有效查封，势必会出现当一家法院对该财产进行强制处分时要受到其他查封法院的制约，最终形成查封法院之间基于均为有效查封行为而互相排斥，致使任何一家法院均无法对查封财产进行处分的局面。这显然不是查封制度的设置本意。但是，在坚持贯彻“禁止重复查封”原则的前提下，司法实践中经常出现如下情形：两个以上法院执行同一被执行人，该被执行人只有一项财产可供执行，先行查封的法院因“禁止重复查封”原则而排斥其他法院的查封，但先行查封法院基于其他原因已实现生效金钱债权或者执行了查封标的的一部分即满足债权从而予以解封，而其他法院因为信息了解的不对称未能及时跟进查封。反之，知晓这一情形的被执行人有机会提前转移被解封的财产，致使其他法院执行案件

---

① 王飞鸿：《〈最高人民法院关于人民法院民事执行中查封、扣押、冻结财产的规定〉的理解与适用》，载最高人民法院执行工作办公室编：《强制执行指导与参考（总第12辑）》，法律出版社2005年版，第27页。

② 根据《中华人民共和国民法典》第三百九十九条第五项的规定，依法被查封、扣押、监管的财产，不得抵押。

的债权人的债权实现受挫。更有甚者，个别法院基于地方利益驱使，先将被执行人的财产全部查封，借以对抗外地法院的正常查封，然后择机解除对全部或部分查封标的的查封，致使其他法院的查封落空。

轮候查封是一种司法查封技术，本质上是一种等候查封。从严格意义而言，轮候查封并未发生实际查封的法律效力，作轮候查封的顺位登记，只是将这种日后有可能转为正式查封的潜在资格加以记载，以免造成查封落空。同时，根据《最高人民法院关于适用〈中华人民共和国民事诉讼法〉的解释》第四百八十四条的规定，对被执行的财产，人民法院非经查封、扣押、冻结不得处分。因此，只有对执行标的实施正式查封的法院才有权对执行标的予以强制处分。而根据《最高人民法院关于适用〈中华人民共和国民事诉讼法〉执行程序若干问题的解释》第十四条的规定，案外人异议的目的，在于通过对执行标的主张所有权或者其他实体权利，以阻止执行标的转让、交付。对执行标的的强制处分，一般认为包括转让和交付。因此，案外人如欲阻止对执行标的的转让、交付，其应当也只能向具有处分标的权力的正式查封法院来提案外人异议。由于轮候查封法院对案外人所主张实体权利的标的并不具有强制处分权，故案外人针对轮候查封行为主张案外人异议来达到阻止标的执行的目的，应当讲并不具有实益。

综上所述，案外人针对轮候查封财产所提案外人异议，执行法院不应受理。坚持提异议的，轮候查封法院可依照《最高人民法院关于人民法院办理执行异议和复议案件若干问题的规定》第二条第一款的规定，裁定驳回其异议申请。只有待轮候查封法院对查封标的转为正式查封，案外人才可主张案外人异议。

编写人：广东省深圳市中级人民法院　欧宏伟

061 超标查封的认定

——陈某锋与王某明、吴某楠执行异议案

【案件基本信息】

1. 裁判书字号

北京市丰台区人民法院（2014）丰执字第5736号执行裁定书

2. 事由：执行异议

3. 当事人

申请执行人：陈某锋

被执行人：王某明、吴某楠

【基本案情】

2014年8月7日，就北京市第二中级人民法院（2014）二中民终字第03433号民事判决，陈某锋向法院申请强制执行，法院依法受理，执行案号为（2014）丰执字第5736号。

2014年8月27日，法院向王某明的身份证地址邮寄送达《执行通知书》和《风险提示》，邮件因收件人长期外出无人代收而被退回；同日，法院向申请执行人提供的王某明在北京的住所地邮寄送达《执行通知书》和《风险提示》，邮件因王某明已迁移新址而被退回。2014年11月3日，执行人员前往小区居委会，查明王某明租住在龙禧苑一区13号楼×单元×号房屋内，但因其未办理暂住证，也无登记信息，所以未查找到王某明本人。2014年11月29日，法院在《人民法院报》刊登《公告》，《公告》中载明：

现法院依法向你公告送达执行通知书，责令你自公告送达期满后3日内履行法律文书确定的义务，逾期仍不履行，法院将依法强制执行。

另外，在陈某锋与王某明、吴某楠民间借贷纠纷一案的审判过程中，陈某锋向法院提交了诉讼保全申请，根据其申请，法院依法查封了王某明名下的位于石景山区政达路2号×层×单元×号房屋。该房屋房产证号为×京房权证石字第×号，建筑面积为61.67平方米。

2014年9月1日，法院作出（2014）丰执字第5736号执行裁定书及（2014）丰执字第5736号协助执行通知书，依法查封王某明名下车牌号为京N0N×××号机动车。查封期限自2014年9月9日起至2015年9月8日止。

2015年2月6日，法院向涉案房屋的租户钟放送达（2014）丰执字第05736号《协助执行通知书》，载明请协助执行下列项目：位于石景山区政达路2号×层×单元×号房屋租金交至法院，租赁合同到期后，协助将上述房屋钥匙交至法院。

在执行陈某锋申请执行王某明、吴某楠民间借贷纠纷一案的过程中，被执行人王某明向法院提出执行异议请求人民法院驳回（2012）丰民初字第15399号民事判决书的执行申请，停止对异议人名下的位于石景山区政达路2号×层×单元×号房屋（以下简称涉案房屋）的强制执行。具体理由为：第一，异议人从未收到法院关于本案件的诉讼文书及通知，对本案件的诉讼程序进展一无所知，法院在异议人没有收到任何诉讼文书和通知，且未与异议人进行沟通谈话，确定异议人是否有还款能力及如何还款的情况下，直接执行异议人的房产是错误的。第二，根据（2012）丰民初字第15399号民事判决书，异议人与其妻子吴某楠共同承担47万元的债务，异议人只承担23.5万元的债务，而待执行房屋价值超过200万元，拍卖房产后的执行所得远大于异议人的借款金额。因此，本案要执行房产的决定是错误的。第三，本案执行标的为夫妻共同债务，应当由异议人和吴某楠共同承担，异议人只应当承担债务的一半。因吴某楠名下也有两套房产，因此只执行异议人名下的房产而不执行吴某楠名下的房产是不公平的，异议人要求法院公平对待被执行人，如果执行异议人名下的涉案房屋，则也应该同时执行吴某楠名下的805号房屋。第四，本案涉案房屋是异议人的唯一住房，根据相关法律规定，法院在强制执行时，应当保障被执行人基本生活所需的居住房屋，倘若涉案房屋被执行，异议人将无家可归，为此，异议人恳请法院予以考虑。第五，本案申请执行人陈某锋是吴某楠的亲姐夫，吴某楠夫妇跟陈某锋是住在一起的，他们涉嫌恶意串通侵吞我的个人财产，执行法官只查了异议人的房产状况，没有查询吴某楠的财产状况是不公平的。综上，请求法院停止对异议人房屋的强制执行。

【案件焦点】

对本案涉案房产的查封是否属于超标的查封。

【法院裁判要旨】

北京市丰台区人民法院经审理认为：第一，根据（2012）丰民初字第15399号民事判决书、（2014）二中民终字第03433号民事判决书确定的内容，本案中，被执行人吴某楠、王某明对陈某锋的债务承担连带清偿责任，双方均负有清偿全部债务的义务。法院可执行财产，包括其共同财产及个人财产。本案中，被执行人吴某楠、王某明未履行生效法律文书确定的义务，法院依法对王某明名下的房屋采取查封措施，符合法律规定。异议人王某明以判决书确定其与吴某楠共同承担债务，其只应承担一半债务，且吴某楠与本案申请执行人陈某锋存在亲属关系，涉嫌恶意串通侵吞其个人财产为由，要求法院查询并执行吴某楠名下财产的请求，于法无据，法院不予支持。第二，本案执行过程中，执行法官在未能查找到被执行人王某明，通过多种方式亦未能向其送达执行通知的情况下，向其公告送达执行通知的做法，符合法律规定。异议人王某明以未收到本案诉讼文书及执行通知，执行法官未与其进行谈话为由主张中止执行的请求，于法无据，法院不予支持。第三，根据《最高人民法院关于人民法院民事执行中查封、扣押、冻结财产的规定》第二十一条之规定，查封、扣押、冻结被执行人的财产，以其价额足以清偿法律文书确定的债权额及执行费用为限，但该财产为不可分物且被执行人无其他可供执行的财产或者其他财产不足以清偿债务的除外。本案中，涉案房屋系诉讼中保全财产，进入执行程序后，自动转为执行中查封措施。由于涉案房屋系不可分物，且执行中被执行人王某明其他财产不足以清偿债务，因此法院查封涉案房屋的行为符合法律规定。异议人王某明以法院超标的查封为由，请求中止对涉案房屋的执行，于法无据，法院不予支持。第四，被执行人未能履行生效法律文书确定的义务，人民法院有权查封、拍卖被执行人应当履行义务部分的财产。对被执行人所有的居住房屋，人民法院可以查封、拍卖，但应当保障被执行人及其所扶养家属生活所必需的居住房屋。本案中，异议人王某明所有的涉案房屋，已超出了法律所规定的保障被执行人及其所扶养家属最低生活标准所必需的居住房屋，故法院依法对王某明所有的房屋采取拍卖措施符合法律规定。王某明以涉案房屋是其唯一住房为由，要求法院中止执行的请求不能成立，法院不予支持。综上，依照《中华人民共和国民事诉讼法》第一百五十四条第一款第十一项、第二百二十五条之规定，作出如下裁定：

驳回王某明的异议请求。

【法官后语】

本案中，王某明、吴某楠对陈某锋47万余元债务承担连带清偿责任，双方均负有清偿全部债务的义务。执行法官依法对王某明名下的石景山区政达路2号×层×单元×号房屋和机动车进行了查封，且没有查询到其他可供执行的财产。

根据《最高人民法院关于人民法院民事执行中查封、扣押、冻结财产的规定》第二十一条之规定，在王某明名下的机动车尚且不足以清偿47万余元债务且无其他可供执行的财产的情况下，对其名下的属于不可分物的房屋进行处置，并无不妥，不属于超标的查封。

在执行实践中，对财产的查封、扣押、冻结是最常见的强制执行措施，而对财产控制不当极易造成超标的查封、扣押、冻结的情况，进而为执行工作带来了许多风险。

《法官行为规范》第六十四条第一项规定："严格依照规定办理手续，不得超标的、超金额查封、扣押、冻结被执行人财产。"相关法律法规已明令禁止超标的控制财产，笔者借本案之契机，由点及面梳理超标的查封、扣押、冻结被执行人财产的相关注意事项：

1. 查封财产的范围

查封、扣押、冻结的财产为不可分物且被执行人无其他财产可供执行或者其他财产不足以清偿债务的不属于超标的查封财产。

2. 查封、扣押、冻结已设立抵押、质押的财产

在实践中，执行法官经常遇到查封设立已设立抵押的房产、冻结贷款保证金类的金钱质押账户等情况，在这种情况下，应预估财产价值（如房产预估价格、保证金账户余额），查明抵押/质押债权数额，核减该数额后为财产的大致剩余价值，进而认定是否超标的控制财产。

3. 轮候查封

《最高人民法院关于人民法院民事执行中查封、扣押、冻结财产的规定》第二十六条第一款规定："对已被人民法院查封、扣押、冻结的财产，其他人民法院可以进行轮候查封、扣押、冻结。查封、扣押、冻结解除的，登记在先的轮候查封、扣押、冻结即自动生效。"由此可见，轮候查封并不具备正式查封的效力，笔者认为轮候查封的财产价值并不应计入控制的财产范围之内，不属于超标的查封。

4. 查封、扣押、冻结特殊财产的例外

《最高人民法院关于人民法院民事执行中拍卖、变卖财产的规定》第十五条规定："拍卖的多项财产在使用上不可分，或者分别拍卖可能严重减损其价值的，应当合并拍卖。"例如，有限责任公司中股东的股权就属于该类财产，因股权在使用上不可分，只能全部冻结某股东的全部股权，因此，此类控制行为不属于超标的查封、扣押、冻结。

5. 对“超标的”中“标的”的界定

笔者认为，“标的”不能仅局限于执行标的，即执行依据中确定的给付义务，对于“标的”的考量还应涵盖在执行过程中可能产生的罚款、迟延履行利息、执行的相关费用等。

编写人：北京市丰台区人民法院　刘靖轩

062 查封前已进行的商品房买卖合同备案登记能否阻止或者排除执行

——刘某峰与舒某文等案外人执行异议案

【案件基本信息】

1. 裁判书字号

四川省都江堰市人民法院（2015）都江执异字第37号执行裁定书

2. 事由：案外人执行异议

3. 当事人

案外人：刘某峰

申请执行人：舒某文

被执行人：投资公司、陈某林

【基本案情】

舒某文与投资公司、陈某林借款合同纠纷一案，舒某文于2014年5月4日向法院起诉，同年5月5日向法院提出财产保全申请，法院于2014年5月7日作出（2014）都江民保字第71号民事裁定，对投资公司名下位于陕西省白水县仓颉路某小区2号楼合计20套房屋予以查封，查封限额300万元。本院就该20套住房的权属状况向陕西省白水县房地产管理所进行查询后，于当日向该所送达了上述民事裁定书及协助执行通知书，同日向有关当事人送达了该民事裁定书。2014年8月22日，本案以（2014）都江民初字第1436号民事调解书结案。2014年9月22日，舒某文向本院申请强制执行。

2011年5月16日，陕西省白水县住房和城乡建设局向投资公司颁发《商品房预售许可证》，载明项目名称为某小区1号楼、2号楼，预售总建筑面积31120平方米，共216套；销售对象为公开向社会销售。在上述借款纠纷案起诉前，投资公司向舒某文出具《销控图（2号楼）》，载明的房屋位置、数量与本院（2014）都江民保字第71号民事裁定查封的房屋位置和数量一致，同时载明："上述房屋系本公司未销售房源，在本公司未偿还舒某文借款前，本公司承诺不得将上述20套房屋变卖他人。"

【案件焦点】

查封前已进行的商品房买卖合同备案登记能否阻止或者排除执行。

【法院裁判要旨】

四川省都江堰市人民法院经审查认为：

第一，案外人刘某峰主张其与投资公司签订有商品房买卖合同，但均未约定交付的具体期限，案外人实际上也未合法占有房屋，且所购商品房数量多，难以认定为系用于其个人居住，故不符合相关司法解释规定的能够排除执行之条件。

第二，投资公司至今尚未向刘某峰交付合同约定的房屋，也未办理产权过户登记手续，故在此情形下，案外人刘某峰主张查封房屋系其合法财产无事实和法律依据，本院裁定查封上述房屋并无不当。

第三，法院在实施诉讼保全时就查封的20套住房权属状况向陕西省白水县房地产管理所进行查询，该协助执行部门并未提出上述房屋进行过物权预告登记的信息；根据双方合同约定，申请备案登记系出卖方义务，而出卖方投资公司在诉讼保全前提供给舒某文的《销控图（2号楼）》并未表明相关房屋存在物权预告登记的情况，且明确表示“上述房屋系本公司未销售房源，在本公司未偿还舒某文借款前，本公司承诺不得将上述20套房屋变卖他人”。案外人提供的白水县住房和城乡建设局出具的《证明》，并非登记行为形成的书证，不能直接产生涉案房屋存在物权预告登记的证明效果。

故综合分析本案，案外人刘某峰以其与被执行人签订的商品房买卖合同已进行物权预告登记为由，请求解除对涉案房屋的查封，证据尚不充分，不能得到支持。

四川省都江堰市人民法院依照《中华人民共和国民事诉讼法》第二百二十七条的规定，作出如下裁定：

驳回案外人刘某峰提出的执行异议。

【法官后语】

本案执行查封系诉讼保全效力的延续。根据《最高人民法院关于人民法院民事执行中查封、扣押、冻结财产的规定》[①] 第四条“诉讼前、诉讼中及仲裁中采取财产保全措施的，进入执行程序后，

---

① 《最高人民法院关于人民法院民事执行中查封、扣押、冻结财产的规定》已于2020年进行修正，修正后司法解释中的已将该规定删除。

自动转为执行中的查封、扣押、冻结措施……”的规定，在执行过程中，本案诉讼保全的查封已自动转为执行中的查封，自不待言。在房地产开发企业作为被执行人的金钱债权执行过程中，常常会涉及预售商品房的控制与处置，这必然面临商品房买受人的合同债权与申请执行人执行债权的冲突。长期以来，由于法律、法规对于商品房买卖合同备案登记的性质与效力规定模糊，导致民事执行在理论与实务领域的困惑。解决这一问题的基本思路，应该是从法律性质与法律效力的角度，厘清商品房买卖合同备案登记与房屋（不动产物权）预告登记两个概念。

1. 从执行标的物占有角度分析

《最高人民法院关于人民法院办理执行异议和复议案件若干问题的规定》第二十八条规定：“金钱债权执行中，买受人对登记在被执行人名下的不动产提出异议，符合下列情形且其权利能够排除执行的，人民法院应予支持：（一）在人民法院查封之前已签订合法有效的书面买卖合同；（二）在人民法院查封之前已合法占有该不动产；（三）已支付全部价款，或者已按照合同约定支付部分价款且将剩余价款按照人民法院的要求交付执行；（四）非因买受人自身原因未办理过户登记。”该司法解释在法院查封与案外人占有两者之间作出了价值力度平衡。民事执行的实质即执行标的之转移与交付，其行为形态除了司法之内在属性之外，与民事交易中的权利转移并无区别。而且在物权法领域，占有具有特殊的效力，从某种意义而言，占有系整个物权法律体系的基础，特别是其事实上的公示效果，足以表明事实上的权利归属。案外人在符合该司法解释条件下，排除执行，符合基本的物权原理。案外人刘某峰虽然提供了其与投资公司签订的商品房买卖合同，但上述合同均未约定交付房屋的具体期限，其也无证据证明已合法占有房屋。故案外人与查封房屋的现实关系，不符合该司法解释规定的可以排除执行的规范条件。

2. 从交易的消费者权益角度分析

《最高人民法院关于人民法院办理执行异议和复议案件若干问题的规定》第二十九条规定："金钱债权执行中，买受人对登记在被执行的房地产开发企业名下的商品房提出异议，符合下列情形且其权利能够排除执行的，人民法院应予支持：（一）在人民法院查封之前已签订合法有效的书面买卖合同；（二）所购商品房系用于居住且买受人名下无其他用于居住的房屋；（三）已支付的价款超过合同约定总价款的百分之五十。"该条司法解释从交易时间、合同形式、房屋用途、付款情况四个方面规定了可以阻止或者排除执行的另一种情形，其在执行债权与房屋买受人居住利益之间作出的法律选择，对于在一定条件下优先保护后一种利益，这种利益关系生活的基本需要与基本权利。其深层次用意体现了生存权大于债权的基本正义理念，可以认为是消费者权益保护观念在民事执行领域的具体体现。刘某峰提供了其与投资公司签订的11份商品房买卖合同，购买商品房多达数十套，很显然，其买房的用途不仅仅用于其个人居住，不属于消费性买受行为，应当排除在该司法解释保护范围之外。

3. 从物权规范角度分析

依照法律规定，物权归属的确定与判断，包括交付和登记两种形式。在不动产物权场合，登记是物权设立的唯一形式。根据现有司法解释，对民事执行具有排除性效力影响的，为物权预告登记。《最高人民法院关于人民法院办理执行异议和复议案件若干问题的规定》第三十条规定："金钱债权执行中，对被查封的办理了受让物权预告登记的不动产，受让人提出停止处分异议的，人民法院应予支持；符合物权登记条件，受让人提出排除执行异议的，应予支持。”通说认为，房屋预告登记是当事人依照物权法律规范行使的一项民事权利，该登记系为保障将来实现物权而按照约定进行的登记，具有排他效力，在具备法律规定的条件时消灭，具有期限性。《中华人民共和国物权法》第二十条规定：“当事人签订买卖房屋或者其他不动产物权的协议，为保障将来实现物权，按照约定可以向登记机构申请预告登记。预告登记后，未经预告登记的权利人同意，处分该不动产的，不发生物权效力。预告登记后，债权消灭或者自能够进行不动产登记之日起三个月内未申请登记的，预告登记失效。”《中华人民共和国民法典》第二百二十一条基本沿袭了这一规定，仅作文字修改。本案在查封有关房屋前，未查询到物权预告登记的信息，也没有证据证明买卖双方订立了有关于预告登记的协议。故案外人仅以向有关行政机关备案为由，请求解除查封措施，没有事实根据，也无法律依据。

4. 从房屋登记的规范角度分析

《中华人民共和国城市房地产管理法》第四十五条第二款规定，商品房预售人应当按照国家有关规定将预售合同报县级以上人民政府房产管理部门和土地管理部门登记备案。建设部第131号令《城市商品房预售管理办法》第十条第一款规定：“商品房预售，开发企业应当与承购人签订商品房预售合同。开发企业应当自签约之日起30日内，向房地产管理部门和市、县人民政府土地管理部门办理商品房预售合同登记备案手续。”上述法律、部门规章规定了开发商向行政机关履行商品房买卖合同备案登记的行政义务，此系开发商的法定义务，并非双方之约定义务，而且上述规范并未规定该类登记的对外效力。

而《中华人民共和国物权法》第二十条明确规定了预告登记对于物权变动的预防效力，即未经预告登记的权利人同意而处分该不动产，不发生物权效力。从司法解释的层面看，《最高人民法院关于人民法院办理执行异议和复议案件若干问题的规定》第三十条规定的受让物权预告登记，在登记内容、程序、性质与效力等方面与商品房买卖合同备案登记均具有明显差异。房屋预告登记与商品房买卖合同备案登记系不同性质的法律行为。商品房买卖合同备案登记仅是物权预告登记的条件之一，不具有物权预告登记的效力。根据上述法律、部门规章的规定，成立房屋预告登记，须满足以下条件：(一）买卖双方有预告登记之约定；(二）有已登记备案的商品房预售合同；(三）该登记事项记载于行政机关房屋登记簿上；(四）由房屋登记机构发放登记证明。

本案中，案外人提供的现有证据材料，仅能说明投资公司进行了相关商品房买卖合同的备案登记，而不能证明存在物权预告登记的事实，故应当驳回其异议。

《中华人民共和国民事诉讼法》第二百二十七条为2022年修改之前的法条内容，对应2022年修订后的《中华人民共和国民事诉讼法》第二百三十四条的规定。

编写人：四川省都江堰市人民法院　唐朝霞　马明林

063 房产拍卖中对案外人主张房屋租赁权的审查与处理

——于某与李某等执行异议案

【案件基本信息】

1. 裁判书字号

上海市闵行区人民法院（2015）闵执异字第5号民事判决书

2. 事由：案外人执行异议

3. 当事人

案外人：于某

申请执行人：李某

被执行人：胡某、张某

【基本案情】

上海市闵行区人民法院依据2013年12月31日作出的已经发生法律效力的上海市奉贤公证处（2013）沪奉证执行字第083号执行证书，在执行申请执行人李某与被执行人胡某、张某公证债权文书一案中，查得被执行人名下位于上海市闵行区保乐路358弄×号房产一幢，房产于2013年12月13日设立抵押，抵押权人即申请人李某。法院遂对该房屋依法进行评估、拍卖。在房屋的处置过程中，案外人于某对上述执行行为提出异议，主张对该房屋的租赁权。对此，法院依法受理，并组织听证审查。

在听证过程中，于某表示，被执行人胡某曾向其借款总计100多万元未还，故于2013年3月将上述房屋租于其使用，房租抵扣钱款，同年8月签订租赁合同，约定租赁期限为20年，且承租人有转租权。目前房屋已被于某转租给他人。因得知法院将拍卖该房屋，于某提出异议，主张在拍卖过程中，法院应保护其合法租赁权益。于某向法院提供证据如下：一是上海市杨浦区人民法院（2014）杨民一（民）初字第2357号民事调解书，借条、银行取款明细等，以证明欠款事实；二是2013年9月7日于某与胡某签订的租赁合同；三是于某与沈某的租赁合同，以证明房屋已由于某再转租给他人。

法院在听证审查中查明事实如下：（1）杨浦法院的民事调解书确认胡某分别在2014年1月16日、2月10日和2月20日向于某借款总计46万元，双方在杨浦法院主持调解下达成协议由胡某在2014年9月20日前归还于某欠款本金46万元，利息2.25万元以及于某因此支出的其他费用；二是于某和胡某在租赁合同中约定胡某将上海市闵行区保乐路358弄×号全幢房屋出租给于某，租期自2013年9月7日至2033年9月6日，每月租金8000元，抵扣胡某借于某之欠款和违约金，租赁保证金100万元，由于某交付胡某（于某表示该100万元即他给胡某的借款），于某对房屋有转租权，合同落款日期为2013年9月7日；三是落款署期为2013年9月7日、署名为胡某出具的借条，借条内容为胡某向于某借款100万元，并约定借款利息及其他费用；四是于某与沈某签订的租赁合同，租赁期限自2014年6月20日至2016年6月19日，落款日期为2014年6月8日；五是系争房屋现依法核准登记在胡某名下，并于2013年12月13日设立抵押，抵押权人为申请人李某，房屋于2014年2月8日始涉多案司法查封；六是法院于2014年12月9日曾约谈于某，于某表示系争房屋是其向被执行人胡某承租，租赁期限自2014年1月17日至2034年1月16日，其后再转租为沈某，并当场提交了与其陈述内容一致的租赁合同一份以佐证，2015年2月2日，于某向法院明确表示其在2014年12月9日提交的租赁合同的签订日期为2014年1月16日，即借款当日签订，此外双方再无签订过其他租赁合同。

【案件焦点】

1. 于某和胡某的租赁关系是否真实、合法、有效；2. 于某占有使用房屋的具体时间是何时，是在法院查封和抵押权设立时间之前或之后。

【法院裁判要旨】

上海市闽行区人民法院经审理后认为：于某前后数次的陈述及提供的证据，发现前后自述的事实以及举证的书证皆相互矛盾。第一，前后陈述的矛盾。于某在2015年2月2日表示其与胡某租赁合同签订日期为2014年1月16日，并明确此外再无其他租赁合同。然而，在法院告知其签订租赁合同的时间系在房屋设立抵押之后，故对受让人不具有约束力后，于某又在听证中陈述其与胡某合同签订日期为2013年8月1日（在抵押设立之前），租赁期限自2013年8月1日至2033年7月31日，并出示了第二份租赁合同。第二，借款书证的矛盾。于某提供的杨浦法院民事调解书确认胡某所欠其借款本金为46万元，借款日期自2014年1月16日至2014年2月20日分三笔借出。然而，于某另提供的借条反映胡某所欠其借款本金为100万元，借款日期在2013年9月7日。第三，租赁合同之间的矛盾。于某先后提供三份与胡某签订的租赁合同，所涉房屋同一，

2014 年 12 月 9 日提供签订日期为 2014 年 1 月 16 日的租赁合同，合同约定租赁保证金 30 万元，租期自 2014 年 1 月 17 日开始；2015 年 3 月 31 日提供签订日期为 2013 年 8 月 1 日的租赁合同，租期自 8 月 1 日开始；之后在听证中又提供了一份签订时间为 2013 年 9 月 7 日的合同，租赁保证金 100 万元，租期自 2013 年 9 月 7 日开始。

法院认为，第一，于某前后两次陈述的内容矛盾处突出，其在确认不再有其他合同后，经告知先前合同承载的租赁权不得对抗房屋之抵押权，就再次提出还有其他签订于抵押设立之前的租赁合同，对于前后言辞的不一致，于某并未提供合理的足以让人信服的解释，而自行推翻了先前的陈述，根据当事人陈述与证据认定原则，可信度较低。第二，若根据于某陈述及其提供的书证，对于同一房屋，于某和胡某先后签订了三份租赁合同，除租期开始日期和保证金外，并无其他实质性内容变更，这有违常理，不符合通常租赁合同的订立习惯，于某对此也未作出合理解释，故对三份租赁合同的真实有效性存疑。第三，于某提供的杨浦法院调解书和借条反映的两个债权，债权数额与两份租赁合同的保证金一致，时间上也吻合，考虑到本案执行法官曾告知其不同租赁时间所产生的不同法律后果，难以排除于某为谋取自身最大利益捏造证据的可能。

因此，于某自述的事实、举证的书证皆有多处矛盾，而租赁合同本身也未经依法登记备案，合同的真实性、合法性以及实际履行情况都未经诉讼或其他合法程序确认，遵循执行审查中有限、审慎实体审查原则，不宜在执行程序中界定租赁关系的真实有效性。综上，于某主张的异议缺乏必要的基础事实，不能阻却法庭强制执行行为，故法院作出驳回其异议的裁定。

【法官后语】

随着我国近十年来经济的飞速发展，市场活动的频繁、交易额度的增长直接导致法院执行案件标的大幅膨胀。在这一形势下，司法拍卖诸如房产等具有较高经济价值的财产势必成为一项重要执行措施。然而，被执行人以种种手段，试图抵抗司法拍卖，规避执行的现象已越来越多，形式也越趋复杂。通过表面“合法”的长期租赁合同，阻挠房产拍卖正是其中比较高明的规避执行手段。它是指在执行过程中，被执行人伪造房产租赁合同，表示其与案外人就该房屋有长期租赁关系，意图人为贬低房屋的经济价值，拖延处置时间，从而达到房屋不能拍卖或流拍的目的。

在上述情况下，为破解拍卖房屋受阻于虚假租赁合同的难题，引导异议人提出异议申请，进入听证程序以作审查是一种较为科学、有效的方法。

异议人所提出的对房屋享有租赁权且可以对抗申请执行人的异议成立，必须具备两个条件：第一，租赁关系真实有效。异议人需提供的必要证据有租赁合同、租金支付凭证以及实际占有使用房屋的凭证。执行审查中，可以组织听证对上述证据作必要质证，根据举证原则与证据认定规则，判断其真实性。例如，租金支付有无相关银行账户汇款明细等佐证，如果只有一纸收条，则证明力明显较低，若异议人主张租金与其他债权抵扣的，则应审查债权的真实合法性，一般情况下，若债权未经诉讼等合法程序确认的，执行中不宜直接认定。又如，有无该房屋平日生活所需水电煤缴费记录，缴款人是否为实际使用人，与合同约定是否一致等。第二，异议人占有使用房屋的时间是否在法院查封之前，若房屋设立抵押，抵押权人即执行申请人的，则实际使用时间是否在抵押权设立之前。实践中，由于合同签订时间的真实性往往较难认定，而异议人实际使用时间也很难有旁证加以证明，审查中，主要可通过小区物业的入住证明、装修手续、房屋交接书等进行判断，必要时，也可引导执行申请人对签字时间申请司法鉴定。

本案的裁决充分秉持了执行中审慎、有限实体审查的原则，对合同真实有效性的界定持谨慎态度，既充分指出了异议人所主张之事实的互相矛盾性，又不僭越审判权对租赁关系的界定，保护了执行申请人的合法权益，对今后同类情况的执行审查有不少借鉴意义。

编写人：上海市闵行区人民法院　孔祥虎　徐咼颢

二、对金钱和账户的执行

064 案涉账户内的资金其实质性权属并非账户开立人所有时能否排除法院的执行

——张某伟诉黄某炼执行异议之诉案

【案件基本信息】

1. 裁判书字号

北京市第一中级人民法院（2020）京01民终3084号民事判决书

2. 案由：执行异议之诉

3. 当事人

原告（上诉人）：张某伟

被告（被上诉人）：黄某炼

第三人：某家具公司

【基本案情】

黄某炼诉某家具公司租赁合同纠纷一案，黄某炼提出保全申请，北京市昌平区人民法院向某村民委员会送达民事裁定书和协助执行通知书，冻结某家具公司名下拆迁款300万元。2018年3月23日，北京市昌平区人民法院就该案作出（2017）京0114民初5695号判决书，判决：（1）某家具公司于本判决生效之日起七日内退还黄某炼租金3159640元；（2）某家具公司于本判决生效之日起七日内赔偿黄某炼经济损失7万元；（3）驳回黄某炼其他的诉讼请求；（4）驳回某家具公司的反诉诉讼请求。某家具公司不服本判决，上诉至二审法院，二审法院经审理作出（2018）京01民终4197号判决书，判决：（1）维持北京市昌平区人民法院（2017）京0114民初5695号民事判决第二项、第三项、第四项；（2）变更北京市昌平区人民法院（2017）京0114民初5695号民事判决第一项为：某家具公司于判决生效之日起七日内退还黄某炼租金3129827元。后黄某炼向北京市昌平区人民法院申请强制执行，执行中，北京市昌平区人民法院要求某村民委员会协助扣划某家具公司在某村民委员会应发款项3267190元。因某村民委员会将拆迁款发放给某家具公司，北京市昌平区人民法院向某村民委员会发出责令协助单位追款通知书，要求其自通知送达之日起十五日内追回擅自支付的款项300万元。经向某村民委员会核实，某家具公司共获得拆迁款91827641.2元，其中该公司股东张某营于2017年9月18日领取4000万元，并于次日将上述款项转入张某营名下银行卡。同年9月19日，张某营将3698万元转入张某银行卡。2018年2月2日，张某将3000万元转给某房地产公司。2018年11月21日，北京市昌平区人民法院向某房地产公司发出执行裁定书和协助执行通知书，并扣划了其账户内存款3342425.62元。案外人张某伟就此向本院提出书面异议，主张上述扣划款项系其所有，北京市昌平区人民法院经审理裁定驳回了张某伟的异议请求。后张某伟向本院提出案外人异议之诉。2017年9月18日，张某营领取拆迁补偿款4000万元存入北京农村商业银行七里渠支行，次日转入自己名下另一账户内。2017年9月19日，张某营将自己名下账户内3698万元转入张某名下账户内。

张某营于2017年10月26日领取某家具公司的另外部分拆迁补偿款51827641.2元，并于次日将全部金额存入张某伟名下，开立定期存单，总金额为51828073.1元（本息合计）。该定期存单于2017年11月1日销户，随之将51830232.6元转入张某名下账户。2017年11月1日，张某将自己名下账户内51828023.1元转入张某伟名下账户，该笔转账发生时张某伟该账户余额为0元。2017年11月16日，张某伟将自己名下账户内3086万元转入张某名下账户，转账时张某名下该账户余额只有121.21元。张某伟于2018年2月2日与某房地产公司签订《借款协议》一份，约定某房地产公司从张某伟处借款3000万元。同日，张某将自己名下账户内3000万元转入某房地产公司名下账户上。某家具公司的股东为闫某萍、张某伟、张某营，张某营原系该公司法定代表人，后于2018年5月30日该公司变更法定代表人为白某林。张某营系张某伟、张某之父。

【案件焦点】

案外人主张案涉账户内的资金其实质性权属并非账户开立人所有时能否排除法院的执行。

【法院裁判要旨】

北京市昌平区人民法院经审理认为：案外人提起执行异议之诉的，案外人应当就其对执行标的享有足以排除强制执行的民事权益承担举证证明责任。本案审理的焦点问题为张某伟对人民法院扣划的3342425.62元是否享有足以排除人民法院强制执行的民事权益。该3342425.62元是张某向某房地产公司转入3000万元的一部分，对于该3000万元，张某伟称系张某偿还其欠款及分配给其关于甲家具公司的拆迁款，对此张某伟未提交充分有效的证据加以证明，故本院对其该项抗辩意见不予采信。结合张某营领取某家具公司拆迁款的时间，转账给张某、张某伟相应款项的时间、金额，张某伟和张某之间转账时间节点的紧凑性、金额的特殊性（张某伟并未能证明如此大额转账金额的来源），不能排除该笔款项系张某营领取的某家具公司的拆迁款，张某伟未能举证证明其对法院扣划的3342425.62元享有足以排除法院强制执行的民事权益，故对于张某伟的主张，本院不予支持。本院依照《中华人民共和国民事诉讼法》第六十四条第一款、第一百四十四条、第二百二十七条，《最高人民法院关于适用〈中华人民共和国民事诉讼法〉的解释》第三百零五条、第三百零七条、第三百一十一条、第三百一十二条之规定，作出如下判决：

驳回张某伟的诉讼请求。

后张某伟不服本院判决，上诉至二审法院。

二审法院经审理同意一审法院的裁判意见。

【法官后语】

本案属于案外人提出的执行异议，案外人主张案涉账户内款项系其个人所有，请求我院中止对于案涉款项的执行。案外人提起执行异议之诉所要解决的问题实质上是案外人是否对执行标的享有足以阻止强制执行的民事权益。如果案外人享有足以阻止强制执行的民事权益，则可以据此要求执行法院停止对执行标的的强制执行。即只要停止针对执行标的强制执行，则案外人民事权益即得到保障。一般案外人提出执行异议应具备以下条件：（1）对执行标的提出异议的必须是案外人。当事人、利害关系人认为执行行为违反法律规定提出异议的则不是案外人异议。(2) 必须是案外人对执行标的主张自己的权利。它既包括主张对该标的享有全部所有权，也包括主张对该标的享有部分所有权。

如果案外人以其对法院冻结的他人名下的存款享有所有权为由，提出执行异议请求排除执行的，适用《中华人民共和国民事诉讼法》第三百零三条规定进行审查。案外人对执行标的提出异议，负有举证责任。案外人对执行标的主张权利的，应当向人民法院提供必要的证据加以证明，阐明事实。因此引发的执行异议之诉案件中，需要综合审查案外人提供的证据能否证明相关财产的来源及完整的流转过程，以此来确定案外人执行异议之诉中主张的民事权益是否具有实体法上的依据。具体到案外人执行异议之诉中关于账户资金的权属判断，在司法实践中存在争议。一种意见认为，对于一般账户中的资金，应当按照银行记载的情况即以账户的名称作为权属判断的基础与依据，但对于特定专用账户中的资金，应根据账户当事人对该资金的特殊约定以及相关法律规定来判断资金权属，并确定能否对该账户资金强制执行。另一种意见则认为，账户虽然违反了国家相关管理规定，但并不影响对账户内资金归属的确认。货币作为一种特殊动产，其本身存在无法辨别的困难，同时又是一种价值符号，流通性系其生命。被执行人银行账户是其行使货币流通手段的一种方式，虽然货币合法转入即属于法律规定的合法交付行为，此时，则不能简单地适用占有即所有的规则，案外人对于账户内资金如果享有足以阻止强制执行的民事权益的，则可以排除强制执行。笔者认为，第二种意见比较合理。一般情况下，对货币的占有即视为所有，但在某些特殊情况下，也存在对这一原则的例外，不能简单地根据对货币的占有就认定为所有。在案外人提出的对于账户资金是否享有阻却执行的权益判断上，关键在于认定账户内的资金是否特定化，是否与被执行人的其他资金相混同。如果该账户资金能够特定化，能够与被执行人的其他资金相区分，则可以阻却执行，反之则不能。

综上所述，对于一般账户中的货币，应以账户名称为权属判断的基本标准。对于某些特定专用账户中的货币，应根据账户当事人对该账户中货币的特殊约定和法律规定等相关条件判断资金权属，以及需要根据案件查明的具体事实判断能否对该账户中的资金强制执行。案外人异议旨在保护案外人合法的实体权利，在查明案涉款项的实体权益属于被执行人的情况下，应直接判决驳回案外人的诉讼请求。

编写人：北京市昌平区人民法院　王慧霞

065 账户内的资金是否享有质权的司法认定及强制执行程序排除的规程

——某银行凯里金泉支行诉林某标案外人执行异议之诉案

【案件基本信息】

1. 裁判书字号

浙江省温岭市人民法院（2020）浙 1081 民初 3009 号民事判决书

2. 案由：案外人执行异议之诉

3. 当事人

原告（案外人）：某银行凯里金泉支行

被告（申请执行人）：林某标

第三人（被执行人）：某房地产公司

【基本案情】

2014年3月13日，某银行凯里金泉支行（甲方）与某房地产公司（乙方）就某房地产公司开发的“二期×区1-8幢楼”项目签订了编号为“2014-01”的《一手房借款业务银企合作协议》一份，其中第六条约定：“乙方为个人住房、个人商用房贷款提供保证担保的，自甲方向该购房人发放借款之日起，至该购房人取得房地产权利证书，并办妥以甲方为抵押权人的抵押登记手续止；乙方为个人住房、个人商用房贷款提供担保的，应按甲方向合作项目发放的个人住房贷款余额的3%交纳保证金，并存入保证金专户（户名：某房地产公司，账号：×××），乙方以该保证金专户内的资金为乙方所担保的债务设定动产质押担保；乙方依合作协议、借款合同和担保合同（如有）约定需承担担保责任时，甲方有权直接从上述保证金专户划收相关款项。”2014年3月13日，某房地产公司在某银行凯里金泉支行处开立账号为×××的保证金专户。此后，某银行凯里金泉支行向购买该项目住房的购房人累计发放住房按揭贷款48笔，金额为1097.5万元。按照某房地产公司与某银行凯里金泉支行的约定，某房地产公司按照贷款余额的3%应当缴存保证金329250元，但在履行中实际缴存349650元，多缴存20400元。因贷款人杨某勇和文某未按期还贷，某银行凯里金泉支行从该账户中扣划了51988.82元。

林某标与吴某新、某房地产公司、郑某明、郑某民间借贷纠纷一案，浙江省温岭市人民法院于2016年9月26日作出（2016）浙1081民初2404号民事判决，由吴某新偿还给林某标借款21808700元，并支付自2014年1月1日起按年利率20%的标准计算至实际履行之日止的利息。某房地产公司、郑某明、郑某对上述款项承担连带共同保证责任。该判决生效后，吴某新、某房地产公司、郑某明、郑某没有履行判决确定的义务，林某标向浙江省温岭市人民法院申请执行。浙江省温岭市人民法院于2017年1月19日立案执行。在执行过程中，浙江省温岭市人民法院于2019年7月29日作出（2017）浙1081执652号执行裁定书，划拨某房地产公司开立在某银行凯里金泉支行处×××账户的存款310000元（实际扣划存款302565.32元至法院执行款专户）。2020年4月7日，某银行凯里金泉支行以案外人名义向浙江省温岭市人民法院提出执行异议，主张对某房地产公司×××账户内的保证金存款享有质押权，要求中止执行（2017）浙1081执652号执行裁定。2020年4月10日，浙江省温岭市人民法院作出（2020）浙1081执异22号执行裁定书，驳回了某银行凯里金泉支行的异议请求。某银行凯里金泉支行不服该裁定，于法定期限内向浙江省温岭市人民法院提起本案诉讼。

【案件焦点】

1. 如何认定出质人对账户内资金是否享有质权；2. 质权能否排除执行。

【法院裁判要旨】

浙江省温岭市人民法院经审理认为：本案的争议焦点为某银行凯里金泉支行对案涉账户内的资金是否享有质权，能否据此排除强制执行。对此，应首先判断某银行凯里金泉支行与某房地产公司之间金钱质押关系是否成立，进而判定某银行凯里金泉支行对案涉账户中的资金是否享有质权，能否排除人民法院强制执行。

1. 关于某银行凯里金泉支行与某房地产公司之间是否存在质押关系

根据《中华人民共和国物权法》第二百一十条、第二百一十二条以及《最高人民法院关于适用〈中华人民共和国担保法〉若干问题的解释》第八十五条的规定，案涉账户内的资金要认定为质押财产，须满足下列条件：一是某银行凯里金泉支行与某房地产公司之间存在质押合意。二是以案涉账户内的资金设定的质权已依法成立。关于第一点，某银行凯里金泉支行与某房地产公司订立的合作协议约定，某房地产公司同意为合作项目的购房人提供偿还贷款本息的阶段性连带责任保证，按某银行凯里金泉支行向合作项目发放的贷款余额的3%交纳保证金，并存入保证金专户。某房地产公司依照合作协议、借款合同需承担担保责任时，某银行凯里金泉支行有权直接从保证金专户划收相关款项。从该约定的内容来看，某银行凯里金泉支行与某房地产公司已经达成了某房地产公司在某银行凯里金泉支行指定的保证金专用账户存入贷款余额3%的款项作为履约保证金，以保证借款人（购房人）按期偿还按揭贷款的合意。关于第二点，案涉质权是否已依法设立。根据《最高人民法院关于适用〈中华人民共和国担保法〉若干问题的解释》第八十五条的规定，金钱质押生效要件包括金钱特定化和移交债权人占有。（1）案涉账户内的金钱是否特定化。案涉账户在合作协议签订的当日开立，类型载明为保证金专户，该账户资金独立于出质人的其他财产。从账户用途看，仅用于接收某房地产公司存缴的保证金和保证金的扣划，虽然每笔贷款发放时间与保证金缴存时间不能一一对应，但某房地产公司已按发放贷款总额的3%予以缴存，并且该账户除发生扣划6笔共计51988.82元用于偿还杨某勇和文某逾期贷款外，账户内款项未用于保证金业务之外的其他业务结算，符合金钱以保证金形式特定化的要求。故某标关于贷款时间与缴存时间不能对应，账户内资金存在混同，不符合特定化要求的抗辩意见，法院不予采纳。（2）关于出质金钱是否移交债权人占有。根据合作协议约定，某房地产公司在某银行凯里金泉支行开立保证金专户，并缴存保证金后，某银行凯里金泉支行作为质权人，即按约定取得对该账户的占有，未经某银行凯里金泉支行同意，某房地产公司不得自由支取账户内资金，实质上丧失了对保证金账户的控制权和管理权。而在个人贷款逾期情形出现时，该保证金直接用于偿还逾期贷款。因此，某银行凯里金泉支行已实际控制和管理案涉账户，符合出质金钱移交债权人占有的要求。综上所述，本案金钱质押已经设立。从本案查明的事实看，某银行凯里金泉支行发放给借款人（购房人）的按揭贷款总额为1097.5万元，合作协议约定的履行保证金为贷款余额的3%，即履约保证金应为329250元，但实际缴存保证金349650元，对于多缴的20400元不能认定为保证金。某银行凯里金泉支行因贷款人杨某勇和文某未按期还贷，从该账户中扣划51988.82元，保证金剩余应为277261.18元，故某银行凯里金泉支行仅对277261.18元保证金享有质权。林某标认为本案不存在金钱特定化，某银行凯里金泉支行不享有质权的理由不能成立，法院不予支持。

2. 关于某银行凯里金泉支行享有的质权能否排除执行

《中华人民共和国物权法》第二条第三款规定，物权是指权利人依法对特定的物享有直接支配和排他的权利，包括所有权、用益物权和担保物权。据此，物权相较债权而言具有优先性，即当同一标的物之上同时存在债权人主张债权与物权人主张物权相冲突时，物权优先于债权实现。本案中某银行凯里金泉支行对案涉保证金账户内的资金享有担保物权，而林某标作为某房地产公司的普通债权人对案涉账户内的存款享有的仅是一般债权，某银行凯里金泉支行享有的物权应当优先于林某标的普通债权得以实现。因此，某银行凯里金泉支行对执行标的享有的质权足以排除林某标与吴某新、某房地产公司、郑某明、郑某民间借贷纠纷一案的强制执行。

综上，某银行凯里金泉支行对保证金账户内的 277261. 18 元保证金享有足以排除强制执行的民事权益。对某房地产公司多缴存的 20400 元，因该笔款项并不属于保证金，不享有排除强制执行的民事权益，故对法院扣划的 302565. 32 元中的 277261. 18 元依法应停止执行。本案作为执行异议之诉案件，不涉及撤销或改变具体执行措施，某银行凯里金泉支行要求中止执行（2017）浙 1081 执 652 号执行裁定书，暂缓支付已扣划的保证金，并要求判决退还被扣划的 302565. 32 元，均不属执行异议之诉的审理范围，在本案中不予审查。

浙江省温岭市人民法院依照《中华人民共和国物权法》第二百一十条、第二百一十二条，《最高人民法院关于适用〈中华人民共和国担保法〉若干问题的解释》第八十五条，《中华人民共和国民事诉讼法》第二百二十七条和《最高人民法院关于适用〈中华人民共和国民事诉讼法〉的解释》第二百四十条、第三百一十二条第一款第一项及第二款之规定，作出如下判决：

一、原告某银行凯里金泉支行对第三人某房地产公司账户（账号为×××）内的277261.18元保证金享有质权；

二、不得执行第三人某房地产公司（账号为×××）内的保证金277261.18元；

三、驳回原告某银行凯里金泉支行的其他诉讼请求。

判决后，双方当事人均未上诉，本判决现已生效。

【法官后语】

1. 保证金担保的规则演变

《最高人民法院关于适用〈中华人民共和国担保法〉若干问题的解释》① 明确了特定化的金钱在移交债权人占有后，债权人享有优先受偿权。但是，何种情形符合金钱特定化，仅描述为特户、封金、保证金，其形式在事实要件层面还不够清晰，对移交占有的要件认定，也仅有原则性的描述。《最高人民法院关于适用〈中华人民共和国民法典〉有关担保制度的解释》② 对此作了进一步明确，厘清了司法实践的裁判标准，消弭了不必要的分歧。

---

① 《最高人民法院关于适用〈中华人民共和国担保法〉若干问题的解释》第八十五条规定：债务人或者第三人将其金钱以特户、封金、保证金等形式特定化后，移交债权人占有作为债权的担保，债务人不履行债务时，债权人可以以该金钱优先受偿。

② 《最高人民法院关于适用〈中华人民共和国民法典〉有关担保制度的解释》第七十条规定：债务人或者第三人为担保债务的履行，设立专门的保证金账户并由债权人实际控制，或者将其资金存入债权人设立的保证金账户，债权人主张就账户内的款项优先受偿的，人民法院应予支持。当事人以保证金账户内的款项浮动为由，主张实际控制该账户的债权人对账户内的款项不享有优先受偿权的，人民法院不予支持。在银行账户下设立的保证金分户，参照前款规定处理。当事人约定的保证金并非为担保债务的履行设立，或者不符合前两款规定的情形，债权人主张就保证金优先受偿的，人民法院不予支持，但是不影响当事人依照法律的规定或者按照当事人的约定主张权利。

(1) 特定化金钱账户名称的统一

如何判断金钱特定化，需要有外在形式的判断，原担保法解释将该账户描述为特户、封金、保证金等，不仅名称上存在多种称谓，其文义上的“等”也给实践徒增分歧。新担保制度解释进一步统一名称上的表述，将该特定化资金所在的账户统称为保证金，至于是独立账户还是银行账户下的分户，其性质的认定可结合其形式上的名称和实质上的用途综合判断。

(2) 金钱特定化认定的标准

金钱作为种类物，一般情形下适用占有即所有，难以区分其特殊用途。原担保法解释虽然明确金钱特定化后，其适用特殊的法律规则，但对于如何判断是否特定化没有给出明确的裁判指引。新担保制度解释在此基础上进一步厘清判断标准，无论是债务人或第三人设立专门的保证金账户还是将资金存在债权人设立的保证金账户，只要该账户由债权人实际控制，都符合金钱特定化的要件。

(3) 账户内资金浮动的影响

基于金钱作为特殊的种类物，其外在价值高低表现在账户金额的大小，账户内资金浮动是否相应保证金账户的性质存在分歧。原担保法解释仅描述为账户资金应当特定化，有观点就认为，该特定化须保证账户资金绝对固定，如果存在浮动，其保证金账户就不能享有优先受偿权。新担保制度解释进一步明确了资金浮动带来的影响，消弭了因资金浮动对性质认定的分歧。

2. 账户内的资金是否享有质权的司法认定

金钱作为特殊的动产质押须具备以下要件：一是双方当事人要签订质押合同，有将金钱作为质押的意思表示；二是要对质押物的金钱进行特定化，并移交债权人占有。

(1) 质押合意形式的司法认定

设立质权，当事人应当采用书面形式订立质押合同。质押合同一般包括下列条款：被担保债权的种类和数额，债务人履行债务的期限，质押财产的名称、数量等情况，担保的范围，质押财产交付的时间、方式等。司法实务中，即使没有单独签订质押合同，双方签订的协议中包含了上述条款的意思表示，也应当认定双方存在质押合意。

(2) 质押账户资金特定化的司法认定

账户特定化后仍然存在资金浮动的问题，保证金账户的特定化并非固定化，账户资金在使用过程中，资金余额变化与担保业务实际发生情况相关联，资金余额虽处于浮动状态，但案涉账户资金浮动均与保证金业务相对应，从转入的保证金看，该账户并没有作为收款账户接收第三方汇款；从支出情况看，该账户的资金变化均用于偿还逾期贷款的债务，并没有作为日常结算账户，向第三人付款。因此，符合上述要求的账户资金符合特定化的要求。

(3) 出质金钱是否移交债权人占有的司法认定

质权自出质人交付质押财产时设立，占有是指对物进行控制和管理的事实状态。案涉账户开立在某银行凯里金泉支行，某房地产公司作为账户内资金的所有权人，本应享有自由支配的权利，但根据双方的合作协议约定，未经某银行凯里金泉支行同意，某房地产公司不得动用保证金账户内的资金，但约定按揭贷款逾期后，某银行凯里金泉支行有权直接扣划账户内资金，由此可见某银行凯里金泉支行取得了账户内资金的实际控制权。

3. 系争案件梳理提炼的特殊规则

(1) 保证金账户多缴存部分的性质认定

双方就保证金账户内的资金约定与实际缴存金额不一致时，如何认定？一种情形是实际缴存金额超出约定金额，另一种情形是实际缴存金额少于约定金额，在上述两种情形下，保证金账户质押是否有效，如果有效，优先受偿的金额如何认定？在本案中，实际缴存金额超出约定金额，债务人已履行将约定资金交由债权人控制的义务，质押应当有效，对于超出部分，因没有约定其具有特殊用途，不享有优先受偿权。至于少缴的情形，质押以交付为必要条件，在实际缴存范围内质押仍然有效，债权人对实际缴存金额享有优先受偿权。

（2）贷款时间和缴存时间不能一一匹配情形下的认定

在分期履行的情形下，贷款时间和保证金缴存时间可能存在时间差，如果不能一一匹配，是否影响质押权的效力？在本案中，房产销售过程中，贷款时间和缴存时间存在时间差，但基于双方的约定，保证金缴存的用途系担保贷款的正常还款，虽然在时间上不能一一匹配，但在质押实现时，时间上的错位并不影响其权利的行使，从权利实现的整体效果而言，即使存在缴存时间和缴存金额的错位，债权人就权利实现时，保证金账户内不超出约定金额范围的资金主张优先受偿权的，依法应当予以支持。

编写人：浙江省温岭市人民法院　陈泳滨

066　请求追加“被追加的”被执行人的合伙人无法律依据

——边某萍诉冯某恩执行异议之诉案

【案件基本信息】

1. 裁判书字号

最高人民法院（2021）最高法民申6402号民事裁定书

2. 案由：执行异议之诉

3. 当事人

原告（上诉人、再审申请人）：边某萍

被告（被上诉人、被申请人）：冯某恩

第三人：甲投资管理中心、乙投资管理中心、丙投资管理公司、丁能源科技公司、戊能源投资公司、庚股权投资中心

【基本案情】

甲投资管理中心系有限合伙企业，成立于2013年8月15日，其中，冯某恩为有限合伙人，丙投资管理公司为普通合伙人。合伙协议载明，冯某恩认缴出资100万元，实缴出资100万元。《认缴出资确认书》载明，冯某恩以货币的方式出资100万元，出资时间为2013年8月5日，上有冯某恩的签字和丙投资管理公司的公章。

2016年12月26日，北京仲裁委员会对边某萍与乙投资管理中心、丙投资管理公司、丁能源科技公司、戊能源投资公司、庚股权投资中心仲裁一案作出（2016）京仲裁字第1890号裁决书，裁决：解除边某萍与乙投资管理中心、丙投资管理公司2015年11月28日签订的三份《合伙协议》；乙投资管理中心偿还边某萍本金342万元、截至2016年5月31日的利息209971.1元及以342万元本金为基数的利息（自2016年6月1日起至实际付清之日止），丙投资管理公司、丁能源科技公司、戊能源投资公司及庚股权投资中心对上述款项承担连带责任。

2017年2月15日，边某萍以该裁决书为依据向北京市第三中级人民法院申请执行，北京市第三中级人民法院以（2017）京03

执173号立案强制执行。后边某萍向法院申请追加甲投资管理中心作为被执行人，法院作出（2017）京03执异140号执行裁定书，裁定驳回边某萍的申请，后边某萍提起执行异议之诉，遂形成（2017）京03民初365号案件。2018年10月18日，北京市第三中级人民法院（2017）京03民初365号民事判决书判决“追加被告甲投资管理中心为被执行人并在500万元的本息范围内，对北京市第三中级人民法院（2017）京03执173号案件中第三人丁能源科技公司的还款义务承担补充赔偿责任”。

后申请人边某萍以冯某恩对甲投资管理中心出资不实为由向执行法院申请追加冯某恩为被执行人，北京市第三中级人民法院作出（2019）京03执异280号执行裁定书，裁定驳回边某萍的请求。边某萍不服向法院提起执行异议之诉，遂形成本案。

【案件焦点】

边某萍再次主张被生效判决追加为被执行人的甲投资管理中心的合伙人冯某恩为被执行人是否有法律依据。

【法院裁判要旨】

北京市第三中级人民法院经审理认为：《最高人民法院关于民事执行中变更、追加当事人若干问题的规定》第三十二条规定：“被申请人或申请人对执行法院依据本规定第十四条第二款、第十七条至第二十一条规定作出的变更、追加裁定或驳回申请裁定不服的，可以自裁定书送达之日起十五日内，向执行法院提起执行异议之诉。被申请人提起执行异议之诉的，以申请人为被告。申请人提起执行异议之诉的，以被申请人为被告。”北京市第三中级人民法院于2019

年 4 月 28 日作出（2019）京 03 执异 280 号执行裁定书，裁定驳回边某萍申请追加冯某恩为被执行人的请求，边某萍于 2019 年 5 月 5 日收到该裁定书，现边某萍以冯某恩为被告于 2019 年 5 月 16 日向法院提交起诉状提起执行异议之诉，符合上述法律及司法解释的规定。

在（2017）京 03 执 173 号案件中，被执行人为丙投资管理公司、丁能源科技公司、戊能源投资公司、乙投资管理中心及庚股权投资中心。后因甲投资管理中心未按期足额向丁能源科技公司缴纳出资，生效判决已确认追加甲投资管理中心为被执行人并在 500 万元的本息范围内，对（2017）京 03 执 173 号案件中第三人丁能源科技公司的还款义务承担补充赔偿责任。现边某萍再次主张被生效判决追加为被执行人的甲投资管理中心的合伙人冯某恩为被执行人是否有法律依据系本案的争议焦点。

《最高人民法院关于民事执行中变更、追加当事人若干问题的规定》第十四条第二款规定："作为被执行人的有限合伙企业，财产不足以清偿生效法律文书确定的债务，申请执行人申请变更、追加未按期足额缴纳出资的有限合伙人为被执行人，在未足额缴纳出资的范围内承担责任的，人民法院应予支持。"按照上述规定，作为被执行人的未按期足额缴纳出资的有限合伙人可以被追加为被执行人，但该有限合伙人被追加为被执行人后，能否无限制追加出资人，目前尚无明确法律规定，考虑到目前变更、追加被执行人制度中当事人救济程序的不完善，应对该规定进行严格解释。因甲投资管理中心未按期足额向丁能源科技公司缴纳出资，另案生效判决已支持了边某萍追加甲投资管理中心为（2017）京 03 执 173 号案件被执行人的情况下，边某萍再次起诉主张追加甲投资管理中心的有限合伙人冯某恩为（2017）京 03 执 173 号案件被执行人，不应适用上述规定，其诉讼请求无法律依据，法院不予支持。

北京市第三中级人民法院依据《最高人民法院关于民事执行中变更、追加当事人若干问题的规定》第十四条、第三十二条，《中华人民共和国民事诉讼法》第一百四十四条之规定，作出如下判决：

驳回原告边某萍的全部诉讼请求。

边某萍不服一审判决，提起上诉。

北京市高级人民法院经审理认为：经边某萍申请，法院已经依据《最高人民法院关于民事执行中变更、追加当事人若干问题的规定》第十七条"……申请执行人申请变更、追加未缴纳或未足额缴纳出资的股东、出资人或依公司法规定对该出资承担连带责任的发起人为被执行人，在尚未缴纳出资的范围内依法承担责任的，人民法院应予支持"的规定，追加甲投资管理中心为被执行人，在未履行的出资额范围内对（2016）京仲裁字第 1890 号裁决确定的丁能源科技公司债务不能清偿的部分承担补充赔偿责任。现边某萍申请追加冯某恩为本案的被执行人，法院认为，冯某恩既不是（2016）京仲裁字第 1890 号仲裁案件中确认的债务人，也不是丁能源科技公司的股东，不属于前述规定的适用范围，故边某萍关于依据《最高人民法院关于民事执行中变更、追加当事人若干问题的规定》第十四条第二款的规定追加冯某恩为被执行人的上诉请求，与法律规定不符，法院不予支持。一审判决认定事实清楚，适用法律正确，应予维持。

北京市高级人民法院依据《中华人民共和国民事诉讼法》第一百六十九条第一款、第一百七十条第一款第一项之规定，作出如下判决：

驳回上诉，维持原判。

边某萍不服二审判决，申请再审。最高人民法院同意一审、二审的裁判意见，裁定驳回边某萍的再审申请。

【法官后语】

执行程序中追加被执行人是一种兼顾程序效益和程序公正的选择，有其独特的价值。另外，考虑到民事执行的性质在执行程序中直接对当事人追加时也应当有所限制，从而使得执行程序中当事人的追加能够最大限度地与通过民事审判程序所确定的实体权利义务关系相一致。对是否追加被执行人的裁定不服，可以提起执行异议之诉，由审判程序进行审查。执行程序及执行异议之诉程序中追加被执行人是特定情形下对执行依据义务履行主体的扩张，应当严格遵照法律及司法解释关于追加被执行主体的相关规定。

1. 追加被执行人应当秉持法定原则

《最高人民法院关于民事执行中变更、追加当事人若干问题的规定》第一条规定："执行过程中，申请执行人或其继承人、权利承受人可以向人民法院申请变更、追加当事人。申请符合法定条件的，人民法院应予支持。"由此可见，司法解释开宗明义地指出，变更、追加当事人应当坚持法定原则，申请变更、追加执行当事人的事由须符合《最高人民法院关于民事执行中变更、追加当事人若干问题的规定》中的法定事由。

《最高人民法院关于民事执行中变更、追加当事人若干问题的规定》第十四条规定："作为被执行人的合伙企业，不能清偿生效法律文书确定的债务，申请执行人申请变更、追加普通合伙人为被执行人的，人民法院应予支持。作为被执行人的有限合伙企业，财产不足以清偿生效法律文书确定的债务，申请执行人申请变更、追加未按期足额缴纳出资的有限合伙人为被执行人，在未足额缴纳出资的范围内承担责任的，人民法院应予支持。”通过上述规定可知，追加合伙企业的合伙人为被执行人需满足以下三个条件：作为被执行人的合伙企业；不能清偿生效法律文书确定的债务；普通合伙人或未按期足额缴纳出资的有限合伙人。

（1）作为被执行人的合伙企业。被执行人从性质上分为两种：一种是原被执行人，即依据基础的法律关系经生效法律文书所确定的被执行人；另一种是被追加的被执行人，即因作为原被执行人的公司的股东未缴纳或未足额缴纳出资、抽逃出资或因作为原被执行人的合伙企业的普通合伙人和有限合伙人未按时足额出资时，法院依法追加该股东或合伙人为被执行人。因原被执行人与被追加的被执行人是不同的执行对象，且执行对象所承担的法律责任也不相同，故原被执行人与被追加的被执行人的性质不同，是两个不同的被执行人。《最高人民法院关于民事执行中变更、追加当事人若干问题的规定》第十四条规定中的作为被执行人的合伙企业应理解为“作为原被执行人的合伙企业”，对被执行人作限制性解释。故追加“被追加的”被执行人的有限合伙企业的有限合伙人无法律依据，不应支持。

（2）不足以清偿生效法律文书确定的债务。生效法律文书所确定的债务从性质上亦包含两种：一种是基础的债权债务关系所产生的生效法律文书确认的债务；一种是经过变更、追加被执行人程序所产生的生效法律文书确定的债务。前者不包括因未缴纳或未足额缴纳出资、抽逃出资、未依法出资即转让股权、资产混同、未经清算即办理注销登记而被追加为被执行人时所依法承担相应的连带责任所产生的债务。《最高人民法院关于民事执行中变更、追加当事人若干问题的规定》第十四条规定中的“不足以清偿生效法律文书确定的债务”应理解为经生效法律文书确认的基础债权债务，并不包含追加被执行人后所产生的在一定范围内承担连带清偿的债务，即对“不足以清偿生效法律文书确定的债务”中的“债务”亦应作限制性解释。故“被追加的”被执行人的有限合伙企业，并不存在“不足以清偿生效法律文书确定的债务”的情形，申请人请求追加“被追加的”被执行人的有限合伙企业的有限合伙人为被执行人，无法律依据，亦不应支持。

(3) 具体到本案的法律适用。本案中，边某萍主张依据《最高人民法院关于民事执行中变更、追加当事人若干问题的规定》第十四条第二款“作为被执行人的有限合伙企业，财产不足以清偿生效法律文书确定的债务，申请执行人申请变更、追加未按期足额缴纳出资的有限合伙人为被执行人，在未足额缴纳出资的范围内承担责任的，人民法院应予支持”的规定，请求追加甲投资管理中心的有限合伙人冯某恩为被执行人，边某萍的主张是否有符合上述司法解释的规定，正是争议的焦点所在。首先，在生效法律文书（2016）京仲裁字第1890号裁决执行过程中，经申请执行人的申请，法院已经依据《最高人民法院关于民事执行中变更、追加当事人若干问题的规定》第十七条“申请执行人申请变更、追加未缴纳或未足额缴纳出资的股东、出资人或依公司法规定对该出资承担连带责任的发起人为被执行人，在尚未缴纳出资的范围内依法承担责任的，人民法院应予支持”的规定，追加甲投资管理中心为被执行人，在甲投资管理中心未履行的出资额范围内对（2016）京仲裁字第1890号裁决确定的丁能源科技公司债务不能清偿的部分承担补充赔偿责任。

其次，本案甲投资管理中心并非最初生效法律文书（2016）京仲裁字第1890号裁决书所确定的债务人，亦并非法院最初依据（2016）京仲裁字第1890号裁决书而采取执行措施的（2017）京03执173号案件的原被执行人，即甲投资管理中心系“被追加”的被执行人，故边某萍申请追加甲投资管理中心的有限合伙人冯某恩为被执行人的请求，不符合上述司法解释规定的“作为被执行人的合伙企业”和“财产不足以清偿生效法律文书确定的债务”两个法定条件，不应支持。

2. 类似执行异议之诉案件处理的思路

根据《最高人民法院关于民事执行中变更、追加当事人若干问题的规定》中第十四条至第二十一条的规定，追加、变更被执行人异议之诉涉及的情形有以下七种：（1）作为被执行人的合伙企业，不能清偿生效法律文书确定的债务，申请执行人申请变更、追加普通合伙人为被执行人；（2）作为被执行人的有限合伙企业，财产不足以清偿生效法律文书确定的债务，申请执行人申请变更、追加未按期足额缴纳出资的有限合伙人为被执行人，在未足额缴纳出资的范围内承担责任；（3）作为被执行人的营利法人，财产不足以清偿生效法律文书确定的债务，申请执行人申请变更、追加未缴纳或未足额缴纳出资的股东、出资人或依公司法规定对该出资承担连带责任的发起人为被执行人，在尚未缴纳出资的范围内依法承担责任；（4）作为被执行人的营利法人，财产不足以清偿生效法律文书确定的债务，申请执行人申请变更、追加抽逃出资的股东、出资人为被执行人，在抽逃出资的范围内承担责任；（5）作为被执行人的公司，财产不足以清偿生效法律文书确定的债务，其股东未依法履行出资义务即转让股权，申请执行人申请变更、追加该原股东或依公司法规定对该出资承担连带责任的发起人为被执行人，在未依法出资的范围内承担责任；（6）作为被执行人的一人有限责任公司，财产不足以清偿生效法律文书确定的债务，股东不能证明公司财产独立于自己的财产，申请执行人申请变更、追加该股东为被执行人，对公司债务承担连带责任；（7）作为被执行人的公司，未经清算即办理注销登记，导致公司无法进行清算，申请执行人申请变更、追加有限责任公司的股东、股份有限公司的董事和控股股东为被执行人，对公司债务承担连带清偿责任。

在处理上述七种追加、变更被执行人异议之诉的审判程序中，应严格适用法定原则，追加、变更被执行人仅限于对基础债权债务生效法律文书所确定的债务，在裁定或判决已追加股东或合伙人为被执行人并责令其在未缴纳出资、未足额出资、抽逃出资、财产混同和未依法清算范围内承担连带清偿责任后，如果被追加的股东公司、合伙企业的财产不足以清偿生效法律文书确定的连带债务，申请追加“被追加的被执行人”的股东或合伙人，属于无法律依据，均不符合上述七种变更、追加被执行人的情形。总之，法院在处理执行异议之诉案件中，仅能追加对执行依据即生效法律文书所确认的被执行人负有连带承担义务的股东或合伙人，不能无限次追加。

本案适用的司法解释为自2016年12月1日起施行的《最高人民法院关于民事执行中变更、追加当事人若干问题的规定》，该司法解释已经于2020年12月29日修改，于2021年1月1日实施，本案适用的条文并无修改，故对当前审理的案件依然具有参考价值。

编写人：北京市第三中级人民法院　单海涛　张玉娜

067 三方达成执行和解后，一方未完全履行和解协议的处理

——某珠宝公司与杨某天执行复议案

【案件基本信息】

1. 裁判书字号

云南省高级人民法院（2020）云执复216号执行裁定书

2. 事由：执行复议

3. 当事人

申请执行人：杨某天

被执行人（异议人、复议申请人）：某珠宝公司

【基本案情】

申请执行人杨某天依据昆仲裁（2014）172号裁决书向云南省昆明市中级人民法院申请对某珠宝公司强制执行。该案经终结本次执行程序后恢复执行。某珠宝公司主张其与申请执行人杨某天、第三人某建设公司在执行过程中签订了《三方协议》，协议约定：三方一致同意由某建设公司支付杨某天款项2185万元，某珠宝公司支付杨某天100万元，合计2285万元等内容。现某珠宝公司已支付100万元，某建设公司已支付500万元。珠宝公司主张其已履行和解协议即《三方协议》中的义务，故对法院恢复执行不服，提出执行异议，请求终结案件执行，解除对其采取的查封、冻结、扣押、拍卖、限制高消费等所有执行措施。

【案件焦点】

被执行人履行完执行和解协议约定，但第三方未履行完毕，执行案件是否可以终结执行。

【法院裁判要旨】

云南省昆明市中级人民法院经审理认为：根据异议人某珠宝公司的主张，其与申请执行人杨某天以及案外人某建设公司达成《三方协议》，其已履行了约定义务，某建设公司没有履行完毕约定义务。因《三方协议》中的一方当事人并未履行完毕约定的付款义务，故《三方协议》未履行完毕，法院不能对该执行案件作执行结案处理。申请执行人申请恢复执行原生效法律文书，人民法院依法恢复执行并采取查封、冻结、扣押等执行措施符合法律规定。异议人的请求不能成立，应不予支持。

云南省昆明市中级人民法院依据《最高人民法院关于人民法院办理执行异议和复议案件若干问题的规定》① 第十七条第一款第一项、《中华人民共和国民事诉讼法》第二百二十五条之规定，裁定如下：

驳回某珠宝公司的异议请求。

某珠宝公司不服执行裁定，提出复议。复议审查期间，某珠宝公司申请撤回复议申请，云南省高级人民法院裁定准许撤回复议申请。

---

① 《最高人民法院关于人民法院办理执行异议和复议案件若干问题的规定》于2020年修正，将条文中的“公民”修正为“自然人”；“其他组织”修正为“非法人组织”；“投资人”修正为“出资人”。

【法官后语】

执行和解制度是民事执行制度的重要组成部分，具有便捷执行方式、简化执行程序、减少执行压力、缓解当事人矛盾、促进社会和谐等作用，是人民法院处理执行案件的重要手段。2018 年 3 月 1 日施行的《最高人民法院关于执行和解若干问题的规定》[①] 对执行和解的相关问题作出了规定，司法实践中应准确理解法律规定，把握好执行和解的程序，做到规范执行和解，维护当事人、利害关系人的合法权益。特别要注意以下方面：第一，正确理解执行和解协议的效力。和解协议系当事人之间设立、变更、终止民事权利义务关系的意思自治，其本质是当事人之间的合同关系，对各方具有合同约束力。该合同关系并不是生效法律文书，并不具备强制执行效力。第二，正确运用执行措施。如当事人在完全履行执行和解协议的情况下，申请执行人的权利因合同履行完毕而得以实现，其申请强制执行的权利因此消灭，此时执行案件应作结案处理。而在和解协议未能完全履行的情况下，由于执行和解协议并非生效法律文书，申请执行人可以选择申请恢复执行原生效法律文书或者就履行执行和解协议向执行法院提起诉讼，并不能申请强制执行和解协议约定的内容。

本案中，申请执行人、被执行人、第三人三方达成执行和解协议，在被执行人履行完毕协议约定的义务，第三人未完全履行协议约定义务的情况下，申请人并不能直接申请强制执行第三人，其可以选择申请恢复执行原生效法律文书或提起诉讼。被执行人对恢复

---

① 《最高人民法院关于执行和解若干问题的规定》于 2020 年修正，将条文中涉及合同法的条款修正为民法典对应条款。

执行不服，从程序上来看，根据《最高人民法院关于执行和解若干问题的规定》第十二条的规定，其应提起执行行为异议。故本案通过执行行为异议程序处理是恰当的。从实体上来看，根据《最高人民法院关于执行和解若干问题的规定》第八条的规定，“执行和解协议履行完毕的，人民法院作执行结案处理”。这里规定的“履行完毕”是指和解协议的全部内容履行完毕。现执行案件中一方没有完全履行和解协议，和解协议并未履行完毕，则被执行人申请终结执行案件不能成立。从法理上来看，如果此时执行结案，申请执行人又不能直接申请强制执行案外人，则显然没有保护申请执行人的合法权益，不符合公平正义的司法原则。故不应执行结案，而应根据申请执行人的申请恢复执行。

本案还需厘清以下问题：(1) 被执行人已经履行了和解协议约定的其应承担的部分应如何保护。《最高人民法院关于执行和解若干问题的规定》第十七条对该问题的处理作出了规定，即恢复执行后，执行和解协议已经履行部分应当依法扣除。(2) 本案中达成和解协议的第三人的责任应如何体现。如前文所述，第三人应受到和解协议这个合同的约束，即申请执行人可以起诉案外人要求其承担合同责任。如果申请执行人提起诉讼，则执行案应根据《最高人民法院关于执行和解若干问题的规定》第十四条的规定处理，在申请执行人就履行执行和解协议提起诉讼，执行法院受理后，可以裁定终结原生效法律文书的执行。

编写人：云南省昆明市中级人民法院　冯丽萍　陈栋

068 执行法院可直接审查执行和解协议之效力

——某制造公司与某电子科技公司执行和解争议案

【案件基本信息】

1. 裁判书字号

江苏省无锡市中级人民法院（2019）苏 02 执复 73 号执行裁定书

2. 事由：执行和解争议

3. 当事人

申请执行人：某制造公司

被执行人（复议申请人）：某电子科技公司

【基本案情】

某制造公司与某电子科技公司买卖合同纠纷一案，江苏省无锡市惠山区人民法院于 2017 年 6 月 8 日作出民事调解书确认：某电子科技公司结欠某制造公司货款 1452525.33 元，应于 2017 年 6 月 30 日前支付 252525.33 元，余款 120 万元自 2017 年 7 月起至 2018 年 1 月于每月 30 日前支付 16 万元，于 2018 年 2 月 5 日支付余款 8 万元，如有一期未按期足额支付，需另支付违约金 20 万元。该民事调解书在履行过程中，某电子科技公司多次未按期足额付款，直至 2018 年 5 月 7 日才付清全部货款。2019 年 1 月 9 日某制造公司向江苏省无锡市惠山区人民法院申请执行，要求某电子科技公司支付违约金 20 万元。执行案件立案后，某电子科技公司提出异议称，双方在履行民事调解书的过程中就延期付款达成了和解协议，某制造公司同意某电子科技公司只需支付货款本金，免除违约金20万元，后某电子科技公司付清了全部款项，无须再支付违约金20万元，请求法院驳回某制造公司的执行申请。某制造公司认为某电子科技公司多次未按调解书确定的期限足额付款构成违约，应承担民事调解书约定的违约金20万元，某电子科技公司提出的异议没有事实和法律依据。

【案件焦点】

执行过程中，双方当事人就和解协议发生争议，执行法院能否直接审查。

【法院裁判要旨】

江苏省无锡市惠山区人民法院经审理认为：某电子科技公司称已与某制造公司达成了延期付款并免除20万元违约金的和解协议，但根据双方法定代表人与实际负责人微信聊天记录不能直接证明某制造公司同意延期付款并免除违约金，某制造公司申请执行的行为证明某制造公司并未放弃对某电子科技公司违约责任的追究。对某电子科技公司异议所称已与某制造公司达成延期付款合意的问题，属于实体争议，应另行诉讼解决。

江苏省无锡市惠山区人民法院裁定驳回某电子科技公司的异议请求。

某电子科技公司不服该裁定，申请复议。

江苏省无锡市中级人民法院经审理认为：首先，本案的主要争议是双方在履行调解书过程中有否达成有效和解协议。权利的承认、变更和放弃，必须由当事人作出明确无误的意思表示，某电子科技公司提交的双方公司个人之间的微信聊天记录，仅能反映双方在履行调解书过程中的交流情况，聊天记录中表示对于个人、公司之间所有账已经清了，是指货款已经结清，而违约金属于惩罚性款项，无法认定某制造公司与某电子科技公司达成了延期履行付款义务、放弃违约金的和解协议；至于某电子科技公司提出的在双方交付货款的过程中从未提及违约金减免事宜，亦不能推定为某制造公司放弃追索违约金。

其次，因本案调解书明确约定违约金事项，双方当事人对于违约金产生争议，不属于案件审结后新发生事实而形成的新的实体权利义务争议，完全可以在执行程序中直接加以审查认定，不存在另行诉讼的问题。

江苏省无锡市中级人民法院依照《最高人民法院关于人民法院办理执行异议和复议案件若干问题的规定》第二十三条第一项之规定，作出如下裁定：

驳回某电子科技公司的复议申请，维持江苏省无锡市惠山区人民法院执行裁定。

【法官后语】

本案的焦点问题是执行过程中当事人就和解协议产生争议，执行法院是否可以进行审查。一审法院认为执行和解争议属于法律文书生效后新发生的事实，新产生的实体权利义务争议，应该通过另行诉讼予以解决，二审法院认为执行和解协议没有成立，执行和解协议之效力可直接在执行程序中加以认定，无须另行诉讼。

笔者认为，执行和解争议的解决模式，因对执行和解性质的认识不同而有所不同，一般有两种观点：一是基于私法行为说的解决模式，二是基于诉讼行为说的解决模式。

1. 私法行为说下的解决模式

该模式认为，执行和解协议是当事人在没有国家公权力介入的情况下，自行协商处分私权的私法行为，双方签订的和解协议仅具有民法上合同的效力。当事人之间因执行和解协议发生实体争议的，应当通过诉讼解决。

人民法院受理执行案件时，只对申请人的债权请求权进行形式审查，如作为执行依据的法律文书是否生效、义务人是否在法律文书确定的期限内履行义务、法律文书确定的强制执行条件是否成就等，至于该法律文书所载债权在实体上是否存在、是否超过申请强制执行的时效并不进行实质审查。生效法律文书所确定的因违约而产生的违约责任，取决于法律文书生效后发生的事实，即当事人双方在履行生效法律文书过程中是否违约以及违约程度等，属于与案件审结后新发生事实相结合而形成的新的实体权利义务争议，并非简单的事实判断，在未经过当事人双方攻防辩论，亦未经法院审判程序确认，在执行程序中直接予以认定，违反审执分离原则，也缺乏程序的正当性和必要的程序保障。

2. 诉讼行为说下的解决模式

该模式认为，执行和解协议是否成立及是否合法有效，属于执行审查的范围，执行法院有权直接进行审查处理，二审法院认为执行和解协议未成立，而调解书生效后履行过程中是否存在违约的事实很容易判断，执行程序可以直接认定，不必另行诉讼。

根据《最高人民法院关于人民法院执行工作若干问题的规定（试行）》第八十七条的规定，当事人之间达成的和解协议合法有效并已履行完毕的，人民法院作执行结案处理。在和解协议履行完毕前增加了“和解协议合法有效”的内容。依该条规定，人民法院通过执行和解方式结案的，需要具备“执行和解协议合法有效”与“和解协议履行完毕”两个条件，这说明执行和解协议是否有效亦属于执行审查的范围，执行和解履行中产生的纠纷才通过另行诉讼解决。

笔者认为，二审法院并不认可本案调解书生效后出现了新的事实，虽然有协商的过程，但是没有证据表明双方就延期付款和放弃违约金达成和解协议，某制造公司申请执行20万元违约金的请求并未超出调解书确定的实体权利范围，不属于新的实体权利义务争议，完全可以通过执行异议程序审查作出判定，由此使相当一部分执行和解纠纷在执行程序中直接得以解决，以利于减轻当事人讼累，提高执行效率。

编写人：江苏省无锡市惠山区人民法院　许正平

069 被申请执行人将专用存款账户资金混同后无证据证明专项资金与自有资金相区分的不能阻却法院执行

——信息系统公司与某教育局执行复议案

【案件基本信息】

1. 裁判书字号

湖南省长沙市中级人民法院（2021）湘01执复227号执行裁定书

2. 事由：执行复议

3. 当事人

申请执行人：信息系统公司

被申请执行人（异议人、复议申请人）：某教育局

【基本案情】

2020年3月16日，某教育局被准予开立专用存款账户，账户名称为营养餐保障资金专户。

2020年6月10日，湖南省长沙市岳麓区人民法院（以下简称岳麓区人民法院）就原告信息系统公司诉被告某教育局买卖合同纠纷一案作出（2020）湘0104民初4917号民事判决书，判决某教育局自判决生效之日起分期向信息系统公司支付货款及相应违约金。因某教育局未主动履行生效文书所确定的义务，信息系统公司于2020年10月9日向岳麓区人民法院申请强制执行。

2020年12月16日，岳麓区人民法院扣划了被申请执行人某教育局开设的营养餐保障资金专户中3906731元款项。据某教育局提供的营养餐保障资金专户银行流水显示，除营养餐经费收支外，还存在教师工资及社会保险、绩效考核奖金、教师生活费、陪餐费、保教费、教育发展经费、生活补助费、学前资助费、困难补助费、学校公用经费、学校运行经费、生活采购、粮油肉菜、办公用品费、水电费、工会经费、甲醛清除费、环保治理费、一次性抚恤金、丧葬费、死亡抚恤金、劳务费、修缮费、校车维修费、食堂维修改造费、指导费、培训费、职业年金、出差费等非营养餐专用的收支。其中多笔款项是支付至某人民法院执行案款专户，且有款项支付至某区融资担保有限责任公司，资金流量较为频繁、数额较大。

被申请执行人某教育局提出异议称：（1）营养餐保障资金专户用于各项专项资金收付，资金具有社会保障性、专属性，不应作为被执行账户；（2）被划扣的款项仅由某教育局代被补助义务教育阶段学生管理，最终由被补助义务教育阶段学生享有，不属于某教育局所有，不应用于偿还某教育局其他债务。

申请执行人信息系统公司辩称：营养餐保障资金专户资金混同，无法区分资金用途。某区教育局违规使用该账户发放教职工工资、缴纳社会保险等，其行为实际系为了逃避债务利用该账户转移资金。

【案件焦点】

某教育局将开设的营养餐保障资金专户用于工资发放、学校生活支出、支付执行案款等其他支出后，法院能否执行该营养餐保障资金专户中的资金。

【法院裁判要旨】

湖南省长沙市岳麓区人民法院经审理认为：涉案被扣划账户开立为某教育局营养餐保障资金专户，该营养餐保障资金专用账户，应当只能用于支付在校学生营养食品的购置费用，使用该账户时应当专户专用。但从执行法院掌握的该账户银行流水证据可以证实，被申请执行人某教育局在使用该专用账户时未做到专户专用，该账户不仅用于营养餐收支，而且用于工资发放、学校生活支出、支付执行案款等其他非营养餐收支，已经造成了营养餐保障资金专户的资金混同，不能认定为专用账户的专款专用，故异议人（被申请执行人）某教育局的异议请求不应当得到支持。依照《中华人民共和国民事诉讼法》第二百二十五条，《最高人民法院关于人民法院办理执行异议和复议案件若干问题的规定》第五条、第十七条第一款之规定，裁定驳回异议人（被申请执行人）某教育局的异议请求。

某教育局不服岳麓区人民法院作出的（2021）湘0104执异2号执行裁定书，随后向长沙市中级人民法院申请复议。

湖南省长沙市中级人民法院经审理认为：同意岳麓区人民法院的裁判意见，同时认为银行账户内资金属于种类物，只能按照金融机构开立的账户名称判断是否为被申请执行人所有，某教育局也未能提交证据证明岳麓区人民法院扣划的资金属于代管资金，复议人某教育局提出的异议和复议理由不能成立，并作出（2021）湘01执复227号执行裁定书，驳回某教育局的复议申请，维持岳麓区人民法院作出的（2021）湘0104执异2号执行裁定书。

【法官后语】

部分账户资金因为具有特殊的性质、用途，可以排除法院强制执行。但如果被申请执行人的专项存款账户未做到专款专用，导致账户资金未能特定化，亦即专项存款账户内的专项资金不能与自有资金相区分的，不能以账户系专用存款账户为由阻却法院执行。

本案的争议焦点系被申请执行人将专用存款账户作为一般存款账户使用后，对该账户内资金能否执行的问题。根据《人民币银行结算账户管理办法》（部分失效）的规定，专用存款账户是存款人按照法律、行政法规和规章，对其特定用途资金进行专项管理和使用而开立的银行结算账户。专用存款账户用于办理各项专用资金的收付。2011年10月，国务院启动实施农村义务教育学生营养改善计划。国务院办公厅发布农村义务教育学生营养改善相关计划，财政部、教育部联合发布《农村义务教育学校学生营养改善计划专项资金管理暂行办法》，进一步明确该经费系中央财政为实施营养改善计划国家试点工作而安排用于学生营养膳食补助的专项资金，应当杜绝各种形式的克扣、截留、挤占和挪用。由于专项资金系国家或有关部门、上级部门下拨行政事业单位具有专门指定用途或特殊用途的财政资金，要求单独核算，专款专用，不能挪作他用，不属于企业或者事业单位的资产，故人民法院通常不能对被申请执行人名下的该类资金及其专用存款账户采取冻结、扣划等强制执行措施。但经查实，某教育局在被准予开立涉案营养餐保障资金专户后，不仅将该账户用于营养餐收支，还同时用于工资发放、支付执行案款等其他非营养餐收支，未做到专户专用，导致其自有资金与用于学生营养膳食补助的专项财政资金相混同。某教育局亦未能提交证据证明执行法院所扣划的资金属于代管资金，故无法阻却法院执行。

货币是特殊的种类物，流通性是其基本属性，“占有即所有”是其基本原则。专用存款账户中的资金是否已经特定化，应根据被申请执行人对于账户资金的占有使用情况、案外人对于账户资金享有的权利的性质，综合认定账户内的资金是否特定化、是否与被申请执行人的其他资金相混同，以妥善平衡申请执行人、被申请执行人与案外人三者之间的权利义务关系。

编写人：湖南省长沙市岳麓区人民法院　李金城　熊瑛

070　关于迟延履行利息减免问题的范围界定

——王某亮与陈某等被执行人执行异议案

【案件基本信息】

1. 裁判书字号

浙江省温岭市人民法院（2020）浙1081执异27号执行裁定书

2. 事由：被执行人执行异议

3. 当事人

申请执行人：陈某

原申请执行人：吴某均

被执行人（异议人）：王某亮

被执行人：叶某红、陈某清

【基本案情】

异议人王某亮提出书面申请，要求：(1) 对案件标的先还本后付息；(2) 减少罚息 12148.15 元。原因是 2018 年法院经办人多次联系原申请人吴某均，因申请人已死亡，一直没联系到。直到 2019 年 3 月法院才联系上申请人吴某均的家属，这是原申请人一直没来领钱的原因之一。

浙江省温岭市人民法院在执行过程中查明，原申请执行人吴某均于 2017 年 9 月 5 日死亡，其父吴某均、其母潘某英、其女吴某飒均放弃继承，陈某自愿继承，无其他继承人。陈某于 2020 年 3 月 24 日向本院书面申请变更申请执行人，本院于 2020 年 3 月 27 日作出（2019）浙 1081 执异 16 号执行裁定，变更申请人陈某为本院（2015）台温执民字第 978 号案件的申请执行人。

又查明，根据生效判决确定的计算标准，截至 2017 年 9 月 30 日，被执行人应支付的迟延履行利息为 27457.37 元。截至 2020 年 3 月 14 日，被执行人应支付的迟延履行利息为 51820.96 元。两者差距 24363.59 元。

【案件焦点】

1. 借款本金、一般债务利息、迟延履行利息的偿还顺序问题；2. 迟延履行利息的减免问题。

【法院裁判要旨】

浙江省温岭市人民法院经审理认为：关于借款本金、一般债务利息、迟延履行利息的偿还顺序问题，《最高人民法院关于适用〈中华人民共和国合同法〉若干问题的解释（二）》第二十一条和《最高人民法院关于执行程序中计算迟延履行期间的债务利息适用法律若干问题的解释》第四条构建了一个相对完备的逻辑体系。本案中，双方当事人并未就借款本金、一般债务利息、迟延履行利息的偿还顺序进行约定，故该院依法按照一般债务利息、借款本金、迟延履行利息的顺序确定执行款的偿还顺序并无不当。

关于迟延履行利息的减免问题。根据《最高人民法院关于执行程序中计算迟延履行期间的债务利息适用法律若干问题的解释》第三条第三款的规定，非因被执行人的申请，对生效法律文书审查而中止或者暂缓执行的期间及再审中止执行的期间，不计算加倍部分债务利息。又根据《中华人民共和国民法总则》第六条的规定，民事主体从事民事活动，应当遵循公平原则，合理确定各方的权利和义务。迟延履行利息是对被执行人不履行生效法律文书所确定义务的惩罚性措施，其前提是被执行人不主动履行，符合法定情形的，可以停止计算迟延履行利息。本案中，现申请执行人陈某在原申请执行人吴某均于2017年9月5日死亡后的两年半时间内一直未申请变更申请执行人，明显系怠于行使自身的权利，导致法院不得不中止执行。故该院认为参照前述规定，在扣除原申请执行人吴某均于

2017 年 9 月 5 日死亡当月时间后，对剩余时间产生的迟延履行利息 24363. 59 元由双方各半承担较为合适。目前被执行人王某亮已支付剩余时间产生的迟延履行利息 12215. 44 元，已占比 50. 14%。故该院对异议人本项请求予以支持，即截至 2020 年 3 月 14 日的剩余部分迟延履行利息 12148. 15 元由现申请执行人陈某承担。为此，依照《最高人民法院关于人民法院办理执行异议和复议案件若干问题的规定》第十七条的规定，作出如下裁定：

一、截至 2020 年 3 月 14 日的剩余部分迟延履行利息 12148. 15 元由现申请执行人陈某承担，其余迟延履行利息仍由被执行人承担；

二、驳回王某亮的其他异议请求。

【法官后语】

本案存在两个争议焦点。第一个焦点是借款本金、一般债务利息、迟延履行利息的偿还顺序问题。关于这个问题，在现行法律规定中已有明确规定，不存在可争议范围，在此不再赘述。

第二个焦点是迟延履行利息的减免问题。对此，我们要明确迟延履行利息的定义。根据《中华人民共和国民事诉讼法》第二百六十条的规定可知，迟延履行金是指被执行人因有履行能力而故意不履行所被强制赋予的惩罚性义务。由此衍生出如果是非因被执行人原因导致债务非按期履行的利息计算这一问题。由于《中华人民共和国民法典》第五百八十九条第二款对这一问题有相关规定，但本案的判决时间是在《中华人民共和国民法典》出台之前，故接下来从《中华人民共和国民法典》出台前后两个角度来剖析这个问题。

《中华人民共和国民法典》出台之前，当时的法律未对非因被执行人原因造成迟延履行的债务利息进行明确规定，只在《最高人民法院关于执行程序中计算迟延履行期间的债务利息适用法律若干问题的解释》第三条第三款规定：非因被执行人的申请，对生效法律文书审查而中止或者暂缓执行的期间及再审中止执行的期间，不计算加倍部分债务利息。从这一规定中可以看出被执行人无须因为非本人的过失承担加倍利息的惩罚责任，但对于因债务本身产生的利息是否继续履行未作规定。根据民事判决主文，“责令叶某红、陈某清偿还给吴某均借款18万元并支付自2013年6月4日起按月利率1%的标准计算至实际履行之日止的利息；王某亮对上述款项承担连带责任”，由此可知，债务利息计算的截止时间是到实际履行之日，这是对债务人未及时履约的惩罚也是对债权人权利的保护。因此，从公平原则出发，应认定这段时间的债务利息仍需由被执行人承担。

《中华人民共和国民法典》第五百八十九条第二款明确规定：“在债权人受领延迟期间，债务人无须支付利息。”这一条款虽然是规定民事主体的违约责任，但是在执行相关法条未对这部分内容进行明确规定时，这一条款规定也可适用于执行工作中。这一条款针对的是债权人怠于行使自己的权利，故意或者过失造成债务履行拖延的条款，因这一部分的利息损失是由债权人不积极主张自身权利所造成的。在之前的相关民商事法律条款中，未出现债务人利息免除的相关条款。这也导致在实践中，出现因债权人原因，债务人无法履约而持续支付利息的情况。这既会损害债务人的合法权益，也会助长部分债权人为获取利息而恶意拖延受领的情况。因此，这一条款明确规定只要是因受领人原因导致债务人无法履约的，债务人无须支付利息。在本案中，因申请人死亡，继承人未及时申报，导致被执行人无法履行义务。债务未履行的原因主要在于申请人未及时行使变更主体的权利，债务人无须承担这段时间的利息。

《中华人民共和国民法典》出台前后，本案的裁决结果截然不同。原因主要在于《中华人民共和国民法典》强调了债权人的义务，不再将债务履行的义务单方面赋予债务人，而是认为债务的履行是债务人与债权人双方共同作用的结果。法律只保护当事人的合法利益，不会因为一方的过失而加重另一方的责任。

编写人：浙江省温岭市人民法院　汪德锋

浙江省台州市中级人民法院　张双双

071 被执行人以执行程序开始前达成和解协议且已履行完毕为由，向执行法院提出终结生效法律文书执行的，应予支持

——李某来与姚某建、王某梅执行复议案

【案件基本信息】

1. 裁判书字号

陕西省咸阳市中级人民法院（2021）陕04执复50号执行裁定书

2. 事由：执行复议

3. 当事人

申请执行人（复议申请人）：李某来

被执行人：姚某建、王某梅

【基本案情】

李某来与姚某建、王某梅民间借贷纠纷一案，陕西省泾阳县人民法院经审理后，于2016年10月24日作出（2016）陕0423民初919号民事判决，判决由姚某建、王某梅于判决生效后十日内向李某来归还借款7万元。该判决于2017年1月10日生效。案件生效后李某来在法定期限内申请了强制执行。2018年1月6日，姚某建、王某梅之子姚某与申请执行人李某来达成《债务清偿协议书》，协议约定“1. 甲方（姚某）一次性拿出2.4万元（贰万肆仟元整）代父偿还所欠乙方（李某来）的所有债务，乙方向甲方交回所有票据（包含所有原件及复印件），自协议生效后，乙方再拿出的所有票据（包含所有原件及复印件）甲方一概不承认。2. 自协议生效后，甲乙双方再无任何债务关系（指甲方本人及所有家庭成员），如乙方再拿所谓的票据向司法机关起诉，甲方有权以此协议为依据反诉乙方敲诈……”泾阳县云阳镇人民政府某村民委员会在该协议上盖有公章。姚某支付申请执行人李某来2.4万元。后李某来向陕西省泾阳县人民法院申请强制执行生效判决。执行过程中，陕西省泾阳县人民法院对被执行人银行账户进行冻结。因未发现被执行人有其他可供执行财产。陕西省泾阳县人民法院与李某来通过终本约谈的方式，要求其提供姚某建、王某梅其他可供执行的财产线索，其表示暂时不能提供财产线索。陕西省泾阳县人民法院于2021年2月26日作出（2020）陕0423执960号执行裁定书，终结本次执行程序。

【案件焦点】

被执行人以执行程序开始前达成和解协议且已履行完毕为由，向执行法院提出终结生效法律文书执行的，是否应予支持。

【法院裁判要旨】

陕西省泾阳县人民法院经审理认为：当事人可以自愿协商达成和解协议，依法变更生效法律文书确定的权利义务主体、履行标的、期限、地点和方式等内容。姚某建、王某梅之子姚某提供了其与申请执行人李某来自行达成的和解协议。申请执行人李某来对该协议的真实性认可，也认可姚某已按照和解协议给付 2.4 万元的事实。李某来关于和解协议不能对抗法院判决，法院不予采纳。如申请执行人李某来认为该和解协议无效或者应予撤销，可以另案诉讼。依照相关法律规定，作出如下裁定：

终结（2016）陕 0423 民初 919 号民事判决书的执行。

李某来不服该执行裁定，申请复议。

陕西省咸阳市中级人民法院经审理认为：《最高人民法院关于执行和解若干问题的规定》第一条规定，当事人可以自愿协商达成和解协议，依法变更生效法律文书确定的权利义务主体、履行标的、期限、地点和方式等内容。和解协议一般采用书面形式。第十九条规定，“执行过程中，被执行人根据当事人自行达成但未提交人民法院的和解协议，或者一方当事人提交人民法院但其他当事人不予认可的和解协议，依照民事诉讼法第二百二十五条规定提出异议的，人民法院按照下列情形，分别处理：（一）和解协议履行完毕的，裁定终结原生效法律文书的执行……”结合本案，姚某建、王某梅之子姚某提供了其与申请执行人李某来自行达成的和解协议。申请执行人李某来对该协议的真实性认可，也认可被执行人之子姚某已按照和解协议给付 24000 元的事实。李某来若认为该和解协议存在无效或者应予撤销情形，可另案诉讼，原审查法院依据上述规定裁定终结（2016）陕 0423 民初 919 号民事判决书的执行并无不当。

陕西省咸阳市中级人民法院根据《最高人民法院关于人民法院办理执行异议和复议案件若干问题的规定》第二十三条之规定，作出如下裁定：

驳回李某来的复议请求，维持陕西省泾阳县人民法院执行裁定。

【法官后语】

1. 关于案涉《债务清偿协议书》的性质

案涉《债务清偿协议书》系申请执行人与申请执行人认可的被执行人之子在执行程序开始前自行达成的和解协议，属于执行外和解协议。与执行和解协议相比，执行外和解协议不能自动对人民法院的强制执行产生影响，当事人仍然有权向人民法院申请强制执行。故李某来依然有权向人民法院申请强制执行，被执行人以当事人自行达成的《和解协议书》已履行完毕为由提出执行异议的，人民法院可参照《最高人民法院关于执行和解若干问题的规定》第十九条的规定对和解协议的效力及履行情况进行审查，进而确定是否应终结执行。

2. 关于案涉《债务清偿协议书》的效力及协议是否履行完毕

虽然李某来主张该协议是姚某一手拟定的条款，用现金2.4万元来引诱他，说在收条上签了字就给你，他看不清都写的是啥，就签了字，事后他才知道这完全是一个骗局，欺骗他年老无力，村委会也没人和他谈，他完全不知，根本不是和解协议，他不承认。但是申请执行人李某来对该协议上其署名没有异议，对协议的真实性认可，也认可被执行人之子姚某已按照和解协议给付2.4万元的事实，故该《债务清偿协议书》应为有效的和解协议。上述《债务清偿协议书》签订后，被执行人之子姚某按照约定向李某来支付了

2.4万元现金，李某来向姚某交回了所有票据（包含所有原件及复印件），故该《债务清偿协议书》项下付款义务及交付相关票据的义务双方均已履行，《债务清偿协议书》约定的义务双方已经履行完毕。

3. 被执行人以《债务清偿协议书》已履行完毕为由提出终结原生效判决的执行应予支持

《最高人民法院关于执行和解若干问题的规定》第一条规定，当事人可以自愿协商达成和解协议，依法变更生效法律文书确定的权利义务主体、履行标的、期限、地点和方式等内容。和解协议一般采用书面形式。第十九条规定："执行过程中，被执行人根据当事人自行达成但未提交人民法院的和解协议，或者一方当事人提交人民法院但其他当事人不予认可的和解协议。依照民事诉讼法第二百二十五条规定提出异议的，人民法院按照下列情形，分别处理：（一）和解协议履行完毕的，裁定终结原生效法律文书的执行……"本案中，姚某建、王某梅之子姚某提供了其与李某来自行达成的和解协议。李某来对该协议的真实性认可，也认可姚某已按照和解协议给付2.4万元的事实。李某来若认为该和解协议存在无效或者应予撤销情形，可另案诉讼，原审查法院依据上述规定裁定终结（2016）陕0423民初919号民事判决。

编写人：陕西省咸阳市中级人民法院　樊志强

072 对保全裁定不服的，应通过复议程序进行审查

——某轴承制造公司与徐某等执行复议案

【案件基本信息】

1. 裁判书字号

江苏省无锡市中级人民法院（2020）苏02执复84号执行裁定书

2. 事由：执行复议

3. 当事人

申请执行人（复议申请人）：某轴承制造公司

被申请人（原执行异议人）：徐某

被申请人：吴某、俞某、徐某、胡某、于某

【基本案情】

某轴承制造公司诉某科技公司、吴某、俞某、徐某、胡某、于某房屋租赁合同纠纷一案，江苏省无锡市滨湖区人民法院于2017年7月18日作出（2016）苏0211民初1851号民事判决，判决如下：（1）某科技公司与某轴承制造公司签订的《厂房租赁合同》于2016年3月29日解除；（2）某科技公司于判决生效之日起十日内支付某轴承制造公司房屋租金460万元、违约金46万元；（3）驳回某轴承制造公司的其他诉讼请求。

2020年7月6日，某轴承制造公司将吴某、俞某、于某、胡某、徐某诉至江苏省无锡市梁溪区人民法院，要求吴某、俞某对（2016）苏0211民初1851号民事判决中未执行的债权在1560万元

范围内，于某、胡某分别在150万元范围内，徐某在1140万元范围内对某科技公司债务不能清偿部分承担补充赔偿责任。某轴承制造公司认为，俞某某、于某、胡某、徐某系某科技公司股东，各股东截至出资期限2019年7月1日前均未足额出资，俞某某已病故，吴某、俞某系俞某某法定继承人。吴某、俞某、于某、胡某、徐某应当在未出资本息范围内对某科技公司不能清偿债务承担补充赔偿责任。江苏省无锡市梁溪区人民法院于同日立案审理，案由为股东损害公司债权人利益责任纠纷，案号为（2020）苏0213民初5753号。某轴承制造公司同时申请法院采取保全措施。该院作出（2020）苏0213民初5753号民事裁定书，裁定：冻结吴某、俞某、于某、胡某、徐某的银行存款600万元，或查封、扣押同等价值的财产。2020年7月17日，该院通过网络执行查控系统冻结了徐某名下银行账户及支付宝账户。

另查明，2017年12月15日，江苏省无锡市滨湖区人民法院就徐某诉某科技公司，第三人于某、胡某股东资格确认纠纷一案，作出（2017）苏0211民初3632号民事判决，认为“徐某被冒名登记为某科技公司股东的事实具有高度可能性”，故判决如下：（1）确认徐某不具有某科技公司股东资格；（2）某科技公司、胡某、于某协助徐某办理股东工商撤销登记手续；（3）驳回徐某的其他诉讼请求。

该判决生效后，江苏省无锡市滨湖区人民法院于2019年9月30日作出（2018）苏0211执2019号执行裁定书，裁定将徐某在某科技公司的发起人身份予以撤销。

徐某提出异议，请求江苏省无锡市梁溪区人民法院解除对其在

（2020）苏0213民初5753号案件中的财产保全措施。事实和理由：徐某系被冒名登记的股东，并非某科技公司股东，依法无须承担债务。

【案件焦点】

被保全人对保全裁定不服，请求解除财产保全措施的，应通过何种程序进行救济。

【法院裁判要旨】

江苏省无锡市梁溪区人民法院经审理认为：徐某不具有某科技公司股东资格已经法院生效判决确认，国家企业信用信息公示系统中显示徐某并非某科技公司发起人，某轴承制造公司要求徐某对某科技公司不能清偿的债务承担补充清偿责任，依据不足。法院依据某轴承制造公司申请对徐某名下银行存款600万元采取冻结措施错误，应予纠正，徐某提出的异议成立。

江苏省无锡市梁溪区人民法院依据《最高人民法院关于适用〈中华人民共和国公司法〉若干问题的规定（三）》第二十八条、《中华人民共和国民事诉讼法》第二百二十五条及《最高人民法院关于人民法院办理财产保全案件若干问题的规定》第二十六条之规定，作出如下裁定：

解除对徐某名下银行、支付平台账户的冻结。

某轴承制造公司不服该裁定，提起复议。江苏省无锡市中级人民法院经审理认为：《最高人民法院关于人民法院办理执行异议和复议案件若干问题的规定》第二条第一款规定，执行异议符合民事诉讼法第二百二十五条或者第二百二十七条规定条件的，人民法院应当在三日内立案，并在立案后三日内通知异议人和相关当事人。不符合受理条件的，裁定不予受理；立案后发现不符合受理条件的，裁定驳回申请。被保全人徐某的异议实质是对保全裁定不服，应向作出裁定的人民法院申请复议。江苏省无锡市梁溪区人民法院将其异议作为执行行为异议案件进行立案并作出执行裁定属适用法律错误，应予更正。

江苏省无锡市中级人民法院依照《最高人民法院关于人民法院办理执行异议和复议案件若干问题的规定》第二十三条第一款第二项的规定，作出如下裁定：

一、撤销江苏省无锡市梁溪区人民法院执行裁定；

二、驳回徐某的异议申请。

【法官后语】

1. 财产保全异议的分类

财产保全的目的是通过维持被保全人的财产现状，为将来生效裁判确定内容得以实现提供保障。它是人民法院维护当事人利益，促使当事人依法履行义务的一种强制措施。这种强制措施在一定期限内限制了当事人对其名下财产进行支配、处分的权利。财产保全程序对防止诉争当事人恶意转移、隐藏、毁损或挥霍在其占有下的争议财产，发挥着重要作用。当然，财产保全措施也会对当事人、利害关系人以及案外人的权益产生影响并导致异议的产生。而由于审执分离、法院内设机构职能分工细化导致财产保全裁定的制作和财产保全措施的具体实施分属不同部门，司法实践中对财产保全的异议处理存在误区，审查程序及救济途径发生错误的情况时有发生。

从当前司法实践情况看，财产保全过程中产生的异议按异议性质可分为两种，一是当事人、利害关系人对财产保全裁定提出的异议（法律用语应为复议）；二是当事人、利害关系人（与执行行为存在法律上利害关系的第三人）、案外人对财产保全措施的具体实施提出的异议。

2. 对财产保全裁定复议的审查及救济程序

对保全裁定提出的复议，其本质在于对能否采取财产保全措施提出的质疑，故该复议审查的重点在于财产保全的必要性：是否存在被申请人转移财产可能、审理结果是否存在执行风险、是否符合采取诉讼保全的条件以及保全裁定金额是否超出诉讼请求范围等方面。因此，应当由作出财产保全裁定的部门（通常是原合议庭）负责审查并作出民事裁定，案号与原民事案件的案号一致。对该复议裁定不服的，应通过民事监督程序进行救济。

3. 对财产保全措施异议的审查及救济程序

对财产保全措施的具体实施提出的异议，属于执行异议审查范围，应根据《中华人民共和国民事诉讼法》第二百三十二条或第二百三十四条的规定，由专门从事执行裁决审查的部门或合议庭立案审查并作出执行裁定，案号为“执异字”。该执行异议审查又分两种路径：

一是对保全措施具体实施的执行行为提出的异议，适用《中华人民共和国民事诉讼法》第二百三十二条规定，通过执行异议、执行复议程序解决争议。这是保全裁定执行中的第一种异议程序，即对保全执行行为的异议，提起的主体可以是当事人，也可以是利害关系人。如果当事人、利害关系人对法院就上述异议所作出的裁定不服，可以向上一级法院申请复议一次。这种复议不同于前述对保全裁定本身所提出的复议，这种复议的提起主体是当事人、利害关系人，审查主体是上一级人民法院，审查的内容是保全裁定的执行行为是否违反法律规定。

二是对保全的标的主张实体权利提出的异议，适用《中华人民共和国民事诉讼法》第二百三十四条规定，通过执行异议、执行异议之诉程序解决争议。这是保全裁定执行中的第二种异议救济程序，系基于实体权利对执行标的（被保全财产）提出异议，提起的主体只能是案外人。执行行为都有特定的执行对象，即执行标的，这种对执行标的的异议，不同于前述对执行行为本身的异议。在司法实践中，一般基于实质所有权和已经购买标的物等理由提出的异议，适用对执行标的的异议，案外人、当事人对上述裁定不服的，可以提起诉讼。这是保全裁定执行过程中赋予当事人、案外人的诉讼救济渠道，即执行异议之诉程序，执行异议之诉按照普通民事审判程序处理。

本案中，被保全人徐某的异议实质是对保全裁定不服，认为其并非某科技公司股东，不能成为被保全对象，故应向作出裁定的人民法院申请复议。江苏省无锡市梁溪区人民法院通过执行行为异议程序处理不当，应予更正。

编写人：江苏省无锡市中级人民法院　杨曦　朱金彩

073 信用证保证金账户阻却强制执行的审查认定

——A 银行青岛分行与 B 银行开发区支行执行异议案

【案件基本信息】

1. 裁判书字号

北京市门头沟区人民法院（2019）京 0109 执异 41 号执行裁定书

2. 事由：执行异议

3. 当事人

异议人：A 银行青岛分行

申请执行人：B 银行开发区支行

被执行人：长春 Z 公司、青岛 Z 公司

【基本案情】

B 银行开发区支行申请执行长春 Z 公司、青岛 Z 公司赋予强制执行效力的公证债权文书一案，被执行人长春 Z 公司、青岛 Z 公司应向申请执行人 B 银行开发区支行给付借款本金及利息共计 93094366.12 元。

在执行过程中，北京市门头沟区人民法院（以下简称门头沟区人民法院）冻结了青岛 Z 公司名下 A 银行青岛分行账户（以下简称 0031 账户）内存款 645 万元，后法院扣划 0031 账户内存款，A 银行青岛分行以 0031 账户内存款 645 万元为国内信用证保证金请求法院免予扣划，并以此向执行法院提出异议。

在执行异议审查程序中，法院查明以下事实：2018 年 8 月 21 日，青岛 Z 公司与 A 银行青岛分行签订《开立信用证业务协议书》，约定 A 银行青岛分行为青岛 Z 公司开立金额为 2145 万元的不可撤销跟单信用证，受益人为天然气公司，双方约定保证金账号为×××× ×××× ×××× ××××0031，保证金比例为 30.07%，保证金金额为 645 万元人民币。天然气公司收到国内信用证后于 2018 年 8 月 22 日向 A 银行青岛分行申请办理国内证福费廷。A 银行青岛分行与天然气公司签订《国内信用证福费廷业务合同》，合同约定天然气公司同意将其持有信用证项下的债权 2145 万元以 20995468.54 元的价格转让至 A 银行青岛分行，并约定 A 银行青岛分行需在 2018 年 8 月 23 日将全部转让价款 20995468.54 元支付至天然气公司名下的银行账户（以下简称 08265 账户）。2018 年 8 月 22 日，A 银行青岛分行与 C 银行广州流花支行办理了相关业务，双方同意 C 银行流花支行以 21001695 元购买前述信用证项下的未到期债权，并约定 A 银行青岛分行应于信用证到期日将款项付至 C 银行流花支行（账号：×××× ×××× ×××× ××××1350，大额支付号：103581004254）。后 C 银行流花支行向 A 银行青岛分行发送报文，将上述福费廷包买让渡业务中的账号和大额支付号进行变更（变更后的账号：×××× ×××× ×××× ××××6327，变更后的大额支付号：103581004279）。2019 年 3 月 20 日，A 银行青岛分行向 C 银行流花支行支付了 2145 万元。

【案件焦点】

1. 0031 账户是否为信用证保证金账户，系开证行对远期债权的质权；2. 开证行即 A 银行青岛分行是否履行了对外支付的义务，其质权具备了实现的现实基础；3. 开证行履行对外支付的债权人是否准确，即信用证项下的权利转让是否合法。

【法院裁判要旨】

北京市门头沟区人民法院经审理认为：在国内开立不可撤销的信用证，被执行人作为开证申请人在开证行设立信用证保证金账户。该账户内的资金作为信用证项下支付资金的保证金应当视为被特定化，执行法院可以采取冻结措施，但不得进行扣划。有证据证明开证银行履行了对外支付义务后，执行法院应当根据开证银行的申请立即解除冻结措施。但是，在信用证被转让的情况下，还应坚持排除信用证付款的欺诈例外原则审查转让过程的合法性。

《最高人民法院关于适用〈中华人民共和国担保法〉若干问题的解释》第八十五条规定："债务人或者第三人将其金钱以特户、封金、保证金等形式特定化后，移交债权人占有作为债权的担保，债务人不履行债务时，债权人可以以该金钱优先受偿。"本案中，在法院冻结涉案账户前，A 银行青岛分行与青岛 Z 公司已签订国内信用证开证协议，青岛 Z 公司将人民币 645 万元存入 0031 账户，上述存款已以专户形式特定化，可以认定 0031 账户为青岛 Z 公司在 A 银行青岛分行处开立的信用证保证金账户，账户内的人民币 645 万元为开证保证金，且该保证金已由 A 银行青岛分行占有，故 A 银行青岛分行对上述保证金及利息享有优先受偿权。另外，《最高人民法院关于人民法院能否对信用证开证保证金采取冻结和扣划措施问题的规定》第一条规定："人民法院在审理或执行案件时，依法可以对信用证开证保证金采取冻结措施，但不得扣划。如果当事人、开证银行认为人民法院冻结和扣划的某项资金属于信用证开证保证金的，应当依法提出异议并提供有关证据予以证明。人民法院审查后，可按以下原则处理：对于确系信用证开证保证金的，不得采取扣划措施；如果开证银行履行了对外支付义务，根据该银行的申请，人民法院应当立即解除对信用证开证保证金相应部分的冻结措施……”本案中，案外人提交的现有证据可以证实A银行青岛分行已向第三方履行了对外支付人民币2145万元的义务，故案外人请求解除对青岛Z公司在该行保证金账户的冻结措施符合法律规定，法院予以支持。

【法官后语】

关于涉及信用证执行的案件，司法实践中并不多见，尤其本案涉及国内信用证保证金账户的法律性质、二级市场转卖业务等法律关系以及信用证福费廷业务等诸多银行流程专业问题，给本案的异议审查带来很大的难度。本案中，法院对被执行人青岛Z公司名下的0031账户采取冻结措施，A银行青岛分行提出案外人异议，主张0031账户为国内信用证保证金账户。《最高人民法院关于人民法院能否对信用证开证保证金采取冻结和扣划措施问题的规定》第一条规定：“人民法院在审理或执行案件时，依法可以对信用证开证保证金采取冻结措施，但不得扣划。如果当事人开证银行认为人民法院冻结和扣划的某项资金属于信用证开证保证金的，应当依法提出异议并提供有关证据予以证明。人民法院审查后，可按以下原则处理：对于确系信用证开证保证金的，不得采取扣划措施；如果开证银行履行了对外支付义务，根据该银行的申请，人民法院应当立即解除对信用证开证保证金相应部分的冻结措施……”按照最高人民法院的规定，剥茧抽丝，寻根溯源，本案审查的焦点问题可以归纳为三点：（1）0031账户是否为信用证保证金账户，系开证行对远期债权的质权；（2）开证行即A银行青岛分行是否履行了对外支付的义务，其质权具备了实现的现实基础；（3）开证行履行对外支付的债权人是否准确，即信用证项下的权利转让是否合法？

1. 0031账户是否为保证金账户

在本案中，A银行青岛分行向法院提交《开立信用证业务协议书》及国内信用证（副本），用以证明“A银行青岛分行为青岛Z公司开立了不可撤销国内信用证，信用证的受益人为天然气公司”，载明开证日期为2018年8月21日，开证金额为2145万元，付款期限为到单后210天。其中，《开立信用证业务协议书》中A银行青岛分行与青岛Z公司明确约定了保证金账户为0031账户，并约定了保证金的比例为开证金额2145万元的30.07%，即645万元。根据我国相关法律规定，国内信用证都属于不可撤销信用证，是开证银行依照申请人（货物购买方）的申请开出一定金额，并在约定的期限内凭信用证单据向受益人（货物销售方）支付款项的书面承诺。按照一般规则，在到期付款日，若单证一致，开证行必须向受益人无条件付款，该规则体现了信用证的独立性原则。即买卖双方签订买卖合同，并从开证行开出信用证后，银行的支付责任便独立于买卖合同的法律关系。从国内银行信用证业务的操作流程来看，信用证的申请人也将信用证作为一种融资手段。申请人开立信用证，一般无须直接在开证行存入足额的资金，而是和开证行约定一定比例的保证金，利用金融杠杆，为自己融资。在到期付款日，一般由开证行直接向受益人付款，直接付款的责任转嫁给开证行。在国内信用证的关系中，开证行与申请人之间属于签订了一个融资借款合同，并约定了相应的保证金；开证行与受益人之间则是一笔延期付款的债权债务关系。信用证项下的保证金的目的是担保开证行对开证申请人基于未来可能发生的债权的实现，《最高人民法院关于人民法院能否对信用证开证保证金采取冻结和扣划措施问题的规定》明确了其属于担保资金的法律性质，“信用证开证保证金属于有进出口经营权的企业向银行申请对国外（境外）方开立信用证而备付的具有担保支付性质的资金”。信用证开证保证金的法律属性应当属于权利质权。

结合本案案情，青岛Z公司与天然气公司基于买卖合同，青岛Z公司作为货物购买方向A银行青岛分行开立了不可撤销国内信用证，信用证的受益人为天然气公司，开证日期为2018年8月21日，开证金额为2145万元，付款期限为到单后210天，符合信用证的开办规则和要求。《开立信用证业务协议书》明确约定了保证金账户为0031账户，并约定了保证金的比例为开证金额2145万元的30.07%，即645万元，而且法院查封0031账户内的资金显示与约定一致。同时，法院对青岛Z公司名下的0031账户情况进行查询，银行回单注明0031账户已经设立了优先权（质权）。因此，根据案外人提交的证据，法院初步审查可以认定0031账户是A银行青岛分行为青岛Z公司开立的不可撤销国内信用证的保证金账户，系开证行A银行青岛分行对远期债权的质权。

2. 开证行是否履行了对外支付义务

根据《最高人民法院关于人民法院能否对信用证开证保证金采取冻结和扣划措施问题的规定》的规定，开证银行是否履行了对外支付义务，决定着法院是否对信用证开证保证金相应部分解除冻结措施。审查此案时，浦发银行主张其已经履行了对外支付义务。根据双方提供的证据，法院查明事实：天然气公司收到国内信用证后，于2018年8月22日通过与A银行青岛分行签订《国内信用证福费廷业务合同》，将信用证项下的债权2145万元以20995468.54元的价格转让至A银行青岛分行。当日，A银行青岛分行与C银行流花支行再次办理了福费廷包买让渡业务，双方同意C银行流花支行以21001695元购买信用证项下的未到期债权。2019年3月20日，A银行青岛分行向C银行流花支行支付了21450050元。在以上事实的基础上，虽然信用证项下的权利经过转让，最终开证银行履行了对外支付义务。

3. 开证行履行对外支付的债权人是否准确

关于第三个焦点，合议庭争议较大。根据A银行青岛分行提交的国内信用证，受益人为天然气公司，按照不可撤销国内信用证的付款规则，银行应当在信用证到期日（2019年3月20日）向天然气公司支付2145万元。根据银行交易流水，A银行青岛分行并未在到期日直接向天然气公司支付2145万元，而是在该日向C银行流花支行支付了2145万元。一种观点认为，根据信用证独立性原则，法院只需审查开证行是否履行了对外支付义务即可，无须审查履行对象是否准确；另一种观点认为，信用证付款的欺诈例外原则也是一项重要原则，承认信用证独立于基础合同的同时，如果受益人存在欺诈行为，从保护执行案件债权人角度出发，法院亦应主动审查。在本案审查过程中，基于信用证付款的欺诈例外原则，法院坚持了主动审查的观点。

那么，是否应该否定A银行青岛分行履行对外支付的义务？根据A银行青岛分行提交的大量银行系统交易单证，法院查明本案除了涉及国内信用证业务，还涉及信用证福费廷业务以及福费廷二级市场转卖业务，这也成为焦点三中的难点。具体到本案中，受益人天然气公司将国内信用证的应收债权通过信用证福费廷业务出售给开证行A银行青岛分行。通过此项业务，天然气公司提前得到现款，而浦发银行则以较低的转让价格（20995468.54元）买入了2145万元的应收债权。尔后，A银行青岛分行再次将该笔应收债权进行了福费廷二级市场转卖，买方为C银行流花支行，转卖的价格为21001695元。

本案中，审查开证行浦发银行是否履行了对外付款义务时，法院发现开证行在交易流程中不仅扮演了开证行的角色，同时也是信用证受益人应收债权的买受人。那么，浦发银行是否能够在作为开证行的同时，又购买项下受益人的应收债权，并将该应收债权再次转让？这种交易模式是否合法合规？

通过对银行信用证相关业务的了解，福费廷是贴现业务的一种形式，通过福费廷可以提前得到现款。信用证福费廷业务则是指金融机构从国内信用证受益人处买入延期付款的国内信用证的应收债权。近年来，国内商业银行借鉴国际信用证福费廷业务模式，在国内信用证开立之后的融资端创新出议付、自营、转卖、包买和福费廷等产品。国内信用证福费廷业务也是其中一种，因该业务兼具信用证的部分特点和福费廷的融资功能，不仅为实体经济解决了融资问题，也促进了商业银行之间的广泛合作。根据查阅银行业监管的相关法律法规，并无禁止开证行购买信用证受益人应收债权的规定。同时信用证业务遵循单证一致原则。单证一致指一是信用证交易处理的是单据，二是处理单据时应遵循单证相符。银行与天然气公司之间的信用证福费廷业务以及与C银行流花支行之间的福费廷二级市场转让业务属于目前合法合规的银行业务，且上述业务并未违背单证一致原则。虽然交易结构复杂，但不能以此否定各主体从事业务的合法合规性。

通过上述交易，天然气公司提前获得了现金，银行通过二级市场转卖，也获得了短期融资。及至国内信用证的到期付款日，开证行A银行青岛分行按照信用证向最终的受益人C银行流花支行支付2145万元，即完成了信用证的付款义务。

综上，受益人天然气公司通过国内信用证福费廷业务将其应收债权转让至A银行青岛分行，A银行青岛分行再次通过福费廷二级市场转卖业务将应收债权转让至C银行流花支行。在信用证到期付款日，收款方虽然不是最初的受益人天然气公司，但国内信用证的开证行A银行青岛分行在到期日向最终的受益人C银行流花支行履行了对外支付2145万元的义务，基于此，本案可以认定开证行履行了对外支付的义务，对A银行青岛分行的异议请求应当予以支持。

编写人：北京市门头沟区人民法院　闫洪升　马绍敏

074　案外人不能以执行依据错误为由提起执行异议之诉

——孙某诉张某平、许某海案外人执行异议之诉案

【案件基本信息】

1. 裁判书字号

北京市密云区人民法院（2019）京03民终12340号民事裁定书

2. 案由：案外人执行异议之诉

3. 当事人

原告（被上诉人、案外人）：孙某

被告（上诉人、申请执行人）：张某平

被告（被上诉人、被执行人）：许某海

【基本案情】

2015 年 10 月 19 日，张某平以排除妨害纠纷为由起诉许某海，要求确认北京市密云区密云镇长安小区西区×号楼×号车库归其所有，并要求许某海将涉案车库予以腾出。在诉讼阶段，两人就此事达成调解协议，（2015）密民初字第 07230 号民事调解书约定许某海于 2015 年 12 月 10 日前将涉案的×号车库腾退并将车库钥匙交于张某平。

2016 年 1 月 15 日，张某平依据生效的民事调解书向法院申请强制执行，（2016）京 0118 执 547 号要求强制许某海腾退涉案×号车库归其占有并使用。2016 年 7 月 28 日，作为案外人的孙某以民事调解书侵害其合法权益为由，提起第三人撤销之诉，但于 2017 年 12 月 28 日撤回（2016）京 0118 民撤 9 号案件的起诉。

2018 年 1 月 2 日，孙某起诉张某平、许某海确认涉案车库所有权，后经法院查明涉案车库不具备办理产权条件，经释明，孙某变更诉讼请求为确定涉案车库的占有、使用权利。2018 年 3 月 21 日，密云法院作出（2018）京 0118 民初 98 号判决，判令北京市密云区密云镇长安小区西区×号楼×号车库归孙某占有、使用。张某平不服该判决提起上诉，北京市第三中级人民法院于 2018 年 5 月 31 日作出（2018）京 03 民终 6500 号民事裁定书，认定孙某以张某平、许某海为被告就执行标的物另行提起确权之诉，法院不应予以受理，孙某可另行通过案外人执行异议程序主张权利，遂裁定撤销北京市密云区人民法院（2016）京 0118 民初 98 号民事判决，驳回孙某的起诉。北京市密云区人民法院以（2018）京 0118 执恢 401 号执行案，恢复了张某平申请强制许某海排除妨害一案的强制执行。

2018年6月6日，孙某以强制执行审判所依据的调解书存在错误为由提起执行异议，要求中止执行。2018年6月25日，法院经审理作出（2018）京0118执异96号执行裁定书认为，执行所依据的调解书存在错误，不属执行异议审查范畴，可通过审判监督程序寻求解决。随后，孙某提起案外人执行异议之诉，要求撤销北京市密云区人民法院民事调解书，判令涉案车库归其所有。

【案件焦点】

案外人能否以执行依据存在错误为由，提起案外人执行异议之诉。

【法院裁判要旨】

北京市密云区人民法院经审理认为：根据密云地区车库登记现实情况，涉案车库并不具备在房产管理部门登记公示并领取房屋产权证照的条件，依据密云地区交易习惯，现有车库登记一般以建房开发商登记为准。本案现有证据显示，孙某在购买涉案车库前，进行了必要的权属登记查询，在查明建房开发商登记权利人为许某海的情况下，孙某与许某海签订涉案车库买卖合同并支付相应对价，后在建房开发商及物业处进行变更登记，许某海亦认可上述事实，现孙某实际占有、使用涉案车库。据此，依据《中华人民共和国物权法》第三十三条之规定，作出如下判决：

位于北京市密云区密云镇长安小区西区×号楼×号车库归原告孙某占有、使用。

张某平不服原判，提起上诉。

北京市第三中级人民法院经审理认为：案外人执行异议之诉以

排除对特定标的物的执行为目的，不以否定作为执行依据的生效裁判为目的，案外人如认为裁判确有错误的，只能通过申请再审或者提起第三人撤销之诉的方式进行救济。本案中，孙某提起的执行异议之诉系针对执行依据指定交付的涉案车库提出，其认为执行依据即（2015）密民初字第 07230 号调解书内容错误并请求撤销该调解书，不属于执行异议之诉的审查范畴。因此，现孙某的起诉不符合案外人执行异议之诉的起诉条件，应当裁定驳回起诉。综上所述，一审法院对本案直接进行实体处理不当，一审判决应予撤销。依照《中华人民共和国民事诉讼法》第二百二十七条，《最高人民法院关于适用〈中华人民共和国民事诉讼法〉的解释》第三百零五条第一款、第三百三十条之规定，作出如下裁定：

一、撤销北京市密云区人民法院（2018）京 0118 民初 6903 号民事判决；

二、驳回孙某的起诉。

【法官后语】

为保护案外人的合法权益，民事诉讼法设置了执行异议、执行异议之诉、第三人撤销之诉和审判监督四个程序，四者无论是在程序启动、审查内容还是法律效果上都存在一定差异，极易被错误理解和适用。另外，执行异议、执行异议之诉与确权之诉也存在较大差异，如不准确把握程序的制度功能和适用条件，也易导致法律适用的错误。

本案的核心在于，案外人以执行依据存在错误为由，是否符合启动案外人执行异议之诉程序的条件。在司法实践中，此类案件的处置方式繁杂，处置结果也大相径庭。长期受民法性裁判思维的影响，极易导致对程序的忽视。这一点从本案的审理过程中也不难发现，基于近乎相同的事实认定，但确权之诉、执行异议、执行异议之诉不同程序对案件审理结果有较大差异。所以，亟须厘清这些程序的区别，以期拨开法律选择和法律适用上的迷雾。

首先，确权之诉是诉的一种基本类型，旨在要求法院确认当事人之间是否存在某种法律关系，一般不具有给付内容。在（2018）京0118民初98号案件中，案外人孙某申请确认处于强制执行之中涉案的车库归其所有，虽因该涉案车库不具有办理产权登记的条件，后将诉讼请求转为确定涉案车库的占有、使用权利，依旧为确权之诉的诉讼类型，但物权确认之诉主要表现为物权公示与实际归属不一致引发的诉讼，本案中诉讼请求已超过确认之诉的范围，带有明显的给付内容，就将涉案交由案外人占有、使用，不是确认当事人是否存在某种法律关系。故二审法院认定，孙某以张某平、许某海为被告就执行标的物另行提起确权之诉，法院不应予以受理，孙某可另行通过案外人执行异议程序主张权利，遂裁定撤销北京市密云区人民法院（2016）京0118民初98号民事判决，驳回孙某的起诉。

其次，案外人执行异议。孙某依照原二审生效法律文书的意见，以执行所依据的调解书存在错误为由提出执行异议。法院经审理认为，所依据的调解书存在错误，不属执行异议审查范畴，相关问题可通过审判监督程序寻求解决，其诉讼请求被驳回。案外人执行异议，是指案外人基于对执行标的有足以排除强制执行的实体权利，向执行法院提出的停止对该标的进行强制执行的申请。[①] 其目的在于排除强制执行行为，依据是对涉案执行标的具有足以排除强制执行

① 江必新：《强制执行法理论与实务》，中国法制出版社2014年版，第447页。

的实体权利，如所有权、用益物权等。本案中，孙某在执行异议阶段，请求中止对涉案车库的强制执行，具有执行异议的某种形式特征，但是其依据的是执行依据存在错误，不属于执行异议的审查事项，裁定驳回请求。

最后，案外人执行异议之诉。孙某不服执行异议裁定，提起案外人执行异议之诉，在执行异议之诉一审过程中未依照执行异议之诉的审查范围进行审查，径直适用物权法，判令涉案车库归孙某占有、使用。一审判决后，张某平不服原判，案件进入二审。二审法院经审理认为，孙某以执行依据存在错误为由，不符合案外人执行异议之诉的起诉条件，撤销执行异议之诉一审判决，裁定驳回起诉。

案外人执行异议之诉，对保护案外人合法权益、纠正不当执行行为发挥了重要作用。然在司法实践中，对案外人执行异议之诉的启动及审查内容仍存在一定的误区，进而造成司法适用上的不当。目前，学界和实务界对该程序的性质已基本达成共识，案外人执行异议之诉的目的在于排除或是阻却法院的强制执行，法院根据相关事实作出是否排除对涉案标的强制执行决定，无须对执行标的权利归属作出判决，其性质是程序法意义上的形成权。与其他大陆法系不同的是，我国案外人执行异议之诉启动的形式条件是已提起执行异议，且异议被驳回。提起事由是对正处于强制执行之标的物拥有足以阻止执行标的转让、交付的实体权利①，法院需要对此权利的存在与否作实质审查。

执行异议之诉的审查一般可分为三步：第一步，判断被执行人是否对执行标的享有实体权益，如不享有应判决不得执行该执行标

---

① 唐力：《案外人执行异议之诉的完善》，载《法学》2014年第7期。

的；第二步，被执行人对执行标的享有实体权益，要判断案外人对该执行标的所享有的权益对申请执行人依据执行依据所享有的债权是否具有优先性，如不具有优先性，应判驳回诉讼请求；第三步，案外人享有的权益具有优先性，再判断强制执行是否会被案外人享有的实体权益造成实质妨害，如有异议成立，如没有驳回诉讼请求。① 本案在形式上经过了执行异议的前置程序，但仍不符合执行异议之诉的启动条件，提起执行异议之诉的事由为对执行标的享有足以排除强制执行的实体权利。回归到本案，孙某以执行依据存在错误为由，认为不属于执行异议之诉的审查范围，这也是执行异议之诉中二审法院最终撤销原判、驳回起诉的主要原因。

救济途径的选择。其一，案外人认为已生效的法律文书存在错误，侵犯到自己的合法权益，可通过第三人撤销之诉或审判监督程序实现权利救济。《中华人民共和国民事诉讼法》第五十九条第三款赋予了案外人申请第三人撤销之诉的权利，本条规定："前两款规定的第三人，因不能归责于本人的事由未参加诉讼，但有证据证明发生法律效力的判决、裁定、调解书的部分或者全部内容错误，损害其民事权益的，可以自知道或者应当知道其民事权益受到损害之日起六个月内，向作出该判决、裁定、调解书的人民法院提起诉讼。人民法院经审理，诉讼请求成立的，应当改变或者撤销原判决、裁定、调解书；诉讼请求不成立的，驳回诉讼请求。"本案中，孙某在认为张某平与许某海所达成的和解侵犯到自己的权益，张某平与许某海在处理争议时，孙某未得知直至案件进入执行强制执行阶段，

① 最高人民法院修改后民事诉讼法贯彻实施工作领导小组编著：《民事诉讼法司法解释理解与适用（下）》，人民法院出版社 2015 年版，第 838 页。

符合因不能归责于本人的事由未参加诉讼的要求。从形式来看，案件符合提起第三人撤销之诉的条件。

其二，可通过审判监督程序提起再审。《中华人民共和国民事诉讼法》第二百三十四条赋予案外人申请再审的权利，案外人对执行异议裁定不服，认为原判决裁定错误的，依照审判监督程序办理。本案，孙某的执行异议已被驳回，且认为法院出具的执行依据存在错误，符合案外人在涉案标的处于强制执行阶段中申请再审的条件，故亦可通过审判监督程序提起再审达到救济权利的目的。

编写人：北京市密云区人民法院　张志国

075　债务人异议中，以抵销方式履行债务的认定

——F 公司与国际公司执行异议案

【案件基本信息】

1. 裁判书字号

北京市第三中级人民法院（2019）京 03 执异 636 号执行裁定书

2. 事由：执行异议纠纷

3. 当事人

申请执行人：F 公司

被申请执行人（异议人）：国际公司

【基本案情】

北京仲裁委员会于 2019 年 6 月 12 日作出第 1407 号仲裁裁决书，于 2019 年 6 月 12 日作出第 1408 号仲裁裁决书，上述两份裁决书确定了国际公司与 F 公司均负有向对方履行金钱债务的义务。

（2019）京仲裁字第1407号仲裁裁决于2019年6月21日向F公司送达，（2019）京仲裁字第1408号仲裁裁决于2019年6月20日向国际公司送达。北京仲裁委员会于2019年7月10日出具上述两份仲裁裁决的生效送达证明。2019年7月11日，国际公司向F公司寄送《关于〈采购合同〉的抵销及付款通知》，上述邮件于2019年7月13日送达F公司。《关于〈采购合同〉的抵销及付款通知》中载明，"我公司特此通知如下：截至今日，上述两份裁决书下双方的现金部分债务已经到期，我公司依法行使抵销权，现金部分债务相互抵销"。之后，国际公司与F公司分别向河北省廊坊市中级人民法院和北京市第三中级人民法院申请强制执行。在北京市第三中级人民法院执行过程中，国际公司提出异议，认为F公司与国际公司互负到期金钱债务已经抵销，国际公司在（2019）京仲裁字第1408号仲裁裁决下的义务已经履行完毕，不应再被强制执行。

【案件焦点】

国际公司与F公司之间的债权债务关系可否因国际公司所行使的撤销权而归于消灭，进而使执行案件失去执行的基础。

【法院裁判要旨】

北京市第三中级人民法院经审理认为：当事人互负到期债务，该债务的标的物种类、品质相同的，任何一方都可以将自己的债务与对方的债务相抵销，但依照法律规定或者按照合同性质不得抵销的除外。当事人主张抵销的，应当通知对方。通知自到达对方时生效。本案中，根据在案证据显示，双方均互负到期债务，且标的物种类、品质均相同，国际公司亦于2019年7月11日向F公司送达了债务抵销通知书，主张将现金部分债务相互抵销，F公司于2019年7月13日签收了该债务抵销通知书，故国际公司的抵销行为符合法律规定的抵销要件，抵销成立。

根据相关法律规定，抵销是债务履行的一种方式，国际公司于执行立案前所作的抵销行为，已经使其与F公司之间的债务消灭。故F公司向北京市第三中级人民法院申请强制执行已不具备事实基础及法律基础，对国际公司作出的执行措施应予以解除。综上，国际公司提出的执行异议请求成立，北京市第三中级人民法院予以支持，北京市第三中级人民法院冻结的国际公司账户应全部解除。据此，依照《中华人民共和国民事诉讼法》第二百二十五条、《最高人民法院关于人民法院办理执行异议和复议案件若干问题的规定》第十七条第二项之规定，作出如下裁定：

一、异议人国际公司执行异议请求成立；

二、解除在（2019）京03执865号案件中对异议人国际公司全部账户的冻结。

【法官后语】

本案是一件债务人实体异议的案件，在执行案件中，时有被执行人以执行案件所涉债务在执行依据生效后因实体性事由归于消灭而欲阻却执行，进而通过法定程序确定债务消灭事实的情况。在德国、日本等部分大陆法系的国家和地区，该类情况是通过赋予债务人提出债务人异议之诉的方式予以解决。在我国，由于债务人异议属于执行案件的范畴，暂无转入执行异议之诉的制度支持，故只能采用在执行异议中审查实体事由的做法，对债务人异议的案件做出处理，[①] 故最高人民法院在编纂《最高人民法院关于人民法院办理执行异议和复议案件若干问题的规定》时，在第七条第二款中规定："被执行人以债权消灭、丧失强制执行效力等执行依据生效之后的实体事由提出排除执行异议的，人民法院应当参照民事诉讼法第二百二十五条规定进行审查。"这一规定有效地统一了裁判尺度，使该类案件有了明确的审查依据。

在债务人异议审查过程中，首先应当明确其审查范围，否则容易产生损害当事人诉权等不良结果。对于这一问题，上文所提到的第七条第三款中即作出了审查边界的划定："除本规定第十九条规定的情形外，被执行人以执行依据生效之前的实体事由提出排除执行异议的，人民法院应当告知其依法申请再审或者通过其他程序解决。"在这一条款中，从时间的纵线上，将债务人实体异议的审查范围限定于执行依据发生后的事由，如果该事由发生于执行依据生效之前，则应通过再审或者其他程序予以解决。在审执分立的背景之下，执行裁判权与审判权具有本质上的不同，在第七条第二款的设计之下，当事人如果对异议裁定不服，应通过执行复议程序进行救济，因而，为了保障当事人的诉权与执行依据的稳定性，防止以执代审的情况发生，在此种情况下，不宜通过执行异议程序对当事人权利进行救济。在类型的横线上，债务人实体异议应当与执行案件受理异议加以区分，不应将二者混为一谈，在执行请求权不成立的情况下，如法律文书不具有可执行性、执行依据未生效或丧失执行强制力等情况下，债务人可以就执行案件的受理提出异议，阻却法院的执行，但该种异议所涉主要为程序性事项，且并不会通过法定

---

① 参见谭秋桂：《民事执行法学》，北京大学出版社2005年版，第251页。

程序确定债权消灭，虽然其与债务人实体异议的审查依据均为《中华人民共和国民事诉讼法》第二百二十五条规定，并且在学理上，二者可以统一于债务人异议范围之内，但二者的审查思路与审查内容并不一致，在未来的程序设计上，也可能出现差别。由此可见，执行行为的多样性、复杂性加之异议人在民事执行程序中地位的多样性决定了当事人、利害关系人异议的请求及其依据的事实和理由必然是纷繁复杂、多种多样的。因此，当事人、利害关系人的异议审查内容极为复杂。① 这不仅要求立法者在对执行制度进行设计时应从多维角度进行思考，也要求司法者在对执行法律法规适用时加以审慎，避免走入法律适用的误区。

执行抵销异议作为债务人实体异议的一部分，具有极强的特殊性。对于被执行人能否在执行程序中行使抵销权，一般有“完全禁止说”“完全允许说”与“限制说”三种学说。“完全禁止说”主张在执行程序中应当完全禁止抵销的发生，在价值上偏重于程序法对实体法的彻底“绝缘”。“完全允许说”主张不应对执行中的抵销加以条件限制，侧重于程序法对实体法的“全面退让”，但单纯从程序或者实体角度考虑执行抵销难免失之偏颇，程序与实体二者并不应尖锐对立，而应予以协调融合。从实体法和程序法共同审视执行中抵销权行使的程序设计，既要做到程序法不应不正当地限制实体法这一要求，也要做到程序法自我价值考量。②《最高人民法院关于人民法院办理执行异议和复议案件若干问题的规定》第十九条规定：“当事人互负到期债务，被执行人请求抵销，请求抵消的债务符合下

① 谭秋桂：《民事执行法学》，北京大学出版社2015年版，第296页。

② 刘亮灵、林洋：《论执行程序中的抵销权行使———兼评〈执行异议和复议规定〉第十九条》，载《政法学刊》2017年第5期。

列情形的，除依照法律规定或者按照债务性质不得抵销的以外，人民法院应予支持：（一）已经生效法律文书确定或者经申请执行人认可；（二）与被执行人所负债务的标的物种类、品质相同。”从上述条文中可以看出，《最高人民法院关于人民法院办理执行异议和复议案件若干问题的规定》第十九条规定采取的是通过设置条件而限制被执行人行使抵销权的“限制说”。

在执行抵销异议的审查过程中，应当注意被执行人是否在执行案件立案前已经按照《中华人民共和国合同法》第九十九条（《中华人民共和国民法典》第五百六十八条同此规定，文字略有不同）规定的程序主张了抵销权，如果被执行人已经有上述行为，则其抵销权的行使应属意定抵销，若申请执行人或执行实施部门不予认可或未加以处理的，则其异议应当由执行裁判部门参照《中华人民共和国合同法》第九十九条进行债务人异议的实体审查，而不应纳入执行抵销异议的审查范围之内，之所以采取这种审查方式，理由有：

第一，实体问题的审查具有保障。因为执行抵销异议的救济途径为执行复议，并未给予当事人诉权，并且在条文设计时，因考虑到关于被执行人能否在执行程序中行使抵销权这一问题，存在着人民法院在执行程序中对申请执行人所欠被执行人的债务决定抵销，必然涉及债务是否成立等实体判断，有以执代审之嫌的否定观点，故设置了请求抵销的债务已经生效法律文书确认或经申请执行人认可的限制，使这两类债务不存在实体审查的问题。[①] 但在关于意定抵销的救济方面，《最高人民法院关于适用〈中华人民共和国合同法〉

① 参见最高人民法院执行局编著：《最高人民法院关于人民法院办理执行异议和复议案件若干问题规定理解与适用》，人民法院出版社2015年版，第241页。

若干问题的解释（二）》（2009 年）第二十四条赋予了债权人提起诉讼的权利，债权人可以通过民事诉讼程序阻止债务抵销，在此种情况下，当事人的诉讼权利并未丧失，若其在法律所规定的期限内未提出诉讼，则执行裁判部门可以认定执行案件所涉的债权债务已经消灭。

第二，符合事实发生的先后顺序。《中华人民共和国合同法》第九十九条规定："……当事人主张抵销的，应当通知对方。通知自到达对方时生效。抵销不得附条件或者附期限。"由此可见，当抵销通知到达债权人时，抵销通知便处于生效的状态，债权人如未及时提出异议，则双方的债权债务已因抵销通知的送达而归于消灭，若执行裁判庭在此期间进行审查，若支持被执行人，则将出现两次抵销的法律事实，两者之间在债权债务消灭日期等问题上均有矛盾；若不支持被执行人，则会出现以执代审的情况，将本应通过民事诉讼解决的问题，经由执行裁判程序予以处理，这种做法显然不妥。

本案中，执行案件的立案时间为 2019 年 7 月 15 日，被执行人在 7 月 11 日已经向申请执行人发出了抵销通知，而申请执行人在 7 月 13 日签收了该通知，时间均在执行立案前。在案件审查过程中，法官也多次询问签收情况，申请执行人表示已经签收，并知晓通知内容，而双方并未规定关于抵销的异议期限，也未约定不得抵销，且申请执行人也未在《最高人民法院关于适用〈中华人民共和国合同法〉若干问题的解释（二）》第二十四条所规定的抵销通知到达之日三个月内提出异议，故可以认定被执行人发出的抵销通知已经生效，申请执行人对被执行人所享有的债权已经归于消灭，执行案件不具备执行的条件，所采取的执行措施均应予以解除。

本案与一般的执行抵销具有高度的相似性，执行案件双方均享有对于对方的债权，并且债权均经过生效法律文书的确认，但对于该案，我们也同样应当注意其特殊性，除了上文所分析的被执行人已经通过意定抵销的方式使申请执行人的债权归于消灭，双方的债权债务均是基于同一法律关系产生的也是本案的重要问题。本案中，双方的债权债务关系虽系两个仲裁裁决产生，但其实质是因为双方申请仲裁时间的不同而导致出现两个仲裁案件，其确是同一法律关系。因此，在审理该案中，也无须注意执行抵销对其他另案申请执行人所产生的不利影响，也不会影响执行程序中公平价值的实现。

编写人：北京市第三中级人民法院　刘哲尔

076　在金钱债权执行中保护案外买受人的物权期待权

——洪某凯与张某文、徐某阳案外人执行异议案

【案件基本信息】

1. 裁判书字号

福建省厦门市海沧区人民法院（2019）闽0205执异14号执行裁定书

2. 事由：案外人执行异议

3. 当事人

案外人：洪某凯

申请执行人：高某基

被执行人：张某文、徐某阳

【基本案情】

案外人洪某凯称：2015年12月24日，洪某凯与被执行人徐某阳、张某文签订《房屋买卖协议》，徐某阳将案涉房屋以348万元的价格出售给洪某凯，洪某凯应在2016年1月20日之前支付购房款1327250元（含购房定金20万元），其余款项以代为承担案涉房屋全部按揭贷款的方式支付。合同签订后，洪某凯依约支付了购房款，徐某阳、张某文将其银行按揭贷款账户资料交与洪某凯，由洪某凯代为支付每个月约1.8万元的贷款，同时把出售案涉房屋有关的一切权利委托公证给洪某凯指定的受托人郑某辉。同年3月8日，洪某凯通过郑某辉将案涉房屋出售给谢某昌，与谢某昌签订《房产买卖协议》，并办理了相关交接手续。5月开始，谢某昌按照合同约定向按揭银行支付贷款。6月13日后，谢某昌持相关手续向开发商办理了案涉房屋的交房入住手续，并实际安排其母亲居住。综上，洪某凯在案涉房屋被查封前就与徐某阳签订了书面买卖合同，且经厦门市思明区人民法院认定为合法有效，依约支付了全部应付款项，后买受人谢某昌已实际办理了案涉房屋的入住手续并居住至今，未办理过户登记系因法院查封所致，并非因买受人自身原因，故案涉房屋的实际权属非徐某阳、张某文所有，请求中止对案涉房屋的查封措施。

申请执行人高某基称：2016年6月1日，厦门市海沧区人民法院在高某基与张某文、徐某阳民间借贷纠纷一案中查封了案涉不动产。6月13日，徐某阳根据开发商的通知到物业管理处办理交房手续，此前案涉房屋均由不动产开发商占有。7月28日，谢某昌强行破门进入案涉房屋。故洪某凯在法院查封前并未合法占有该房屋。此外，根据思明法院作出的（2016）闽 0203 民初 17872 号民事判决书，案涉房屋总价为 348 万元，洪某凯仅支付了 1327250 元（含定金），剩余款项并未支付。因此，请求驳回洪某凯的执行异议申请。

被执行人张某文称：案涉房屋于 2016 年 6 月 1 日被厦门市海沧区人民法院查封，此时该不动产由开发商厦门某房地产开发有限公司占有，直至 6 月 13 日徐某阳办理交房手续后才转由徐某阳占有，所以洪某凯并未于法院查封前合法占有案涉房屋。另外，案涉房屋价款共计 348 万元，洪某凯仅支付 1327250 元（含定金），并未支付全部款项。因此，洪某凯的执行异议申请不符合法律规定，请求驳回。

被执行人徐某阳未作答辩。

法院经审理查明：徐某阳与洪某凯于 2015 年 12 月 24 日签订房屋买卖协议，载明甲方徐某阳将届时尚未办理土地房屋权证的厦门源昌山庄×号楼×梯×层×单元房产以总价 348 万元的价格转让给乙方洪某凯，乙方应在协议签订之日将购房定金 20 万元交由丙方厦门市淘屋房地产代理有限公司东坪二里分公司保管并于案涉房屋过户至买方名下当天支付给卖方，首期购房款 1327250 元（含定金）由乙方洪某凯于 2016 年 1 月 20 日前支付完毕，同时乙方还应按时偿还案涉房屋的银行按揭贷款。协议还约定，甲方徐某阳应以开发商交房时间为准将房产交付给洪某凯使用，同时徐某阳应无条件配合洪某凯办理房屋一手产权证及过户手续，所产生的税费等一切费用由乙方洪某凯承担。厦门市思明区人民法院（2016）闽 0203 民初 17872 号民事判决书确认了上述协议的有效性，该判决书已于 2018 年 7 月 26 日生效。

2016年1月7日、2月3日、3月7日、4月8日，洪某凯通过网银转账至徐某阳名下，转账金额分别为18677元、17452.9元、18052.73元、18052元。

2016年1月20日，张某文、徐某阳作为委托人在厦门市公证处签订《委托书》，该委托书第七条载明“受托人有权出售上述房产，权限如下：1.受托人有权选择买受人、与买受人商定房产交易价格、房款支付方式、房屋交付等合同的各项条款并代为签署房地产买卖合同及相关协议、文件……”该委托书同时还载明“受托人在行使抵押、出售权利时，须出示产权证原件办理方为有效”。受托人为郑某辉。

2016年3月8日，徐某阳、郑某辉作为甲方与乙方谢某昌签订房屋买卖协议，该协议载明甲方同意将案涉房屋以385万元的价格转让给乙方谢某昌，乙方应在协议签订之日直接支付给甲方定金50万元，首期购房款1917836元（含定金）于2016年4月20日前一次性支付完毕。协议明确案涉房产现状为尚未办理土地房屋权证，同时约定双方在2016年4月20日办理全权委托公证，届时乙方应支付全部购房款并由甲方将房产交付给乙方使用。

2016年5月8日、6月7日，谢某昌分别转入16560元至徐某阳名下银行账户。2017年3月至2019年3月，谢某昌以个人名义每三个月为徐某阳偿还一次银行个人贷款。

2016年5月27日，高某基向厦门市海沧区人民法院提起民事诉讼，请求判令张某文、徐某阳共同归还借款本金170万元及利息。2016年6月1日，厦门市海沧区人民法院根据高某基的申请作出（2016）闽0205民初1836号民事裁定，依法查封徐某阳名下预告登记的案涉房产。2017 年 2 月 10 日，高某基与张某文、徐某阳借款合同纠纷一案进入执行程序，上述保全措施转为执行措施。

2016 年 6 月 7 日，厦门某房地产开发有限公司向徐某阳发出《入住通知书》，载明户主应于 2016 年 6 月 13 日至 6 月 15 日办理交房手续。2016 年 6 月 13 日，徐某阳签署了《房屋移交书》，确认案涉房产已移交完毕。

现该房产由谢某昌及其家人居住。

【案件焦点】

案外人洪某凯对案涉房产是否享有物权期待权，是否能够阻却执行。

【法院裁判要旨】

福建省厦门市海沧区人民法院经审理认为：案外人洪某凯与被执行人徐某阳的房屋买卖协议虽签订在本院查封之前，且该买卖协议经厦门市思明区人民法院确认合法有效，但根据《最高人民法院关于人民法院办理执行异议和复议案件若干问题的规定》第二十八条的规定，在金钱债权执行中，洪某凯的异议请求是否成立，除符合在人民法院查封之前已签订合法有效的书面买卖合同这一要件外，还必须同时满足“在人民法院查封之前已合法占有该不动产、已支付全部价款或者已按照合同约定支付部分价款且将剩余价款按照人民法院的要求交付执行、非因买受人自身原因未办理过户登记”等要件，且能够排除执行。

从本案看，第一，洪某凯与徐某阳签订房屋买卖协议时，案涉房产尚未交房，此状态持续至本院查封后；至本院查封时，案涉房产已再次转卖他人；待案涉房产移交使用，案涉房屋实际由谢某昌居住，故无法认定洪某凯在法院查封前已合法占有案涉房产。第二，洪某凯在购买案涉房产后，仅向徐某阳支付了首期购房款1327250元（含定金）及银行按揭款72234.63元，尔后由谢某昌代为偿还按揭，故洪某凯并未如法律所规定履行支付价款的义务。第三，洪某凯明知案涉房屋未办理一手产权证而购买，其未能办理过户并非单纯法院查封所导致。此外，洪某凯在案涉房产尚未交付使用又转卖他人，事实上已无物权可期待。综上，洪某凯的执行异议理由依法不能成立，无法排除执行，应予以驳回。依照《中华人民共和国民事诉讼法》第二百二十七条、《最高人民法院关于人民法院办理执行异议和复议案件若干问题的规定》第二十八条的规定，作出如下裁定：

驳回案外人洪某凯的异议请求。

【法官后语】

本案争议焦点为案外人洪某凯对案涉房产是否享有物权期待权，是否能够阻却执行。

1. 案外买受人物权期待权的法理及制度梳理

在执行案件中，案外人提起执行异议，主张对法院查封的被执行人名下的不动产享有实体权利，要求法院排除执行该不动产的情况较为常见。主要原因是，根据《中华人民共和国物权法》的规定，除继承、征收等非因法律行为所取得的物权外，不动产物权的设立、变更、转让和消灭，必须经依法登记始发生效力（《中华人民共和国民法典》第二百零九条同此规定）。基于我国现行房地产开发和登记制度的不完善等原因，不动产买受人签订买卖合同之后，往往不能即时进行物权登记，买受人取得法律意义上的所有权总会滞后于债权合意很长一段时间。在此期间，买卖的不动产在法律上仍属于出卖人所有。

人民法院审查案外人执行异议，实质是在案外人对执行标的物享有合法真实的实体权利与申请执行人受法律强制力保护的执行债权之间进行平衡比较，进而得出科学合理论断的过程。如果仅仅将无过错买受人当作普通的债权人，基于债权的相对性，其对房屋的登记或者交付请求权并不具有排除出卖人的其他债权人就买卖不动产提出的受偿要求，将面临其他金钱债权人请求就买卖不动产另行变价的不测风险。作为已经依照买卖合同履行完毕支付不动产对价等义务的买受人，其预期物权将确定无疑地变动到其名下，当其预期物权在与申请执行人的一般金钱债权的实现发生冲突时，法律选择优先保护无过错不动产买受人，在符合法定条件时能够排除执行等效力，彰显了法律的公平公正性。

在执行程序中对不动产买受人进行优先保护的理论基础是买受人的物权期待权。所谓期待权，是指将来可能取得与实现的权利，是当事人尚未取得，必须有一定的事实发生才能取得的权利。所谓买受人的物权期待权，是指对于已经签订买卖合同的买受人，在已经履行合同部分义务的情况下，虽然尚未取得合同标的物的物权，但赋予其类似物权人的地位，赋予其具有排除执行等物权效力。买受人物权期待权是以将来发生不动产物权变动为目的的债权请求权，是为了在确定的不动产财产权登记条件还不具备时，保证将来财产权变动能够顺利进行。

我国2002年《最高人民法院关于建设工程价款优先受偿权问题的批复》（已失效）第二条，对具有消费者身份的房屋买受人予以优先于金钱债权人的特殊保护；2004年3月1日实施的《最高人民法院、国土资源局、建设部关于依法规范人民法院执行和国土资源房地产管理部门协助执行若干问题的通知》第十五条将物权期待权的保护对象扩大至自开发商受让房屋的所有买受人。2005 年 1 月 1 日实施的《最高人民法院关于人民法院民事执行中查封、扣押、冻结财产的规定》第十七条将所有需要办理过户登记财产的买受人均纳入物权期待权保护范畴。2015 年 5 月 5 日实施的《最高人民法院关于人民法院办理执行异议和复议案件若干问题的规定》第二十八条至第三十条进一步将金钱债权执行中，不动产受让人的物权期待权概括为无过错不动产买受人物权期待权、房屋消费者物权期待权和预告登记权利人物权期待权三种。其中，第二十八条是买受人对登记在被执行人名下的不动产提出执行异议时的规定，第二十九条是买受人对登记在被执行的房地产开发企业名下的商品房提出执行异议时的规定，第三十条是对被查封的办理了受让物权预告登记的不动产提出执行异议时的规定。

2. 案外买受人物权期待权认定及阻却执行的条件

我国立法对买受被执行不动产等需要登记财产的案外人设置了物权期待权制度予以保护，是债权的物权化体现，也是对我国不动产物权变动登记原则的突破，故法律规定了严格的条件限制。

《最高人民法院关于人民法院办理执行异议和复议案件若干问题的规定》第二十八条规定："金钱债权执行中，买受人对登记在被执行人名下的不动产提出异议，符合下列情形且其权利能够排除执行的，人民法院应予以支持：（一）在人民法院查封之前已签订合法有效的书面买卖合同；（二）在人民法院查封之前已合法占有该不动产；（三）已支付全部价款，或者已按照合同约定支付部分价款且将剩余价款按照人民法院的要求交付执行；（四）非因买受人自身原因未办理过户登记。”也就是说，保护无过错买受人所享有的物权期待权须同时满足以下要件，才可排除执行。

(1) 金钱债权。第二十八条适用的前提是基于金钱债权的执行。本案中，申请执行人高某基对被执行人张某文、徐某阳享有金钱债权，高某基起诉张某文、徐某阳请求归还借款本息，符合金钱债权的要件。

(2) 在人民法院查封之前已签订合法有效的书面买卖合同。物权期待权所依据的基础法律关系必须合法有效。我国法律虽承认物权行为，但并不承认物权行为的独立性，物权的变动实行“债权合意加登记”，所以，物权能够合法变动的前提是以物权变动为内容的债权合同成立并且有效。本案中，被执行人徐某阳与案外人洪某凯于2015年12月24日签订房屋买卖协议，载明徐某阳届时将尚未办理土地房屋权证的案涉房产以总价348万元的价格转让给洪某凯。该买卖协议已经厦门市思明区人民法院（2016）闽0203民初17872号生效民事判决书确认合法有效。2016年6月1日，厦门市海沧区人民法院根据申请执行人高某基的申请，作出（2016）闽0205民初1836号民事裁定，依法查封徐某阳名下预告登记的案涉房产。故，该房屋买卖协议的签订是在法院查封之前。

(3) 在人民法院查封之前已合法占有该不动产。首先，买受人物权期待权之所以要保护，就是因为买受人已经为取得物权履行了一定义务并以一定的方式对外进行了公示，尽管这种公示的方式较之法定的登记公示方式在效力上较弱。其次，占有不动产的行为必须发生在查封行为之前。在查封后占有的，受查封的效力所及，不得对抗债权人。同时，这也是为减少被执行人与第三人恶意串通的可能性。至于对“占有”的理解，应为对不动产有事实上的管理和支配。一般认为，拿到房屋的钥匙、办理物业的入住手续、缴交物业管理费、对房屋进行装修、入住等行为即可推定。本案中，2016年6月1日，厦门市海沧区人民法院在原告高某基与被告张某文、徐某阳民间借贷纠纷一案中查封了案涉不动产，此时该不动产尚未交付使用，仍由开发商房地产开发公司占有。直至2016年6月13日，徐某阳签署了《房屋移交书》，办理了交房手续，案涉房产转由徐某阳占有，随后由后手买家谢某昌及家人占有使用。故案外人洪某凯并未于法院查封前合法占有该案涉房产。

（4）已支付全部价款，或者已按照合同约定支付部分价款且将剩余价款按照人民法院的要求交付执行。案外人支付全款的情形包括实际支付全款和将剩余价款交付法院执行。这是因为，实践中相当一部分不动产买卖合同所涉金额巨大，当事人之间多约定分期付款，案外人虽仅支付部分款项，但系按照合同约定的进度支付，如其将剩余价款按照人民法院指定的期限交付执行，并不影响债权受偿。这里体现出执行权作为公权力对被执行人与第三人之间的民事权利进行适当的干预，进行了适当的利益平衡。至于款项完成全部交付的时间，目前尚无明确规定。有观点认为最晚不能迟于一审法庭辩论终结前，也有观点认为，最晚不能迟于执行程序案外人异议审查结论作出前。本案中，案外人洪某凯在购买案涉房产后，仅向被执行人徐某阳支付了首期购房款1327250元（含定金）及银行按揭款72234.63元，尔后由后手买受人谢某昌代为支付，故洪某凯并未如法律所规定履行支付价款的义务。洪某凯的再次转卖暴露了其目的是进一步实现债权，而非期待案涉房产的所有权，这与法律所保护的物权期待权的立法精神相违背。

（5）非因买受人自身原因未办理过户登记。这里未能登记的原因，主观上要求是属于案外人意志以外的客观障碍，否则，则应判断为案外人存在过错。实践中能够归责于买受人的原因，一般分为三种：一是对他人权利障碍的忽略。例如，不动产之上设定有其他人的抵押权登记，而买受人没有履行合理的注意义务导致无法登记。二是对政策限制的忽略。例如，明知某地限制购房，在不符合条件的情况下仍然购房导致无法办理过户手续。三是消极不行使登记权利。例如，有的交易当事人为了逃税等而故意不办理登记。本案中，洪某凯交易时明知案涉房屋尚未办理一手产权证而购买，其理应承担由此带来的法律风险和不利后果。

综上，案外人洪某凯的执行异议理由依法不能成立，无法排除执行，应予以驳回。

编写人：福建省厦门市海沧区人民法院　吴丽芬　付臻

077 执行程序中具有生存权属性的债权应当优先受偿

——小贷公司与唐某淑劳动争议执行异议案

【案件基本信息】

1. 裁判书字号

重庆市第五中级人民法院（2019）渝05执复50号执行裁定书

2. 案由：劳动争议执行异议纠纷

3. 当事人

复议申请人（利害关系人）：小贷公司

申请执行人：唐某淑

被申请人：Y公司

【基本案情】

唐某淑与Y公司劳动争议一案，执行法院于2018年8月22日作出（2018）渝0113民初7107号民事判决书，认定唐某淑因工致残，伤残二级，大部分生活自理障碍。判决Y公司支付唐某淑一次性伤残补助金等工伤保险待遇共计1302857.63元。判决生效后，唐某淑向执行法院申请强制执行，后该案进入执行程序。2019年3月29日，执行法院就该案作出《决定书》，决定从执行法院受理执行的小贷公司申请执行Y公司民间借贷纠纷等案的案款中，支付申请执行人唐某淑一次性伤残补助金等1302857.63元。另查明，2017年10月19日，小贷公司向执行法院申请对Y公司采取诉前财产保全措施，执行法院依法对Y公司名下账户进行了冻结。同年11月21日，执行法院受理了小贷公司诉Y公司等民间借贷纠纷三案。该三案判决生效后，小贷公司于2019年2月12日向执行法院申请对Y公司强制执行。执行法院在以上三案的执行过程中，已将相应冻结款项划拨至执行法院账户。

【案件焦点】

具有生存权属性的债权能否在执行程序中优先受偿。

【法院裁判要旨】

重庆市巴南区人民法院经审理认为：在具体执行案件中，人民法院可以根据实际情况不同调整债权受偿顺序，以最大限度维护社会公平。本案中，唐某淑所享有的债权系因受到二级伤残所致的工伤保险待遇，是对劳动者基本权益的保护和国家对高度伤残者生存权益的救济。唐某淑对Y公司享有的债权，与小贷公司对Y公司享有的合同债权请求权相比，性质上具有优先性。根据《最高人民法院关于人民法院执行工作若干问题的规定（试行）》（2008年）第九十三条、第九十四条之规定，执行法院作出《决定书》合法。依照《中华人民共和国民事诉讼法》第二百二十五条，《最高人民法院关于人民法院办理执行异议和复议案件若干问题的规定》第十七条第一项之规定，作出如下裁定：

驳回异议人小贷公司的异议请求。

小贷公司不服，向重庆市第五中级人民法院申请复议。请求撤销重庆市巴南区人民法院（2019）渝0113执异58号异议裁定和《决定书》。

重庆市第五中级人民法院复议审查同意一审的裁判意见。依照《中华人民共和国民事诉讼法》第二百二十五条、《最高人民法院关于人民法院办理执行异议和复议案件若干问题的规定》第二十三条第一款第一项之规定，作出如下裁定：

驳回小贷公司的复议申请，维持重庆市巴南区人民法院（2019）渝0113执异58号异议裁定。

【法官后语】

实践中，多份生效法律文书确定的金钱给付内容的多个债权人分别对同一被执行人申请执行，可供执行的财产不足清偿全部债务的情况经常发生。即使同属于无担保物权的债权，也未必等同保护，对具有生存权性质的债权应当优先予以保护。

生存性债权具有以下法律特征：

1. 权利主体是自然人

法人或其他单位不存在维持健康、基本生活的情形，不是生存性债权的主体。在司法实践中，常见的生存性债权主要有以下三种类型：(1) 人身损害赔偿之债权。自然人遭受人身损害，其生存能力短期或永久下降，甚至丧失劳动能力或死亡。人身权不能用财产价值来衡量，人身损害赔偿是侵害事实客观发生后不得已的救济措施，损害赔偿费用承担恢复受害人健康、残疾器具功能替代、填补损失、慰藉痛苦、补充生活来源等功能，无疑属于生存性债权，而财产损害赔偿属一般债权，不具有优先性。(2) 劳动债权。劳动者享有的因劳动关系所发生的劳动报酬、工伤待遇、经济补偿或赔偿金等债权。劳动债权一般是劳动者主要的生活来源，应当属于生存性债权。(3) 其他属于债权人及其所扶养家属主要或唯一生活来源的债权。

2. 生存性债权具有保护的紧迫性

自然人的人身权利遭受侵害，比一般财产损害所生债权具有更强的保护紧迫性。劳动报酬具有保障生存权实质平等的价值功能，劳动报酬权具有优先权属性，具有保护的紧迫性。在其他债权中，有的债权是特定债权人的唯一或主要生活来源，若该债权不能实现，债权人会迅速陷入饥寒困顿的境地，该债权具有保护的紧迫性，而应归入生存性债权。

3. 生存性债权具有人身属性

生存性债权也可以转让，但其优先性与特定主体须臾不可分离，一经转让即不再具有保护的紧迫性而沦为普通债权。

生存性债权优先保护的依据有二：其一，法理。权利就是法律保护的利益，因人的求利性和资源的稀缺性，合法利益之间具有冲突性，权利也相应存在冲突性。各种权利对人类生存、发展的重要性不同，不同权利之间存在一定的位阶关系。在不同位阶的权利发生冲突的情况下，法律应优先保护高位阶的权利。人格权优于财产权，生存权的位阶高于财产权、经营权。生存权是人的基本权利，生存权得不到保障，其他权利也就无从依附。一般情况下，生存权高于普通财产权。因此，生存性债权属于一种优先权，其权利人享有就债务人的财产优先于其他债权人受清偿的权利。其二，法律规范。虽然我国对生存性债权在执行程序中优先受偿缺乏明确、系统的规定，但对生存权予以优先保护还是有法律依据的。比如，《中华人民共和国企业破产法》第一百一十三条规定，破产人所欠职工的工资和医疗、伤残补助、抚恤费用，所欠的应当划入职工个人账户的基本养老保险、基本医疗保险费用，以及法律、行政法规规定应当支付给职工的补偿金优先于普通债权清偿。又如，《中华人民共和国民事诉讼法》第二百四十三条规定，强制执行时应当保留被执行人及其所扶养家属的生活必需费用。

本案不符合移送破产审查和参与分配的条件，扣划到法院账户上的资金仍属于被执行人的财产，执行法院可以直接作出唐某淑优先受偿的执行行为。

编写人：重庆市第五中级人民法院　代贞奎

078　抵押登记优先受偿权范围的认定

——某银行红星支行诉N公司执行分配方案异议之诉案

【案件基本信息】

1. 裁判书字号

北京市第三中级人民法院（2019）京03民终3629号民事判决书

2. 案由：执行分配方案异议之诉

3. 当事人

原告（上诉人）：某银行红星支行

被告（被上诉人）：N 公司

【基本案情】

某银行红星支行将其债务人钱某虎、郭某云、花卉公司诉至北京市朝阳区人民法院，该院于 2015 年 12 月 29 日作出（2015）朝民（商）初字第 14180 号民事判决书，认为：某银行红星支行和郭某云签订《最高额抵押合同》，约定郭某云以其名下房产对钱某虎的所有债务承担抵押担保责任，判决钱某虎偿还某银行红星支行贷款本金 750 万元、截至 2015 年 3 月 2 日的利息 68986.26 元、罚息 23.4 万元；并支付 2015 年 3 月 3 日之后的利息、罚息；支付律师费 2 万元；某银行红星支行有权对郭某云名下位于北京市朝阳区光华路甲×号×号楼×层×的房产按照抵押登记顺序拍卖、变卖的价款享有优先受偿权。后钱某虎、郭某云等未履行上述判决，某银行红星支行申请本院强制执行，在执行程序中，该院依法对郭某云名下位于北京市朝阳区光华路甲×号×号楼×层×的房产进行拍卖，拍卖所得价款依法偿还了某银行红星支行贷款本金 750 万元。

N 公司在上海市虹口区人民法院起诉时，对涉案的房产进行了查封，为便于处置拍卖房产，上海市虹口区人民法院将涉案房产的处置权交由北京市朝阳区人民法院。因 N 公司申请参与分配，且涉案房屋所得价款不能足额偿还现有所有债务，北京市朝阳区人民法院依法制作了《分配方案》，确认：可供分配案款总额为 941.41 万元；债权总额为 84885376.92 元；某银行红星支行未受偿债权额为 6110372.92 元，所占总债权额比例为 7.2%，债权性质为一般债权，垫付评估费为34860元，分配所得案款数额为712486.92元；N公司未受偿债权额为78775004元，所占总债权额比例为92.8%，债权性质为一般债权，分配所得案款数额为8701613.08元。

另查明一，2013年11月22日，郭某云作为抵押人与作为抵押权人的某银行红星支行签订《最高额抵押合同》，约定：本合同下的被担保债权（担保范围）为主合同项下北京银行（及按主合同约定取得债权人地位的北京银行系统内其他分支机构）的全部债权，包括主债权本金（最高限额为750万元）以及利息、罚息、违约金、损害赔偿金、担保物保管/维护/维修的费用、实现债权和担保权益的费用及其他应付款项。

另查明二，2013年12月4日，某银行红星支行取得涉案房屋的他项权证书，载明的债权数额为750万元。

【案件焦点】

某银行红星支行是否对借款本金750万元以外的利息、罚息、复利、实现债权的费用享有优先受偿权。

【法院裁判要旨】

北京市朝阳区人民法院经审理认为：虽某银行与郭某云签订《最高额抵押合同》时约定的担保范围包括主债权本金（最高限额为750万元）以及利息、罚息、违约金、损害赔偿金、担保物保管/维护/维修的费用、实现债权和担保权益的费用及其他应付款项，但是双方在涉案房屋办理抵押登记时载明的债权数额为750万元，根据《最高人民法院关于适用〈中华人民共和国担保法〉若干问题的解释》（2000年）第六十一条规定，抵押物登记记载的内容与抵押合同约定的内容不一致的，以登记记载的内容为准。第八十三条规定，抵押权人实现最高额抵押权时，如果实际发生的债权余额高于最高限额的，以最高限额为限，超过部分不具有优先受偿的效力。本案某银行红星支行现在的债权已经超过双方约定的最高限额，故某银行红星支行的债权在750万元的限额内享有优先受偿权，该执行庭已经将本金750万元款项优先发放给某银行红星支行，就其剩余债权作为普通债权分配并无不当，故北京市朝阳区人民法院认为某银行红星支行的诉讼请求，没有事实及法律依据，本院不予支持。关于北京银行所称该院作出的（2015）朝民（商）初字第14180号民事判决书已经认定其就本金、利息、罚息、复利、实现债权的费用均享有优先受偿权的意见，综合以上判决书中所认定的事项，判决某银行红星支行就涉案房产按照抵押登记顺序拍卖、变卖的价款享有优先受偿权，与北京市朝阳区人民法院执行庭的理解并无矛盾之处，故北京市朝阳区人民法院对某银行红星支行的此项意见，不予采信。

北京市朝阳区人民法院依照《最高人民法院关于适用〈中华人民共和国担保法〉若干问题的解释》第六十一条、第八十三条，《最高人民法院关于适用〈中华人民共和国民事诉讼法〉的解释》第五百一十二条之规定，作出如下判决：

驳回原告某银行红星支行的全部诉讼请求。

某银行红星支行公司不服一审判决，提出上诉。二审法院同意一审法院的裁判意见。

北京市第三中级人民法院依照《中华人民共和国民事诉讼法》第一百七十条第一款第一项之规定，作出如下判决：

驳回上诉，维持原判。

【法官后语】

借款人与贷款人签订借款合同，并就借款人或借款人提供的案外人的财产设立抵押权，已经成为贷款人出借款项并担保债权实现的常用方法。按照《中华人民共和国民法典》的规定，抵押分为普通抵押和最高额抵押，较之于普通抵押，最高额抵押设定了所担保债权的最高限额，在最高债权额限度内，以抵押物对一定期间内连续发生的债权作担保。根据《中华人民共和国民法典》的规定，当事人以城市房地产作为抵押物时，应当办理抵押物登记，抵押合同自登记之日起生效。实践中，在办理抵押登记时，在他项权证中通常会载明债权数额。在司法实践中，债权人具有优先受偿债权的范围通常有争议。第一种观点认为，债权人优先受偿的范围应当严格按照他项权证载明的债权金额为限，超出部分不具有优先受偿权，按照普通债权受偿。第二种观点认为，双方在签订抵押合同时就抵押物担保的债权数额有明确的约定，债权人优先受偿债权的范围应当以约定的为准，不以他项权证载明的债权数额为限。笔者认为，两种观点各有利弊，应当区别情况予以适用，第一种观点严格遵循物权的公示公信原则，有利于保障抵押财产上的后顺位抵押权人以及无抵押权的一般债权人的正当权益，有利于交易安全。但是因双方在办理抵押登记的时候，只有本金债权数额可以准确确定，其他债权数额并不能准确确定，登记时通常登记的债权数额为本金数额。在此情况下，其他债权不能优先受偿，直接导致债权人利益受损，不利于提高交易效率。第二种观点可以使债权人的所有债权得到优先受偿，最大限度地保障债权人的利益，保障了交易效率，但是因此种计算方式使得债权人优先受偿的债权数额不确定，不利于保障后顺位抵押权人及其他普通债权人的利益。在司法实践中，应当区别适用两种观点，如果债务人除第一顺位抵押权人外，还有其他顺位在后的抵押权人及普通债权人时，应当适用第一种观点，以保障各方债权人的合法权益①。如果债务人除顺序在前抵押权人再无其他债权人时，适用第二种观点，以保障债权人的利益最大化。

本案所涉问题与上述两种情况有所区别，本案中郭某云与某银行红星支行签订的是《最高额抵押合同》，根据法律规定，最高额抵押就担保债权的最高数额作了限定，在最高债权额限度内，以抵押物对一定期间内连续发生的债权作担保。虽郭某云与某银行红星支行签订《最高额抵押合同》时约定的担保范围包括主债权本金（最高限额为750万元）以及利息、罚息、违约金、损害赔偿金、担保物保管/维护/维修的费用、实现债权和担保权益的费用及其他应付款项，但双方并未就债权的最高数额进行明确。双方在涉案房屋办理抵押登记时，他项权证载明的债权数额为750万元，本案除某银行红星支行外仍有其他债权人要求参与分配债务人的财产，在此种情况下应以他项权证载明的债权数额为限作为某银行红星支行优先受偿债权的最高数额。②

编写人：北京市朝阳区人民法院　田青

① 《最高人民法院关于适用〈中华人民共和国民法典〉有关担保制度的解释》第四十七条持该种观点。

② 新修订施行的《最高人民法院关于适用〈中华人民共和国民法典〉有关担保制度的解释》第十五条第二款规定：登记的最高债权额与当事人约定的最高债权额不一致的，人民法院应当依据登记的最高债权额确定债权人优先受偿的范围。与本文观点一致。

079 抵押财产足值时是否能申请保全另一方其他财产

——D 公司重庆分公司与 N 公司、M 公司诉中财产保全案

【案件基本信息】

1. 裁判书字号

重庆市第三中级人民法院（2019）渝 03 执保 28 号之三民事裁定书

2. 事由：诉中财产保全

3. 当事人

申请保全人：D 公司重庆分公司

被保全人：N 公司、M 公司

【基本案情】

2016 年 4 月 13 日，N 公司向哈尔滨银行重庆南川支行借款 3400 万元。M 公司以其名下位于重庆市南川区的 36 处房产（评估价值 6945 万元）和 47 处在建工程（评估价值 3600 万元）为此次借款提供抵押担保。后哈尔滨银行重庆南川支行将该债权转让给 D 公司重庆分公司，并进行了公告和抵押权变更。

2019 年 11 月 15 日，因 N 公司未能按期归还本息，D 公司重庆分公司向法院提起诉讼。同年 11 月 26 日，D 公司重庆分公司提出财产保全申请，请求冻结重庆南川某房地产开发公司名下银行存款 40072754.95 元或查封、冻结、扣留相应价值的其他财产。D 公司重庆分公司提供的财产线索为 N 公司位于重庆市南川区铁村乡锅厂村的土地使用权，同时提供了保险公司的保单作为担保。

【案件焦点】

申请保全人在拥有合法有效且足额的抵押财产时，不申请保全已抵押财产，而申请保全其他财产，对该财产保全申请，人民法院是否准许。

【法院裁判要旨】

重庆市第三中级人民法院经审理认为：D 公司重庆分公司已提交证明其与 N 公司存在借款合同纠纷的事实及争议标的大小的基本证据，且为此次保全提供了相应担保，其申请符合法律规定，应予准许。依照《中华人民共和国民事诉讼法》第一百零一条、第一百零二条、第一百零三条第一款之规定，作出如下裁定：

准许对 N 公司名下 40072754.95 元财产予以保全。

保全裁定作出后，重庆市第三中级人民法院根据 D 公司重庆分公司提供的财产线索，查封了 N 公司位于重庆市南川区铁村乡锅厂村的土地使用权。

后 N 公司以财产保全超标的、已有足额抵押财产、保全措施造成其不能融资、经营困难等为由，向人民法院提出保全复议和置换申请。

重庆市第三中级人民法院经审理认为：诉讼保全的目的是生效裁判能够得到顺利执行，被保全人有多项财产可供保全的，在能够实现保全目的的情况下，人民法院应选择对其生产经营活动影响较小的财产进行保全。本案中，N 公司为此次置换申请提供了 M 公司的房产作为担保，该担保物的价值经评估高于保全标的，且更有利于执行。该担保物虽有抵押，但 D 公司重庆分公司为该担保物的抵押权人，其能够得到该抵押物的相应权益。综上，N 公司的置换保全申请符合法律规定，应予准许。依照《最高人民法院关于适用

〈中华人民共和国民事诉讼法〉的解释》第一百六十六条第一款第四项、第一百六十七条,《最高人民法院关于人民法院办理财产保全案件若干问题的规定》第十三条之规定,作出如下裁定:

一、查封M公司名下位于重庆市南川区西城街道办事处龙济路×号×幢36处房产及该处1、2幢47处在建工程;

二、解除对N公司名下位于重庆市南川区某村的土地使用权的查封措施。

【法官后语】

一方当事人在拥有另一方当事人合法有效且足额的抵押财产时,不申请保全已抵押财产而申请保全另一方的其他财产,目的就是让自己的债权得到更充分的保障。那么,人民法院对这一保全申请是否应该准许呢?

首先,从财产保全设立的目的来看,财产保全是指为保障日后生效裁判的顺利执行、避免胜诉债权人权利遭受损失,对当事人处分相关财产予以限制的一种诉讼保障制度。这项制度在保证民事诉讼顺利进行、保护当事人合法权益、缓解执行难、维护司法权威方面发挥着重要作用。作为一种诉讼保障制度,其根本目的就是保障生效裁判能够得到有效执行。拥有抵押权一方的当事人,在债务人不履行债务或发生约定的实现抵押权的情形时,依法享有对抵押物变现所得价值的优先受偿权。因此,在抵押财产足值的情况下,其债权已有充分保障。

其次,从财产保全的诉讼功能来看,一方当事人申请保全另一方当事人更多的财产,势必更有利于自身诉讼目的的实现,同时也能达到以保全促和解的目的。但诉讼不同于执行,诉讼过程中,双方当事人之间的权利义务关系尚未明确。人民法院应当平等地保护双方当事人的合法权益。过多地限制另一方当事人处分财产，不利于其正常生产经营及经济社会发展。同时，过多保全另一方财产可能导致人民法院超标的保全，而使财产保全陷入违法的困境。

再次，从保全与执行的相关法律规定来看，民事诉讼法及其司法解释虽未明文规定已有抵押财产不得申请保全，但在其他司法解释及文件中可以找到相关要求。《最高人民法院关于人民法院办理财产保全案件若干问题的规定》第十三条中就明确规定，被保全人有多项财产可供保全的，在能够实现保全目的的情况下，人民法院应当选择对其生产经营活动影响较小的财产进行保全。抵押财产作为已知的财产线索，理应纳入其中，属于与本案有关的财物，而可供保全。同时，根据《最高人民法院关于适用〈中华人民共和国民事诉讼法〉的解释》第一百六十八的规定，保全措施在进入执行程序后，自动转为执行中的执行措施，且期限连续计算。《最高人民法院关于在执行工作中进一步强化善意文明执行理念的意见》第三条再次重申了“较小影响”这一要求。因此，无论是财产保全还是执行程序，人民法院在能够实现相应目的的情况下，应当兼顾保障债务人与被执行人的合法权益。

最后，从财产保全司法实践来看，人民法院依申请保全了另一方当事人非抵押物的其他财产。另一方当事人势必会提出执行异议，且这个异议基本会获得法院支持。届时，对其他财产的保全措施将会解除，而保全财产将变更为抵押财产。另外，被保全人也可能申请将抵押财产作为担保财产来解除原保全措施，由于申请人享有抵押权，故能获得抵押财产的相应权益而不受影响。这两种方式在一定程度上浪费了司法资源，还不如一开始就直接保全抵押财产。还有，申请保全人直接保全抵押财产，获得对抵押财产的首轮查封。案件进入执行程序，将省去首封与轮候法院间的相互协调，节约资产处置时间，从而提升执行效率。

综上，笔者认为，一方当事人在拥有另一方当事人合法有效且足额的抵押财产而申请保全非抵押财产的其他财产时，人民法院应注意引导，做好解释工作，让申请人保全抵押财产。同时，抵押财产也应作为已知财产线索的一部分，在被保全人有多项财产可供保全时，人民法院应尽量选择对其正常生产经营活动最小的财产进行保全。

编写人：重庆市第三中级人民法院　李能文

080　财产保全错误标准的认定与归责

——陈某、何某群诉何某明申请诉中财产保全损害责任案

【案件基本信息】

1. 裁判书字号

福建省厦门市海沧区人民法院（2019）闽 0205 民初 1862 号民事判决书

2. 案由：申请诉中财产保全损害责任纠纷

3. 当事人

原告：陈某、何某群

被告：何某明

【基本案情】

何某明因与陈某、何某群民间借贷纠纷一案于2017年3月9日诉至厦门市海沧区人民法院，何某明请求判令陈某、何某群返还借款75.61万元并按月利率2%的标准支付利息等。该案历经一审、二审、发回重审。在重审期间，何某明于2018年4月20日向本院申请财产保全，要求保全陈某、何某群价值81.66万元的财产。本院诉中作出财产保全的（2018）闽0205民初1022号民事裁定书，并于2018年4月27日查封了登记在陈某名下位于厦门市海沧区沧元路×号×室的房屋一套、登记在何某群名下位于厦门市思明区流芳里×号×室房屋一套。其后，依陈某、何某群的申请，本院于2018年7月13日解除了对位于厦门市海沧区沧元路×号×室房屋的查封。

2018年8月20日，本院作出（2018）闽0205民初1022号民事判决书，认定陈某、何某群尚未清偿借款债务，判令陈某、何某群于判决生效之日内偿还何某明借款339322元并支付利息等，驳回了何某明的其他诉讼请求。何某明、何某群均不服，向福建省厦门市中级人民法院提起上诉。2018年12月14日，福建省厦门市中级人民法院作出（2018）闽02民终5373号民事判决书，改判陈某、何某群于判决生效之日内支付何某明367244.4元，驳回何某明一审的其他诉讼请求。2019年5月7日，陈某、何某群以何某明保全错误致其损害为由诉至本院。

在本案审理过程中，陈某、何某群提供《铝合金门窗工程承包合同》一份，拟证明其承包了赣州市隆泰华庭项目的铝合金门窗工程，需要启动资金200万元。该承包合同载明，甲方为案外人实业公司，乙方为陈某。合同于2018年1月16日签订，约定的铝合金门窗工程承包价款为634.68万元，2018年3月16日开工，2019年3月30日竣工。

另查明：何某群名下位于思明区流芳里×号×室的房屋建成于1989年，何某群已于2018年2月28日以该房产向银行厦门分行办理抵押登记，抵押金额200万元。

【案件焦点】

生效裁判文书确定的债权给付金额与原告起诉时的金额不一致，是否可以直接认定原告的诉中财产保全错误。

【法院裁判要旨】

福建省厦门市海沧区人民法院本案系因民事诉讼中的诉讼保全行为引发的侵权损害赔偿纠纷。何某明与陈某、何某群因民间借贷纠纷向人民法院起诉，且依其诉讼请求向受诉人民法院申请财产保全，符合法律规定。虽然何某明申请保全的财产金额高于人民法院判决最终所确定的金额，但并不能以此为由当然地认定其保全申请存在错误。根据《中华人民共和国民事诉讼法》第一百零五条“申请有错误的，申请人应当赔偿被申请人因保全所遭受的损失”的规定，申请人承担赔偿责任的前提条件是申请财产保全有错误。在归责时，应当适用《中华人民共和国侵权责任法》规定的过错责任原则。具体到本案中，（2018）闽0205民初1022号案件的保全金额虽高于终审判决金额，但因（2018）闽0205民初1022号案件双方就借款债务是否清偿争议巨大，何某明为了维护其自身利益，根据自己对事实和法律的认识进行起诉并申请保全，并无主观上的恶意，其申请保全不存在过错。况且，陈某、何某群提交的《铝合金门窗工程承包合同》仅证明其与案外人确立了铝合金门窗工程的承包关系，不足以证明其因房产被依法查封导致其不能履行该合同及其不能获得承包利益。故陈某、何某群主张何某明保全错误导致其损失，缺乏事实和法律依据，不予支持。

福建省厦门市海沧区人民法院依照《中华人民共和国侵权责任法》第六条第一款，《中华人民共和国民事诉讼法》第六十四条第一款的规定，作出如下判决：

驳回原告陈某、何某群的诉讼请求。

判决后，双方当事人均未上诉，本判决现已生效。

【法官后语】

财产保全是指人民法院在诉讼开始前或在诉讼进行中，依债权人的申请或依职权，以债务人财产或者当事人争议的财产为对象，依法采取强制性保护措施，以保证将来发生效力的判决得以实现的程序。财产保全申请错误则旨在救济，然而实践中对保全错误的认定标准难以操作，结合本案分析如下。

1. 财产保全申请错误的性质

申请财产保全错误侵害了他人的权益，是一种侵权行为。侵权行为也称为侵害行为或过错行为，其本意是指侵害他人权利或利益的行为，是一种侵害他人权益并造成损害结果的状态。财产保全行为本身是债权人为实现债权而为的先行为，保全行为本身是合法的，申请财产保全错误的性质应当是一般侵权行为。

2. 认定财产保全错误应考察的要件

认定财产保全错误是一般侵权行为的目的在于明确审理财产保

全错误案件的归责原则。归责，是指行为人在其行为或其物件导致他人损害的事实发生后，应依照何种根据使其负责，是应以行为人的过错，还是以已经发生的损害结果，还是以公平的价值判断为依据，让行为人承担侵权责任。一般侵权行为适用过错责任原则，即认定行为人是否应当承担侵权责任需要考察行为人是否对损害的发生有主观过错，其行为是否与损害结果之间有因果关系。而这两项要件中，行为人主观过错和客观行为的过错则是决定其是否承担侵权责任的重要标准。而在认定财产保全错误时重点应当考察的核心在于申请人主观是否恶意保全。

3. 实践中应注意的几个问题

（1）防止被保全人滥用诉权。随着“解决执行难”综合体系的健全，财产保全制度也随之不断完善。因实践中存在诸多规避法院强制执行行为发生在诉前及诉讼过程中，故而债权人越来越多地运用财产保全制度保障胜诉权益。《中华人民共和国民事诉讼法》和《最高人民法院关于人民法院办理财产保全案件若干问题的规定》已从多个方面规制了保全申请人的权利，要求保全申请人提供担保，在诉讼程序上增加了对保全申请人的申请成本，客观上限制了保全人故意或因重大过失申请财产的错误。例如，诉前保全应及时提起诉讼、诉求被驳回应当及时解除查封、保全到期应当及时申请续封等法律义务。相较被保全人而言，其应当承担的不利成本更高。法院在审理诉中财产保全错误时应对被保全人是否滥用诉权增加被保全人的负担有所警醒。

（2）保全行为的边界为是否尽到一般注意义务。如果动辄以是否具有过错来考察保全申请人实际上难以操作，那么在现有的法律规定背景下，检验保全行为人是否具有恶意保全的主观意图，可以审查其是否尽到一般注意义务。《中华人民共和国民事诉讼法》第一百零二条规定，申请人只得对请求范围内或者与本案有关的财务进行保全，实际上已经要求了保全申请人应当对保全对象和数额进行一般判断，如果违反了这样基础的注意义务，则保全申请人应当承担赔偿责任。

综上所述，申请财产保全的金额高于人民法院生效判决确定的金额，并不能当然认定该保全申请错误。应适用一般过错责任原则进行归责，审查保全申请人是否就保全行为尽到一般注意义务。

编写人：福建省厦门市海沧区人民法院　郑松青　方珺

081 明显超标的保全的认定标准

——J 公司与陈某雨执行复议案

【案件基本信息】

1. 裁判书字号

江苏省淮安市中级人民法院（2019）苏 08 执复 73 号执行复议裁定书

2. 事由：执行复议

3. 当事人

复议申请人（异议人、被保全人）：J 公司

申请保全人：陈某雨

【基本案情】

2018 年 7 月 11 日，江苏省淮安市清江浦区人民法院（以下简称清江浦法院）立案受理陈某雨与建设公司、J 公司建设工程施工合同纠纷一案。依据陈某雨的财产保全申请，清江浦法院作出

（2018）苏0812民初6843号民事裁定书，裁定：查封、扣押或冻结建设公司、J公司名下价值1400万元的财产。在保全实施过程中，清江浦法院查封了J公司名下国际大厦共26套房屋，并冻结了J公司在农村商业银行淮阴支行开立的基本存款账户内的存款9.317646万元。J公司提起执行异议认为，清江浦法院查封了J公司名下26套价值2210.273716万元的房屋并冻结存款9.317646万元，财产总价值为2219.591362万元，超出保全裁定载明的金额819.591362万元，属于明显超标的查封其公司财产，请求解除对其公司银行基本账户的冻结，解除对于部分房屋的查封。

不动产登记簿信息查询结果显示，清江浦法院对上述总计26套房屋均系首封。信息显示，国际大厦614室、615室、616室建筑面积均为63.48㎡，备案价格均为63.48万元；617室建筑面积为75㎡，备案价格为75万元；701室建筑面积为61.53㎡，备案价格为646065元；702室、703室、704室、705室、706室、707室、708室、709室、711室、712室、713室、714室、715室、716室建筑面积均为59.4㎡，备案价格均为62.37万元；710室建筑面积为61.38㎡，备案价为644490元；717室建筑面积为70.18㎡，备案价格为736890元；817室、917室、1017室建筑面积为70.18㎡，备案价格均为877952元；2004室建筑面积为84.57㎡，备案价格为846461元。此外，1301室建筑面积为78.48㎡，1301室虽无备案价格，但经查询，与1301室同等面积的1401室的备案价为811326元。上述被查封26套房屋备案价相加总值为17678762元。

清江浦法院查封的J公司名下26套房屋中除了1301室、2004

室系毛坯房外，其余均已装修，用于酒店经营。国际大厦5—11层被J公司用于经营酒店。J公司提供了酒店装饰装修合同等证据材料，认为装修总价为18871834.5元，按装修总面积6401.46㎡计算，装修单价为2948元/㎡，结合本案被查封的房屋面积，被查封房屋的装修总价值为4423975.16元。综上，涉案被查封的26套房屋总价值为22102737.16元。

【案件焦点】

1. 明显超标的保全的认定标准；2. 测算被保全财产的价值时是否应当考虑添附行为对财产价值的影响；3. 衡量被保全财产价值超标的是否需要考虑后续财产处置时的价格浮动。

【法院裁判要旨】

江苏省淮安市清江浦区人民法院经审理认为：本案中J公司提供了已查封的25套房屋的备案价格和1套没有备案价但有市场销售类比的房屋价格，并就其中24套已装修的房屋折算出装修价值，按照J公司的计算方法，26套房屋的总价值为22102737.16元。因装修合同大都是整体大框架的，装修合同中的一些内容并不完全适用于本案查封房屋，J公司针对涉案查封的房屋装修价值的计算方法并不精准。已查封房屋大多用于酒店经营，在没有委托评估的情形下，可以参考相应的市场价格并兼顾司法拍卖变现过程中的多重因素综合认定房产价值，故已查封的26套房屋并未明显超标的额。对于是否应当解除J公司银行基本账户的冻结，该院认为，应将基本账户中款项划扣至法院，并解除对基本账户的冻结。一审法院遂裁定如下：

一、划拨J公司在昆山农村商业银行淮阴分行账户存款

9. 317646 万元至法院账户后，解除对 J 公司上述账户的冻结措施；

二、驳回异议人 J 公司的其他异议请求。

J 公司不服江苏省淮安市清江浦法院异议裁定，向江苏省淮安市中级人民法院申请复议。

江苏省淮安市中级人民法院经审理认为：第一，被保全人已对涉案房屋进行了装饰装修，应当考虑装饰装修对房屋价值的影响。第二，被保全房屋价值的测算，应当以保全时房屋的价值为准，一般不应考虑后续财产处置时的价格浮动。第三，清江浦法院保全裁定载明的保全金额为 1400 万元，被保全人 J 公司提供的房屋备案价、可类比同类型房屋售价及相应房屋装饰装修费用凭证等，可以作为被保全房屋价值的参考，清江浦法院保全的 J 公司房屋的总价值为 22102737. 16 元，已经超过保全金额的 50%，属于《最高人民法院关于人民法院办理财产保全案件若干问题的规定》第十五条第二款规定的“明显高于保全裁定载明金额”。为平衡保全当事人利益关系，本院酌定被保全财产价值应以不高于保全裁定载明金额的 20%为限，超出 20%以上的部分属于“明显高于”，应当解除对于相应价值部分的查封措施。二审法院遂作出如下裁定：

一、维持淮安市清江浦区人民法院（2019）苏 0812 执异 41 号执行裁定第一项；

二、撤销淮安市清江浦区人民法院（2019）苏 0812 执异 41 号执行裁定第二项；

三、撤销淮安市清江浦区人民法院 2018 年 7 月 19 日（2018）苏 0812 民初 6843 号协助执行通知书对于 J 公司名下国际大厦 2004 室房屋的查封；

四、撤销淮安市清江浦区人民法院 2018 年 7 月 26 日（2018）

苏0812民初6843号协助执行通知书对于J公司名下国际大厦817室、917室、1017室、1301室房屋的查封；

五、驳回J公司的其他复议请求。

【法官后语】

通说认为，财产保全是指人民法院在诉讼开始后，或者诉讼开始前，为保证日后给付判决的顺利执行，对当事人争议的财产或者与本案有关的财产所依法采取的各项强制性保护措施的总称。作为民事诉讼法的一项基本制度，财产保全在防止当事人逃避执行、破解执行难方面发挥着无可替代的重要作用。但一段时间以来，在财产保全实施过程中，出现了过多控制被保全人财产的不当做法，违背了审慎保全原则，影响了企业的正常生产经营，成为企业主重点反映的问题，不利于法治化、便利化营商环境的建设，应当引起充分重视。本案即超标的保全的典型案例，主要争议焦点为如何准确把握明显超标的保全的认定标准，其中主要涉及对以下几个问题的理解与认定。

1. 明显超标的保全的认定标准

《最高人民法院关于人民法院办理财产保全案件若干问题的规定》第十五条第一款、第二款规定："人民法院应当依据财产保全裁定采取相应的查封、扣押、冻结措施。可供保全的土地、房屋等不动产的整体价值明显高于保全裁定载明金额的，人民法院应当对该不动产的相应价值部分采取查封、扣押、冻结措施，但该不动产在使用上不可分或者分割会严重减损其价值的除外。"理论上讲，人民法院作出的保全裁定所载明的价值额原则上是确定不变的，是执行中的定量。但是，基于现实中财产形态上的客观差异以及财产价值的波动变化，事实上难以做到对保全标的额丝毫不差地精准执行。

如果标的物是不可分物，只能将之作为单独个体从整体上进行执行，原则上不宜认定为超标的保全。对于可分物的保全执行，被保全财产价值额原则上应当与保全裁定所载明的保全标的额相当，可以适当高于但是绝不可以“明显高于”，否则构成明显超标的保全，为法律及司法解释所严厉禁止。

对于明显超标的保全的认定标准，现行法律规定及司法解释对此尚未明确具体意见，这一问题给超标的保全异议、复议审查带来一定困扰。为统一法律适用，平衡保全当事人利益关系，笔者认为，被保全财产价值高于保全裁定载明金额20%的，一般可认定为《最高人民法院关于人民法院办理财产保全案件若干问题的规定》第十五条第二款规定的“明显高于”，构成明显超标的保全。此种情况下，除使用上不可分或者分割会严重减损其价值外，人民法院应及时解除超出20%以上部分的保全措施。本案中，清江浦区法院保全裁定载明的保全金额为1400万元，被保全人J公司提供的房屋备案价、可类比同类型房屋售价及相应房屋装饰装修费用凭证等，可以作为被保全房屋价值的参考，清江浦法院保全的J公司房屋的总价值为22102737.16元，已经超过保全金额的50%，属于明显超标的保全。

2. 测算被保全财产的价值时是否应当考虑添附行为对财产价值的影响

本案中，清江浦法院查封登记在被保全人J公司名下的26套房屋时，其中24套房屋已被J公司装饰装修并投入使用，并且J公司提供了国际大厦装饰装修合同及相应费用凭据等证据材料，作为房屋装修增值的参考。笔者认为，人民法院查封被保全房屋时，涉案房屋已经被保全人进行了装饰装修，相应添附行为已经使房屋产生了增值，在衡量被保全房屋价值时，理当区别于被保全房屋为“裸房”时的情形，适当考虑装饰装修对房屋价值的影响。

3. 衡量被保全财产价值超标的是否需要考虑后续财产处置时的价格浮动

在执行实践中，被执行人财产的最终处置价低于市场价格是一定范围内存在的问题。有观点认为，考虑到执行处置财产价格一般较低，在财产保全中应当适当放宽保全超标的的认定标准，以免财产处置价值不能满足债权人的权利请求。笔者认为此种观点不妥，原因在于：第一，诉讼保全不同于生效文书执行中的查封、扣押、冻结措施，财产保全时，申请保全人的相应请求能否得到法律支持尚不确定；第二，保全担保财产的价值一般不高于保全裁定载明的金额，如果过分超标的，在造成被保全人损失时，有担保财产难以弥补损失之嫌；第三，被保全财产尤其是房产将来的价值波动存在不确定因素，实务中房屋溢价成交的情况并非少见，不应当只考虑一种情形；第四，如果考虑后期财产处置时的降价情形，将为大量超标的保全行为找到“合理”解释，保全标的的范围将有失控的风险。因此，被保全财产价值的测算，应当以保全时财产的价值为准，一般不应考虑后期可能存在的价值波动。

司法实践中，财产保全不是简单、机械地对被保全人的财产实施查封、扣押、冻结措施，而是一个较为复杂、需要利益衡量的问题。在持续优化法治营商环境和推动高质量发展的大背景下，人民法院在财产保全中应当强化善意文明执行理念，结合案件实际和保全标的具体情况，灵活审慎地采取保全措施，努力确保保全范围适当、价值相当，最大限度地减少对被保全人权益的影响，以实现法律效果与社会效果的有机统一。

编写人：江苏省淮安市中级人民法院　解思辛　庞海涛

082 人民法院对国家拨付给被执行人的危房改造补助资金能否强制执行

——郑甲与王某执行复议案

【案件基本信息】

1. 裁判书字号

重庆市第三中级人民法院（2018）渝03执复24号执行裁定书

2. 事由：执行复议

3. 当事人

申请执行人：王某

被执行人（复议申请人）：郑甲

【基本案情】

郑甲系肢体四级残疾人，属贫困户，其房屋因年久失修而无法居住，需拆除重建，经上级批准纳入2017年D级危房改造计划。其与郑乙签订建房协议，约定由郑乙垫资为其修建60平方米的房屋，包干投资5万元，资金来源由上级D级危房补助资金支付，该款到位支付给郑乙后，郑甲才能入住。当地村委会、规划建设管理环保所在该协议上加盖了印章。该房建好后经验收合格，相关部门将郑甲的D级危房改造补助资金补偿款5万元拨付至义和镇政府。重庆市涪陵区人民法院在执行王某与郑甲买卖合同纠纷案中，应申请执行人王某的申请，作出执行裁定和协助执行通知书，要求义和镇政府协助提取郑甲在该政府的补偿款30366元至该院账户。异议人郑甲以强制执行该房屋改造补助资金将导致无房居住为由，向该院提出书面执行异议，请求解除对该补偿款的冻结、提取。

【案件焦点】

执行法院对国家拨付给郑甲的D级房屋改造补助资金能否采取提取执行强制措施。

【法院裁判要旨】

重庆市涪陵区人民法院经审查认为：危房改造补助资金并不属法律规定不得查封、扣押、冻结的财产。本案中，郑甲与郑乙之间实则形成新的债权债务关系。郑甲以其无其他住房且危房改造补助金应专款专用为由要求解除冻结，于法无据。遂裁定如下：

驳回郑甲的执行异议。

郑甲不服异议裁定，向重庆市第三中级人民法院申请复议。

重庆市第三中级人民法院经审查认为：农村危房改造补助资金系国家指明用途的财政专项补助资金，实行专款专用，目的系帮助住房困难、经济贫穷的农户解决最基本安全住房，只能用于郑甲的危房改造项目。申请执行人王某现未能证明郑甲是用国家D级危房改造补助资金名义隐蔽资金逃避履行义务，故执行法院在执行王某与郑甲民间借贷纠纷一案中对该款采取提取执行措施，拟用于清偿郑甲尚欠王某债务的行为，有悖国家专项资金专款专用的原则，也影响到住房困难、经济贫穷的农户解决最基本安全住房问题，属于适用法律错误，应予以纠正。

重庆市第三中级人民法院依照《最高人民法院关于人民法院办

理执行异议和复议案件若干问题的规定》第二十三条第一款第二项的规定，作出如下裁定：

一、撤销重庆市涪陵区人民法院（2018）渝0102执异47号裁定；

二、撤销重庆市涪陵区人民法院（2017）渝0102执3726号执行裁定。

【法官后语】

本案主要的法律问题是危房改造补助资金是否属于不得查封、扣押、冻结的财产。

其一，《最高人民法院关于人民法院民事执行中查封、扣押、冻结财产的规定》第三条规定，人民法院对被执行人下列的财产不得查封、扣押、冻结：（一）被执行人及其所扶养家属生活所必需的衣服、家具、炊具、餐具及其他家庭生活必需的物品；（二）被执行人及其所扶养家属所必需的生活费用。当地有最低生活保障标准的，必需的生活费用依照该标准确定；（三）被执行人及其所扶养家属完成义务教育所必需的物品；（四）未公开的发明或者未发表的著作；（五）被执行人及其所扶养家属用于身体缺陷所必需的辅助工具、医疗物品；（六）被执行人所得的勋章及其他荣誉表彰的物品；（七）根据《中华人民共和国缔结条约程序法》的规定，以中华人民共和国、中华人民共和国政府或者中华人民共和国政府部门名义同外国、国际组织缔结的条约、协定和其他具有条约、协定性质的文件中规定免于查封、扣押、冻结的财产；（八）法律或者司法解释规定的其他不得查封、扣押、冻结的财产。《最高人民法院关于在审理和执行民事、经济纠纷案件时不得查封、冻结和扣划社会保险基金的通知》规定，社会保险基金是……最终由参保人员享用的公共基金……社会保险机构对该项基金设立专户管理，专款专用，专项用于保障企业退休职工、失业人员的基本生活需要，属专项资金，不得挪作他用。各地人民法院在审理和执行民事、经济纠纷案件时，不得查封、冻结或扣划社会保险基金。该司法解释性质文件明确规定法院不得对保障民众基本生活需要的社会保险基金进行查封、扣押、冻结。本案中的危房改造补助资金同样具有救济、扶助功能，起着解决贫困户最基本安全住房问题、保障住房困难者最基本生存权的作用，与社会保险基金性质相似、情形相当。故危房改造补助资金应当属于不得查封、扣押、冻结的财产，系《查封、扣押、冻结财产规定》第五条第八项的应有之义。

其二，危房改造补助资金专款专用的性质决定了其属于不得查封、扣押、冻结的财产。《中央财政农村危房改造补助资金管理办法》第十三条①规定，各级财政、住房城乡建设部门应严格按规定使用补助资金，不得以任何形式挤占、挪用、截留和滞留。这表明危房改造补助资金实行专款专用的政策，其用途只能是政府对补助对象改造房屋产生的支出进行补助，不能对其采取冻结等强制执行措施以清偿与危房改造无关的债务，故危房改造补助资金属于不得查封、扣押、冻结的财产。将本案的案情予以变化，若郑甲拖欠的是改造危房的建房款，则根据危房改造补助资金专款专用的性质，危房改造补助资金应当属于可以查封、扣押、冻结的财产。

编写人：重庆市第三中级人民法院　李山中　张晓霞

---

① 《财政部、住房城乡建设部关于印发〈中央财政农村危房改造补助资金管理暂行办法〉的通知》（2022 修订）第十六条。

083 债务人异议中以提存方式履行债务的认定

——王某与网络公司执行异议案

【案件基本信息】

1. 裁判书字号

北京市第三中级人民法院（2018）京03执异219号执行裁定书

2. 事由：执行异议

3. 当事人

申请执行人：王某

被申请执行人：网络公司

【基本案情】

王某与网络公司一案，北京仲裁委员会于2016年6月13日出具（2016）京仲裁字第0725号裁决书，裁决：网络公司退还王某服务费8万元，并承担仲裁费4605.6元，共计支付84605.6元，于裁决书送达之日起十日内支付完毕。

网络公司于2016年9月13日向北京市长安公证处申请保全证据公证，证明其向王某公证邮寄《领取款通知》，邮寄地址为×××。此邮寄地址经北京市第三中级人民法院核对，与北京仲裁委员会裁决书及北京市第三中级人民法院民事裁定书、执行裁定书中王某所留住所地址一致。网络公司支出公证费用1000元。后王某仍未领款。2016年9月27日，网络公司向北京市长安公证处申请将其应退还王某服务费84605.6元提存。北京市长安公证处出具公证书，证明网络公司将 84605.6 元提存，网络公司支出提存公证费用 1500 元。

2018 年 5 月 25 日，王某向北京市第三中级人民法院申请执行仲裁裁决，北京市第三中级人民法院于 2018 年 5 月 29 日出具执行通知书及执行裁定书，后划拨网络公司银行存款 96138 元。网络公司在执行过程中向北京市第三中级人民法院提出执行异议，请求退还扣划的本金及迟延履行利息，且仲裁案件执行费用 1169 元由王某承担。

在异议程序中，网络公司称其收到仲裁裁决后，即与王某律师吴某辉联系退还款项事宜，为证明此事项，网络公司出示其与吴某辉律师的电话录音，以此证明网络公司自 2016 年 6 月 22 日起持续与吴某辉联系退款事宜，在以此方式退款未果的情况下，网络公司的提存行为符合法定条件，消灭了执行依据所确定的债务。王某对其异议申请表示反对，对通话录音等证据，王某的代理人吴某辉律师表示关于退款事宜，网络公司不应与代理律师联系，必须与王某本人联系，网络公司所作的提存不符合提存的法定条件，不具有消灭债务的法律效力。

【案件焦点】

1. 债务人异议中，如何判断被申请执行人在执行依据生效后对执行依据确定的债务所作出的提存行为是否符合法定条件；2. 该提存行为能否消灭执行依据所确定的债务；3. 被申请执行人对于向申请执行人作出的领款通知的义务应履行到何种程度。

【法院裁判要旨】

北京市第三中级人民法院经审理认为：法院实施强制执行程序，前提是义务人不履行法律文书明确具体的执行内容，权利人可以申请法院强制执行以保证自身权利得以实现。本案中，网络公司提供的证据可以表明，其自收到仲裁裁决等法律文书后，持续与王某代理律师吴某辉沟通联系还款事宜，表明其自觉履行生效法律文书的意愿。吴某辉律师作为王某仲裁及其诉讼代理人，有义务、有责任、有能力向王某转达网络公司的还款意愿，故吴某辉律师称网络公司应与王其本人联系还款事宜的意见，不应予以采纳。王某虽对网络公司提供的证据真实性不予认可，但并未提出反证，故对其反驳意见，不予采纳。综合上述情况，首先，网络公司在王某不配合领取款项的前提下，作了领款通知公证，通知王某领取退款。王某虽对通知中其地址提出异议，但经核实，王某于仲裁及诉讼中所留地址均与网络公司所写地址一致，并未体现王某的其他地址，故对王某此意见不予采纳。其次，网络公司作了提存公证，并将款项交予长安公证处，故网络公司已经尽到作为债务人应尽的通知及履行义务。

根据相关法律规定，提存是债务履行的一种方式，提存之后，债务消灭。网络公司于2016年9月27日所作的提存行为，已经使其与王某之间的债务消灭。故王某向北京市第三中级人民法院申请强制执行已不具备事实基础及法律基础。综上，网络公司提出的执行异议请求成立，应当予以支持，法院扣划的款项应全部退还网络公司。

北京市第三中级人民法院依照《中华人民共和国民事诉讼法》第二百二十五条（现行《中华人民共和国民事诉讼法》第二百三十二条）、《最高人民法院关于人民法院办理执行异议和复议案件若干问题的规定》第十七条第二项的规定，作出如下裁定：

一、异议人网络公司执行异议成立；

二、（2018）京03执521号案件中扣划的款项全部退还异议人网络公司。

【法官后语】

本案是债务人异议案件中比较典型的一例，在该类案件的审查过程中，应注意两点问题：第一，债务人异议所审查的范围是债权消灭、执行依据丧失强制执行效力等实体性事由，若被申请执行人以申请执行人申请执行超出法定时效期间等程序性理由提出异议的，虽与债务人异议的审查依据皆为《中华人民共和国民事诉讼法》第二百二十五条，但审查的对象及审查思路并不一致；第二，债务人异议中，被申请执行人所提出的实体事由须发生在执行依据生效之后，倘若在生效之前发生的，则不应纳入债务人异议的审查范围，因被申请执行人所持异议实是指向执行依据的正确性，应通过否定执行依据的程序予以解决。

本案中，网络公司以其已通过提存的方式履行执行依据所确定的债务为由提出执行异议，目的是证明涉案债务业已消灭，且时间是在执行依据生效之后，故该异议属于典型的债务人异议。本案的争议焦点集中在网络公司办理的提存是否符合法定条件，并消灭了执行依据所确定的债务，其中，双方就网络公司在办理提存之前，是否积极主动地联系申请执行人王某，通知其领取涉案款项的争论最为激烈。

债务消灭的主要方式有自动履行、抵销、执行外和解已履行完毕等，提存应属于债务人自动履行中的一种，《中华人民共和国合同法》第一百零一条（《中华人民共和国民法典》第五百七十条基本沿袭了该规定）规定，债权人无正当理由拒绝受领或者债权人下落不明的，债务人可以将标的物提存。本案中，网络公司提交了其与王某的代理律师吴某辉联系还款事宜的录音，吴某辉律师对此录音的真实性并未否认。吴某辉律师以王某代理人的身份，代理王某与网络公司的仲裁、申请撤销仲裁裁决和人格权纠纷等一系列案件，以常理而论，网络公司相信可以通过吴某辉律师与王某联系领款事宜并无不当。此外，网络公司亦向王某发送了书面领款通知并进行了公证，其送达地址与王某在仲裁裁决、民事裁定等法律文书上地址一致，但仍未能完成还款事宜。通过网络公司提交的证据可以看出，网络公司在执行依据生效后，主观上积极主动地与王某进行联系，履行执行依据所确定的义务，从客观上看，网络公司无法向王某履行义务，王某亦未表示要受领执行依据所确定的款项，在这种情况下，网络公司选择办理提存公证这一途径来履行义务。通过对上述情况的综合考量，合议庭确定了网络公司提存行为的有效性。

《中华人民共和国合同法》第九十一条（《中华人民共和国民法典》第五百五十七条基本沿袭了该规定）将“债务人依法将标的物提存”作为合同权利义务关系终止的情形之一，《提存公证规则》第三条第一款规定：“以清偿为目的的提存公证具有债的消灭和债之标的物风险责任转移的法律效力。”由此可见，被申请执行人若在执行依据生效后，合法地采取了提存措施，可以消灭执行依据所确定的债权。本案中，网络公司所作的提存行为，已经使其与王某之间的债务消灭。故王某申请强制执行已不具备事实基础及法律基础，基于此，本案合议庭支持了异议人的请求，裁定将执行案件中扣划的款项全部退还网络公司。

编写人：北京市第三中级人民法院　宫森　刘哲尔

084 被执行人仅对自己的单方行为承担迟延履行期间加倍部分债务利息

——麻某、刘某与工程公司执行复议案

【案件基本信息】

1. 裁判书字号

湖南省湘西土家族苗族自治州中级人民法院（2018）湘31执复7号执行裁定书

2. 事由：执行复议

3. 当事人

申请执行人（复议申请人）：麻某、刘某

被执行人（复议申请人）：工程公司

【基本案情】

原告麻某、刘某诉被告工程公司及高速公路公司环境污染侵权纠纷，花垣县人民法院作出（2012）花民重字第3号民事判决：（1）工程公司于本判决生效之日起十日内一次性赔偿麻某、刘某因环境污染造成的损失6.36万元及利息，利息自2010年10月21日起算银行同期贷款利息至清偿本息之日止。（2）工程公司于本判决生效之日起十日内一次性赔偿麻某、刘某恢复原状的损失1万元。（3）高速公路公司不承担本案的赔偿责任。（4）驳回麻某、刘某的其他诉讼请求。双方当事人均不服该判决，提起上诉。湖南省湘西土家族苗族自治州中级人民法院经审理，于2015年8月3日作出（2015）州民一终字第218号民事判决：（1）维持（2012）

花民重字第3号民事判决第二项、第三项、第四项；（2）撤销（2012）花民重字第3号民事判决第一项；（3）工程公司赔偿刘某、麻某的各项损失共计348810.87元。

二审判决生效后，麻某、刘某申请强制执行。花垣县人民法院于2015年11月14日立案执行。2016年1月18日，被执行人工程公司主动向该院履行执行案款359490.87元，同时以已申请再审为由，提出暂停给申请执行人发放案款，并愿意承担相应责任的请求。

因被执行人工程公司和申请执行人麻某、刘某均不服（2015）州民一终字第218号民事判决而提出再审申请，湖南省高级人民法院于2016年3月25日作出（2016）湘民申149号民事裁定，提审本案，提审期间中止（2015）州民一终字第218号民事判决书的执行。中止执行期间，麻某、刘某于2016年4月22日领取执行案款4万元，5月13日领取执行案款4万元。

2017年3月21日，湖南省高级人民法院作出（2016）湘民再32号民事判决，维持（2015）州民一终字第218号民事判决。

2017年5月9日，花垣县人民法院以（2017）湘3124执恢29号执行案件恢复对本案的执行。8月14日，麻某、刘某领取执行案款270666元。

因双方对迟延履行债务利息协商不一致，花垣县人民法院于2017年12月1日以（2017）湘3124执恢29号利息结算通知书作出结算，确定被执行人工程公司应付迟延履行利息为5839元。因不服结算结果，麻某、刘某向该院提出书面执行异议。

【案件焦点】

因双方当事人均申请再审，湖南省高级人民法院裁定提审期间中止原生效民事判决书的执行。那么，被执行人应否承担提审期间迟延履行加倍部分债务利息。

【法院裁判要旨】

湖南省花垣县人民法院经审理认为：本案执行依据（2015）州民一终字第218号民事判决仅判决金钱债权和逾期履行应加倍支付迟延履行债务利息，并未判决应付一般债务利息。麻某、刘某提出应支付一般债务利息的异议请求没有依据，不予支持。根据《最高人民法院关于执行程序中计算迟延履行期间债务利息适用法律若干问题的解释》第三条第三款的规定，本案引起湖南省高级人民法院提审的再审是双方当事人共同申请造成，据此再审延误的期间不应计算加倍部分债务利息。麻某、刘某提出对迟延履行债务利息还要计算利息的异议请求，不予支持。该院裁定如下：

一、撤销（2017）湘3124执恢29号利息结算通知书，工程公司应支付异议人麻某、刘某的加倍迟延履行期债务利息为19700元；

二、驳回异议人麻某、刘某提出本案计算加倍迟延履行期债务利息方法的异议请求。

双方当事人均不服，申请执行复议，请求重新核算生效民事判决确定的加倍支付迟延履行期间的利息。湖南省湘西土家族苗族自治州中级人民法院经审理认为：从2016年1月14日至2016年3月25日再审中止执行之日期间，系因被执行人工程公司申请暂停支付并承诺承担责任而导致执行案款没有发放，被执行人仍应承担这期间的迟延履行利息。之后，是由于双方申请再审，执行款因再审中止执行而没有发放，再审判决作出后即可恢复执行而可以发放案款，故这期间应不计算迟延履行利息。复议申请人麻某、刘某主张对该期间计算迟延履行利息的复议请求，理由不成立，不予支持。该院裁定如下：

一、维持（2018）湘3124执异5号异议裁定第二项；

二、变更（2018）湘3124执异5号异议裁定第一项为：撤销（2017）湘3124执恢29号利息结算通知书，工程公司应支付麻某、刘某的迟延履行利息为12718.96元。

【法官后语】

关于迟延履行期间的起算时间和截止日，《最高人民法院关于执行程序中计算迟延履行期间债务利息适用法律若干问题的解释》第二条及第三条第二款均有明确、具体规定。因此，本案真正的争议焦点和处理难点是：被执行人工程公司对迟延履行期间的哪些时段，可免予承担加倍部分债务利息？《最高人民法院关于执行程序中计算迟延履行期间债务利息适用法律若干问题的解释》对此情形本来有规定。该解释第三条第三款规定："非因被执行人的申请，对生效法律文书审查而中止或者暂缓执行的期间及再审中止执行的期间，不计算加倍部分债务利息。"由于该规定的特殊表述形式，当事人及司法工作者容易在理解上发生分歧，必须予以正确解释才能准确适用。

我国民法学界及司法实务界，对于民法解释的方法、适用顺序和须遵循原则有分歧，但对在各种民法解释方法中应该优先适用文义解释和体系解释，则认识一致。这也与《中华人民共和国合同法》第一百二十五条第一款①规定的合同条款解释方法和适用顺序一致。

① 《中华人民共和国合同法》已经失效，《中华人民共和国民法典》第四百六十六条有相同规定。

因此，在民事审判及强制执行过程中，在对民事法律、法规或司法解释的条款的理解有争议时，应该坚持优先适用文义解释和体系解释。对民法解释结果有多种的，应该选择最符合立法目的的一种，以实现积极的社会效果。例如，《中华人民共和国民事诉讼法》规定执行中的迟延履行利息制度，显然兼具补偿性和惩罚性两种性质，其目的是督促被执行人及时履行义务。那么，在对有关迟延履行利息制度的法律、法规或司法解释的条款进行解释时，就不能选择仅有补偿性或者仅有惩罚性的解释结果。

按照文义解释和体系解释方法，《最高人民法院关于执行程序中计算迟延履行期间债务利息适用法律若干问题的解释》第三条第三款规定应该理解为：根据当事人申请或者人民法院依职权（如第三人撤销之诉等情形），人民法院对生效法律文书审查而中止或者暂缓执行的期间及再审中止执行的期间，是否计算加倍部分债务利息，应该分别处理：（1）仅有被执行人申请再审的，仍然应计算加倍部分债务利息；（2）仅有申请执行人申请再审，不再计算加倍部分债务利息；（3）申请执行人和被执行人均申请再审的，不再计算加倍部分债务利息；（4）人民法院依职权决定再审，被执行人和申请执行人均没有申请再审的，也不再计算加倍部分债务利息。这样理解，体现了迟延履行利息制度兼具补偿性和惩罚性两种性质的特点，避免使得被执行人非因自己的单方行为导致其仍然承担迟延履行期间加倍部分债务利息的明显不利、也明显不公平的法律后果。

编写人：湖南省湘西土家族苗族自治州中级人民法院　马如刚　覃繁荣

085 诉讼保全中被保全人的担保人在执行程序中的地位及异议性质

——朱某与李某申请执行人执行异议案

【案件基本信息】

1. 裁判书字号

广东省广州市中级人民法院（2018）粤01执复415号执行裁定书

2. 事由：申请执行人执行异议

3. 当事人

异议人：李某

申请执行人：朱某

被执行人：伍某、技术公司

【基本案情】

朱某与伍某、技术公司民间借贷纠纷一案，民事调解书已经发生法律效力。根据上述调解书，伍某、技术公司应于2018年2月23日前向朱某清偿借款654万元，逾期还款则朱某有权向法院申请执行，要求两被执行人按年利率24%的标准计付上述借款自2015年8月9日起至实际清偿之日止的利息；案件受理费60330元减半收取30165元、财产保全费5000元、公告费500元，均由伍某、技术公司共同负担。因两被执行人未履行上述调解书确定的义务，朱某申请执行，天河区人民法院于2018年2月24日以（2018）粤0106执4362号立案执行。

在案件审理期间，天河区人民法院根据朱某的财产保全申请，裁定冻结伍某、技术公司的银行存款693.24万元或查封、扣押其等值财产。2015年12月9日，李某向天河区人民法院出具《担保承诺函》，表示愿意提供广州市海珠区宝业路×号504房、603房、604房（以下简称案涉房屋）置换上述保全财产并提供担保，承诺：如技术公司败诉，其愿意以上述担保房产的拍卖价为技术公司清偿所欠申请执行人的欠款。同月24日，天河区人民法院作出（2015）穗天法金民初字第5709-1号民事裁定，裁定如下：（1）查封案涉房屋；（2）解除对技术公司的银行存款693.24万元的冻结或其等值财产的查封、扣押。同月24日，技术公司交纳50万元至天河区人民法院。

天河区人民法院在执行过程中，依法向被执行人发出执行通知书，责令被执行人在限期内履行上述调解书确定的义务，逾期被执行人未履行。天河区法院遂裁定拍卖李某名下的案涉房屋。李某以案外人的名义提出书面执行异议，要求排除对案涉房屋的执行，主要理由是：异议人不是案件的被执行人，法院执行其案涉房屋不当；异议人同意置换保全物的前提是成为技术公司的股东，现该前提已不成立；案涉房屋的价值超过了原实际保全的财产价值。

【案件焦点】

1. 财产保全中为被申请人提供担保的担保人，在执行程序中处于哪种地位；2. 被执行人不履行生效法律文书确定的义务的，人民法院是否可以执行被保全人的担保人的担保财产，对担保人执行异议应适用哪一种程序审查；3. 被申请人的担保人的担保责任范围。

【法院裁判要旨】

广东省广州市天河区人民法院经审理认为：在案件诉讼期间，法院根据申请执行人的申请对被执行人采取了财产保全措施，现该案民事调解书已进入执行程序，依照《最高人民法院关于适用〈中华人民共和国民事诉讼法〉的解释》第一百六十八条的规定，该案的保全措施自动转为（2018）粤0106执4362号案的查封、扣押、冻结措施。在诉讼保全程序中，异议人自愿提供案涉房屋为技术公司担保，法院据此裁定变更保全标的为异议人提供的案涉房屋。在进入执行程序后，案涉房屋自动转为（2018）粤0106执4362号案查封的财物。因此，异议人的地位实际为（2018）粤0106执4362号案的担保人，其异议应适用《中华人民共和国民事诉讼法》第二百二十五条[①]规定的程序进行审查。

异议人在提供担保时明确表示，如技术公司败诉，其愿意以案涉房屋的拍卖价为技术公司清偿所欠申请执行人的欠款。现技术公司未履行上述调解书确定的义务，依法法院有权处分案涉房屋。异议人称其提供担保的前提是其成为技术公司的股东，现其未能成为技术公司股东，故要求解除对案涉房屋的查封缺乏事实根据和法律依据，法院不予采纳。

法院在（2015）穗天法金民初字第5709号案财产保全中，裁定冻结伍某、技术公司的银行存款693.24万元或查封、扣押其等值财产，异议人提供担保的财产也应属于上述裁定冻结、查封、扣押的与693.24万元等值财产的范围。现案件已进入执行程序，其担保债务即为（2018）粤0106执4362号案的债务。（而本案无证据证明案

① 即现行《中华人民共和国民事诉讼法》第二百三十二条。

涉房屋价值。）因此，异议人称案涉房屋价值远超法院保全财产的价值理由不成立。

广东省广州市天河区人民法院依照《中华人民共和国民事诉讼法》第二百二十五条的规定，作出如下裁定：

驳回异议人李某的异议。

异议人李某不服该裁定，申请复议，广东省广州市中级人民法院经复议审查驳回李某的复议申请，维持上述异议裁定。

【法官后语】

1. 关于异议人在执行实施案中的地位

人民法院在诉讼期间采取的财产保全措施，在进入执行程序后自动转为执行程序的财产控制措施。异议人在诉讼保全中自愿提供案涉房屋为被保全人提供担保（俗称保全物置换），法院据此变更保全标的物为案涉房屋，在进入执行程序后，案涉房屋亦自动转为被执行人的担保财物，故异议人的地位实际是执行案的担保人。

2. 本案属利害关系人执行行为异议还是案外人异议

利害关系人与案外人均是当事人以外的与执行行为或者执行行为指向的标的物有利害关系的第三人，因两者均不属于执行案件当事人，且法院对执行标的的执行均体现在具体的执行行为上，而部分执行行为同样会指向具体的执行标的，故两者的异议容易混淆。结合有关法律规定及司法实践，可以从以下几个方面进行区分：

首先，异议的权利性质不同。利害关系人异议是异议人认为人民法院的执行行为违法，侵害了其程序性的权利，这些权利不能排除人民法院对执行标的物的执行。案外人异议是案外人认为人民法院对财产的执行侵害了其对该财产的实体权利，并因此主张排除对该财产执行。

其次，异议指向的对象和目的不同。案外人异议指向的是法院正在执行的标的物，目的是排除对这一标的物的执行。利害关系人异议则是指向法院的执行措施和程序，目的是保护自己程序上的权益不受侵害，而非排除对标的物的执行。在某些时候，利害关系人异议表面上也指向正在执行的标的物，但这两种异议所指向的标的物的表面特征不同：案外人异议指向的标的物一般是登记在被执行人名下的不动产、车辆，或者由被执行人占有的动产，从表面证据判断属于被执行人的财产；而利害关系人异议指向的标的物一般是登记在该利害关系人名下的不动产、车辆，或者由该利害关系人实际占有的动产，从表面证据判断属于利害关系人的财产，一般而言，这可以作为一个区分案外人异议与利害关系人异议的标志。

最后，两者的功能不同。案外人异议的功能有二：一是确定异议人对该标的物是否享有实体权利，二是该实体权利能否排除执行。这两个功能是一个有机的整体，缺一不可。而利害关系人异议的功能在于纠正违法的执行行为，即便该执行行为指向特定的标的物，但因各方当事人对该特定的标的物的实体权利并无争议，无须就异议人对该标的物是否享有实体权利作出判断。

本案中，异议人虽不是被执行人，且以案外人的名义提出执行异议，但首先，异议人是被执行人的担保人，法院依法可以执行其财产；其次，案涉房屋登记在异议人名下，各方当事人对案涉房屋的权属均不存在争议，法院无须就案涉房屋的权利人作出审查和判断。因此，异议人的异议实际是异议人认为法院的执行行为本身违法，属于利害关系人提出的执行行为异议。

3. 保全物置换的财产价值标准问题

异议人认为，天河法院在执行保全裁定中实际冻结账户的存款余额仅为16651.04元，而案涉房屋的相应价值金额超过了上述账户余额以及朱某所申请保全的金额，更何况技术公司还于2015年12月29日另外向天河法院提供了人民币50万元作为担保。

法院认为，保全置换应同时具备两个条件：一是用于置换的担保财产与法院保全财产的价值等值，二是担保的财产易于执行。该"等值担保财产"即"已保全财产的价值"应以人民法院裁定保全的财产价值为标准，理由如下：

首先，财产保全的目的是为能及时有效地执行生效法律文书确定的债务人义务提供可靠的保证和基础，财产保全裁定的金额是根据原告申请的金额确定的，该金额与其诉讼标的额相当。如果在实际冻结银行存款时余额不足，可以按裁定保全的金额进行额度冻结，即不管实际冻结时的存款余额是多少，冻结的目标都是保全裁定的金额，而不是被冻结账户中的实际存款余额，故用于置换的担保物应以法院裁定保全的财产价值为标准。本案中，裁定保全的金额为693.24万元，扣除技术公司提供担保的50万元，还差643.24万元，异议人提供置换的担保物应与此价值相当。

其次，在司法实践中，一些地方法院的指导意见也认同以裁定保全的财产价值为标准。

编写人：广东省广州市天河区人民法院　李云芳

086 在继承遗产范围内承担责任判项的执行

——投资中心与金某等执行复议案

【案件基本信息】

1. 裁判书字号

北京市高级人民法院（2018）京执复141号执行裁定书

2. 事由：执行复议

3. 当事人

申请执行人（复议申请人）：投资中心（有限合伙）

被执行人：金某、李甲、李乙、邓某、李丙、李丁

【基本案情】

就投资中心与金某、李甲、李乙、邓某、李丙、李丁仲裁一案，中国国际经济贸易仲裁委员会（以下简称贸仲）作出（2017）中国贸仲京裁字第1421号裁决（以下简称1421号裁决）。该裁决第三项内容为，金某、李乙、邓某对前两项裁决应向投资中心支付的款项，以其依法实际继承案外人李某遗产的范围为限承担连带清偿责任，李甲对前两项裁决应向投资中心支付的款项，以其依法实际继承案外人李某遗产的范围并扣除必要的生活费、教育费等合理费用后的财产为限承担连带清偿责任。后投资中心向北京市第一中级人民法院（本案以下简称北京一中院）申请执行。北京一中院以（2018）京01执558号案件立案执行。鉴于1421号裁决没有明确金某、李甲、李乙、邓某实际继承案外人李

某遗产的范围，对李甲应扣除必要的生活费、教育费等合理费用也未明确具体的标准，北京一中院向贸仲函询可否补正或说明。贸仲答复：（1）在该案裁决作出之前，金某、李乙、邓某继承李某遗产的情况尚无法确定，建议法院要求相关当事人就有关情况进行说明；（2）关于李甲生活费、教育费等合理费用的标准，建议法院根据相关法律及案件具体情况予以确定；（3）上述事实均不属于该会《仲裁规则》第五十四条“补充仲裁”的情形。

2018 年 8 月 7 日，北京一中院作出（2018）京 01 执 558 号执行裁定，驳回投资中心对 1421 号裁决第三项内容的执行申请。投资中心不服，向北京市高级人民法院申请复议。北京市高级人民法院经审查，确认北京一中院查明的关于 1421 号裁决第三项的内容。

另查明，金某按照北京一中院发出的（2018）京 01 执 558 号报告财产令于 2018 年 6 月 4 日签署财产报告书并呈交北京一中院。该财产报告书在第二部分载明，（2016）京 0105 民初 68548 号民事判决、（2016）京 0105 民初 68549 号民事判决、（2016）京 0105 民初 68550 号民事判决、（2016）京 0105 民初 68551 号民事判决、（2016）京 0105 民初 68553 号民事判决均已发生法律效力，它们对李某名下的不动产及银行存款和股权作出了分割，确定了哪些财产属于金某个人、哪些属于李某的遗产。

【案件焦点】

以继承遗产承担责任的案件执行中，如何界定遗产的范围。

【法院裁判要旨】

北京市第一中级人民法院经审理认为：申请执行的法律文书应

有给付内容，且执行标的明确。1421 号裁决第三项内容属于金钱给付具体数额不明确或者计算方法不明确导致无法计算出具体数额，符合《最高人民法院关于人民法院办理仲裁裁决执行案件若干问题的规定》第三条第一款第二项可以导致人民法院驳回部分执行申请的情形之一的规定；在该院向仲裁机构依法询问后，贸仲未作出补正，其答复建议执行法院在被申请人继承的遗产仲裁机构尚无法确定的情况下，要求当事人就有关情况进行说明或根据相关法律及案件具体情况确定被申请人生活费、教育费等合理费用的标准，于法无据。该案仲裁机构的裁决内容导致部分无法执行的，人民法院应裁定驳回该部分的执行申请。

北京市第一中级人民法院依照《中华人民共和国民事诉讼法》第一百五十四条第一款第十一项，《最高人民法院关于人民法院执行工作若干问题的规定（试行）》第十八条第一款第四项，《最高人民法院关于人民法院办理仲裁裁决执行案件若干问题的规定》第三条第一款第二项、第四条、第五条规定，作出如下裁定：

驳回投资中心对贸仲 1421 号裁决第三项内容的执行申请。

投资中心不服，申请复议。

北京市高级人民法院经审理认为：执行依据载明的权利义务主体和给付内容可以明确的，应当予以执行。本案中，1421 号裁决第三项确定了金某、李乙、邓某应当承担责任的范围，具体执行内容可通过执行程序进一步明确；但 1421 号裁决第三项未确定必要的生活费、教育费等合理费用的金额或者计算方式，李甲应当给付的内容不明确。因此，投资中心的部分复议理由成立，予以支持，原审裁定驳回投资中心对 1421 号裁决第三项内容的执行申请，存在部分错误，应当予以纠正。

北京市高级人民法院依照《中华人民共和国民事诉讼法》第一百五十四条第一款第十一项之规定，作出如下裁定：

一、变更北京市第一中级人民法院（2018）京01执558号执行裁定为：驳回投资中心对贸仲1421号裁决第三项中关于李甲的执行申请；

二、驳回投资中心的其他复议申请。

【法官后语】

执行依据是否有给付内容、给付内容是否具体明确，是执行程序应当首先审查处理的问题，也是司法实践中一个易发争议的问题。这一问题在以继承遗产承担责任的案件执行中表现尤为突出。《中华人民共和国民法典》第一千一百六十一条规定：继承人以所得遗产实际价值为限清偿被继承人依法应当缴纳的税款和债务。长期以来，对于债务人死亡后债权人提起的诉讼，判决内容一般为继承人在继承遗产的范围内承担责任。此类判决进入执行程序后面临的一个突出难题就是：如何界定遗产的范围?《中华人民共和国民法典》对此问题仍未作出回应，留待司法实践解决。

此类案件中，遗产的认定由审判部门承担还是由执行部门承担，有两种不同的观点：一是由审判部门查明遗产的范围，对于执行依据中列明的遗产内容，执行部门才予以执行。否则，即应认为执行依据不明确；二是审判部门无须查明遗产内容，根据法律规定径行作出判决即可，具体遗产内容由执行部门进行查明。若采纳第一种观点，在执行阶段查到财产的，一律告知相关人员通过诉讼解决继承析产问题，将大大降低执行效率；若采纳第二种观点，因执行程序无法解决实体权属判断问题，对查到的财产不加区分地直接进行处置，甚至立案后直接对被继承人或相关继承人名下的财产采取执行措施，可能侵犯合法的财产权利。

民事诉讼程序包含审判和执行两种类型的司法程序，两种程序存在根本区别。审判权的实质是对当事人之间的实体性权利义务作出确定性的判定，而执行权则旨在根据确定的生效法律文书通过对债务人采取执行措施以实现债权人的权益。在以继承遗产承担责任的案件执行中，若执行依据本身并未确定被继承人的遗产及其范围，一般情况下，执行部门应当认定执行依据不明确。但从司法实践角度出发，执行部门不宜当然作为执行依据不明确的案件进行处理，还应对被继承人名下的财产或继承人是否进行了财产继承等进行查询了解，当然也可根据申请执行人提供的财产线索进行调查。根据《中华人民共和国民法典》第一千一百二十一条之规定，继承从被继承人死亡时开始。被执行人死亡时，继承自然开始，并非从继承人主张权利的时候开始。因此，对于仍登记在被继承人名下或确认继承事宜的生效裁判确定的财产，执行部门仍应采取执行措施。若无上述条件，执行部门不宜主动查询相关继承人名下的财产并采取执行措施。否则，不仅可能违反“审执分离”的基本理念，还会导致合法的财产权受到侵犯。本案中，已有生效裁判认定李某的哪些财产被继承，故应当对生效裁判确认的遗产进行执行。但对于李甲的判项并未明确必要的生活费、教育费等合理费用的金额或者计算方式，因此应当认定李甲应当给付的内容不明确，该部分判项构成执行依据的内容不明确，应当驳回执行申请。

鉴于以继承遗产承担责任的案件判决和执行具有其特殊性，建议：如果审判阶段能够查明遗产的，审判部门应当尽量予以查明，以便利后续执行程序，防止出现“空判”。有必要时，也可参照财产保全相关司法解释等的规定，通过相应系统查询财产。若审判阶段没有予以查明，进入执行程序后，执行部门也要尽量对被执行人名下的财产进行查询或做相关继承人的思想工作，尽力促成和解；发现有财产线索的，可以由申请执行人另行诉讼，尽量保障当事人的合法权益。

编写人：北京市高级人民法院　刘旭峰

087 案外人异议之诉中法院对夫妻共同财产排除执行的审查原则及范围

——杨某诉石材公司等案外人执行异议之诉案

【案件基本信息】

1. 裁判书字号

北京市第三中级人民法院（2018）京 03 民终 12188 号民事判决书

2. 案由：案外人执行异议之诉

3. 当事人

原告（上诉人、案外人）：杨某

被告（被上诉人、申请执行人）：石材公司

被告（被上诉人、被执行人）：牛某、赵某

【基本案情】

杨某系牛某之妻，二人于 1994 年 4 月登记结婚。在婚姻关系存续期间，牛某取得 2401 号房屋的产权，房屋产别为私有房产，登记在牛某名下，无房屋共有权人。

2011年8月31日，牛某、赵某与石材公司签订《石材购销合同》，约定牛某、赵某购买石材公司不同名称和规格的石材，并约定相应成品价。合同金额计1000万元，最终结算以实际发生量为准。合同签订后，石材公司按约为牛某、赵某承接的工地供货。牛某、赵某付款48万元，剩余欠款为6129703元。2013年9月1日，石材公司与牛某、赵某签订《协议书》，就牛某、赵某欠款事宜达成还款协议，双方确认截至签署《协议书》之日，牛某、赵某共欠石材公司货款6129703元，除此之外双方无其他纠纷；牛某、赵某承诺分期支付石材公司货款，如果迟延支付，自愿承担违约责任，违约金按欠款金额的日七分之一计算（违约金自2012年12月31日确认清单之日算起）。《协议书》签订后，牛某、赵某给付石材公司货款80万元，剩余款项5329703元一直未给付。2014年，石材公司将牛某、赵某诉至法院，要求牛某、赵某给付货款5329703元及违约金100万元，牛某、赵某未到庭应诉。后法院于2014年8月13日判决牛某、赵某给付石材公司货款5329703元及违约金100万元。后该判决生效，牛某及赵某未履行判决，石材公司向法院申请强制执行，法院遂查封了2401号房屋，后于2017年4月20日作出426号执行裁定，裁定拍卖2401号房屋。

426号执行裁定出具后，杨某向法院提起执行异议，认为2401号房屋系杨某与牛某的夫妻共同财产，杨某享有50%的份额，要求法院仅拍卖2401号房屋中属于牛某的份额，为杨某保留50%的份额。法院于2017年10月19日作出231号执行裁定，认为2401号房屋登记在牛某名下，进行拍卖符合法律规定，故裁定驳回杨某提出的异议申请。

本案在审理过程中，杨某称牛某没有固定工作，一直在外开办公司、会所等，曾开办的公司名称为休闲会馆公司，牛某为公司股东及法定代表人。上述公司于2015年转让给他人，牛某自石材公司购买石材即为了装修经营上述公司。杨某称其为家庭妇女，无工作和收入来源，其生活依靠牛某在外经营所得。2401号房屋系牛某购买并办理手续，杨某并不清楚详细情况。现房屋由杨某居住，杨某在2017年5月6日请评估公司对房屋进行评估，即将拍卖时才知道房屋要被拍卖一事，故提起了执行异议。石材公司及牛某对杨某的陈述无异议。

【案件焦点】

案外人对夫妻共同财产异议审查范围与原则。

【法院裁判要旨】

北京市朝阳区人民法院经审理认为：夫妻在婚姻关系存续期间所得的财产，归夫妻共同所有。2401号房屋系杨某与牛某夫妻关系存续期间购买取得，应为杨某与牛某的夫妻共同财产，且杨某与牛某均予以认可，故杨某要求确认其对2401号房屋享有50%份额的诉讼请求，证据充分，理由正当，法院予以支持。

虽杨某享有2401号房屋的部分产权，但杨某要求停止对2401号拍卖强制措施的诉讼请求不应予以支持，理由如下：第一，牛某对石材公司所负债务为牛某与杨某的夫妻共同债务。夫妻共同债务有两个特征：一是用于夫妻共同生活或共同生产、经营活动；二是产生于双方婚姻关系存续期间，夫妻双方共同举债或一方虽以个人名义举债但另一方同意。杨某在本案中自认其为家庭妇女，无工作和收入来源，其生活依靠牛某在外经营所得。而牛某一直在外开办公司、会所，且牛某自石材公司购买石材即为了装修牛某经营的公司。因此牛某经营公司所得经济利益可以用于牛某与杨某的家庭共同生活，符合夫妻共同债务的特征，杨某作为一方应对夫妻共同债务承担相应责任。第二，《最高人民法院关于人民法院办理执行异议和复议案件若干问题的规定》第二十五条第一款规定："对案外人的异议，人民法院应当按照下列标准判断其是否系权利人：（一）已登记的不动产，按照不动产登记簿判断……" 2401号房屋登记在牛某名下，人民法院可依据不动产登记簿判断房屋的权利人。综上所述，虽杨某为2401号房屋的共有权人，但牛某对石材公司所负债务亦为夫妻共同债务，且2401号房屋登记在牛某名下，杨某要求停止对2401号房屋的拍卖措施无事实及法律依据，不予支持。

北京市朝阳区人民法院依据《中华人民共和国民法通则》第五条，《中华人民共和国合同法》第八条，《中华人民共和国婚姻法》第十七条第一款，《最高人民法院关于适用〈中华人民共和国婚姻法〉若干问题的解释（二）》第二十四条，《最高人民法院关于人民法院办理执行异议和复议案件若干问题的规定》第二十五条第一款第一项，《中华人民共和国民事诉讼法》第一百四十四条，《最高人民法院关于适用〈中华人民共和国民事诉讼法〉的解释》第三百一十一条、第三百一十二条第一款第二项和第二款的规定，作出如下判决：

一、确认杨某享有2401号房屋50%的产权份额；

二、驳回杨某的其他诉讼请求。

杨某不服，提起上诉。

北京市第三中级人民法院经审理认为：本案的争议焦点是杨某就2041号房屋所享有的权益能否排除强制执行。本案系案外人执行异议之诉，诉因是法院在执行程序中查封了被执行人牛某名下房产，杨某作为牛某的配偶，以其系被采取执行措施的房产的共同共有人提出异议，由此而产生的诉讼，因生效判决中将牛某列为债务人，未将杨某列为债务人，所以在现有情况下，法院不应对是否构成共同债务进行审查。一审法院直接在本案中认定因牛某经营公司所得经济利益可以用于牛某与杨某的家庭共同生活，符合夫妻共同债务的特征，故杨某作为一方应对夫妻共同债务承担相应责任是不妥的，该认定亦超出了本案的审理范围，予以纠正。根据一审法院查明的事实和认定，2401号房屋系杨某与牛某夫妻关系存续期间购买取得，故该套房屋应为杨某与牛某的夫妻共同财产。但是依据《中华人民共和国民事诉讼法》第二百四十四条规定，人民法院有权查封、扣押、冻结、拍卖、变卖被执行人应当履行义务部分的财产。依据北京市通州区人民法院（2014）通民初字第7532号民事判决，牛某、赵某共同给付石材公司货款5329703元及违约金100万元，故石材公司有权要求牛某履行该判决中确定的给付义务。根据已查明的事实，2401号房屋登记的所有权人为牛某，法院依据石材公司的申请对2401房屋进行查封，该强制执行措施于法有据，杨某虽为2401房屋的共同共有人，但根据《最高人民法院关于人民法院民事执行中查封、扣押、冻结财产的规定》第十四条的规定，对被执行人与其他人共有的财产，人民法院可以查封、扣押、冻结。杨某对2401房屋所享有的权益不足以排除强制执行，杨某的该项诉讼请求缺乏法律依据，不予支持。综上所述，一审判决对于本案涉及的债务是否属于夫妻共同债务的论述不妥，予以纠正，但是一审法院驳回杨某关于停止对 2401 号房屋的拍卖程序的诉讼请求并无不当，予以维持。

北京市第三中级人民法院依照《中华人民共和国民事诉讼法》第一百七十条第一款第一项、《最高人民法院关于适用〈中华人民共和国民事诉讼法〉的解释》第三百三十四条之规定，作出如下判决：

驳回上诉，维持原判。

【法官后语】

本案系常见的案外人执行异议之诉，与一般案件有所不同的是本案中涉及夫妻一方要求对夫妻共同财产排除执行，法院在认定案外人不足以排除执行时的审查范围和标准问题。

1. 涉夫妻共同财产的案外人执行异议之诉的基本法律关系

根据对多份涉及夫妻共同财产的案外人执行异议之诉裁判文书的统计，笔者对该类型案件中具有共性的法律关系进行了梳理。

首先，在涉及夫妻共同财产的案外人执行异议之诉中当事人的构成基本相同。原告（案外人）通常为夫妻中的一人，被告（执行案件申请人）为债权人，第三人（执行案件被申请人）为夫妻中的另一人同时也是债务人，案件标的物同时也是执行案件中的标的物，该标的物多为不动产，登记在债务人名下。

其次，案件形成的过程基本相同。各方当事人在进入案外人执行异议之诉之前至少已经历两个诉讼程序：第一个是确定债权债务法律关系的民事诉讼程序，在该诉讼程序中，原告方为债权人，被告为债务人，债务人的配偶并非案件中的当事人，该诉讼程序中确认债务人对债权人所负债务的金额及给付期限；第二个是强制执行程序，如债务人未能按期履行前一个民事诉讼确定的债权，债权人向法院提起强制执行后法院采取查封、扣押等强制执行手段，在执行程序进行期间如债务人的配偶认为侵害其合法权益，可向执行法院提起执行异议，如异议成立，则停止执行。但是由于被强制执行的财产（以房产为例）多单独登记于债务人名下，《最高人民法院关于人民法院办理执行异议和复议案件若干问题的规定》第二十五条第一款规定："对案外人的异议，人民法院应当按照下列标准判断其是否系权利人：（一）已登记的不动产，按照不动产登记簿判断……"法院在执行阶段多驳回案外人的异议申请，以致形成案外人异议之诉。

最后，案外人的诉讼请求及事实和理由基本相同。根据案外人执行异议之诉的制度设计特点，案外人的诉讼请求主要概括为两项：一是确认被执行财产属于共同财产或要求确认对被执行财产享有50%的份额；二是要求停止对共同财产的强制执行措施。事实和理由也可以概括为两项：一是债务人对外所欠债务为债务人的个人债务，案外人对该债务既不知情也未表示同意，依据《最高人民法院关于适用〈中华人民共和国婚姻法〉若干问题的解释（二）》第二十四条规定不应就债务人的个人债务执行夫妻共同财产；二是被强制执行的财产为夫妻共同财产，夫妻双方各享有50%的份额，它不等同于一般的物权法规定的所有权关系，夫妻双方对房产是共有财产关系，这是婚姻法予以特殊规定的物权共有关系，如果全部进行拍卖，拍卖成交价格极有可能远低于市场价格，即使拍卖后，给案外人留下50%份额也会使其遭受一定的经济损失。基于以上理由，案外人要求停止对债务人名下不动产的执行程序。

2. 对于被执行财产是否属于夫妻共同财产的认定

从程序上看，执行异议之诉是作为执行程序的救济制度而生的，但本质上是案外人与债权人就执行标的物的实体权利关系的争议，实体法律关系是案外人异议之诉的必要先决问题。对于涉及夫妻共同财产的案外人执行异议之诉而言，同样如此。作为案外人的配偶与作为债权人就强制执行标的争议焦点即为从标的物外观上看登记在债务人一人名下的财产是否为夫妻共同财产。具体可以分为以下两种情形：第一，案外人提起诉讼时与债务人仍为夫妻关系的情形。根据《中华人民共和国婚姻法》第十七条第一款的规定，夫妻在婚姻关系存续期间所得的下列财产，归夫妻共同所有：（一）工资、奖金；（二）生产、经营的收益；（三）知识产权的收益；（四）继承或赠与所得的财产，但本法第十八条第三项规定的除外；（五）其他应当归共同所有的财产。司法解释中对于夫妻共同财产的认定还有一些细化条款，但是核心认定标准有二：一是财产取得的时间，即涉案财产是否是夫妻关系存续期间取得；二是夫妻双方是否存在夫妻财产约定及夫妻一方婚前个人财产的转化问题。如果不存在夫妻财产约定及个人财产转化的问题，绝大多数案件中，在夫妻关系存续期间取得的财产都属于夫妻共同财产。第二，案外人提起诉讼时与债务人已经解除夫妻关系，但是夫妻双方并未就强制执行标的物进行分割，产权登记亦未作变更的情形。根据婚姻法及物权法的规定，共有物未经分割之前仍属于共有人共同所有，所以如果夫妻双方在离婚时未就共有财产进行分割，经审查符合《中华人民共和国婚姻法》第十七条的规定且无例外情形的，亦应认定执行财产属于夫妻共同财产。

3. 案外人异议能否阻却执行的判定标准

（1）对于被执行财产的性质的认定是判断案外人申请能否阻却执行的先决要素。这一观点在前文中已经反复提及，任何案外人执行异议之诉中案外人与债权人就强制执行财产实体权利关系的争议都是停止执行的先决要素。在案外人执行异议之诉中，应适用“谁主张，谁举证”的原则，被执行财产的性质的举证责任在案外人，无论案外人是否将被执行财产的确权问题作为其诉讼请求，案外人都应就其要求停止执行的财产确属于夫妻共同财产或是其个人所有的事实承担举证责任，如果案外人不能完成该项举证责任，则案外人就失去了提起执行异议之诉的核心基础，法院对其要求停止执行的诉讼请求无法支持。

(2) 在认定财产属于夫妻共同财产的前提下，是否能够停止执行程序，司法实践中存在着不同的做法。一种意见认为，《最高人民法院关于人民法院民事执行中查封、扣押、冻结财产的规定》第十二条规定，对被执行人与其他人共有的财产，人民法院可以查封、扣押、冻结，并及时通知共有人。共有人协议分割共有财产，并经债权人认可的，人民法院可以认定有效。查封、扣押、冻结的效力及于协议分割后被执行人享有份额内的财产；对其他共有人享有份额内的财产的查封、扣押、冻结，人民法院应当裁定予以解除。共有人提起析产诉讼或者申请执行人代位提起析产诉讼的，人民法院应当准许。诉讼期间中止对该财产的执行。如果涉案房产系夫妻共同共有，可以通过析产诉讼或代位析产诉讼确定债务人就该房产所占具体份额后，再行对债务人所占相应份额予以处理。在未对夫妻共同财产进行析产分割前，应当停止对涉案房产的执行。另一种意见认为，对于被强制执行的财产如果是房屋，鉴于房屋并非可分之物，即使该财产属于夫妻共同财产，法院对案涉房屋采取执行措施，符合法律规定。即使案外人在该财产中确有份额，法院在执行过程中亦可为案外人预留相应的财产份额，而无须停止整个执行程序，案外人在执行程序中表明自己的权利即可。

笔者同意第二种意见。首先，从共有权人提起的执行异议之诉的一般处理原则来看，共有并非当然阻却执行的理由。在司法实践中，部分共有人因负担外部债务，需要分割共有财产偿还债务，履行法院生效法律文书明确的法定义务，其他共有人可请求对于涉案共有财产行使优先购买权，或者向作为被执行人的其他共有人求偿，并不损害其他共有人的利益，且在现实层面可以操作。其次，夫妻在婚姻关系存续期间夫妻共同财产不可分割的特殊性来看，共有不应成为阻却执行的障碍。虽然《最高人民法院关于人民法院民事执行中查封、扣押、冻结财产的规定》第十二条第三款规定，共有人提起析产诉讼或者申请执行人代位提起析产诉讼的，人民法院应当准许，但是涉及夫妻共同财产的案外人异议案件中的财产共有不同于一般的共有，根据《最高人民法院关于适用〈中华人民共和国婚姻法〉若干问题的解释（三）》第四条的规定，婚姻关系存续期间，夫妻一方请求分割共同财产的，人民法院不予支持，但有下列重大理由且不损害债权人利益的除外：（一）一方有隐藏、转移、变卖、毁损、挥霍夫妻共同财产或者伪造夫妻共同债务等严重损害夫妻共同财产利益行为的；（二）一方负有法定扶养义务的人患重大疾病需要医治，另一方不同意支付相关医疗费用的。根据司法解释的规定，清偿债权人债务显然不属于在婚姻关系存续期间分割夫妻共同财产的情形，如果强制要求夫妻分割夫妻共同财产，有干涉当事人婚姻自由之嫌。退一步说，即使债务人与案外人真的提起离婚诉讼要求分割夫妻共同财产，则该诉讼可能经过一审、二审，诉讼周期无法估计，债权人的合法利益迟迟得不到保护，对于实现司法公正亦是不利的。最后，从提高司法效率、保护债权人利益的角度看，债权人提起强制执行的依据是法院作出的终审判决，具有强制执行力。既然债权人的权利已经经过法院审理并得到最终确认，债务人有义务按照生效法律文书确定的期限自动履行。既然债权人已经提起了强制执行程序，则说明债务人并未自觉主动履行生效法律文书，法院对债务人采取强制执行程序符合法律规定且不损害其他共有权人的利益。基于以上三点理由，笔者认为，即使认定被执行财产属于夫妻共同财产，亦不足以构成阻却执行的理由。

4. 涉夫妻共同财产的案外人异议之诉的审查范围限制

案外人执行异议之诉可一并对实体法律关系作出有既判力的判决，制度设计的初衷是避免案外人或被执行人在判决生效后另行诉讼，既可能造成当事人诉累，又容易导致判决前后的矛盾。[①] 正因为执行异议之诉的功能强大，法院对于该程序所涉当事人之间的权利义务关系即案件审理范围应严格把握，仅能对符合法律规定的事项进行审理并作出判决，对于超出该程序审查范围的事项，应向当事人进行释明，告知其另行主张权利。具体到涉及夫妻共同财产的案外人执行异议之诉中，比较突出的问题是对于涉案的债务是否属于夫妻共同债务不应在该诉讼程序中进行审查。

但是在一些案件中，对于是否应将涉案债务作为夫妻共同债务纳入案外人异议之诉存在不同观点。笔者认为，案外人异议之诉程序中之所以会涉及夫妻共同债务的认定，原因有以下几个方面：一是作为原告的案外人以涉案债务不属于夫妻共同债务为由，要求停止执行程序；二是作为被告的债权人在答辩意见中，以涉案债务为夫妻共同债务为由，要求法院驳回原告的诉讼请求；三是法院在说

① 王毓莹：《执行异议之诉案件的审判理念与裁判思路》，载《判解研究》2017年第3期。

理部分以涉案债务为夫妻共同债务为由认定应驳回案外人申请停止强制执行的诉讼请求。

夫妻共同债务与涉及夫妻共同财产的案外人执行异议之诉之间存在着天然的联系，因为该类案件本身就是处理夫妻内部关系与外部关系的冲突，对夫妻间的财产归属与夫妻与第三人之间的财产冲突进行判断，如果涉案债务属于夫妻共同债务，则案外人就不存在提起异议之诉的可能性，因为案外人自身就是债务人之一，其不再具有案外人的身份而应被认定为被执行人。但是涉案债务是否为夫妻共同债务的问题不应在案外人执行异议之诉程序中解决，具体理由如下：第一，从案外人执行异议之诉的程序角度分析。案外人执行异议之诉是案外人作为原告，以执行债权人为被告向法院提起并要求法院作出不得强制执行裁判的诉讼，这使其区别于普通的确权之诉或给付之诉，区别之一就在于作为被告的债权人并不能按照普通的民事案件程序提出反诉，如被告提出要求确认被执行的房产归自己所有或是要求确认债权属于案外人与债务人（被执行人）的夫妻共同财产；即使被告以债务属于夫妻共同债务为由为答辩意见，从本质上仍属于被告提出的新的诉讼请求。鉴于案外人执行异议之诉是审查被采取执行措施的财产的权属状态，而非确定债务本身，法院不宜直接对债务是否属于夫妻共同债务作出认定。第二，从案外人执行异议之诉的功能角度分析。案外人执行异议之诉的功能是通过诉讼达到阻却或恢复对特定标的物执行的目的，具体到涉及夫妻共同财产的案外人执行异议之诉，案外人提起诉讼的目的就是阻却债权人对执行标的物的执行程序而非要求法院确认债务属于夫妻共同债务。既然案外人（原告）的诉讼请求并不包括请求将债务确认为夫妻共同债务，法院不应超出当事人的诉讼请求范围对涉案债务是否构成共同债务进行审查。基于上述两点理由，涉案的债务是否属于夫妻共同债务不应在该诉讼程序中进行审查，如债务人认为涉案债务属于案外人与债务人的夫妻共同债务，必须通过其他诉讼程序予以确认。

编写人：北京市第三中级人民法院　周易

088 执行依据已明确抚养费负担标准与方式的不属于执行内容不明确

——郝某与季某执行复议案

【案件基本信息】

1. 裁判书字号

江苏省无锡市中级人民法院（2018）苏02执复54号执行裁定书

2. 事由：执行复议

3. 当事人

申请执行人（复议申请人）：郝某

被执行人（异议人）：季某

【基本案情】

郝某与季某抚养纠纷一案，江苏省宜兴市人民法院（以下简称宜兴法院）于2015年2月3日作出（2015）宜少民初字第81号民事判决，判令：季某自2015年2月10日起每月负担小郝生活费人民币600元至其独立生活时止，每月的生活费于当月月底前支付；2015年2月10日起小郝的教育费、医疗费由季某、郝某各半承担至小郝独立生活时止；每年的教育费、医疗费由郝某分别于当年的3月和9月凭票据与季某结算，季某在拿到票据后五日内支付给郝某。判决生效后，郝某以季某未能按照判决规定履行义务，尚结欠应当支付被抚养人小郝的抚养费13800元、教育费10990元，合计24790元为由，于2017年11月29日申请执行，宜兴法院于2017年12月1日立案执行。

宜兴法院依法向季某邮寄送达了执行通知书、反规避执行告知书、报告财产令及财产申报表等相关材料。季某在收到执行通知书后，先后两次提出书面异议称：（1）教育费、医疗费的申请不符合条件；（2）部分费用的申请超出申请执行期限；（3）晚托班事项未与被执行人商量，产生费用不应由其承担；（4）抚养费计算有误。为此，宜兴法院组织双方当事人进行了协商，也就异议事项通知双方当事人进行了听证，但当事人之间未能就执行内容达成一致意见。执行人员又向作出该判决的审判庭发出征询意见函，仍无法明确执行的内容。

【案件焦点】

执行依据仅明确抚养费中教育费、医疗费的负担标准与方式，未明确具体给付数额的，是否属于给付内容不明确而不能执行。

【法院裁判要旨】

江苏省无锡市宜兴区法院经审查认为：人民法院受理执行案件，应当有明确的给付内容。作为本案执行依据的民事判决，只是确定了双方在抚养费、教育费、医疗费负担上的标准与方式，并未明确具体给付数额。现被执行人对申请执行人的执行申请提出异议，法院通过协调、听证，双方当事人未能协商达成一致。经征询原审判人员，仍无法确定执行内容。为此，对申请执行人的执行申请应予驳回。

宜兴区法院依据《中华人民共和国民事诉讼法》第一百五十四条第一款第十一项、《最高人民法院关于适用〈中华人民共和国民事诉讼法〉的解释》第四百六十三条之规定，作出如下裁定：

驳回申请执行人郝某的执行申请。

郝某不服，提起复议。

江苏省无锡市中级人民法院经审查认为：《中华人民共和国婚姻法》第二十一条规定所称“抚养费”包括子女生活费、教育费、医疗费等费用。宜兴法院（2015）宜少民初字第81号民事判决判令季某应每月负担小郝生活费人民币600元，季某虽辩称有部分时间小郝随其生活，但季某并未与郝某达成相关协议，故应以季某自愿承担对待。至于郝某主张的教育费，根据生效判决主文第三项，郝某可凭教育费的票据与季某结算，该判决并未限额，故郝某凭有效票据要求季某履行义务，法院应予准许，故宜兴法院裁定驳回执行申请不当，应予纠正。

江苏省无锡市中级人民法院依照《中华人民共和国民事诉讼法》第二百二十五条、《最高人民法院关于人民法院办理执行异议和复议案件若干问题的规定》第二十三条第一款第二项之规定，作出如下裁定：

撤销宜兴法院（2017）苏0282执5677号执行裁定书，宜兴法院应继续执行。

【法官后语】

根据《中华人民共和国民法典》第二十六条的规定，父母对未成年子女有法定的抚养义务。夫妻离婚后，如果未成年子女由一方抚养，那么另一方应当负担必要的生活费和教育费，这是基于夫妻双方均有抚养未成年子女的义务。至于支付抚养费的数额多少和支付的期限长短，由夫妻双方协商确定，如果协商不成的由法院判决。而在本案中抚养费由法院判决确定，符合法律规定，应予执行。

1. 执行依据给付内容明确的意义

《最高人民法院关于适用〈中华人民共和国民事诉讼法〉的解释》第四百六十一条（法释〔2022〕11 号）规定："当事人申请人民法院执行的生效法律文书应当具备下列条件：（一）权利义务主体明确；（二）给付内容明确。"根据该条规定要求申请执行的生效法律文书其给付内容需要具体明确，这是对于生效法律文书明确性、可执行性的要求。作为执行依据的法律文书内容明确，一方面，有利于强制执行的顺利开展，对于切实解决执行难提供了基础，防止出现因执行依据不明确而难以执行的尴尬局面；另一方面，这也是裁判权与执行权相分离原则的具体体现，在强制执行阶段不能再对生效法律文书的结果进行重新评价，包括不能自行对执行依据中不明确的给付内容进行强制执行。因此，作为执行依据的生效法律文书中给付内容必须明确。但在司法实践中，基于当事人的诉讼请求、具体的案情以及法律法规的要求，法律文书裁判的给付内容往往呈现各种样式，由此造成了执行依据给付内容是否明确的争议。

2. 执行依据给付内容明确的类型化简析

在司法实践中，执行依据的给付内容不明确主要包括：一是给付的物本身无法确定，如该物的名称不清或规格数量等参数不明；二是给付财产的数量不明确，一般是对给付财产的计算存在争议；三是给付行为本身不明确，集中体现在给付的方式、标准以及义务负担等方面，如房屋过户中对税费负担的争议就是对给付行为的义务负担产生了争议；四是给付行为的前提条件不明确，往往产生于双方互负给付义务、附条件给付或附期限给付的执行依据之中。而本案属于第二种，对于“给付财产的数量不明确”而产生的争议。在具体判断是否属于“给付内容不明确”时，需要注意与以下几种情形相区分：一是是否属于判决主文的笔误，对于这种情况可以补正裁定予以解决；二是是否属于裁判后发生的法律关系或标的物变化，致使“给付内容不明确”，此种情况下当事人应当另行起诉；三是根据判决理由及生活常识能够合理确定给付内容，在此情况下虽然执行依据没有明确具体给付内容，但是能够清楚确定给付内容，不属于“给付内容不明确”；四是执行依据中是否有明确的替代给付措施，如执行依据中明确不“能给付房屋的，给付确定数额的金钱”，即使“给付房屋”存在不明确，依旧可以执行“确定数额的金钱”，此时应该认定“给付内容明确”。

3. 本案中给付内容明确的判断

本案中，一审、二审法院审查思路存在不同，其原因即在于对“给付内容明确”的不同理解。本案执行依据将抚养费进行拆分，明确为生活费、教育费和医疗费，其中生活费按月支付。因未成年子女的教育费、医疗费等抚养费的具体数额具有不确定性，可以根据未成年子女的实际需要、父母双方的实际负担能力和当地的实际生活水平确定。故法院判决由当事人双方各半负担、定期凭票据结算，这是审判实践中一种较常见的做法，亦能有效缓解因未成年子女生病住院或发生大额教育费用等情况时产生后续诉讼、导致司法资源浪费的状况。执行法院依据判决主文可凭有效票据计算教育费、医疗费的具体金额并要求被执行人按时履行义务，无须审查判断超出执行依据的实体权利诉求，故不违背审执分离原则。本案生效法律文书符合给付内容明确、具体的要求，具有可执行性。一审法院认定执行依据中教育费、医疗费的具体数额不明确，导致执行内容无法确定而裁定驳回执行申请，系对“给付内容明确”含义的机械理解，故一审裁定应予撤销。

编写人：江苏省无锡市中级人民法院　杨曦　刘永刚　曹宏嘉

089　基于工程款优先受偿权提起执行异议之诉的认定

——建设公司诉胡某、房地产公司案外人执行异议之诉案

【案件基本信息】

1. 裁判书字号

广西壮族自治区钦州市中级人民法院（2019）桂07民终96号民事裁定书

2. 案由：案外人执行异议之诉

3. 当事人

原告（上诉人、案外人）：建设公司

被告（被上诉人、申请执行人）：胡某

被告（被上诉人、被执行人）：房地产公司

【基本案情】

建设公司承揽被执行人房地产公司开发的××苑项目施工工程，合同约定价款1800万元。建设公司投入项目所需的材料、人力、管理，完成案涉项目工程量的70%，后房地产公司拖欠建设公司工

程进度款且经建设公司多次催告仍不支付。胡某与房地产公司因其他纠纷产生债权，经判决生效后向广西壮族自治区浦北县人民法院申请执行××苑项目2号楼104号、105号铺面，广西壮族自治区浦北县人民法院作出（2018）桂0722执318号执行裁定书，裁定拍卖104号、105号铺面。建设公司于2018年7月25日提出书面异议，执行法院审查后作出民事裁定书驳回建设公司的异议申请，建设公司对该裁定书不服，遂提起本次异议之诉。请求：（1）停止拍卖××苑项目2号楼104号、105号铺面；（2）确认原告对执行标的××苑项目2号楼104号、105号铺面拍卖的价款具有优先受偿权。

【案件焦点】

建设公司以对执行标的享有工程款优先受偿权为由请求阻却法院强制执行而提起的诉讼，是否属执行异议之诉的受案范围。

【法院裁判要旨】

广西壮族自治区浦北县人民法院经审理认为：案外人对执行标的提出异议的权利是指对执行标的享有足以排除强制执行的民事权益。根据《最高人民法院关于适用〈中华人民共和国民事诉讼法〉执行程序若干问题的解释》第十五条的规定："案外人对执行标的主张所有权或者有其他足以阻止执行标的转让、交付的实体权利的，可以依照民事诉讼法第二百零四条的规定，向执行法院提出异议。"案外人执行异议之诉的标的是案外人是否有权请求排除对执行标的采取的强制执行措施，而这一诉讼标的的基础是案外人与被执行人谁对该执行标的享有实体权利。因此，足以排除强制执行的民事权益范围，应当为“所有权或者有其他足以阻止执行标的转让、交付的实体权利”。案外人只有认为自己对执行标的享有实体权利，而人民法院的强制执行行为妨碍了其所享有的实体权利的，才可以作为执行异议之诉的原告提起执行异议之诉。《中华人民共和国合同法》第二百八十六条规定：“发包人未按照约定支付价款的，承包人可以催告发包人在合理期限内支付价款。发包人逾期不支付的，除按照建设工程的性质不宜折价、拍卖的以外，承包人可以与发包人协议将该工程折价，也可以申请人民法院将该工程依法拍卖。建设工程的价款就该工程折价或者拍卖的价款优先受偿。”建设工程价款优先受偿权是承包人就建设工程折价或者拍卖的价款优先受偿的权利，属于法定优先权的范畴。优先受偿权是债权优先得到清偿的权利，这种权利不是所有权等实体权利，不能阻止执行标的的转让、交付。因此，主张建设工程价款优先权的人，不能依照《中华人民共和国民事诉讼法》第二百二十七条规定提出执行异议。

本案建设公司请求确认其对执行标的享有建设工程款优先受偿权，并以享有优先受偿权为由请求排除对执行标的的强制执行，其请求不属执行异议之诉的审理范围。

广西壮族自治区浦北县人民法院依照《中华人民共和国民事诉讼法》第一百一十九条、第一百四十四条、第一百五十四条第一款第三项，《最高人民法院关于适用〈中华人民共和国民事诉讼法〉的解释》第二百零八条第三款之规定，作出如下裁定：

驳回建设公司的起诉。

二审法院同意一审法院的裁判意见。

【法官后语】

执行异议之诉是我国2007年修订的《中华人民共和国民事诉讼法》第二百零四条首次确立的新诉讼程序，2017年《中华人民共和国民事诉讼法》第二百二十七条[①]继续沿用了该条款的规定，执行异议之诉是指在执行过程中，当事人和案外人对执行标的实体权利存在争议，请求执行法院解决争议而引起的诉讼。实践中，当事人、执行法官均对执行异议之诉受案范围把握不准，错误地让一些不属于执行异议之诉的问题引入了诉讼程序，影响了执行工作效率，那么，执行异议之诉的受案范围又是什么呢？要准确界定执行异议之诉受案范围的关键点是要准确分清《中华人民共和国民事诉讼法》第二百三十二条的“执行行为”和第二百三十四条的“执行标的”。《中华人民共和国民事诉讼法》第二百三十二条规定：“当事人、利害关系人认为执行行为违反法律规定的，可以向负责执行的人民法院提出书面异议。当事人、利害关系人提出书面异议的，人民法院应当自收到书面异议之日起十五日内审查，理由成立的，裁定撤销或者改正；理由不成立的，裁定驳回。当事人、利害关系人对裁定不服的，可以自裁定送达之日起十日内向上一级人民法院申请复议。”第二百三十四条规定：“执行过程中，案外人对执行标的提出书面异议的，人民法院应当自收到书面异议之日起十五日内审查，理由成立的，裁定中止对该标的的执行；理由不成立的，裁定驳回。案外人、当事人对裁定不服，认为原判决、裁定错误的，依照审判监督程序办理；与原判决、裁定无关的，可以自裁定送达之日起十五日内向人民法院提起诉讼。”两条文规定的内容均是执行异议，根

① 现行应为第二百三十二条。

据对象不同，当事人的救济途径也不同，其中对执行行为有异议，经法院审查作出裁定后，当事人不服向上一级法院申请复议；对执行标的有异议，经法院审查作出裁定后，当事人不服的提出执行异议之诉（审监程序的除外）。从文本应有之义，结合两条款的区别，对“执行行为”应理解为执行人员在执行过程中的程序性行为是否规范提出异议，如送达、查封、冻结、扣押、评估、拍卖等行为；对“执行标的”应理解为对物权提出异议，即对执行标的主张所有权、用益物权等物权。譬如，人民法院在执行一民间借贷纠纷案中裁定拍卖被执行人的房产过程中，被执行人认为评估程序有瑕疵而提出异议的，应作为执行行为异议审查；如案外人对裁定拍卖的房产主张所有权或承租权而提出异议的，应作为执行标的异议审查。综上所述，当事人或案外人对人民法院查封、扣押、冻结、拍卖的标的物主张所有权、用益物权而提出执行异议的，人民法院应按《中华人民共和国民事诉讼法》第二百三十四条规定审查，如执行标的不属裁判文书确认的权属的，当事人或案外人不服的应向人民法院提出执行异议之诉来解决。

本案案外人对人民法院拍卖的商铺主张工程款优先受偿权，而工程款优先受偿权是承包人就建设工程折价或拍卖的价款优先受偿的权利，其本质是以建设工程的交换价值担保工程款债权的实现，工程款优先受偿权只是顺位权，即债权清偿顺序，并不是所有权、用益物权等物权。因此，案外人对执行标的物主张工程款优先受偿权不属于“执行标的”的执行异议，不能适用《中华人民共和国民事诉讼法》第二百三十四条规定的程序审查，当事人更不能依该条提出执行异议之诉。

人民法院应根据《最高人民法院关于适用〈中华人民共和国民

事诉讼法〉的解释》第五百零六条“被执行人为公民或者其他组织，在执行程序开始后，被执行人的其他已经取得执行依据的债权人发现被执行人的财产不能清偿所有债权的，可以向人民法院申请参与分配。对人民法院查封、扣押、冻结的财产有优先权、担保物权的债权人，可以直接申请参与分配，主张优先受偿权”的规定，通知案外人申请参与分配，主张优先受偿权。如案外人对法院的通知有异议的，人民法院按《中华人民共和国民事诉讼法》第二百二十五条规定进行审查，当事人对审查不服的，按复议程序解决。如案外人参与分配后，对分配方案有异议，其他债权人对其异议提出反对意见的，案外人通过提起执行分配方案异议之诉来解决其异议。

这里特别对新旧法衔接情况进行说明：民法典实施后，本文涉及《中华人民共和国合同法》第二百八十六条，与《中华人民共和国民法典》第八百零七条的规定一致，对“建设工程款优先受偿权”的规定均是“发包人未按照约定支付价款的，承包人可以催告发包人在合理期限内支付价款。发包人逾期不支付的，除了按照建设工程的性质不宜折价、拍卖的以外，承包人可以与发包人协议将该工程折价，也可以申请人民法院将该工程依法拍卖。建设工程的价款就该工程折价或者拍卖的价款优先受偿。”涉及的《中华人民共和国民事诉讼法》、《最高人民法院关于适用〈中华人民共和国民事诉讼法〉的解释》、《最高人民法院关于适用〈中华人民共和国民事诉讼法〉执行程序若干问题的解释》中对“执行行为异议”“执行标的异议”“参与分配”的规定，在民法典实施后，新的民事诉法、民诉法司法解释除在条文序号上有变动之外，规定的内容没有变动。因此，本文涉及的相关法律、司法解释，新旧法规定一致，法律适用保持一贯性，没有区别。

编写人：广西壮族自治区浦北县人民法院　彭朝锦

090 保证金账户质权设立的认定

——某银行石家庄分行诉罗某案外人执行异议之诉案

【案件基本信息】

1. 裁判书字号

河北省沧州市中级人民法院（2018）冀09民再5号民事判决书

2. 案由：案外人执行异议之诉

3. 当事人

原告（上诉人、再审申请人）：某银行石家庄分行

被告（上诉人、再审被申请人）：罗某

第三人：樊某

【基本案情】

第三人樊某于2013年2月在原告处办理三户联保业务，与陈某、白某作为联保体共同与某银行石家庄分行签署了文本编号为X201534764的《联保体授信合同》，授信金额为300万元整，到期日为2015年2月1日，保证金比例为10%。樊某按照《联保体授信合同》约定在其A账户内开立保证金账户B，并于2013年2月5日存入保证金30万元整。2014年8月18日，樊某与某银行石家庄分行签订编号为X201534764的《最高额担保合同》，双方约定樊某在《联保体授信合同》项下向原告借款290万元，借款期限为2014年9月18日至2015年2月5日。樊某在卡号为A的银行卡内开立保证金账户C并存入保证金28万元，为其及联保体成员在《联保体授信合同》及本合同项下债务提供质押担保，双方并

签订了存款质押清单。随后，樊某以其卡号为A的银行卡内子账户C内定期存款28万元作为质押担保金。2014年9月18日，某银行石家庄分行为樊某发放流动资金贷款人民币290万元整，并采用受托支付方式付至刘某账户。上述贷款已于2015年2月5日到期。

河北省泊头市人民法院在执行罗某（申请执行人）与樊某等十名被执行人民间借贷纠纷一案中，于2014年12月31日以（2014）泊执字第618-10号执行裁定书冻结了樊某在上述B、C两个保证金账户中的存款58万元，某银行石家庄分行提出执行异议。

【案件焦点】

对于案涉款项（被冻结的58万元）申请人某银行石家庄分行是否享有优先受偿权。

【法院裁判要旨】

河北省泊头市人民法院经审理认为：根据《中华人民共和国合同法》及相关司法解释规定，违反法律和行政法规的效力性强制性规定的合同无效。本案原告收取贷款保证金的行为本身不违法上述法律规定，应属有效，但根据《最高人民法院关于适用〈中华人民共和国担保法〉若干问题的解释》第八十五条“债务人或者第三人将其金钱以特户、封金、保证金特定化后，移交债权人占有作为债权的担保，债务人不履行债务时，债权人可以以该金钱优先受偿”之规定，金钱质押必须具备“保证金特定化”和“移交债权人占有”两个要件，本案第三人樊某按照《联保体授信合同》约定，将保证金 30 万元存入其在 A 号银行卡账户内开立的保证金账户 B 中，但在双方约定该保证金时并未对借款的数额、期限明确约定，被担保债权属不明确，该保证金账户资金不符合担保法解释规定保证金担保的生效需具备“特定化”的要件要求，不具备金钱质押的属性，故原告和第三人之间的《联保体授信合同》中关于 30 万元质押担保金的约定无效。原告主张对该 30 万元享有优先受偿权，法院不予支持。第三人樊某依据《最高额担保合同》所提供的保证金 28 万元已存在其 A 号银行卡内开立的保证金账户 C 中，由质权人原告掌控、支配，其担保的债权 290 万元数额、期限在合同中约定明确，且原告与第三人樊某就该 28 万元保证金专门签订了存款质押清单，该 28 万元保证金质押合法有效。原告应享有优先受偿权。关于原告要求撤销河北省泊头市人民法院（2014）泊执字第 618-10 号执行裁定书及解除对保证金账户的冻结的诉讼请求，不属案外人执行异议之诉的请求范围，应在判决后向执行机构提出。

河北省泊头市人民法院依照《中华人民共和国担保法》第六十四条、第六十五条，《最高人民法院关于适用〈中华人民共和国担保法〉若干问题的解释》第八十五条和《最高人民法院关于适用〈中华人民共和国民事诉讼法〉的解释》第三百一十一条、第三百一十二条之规定，作出如下判决：

一、原告对第三人樊某名下保证金账户 C 中存款 28 万元享有优先受偿权，停止对该执行标的的执行；

二、驳回原告关于其对第三人樊某名下保证金账户 B 中存款 30 万元享有优先受偿权的诉讼请求。

某银行石家庄分行与罗某均提起上诉。

河北省沧州市中级人民法院经审理认为：《中华人民共和国商业

银行法》第四十七条规定，商业银行不得违反规定提高或者降低利率以及采用其他不正当手段，吸收存款，发放贷款。《中国人民银行关于严肃金融纪律，严禁非法提高利率的公告》第八条规定："严禁各金融机构擅自提高存、贷款利率，或以手续费、协储代办费、吸储奖、有奖储蓄以及贷款保证金、利息备付金、加收手续费、咨询费等名目变相提高存、贷款利率。"第九条规定："各金融机构、各企业单位违反国家利率规定，擅自或变相提高存、贷款利率和企业债券利率的行为是非法行为，不受法律保护。"本案中，2013 年 2 月，原审第三人樊某按照《联保体授信合同》的约定，在 A 账户内开立保证金账户 B 并存入 30 万元。2014 年月 8 月，原审第三人樊某按照《最高额担保合同》的约定，又在 A 账户内开立保证金账户 C，并存入保证金 28 万元。上诉人某银行石家庄分行原审中主张因樊某申请借款 290 万元，保证金比例调整为 20%，故 30 万元与 28 万元均作为 290 万元贷款的质押担保，但是按照商业银行法和中国人民银行的相关规定，上诉人某银行石家庄分行向原审第三人樊某收取 58 万元贷款保证金的行为系变相提高贷款利率的行为，该行为违反法律强制性规定，不应受法律保护。上诉人某银行石家庄分行主张对 58 万元保证金享有优先受偿权的诉讼请求，于法无据，依法应予驳回。

河北省沧州市中级人民法院依照《中华人民共和国民事诉讼法》第一百七十条第一款第二项之规定，作出如下判决：

一、撤销河北省泊头市人民法院（2015）泊民初字第 1630 号民事判决；

二、驳回上诉人某银行石家庄分行的诉讼请求。

宣判后，某银行石家庄分行向河北省高级人民法院提出再审申请，河北省高级人民法院指令河北省沧州市中级人民法院再审此案。

河北省沧州市中级人民法院经审理认为:《中华人民共和国物权法》第二百一十条规定，设立质权，当事人应当采取书面形式订立质权合同。质权合同一般包括下列条款:（一）被担保债权的种类和数额；（二）债务人履行债务的期限；（三）质押财产的名称、数量、质量、状况；（四）担保的范围；（五）质押财产交付的时间。第二百一十二条规定，质权自出质人交付质押财产时设立。《最高人民法院关于适用〈中华人民共和国担保法〉若干问题的解释》第八十五条规定，债务人或者第三人将其金钱以特户、封金、保证金等形式特定化后，移交债权人占有作为债权的担保，债务人不履行债务时，债权人可以以该金钱优先受偿。故金钱作为一种特殊的动产，可以用于质押。本案中，第三人樊某按照与银行的合同约定开立了保证金账户并分别存入了保证金30万元、28万元。该账户未用于其他日常结算，符合金钱特定化的要求。同时，双方约定某银行石家庄分行有权在任一授信提用人不履行还款义务时从保证金账户直接扣收，即某银行石家庄分行作为债权人实际控制保证金账户，亦符合金钱移交债权人占有的要求。综上，应认定双方就保证金账户内的资金设立了质权。虽然保证金账户内的金钱根据实际业务发生情况处于浮动的状态，但该金钱与保证金业务相对应，未用于非保证金业务的其他结算，仍然符合金钱质押的特定化、移交债权人占有的要求，并不影响质权的设立。综上，再审申请人某银行石家庄分行关于其对第三人樊某存入的保证金58万元享有优先受偿权的请求成立。

河北省沧州市中级人民法院依据《中华人民共和国民事诉讼法》第二百零七条第一款、第一百七十条第一款第二项之规定，作出如下判决:

一、撤销河北省沧州市中级人民法院（2016）冀09民终4404号民事判决、撤销河北省泊头市人民法院（2015）泊民初字第1630号民事判决第二项；

二、维持河北省泊头市人民法院（2015）泊民初字第1630号民事判决第一项；

三、某银行石家庄分行对第三人樊某名下保证金账户B中存款30万元享有优先受偿权，停止对该执行标的的执行。

【法官后语】

本案的争议焦点是：对于案涉款项（被冻结的58万元）某银行石家庄分行是否享有优先受偿权。《最高人民法院关于适用〈中华人民共和国担保法〉若干问题的解释》第八十五条[①]规定位于该解释"关于质押部分的解释"之下的"动产质押"部分，由此可见现行法是将这种担保方式定位为动产质押。那么，本案中涉保证金账户资金质权成立需要满足如下条件：其一，必须符合动产质押的一般成立要件，即有书面的质押合同。根据《中华人民共和国担保法》

① 《中华人民共和国民法典》施行后，本案适用的《最高人民法院关于适用〈中华人民共和国担保法〉若干问题的解释》第八十五条规定已失效，被《最高人民法院关于适用〈中华人民共和国民法典〉有关担保制度的解释》第七十条所替代。该解释第七十条已对于本案的争议焦点进行了明确规定："债务人或者第三人为担保债务的履行，设立专门的保证金账户并由债权人实际控制，或者将其资金存入债权人设定的保证金账户，债权人主张就账户内的款项优先受偿的，人民法院应予支持。当事人以保证金账户内的款项浮动为由，主张实际控制该账户的债权人对账户内的款项不享有优先受偿权的，人民法院不予支持。在银行账户下设立的保证金分户，参照前款规定处理。当事人约定的保证金并非为担保债务的履行设立，或者不符合前两款规定的情形，债权人主张就保证金优先受偿的，人民法院不予支持，但是不影响当事人依照法律的规定或者按照当事人的约定主张权利。"

第六十四条及《中华人民共和国物权法》第二百一十条[①]的规定，既可以是独立于主合同的单独质押合同，也可以是主合同的质押条款。其二，账户资金符合特定化要求，这是保证金账户担保的特有形式要件，也是实践当中的争议焦点所在。其三，转移债权人占有。转移占有是动产质押的成立要件，具体到以保证金的形式来实现特定化的货币质押，当然也不例外。

1. 质押合同是否成立

二审法院认为，某银行石家庄分行将保证金比例调整为20%，以58万元作为290万元贷款的质押担保，系变相提高贷款利率的行为，违反了《中华人民共和国商业银行法》及《中国人民银行关于严肃金融纪律，严禁非法提高利率的公告》的强制性规定，不应受法律保护，故驳回某银行石家庄分行的上诉请求。而中国人民银行于2013年7月19日发布《中国人民银行关于进一步推进利率市场化改革的通知》，规定自2013年7月20日全面放开金融机构贷款利率管制，进一步推进利率市场改革。因此，应当认定某银行石家庄分行与第三人樊某关于保证金质押的约定有效。

2. 保证金账户质权的设立

保证金账户质权的设立要满足实质性条件，即账户资金符合特

---

① 《中华人民共和国担保法》第六十四条及《中华人民共和国物权法》第二百一十条已失效，其内容为《中华人民共和国民法典》物权编第四百二十七条及第四百二十九条所替代。《担保法》第六十四条的第一款、第二款内容分解到物权编第四百二十七条及第四百二十九条之中。物权编第四百二十七条除第二款第五项增加了“质押财产交付的方式”，其他内容与《物权法》第二百一十条相同。《中华人民共和国民法典》物权编第四百二十七条规定：设立质权，当事人应当采用书面形式订立质押合同。质押合同一般包括下列条款：（一）被担保债权的种类和数额；（二）债务人履行债务的期限；（三）质押财产的名称、数量等情况；（四）担保的范围；（五）质押财产交付的时间、方式。第四百二十九条规定：质权自出质人交付质押财产时设立。

定化和转移债权人占有。而这两个要件的实质就是物权的特定性和公示性问题。物权是物之支配权，物权的客体必须是特定物；物权是对世权，涉及第三人的利益，故物权必须公示。动产质权是以特定的动产为标的物的担保物权，且以质物的交付占有为其生效要件和公示方法。因此，如何从物权的特定性、公示性角度，解释、适用《最高人民法院关于适用〈中华人民共和国担保法〉若干问题的解释》第八十五条规定，是解决本案账户质押效力问题之关键所在。

（1）账户资金特定化。《最高人民法院关于适用〈中华人民共和国担保法〉若干问题的解释》第八十五条规定了三种特定化的形式：特户、封金、保证金。这三种特定化的形式具有共同的特征，即把一定数额的金钱摘除出流通领域，使其作为承担担保功能的特定物，以特定账户为载体从出质人处转移给质权人银行实际占有，上述过程也是金钱特定化的一般流程。也就是说，通过特定化要使得金钱能与普通动产一样能够经转移占有而不改变所有权主体。

（2）移交债权人占有。动产质押以“转移占有”为质权生效的要件，银行保证金质押作为动产质押，其质权的成立时间也应该是在“转移占有”完成之时，其质权成立，并立即生效。因此“转移占有”可以理解为对账户内资金的实际控制权的移交，即谁在实际控制该账户就视为谁在占有。具体而言，银行保证金的“转移占有”应当从特定金额的金钱存入保证金专门账户的时间、保证金专户的使用和管理的实际情况上综合考量，如果保证金专户并没有严格按照合同约定进行使用，保证金专户的管理和使用也并非质权人银行进行控制。比如，出质人在保证金存入账户之后仍在支取该账户内的资金用于非合同约定用途，这时的“转移占有”就会欠缺实际控制的要素，因此即使有存入的行为也不能够满足“转移占有”的要求。而本案中，双方约定民生银行有权在任一授信提用人不履行还款义务时从保证金账户直接扣收，即某银行石家庄分行作为债权人实际控制保证金账户，亦符合金钱移交债权人占有的要求。

虽然保证金账户内的金钱根据实际业务发生情况处于浮动的状态，但该金钱与保证金业务相对应，未用于非保证金业务的其他结算，仍然符合金钱质押的特定化、移交债权人占有的要求，并不影响质权的设立，银行对该保证金账户享有优先受偿权。

编写人：河北省沧州市中级人民法院　史静　冷树青

091　实际施工人对发包人的工程款债权相比承包人不具有优先受偿性

——蒋某诉孙某等案外人执行异议之诉案

【案件基本信息】

1. 裁判书字号

江苏省南通市中级人民法院（2018）苏06民终1590号民事判决书

2. 案由：案外人执行异议之诉

3. 当事人

原告（上诉人）：蒋某

被告（被上诉人）：孙某、建设公司、贸易公司、沈甲、沈乙、沈丙

【基本案情】

孙某与建设公司、贸易公司、沈甲、沈乙、沈丙民间借贷纠纷案，江苏省南通市崇川区人民法院于2016年3月28日作出民事调解书，建设公司、贸易公司、沈甲、沈乙、沈丙分期给付孙某1560万元及利息。后孙某申请法院强制执行，执行过程中，法院于2016年12月13日向G公司发出协助执行通知书，冻结被执行人建设公司在G公司的工程款17779611元，蒋某提出书面异议。法院裁定驳回蒋某的异议。后蒋某向法院起诉，请求立即停止对G公司属于蒋某的17779611元未结算工程款的强制执行，并解除对该款项的冻结。

2012年5月5日，G公司作为发包方（甲方）与承包方（乙方）建设公司签订《国际购物中心建筑工程施工合同补充合同》，建设公司承包建设G国际购物中心工程，合同暂定价款为23640万元。建设公司长春分公司于2012年6月19日与蒋某签订《项目经济责任承包协议书》，将工程以原价转包给蒋某施工，建设公司再按一定比例收取税费、服务费等，收取工程款一律汇入建设公司账户。协议签订后，蒋某按期组织施工，与他人或单位签订单项工程承包合同或劳务承包，并购买塔式起重机、钢材等设备和材料用于工程。G国际购物中心项目于2015年5月7日通过验收。2017年4月10日，G公司和建设公司出具《关于G国际购物中心项目的往来核对情况》，截至当日，G公司付工程款206083623.68元。同日，建设公司向蒋某出具《蒋某往来核对》，截至当日，蒋某收到建设公司代G公司付工程款171469733.34元。G公司、建设公司和蒋某三方没有进行工程决算。

【案件焦点】

实际施工人以其与承包人之间存在违法分包、转包或挂靠关系，其应享有发包人处的工程款债权为由提起执行异议之诉的，人民法院应否支持。

【法院裁判要旨】

江苏省南通市崇川区人民法院经审理认为：G公司与建设公司签订《国际购物中心建筑工程施工合同补充合同》，建设公司承包案涉工程. 后建设公司长春分公司又与蒋某签订《项目经济责任承包协议书》，将该工程转包给蒋某施工，建设公司按一定比例收取税费、服务费等。蒋某作为案涉工程实际施工人，并不能改变建设公司对外作为案涉工程合同相对人的身份，从权利外观看，建设公司依然是案涉工程款的权利人，实际施工人的身份不足以阻却执行，故对蒋某的诉讼请求不予支持。

江苏省南通市崇川区人民法院依照《最高人民法院关于适用〈中华人民共和国民事诉讼法〉的解释》第三百一十二条第一款第二项之规定，作出如下判决：

驳回蒋某的诉讼请求。

蒋某不服一审判决，提起上诉。

江苏省南通市中级人民法院经审理认为：本案为案外人提起的执行异议之诉，主要审理案外人就执行标的是否享有足以排除强制执行的民事权益。根据《最高人民法院关于审理建设工程施工合同纠纷案件适用法律问题的解释》的规定，非法转包、违法分包的相对方，或借用有资质的建筑施工企业名义的没有资质的人，均称为实际施工人。实际施工人的创设旨在对那些已实际施工诉争工程但无法因合同关系主张工程款的人予以限制性保护，因其规范情形之特定性，故应在该规范所涉之建设工程施工合同纠纷案件中，才适宜对实际施工人的身份作出认定。本案中，蒋某主张权利的事实基础是其为案涉工程的实际施工人，该身份认定超出了本案执行异议之诉的审理范围。根据本案查明的事实，形成了 G 公司与建设公司之间、建设公司与蒋某之间的两个合同关系，根据合同相对性原则，各方的权利义务关系应当根据相关合同分别处理。对于蒋某在建设工程中的地位问题，应根据其与建设公司长春分公司签订的《项目经济责任承包协议书》确定，不能依施工事实证明其与建设单位 G 公司形成了事实上的建设工程施工合同关系。假设认定蒋某为案涉工程的实际施工人，其亦无权突破合同相对性原则，直接向非合同相对方 G 公司主张建设工程合同权利。本案执行标的系 G 公司协助冻结的建设公司的工程款债权，尽管蒋某反映案涉工程系其实际施工，但没有证据证明蒋某对该工程款债权享有唯一的请求权，故蒋某对案涉工程款的请求权不足以对抗本案的执行。蒋某另案诉讼案涉工程的建设工程施工合同纠纷，这是其行使债权请求权的表现，与本案执行异议之诉审理并无冲突，故原审法院未中止审理不构成程序错误。

江苏省南通市中级人民法院依照《中华人民共和国民事诉讼法》第一百七十条第一款第一项之规定，作出如下判决：

驳回上诉，维持原判。

【法官后语】

人民法院针对建设工程发包人应给付承包人的工程款债权实施强制执行，实际施工人以其与承包人之间存在分包、转包或挂靠关系、其以享有工程款权利为由提起执行异议之诉的，并不少见。实际施工人的该项主张能否成立、是否足以阻却执行，成为审判执行实务中的难点。笔者认为，该情形下实际施工人提起执行异议之诉的，不应支持。理由如下：

1. 合同相对性原则是处理合同纠纷时应严守的基本原则

在处理合同纠纷时，首先须考虑的就是合同相对性原则，当事人在为自己设定权利义务时，其效力仅及于缔约当事人。本案中，G公司与建设公司签订了建筑工程施工合同，建设公司长春分公司将工程转包给蒋某施工，事实上形成了G公司与建设公司之间、建设公司与蒋某之间的两个合同关系，根据合同相对性原则，各方的权利义务关系应当根据各自合同分别处理。对于蒋某在建设工程中的地位，应根据其与建设公司订立的协议书确定，蒋某与G公司之间不存在订立施工合同的合意，不能仅以实际施工的事实作出蒋某与G公司存在建设工程施工合同关系的认定。从合同的实际履行来看，G公司按照其与建设公司之间的约定，将收取的工程款汇入建设公司账户，建设公司也按照其与蒋某的约定，扣除一定比例费用后给付蒋某。而发包人向承包人支付工程款本身就是应尽的合同义务，这是处理实际施工人主张工程款案件的基本前提。

2. 实际施工人向发包人主张工程款的权利源自承包人

2018年12月，最高人民法院发布《关于审理建设工程施工合同纠纷案件适用法律问题的解释（二）》①，其第二十五条对代位权行

① 已失效，现行有效的是：《最高人民法院关于审理建设工程施工合同纠纷案件适用法律问题的解释（一）》第四十四条规定：实际施工人依据民法典第五百三十五条规定，以转包人或者违法分包人怠于向发包人行使到期债权或者与该债权有关的从权利，影响其到期债权实现，提起代位权诉讼的，人民法院应予支持。

使作出明确规定，实际施工人向发包人主张权利实质上是为了保全自身对承包人的债权，虽然其根据司法解释规定可以直接以发包人为被告提起诉讼，但实质上是在代位行使承包人对发包人所享有的工程款债权，其权利来源仍然是违法分包、转包或挂靠合同，其与发包人之间不存在建设工程合同法律关系，不能排除承包人的建设工程施工合同主体地位，不能因存在实际施工人，就对承包人的合同主体地位进行否定，进而认定承包人对工程款不再享有权利。

3. 实际施工人对工程款享有的权益不足以排除另案强制执行

首先，实际施工人对工程款享有的权利相比承包人不具优先性、排他性，并不会因实际施工人的出现，承包人对工程款就不再享有权利，也没有任何法律规定实际施工人享有的工程款权利优先于承包人。其次，实际施工人不能因违法分包、转包、挂靠行为而获得比合法的专业或劳务分包行为相比更大的利益。在合法的专业或劳务分包下，专业或劳务分包人只能向总承包人主张权利；如实际施工人反而能排除强制执行，将因违法行为获得比合法行为更大的利益，有违诚信原则、合同相对性原则，会助长违法分包、转包或挂靠行为，不利于维护合法的建筑市场秩序。最后，保护实际施工人的利益与保护农民工的利益也不能等同。对于农民工合法权益的保护，应着重加强事前控制、加大对违法分包、转包或工程挂靠的处罚力度，并构建工资提留发放本人机制，而不是给付实际施工人。否则，只会让实际施工人更加有恃无恐，打着维护农民工权益的幌子牟取私利，损害农民工的权益。

编写人：江苏省南通市中级人民法院　陆炜炜

092 建设工程款优先受偿权行使的形式及期限

——农村信用合作联社诉陆甲等第三人撤销之诉案

【案件基本信息】

1. 裁判书字号

广西壮族自治区南宁市中级人民法院（2017）桂 01 民终 7890 号民事判决书

2. 案由：第三人撤销之诉

3. 当事人

原告（被上诉人）：农村信用合作联社

被告（上诉人）：陆甲、陆乙

被告：黄甲、王某、黄乙

【基本案情】

2014 年 3 月 8 日，黄甲与陆乙签订《代建房屋协议书》约定：由陆乙在黄甲位于宾阳县宾州镇××小区 2 排 13-1 号国有土地上代建成五层半楼房。协议签订后，陆乙因资金不足，便与陆甲合伙共同垫资建房。该工程于 2014 年 12 月 30 日竣工。工程竣工后，经双方结算工程款总造价为 553160 元。2015 年 3 月 10 日，黄甲、王某作为房屋所有权人出具了一张《欠条》给陆甲、陆乙，再次确认欠陆甲、陆乙工程款 553160 元，定于 2015 年 9 月 1 日前归还，并以代建的房屋作抵押。陆甲、陆乙于 2015 年 9 月 22 日向广西壮族自治区宾阳县人民法院（以下简称宾阳县法院）提起诉讼，请求黄甲、王某归还欠款 553160 元，并支付相应利息。陆甲、陆乙在宾阳县法院开庭之日即2016年3月1日将其诉讼请求变更为：请求黄甲、王某归还欠款553160元及利息，并主张该款从折价、拍卖或变卖宾阳县宾州镇××小区2排13-1号房屋所得价款中优先受偿。宾阳县法院于2016年3月20日作出（2015）宾民一初字第2073号民事判决：黄甲、王某支付陆甲、陆乙工程款553160元，该款就黄甲、王某共有的房屋折价或者拍卖的价款优先受偿。

2015年3月4日，农村信用合作联社与黄甲签订《广西农村信用社个人借款合同》《广西农村信用社抵押担保合同》约定：黄甲向农村信用合作联社借款60万元，借款期限为2015年3月4日起至2018年3月3日止，黄甲、王某以宾阳县宾州镇××小区2排13-1号国有土地使用权和房屋为上述借款提供抵押担保，当天农村信用合作联社与黄甲、王某到宾阳县国土资源局和宾阳县房地产管理所办理了土地和房屋抵押登记手续。农村信用合作联社于是向一审法院起诉请求：撤销宾阳县法院（2015）宾民一初字第2073号民事判决书"该款就黄甲、王某共有的宾阳房权证字第2015012812号房屋折价或者拍卖的价款优先受偿"。

农村信用合作联社认为，涉案工程于2014年12月30日竣工，陆甲、陆乙于2016年3月1日提出对涉案工程款的优先授权已超出了六个月的行使期限，应当对宾阳县法院（2015）宾民一初字第2073号民事判决书"该款就黄甲、王某共有的房屋折价或者拍卖的价款优先受偿"的判决予以撤销。

陆甲、陆乙认为：（1）黄甲、王某于2015年3月10日出具的《欠条》明确了涉案工程款的归还日期为2015年9月1日前，并约定若黄甲、王某逾期还款则用本房屋来折抵投资款。该《欠条》的约定表明陆甲、陆乙已于2015年3月10日时主张了涉案工程款的优先受偿权，并非至2016年3月1日才提出；（2）自2015年9月1日还款期限届满之日至宾阳县法院（2015）宾民一初字第2073号民事判决生效及执行，涉案房屋一直由陆甲、陆乙占有、管理和使用，陆甲、陆乙优先受偿权的行使和实现处于持续进行的状态；（3）建筑工程款优先受偿的行使方式并不限于向法院提出，《中华人民共和国合同法》第二百八十六条规定“承包人可以与发包人协议将该工程折价”，说明可以通过双方当事人以协议折价的方式实现；（4）建筑工程款优先受偿权的六个月期限应当使用时效中断，因附加工程、工程修补等原因导致工程结算时间在主体工程竣工六个月以后是常有的事。

【案件焦点】

1. 陆甲、陆乙于何时主张涉案工程款的优先受偿权；2. 六个月的优先受偿权行使期是否适用时效中断。

【法院裁判要旨】

宾阳县法院经审理认为：黄甲、王某拖欠陆甲、陆乙工程款是事实，陆甲、陆乙可以申请人民法院将该工程拍卖，建设工程的价款就该工程折价或者拍卖的价款优先受偿。但依照《最高人民法院关于建设工程价款优先受偿权问题的批复》第四条的规定，陆甲、陆乙行使优先权必须在法定的期限内提出，陆甲、陆乙代建的房屋已于2014年12月30日竣工，所以陆甲、陆乙应当在2015年7月1日前行使优先权，但陆甲、陆乙于2015年9月22日向宾阳县法院提起诉讼时没有行使其优先权，直到2016年3月1日才行使，这显然超过了法律规定的六个月期限。但对陆甲、陆乙主张553160元工程款从折价、拍卖或变卖宾阳县宾州镇××小区2排13-1号房屋所得价款中优先受偿，不予支持。

广西壮族自治区南宁市宾阳县法院依照《中华人民共和国民事诉讼法》第五十六条第三款、第一百四十四条，《最高人民法院关于适用〈中华人民共和国民事诉讼法〉的解释》第三百条第一款第二项，《最高人民法院关于建设工程价款优先受偿权问题的批复》第四条的规定，作出如下判决：

一、撤销（2015）宾民一初字第2073号民事判决第一项中的“该款就黄甲、王某共有的房屋折价或者拍卖的价款优先受偿”；

二、驳回农村信用合作联社的其他诉讼请求。

陆甲、陆乙不服一审判决，提起上诉。

广西壮族自治区南宁市中级人民法院经审理认为：依据《中华人民共和国合同法》及《最高人民法院关于建设工程价款优先受偿权问题的批复》第四条的规定，建设工程承包人行使优先权的期限为六个月，自建设工程竣工之日或者建设工程合同约定的竣工之日起计算。虽然涉案工程尚未进行竣工验收，但双方在《代建房屋协议书》中协议约定“工期约四个月”，且当事人对本案查明涉案房屋竣工的事实均无异议，故应确认陆甲、陆乙代建的房屋于2014年12月30日竣工。陆甲、陆乙应当在2015年7月1日前行使优先权，但陆甲、陆乙直到2016年3月1日才主张，这显然超过了法律规定的六个月期限。故一审法院判决撤销（2015）宾民一初字第2073号民事判决第一项中的“该款就黄甲、王某共有的房屋折价或者拍卖的价款优先受偿”，依法有据，予以维持。

广西壮族自治区南宁市中级人民法院依照《中华人民共和国民

事诉讼法》第一百七十条第一款第一项的规定，作出如下判决：

驳回上诉，维持原判。

【法官后语】

建设工程款优先受偿权见于《中华人民共和国民法典》第八百零七条的规定。关于该优先受偿权行使期限的问题。《最高人民法院关于建设工程价款优先受偿权问题的批复》第四条规定："建设工程承包人行使优先权的期限为六个月，自建设工程竣工之日或者建设工程合同约定的竣工之日起计算。"从该规定可以看出，建设工程款优先权的行使期限为六个月，且最高人民法院并未规定该期限存在中止、中断或延长的情形，故该期限为除斥期间，系不变期间。从建设工程款优先受偿权设立初衷来看，一方面，鉴于房地产开发行业的特殊性，由于资金链断裂造成开发商或建设单位无力清偿债务，优先权的行使在一定程度上能挽回建设单位的损失；另一方面，优先权的行使必然会对其他债权造成影响，产生权利冲突，故法律赋予权利人六个月的不变期限。本案中陆甲、陆乙认为六个月的行使期限应当适用中止、中断或延长时效规定的主张与立法目的及规定相违背，故一审、二审法院均未支持其主张。

关于建设工程款优先受偿权行使期间的起算问题。《最高人民法院关于建设工程价款优先受偿权问题的批复》第四条明确规定"自建设工程竣工之日或者建设工程合同约定的竣工之日起计算"，但《最高人民法院关于建设工程价款优先受偿权问题的批复》未对尚未竣工但已经发生纠纷的情况加以明确，对承包人的优先受偿权是否应当延伸到在建工程，仍值得探讨。本案中，双方当事人对涉案工程于2014年12月30日竣工均无异议，故本案建设工程款优先受偿权行使期限为2015年1月1日起至2015年6月30日止。

关于建设工程款优先受偿权行使方式的问题。根据《中华人民共和国民法典》第八百零七条"承包人可以与发包人协议将该工程折价，也可以申请人民法院将该工程依法拍卖"的规定，承包人可以与发包人协议将建设工程折价，也可以申请法院直接拍卖该工程，建设工程的价款就该工程折价或者拍卖的价款优先受偿。本案中，陆甲、陆乙主张黄甲、王某出具的《欠条》表明陆甲、陆乙已行使了优先受偿权，而黄甲、王某出具《欠条》的时间为2015年3月1日，故未超过六个月的期限。但该《欠条》仅是对陆甲、陆乙所享债权的重新确定，《欠条》并未对涉案工程进行折价，且该工程的折价款并未成为客观事实。本案陆甲、陆乙享有的建设工程款优先受偿权应当在2015年6月30日前向法院提出，因为建设工程款优先受偿权实质上是一种法定的权利，虽然无须抵押登记，但还需通过向法院以明示的方式予以实现，超出了六个月的行使期限，法律不再对这种优先权予以保护，六个月之后的建设工程款就重新变成普通的债权。

《中华人民共和国民法典》第八百零七条基本保留了《中华人民共和国合同法》第二百八十六条的规定，只是将"按照"改为"根据"；将"不宜折价、拍卖的以外"改为"不宜折价、拍卖外"；将"申请"改为"请求"。建设工程价款优先受偿权制度赋予建设工程价款债权就该工程折价或者拍卖的价款优先受偿的权利，目的是对农民工等建筑工人的工资权益予以优先保护，但此项保护并非直接指向建筑工人的工资权益，而是以保护承包人的建设工程价款债权为媒介，间接保护建筑工人的权益。建筑工程款优先受偿权的行使期限及行使方式对于权利的实现具有极其重要的作用，可以保障并敦促承包人在工程竣工后发包人不履行偿还义务时，及时行使优先受偿权；可以制约并促成当事人双方在建设工程合同中约定较短的付款期限，以便竣工后及时结算清偿工程价款，以减少因约定的付款期限过长而出现不利于承包人的情形；对平衡、保护第三方利益具有重要的现实意义。本案虽判决于《中华人民共和国民法典》编纂之前，但对建筑工程款优先受偿权的行使期限及行使方式的认定对类案仍然具有很强的参考意义。

编写人：广西壮族自治区高级人民法院　杨钉

广西壮族自治区南宁市中级人民法院　于代亮

093　验资账户所有人对该账户内资金是否享有所有权

——曾某杰诉江某智申请执行人执行异议之诉案

【案件基本信息】

1. 裁判书字号

福建省厦门市中级人民法院（2017）闽02民终4037号民事判决书

2. 案由：申请执行人执行异议之诉

3. 当事人

原告（上诉人）：曾某杰

被告（被上诉人）：江某智

第三人：曾某建

【基本案情】

2015年7月31日，福建省厦门市思明区人民法院在审理曾某杰与曾某建合同纠纷一案中，冻结了曾某建名下A银行账户存款216万元。后漳州市公安局龙文分局函告思明区人民法院将该冻结解除，因经侦查发现该账户存款系被害人黄某林、江某智代曾某建公司验资的款项，属刑事案件涉案赃款而非曾某建的个人合法财产。2015年9月10日，思明区人民法院就曾某杰诉曾某建合同纠纷一案作出判决：曾某建于判决生效之日起七日内偿还曾某杰转让款本金200万元。因曾某建未按生效判决履行义务，曾某杰于2016年1月15日向思明区人民法院申请执行。在执行过程中，江某智向思明区人民法院提出异议，法院认定诉争地曾某建农行账户上的216万元存款系江某智的个人财产，裁定解除冻结。曾某杰不服，于2016年11月28日向思明区人民法院提起申请执行人执行异议之诉。

2015年7月，曾某建委托案外人郑某清为其设立的园林公司注资800万元。郑某清找到其他中介案外人简某德、黄某林合作进行该笔增资。验资的具体流程为：曾某建按郑某清的要求把园林公司的所有资料交给郑某清，其中包括园林公司的增资账户存折、电子支付密码器、曾某建的个人存折、电子支付密码等，通过出资人“金主”将增资款项转入曾某建的账户，郑某清等中介将曾某建账户里的钱转入增资账户后，银行开具资金证明，再由郑某清等中介人员立即将增资款取出；曾某建支付郑某清手续费和利息。2015年7月21日，郑某清通过简某德向江某智的委托代办人黄某林交付一本以曾某建名义开户的“B银行个人活期一本通账户”存折并告知相应密码，作为验资账户。黄某林在确定账号有效、密码正确、能够自如转进转出该账户款项后，通知江某智转款。江某智及其配偶（案外人）共向上述账户转账800万元。曾某建收到款项后，利用其隐瞒而没有通过郑某清一并交付给黄某林的与其账户配套的网银U盾，将上述款项中的500万元转账至其名下的A银行账户，并电话挂失验资账户“曾某建建行个人活期一本通账户”。黄某林发现后立即向漳州市公安局龙文分局报案，漳州市公安局龙文分局以诈骗罪对曾某建予以网上追逃，之后于2015年9月11日起对其执行取保候审，2016年9月10日因取保候审期限届满，予以解除。

【案件焦点】

对于江某智及其指令转入曾某建名下的公司验资账户内的款项，曾某建是否享有所有权。

【法院裁判要旨】

福建省厦门市思明区人民法院经审理认为：首先，案涉款项虽是货币，但其具备特定物的特征。曾某建名下的验资账户里本是没有资金的，江某智及其指令转入800万元后账户里才有资金，且该资金的用途系验资专用，在验资结束后转出的800万元也是特定的江某智转入的800万元，因此该800万元具有唯一性。曾某杰认为曾某建占有的上述800万元货币系种类物，谁占有谁就享有所有权，无事实与法律依据。其次，本案讼争的216万元款项来源于江某智，且该款项系江某智为曾某建作为唯一股东的园林公司验资打印银行存款证明之用，江某智是在认为其委托代办人黄某林已经控制该验资账户的情形下才往该账户汇款，江某智并没有放弃对该款项管领控制的意思表示，其转款的目的也不是将800万元的所有权转移给曾某建。且从验资的行内规则来看，被增资的账户所有人在验资款项进入账户到转出账户期间对账户内资金是没有控制权的，即对账户内资金并未实际占有，从而没有取得该账户资金的所有权。故讼争款项不属于曾某建个人所有。

福建省厦门市思明区人民法院依照《中华人民共和国民事诉讼法》第六十四条第一款、第二百二十七条，《最高人民法院关于适用〈中华人民共和国民事诉讼法〉执行程序若干问题的解释》第二十一条、第二十四条的规定，作出如下判决：

驳回曾某杰的诉讼请求。

曾某杰持原审起诉意见提起上诉。

福建省厦门市中级人民法院经审理认为：首先，本案各方当事人对曾某建委托郑某清验资的具体流程、案涉款项的流转情况并无异议。各方当事人业已确认本案执行标的216万元款项是曾某建名下B银行账户收到江某智转入的800万元验资款后，曾某建通过网银U盾转出至其名下A银行账户的500万元中的一部分。剩余300万元已于2015年7月22日转回至江某智名下银行账户。其次，从各方当事人一致确认的本案验资流程，即“曾某建按郑某清的要求把园林公司的所有资料交给郑某清，其中包括园林公司的增资账户存折、电子支付密码器、曾某建的个人存折、电子支付密码等，通过出资人‘金主’将增资款项转入曾某建的账户，郑某清等中介将曾某建账户的钱转入增资账户后，银行开具资金证明，再由郑某清等中介人员立即将增资款取出”这一流程分析，案涉款项来源特定、用途特定，江某智从未放弃对该款项的控制权，其作为讼争款项的提供者，有权主张该款项项下的有关权利，一审认定江某智系提出执行异议的适格主体，并无不当。最后，鉴于江某智的委托代办人黄某林在发现款项被曾某建转走并电话挂失“曾某建建行个人活期一本通账户”后立即向漳州市公安局龙文分局报案，漳州市公安局龙文分局以诈骗罪对曾某建进行上网追逃，后于2015年8月12日抓获曾某建并羁押于漳州市看守所。2015年9月11日起对其执行取保候审，2016年9月10日因取保候审期限届满予以解除。曾某杰上诉主张《执行裁定书》的作出缺乏依据，未提供相应证据予以证明，该上诉理由不能成立，对其上诉请求应予驳回。一审认定事实清楚，适用法律正确，应予维持。

厦门市中级人民法院依照《中华人民共和国民事诉讼法》第一百七十条第一款第一项之规定，作出如下判决：

驳回上诉，维持原判。

【法官后语】

本案处理重点主要在于对货币所有权的理解。《中华人民共和国物权法》对于货币所有权问题并未进行规定，通说采货币“占有即所有”原则，即货币之占有与所有合而为一。这一原则的适用基础在于货币是种类物，而非特定物，不具有特定性。该原则虽然运用广泛，但亦存在例外。

在货币特定化的情况下，“占有即所有”原则被排除适用。货币特定化有两个特点：第一，当事人双方有一致的特定化意思表示；第二，该特定化的意思表示具有一定的公示性。法院在认定本案验资账户内的增资款项是否为开户人曾某建所有时，认为案涉款项虽系货币，但具有特定物的特征。首先，案涉验资账户系专项专用账户，账户内资金来源特定，用途特定，故可以推定双方当事人具有特定化案涉资金的意思表示；其次，根据《人民币银行结算账户管理办法》（现已失效）第三十七条的规定，注册验资的临时存款账户在验资期间只收不付，注册验资资金的汇缴人应与出资人的名称一致，验资期间内验资账户内的资金禁止作为交易媒介流通使用，验资账户内资金的特定化具有公示外观。故本案增资款已被特定化，不适用货币“占有即所有”的一般规则。根据验资行内规范以及一般生活常识，江某智向验资账户转账的目的并不是将增资款所有权转移给曾某建。江某智在认为其委托代办人黄某林已经控制该验资账户的情形下才往该账户汇款，其并未作出放弃对该款项管领控制的意思表示。因此，江某智与曾某建之间并未达成转移增资款项所有权的合意。故按照动产物权变动规则，曾某建并不享有案涉增资款的所有权。

值得注意的是，货币“占有即所有”原则是基于货币的流通性，为便利社会交往、提高交易效率而生的。但若将其僵化，对于货币所有权问题一律适用，则势必影响交易安全，本案即一个很好的实例。

编写人：福建省厦门市思明区人民法院　杨绿芳

094 被告未按生效裁判文书指定期间履行非金钱给付义务的，原告应当提起确认之诉，确认迟延履行金的计算标准，再通过执行程序主张迟延履行金，而非提起给付之诉，直接要求被告支付迟延履行金

——杨某菁诉建筑工程公司商品房预售合同案

【案件基本信息】

1. 裁判书字号

广东省广州市中级人民法院（2015）穗中法民五终字第5853号民事判决书

2. 案由：商品房预售合同纠纷

3. 当事人

原告（上诉人）：杨某菁

被告（被上诉人）：建筑工程公司

【基本案情】

原告曾因某路22号301房逾期办证及违约金的问题起诉被告（2005）东法民三初字第885号案。原广州市东山区人民法院于2005年6月9日作出（2005）东法民三初字第885号民事判决书（已于2005年7月10日发生法律效力），判决：（1）被告应在该判决发生法律效力之日起60日内协同原告办理广州市某路22号301房的产权过户手续和登记在原告名下之房地产权属登记手续；（2）被

告在该判决发生法律效力之日起15日内向原告支付逾期办理上述301房的房地产权证的违约金（自2003年4月19日起至2005年4月19日止，每日以409032元×0.02%计）等。

上述民事判决书生效后，原告申请强制执行。原广州市东山区人民法院以（2005）越法执字第2702号案立案，并于2005年10月26日向广州市国土资源和房屋管理局发出《协助执行通知书》，载明：因被告拒不履行义务，要求该局单方面为原告办理涉讼房屋的产权过户手续和登记在原告名下的房地产权属登记手续。后被告向原告支付了2003年4月19日起至2005年4月19日的逾期办理房地产权证的违约金。但涉讼房屋的房地产权证至今仍未办妥。

2008年6月23日，广州市城市规划局向被告发出《关于申请违法建设处理问题的复函》，写明：被告曾经批准在越秀区某路地段兴建九层（地下一层）住宅楼一幢……但被告在施工期间擅自加建轴（6）－（8）/（B）－（J）部分，已构成违法建设……其局不同意上述违法建设保留使用，请被告自行拆除上述违法加建部分，并对下列违法建设进行整改：（1）擅自封闭原地下车库的出入口和通道；（2）擅自将首层部分住宅改为商铺。请被告在拆除上述违法加建部分，并按原审批图纸进行整改后，再申请规划验收等。

2010年2月8日，广州市规划局向被告作出《关于尽快实施某路22号房屋第二期工程建设的函》，要求被告切实履行责任，积极按照2010年元月29日会议所研究的方案推动实施上述工程第二期工程的建设，并做好业主的安抚工作等。

2014年12月24日，原告向本院起诉被告商品房预售合同纠纷一案，要求被告向原告支付广州市某路22号301房的迟延办证违约金（从2012年12月25日起计至上述房屋的房地产权证办妥交付原告之日止，每日按购房款409032元的0.02%计算）等。本院于2015年3月20日作出（2015）穗越法民三初字第153号民事裁定书，裁定驳回原告的起诉。该裁定书认为：生效的（2005）东法民三初字第885号民事判决书已判令被告在该判决发生法律效力之日起60日内协同原告办理涉案房屋的产权过户手续和登记在原告名下之房地产权属登记手续。现被告未按判决指定的期间履行上述义务，根据《中华人民共和国民事诉讼法》第二百五十三条“被执行人未按判决、裁定和其他法律文书指定的期间履行给付金钱义务的，应当加倍支付迟延履行期间的债务利息。被执行人未按判决、裁定和其他法律文书指定的期间履行其他义务的，应当支付迟延履行金”的规定，原告应当在前案的执行程序中主张其相关权利，而非再次通过诉讼来主张。原告不服该裁定书提起上诉，广州市中级人民法院于2015年6月29日作出（2015）穗中法民五终字第2974号民事裁定书，裁定准许原告撤回上诉。

原告于2015年6月16日向本院提起本案诉讼，要求被告向原告支付从2005年8月10日起至其办妥广州市某路22号301房的房地产权证之日止的迟延履行金（每日按409032元×0.02%计算）。

被告辩称：不同意原告的诉讼请求。（1）原、被告双方就涉案房屋的房屋买卖合同纠纷已由（2005）越法民三初字第885号案件处理，该案判决书已生效并执行完毕。（2）按照广州市的相关办证规定，原告凭生效判决并申请强制执行后，可自行到房管部门申请办理房产证，办证的义务人变更为房管部门。（3）原告提出的本案诉讼请求已超过诉讼时效。（4）原告就相同的事实曾提起（2015）穗越法民三初字第153号案，现又提起本案诉讼，已违反了民事诉讼中一事不再理的原则。

庭审中，原告陈述其在（2015）穗越法民三初字第153号民事裁定书作出后，至今尚未通过执行程序主张迟延履行金，其不申请变更本案诉讼请求为确认损失的计算方式即迟延履行金计算标准。

【案件焦点】

被告未按生效裁判文书指定期间履行非金钱给付义务的，原告通过什么程序主张迟延履行金，通过什么方式主张迟延履行金。

【法院裁判要旨】

广东省广州市越秀区人民法院经审理认为：（2015）穗越法民三初字第153号民事裁定书认为原告应当在（2005）东法民三初字第885号案的执行程序中主张迟延履行金。该裁定书生效后，原告没有通过执行程序主张迟延履行金，也不申请变更诉讼请求为确认迟延履行金计算标准，在没有新事实及理由的情况下，提起本案诉讼，本院没有理由作出与上述裁定书相悖的处理。综上所述，依照《中华人民共和国民事诉讼法》第一百五十四条第一款第三项，《最高人民法院关于适用〈中华人民共和国民事诉讼法〉的解释》第二百零八条第三款之规定，作出如下裁定：

驳回原告杨某菁的起诉。

杨某菁不服，提起上诉。

广东省广州市中级人民法院经审理认为：杨某菁根据《中华人民共和国民事诉讼法》第二百五十三条“被执行人未按判决、裁定和其他法律文书指定的期间履行给付金钱义务的，应当加倍支付迟延履行期间的债务利息。被执行人未按判决、裁定和其他法律文书指定期间履行其他义务的，应当支付迟延履行金”的规定以及《最高人民法院关于适用〈中华人民共和国民事诉讼法〉的解释》第五百零七条“被执行人未按判决、裁定和其他法律文书指定的期间履行非金钱给付义务的，无论是否已给申请执行人造成损失，都应当支付迟延履行金。已经造成损失的，双倍补偿申请执行人已经受到的损失；没有造成损失的，迟延履行金可以由人民法院根据具体案件情况决定”的规定，提出本案诉讼，主张建设工程公司支付迟延履行金。但是，上述法律规定是为了解决当事人拒不履行生效裁判和其他法律文书的情况下，于执行程序中所应承担迟延履行的责任。而生效的（2015）穗越法民三初字第153号民事裁定书已认定杨某菁应在（2005）东法民三初字第885号案的执行程序中主张迟延履行金，故在原审法院就杨某菁诉讼请求进行释明的情况下，其仍坚持主张支付迟延履行金，据此，原审法院作出驳回杨某菁起诉并无不当，本院予以维持。杨某菁上诉关于发回原审重审的理据不充分，本院不予采信。

综上所述，广州市中级人民法院依照《中华人民共和国民事诉讼法》第一百七十条第一款第一项、第一百七十一条、第一百七十五条的规定，作出如下裁定：

驳回上诉，维持原裁定。

【法官后语】

《中华人民共和国民事诉讼法》第二百六十条（2021年）规定："被执行人未按判决、裁定和其他法律文书指定的期间履行给付金钱义务的，应当加倍支付迟延履行期间的债务利息。被执行人未按判决、裁定和其他法律文书指定期间履行其他义务的，应当支付迟延履行金。"迟延履行金是指被执行人因迟延履行生效法律文书确定的非金钱给付义务，应当向权利人支付的除原债务以外的款项，具有弥补权利人损失和对义务人惩罚的双重功能，其性质上属于对迟延履行行为所采取的诉讼法上的制裁行为。权利人主张迟延履行金的法律程序一般是：（1）申请执行人提出申请。如申请人不向法院提出执行申请，执行机关不得依职权就该迟延履行金向被执行人采取执行措施；（2）执行机关依法作出执行裁定。要求被执行人支付迟延履行金属于执行程序中的重大事项，执行机关应当向被执行人作出书面执行裁定；（3）对被执行人的财产采取强制执行措施。对迟延履行金采取的执行措施与对金钱给付债务采取的执行措施相同，包括查封、扣押、冻结被执行人的财产等。（4）申请执行人要求被执行人支付迟延履行金的申请，应当在作为执行依据的法律文书所确定的债权执行完毕前提起。该债权执行完毕后，申请执行人不能单独申请，也不能另行提起诉讼。故迟延履行金应当由原告通过执行程序来主张。

即便如此，因生效判决没有确定迟延履行金的计算标准，在申请执行前，申请执行人应当如何确定迟延履行金的计算标准？《最高人民法院关于执行程序中计算迟延履行期间的债务利息适用法律若干问题的解释》对于迟延履行金的计算标准也没有进行明文规定。本案中，被告未能按照生效判决履行办理不动产权证的义务，令原告不能按时取得房屋不动产权证从而出售房屋，客观上造成原告的损失，该损失的性质属于被告逾期办证给原告所造成的损失。根据上述法律规定，原告应当通过执行程序，向法院申请执行，要求被告支付迟延履行金，以维护生效判决确定的权利。但在实际操作中，因上述法律规定及司法解释并没有明确迟延履行金的计算标准，生效判决也没有写明迟延履行金的计算标准，当原告通过执行程序，向法院申请立执行案件，要求被告支付迟延履行金时，存在迟延履行金的计算标准应当如何确定的问题，亦存在被告在执行程序中对原告提出的迟延履行金计算标准提出异议应如何处理的问题。譬如本案的迟延履行金，是按照双方签订的《商品房预售合同》约定的逾期办证违约金标准计算，还是通过评估方式，按照原告所遭受的实际损失大小来计算，并没有明确的处理依据。执行部门是否有权直接在执行案件中确定迟延履行金的计算标准，属于法院审判职能中的审判权与执行权交叉的问题，涉及“审执关系”的协调。

广东省高级人民法院认为，一旦迟延履行金的计算标准存在争议或不确定，倾向于由审判部门通过当事人提起的确认之诉，确定迟延履行金的计算标准，再由申请执行人依据生效的确认之诉裁判文书，向执行部门申请执行。该文件内容理顺了审判权与执行权对于迟延履行金的处理关系，避免了执行部门行使审判权，在执行案件中确定迟延履行金计算标准的尴尬。

故对于迟延履行金的执行问题，应首先由申请执行人以被执行人为被告，向法院提起确定迟延履行金的计算标准以及计算期间的确认之诉，取得确认之诉裁判文书后，再由申请执行人通过执行程序，申请执行迟延履行金。本案中，在前案生效判决确定被告须支付迟延履行金的情况下，原告直接提起给付之诉，要求被告支付迟延履行金，一方面与前案判决确定被告须支付迟延履行金的内容存在重复；另一方面也不符合上文所述的法律程序，依法应当驳回起诉。

编写人：广东省广州市越秀区人民法院　李博　罗洁

三、对动产的执行

（一）对机动车的执行

095 特殊动产的优先处置权争议问题

——胡某与陈某忠执行协调案

【案件基本信息】

1. 裁判书字号

北京市高级人民法院（2020）京执协36号执行协调决定书

2. 事由：执行协调

3. 当事人

申请执行人：胡某

被执行人：陈某忠

【基本案情】

胡某申请执行陈某忠民间借贷纠纷一案，因陈某忠未在法定期限内履行判决义务，胡某于2018年7月30日立案执行，北京市朝阳区人民法院（以下简称朝阳区人民法院）于2018年8月19日查封了陈某忠名下车牌号为京NG××××小客车，因陈某忠名下无财产可供执行，且上述车辆未能扣押，故于2019年3月11日终结本次执行程序。

2019年10月，胡某提供执行线索，京NG××××车辆目前由陈某忠的另一债权人某投资管理有限公司占有使用，并提供了该辆车的具体位置。朝阳区人民法院于当月扣押了上述车辆。经查询，车辆管理所的登记信息显示：债权人某投资管理有限公司在京NG××××车辆上设定了数额为90万元整的抵押。另查，该车上有26次查封信息，但因车辆管理所的登记系统问题，系统登记信息无法确认首封法院及案号。

经胡某书面申请，被扣押车辆进入司法拍卖程序。2020年7月，涉案车辆拍卖成交。在办理车辆过户手续中，车辆管理所以拍卖车辆的案件非首封案件为由，拒绝为买受人办理过户手续，并通过查询车辆查封底档确认北京市昌平区人民法院为首封法院（首封时间为2016年11月17日，后续封两次，至今该查封仍然有效）。朝阳区人民法院遂与该法院协调移交车辆处置权，但该法院以该处债权人某银行北京中关村分行不同意移交处置权为由拒绝出具移送执行函。朝阳区人民法院遂逐级报请北京市高级人民法院协调处置权。

北京市高级人民法院于2020年12月25日出具（2020）京执协36号执行协调决定书，指定该车辆由朝阳区人民法院处置，北京昌平区人民法院应在十五日之内出具移送执行函。后北京市昌平区人民法院出具移送执行函，车辆完成过户手续。

【案件焦点】

1. 特殊动产优先处置权的归属问题；2. 特殊动产的移送执行是否需要征得首封债权人的同意。

【法院裁判要旨】

北京市高级人民法院认为：查封是法院进行财产处置的前提，

首封法院对被查封的财产享有当然的处置权。但在特殊情况下，首封法院本着经济效率原则、便捷执行的目的，可以根据案件的执行进展、财产的实际情况等，通过商请移送等程序将查封财产移送相关法院处置，轮候查封的法院即使不是优先债权，对涉案财产也可以获得优先处置权。

此类移送执行行为类似委托执行或者指定执行，属于法院的自由裁量权，首封法院在决定是否移送执行时无须征得债权人的同意。但为保障当事人的知情权，应当将财产移送的相关情况告知债权人，确保其能够参与后续的执行程序。

【法官后语】

本案为涉及执行中特殊动产的优先处置权问题，争议焦点在于实际控制特殊动产的轮候查封法院在无优先债权的情况下，对涉案财产是否有优先处置权。

查封是司法处置的前置条件，财产的处置权由首封法院所有，扣押则是其处置的必要条件。普通动产的查封顺序以张贴公告、送达法律文书为公示方式，而如车辆、轮船、飞行器等特殊动产则以管理部门的查封登记顺序确定处置权。

实践中，对该类特殊动产的执行面对诸多难点。首先，缺乏有效、精准的财产定位手段，执行部门在查封财产后无法实际扣押，更无法处置变现。其次，财产扣押具有突发性和紧急性，在债权人提供线索时，由于时间紧张致使无暇查询该财产的查封顺序，是否扣押财产面临两难境地。最后，财产扣押后，若本案非首封法院，协商移转处置权将耗费大量司法资源，若将财产移转至首封法院处置则债权人的权益无法得到全面保障。

本案中，陈某忠名下京NG××××车辆处置权原应属于北京市昌平区人民法院，但由于北京市昌平区人民法院在查封涉案财产5年间未能实际扣押上述车辆，故一直未能真正进入处置程序。朝阳区人民法院因债权人胡某提供的车辆位置线索而先于首封法院扣押上述车辆，但首封法院的债权人不同意移送执行，故而两法院就处置权问题产生纠纷。有观点认为，在没有优先受偿权的情况下，轮候查封法院的查封行为不属于有效查封，只有在首封法院的查封解除后，轮候查封才能转为正式有效的查封，故而轮候查封法院自然无权处置被扣押的财产，应当将被扣押的车辆移交首封法院处置。另有观点认为，应当秉持效率优先的原则处理，因为向首封法院移交被扣押车辆必然耗费大量时间和精力，浪费司法资源。同时，移交财产也不符合“先到先得”的原则，无法全面保护付出大量劳动、资源找寻财产线索的债权人的权益，也不利于鼓励债权人积极主动寻找、提供债务人的财产线索的行为，因此应遵循“先占者优先处置”的原则由扣押财产的法院优先处置。

财产移转执行的立法原意和目的在于提高执行效率、降低司法成本或者便捷执行。相较于不动产和普通动产的移转执行，特殊动产往往存在首封和首控法院分离的情况，首封法院长期查封财产但一直未能实际扣押，轮候查封法院扣押财产却无权处置，这就使得被执行人的财产迟迟无法变现以实现债权。因而针对需要登记的特殊动产应当确立具有倾向性的处置原则——先控先处，将执行的便利性和效率价值置于查封登记顺序之前，由首控法院优先处置。

若首控对涉案财产享有优先处置权，首封法院可以在综合考量案件执行情况下，将涉案财产移转首控法院处置。这种移转执行的行为属于法官自由裁量权的范畴，无须经过债权人的同意。当然，首封法院若决定移转执行的，应当充分保障债权人的知情权和合法权益。

编写人：北京市朝阳区人民法院　王广涛

096　执行异议审查中车辆排除执行异议的认定规则

——某二手车经营有限公司与金某、某实业有限公司案外人执行异议案

【案件基本信息】

1. 裁判书字号

浙江省绍兴市越城区人民法院（2020）浙 0602 执异 166 号执行裁定书

2. 事由：案外人执行异议

3. 当事人

案外人：某二手车经营有限公司

申请执行人：金某

被执行人（异议人）：某实业有限公司

【基本案情】

原告金某与被告某实业有限公司买卖合同纠纷一案，原告于 2020 年 4 月 20 日向人民法院提起诉讼。人民法院受理后，根据原告申请于 2020 年 5 月 6 日首轮查封了某实业有限公司名下沪 AF×××××车辆（以下简称涉案车辆）。2020 年 7 月 8 日，人民法院作出（2020）浙 0602 民初 2560 号民事判决书，判决：（1）确认原告金某与被告某实业有限公司之间编号为DL2019××××××的

《家用电梯销售合同》已于2020年4月17日解除；（2）被告某实业有限公司应返还给原告金某设备款25万元，并支付给原告金某违约金4万元，合计29万元，于本判决生效之日起三十日内履行；（3）驳回原告金某的其他诉讼请求。该判决生效后，因被告未自觉履行，根据原告申请，人民法院于2020年10月16日立案执行，执行案号为（2020）浙0602执4716号。

经查，案外人某二手车经营有限公司提供的证据可以证明在涉案车辆被法院查封前，该公司已于2020年4月12日与某实业有限公司签订了《二手车收购合同》，作价8.6万元购买涉案车辆，并已按约向被执行人支付了人民币7.6万元的购车款，实际占有使用涉案车辆至今，且对于车辆未办理过户登记无明显过错。异议审查中，案外人亦同意将剩余1万元购车款交付法院执行。因案外人向本院提出执行异议，要求排除对涉案车辆的执行，遂致本案争议发生。

【案件焦点】

案外人对登记在被执行人名下车辆提出执行异议，要求排除执行，执行法院在异议审查阶段应适用何种规则进行审查：是单纯按照车辆登记信息进行形式审查，还是应结合购车合同的签订时间、付款事实、占有使用情况等进行一定的实质性审查并作出裁定。

【法院裁判要旨】

浙江省绍兴市越城区人民法院经审理认为：本案中，案外人某二手车经营有限公司提供的证据相互印证可以证明涉案车辆在被本院查封之前，其已与被执行人袁某民签订了合法有效的书面《二手车收购协议》，按协议约定支付了绝大部分购车款，并实际占有使用涉案车辆的事实。在涉案车辆被本院查封时，双方收购协议补充条款中所约定的过户时间尚未到期，同时，案外人亦明确同意将剩余1万元购车款按照本院要求交付法院执行，故案外人之异议请求，于法有据，本院予以支持。

综上，浙江省绍兴市越城区人民法院依照《中华人民共和国民事诉讼法》第二百二十七条，《最高人民法院关于适用〈中华人民共和国物权法〉若干问题的解释（一）》第二十条之规定，作出如下裁定：

在案外人某二手车经营有限公司根据本院执行实施人员要求将剩余1万元购车款交付执行后，中止对被执行人某实业有限公司名下沪AF×××××车辆的执行，并解除对该车辆的查封措施。

【法官后语】

本案系案外人执行异议审查案件。本案中，异议人某二手车经营有限公司系基于实体权利对作为执行标的的涉案车辆提出执行异议，要求排除对该车辆的执行，出于“审执分离”的原则要求和对案外人实体权利的程序保障，依法应适用《中华人民共和国民事诉讼法》第二百三十四条规定作为案外人执行异议进行审查。对于执行标的为车辆的案外人执行异议，《最高人民法院关于人民法院办理执行异议和复议案件若干问题的规定》仅在第二十五条中规定了进行形式审查的判断标准，即“已登记的机动车、船舶、航空器等特定动产，按照相关管理部门的登记判断”，对于如何进行实质性审查则没有规定具体标准。基于《最高人民法院关于适用〈中华人民共和国物权法〉若干问题的解释（一）》第六条已明确规定：转让人转移船舶、航空器和机动车等所有权，受让人已经支付对价并取得占有，虽未经登记，但转让人的债权人主张其为物权法第二十四条所称的“善意第三人”的，不予支持，法律另有规定的除外。故本案合议庭经评议认为对执行标的为车辆的案外人执行异议，从更好地保护异议案件各方当事人权利、减少当事人诉累出发，可以不限于仅根据执行标的的权利外观表象进行形式审查，而是结合物权法上述司法解释条文并参照《最高人民法院关于人民法院办理执行异议和复议案件若干问题的规定》第二十八条之规定根据以下标准进行实质性审查：一是案外人与被执行人签订的书面车辆购买合同的真实性、合法性，重点审查是否存在案外人与被执行人恶意串通以规避执行的嫌疑。二是合同签订的时间，即案外人签订购车合同是否在涉案车辆被法院查封、抵押之前。三是涉案车辆的占有使用状态，案外人是否在涉案车辆抵押、查封之前即已合法占有并使用涉案车辆至今。四是合同价款支付情况，案外人是否已按合同约定支付全部价款，或者已按照合同约定支付部分价款且同意将剩余价款按照人民法院的要求交付执行。五是是否系因案外人自身原因导致涉案车辆未办理过户登记。正是基于上述标准，结合本案查明事实，本案合议庭最终裁定案外人某二手车经营有限公司就涉案车辆所提出的排除执行异议成立。

《中华人民共和国民法典》于2021年1月1日起施行后，《最高人民法院关于适用〈中华人民共和国物权法〉若干问题的解释（一）》第六条已失效，取而代之的是《最高人民法院关于适用〈中华人民共和国民法典〉物权编的解释（一）》第六条的规定：转让人转让船舶、航空器和机动车等所有权，受让人已经支付合理价款并取得占有，虽未经登记，但转让人的债权人主张其为民法典

第二百二十五条所称的"善意第三人"的，不予支持，法律另有规定的除外。与原规定相比，新规将受让人"已经支付对价"修改为"已经支付合理价款"，进一步限定了对价的种类必须为金钱。据此，在异议审查中，对于通过抵债方式取得涉案车辆的案外人提出的执行异议，应不予支持。

编写人：浙江省绍兴市越城区人民法院　张剑

097 案外人能否依据另案生效法律文书对金钱债权的执行提出异议

——薛某红与某投资基金公司、陈某海案外人执行异议案

【案件基本信息】

1. 裁判书字号

北京市第二中级人民法院（2020）京02执异150号执行裁定书

2. 事由：案外人执行异议

3. 当事人

案外人：薛某红

申请执行人：某投资基金公司

被执行人：陈某海

【基本案情】

某投资基金公司与陈某海仲裁纠纷一案，北京仲裁委员会于2018年6月25日作出（2018）京仲裁字第1187号裁决书，裁决：（1）被申请人陈某海向申请人某投资基金公司支付补偿款200万元；

(2) 陈某海向某投资基金公司支付截至2017年12月13日的利息82891.67元，以及向某投资基金公司支付以200万元为基数，按照中国人民银行同期贷款利率4.75%（一年至五年）的计算标准，自2017年12月14日至实际支付之日止的利息；(3) 陈某海向某投资基金公司支付申请人因本案支出的律师费30万元；(4) 仲裁费44230.25元，由陈某海承担，陈某海应直接向某投资基金公司支付某投资基金公司代其垫付的仲裁费44230.25元。上述裁决被申请人应向申请人支付的款项，被申请人应于本裁决书送达之日起十五日内支付完毕。逾期支付的，应按《中华人民共和国民事诉讼法》第二百五十三条的规定处理。

因陈某海未履行上述仲裁裁决确定的义务，某投资基金公司向北京市第二中级人民法院申请强制执行，北京市第二中级人民法院以（2018）京02执501号立案受理。执行过程中，北京市第二中级人民法院于2018年8月9日向北京市公安局交通管理局车辆管理所送达（2018）京02执501号协助执行通知书，查封了登记在陈某海名下的京××1号、京××2号、京××3号、京××4号车辆。因陈某海无其他可供执行财产，北京市第二中级人民法院于2018年11月13日作出（2018）京02执501号之一执行裁定书，裁定：终结北京仲裁委员会（2018）京仲裁字第1187号裁决的本次执行程序。

薛某红与陈某海离婚后财产纠纷一案，北京市朝阳区人民法院于2019年7月4日作出（2019）京0105民初54472号民事调解书，确认登记在陈某海名下的京××1号、京××2号、京××3号、京××4号车辆归薛某红所有。后薛某红持上述民事调解书向北京市第二中级人民法院提起案外人异议，请求解除对上述四车辆的查封。

【案件焦点】

在金钱债权的执行中，案外人能否依据另案生效法律文书请求排除执行。

【法院裁判要旨】

北京市第二中级人民法院经审理认为：金钱债权执行中，案外人依据执行标的被查封、扣押、冻结后作出的另案生效法律文书提出排除执行异议的，人民法院不予支持。本案中，因陈某海未履行生效法律文书确定的义务，北京市第二中级人民法院于2018年8月9日查封登记在陈某海名下的京××1号、京××2号、京××3号、京××4号车辆，符合法律规定。因北京市第二中级人民法院查封执行标的在前，北京市朝阳区人民法院作出（2019）京0105民初54472号民事调解书在后，故薛某红以北京市朝阳区人民法院作出的（2019）京0105民初54472号民事调解书确定上述四车辆归其所有为由，向北京市第二中级人民法院请求解除对上述四车辆的查封，不予支持。

北京市第二中级人民法院依照《中华人民共和国民事诉讼法》第一百五十四条第一款第十一项、第二百二十七条及《最高人民法院关于人民法院办理执行异议和复议案件若干问题的规定》第二十六条第二款之规定，作出如下裁定：

驳回薛某红的异议请求。

【法官后语】

本案为案外人依据另案生效法律文书对金钱债权的执行提出异议的案件，争议焦点为案外人能否依据另案生效法律文书请求排除执行。作为执行依据的生效裁判并未涉及执行标的物，只是执行中为实现金钱债权对特定标的物采取了执行措施。该类案件审理的关键不仅与另案生效法律文书的裁定内容有关，也与另案生效法律文书的作出时间有着直接关系。对此，《最高人民法院关于人民法院办理执行异议和复议案件若干问题的规定》第二十六条规定了解决案外人执行异议的规则。依据该条规定，作为案外人提起执行异议依据的裁判将执行标的物确权给案外人，可以排除执行；作为案外人提起执行异议依据的裁判，未将执行标的物确权给案外人，而是基于不以转移所有权为目的的有效合同（如租赁、借用、保管合同），判令向案外人返还执行标的物的，其性质属于物权请求权，亦可以排除执行；基于以转移所有权为目的有效合同（如买卖合同），判令向案外人交付标的物的，其性质属于债权请求权，不能排除执行。但应予注意的是，在金钱债权执行中，如果案外人提出执行异议依据的生效裁判认定以转移所有权为目的的合同（如买卖合同）无效或应当解除，进而判令向案外人返还执行标的物的，此时案外人享有的是物权性质的返还请求权，本可排除金钱债权的执行，但在双方合同无效的情况下，双方应互负返还义务，在案外人未返还价款的情况下，如果允许其排除金钱债权的执行，将会使申请执行人既执行不到被执行人名下的财产，又执行不到本应返还给被执行人的价款，显然有失公允。为平衡各方当事人的利益，只有在案外人已经返还价款的情况下，才能排除普通债权人的执行。反之，案外人未返还价款的，则不能排除执行。本案中，从另案生效法律文书的裁定内容来看，北京市朝阳区人民法院作出的（2019）京0105民初54472号民事调解书，确认登记在陈某海名下的京××1号、京××2号、京××3号、京××4号车辆归薛某红所有，显然是案外人与被执行人之间就权属纠纷进行的确认。但是，从北京市朝阳区人民法院作出另案生效法律文书的时间上看，北京市第二中级人民法院查封陈某海名下的京××1号、京××2号、京××3号、京××4号车辆在前，北京市朝阳区人民法院作出（2019）京0105民初54472号民事调解书在后，故薛某红以北京市朝阳区人民法院作出的（2019）京0105民初54472号民事调解书确定上述四车辆归其所有为由，向北京市第二中级人民法院请求解除对上述四车辆的查封，无法获得支持。

案外人依据另案生效裁判对非金钱债权的执行提起执行异议则与上述情况有所不同，审判实践中，案外人有时依据另案生效裁判所认定的与执行标的物有关的权利提起执行异议，请求排除对标的物的执行。此时，鉴于作为执行依据的生效裁判与作为案外人提出执行异议依据的生效裁判，均涉及对同一标的物权属或给付的认定，性质上属于两个生效裁判所认定的权利之间可能产生的冲突，人民法院在审理执行异议时，需区别不同情况作出判断：如果作为执行依据的生效裁判是确权裁判，无论作为执行异议依据的裁判是确权裁判还是给付裁判，一般都不应据此排除执行，但人民法院应当告知案外人对作为执行依据的确权裁判申请再审；如果作为执行依据的生效裁判是给付标的物的裁判，而作为提出异议依据的裁判是确权裁判，一般应据此排除执行，此时人民法院应告知其对该确权裁判申请再审；如果两个裁判均属给付标的物的裁判，人民法院就需要依法判断哪个裁判所认定的给付权利具有优先性，进而判断是否可以排除执行。

因《中华人民共和国民事诉讼法》修改，故适用法律应调整为《中华人民共和国民事诉讼法》第一百五十七条第一款第十一项、第二百三十四条及《最高人民法院关于人民法院办理执行异议和复议案件若干问题的规定》第二十六条第二款。

编写人：北京市第二中级人民法院　贾奕良　李鹏志

098 案外人以借名买车为由提出执行异议的不予支持

——祁某某诉徐某某案外人执行异议之诉案

【案件基本信息】

1. 裁判书字号

北京市第二中级人民法院（2018）京02民终12261号民事判决书

2. 案由：案外人执行异议之诉

3. 当事人

原告（上诉人）：祁某某

被告（被上诉人）：徐某某

第三人（被上诉人）：金某某、殷某

【基本案情】

申请执行人徐某某持北京市西城区人民法院（2016）京0102民初11739号民事判决及北京市第二中级人民法院（2016）京02民终10460号民事判决向法院申请执行，要求金某某、殷某支付借款本金45万元及诉讼费8050元，并支付自2017年1月6日至实际支付之日止的双倍利息。法院以（2017）京0102执1138号案件立案执行。执行过程中，因金某某、殷某未能履行生效法律文书确定的义务，2017年3月28日，法院向车辆登记主管部门送达了（2017）京0102执1138号执行裁定书及协助执行通知书，对登记在金某某名下的车牌号为A的汽车予以查封，查封期限为2017年3月28日至2019年3月27日。

2012年12月7日，因祁某某不具备北京市小客车配置指标，祁某某与金某某协商，由祁某某支付车辆价款12.2万元，借用金某某北京市小客车配置指标，购买涉案车辆。2012年12与14日，金某其与商贸公司签订《北京市旧机动车买卖合同》，由金某某购买小客车一辆。现车牌号为A的涉案车辆登记在金某某名下。该车辆由祁某某、史某夫妻二人实际使用。2017年7月27日，法院对上述涉案车辆予以扣押。祁某某持前述理由向法院提出执行异议。法院2018年1月31日作出（2018）京0102执异9号执行裁定书，驳回案外人祁某某的异议请求。祁某某不服该裁定，提起案外人执行异议之诉，遂形成本案。

【案件焦点】

法院在执行程序中依法查封、扣押被执行人名下的登记车辆，符合法律法规的规定，借名买车的案外人提出案外人异议的，法院是否支持。

【法院裁判要旨】

北京市西城区人民法院经审理认为：《中华人民共和国道路交通安全法》第九条第一款规定，申请机动车登记，应当提交以下证明、凭证：机动车所有人的身份证明；机动车来历证明；机动车整车出厂合格证明或者进口机动车进口凭证；车辆购置税的完税证明或者免税凭证；法律、行政法规规定应当在机动车登记时提交的其他证明、凭证。《最高人民法院关于人民法院办理执行异议和复议案件若干问题的规定》第二十五条规定，对案外人的异议，人民法院应当按照下列标准判断其是否系权利人……已登记的机动车、船舶、航空器等特定动产，按照相关管理部门的登记判断；未登记的特定动产和其他动产，按照实际占有情况判断。上述规定表明，机动车应当登记在机动车所有人名下。此外，北京市人民政府规定，在本市购车需有车辆配置指标，方可办理车辆所有权登记。祁某某明知自己不具备本市机动车购车资格，仍使用金某某机动车配置指标，借名购车，违反了上述机动车登记的规定，其行为不应受到法律保护。

涉案车辆登记在金某某名下，该登记具有公示效力。徐某某作为申请执行人有理由相信涉案机动车所有权人为金某某，现金某某因未履行生效法律文书确定的义务，法院依法查封、扣押金某某名下的登记车辆，符合法律法规的规定。

北京市西城区人民法院依据《中华人民共和国道路交通安全法》第九条第一款，《中华人民共和国民事诉讼法》第二百二十七条，《最高人民法院关于适用〈中华人民共和国民事诉讼法〉的解释》第三百零七条、第三百一十一条、第三百一十二条①，《最高人民法院关于人民法院办理执行异议和复议案件若干问题的规定》第二十五条第一款第二项之规定，作出如下判决：

驳回原告祁某某的诉讼请求。

二审法院同意一审法院的裁判意见。

【法官后语】

本案系案外人针对执行中查封被执行人名下车辆所提出的异议，该类案件在北京等对小客车数量调控的城市普遍存在，处理好这类

---

① 本判决作出时，适用的是《最高人民法院关于适用〈中华人民共和国民事诉讼法〉的解释》（2020年修正）第三百零七条、第三百一十一条、第三百一十二条，现在《最高人民法院关于适用〈中华人民共和国民事诉讼法〉的解释》（2022年修正）中已经分别变更为第三百零五条、第三百零九条、第三百一十条。

问题具有现实意义。本案系案外人提起案外人异议程序后，对异议不服进而提起的执行异议之诉案件。进入执行异议之诉程序后，该案以民事普通程序进行审理。该类案件在司法实践中可能存在案外人恶意提起诉讼拖延执行程序进展的问题，案件经过案外人异议、执行异议之诉一审、二审程序，往往要经过较长时间，一旦提起案外人异议，则执行程序中对涉案标的不得进行处理，执行案件在有财产可供执行的情况下却长时间难以执结。

《最高人民法院关于人民法院办理执行异议和复议案件若干问题的规定》自2015年5月5日起施行，其属于最高人民法院的司法解释。该规定第三十二条规定，本规定施行后尚未审查终结的执行异议和复议案件，适用本规定。该规定第二十五条第一款第二项规定，对案外人的异议，人民法院应当按照下列标准判断其是否系权利人：（二）已登记的机动车、船舶、航空器等特定动产，按照相关管理部门的登记判断。该规定第二十四条规定，对案外人提出的排除执行异议，人民法院应当审查下列内容：（一）案外人是否系权利人；（二）该权利的合法性与真实性；（三）该权利能否排除执行。根据上述规定，被执行人金某某系涉案车辆登记在车辆管理部门的权利人，而案外人祁某某非涉案车辆的权利人，案外人是否系权利人是人民法院对案外人提出的排除执行异议应当审查的内容，因祁某某非权利人，故无权对法院执行实施部门作出的查封行为提起异议。

因现有法律未规定，当实际购买、使用车辆的人与车辆管理部门登记的权利人不一致时，实际购买、使用该车辆的人可以排除执行行为。故在立案阶段或在立案后，人民法院发现前述情形的，则无须再对上述规定第二十四条第二项、第三项规定内容进行审查，应当依法按照上述规定第二条第一款的规定进行处理。因涉案车辆在车辆管理部门的登记人不是祁某某，故祁某某非本案权利人，其所提异议缺乏法律依据，法院应不予支持。

自北京市车辆限购政策出台后，借名买车行为不为车辆管理部门所认可，如法院通过案外人异议程序支持祁某某诉求，将使得北京市车辆限购政策被架空。祁某某与金某某因借名买车产生的纠纷，应依法通过其他途径解决。

编写人：北京市西城区人民法院　沈杰　赵颖

099　车辆权属登记证书是否系车辆所有权人的认定依据

——叶某诉党某、郭某案外人执行异议之诉案

【案件基本信息】

1. 裁判书字号

北京市第二中级人民法院（2018）京02民终6373号民事判决书

2. 案由：案外人执行异议之诉

3. 当事人

原告（被上诉人）：叶某

被告（上诉人）：党某

被告：郭某

【基本案情】

2015年6月，叶某与郭某签订购车指标转让协议，该协议载明：郭某将购车指标以5.8万元出售给叶某。叶某称协议是郭某签名后由其代理人刘某拿到4S店签的，党某不认可郭某的签字。

经法院释明，党某表示不对郭某签字的真伪性进行司法鉴定。购车发票载明：购货单位为郭某，销货单位为 Y 公司，车辆为东风牌，价格为 13.2 万元。消费凭条显示，2015 年 6 月 25 日，叶某在 Y 公司消费 13.2 万元。经法院向 Y 公司调查核实，该公司答复涉案车辆出售给叶某，购车指标登记在郭某名下。

在购车后，叶某于 2015 年 6 月 25 日为在财产保险公司为涉案车辆投保交强险和商业险。保险单和保险业专用发票显示，涉案车辆在财产保险公司投保。2015 年至 2018 年的保险均由叶某购买，保单的投保人和被保险人也是叶某；车辆维修结算单显示维修单客户签字人是叶某；公安交通管理简易程序处罚决定书显示涉案车辆的被处罚人签字人是叶某。

党某与郭某确认合同无效纠纷一案，法院作出的民事调解书已经发生法律效力。该调解书确定："一、被告郭某于 2016 年 5 月 24 日之前给付原告党某租金及损失共计 60660 元；二、案件受理费 400 元、公告费 260 元均由原告党某负担（已交纳）。"党某于 2016 年 8 月 1 日向法院申请强制执行，法院依法受理，执行案号为（2016）京 0106 执 4849 号。2016 年 10 月 27 日，法院查封郭某名下的东风牌汽车，查封期限为两年，自 2016 年 10 月 27 日至 2018 年 10 月 26 日。2017 年 6 月 19 日，法院扣押涉案车辆。

叶某向法院提出案外人异议，法院于 2017 年 8 月 8 日作出（2017）京 0106 执异 311 号执行裁定书，驳回了叶某的异议请求。后叶某提起本次诉讼，请求：（1）要求立即停止对登记在郭某名下的东风牌汽车的执行，并解除查封、扣押；（2）要求确认东风牌汽车归叶某所有；3. 要求被告承担一切诉讼费用。

【案件焦点】

1. 本案中机动车登记权属证书能否作为认定涉案车辆所有权人的证据；2. 党某是否构成《中华人民共和国物权法》第二十四条规定的善意第三人。

【法院裁判要旨】

北京市丰台区人民法院经审理认为：根据《中华人民共和国民事诉讼法》的规定，当事人有答辩和质证的权利，郭某经法院合法传唤，未出庭应诉，视为其放弃了答辩和质证的权利。根据《公安部关于确定机动车所有权人问题的复函》可知，现行机动车登记法规和有关规定，公安机关办理的机动车登记，是准予或者不准予上道路行驶的登记，不是机动车所有权登记。动产原则上按照实际占有情况判断权属。基于已查明事实可知，叶某使用郭某的购车指标购买涉案车辆，车辆亦由叶某实际使用，故法院认定叶某为车辆的实际所有权人。叶某要求停止对该车辆执行的诉讼请求，符合法律规定，法院予以支持。需要指出的是，叶某未取得小客车配置指标，根据北京市小客车数量调控的相关规定，叶某无权取得郭某名下的配置指标及相关车牌号码。

北京市丰台区人民法院依照《中华人民共和国物权法》第二十三条、《中华人民共和国民事诉讼法》第一百四十四条、《最高人民法院关于适用〈中华人民共和国民事诉讼法〉的解释》第三百一十二条第一款第一项和第二款的规定，作出如下判决：

一、确认登记在被告郭某名下的东风牌汽车一辆归原告叶某所有；

二、停止依据（2016）京 0106 执 4849 号执行案件对上述车辆的执行，并解除对上述车辆的查封、扣押。

党某不服一审判决，提起上诉。

北京市第二中级人民法院经审理认为：本案的争议焦点为叶某是否为涉案车辆的所有权人。《中华人民共和国物权法》第二十三条规定："动产物权的设立和转让，自交付时发生效力，但法律另有规定的除外。"本案中，叶某已提交证据证明其为涉案车辆的出资购买人并实际占有使用涉案车辆，党某虽对此予以否认，但未提交证据对叶某提供证据证明的事实予以反驳，故一审法院认定叶某为涉案车辆的所有权人正确。《中华人民共和国物权法》第二十四条规定："船舶、航空器和机动车等物权的设立、变更、转让和消灭，未经登记，不得对抗善意第三人。"前述法律规定中"善意第三人"应适用于《中华人民共和国物权法》第一百零六条中关于物权善意取得的情形，故作为郭某债权人的党某并不属于不得对抗的"善意第三人"。

北京市第二中级人民法院依照《中华人民共和国民事诉讼法》第一百七十条第一款第一项的规定，作出如下判决：

驳回上诉，维持原判。

【法官后语】

北京市采取小客车数量调控政策后，在实践中存在借名买车的情形，即车辆登记证书登记人与车辆所有人分离。在执行过程中，对车辆归属的审查采取形式审查主义，即以车辆登记证书来认定车辆所有权人。那么，可能出现被采取强制措施的车辆不是归被执行人所有，进而可能损害车辆实际所有权人的权益。该案件涉及车辆登记证书的证据效力认定，以及借名买车中车辆所有权人未取得小客车配置指标时应当如何处理这一问题，对这一类案件的处理具有典型的代表性和借鉴性。

第一，动产物权的公示。《中华人民共和国民法典》第二百二十四条规定:“动产物权的设立和转让，自交付时发生效力，但是法律另有规定的除外。”不动产物权以登记为公示手段，与此相对应，动产物权以占有和交付为公示手段。占有主要在静态下，即在不发生物权变动的情况下发挥动产物权的公示作用；而交付主要是在动态下，即在发生物权变动的情况下发挥动产物权的公示作用。因此，动产原则上按照实际占有情况判断权属。需要注意的是，公安机关办理的机动车登记，是准予或者不准予上道路行驶的登记，不是机动车所有权登记。为了交通管理工作的需要，公安机关车辆管理所在办理车辆牌证时，凭购车发票或者人民法院判决、裁定、调解的法律文书等机动车来历凭证确认机动车的车主。因此，公安机关登记的车主，不宜作为判别机动车所有权的依据。由此可知，公安机关办理的机动车登记，是准予或者不准予上道路行驶的登记，不是机动车所有权登记。因此，机动车虽作为特殊动产，但其登记并不产生物权设立的法律效力。在判断车辆实际所有权人时，应当结合机动车的购买交付、占有使用等情况综合认定。本案中，基于已查明事实可知，叶某使用郭某的购车指标购买涉案车辆，车辆亦由叶某实际使用，故法院认定叶某为车辆的实际所有权人。

第二，执行标的非指标出借人的责任财产。责任财产系民事主体用于承担民事责任的各项财产和权利总和。强制执行措施的执行标的应以被执行人责任财产为限。本案中，由于机动车的购车款均系叶某出资，郭某对涉案车辆并无所有权，作为执行标的的涉案车辆不属于郭某的责任财产。依据物权优先债权的基本原则，党某享有的债权欠缺优先保护的法律依据。

第三，申请强制执行的债权人不构成善意第三人。《中华人民共和国民法典》第二百二十五条规定："船舶、航空器和机动车等的物权的设立、变更、转让和消灭，未经登记，不得对抗善意第三人。"全国人大法工委编写的《中华人民共和国物权法释义》中指出，本条的善意第三人，是指不知道也不应当知道物权发生了变动的物权关系相对人，即对标的物享有正当物权利益的人。所谓物权利益系指该人与转让人具有物权关系。显然该条文所讲的善意第三人不包括申请强制执行的债权人。综上，叶某作为车辆实际所有权人，要求停止对该车辆执行的诉讼请求，符合法律规定。

此外，涉及借名买车的案外人执行异议之诉中，有观点认为借名买车行为违反了相关车辆上路管理规定，损害公共利益，故不应保护实际车主的权益。但该问题实则应通过国家治理中行政与司法之间的协同分工来处理。借名买车行为实际损害的是城市交通管理秩序，应通过行政方式规制。就私法而言，应优先保护车辆实际所有权人的权益，而不应以借名买车行为有损公共利益为由，将实际车主的财产作为执行标的。

编写人：北京市丰台区人民法院　李冬冬

100 行政机关的机动车登记系对机动车的行政管理行为，不能单纯以此作为认定机动车所有权的依据

——李某勇诉黄某海、李某申请执行人执行异议之诉案

【案件基本信息】

1. 裁判书字号

山东省淄博市中级人民法院（2017）鲁03民终3345号民事判决书

2. 案由：申请执行人执行异议之诉

3. 当事人

原告（上诉人）：李某勇

被告（被上诉人）：黄某海、李某

【基本案情】

李某勇与李某、李某金因债权转让合同纠纷在法院涉诉，法院经审理对该案作出（2015）博商初字第353号民事判决书，判决李某自判决生效之日起十日内支付李某勇68016元。判决生效后，李某并未履行判决所确定的付款义务，李某勇为此向法院申请强制执行。执行过程中法院依法对登记在李某名下的车牌号为鲁C×××××的出租车一辆采取了查封措施。黄某海以其系该车辆实际所有权人，李某仅系顶名登记为由向法院提出执行异议，法院对黄某海所提异议经审查后作出（2017）鲁0304执异11号执行裁定书，裁定中止对鲁C×××××号车辆的执行。李某勇不服该裁定，遂提起本案之诉。

鲁C×××××号出租车系黄某海于2010年12月30日自王美灵、冯栋梁处购买。购买后为运营方便，黄某海与李某签订协议，约定将车辆行驶证及道路运输证登记在李某名下，但由黄某海与孙宁签订租车协议书对外出租，承租人将租车费支付给黄某海。李某亦认可其仅系顶名登记，该车辆的实际所有权人应为黄某海。鲁C×××××号出租车挂靠的客运公司亦认可该车辆的实际所有权人应为黄某海，因其系外地人，该车辆登记在李某名下系出于营运方便的需要。客运公司向法院提供的该车发放车辆财政补贴款的明细表、该车辆缴纳管理费的明细表等相关证据显示2013年、2014年、2015年鲁C×××××号出租车的补贴款均系发放给黄某海，亦系由黄某海向客运公司提供银行卡用于补贴款发放使用；鲁C×××××号出租车在2015年2月至2016年9月，大多由黄某海签订租车协议书，该车辆的承租人支付管理费，李某并未支付过该车辆的管理费用。

【案件焦点】

黄某海是否系鲁C×××××号出租车的实际所有权人。

【法院裁判要旨】

山东省淄博市博山区人民法院经审理认为：鲁C×××××号车辆在公安部门虽登记在李某名下，但公安机关办理的机动车登记在性质上是一种行政管理手段，是准予或者不准予机动车上道路行驶的登记，而非机动车的所有权登记。故不能仅凭鲁C×××××号车辆现在公安部门登记在李某名下，即认定该车辆所有权人为李某。对于该车辆的所有权人，应根据该车辆的占有、使用、收益、处分情况进行综合判断。鲁C×××××号车辆的占有、使用、收益、处分的权利均为黄某海享有，黄某海应为该车辆的实际所有权人，李某并非该车辆的所有权人。在此情况下，黄某海对鲁C×××××号车辆享有足以排除强制执行的合法民事权益。鉴于李某并非鲁C×××××号车辆所有权人，李某勇要求准许对鲁C×××××号车辆执行，与相关法律规定不符，依法不予支持。据此，一审判决如下：

驳回李某勇的诉讼请求。

李某勇持原审起诉意见提起上诉。

山东省淄博市中级人民法院经审理认为：李某勇根据车辆登记信息和道路运输证主张鲁C×××××号出租车的所有权人为李某，但公安机关和道路运输管理机关对机动车的登记系对机动车的行政管理行为，不能简单地以此作为确认机动车所有权人的依据。公安机关办理的机动车登记，是准予或者不准予上道路行驶的登记，不是机动车所有权登记。此外，车辆登记名义人与实际出资人不一致时，应当依据公平、等价有偿原则，确定实际出资人为车辆所有权人。而道路运输管理机关颁发的道路运输证是证明营运车辆合法经营的有效证件，也是记录营运车辆审验情况和对经营业户奖惩的主要凭证，其体现的是道路运输管理机关对经营业户的车辆营运的行政管理，同理亦不是判断机动车所有权的依据。因此，行政机关对机动车的登记仅是一种行政管理措施，不是物权登记，机动车登记的车主并不一定是所有权人，车辆所有权的确认应结合物权变动的情况，根据车辆的实际出资购买和占有、使用、收益、处分情况予以综合认定。

黄某海提供的证据与一审法院调取的证据在本案中相互印证，已经形成完整的证据链，足以证明鲁C×××××号出租车系黄某海从他人处实际出资购买，黄某海购买后亦由其对外出租使用，租车人支付的租车费及该车辆作为出租车营运后发放的财政补贴款均系给付黄某海，进而能够证明鲁 C×××××号出租车的实际所有权人系黄某海，而非李某。故李某勇的上诉理由均不成立，依法不予采信。黄某海已举证证实其系涉案执行标的即鲁 C×××××号出租车的实际所有权人，其因此对涉案的鲁 C×××××号车辆享有足以排除强制执行的合法民事权益，一审据此判决驳回李某勇的诉讼请求正确。据此，作出如下判决：

驳回上诉，维持原判。

【法官后语】

本案涉及的主要问题在于，在民事案件的执行过程中，能否单纯的以行政机关对机动车的登记作为认定机动车所有权人的依据。

对于申请执行人执行异议之诉案件，根据《最高人民法院关于适用〈中华人民共和国民事诉讼法〉的解释》第三百一十一条①、第三百一十三条②的规定，其审理的焦点在于提出执行异议的案外人对于被执行的标的物是否享有足以排除强制执行的民事权益，当然案外人对此应承担相应的举证责任。具体到本案中则是黄某海对于被执行的涉案鲁 C×××××号车辆是否享有足以排除强制执行的民事权

① 该规定现为《最高人民法院关于适用〈中华人民共和国民事诉讼法〉的解释》第三百零九条："案外人或者申请执行人提起执行异议之诉的，案外人应当就其对执行标的享有足以排除强制执行的民事权益承担举证证明责任。"

② 该规定现为《最高人民法院关于适用〈中华人民共和国民事诉讼法〉的解释》第三百一十一条："对申请执行人提起的执行异议之诉，人民法院经审理，按照下列情形分别处理：（一）案外人就执行标的不享有足以排除强制执行的民事权益的，判决准许执行该执行标的；（二）案外人就执行标的享有足以排除强制执行的民事权益的，判决驳回诉讼请求。"

益。黄某海主张该车虽登记在李某名下，但其是该车的实际所有权人。而如果其确是该车的实际所有权人，则其当然对于该车享有足以排除强制执行的民事权益，该车便不能被执行；反之如果不能认定黄某海是该车的实际所有权人，那么只能根据车辆登记认定李某为该车所有者，该车便可以被执行。因此，本案正确处理的关键无疑就在于对黄某海是否系鲁C×××××号出租车的实际所有权人予以正确认定。

本案一审、二审法院根据黄某海提供的相关证据和法院依法调取的证据，最终确认涉案车辆虽登记在李某名下，但该车辆的实际出资购买者为黄某海，该车辆在黄某海购买后的占有、使用、收益、处分的权利均为黄某海实际享有，据此黄某海系涉案车辆的实际所有权人，其对涉案车辆享有足以排除强制执行的合法民事权益，并据此判决驳回李某勇的诉讼请求。应当说法院对于本案的处理是正确的。而法院对于本案的正确处理也进一步明确了处理该类案件的审理思路。即机动车的实际所有权人与登记的所有权人不一致而产生争议的，尤其是在执行阶段因此导致执行异议和执行异议之诉的，法院在处理的过程中不应简单地根据机动车登记信息确定机动车权属，而应详细审查涉案机动车的实际出资购买情况和占有、使用、收益、处分的情况，并据此综合判定机动车的实际所有权人。之所以如此，是因为对于机动车而言，公安机关和道路运输管理机关虽然对于机动车进行行政登记，但这种行政登记系对机动车的行政管理行为，前者是准予或者不准予上道路行驶的登记，后者是证明机动车合法经营的有效证件，均非物权登记行为，因此行政机关对机动车的登记作为一种行政管理措施，不具有确权或直接推定权属的效力，机动车登记的车主并不一定是所有权人，故不能简单地以此作为判定机动车所有权人的依据。此外，车辆登记名义人与实际出资人不一致时，应当依据公平、等价有偿原则，确定实际出资人为车辆所有权人。所以，在机动车的实际所有权人与登记的所有权人不一致而产生执行异议和执行异议之诉的情况下，对于车辆所有权的确认应结合物权变动的情况，根据车辆的实际出资和占有、使用、收益、处分情况予以综合认定，而不应简单地依据机动车登记信息确认机动车权属。

编写人：山东省淄博市中级人民法院　荣明潇

101　借名买车人可以请求法院停止对涉案车辆的执行

——李某诉沈某某案外人执行异议之诉案

【案件基本信息】

1. 裁判书字号

北京市东城区人民法院（2017）京0101民初5395号民事判决书

2. 案由：案外人执行异议之诉

3. 当事人

原告：李某

被告：沈某某

第三人：韩某某

【基本案情】

2016年9月1日，李某与汽车销售公司签订汽车销售合同，以160万元购买保白色轿车（涉案车辆）并付款160.15万元。同年10月26日，李某为上述车辆投保机动车综合商业保险及交通事故责任强制保险，并支付保险费及车船税共计 4.8 万元。李某因没有北京牌照购车指标，遂于 2016 年 11 月 4 日，与中间人唐某某及第三人韩某某签订汽车指标购买协议，韩某某自愿将其名下小客车指标出售给李某，价格为 6.8 万元，双方一致确认，车辆所有权、使用权、处分权等均属于李某。同年 11 月 7 日，李某以转账方式向唐某某付款 6.8 万元。同年 11 月 11 日，北京市公安局公安交通管理局为涉案车辆核发机动车行驶证，载明所有人为韩某某。因韩某某未履行（2016）京方正执字第 00420 号执行证书生效文书确定的义务，沈某某向法院申请强制执行。在案件执行过程中，法院于 2017 年 2 月 4 日向北京市车管所送达执行裁定书及协助执行通知书，将登记在韩某某名下的涉案车辆予以查封，并于同月 20 日将涉案车辆扣押至法院。李某就此提出执行异议。沈某某要求驳回李某的申请，韩某某认可出让其名下小客车指标给李某，涉案车辆确系李某出资购买，并同意李某的异议请求。法院于 2017 年 3 月 7 日作出执行裁定书，裁定驳回李某的异议。李某不服，遂提起案外人执行异议之诉，要求法院停止对涉案车辆的执行，并确认涉案车辆为李某所有。

【案件焦点】

借名买车人对涉案车辆是否享有足以排除强制执行的民事权益。

【法院裁判要旨】

北京市东城区人民法院经审理认为：根据法律规定，案外人提起执行异议之诉，需证明其对执行标的物享有足以阻止其转让、交付的实体权利。首先，根据原告提交的涉案车辆的销售合同、收据、刷卡签单、账户历史交易明细、保险单及发票，结合其与第三人及唐某某签订的汽车指标购买协议，以及原告向唐某某的付款凭证，可形成完整证据链，证明原告购买第三人的小客车指标购买涉案车辆的事实。其次，基于法院在执行期间从原告处查扣车辆的事实，根据法律规定，动产物权以占有为公示原则，被告未能提交证据证明涉案车辆系第三人实际占有使用，故亦无法据此认定第三人系涉案车辆的所有权人。庭审中，被告以原告购买小客车指标是违法行为为由，主张登记在第三人名下的车辆应属第三人的财产。虽然第三人将自己摇号获得的小客车指标出卖给原告使用的行为涉嫌违反《北京市小客车数量调控暂行规定》（以下简称《调控规定》）的相关规定，但是上述情况属于应由相关行政主管部门予以惩处的范围，并不影响法院依据现有证据认定涉案车辆所有权的归属，故原告有权要求停止对涉案车辆进行执行，并确认其对涉案车辆的所有权。综上所述，依据《中华人民共和国物权法》第二十三条，《中华人民共和国民事诉讼法》第二百二十七条，《最高人民法院关于适用〈中华人民共和国民事诉讼法〉的解释》第三百一十二条之规定，作出如下判决：

一、确认涉案机动车系李某所有；

二、停止对涉案机动车的执行。

判决后，双方当事人均未上诉，本判决现已生效。

【法官后语】

2010年12月22日，北京市人民政府第81次常务会议审议通过《调控规定》。随后，北京市交通委员会等十四部门于2010年12月23日出台《〈北京市小客车数量调控暂行规定〉实施细则》。从此，北京市小客车正式进入“限购时代”。根据《调控规定》及其实施细则的规定，北京市对小客车实施数量调控和配额管理制度。单位和个人需要取得北京市小客车指标（以下简称指标）的，必须通过摇号方式。而数据显示，北京近年来各期普通小客车个人指标中签率屡破历史纪录，中签难度越来越大。在需求旺盛而供给有限的环境下，借名（租牌）买车现象大量涌现，屡禁不止。

在借名（租牌）买车的情况下，机动车登记名义人实际上是机动车号牌持有人，并非机动车的实际购买人。权属的“名”“实”分离，导致案件错综复杂、真假难辨。借名买车行为存在巨大的法律风险，主要是：出借或出租人、出售人存在对车辆交通事故承担连带责任的风险；借名或者租牌人、买受人存在被车辆登记名义人请求返还车辆而丧失占有的风险以及因车辆登记名义人负债或者破产导致车辆被强制执行的风险。本案中，借名买车人李某正是面临车辆登记名义人韩某某因负债导致涉案车辆被法院强制执行的风险。

案外人执行异议之诉，是指案外人对于执行依据所确定的执行标的享有实体上的权利，而请求法院对该实体法律关系进行裁判，以阻止法院对执行标的进行强制执行的救济方法。根据《中华人民共和国民事诉讼法》第二百三十四条的规定，案外人提起执行异议之诉需要先经过执行异议前置程序，即案外人对执行行为提出异议，执行法院经审查认为理由不成立的，裁定驳回，案外人可以自裁定书送达15日内向执行法院提起执行异议之诉。《最高人民法院关于适用〈中华人民共和国民事诉讼法〉的解释》对执行异议之诉进行了较为详细的规定，其中规定，法院是否判决不得执行该执行标的的唯一标准是，案外人就执行标的是否享有“足以排除强制执行的民事权益”。

对于哪些民事权益足以排除强制执行，司法实践并没有形成统一的认识。有的认为只有所有权是足以排除强制执行的民事权益，有的则认为除了所有权之外，还应当包含用益物权、担保物权、租赁权、占有等。不容回避的是，近年来，案外人执行异议的案件逐年增多，当事人滥用诉讼以拖延执行、阻碍执行的现象日益突出，这不利于执行难问题的解决，也不利于胜诉当事人合法权益的保护。在这种形势下，司法实践采用的标准趋严。

在案外人以借名买车为由，主张自己是执行标的（涉案车辆）的实际所有权人，要求对涉案车辆停止执行的情况下，法院重点要对借名买车的事实从以下几个方面进行审查：(1) 案外人与被执行人（车辆名义所有人）之间是否在法院查封之前已签订有借名买车（或租赁、出售车辆号牌）合同；(2) 案外人在法院查封前是否实际支付了购车款并办理了相关购车手续；(3) 案外人在法院查封前是否实际占有并使用涉案车辆。在查明事实的基础上，认定案外人确系借名（租牌、买牌）买车的，根据《中华人民共和国民法典》第二百二十五条的规定，因机动车登记为对抗登记而不是物权登记，物权转移以交付为标准，故认定车辆权属登记名实不符，进而认定实际购车并占有使用的人为车辆所有权人。因为借名买车人是车辆的实际所有权人，所以其享有足以排除对涉案车辆强制执行的民事权益，人民法院应当判决停止对涉案车辆的强制执行。

编写人：北京市东城区人民法院　李国平　柴杨

102 执行异议中车辆所有权的认定标准

——高某诉魏某波案外人执行异议之诉案

【案件基本信息】

1. 裁判书字号

北京市第一中级人民法院（2015）一中民（商）终字第6658号民事判决书

2. 案由：案外人执行异议之诉

3. 当事人

原告（被上诉人）：高某

被告（上诉人）：魏某波

【基本案情】

第三人高甲与高乙系兄弟关系。2013年5月，高甲通过摇号方式取得北京市小客车购车指标后，将该指标出借给高乙使用，双方签署了《购车指标借用协议书》。2013年9月24日，高乙在北京某汽车销售有限公司通过刷自己名下银行卡的形式支付汽车首付款、汽车保费、金融保证金等费用共计140833.33元。同日，高乙向某银行北京亚奥支行申请个人汽车消费贷款申请，高乙、丁某（高乙之妻）、高甲在申请人/共同借款人处签字，高甲在抵押人处签字，贷款申请金额为24.9万元，还款、扣款账户户名均为高乙。后高乙提走某牌轿车一辆，车辆登记在高甲名下。自2013年10月开始，高乙每月偿还汽车贷款7228.06元。2014年9月12日，高乙为该车投保机动车强制保险和商业保险，被保险人均为高乙。

魏某波因与高甲的民间借贷纠纷，将高甲诉至北京市延庆法院。法院于2014年8月19日作出民事调解书，确认高甲于2014年8月31日前偿还魏某波的借款16.27万元。该调解书生效后，因高甲未按协议履行还款义务，魏某波向法院申请强制执行。2014年10月9日，法院在执行案件中依法对登记在高甲名下的机动车采取了查封措施。2014年12月11日，法院从高乙处扣押了该车辆。高乙以其是该车辆所有人和使用人为由提出异议。后法院作出执行裁定书，裁定驳回案外人高乙的异议。高乙不服该裁定，于2015年1月12日诉至法院，要求确认机动车系原告所有；请求停止对机动车的执行。

案件审理中，法院对北京某汽车销售有限公司的销售顾问张某进行了调查，张某证实购车过程系其与高乙、丁某商谈，车辆首付款为高乙支付，车辆贷款系高乙办理。

【案件焦点】

1. 涉案车辆登记在高甲名下，但由高乙实际出资购买和使用，如何认定涉案车辆的所有权；2. 高乙借名买车，违反了《北京市小客车数量调控暂行规定》的相关规定，该违规行为是否影响本案的处理结果。

【法院裁判要旨】

北京市延庆县人民法院经审理认为：根据某银行亚奥支行个人汽车消费贷款申请表、汽车贷款同意通知书、客户授权及承诺（申请）书、个人借款借据、首付款支付刷卡凭证和某银行亚奥支行个人账户交易明细清单（还款记录），结合张某证言，可以确认机动车的实际出资人确为高乙。根据高乙提供的机动车交通事故强制保险单、商业保险单，高乙为机动车缴纳保险，可以确认机动车的实际使用人为高乙。根据汽车贷款同意通知书（上面载明：贷款申请人高乙、上牌人高甲），结合高甲的意见和张某证言，可以确认高乙购车并借用高甲摇中的小客车指标在京上牌的事实。另外，公安机关办理的机动车登记，是准予或者不准予机动车上道路行驶的登记，而不是机动车所有权登记。

北京市延庆县人民法院依照《中华人民共和国物权法》第二十三条，《中华人民共和国民事诉讼法》第二百二十七条，《最高人民法院关于适用〈中华人民共和国民事诉讼法〉执行程序若干问题的解释》第十九条之规定，作出如下判决：

一、确认某牌机动车为原告高乙所有；

二、停止法院（2014）延执字第 01637 号执行案件对某牌机动车的执行。

魏某波不服提起上诉。

北京市第一中级人民法院经审理认为：案外人提起执行异议之诉，需证明其对执行标的物享有足以阻止其转让、交付的实体权利。首先，购买涉案车辆的全部款项系由高乙支出，高甲并未支付任何购车款项。同时，在购买涉案车辆及办理贷款时的诸多材料中，均有高乙作为购买人和借款人的签名字样，以上证据，与法院对北京某汽车销售有限公司的销售顾问张某进行的调查谈话笔录，可形成完整证据链，证明高乙借用高甲的小客车配置指标购买涉案车辆的事实。其次，根据法律规定，动产物权以占有为原则，魏某波未能提交证据证明涉案车辆系高甲实际占有使用，故亦无法据此认定高甲系涉案车辆的所有权人。故应认定，涉案车辆的实际所有权人为高乙，应停止一审法院（2014）延执字第1637号执行案件对涉案车辆的执行。

【法官后语】

案外人或者申请执行人提起执行异议之诉的，案外人应当就其对执行标的享有足以排除强制执行的民事权益承担举证证明责任。本案中，应由高乙举证证明其对涉案车辆享有所有权。综合本案中高乙的举证，可以看出，首先，涉案车辆系由高乙向汽车销售公司联系购买，购车首付款由高乙刷卡支付，剩余部分车款由高乙办理了车贷。其次，车辆购买后，每月的贷款由高乙偿还，保险费用由高乙支付。最后，一审法院执行庭系从高乙手中将涉案车辆扣押。综合上述高乙的举证和本案的事实，再结合目前北京市小客车配置指标需摇号获取的社会现实，高乙的举证已然达到了待证事实发生具有高度盖然性的证明标准，可以认定车辆的实际购买人和所有人应为高乙，而非高甲。

根据《中华人民共和国道路交通安全法》的规定，国家对机动车实行登记制度。机动车经公安机关交通管理部门登记后，方可上道路行驶。从上述法律规定可以看出，机动车的登记是机动车上路行驶的前提，但法律亦要求机动车登记包括所有权人的信息。机动车的登记内容显然具有对外的公示性，是认定机动车所有权人的标准之一，但不能作为认定机动车所有权人的唯一依据。

魏某波主张其为善意第三人，可适用物权法规定的善意取得制度。本案中魏某波主张的善意取得应当分为两个层次来解读，首先，原《中华人民共和国物权法》（以下简称原《物权法》）第一百零六条规定的善意取得制度适用于所有权变更或他物权设立的情形，本案系执行异议之诉，核心问题在于魏某波能否将涉案车辆作为高甲的财产予以执行，善意取得制度在此情况下并不适用。其次，原《物权法》第二十四条规定，船舶、航空器和机动车等物权的设立、变更、转让和消灭，未经登记，不得对抗善意第三人。魏某波主张善意的第二层次内容应为涉案车辆所有权并未登记在高乙名下，此时高乙主张的所有权能否对抗魏某波，魏某波是否为此处法律规定的善意第三人，该条款与《最高人民法院关于适用〈中华人民共和国民事诉讼法〉的解释》第三百一十一条的规定在司法实践中应如何平衡。笔者认为，《物权法》第二十四条的规定是较为原则性的规定，不应片面地理解为动产登记的所有内容对所有的善意相对方绝对有效：首先，登记所有与实际所有分离的情况在现实生活中非常常见，如果将登记所有固定化，显然有违公平原则的要求；其次，如果将登记所有固定化，那所有权异议制度和执行异议制度本身的制度目的将不复存在；最后，本案中魏某波的权利系债权，高乙的权利为物权，应首先保证对物权所有人的保护，再考虑普通债权人的利益。综上，虽然魏某波在本案中不存在恶意，但并不能据此确定涉案车辆可作为高甲的财产予以强制执行。现行《中华人民共和国民法典》第二百二十五条和第三百一十一条亦吸收了原《物权法》中第二十四条和第一百零六条的规定内容。

魏某波指出，高乙与高甲的行为违反了《北京市小客车数量调控暂行规定》的相关规定，法律不应保护该违法行为。就此笔者认为，法律确实不保护违法违规行为，但应针对特定行为的违法违规程度，给予相对应的法定处罚，而非一概通过司法予以强行调整。首先，根据《北京市小客车数量调控暂行规定》及其实施细则的规定，小客车配置指标仅归个人使用，不得买卖、出租及借用，高乙与高甲之间借用小客车配置指标的行为显然违反了上述规定，但高乙的违规行为并不导致其丧失了对涉案车辆的所有权，亦不存在以其丧失车辆所有权为惩罚措施的法律规定。高乙和高甲的违规行为，应当由相关行政主管部门予以行政处罚，在认定物权的诉讼中，仍应以证据和现行法律规定为认定依据。其次，法院可以通过与行政机关的配合及对当事人的教育，解决违规行为的负面影响。本案二审审结后，法院向北京市交通委员会发出了司法建议。北京市交通委员会回函表示将三年内不再受理高甲的小客车指标申请，同时对涉案车辆报废出售后，不予以相关更新指标申请的核准。同时，经过法庭的教育，高乙也表示将在车辆扣押措施解除后，将车辆过户到外地车牌，不再借用高甲的车牌，并及时纠正自身的违规行为。

编写人：北京市第一中级人民法院　王晴

（二）对担保物的执行

103　同一债权既有保证又有物的担保，物的价值不明的，是否能同时执行保证人及担保物

——何某邦与某银行等执行异议案

【案件基本信息】

1. 裁判书字号

青海省西宁市湟源县人民法院（2020）青 0123 执异 1 号执行裁定书

2. 事由：执行异议

3. 当事人

申请执行人（异议人）：何某邦

申请执行人：某银行

被执行人：靳某权、靳某华、冯某福

【基本案情】

2012年10月16日，被告靳某权向某农村信用合作联社申请借款40万元，用于苗木种植。11月19日，双方签订《个人借款合同》，约定：借款金额40万元，期限两年，利率为固定9.84%/年。被告靳某华以其与案外人赵某莲共同所有的坐落于湟源县城关镇东大街×号-1的房产（以下简称抵押物）为该笔借款提供抵押担保，并做了抵押登记。且被告何某邦、冯某福为被告靳某权的贷款提供连带责任保证。后约定期满，直到原告诉至法院，被告靳某权只偿还本金1.15万元，剩余38.85万元借款未偿还。2019年7月5日，青海省西宁市湟源县人民法院作出（2019）青0123民初527号民事判决书，判决：（1）被告靳某权于判决生效后三十日内向原告某银行偿还本金388500元及利息、罚息、复利51.365836万元，共计90.215836万元；（2）被告何某邦、冯某福对上述借款本息承担连带责任；（3）被告靳某华以其所有的抵押物的价值范围内对上述款项承担担保责任。双方当事人未上诉，判决书已生效。

2019年10月30日，青海省西宁市湟源县人民法院对申请人某银行与被执行人靳某权、靳某华、冯某福、何某邦借款合同纠纷申请执行一案立案执行，并于2019年12月17日通过网络查控系统扣划被执行人何某邦银行存款共计52.12929万元。执行行为作出后，异议人何某邦于 2019 年 12 月 24 日提出书面异议称：(1) 同一债权既有保证又有物的担保的，保证人对物的担保以外的债权承担保证责任。在未对抵押的房屋采取任何执行措施的情况下，不应先对保证人采取执行措施。(2) 借款人靳某权以及实际使用部分借款的冯某福均有偿还能力，应先对此二人采取相应的强制执行措施。(3) 被扣划的款项为异议人所承揽工程民工工资，无法及时支付农民工工资影响社会稳定。

青海省西宁市湟源县人民法院经审查查明，被执行人靳某华以其所有的抵押物为该笔借款提供抵押担保，抵押物评估价为 58.952 万元。2019 年该抵押房产被纳入政府棚户区改造项目，现处于政府拆迁范围，但因被执行人靳某权、靳某华就拆迁补偿款未与政府达成一致意见，故该处抵押房产的补偿款未发放到位。被执行人靳某权声称该处房产的补偿款共 100 余万元，但未提供证据证明。因该房产处于拆迁范围，所以对其拍卖无现实可能性。

【案件焦点】

同一债权既有保证又有物的担保，抵押物价值不明确的，是否能同时执行保证人及担保物。

【法院裁判要旨】

青海省西宁市湟源县人民法院经审理认为：《中华人民共和国担保法》第二十八条第一款规定："同一债权既有保证又有物的担保的，保证人对物的担保以外的债权承担保证责任。"申请执行人某银行与被执行人靳某权、靳某华、何某邦、冯某福借款合同纠纷一案中，生效法律文书确定靳某华以抵押物进行抵押，申请执行人对该套房产的评估、变卖价款享有优先受偿权。而该抵押房产评估价仅为58.952万元，故即使完成抵押房产的拍卖，仍不足以清偿被执行人所欠借款及利息、复息及罚息。异议人何某邦作为保证人在抵押财产不足以清偿全部债务时，在抵押财产范围外承担保证责任。何某邦作为完全民事行为能力人应当对其作出的保证行为承担保证责任，其所称欠农民工劳务工资与本案是不同法律关系，不能因此免除承担保证责任。故何某邦提出的异议不成立。依照《中华人民共和国民事诉讼法》第二百二十五条、《最高人民法院关于人民法院办理执行异议和复议案件若干问题的规定》第十七条第一款之规定，裁定驳回何某邦的异议请求。

【法官后语】

《中华人民共和国担保法》第二十八条第一款规定，同一债权既有保证又有物的担保的，保证人对物的担保以外的债权承担保证责任。《最高人民法院关于适用〈中华人民共和国担保法〉若干问题的解释》第三十八条第一款规定，同一债权既有保证又有第三人提供物的担保的，债权人可以请求保证人或物的担保人承担担保责任。这一规定是对《中华人民共和国担保法》第二十八条第一款的规定作了限缩解释：同一债权既有保证又有物的担保的，如果物的担保是由主债务人提供的，则保证人对物的担保以外的债权承担保证责任；如果物的担保是由第三人提供的，则债权人可以请求保证人或物的担保人承担担保责任。本案中，借款所涉抵押是由主债务人靳某权提供的，保证人何某邦应对抵押权实现后仍不能清偿的债务部分承担连带清偿责任。但本案涉及抵押物处于政府拆迁范围，除了评估价以外，无法明确其确切价值。由此可见，即使在抵押权实现后，也只能偿还部分债务。故可执行保证人财产，待抵押物价值明确后再对保证人应承担的具体数额进行确定。

在实践中，有的债权不但附有保证人的保证担保，同时还有抵押权、质权、留置权等担保物权为该债权担保。保证是人的担保，属于债权担保，而抵押权、质权、留置权等是物权担保。从民法理论角度来讲，物的担保较为确实，物的担保对于债权的实现更为直接有效。这也是理论界“物的担保责任绝对优先说”，也称“保证人绝对优待主义”。《中华人民共和国担保法》第二十八条第一款规定其含义是，同一个债权在有保证人作担保以外，如果还有抵押权、质权、留置权等物权担保方式作担保的，无论物权担保是担保主债权的全部还是部分，在主债务履行期间届满主债权未受清偿时，都要首先实现物权担保来满足债权。如果担保物权实现的结果满足了全部债权，那么保证人也就不再承担保证责任了。如果担保物权实现的结果只满足了部分债权，那么保证人就只对担保物权未满足的那部分债权承担保证责任。异议人主张“同一债权既有保证又有物的担保的，保证人对物的担保以外的债权承担保证责任。在未对抵押的房屋采取任何执行措施的情况下，不应先对申请人采取执行措施”，这种主张只关注了“物权担保先于债权担保实现”的原则，但是忽略了担保物权的实现是否能满足全部债权的核心，也成为本案审理的关键。

2021 年 1 月 1 日《中华人民共和国民法典》施行，关于物的担保和人的担保并存时担保权的实行规则，第三百九十二条规定：“被担保的债权既有物的担保又有人的担保的，债务人不履行到期债务或者发生当事人约定的实现担保物权的情形，债权人应当按照约定实现债权；没有约定或者约定不明确，债务人自己提供物的担保的，债权人应当先就该物的担保实现债权；第三人提供物的担保的，债权人可以就物的担保实现债权，也可以请求保证人承担保证责任。提供担保的第三人承担担保责任后，有权向债务人追偿。”《中华人民共和国担保法》与《最高人民法院关于适用〈中华人民共和国担保法〉若干问题的解释》均已废止。《中华人民共和国民法典》第三百九十二条，复制了《中华人民共和国物权法》第一百七十六条，修正了《中华人民共和国担保法》第二十八条及《最高人民法院关于适用〈中华人民共和国担保法〉若干问题的解释》第三十八条。

编写人：青海省西宁市湟源县人民法院　李爱菲

104　违法限制竞买人参加竞买的拍卖应予撤销

——某酒业公司与某农业物资公司执行异议案

【案件基本信息】

1. 裁判书字号

江苏省无锡市中级人民法院（2020）苏02执异132号执行裁定书

2. 事由：执行异议

3. 当事人

申请执行人（异议人）：某酒业公司

被执行人：某农业物资公司

【基本案情】

某酒业公司与某农业物资公司申请实现担保物权一案，江苏省无锡市惠山区人民法院于2019年6月27日作出（2017）苏0206

民特10号之二民事裁定书，裁定：准予对某农业物资公司向某酒业公司提供抵押反担保的房产进行拍卖、变卖，某酒业公司以拍卖、变卖所得价款对追偿款本息9539312.51元及自2017年10月19日起至抵押物拍卖、变卖成交之日止的利息损失在抵押担保债权数额1200万元范围内予以优先受偿。后因某农业物资公司未履行生效文书确定的义务，江苏省无锡市惠山区人民法院于2019年7月22日立案执行，案号为（2019）苏0206执2028号。2019年8月14日，江苏省无锡市惠山区人民法院查封某农业物资公司名下的房产。

2020年9月2日，江苏省无锡市中级人民法院裁定将该案提级执行，案号为（2020）苏02执433号。执行过程中，江苏省无锡市中级人民法院于2020年11月6日作出（2020）苏02执433号执行裁定：拍卖、变卖被执行人某农业物资公司位于无锡市惠山区玉祁镇×路3739.11平方米（包含无证的1331.39平方米）房产及附属绿化、景观等设施。淘宝网司法拍卖页面竞买公告载明：拍卖标的房产坐落于集体土地上，土地所有权人为某街道办事处，竞买人报名前需前往管理委员会进行咨询并取得该单位出具的竞拍资格确认书，未取得竞拍资格就报名参加竞拍的，本院有权取消拍卖资格及拍卖结果，并没收拍卖保证金。

另查明，江苏省无锡市中级人民法院拍卖前向案涉房屋所在街道办事处征求意见，街道办事处回复称，根据集体资产管理规定及该处房产特殊的地理位置，竞拍人报名前需前往管理委员会进行咨询以取得竞拍资格，现签订租赁合同期限为一年，租金根据当年农办公布的标准确定，同时受让人需承担某农业物资公司欠付的集体土地使用费。

【案件焦点】

拍卖公告中载明需取得管理委员会出具的竞拍资格是否属于违法限制竞买人参加竞买或者对享有同等权利的竞买人规定不同竞买条件，是否应当撤销拍卖。

【法院裁判要旨】

江苏省无锡市中级人民法院经审理认为：案涉房产系在租赁的集体土地上建造，该集体土地租赁于 2009 年 12 月 14 日到期后，原租赁单位某农业物资公司继续与管理委员会办公室每年签订《土地使用权租赁协议书》并支付集体土地使用费，后因某农业物资公司经营产生问题，自 2016 年 12 月 31 日合同到期后未续订。故本案执行处置前土地使用权租赁期限已届满。法院征求集体组织意见后在拍卖公告中设定“竞买人报名前需前往管理委员会进行咨询并取得该单位出具的竞拍资格确认书，未取得竞拍资格就报名参加竞拍的，本院有权取消拍卖资格及拍卖结果，并没收拍卖保证金”，该特别设定无法律依据，存在违法限制竞买人参加竞买的情形，应予撤销。执行部门应在后续执行过程中根据案件具体情况重新作出拍卖公告。江苏省无锡市中级人民法院依照《中华人民共和国民事诉讼法》第二百二十五条、《最高人民法院关于人民法院办理执行异议和复议案件若干问题的规定》第十七条第二项之规定，作出如下裁定：

撤销（2020）苏 02 执 433 号案件的拍卖公告。

【法官后语】

1. 限定竞买人条件应仅限于法律、行政法规对拍卖标的规定的买卖条件

《中华人民共和国拍卖法》第三十二条规定，竞买人是指参加竞

购拍卖标的的公民、法人或者其他组织。第三十三条规定，法律、行政法规对拍卖标的的买卖条件有规定的，竞买人应当具备规定的条件。根据上述规定，仅在法律、行政法规对拍卖标的的买卖条件有规定的情况下，才能限定竞买人应当具备规定的相应条件。同时，结合司法实践来看，法院组织司法拍卖的目的，在于公开、公平、公正地维护各方权益，实现被执行人财产处置效益的最大化。故在拍卖被执行人财产时，要最大限度地吸引竞买人参加竞买，除非法律、行政法规对买受人的资格有特殊要求，人民法院和拍卖机构都不得限制参加拍卖的竞买人范围。

2. 违法限制竞买的情形与危害

违法限制竞买，包括两种情形：违法限制竞买人参加竞买；对享有同等权利的竞买人规定不同竞买条件。一是违法限制竞买人参加竞买。例如，设定竞买条件，使符合竞买条件的竞买人实际上只有一家，变相为某企业量身定做，即典型的“萝卜拍卖”。二是对不同的竞买人规定不同的竞买条件，尤其是在保证金的缴纳上，对不同企业规定不同的缴纳比例，或者规定不同的缴纳期限。非法限制竞买，违反了公平、公正的原则，将使潜在的买受人无法参与竞价，导致竞价不充分进而价格过低，损害债权人和债务人的利益，也可能导致权力寻租的发生。

实践中还有一类情形比较难以界定，就是有的法院对一些评估值较大的财产，规定较高的保证金缴纳比例。因司法解释仅规定缴纳拍卖保证金的下限为不低于评估价或者市价的5%，对于上限并未规定，一些法院出于种种考虑，对保证金规定了较高的比例，如在一些大标的的拍卖中，要求缴纳的保证金比例甚至高达评估值的30%，这就导致一些缺少现金流的意向竞买者无法参加竞拍，无法实现充分竞价的目的。对此问题，应当综合个案中拍卖标的物的价值，以及拍定价格等情况综合衡量，认定是否属于违法限制竞买的情形。

3. 违法限制竞买的拍卖应予撤销

《最高人民法院关于人民法院网络司法拍卖若干问题的规定》第三十一条规定，当事人、利害关系人提出异议请求撤销网络司法拍卖，符合下列情形之一的，人民法院应当支持：（一）由于拍卖财产的文字说明、视频或者照片展示以及瑕疵说明严重失实，致使买受人产生重大误解，购买目的无法实现的，但拍卖时的技术水平不能发现或者已经就相关瑕疵以及责任承担予以公示说明的除外；（二）由于系统故障、病毒入侵、黑客攻击、数据错误等原因致使拍卖结果错误，严重损害当事人或者其他竞买人利益的；（三）竞买人之间，竞买人与网络司法拍卖服务提供者之间恶意串通，损害当事人或者其他竞买人利益的；（四）买受人不具备法律、行政法规和司法解释规定的竞买资格的；（五）违法限制竞买人参加竞买或者对享有同等权利的竞买人规定不同竞买条件的；（六）其他严重违反网络司法拍卖程序且损害当事人或者竞买人利益的情形。本案中，法院在拍卖公告中设定“竞买人报名前需前往管理委员会进行咨询并取得该单位出具的竞拍资格确认书”，该特别设定无法律依据，存在违法限制竞买人参加竞买的情形，为维护当事人和竞买人的利益，在没有法律、行政法规明文规定对竞买人资格限制的情况下，违法限制竞买人参加竞买或者对享有同等权利的竞买人规定不同竞买条件的，该拍卖应予撤销。

编写人：江苏省无锡市中级人民法院　杨曦　朱金彩

105 案外人不能依据名为质押实为顶账的协议来确认享有质权和排除强制执行

——于某诉巩某案外人执行异议之诉案

【案件基本信息】

1. 裁判书字号

山东省淄博市中级人民法院（2018）鲁 03 民终 3646 号民事判决书

2. 案由：案外人执行异议之诉

3. 当事人

原告（上诉人）：于某

被告（被上诉人）：巩某

第三人：窦某、张某

【基本案情】

2016 年 5 月 16 日，巩某向法院起诉窦某、张某、高某民间借贷纠纷一案，法院受理后，根据巩某的申请，法院作出（2016）鲁 0321 民初 1811-1 号民事裁定，冻结窦某、张某、高某的银行存款 42 万元或查封其相应价值的财产。2016 年 5 月 19 日，法院查封窦某名下的皇冠汽车一辆。该案经法院审理，于 2016 年 6 月 17 日作出民事调解书，确认当事人之间达成调解协议如下：(1) 窦某、张某归还巩某借款 80 万元，于 2016 年 9 月 30 日前支付 20 万元，同年 10 月 30 日前支付 20 万元，2017 年 1 月 28 日前支付10万元，剩余30万元于2017年6月30日前一次性付清；（2）若窦某、张某对上述第一项协议中有一笔逾期履行，则巩某可就剩余全部欠款申请强制执行。该调解书生效后，窦某、张某未按约定履行义务。

2016年11月14日，巩某向法院申请强制执行，执行案号为（2016）鲁0321执1646号。本案在执行过程中，于某提出执行异议。2018年5月9日，法院作出（2018）鲁0321执异35号执行裁定书，驳回于某的异议请求。2018年5月25日，于某向法院起诉要求依法确认于某对汽车享有质权和使用权，并请求法院立即停止对汽车的强制执行并解除查封、扣押。其主要理由为窦某因向其借款而将涉案车辆质押给其，双方为此于2016年4月15日签订质押协议一份，约定：因窦某欠于某借款61.5万元，双方协议将窦某所有的汽车使用权质押给于某；质押给于某的使用期限为15年（2016年4月15日至2031年4月14日），质押的时间以交付使用权为准；车辆使用权折合抵押欠款30万元，折合抵押后欠31.5万元；窦某使用期所造成的违章事故由窦某承担，于某使用期所造成的违章事故由于某承担。

【案件焦点】

于某主张根据与窦某签订的协议而对涉案车辆享有质权并因此要求排除强制执行是否成立。

【法院裁判要旨】

山东省桓台县人民法院经审理认为：于某与窦某签订的质押协议，不符合动产质押的法律规定，于某对涉案车辆不享有质权。即使于某对涉案车辆享有质权，也不影响人民法院对涉案车辆采取查封、扣押措施。故对于某请求确认其对涉案汽车车辆享有质权、使用权及停止对涉案汽车强制执行的诉讼请求不予支持。案外人执行异议之诉案件审理的范围为是否排除对执行标的执行和确认案外人是否对执行标的享有权利。因此，于某要求在案外人执行异议之诉案件中处理对涉案车辆解除查封、扣押的诉讼请求，没有法律依据，不予支持。据此，一审判决如下：

驳回于某的诉讼请求。

于某持原审起诉意见提起上诉。

山东省淄博市中级人民法院经审理认为：于某与窦某签订的所谓质押协议从内容来看，窦某将其所有的涉案汽车的使用权“质押”给于某，且特别写明“质押”的是该车辆的“使用权”，即该协议并非通过对车辆的占有来担保债务的履行；另外从协议的具体内容来看，该协议不仅不是为了担保债务的履行，反而是让于某通过对涉案汽车进行 15 年的使用而达到折抵欠款 30 万元的目的。因此，于某在本案中提供的其与窦某签订的所谓质押协议从内容来看不是真正意义上的质押协议。该协议虽名为质押协议，但从内容来看实为顶账协议。故于某在本案中主张其根据该协议而对涉案汽车享有质权，无事实和法律依据。根据《最高人民法院关于人民法院执行工作若干问题的规定（试行）》第四十条的规定，质权不能阻却执行。而本案中于某对于涉案车辆本身也并不享有质权，故其在本案中亦不享有足以排除强制执行的民事权益从而阻却执行。据此，二审判决如下：

驳回上诉，维持原判。

【法官后语】

本案涉及的主要问题在于，案外人能否依据名为质押实为顶账的协议来确认享有质权和排除强制执行。

本案中，案外人于某对涉案车辆的执行提出执行异议，其依据就是其与窦某签订的质押协议，其也据此主张其对涉案车辆享有质权，并以此为由要求排除对涉案车辆的强制执行。但本案一审、二审法院对其执行异议诉求均未予支持。对于此类案件的正确把握需要厘清两个问题：一是涉案质押协议是否成立，案外人据此是否对执行标的即涉案车辆享有质权，二是质权能否排除对执行标的即涉案车辆的强制执行。

关于第一个问题，《中华人民共和国物权法》第二百零八条规定："为担保债务的履行，债务人或者第三人将其动产出质给债权人占有的，债务人不履行到期债务或者发生当事人约定的实现质权的情形，债权人有权就该动产优先受偿。前款规定的债务人或者第三人为出质人，债权人为质权人，交付的动产为质押财产。"① 第二百一十条规定："设立质权，当事人应当采取书面形式订立质权合同。质权合同一般包括下列条款：（一）被担保债权的种类和数额；（二）债务人履行债务的期限；（三）质押财产的名称、数量、质

① 《中华人民共和国物权法》在 2021 年 1 月 1 日《中华人民共和国民法典》（以下简称《民法典》）正式施行后已经废止，其相关内容被纳入《民法典》第二编即物权编中。该条规定现为《民法典》第四百二十五条："为担保债务的履行，债务人或者第三人将其动产出质给债权人占有的，债务人不履行到期债务或者发生当事人约定的实现质权的情形，债权人有权就该动产优先受偿。前款规定的债务人或者第三人为出质人，债权人为质权人，交付的动产为质押财产。"

量、状况；（四）担保的范围；（五）质押财产交付的时间。”[①] 第二百一十一条规定：“质权人在债务履行期届满前，不得与出质人约定债务人不履行到期债务时质押财产归债权人所有。”[②] 第二百一十四条规定：“质权人在质权存续期间，未经出质人同意，擅自使用、处分质押财产，给出质人造成损害的，应当承担赔偿责任。”[③]《中华人民共和国担保法》第六十三条规定：“本法所称动产质押，是指债务人或者第三人将其动产移交债权人占有，将该动产作为债权的担保。债务人不履行债务时，债权人有权依照本法规定以该动产折价或者以拍卖、变卖该动产的价款优先受偿。前款规定的债务人或者第三人为出质人，债权人为质权人，移交的动产为质物。”[④] 第六十五条第一款规定：“质押合同应当包括以下内容：（一）被担保的主债权种类、数额；（二）债务人履行债务的期限；（三）质物的名称、数量、质量、状况；（四）质押担保的范围；（五）质物移交的时间；（六）当事人认为需要约定的其他事项。”[⑤] 第六十六条规定：“出质人和质权人在合同中不得约定在债务履行期届满质权人未受清

---

① 该条规定现为《中华人民共和国民法典》第四百二十七条：“设立质权，当事人应当采用书面形式订立质押合同。质押合同一般包括下列条款：（一）被担保债权的种类和数额；（二）债务人履行债务的期限；（三）质押财产的名称、数量等情况；（四）担保的范围；（五）质押财产交付的时间、方式。”

② 该条规定现为《中华人民共和国民法典》第四百二十八条：“质权人在债务履行期限届满前，与出质人约定债务人不履行到期债务时质押财产归债权人所有的，只能依法就质押财产优先受偿。”

③ 该条规定现为《中华人民共和国民法典》第四百三十一条：“质权人在质权存续期间，未经出质人同意，擅自使用、处分质押财产，造成出质人损害的，应当承担赔偿责任。”

④《中华人民共和国担保法》在2021年1月1日《中华人民共和国民法典》正式施行后已经废止，其相关内容被《中华人民共和国民法典》所吸收。该条规定内容现实际被《中华人民共和国民法典》第四百二十五条所吸收。

⑤ 该款规定内容现实际被《中华人民共和国民法典》第四百二十七条所吸收。

偿时，质物的所有权转移为质权人所有。”① 第六十九条规定：“质权人负有妥善保管质物的义务。因保管不善致使质物灭失或者毁损的，质权人应当承担民事责任。质权人不能妥善保管质物可能致使其灭失或者毁损的，出质人可以要求质权人将质物提存，或者要求提前清偿债权而返还质物。”② 从上述法律对于质权和质押的规定不难看出，质权属于担保物权，其设定是为了担保债务的履行，其方式是债务人或第三人将其动产交付给债权人占有。从质权和质押的含义来看，质权和质押的这种转移占有是为了担保债务的履行，而非是为了使用质物，或是通过对质物的使用而达成折抵债务的目的。换句话说，在正常的质押情形下，质权的设定是通过对质物的占有来担保债务的履行，而不是以质权折抵债务，更不是通过对质物的使用来折抵债务。具体到本案中，案外人于某与窦某签订的所谓质押协议从内容来看，窦某将其所有车辆的使用权“质押”给于某，且特别写明“质押”的是该车辆的“使用权”，即该协议并非通过对车辆的占有来担保债务的履行；另外，从协议的具体内容来看，该协议不仅不是为了担保债务的履行，反而是让于某通过对车辆进行15年的使用而达到折抵欠款30万元的目的。因此，于某在本案中提供的其与窦某签订的所谓质押协议只是有质押协议之名而无质押协议之实，其从内容来看并不属于真正意义上的质押协议。该协议虽名为质押协议，但从内容来看实为顶账协议。于某在本案中主

---

① 该条规定内容现实际被《中华人民共和国民法典》第四百二十八条所吸收。

② 该条规定现为《中华人民共和国民法典》第四百二十九条：“质权人负有妥善保管质押财产的义务；因保管不善致使质押财产毁损、灭失的，应当承担赔偿责任。质权人的行为可能使质押财产毁损、灭失的，出质人可以请求质权人将质押财产提存，或者请求提前清偿债务并返还质押财产。”

张其根据该协议而对涉案车辆享有质权显然无事实和法律依据。

关于第二个问题,《最高人民法院关于人民法院执行工作若干问题的规定(试行)》第四十条明确规定:“人民法院对被执行人所有的其他人享有抵押权、质押权或留置权的财产,可以采取查封、扣押措施。财产拍卖、变卖后所得价款,应当在抵押权人、质押权人或留置权人优先受偿后,其余额部分用于清偿申请执行人的债权。”据此,即便是案外人享有质权的执行标的,人民法院依法可以采取查封、扣押措施并依法强制执行,质权人只不过对其享有质权的执行标的享有优先受偿的权利,而不具有足以排除强制执行的民事权益,即质权不能阻却执行。既然依法真正享有质权的质权人都不能因其质权而对执行标的具有足以排除强制执行的民事权益从而阻却执行,那么不享有质权者更不具有足以排除强制执行的民事权益从而阻却执行。本案中,既然于某对于涉案车辆并不享有质权,其更不享有足以排除强制执行的民事权益从而阻却执行。

编写人:山东省淄博市中级人民法院　荣明潇

106　金钱质押执行异议的处理模式选择

——A 银行哈尔滨分行与保理公司等案外人执行异议案

【案件基本信息】

1. 裁判书字号

北京市高级人民法院(2018)京执复 62 号执行裁定书

2. 事由:案外人执行异议

3. 当事人

案外人（复议申请人）：A银行哈尔滨分行

申请执行人：保理公司

被执行人：贸易公司、股份公司、邓甲、邓乙

【基本案情】

北京市第一中级人民法院（本案以下简称北京一中院）在执行保理公司与贸易公司、股份公司、邓甲、邓乙保理纠纷一案过程中，于2018年1月30日冻结了股份公司在A银行哈尔滨分行的银行账户。

A银行哈尔滨分行以被冻结账户内的款项是股份公司在该行开立的银行承兑汇票保证金为由提出异议。认为该行对股份公司开立的两张银行承兑汇票已经承兑并付款，申请解除对该笔款项的冻结措施。A银行哈尔滨分行提交了《电子银行承兑汇票承兑协议（纸质介质）》，该协议载明，“出票人（以下简称甲方）：股份公司　承兑人（以下简称乙方）：A银行哈尔滨分行……第一条　承兑汇票　甲方申请承兑的汇票共计两张，票面金额共计人民币（大写）陆仟陆佰陆拾万元整……第二条　担保　为保证乙方债权的实现，甲方向乙方提供以下一项或数项担保：（一）交存保证金。甲方应按票面金额的40%缴纳保证金，保证金存入甲方在乙方开立的保证金专用账户，保证金金额为：人民币（大写）贰仟陆佰陆拾肆万元整，以担保承兑汇票到期付款。在上述保证金足额入账前，乙方没有义务承兑汇票。已经存入的保证金，在甲方未向乙方付清票款前不得动用……第八条　垫款的救济　乙方在电子汇票到期日垫付票款后甲方未能足额偿还垫款的，乙方可以同时采取以下救济措施：（一）从甲方在乙方的保证金账户中

扣收票款及应付利息；（二）从甲方在乙方的所有营业机构开立的任何账户中扣划票款及应付利息；（三）依法可采取的其他措施。”A银行哈尔滨分行还提交了该行的保证金存款入账、冻结通知书、电子商业汇票系统汇票信息记录等证明其已就该银行承兑汇票保证金进行承兑。

【案件焦点】

对于金融机构以享有质权为由要求就保证金优先受偿的主张，是通过执行行为异议程序进行处理，还是通过案外人异议及异议之诉程序进行处理。

【法院裁判要旨】

北京市第一中级人民法院经审理认为：执行异议符合《中华人民共和国民事诉讼法》第二百二十五条或者第二百二十七条规定条件的，人民法院应当在三日内立案，并在立案后三日内通知异议人和相关当事人。不符合受理条件的，裁定不予受理；立案后发现不符合受理条件的，裁定驳回申请。异议人对不予受理或者驳回申请裁定不服的，可以自裁定送达之日起十日内向上一级人民法院申请复议。上一级人民法院审查后认为符合受理条件的，应当裁定撤销原裁定，指令执行法院立案或者对执行异议进行审查。《最高人民法院、中国人民银行关于依法规范人民法院执行和金融机构协助执行的通知》第九条规定，人民法院依法可以对银行承兑汇票保证金采取冻结措施，但不得扣划。如果金融机构已对汇票承兑或者已对外付款，根据金融机构的申请，人民法院应当解除对银行承兑汇票保证金相应部分的冻结措施。银行承兑汇票保证金已丧失保证金功能时，人民法院可以依法采取扣划措施。本案中，A 银行哈尔滨分行以法院冻结股份公司账户为银行承兑汇票保证金账户并已对汇票承兑且已对外付款为由，主张解除对该账户的冻结措施，该主张应直接向执行实施部门提出申请，并非异议案件的审查范围，故 A 银行哈尔滨分行的该项请求应予驳回。

北京一中院依照《中华人民共和国民事诉讼法》第一百五十四条第一款第十一项的规定，作出如下裁定：

驳回 A 银行哈尔滨分行的异议申请。

A 银行哈尔滨分行不服，申请复议。

北京市高级人民法院经审理认为：人民法院依法可以对银行承兑汇票保证金采取冻结措施，但不得扣划。本案中，北京一中院对被执行人股份公司名下的账户采取冻结措施，符合法律规定。A 银行哈尔滨分行以其已与股份公司约定在汇票到期日垫付票款后股份公司未能足额偿还垫付款的，A 银行哈尔滨分行可以直接从该账户扣收相应票款为由，请求解除对该账户采取的冻结措施，实质是认为其对该账户内的金钱享有足以排除人民法院强制执行的实体权利，执行法院应当依照案外人异议程序进行审查并作出裁定。北京一中院关于 A 银行哈尔滨分行的主张不属于执行异议案件审查范围的认定不当，（2018）京 01 执异 148 号执行裁定应予撤销。对于 A 银行哈尔滨分行提出的异议，北京一中院应当依照《中华人民共和国民事诉讼法》第二百二十七条的规定重新进行审查并作出裁定。

北京市高级人民法院依据《最高人民法院关于人民法院办理执行异议和复议案件若干问题的规定》第二十三条第一款第五项的规定，作出如下裁定：

撤销北京一中院（2018）京 01 执异 148 号执行裁定，发回北京一中院重新作出裁定。

【法官后语】

保证金质押是金融业务发展催生并逐步完善的一种特殊动产质押，使得债权担保的设立、维系及行使更为灵活和便捷，以银行为例，其在办理承兑汇票、信用证、保函等业务过程中，会要求客户交存保证金。此时，若客户涉诉（多为执行案件，也可能是保全），人民法院可能对保证金账户采取措施。金融机构因此提出执行异议。人民法院办理此类案件适用什么程序、如何把握裁判标准，没有法律规定。适当的救济程序选择是保障金融机构合法权益、实现多方债权人权利平衡的重要内容，也是确立裁判标准的前提。对于金融机构以其享有质权为由请求解除对保证金账户的冻结或者停止扣划的主张，通过什么程序处理是首要探讨的问题。

作为等价交换物，金钱具有交换媒介的属性。实现权利时，保证金无须经过变价程序，金融机构得以在其债权额度范围内直接就保证金获得清偿。这是金钱质押在权利实现上的优势，减少了权利实现的障碍，降低了交易成本。基于金钱质押之特殊性，宜将金融机构关于就保证金优先受偿的主张解读为请求人民法院确认其享有足以排除执行的实体权利。金融机构主张成立金钱质押的权利基础，在根源上属于实体性的。采取“案外人异议+异议之诉”模式，赋予各方当事人依法举证、质证、法庭辩论等权利，能够在最大程度上实现金融机构、另案债权人的权利对抗，确保裁判结果公平公正。

模式确定后，还应进一步明确案件的裁判标准。最高人民法院通过发布第54号指导性案例（中国农业发展银行安徽省分行诉张大标、安徽长江融资担保集团有限公司执行异议之诉纠纷案），就如何认定金钱质押关系的存在，以及金钱质权是否设立进行了分析，指导意义很强。“金钱特定化”“转移占有”等裁判标准已基本明确，本案例不再展开论述。金融机构的兑付符合条件与否，是否属于金钱质押执行异议的审查范围呢？对于案外人异议，《最高人民法院关于人民法院办理执行异议和复议案件若干问题的规定》第二十四条规定，人民法院应当审查下列内容：（一）案外人是否系权利人；（二）该权利的合法性与真实性；（三）该权利能否排除执行。对于提起执行异议之诉的，《最高人民法院关于适用〈中华人民共和国民事诉讼法〉的解释》第三百一十条规定，人民法院经审理，按照下列情形分别处理：（一）案外人就执行标的享有足以排除强制执行的民事权益的，判决不得执行该执行标的；（二）案外人就执行标的不享有足以排除强制执行的民事权益的，判决驳回诉讼请求。案外人同时提出确认其权利的诉讼请求的，人民法院可以在判决中一并作出裁判。由此可见，案外人提起异议及异议之诉的目的是排除对特定执行标的的执行。在作出判决前，人民法院首先要判断案外人对执行标的是否享有实体权益，并进一步判断案外人对执行标的所享有的实体权益是否足以排除强制执行。故人民法院的审查必然要面对金融机构兑付是否符合条件的判断问题。因此，金钱质押执行异议是多个裁判要件的合并，只不过各个裁判要件之间存在递进关系。人民法院作出最终裁判时，不仅要对质押合同关系是否存在、金钱质权是否有效设立等进行判断，还要对金融机构的兑付是否符合条件来进行判断。

编写人：北京市高级人民法院　刘旭峰

107 对保证金账户的资金提出执行异议案件的处理

——景某诉A银行南阳分行申请执行人执行异议之诉案

【案件基本信息】

1. 裁判书字号

河南省南阳市中级人民法院（2018）豫13民终552号民事判决书

2. 案由：申请执行人执行异议之诉

3. 当事人

原告（上诉人）：景某

被告（被上诉人）：A银行南阳分行

【基本案情】

因景某和张某之间的民事纠纷，景某向河南省南阳市卧龙区人民法院提起诉讼。审理中，根据景某的保全申请，2015年2月11日，河南省南阳市卧龙区人民法院作出了（2015）宛龙民三初字第00057号民事裁定书和协助冻结存款通知书，对张某在A银行南阳分行账户中的存款200万元进行了冻结（实际冻结1000400.84元）。2015年3月13日，河南省南阳市卧龙区人民法院就景某和张某之间的民事纠纷作出了（2015）宛龙民三初字第00057号民事调解书。该案进入执行程序后，A银行南阳分行提出执行异议，认为法院保全的存款1000400.84元是张某在A银行南阳分行的信用卡保证金，法院无权扣划。2016年8月25日，河南省南阳市卧龙区人民法院作出（2015）宛龙执字第192-2号执行裁定书，裁定A银行南阳分行提出的执行异议理由成立，中止对（2015）宛龙民三初字第00057号民事裁定书和协助冻结存款通知书的执行。景某不服，向河南省南阳市卧龙区人民法院提起申请人执行异议之诉。

另查明，2013年9月12日，张某（乙方）和A银行南阳分行（甲方）签订了A银行《信用卡质押授信业务补充协议》。其中约定：质押授信业务是指乙方在甲方开立储蓄账号，并自愿将其享有合法的完全所有权的资产质押给甲方，甲方冻结乙方质押的财产作为担保，并根据质押财产的实际情况，为乙方申领的信用卡核定授信额度。质押财产的范围包括但不限于存单、保证金等。质权的效力及于质押存款的从权利及孳息。乙方在甲方冻结的质押财产不影响该笔质押财产应产生的孳息，乙方知悉并同意，质押财产的孳息将作为质押财产的一部分一并向甲方提供担保。甲方对乙方质押的财产享有优先受偿权，包括但不限于从乙方的保证金账户中扣划相应款项，并有权采取锁定账户、停止用卡等相关措施等。基于该补充协议，张某向A银行南阳分行递交中国光大银行信用卡开户申请书一份，显示信用卡额度为100万元人民币、冻结金额为100万元等内容。A银行南阳分行为张某办理了存款为100万元的储蓄卡，与保证金账号一致；同时，给张某办理了透支额度为100万元的信用卡。A银行南阳分行于2013年9月12日17：18：15将账户内的100万元进行了冻结，同时于2013年9月12日17：19：36将张某的信用卡激活，由张某使用。

【案件焦点】

银行对客户特定保证金账户是否享有质权并可以排除法院对该账户的强制执行。

【法院裁判要旨】

河南省南阳市卧龙区人民法院经审理认为：本案中，A银行南阳分行与张某之间签订的《信用卡质押授信业务补充协议》约定了该协议是《信用卡领用合约》的补充协议，也即《信用卡领用合约》的从合同，其作用为担保信用卡资金的安全。该补充协议也明确约定乙方（张某）在甲方（A银行南阳分行）开立储蓄账号，并自愿将其享有合法的完全所有权的资产质押给甲方，甲方冻结乙方质押的财产（以下简称质押财产）作为担保，因此，可以认定张某在A银行南阳分行开立的储蓄账号为保证金并以该储蓄账户内的资金作为质押。所以，张某和A银行南阳分行之间的质押关系成立。关于A银行南阳分行与张某之间质押是否设立的问题。金钱作为一种特殊的动产，可以质押，但应当符合金钱特定化和移交债权人占有两个条件。本案中，张某在A银行南阳分行开立储蓄账号，又在该账户内转让100万元，以担保信用卡资金的安全。这样，该100万元既不与张某的其他财产相混同，又独立于A银行南阳分行的财产，故符合《最高人民法院关于适用〈中华人民共和国担保法〉若干问题的解释》第八十五条规定的金钱以特户等形式特定化的要求。应当认定双方当事人已就该账户内的100万元的资金设立了质权。A银行南阳分行对张某在A银行南阳分行开立的储蓄账户内的资金享有质权，可以排除人民法院强制执行的民事权益。原告景某的诉讼请求不能成立，本院不予支持。

河南省南阳市卧龙区人民法院依照《中华人民共和国物权法》第二百一十条、第二百一十二条,《最高人民法院关于适用〈中华人民共和国担保法〉若干问题的解释》第八十五条,《中华人民共和国民事诉讼法》第二百二十七条,《最高人民法院关于适用〈中华人民共和国民事诉讼法〉的解释》第三百一十三条之规定,作出如下判决:

驳回景某的诉讼请求。

二审法院同意一审法院的裁判意见。

【法官后语】

本案判决于《中华人民共和国民法典》编纂之前,当时的《中华人民共和国物权法》第二百一十条规定:设立质权,当事人应当采取书面形式订立质权合同。质权合同一般包括下列条款:(一)被担保债权的种类和数额;(二)债务人履行债务的期限;(三)质押财产的名称、数量、质量、状况;(四)担保的范围;(五)质押财产交付的时间。《中华人民共和国民法典》施行后,对应内容规定在《中华人民共和国民法典》第四百二十七条,该条文基本保持了物权法原条文的结构和内容,仅在少数文字上进行了修改,将上述“质押财产的名称、数量、质量、状况”修改为“质押财产的名称、数量等情况”,将“质押财产交付的时间”修改为“质押财产交付的时间、方式”,语言更加准确精炼、内容更加严谨科学,其余内容不变。本案裁判所引用的《最高人民法院关于适用〈中华人民共和国担保法〉若干问题的解释》第八十五条规定:债务人或者第三人将其金钱以特户、封金、保证金等形式特定化后,移交债权人占有作为债权的担保,债务人不履行债务时,债权人可以以该金钱优先受偿。在民法典施行后，也被《最高人民法院关于适用〈中华人民共和国民法典〉有关担保制度的解释》第七十条第一款、第二款所取代，具体内容是：债务人或者第三人为担保债务的履行，设立专门的保证金账户并由债权人实际控制，或者将其资金存入债权人设立的保证金账户，债权人主张就账户内的款项优先受偿的，人民法院应予支持。当事人以保证金账户内的款项浮动为由，主张实际控制该账户的债权人对账户内的款项不享有优先受偿权的，人民法院不予支持。在银行账户下设立的保证金分户，参照前款规定处理。由此可见，后面的司法解释规定得更加全面、清晰，本案作出裁判时，当时的司法解释对银行保证金分户及账户内款项浮动的质权特性尚无明确规定，所作出的判决符合担保法金钱质押的特征和性质，与之后出台的民法典及相关司法解释的有关规定完全契合，体现了司法案例在推动统一法律适用方面的重要作用。判定金钱质押是否生效的条件，主要是看金钱是否特定化和是否移交债权人占有两个方面。

本案中，A 银行南阳分行与张某之间签订的《信用卡质押授信业务补充协议》，明确约定张某在 A 银行南阳分行开立储蓄账号，并自愿将其享有合法的完全所有权的资产质押给甲方，甲方冻结乙方质押的财产作为担保，可以认定张某在 A 银行南阳分行开立的储蓄账号为保证金并以该储蓄账户内的资金作为质押，张某和 A 银行南阳分行之间的质押关系成立。本案中，张某在办理信用卡的同时，在 A 银行南阳分行开立储蓄账号并存入 100 万元，该储蓄账号与其开户申请书中银行打印一栏中显示的保证金账号一致，且该账户未做日常结算使用，不与张某的其他财产相混同，又独立于 A 银行南阳分行的财产，故符合金钱特定化的要求。该 100 万元金钱特定化后，根据双方的约定，A银行南阳分行对该100万元进行了冻结，限制了张某自由支取的权利。同时双方签订的《信用卡质押授信业务补充协议》约定，张某出现信用状况恶化、未按时足额还款等情形时，A银行南阳分行对张某质押的财产享有优先受偿权，包括但不限于从张某的保证金账户中扣划相应的款项，并有权采取锁定账户、停止用卡等相关措施。故可以认定A银行南阳分行对该账户进行着实际控制和管理，符合出质金钱移交债权人占有的要求。因此，应当认定双方当事人已就该账户内的100万元的资金设立了质权，可以阻却人民法院的强制执行。

综上，被执行人在银行开立保证金账户，存入一定数量的保证金，由银行实际占有控制，被执行人不能随意支配该款项，且该账户与被执行人其他款项账户相区别，符合金钱特定化的特征，构成质押，银行对该保证金享有质押权。银行请求排除执行该保证金的，应予支持。

司法实践中，即便该账户内资金发生浮动，也不影响该金钱质权的设立。因为保证金以专门账户形式特定化并不等于固定化。在账户内资金根据业务发展情况处于浮动状态，但只要与保证金业务相适应，支出的款项用于保证金的退还和扣划，未用于非保证金业务的日常结算，在银行实际控制该账户时，被执行人对该账户内的资金使用受到限制，不影响该金钱质权的设立。另外，人民法院在查封该保证金账户时，银行予以协助，但并不能因此否定该账户为保证金账户的性质，亦不能据此推定银行放弃行使质押权。

编写人：河南省南阳市卧龙区人民法院　马宇航

108 案外人对执行标的的租赁权及租金抵销权无法对抗申请执行人对执行标的依法享有的担保物权

——张某、钟某与贷款公司等案外人执行异议案

【案件基本信息】

1. 裁判书字号

福建省厦门市集美区人民法院（2018）闽0211执异71号执行裁定书

2. 事由：案外人执行异议

3. 当事人

异议人：张某、钟某

申请执行人：贷款公司

被申请执行人：房地产公司、黄某

【基本案情】

2017年3月13日，贷款公司与房地产公司、黄某签订《最高额借款合同》，约定房地产公司、黄某向贷款公司借款2000万元。2017年3月14日，贷款公司取得厦门市集美区×号113单元房屋的抵押权。2017年10月11日，公证处作出执行证书。该执行证书确定以下执行内容：（1）被申请执行人房地产公司、黄某。（2）执行标的：①借款本金贰仟万元整、利息、申请执行人为实现债权、抵押权所发生的其他费用等……（3）被申请执行人房地产公司、黄某不履行上述还款义务，申请执行人有权以被申请执

行人黄某抵押的位于厦门市集美区×号113单元房屋折价或者拍卖、变卖该财产的价款优先受偿，不足部分由被申请执行人房地产公司、黄某继续偿还。2017年11月3日，申请执行人贷款公司依据已发生法律效力的执行证书向法院申请强制执行，要求房地产公司、黄某对上述执行标的承担还款义务，并要求黄某以位于厦门市集美区×号113单元房屋作为抵押物承担抵押担保责任。福建省厦门市集美区人民法院受理后，于2017年12月14日查封了黄某名下位于厦门市集美区×号113单元的房产。2018年8月14日，法院依法制作（2017）闽0211执2092号之一，拍卖已查封的黄某所有的113单元的房产。

2017年7月6日，黄某与钟某签订《店面租赁合同》约定黄某将113单元的房产出租给钟某，租赁期限为10年，每月租金8万元。2017年9月7日，黄某与张某、钟某签订《个人借款合同》，约定黄某向张某、钟某借款200万元，借款期限20天，每天利息3333元。若黄某逾期还款，则黄某自愿将租给张某、钟某的案涉房产租金转为利息抵扣给张某、钟某。由于黄某未偿还上述借款，2017年1月22日，张某、钟某向法院起诉。2018年4月11日，福建省厦门市集美区人民法院依法作出（2018）闽0211民初757号民事判决书，判决黄某向张某、钟某偿还借款1785465.37元并支付利息、代理费9.8万元、财产保全申请费5000元、财产保全责任险费用6400元。

异议人张某、钟某称：黄某已在《个人借款合同》中确认可用异议人钟某应付租金抵扣其尚欠两异议人的债务。若将该房屋拍卖，钟某的租金必须交给新出租人，无法实现抵扣租金的目的。

同时，由于案涉房产黄某已抵押给贷款公司，贷款公司对拍卖款将享有优先受偿权。该拍卖款项在清偿完贷款公司的全部本息后，所剩无几，异议人将无法通过参与分配来实现债权的足额清偿。法院的拍卖行为将导致两异议人无法行使抵销权以及实现债权，请求法院停止案涉房产的拍卖。

【案件焦点】

异议人对案涉房产享有合法有效的租赁权及租金的抵销权能否对抗法院的强制执行行为。

【法院裁判要旨】

福建省厦门市集美区人民法院经审理认为：贷款公司取得案涉房产抵押权的时间为 2017 年 3 月 14 日，而张某、钟某租赁案涉房产的时间为 2017 年 7 月 6 日，钟某与黄某关于案涉房产租金用于抵扣利息的约定时间为 2017 年 9 月 7 日。即贷款公司取得案涉房产抵押权的时间早于张某、钟某租赁案涉房产的时间和钟某与黄某约定的租金用于抵扣利息的时间。且根据执行证书的执行内容，在房地产公司、黄某不履行还款义务时，贷款公司有权以黄某抵押的位于厦门市集美区×号 113 单元房屋折价或者拍卖、变卖该财产的价款优先受偿。根据《最高人民法院关于人民法院办理执行异议和复议案件若干问题的规定》第二十七条的规定，申请执行人对执行标的依法享有对抗案外人的担保物权等优先受偿权，人民法院对案外人提出的排除执行异议不予支持，但法律、司法解释另有规定的除外。由于贷款公司系案涉房产的抵押权人，其对案涉房产享有优先受偿权，即便张某、钟某对案涉房产享有合法有效的租赁权及租金的抵销权，也不得基于该权利对抗法院对案涉房产的处置。现张某、钟某请求停止对案涉房产的拍卖措施，于法无据，法院不予支持。

福建省厦门市集美区人民法院依照《中华人民共和国民事诉讼法》第二百二十五条，《最高人民法院关于人民法院办理执行异议和复议案件若干问题的规定》第二十七条的规定，作出如下裁定：

驳回张某、钟某的异议申请。

【法官后语】

法律规定了“买卖不破租赁”原则，该原则倾向于维护承租人的合法权益，弱化了对房屋买受人的保护力度。但在执行不动产的过程中，该原则却成为当事人对抗法院执行行为的借口，过度地扩大了该原则的适用范围，以此原则为理由要求排除法院的执行行为。在执行异议的审查过程中，如何有效遏制当事人滥用该原则阻却执行行为，有效提升执行效率，是法院应当着重考量的问题。本案中，案涉房产之上存在三个权利：一是抵押权；二是租赁权；三是租金抵销权，三者的效力如何认定，是决定案外人提出的执行异议能否成立的关键所在。

首先，甄别抵押权、租赁权及租金抵销权的权利属性问题。物权法规定在物之上可以设立抵押权，抵押权产生的法律后果在于债务人无法履行到期债务的情况下，抵押权人可以就抵押物优先受偿。抵押权是一种物权，具有对世权、绝对权，可以排除其他权利的干扰，帮助抵押权人实现物上的利益。而租赁权是出租人将租赁物出租给承租人后获取收益的行为。抵销权是当事人互负到期债务，该债务的标的物种类、品质相同的，任何一方都可以将自己的债务与对方的债务抵销。结合本案情况，租金抵销权是借款合同中约定的案涉房产的租金用于抵扣债务人应付给异议人的借款利息。根据合同的相对性原则，租赁合同及借款合同产生的法律效力仅限于合同双方当事人。租赁权及抵销权是一种相对权，即使法律规定了“买卖不破租赁”原则，将租赁合同的效力及于第三人，但这一例外情况并不能改变租赁权系债权的这一权利属性。

其次，明确同一物上物权优于债权的原则。目前，物权法虽未规定该原则，但对于该条所显现的民法法理一直作为物权法的基本规则在应用。根据《最高人民法院关于人民法院办理执行异议和复议案件若干问题的规定》第二十七条的规定，申请执行人对执行标的依法享有对抗案外人的担保物权等优先受偿权，人民法院对案外人提出的排除执行异议不予支持，但法律、司法解释另有规定的除外。该规定亦体现了同一物上存在多项他权利的情况下物权优于债权的原则。物权优先于债权，包含两层含义：一是在某财产既为债权给付的标的物，又为物权的客体时，无论物权成立的时间先后，物权优先于债权；二是债务人的特定财产上存有限制物权，就出卖该特定物所得到价款，限制物权人有优先于一般债权人受偿的效力。这里的物权不仅限于所有权，还应当包括用益物权及担保物权。担保物权优先于债权，主要体现在担保物所担保的债权较一般债权享有处置担保物的优先受偿权，还包含其他普通债权人取得担保物的给付请求权亦不得对抗担保权人的优先受偿权。本案中，贷款公司于2017年3月14日取得案涉房产的抵押权。而张某、钟某于2017年7月6日取得案涉房产的租赁权，钟某与黄某关于案涉房产租金用于抵扣利息的约定时间为2017年9月7日。由于贷款公司系案涉房产的抵押权人，其对案涉房产享有优先受偿权，即便张某、钟某对案涉房产享有合法有效的租赁权及租金的抵销权，也不得基于该权利对抗法院对案涉房产的处置。

最后，考察承租人是否尽到谨慎义务。本案中张某、钟某取得租赁权的时间晚于贷款公司取得抵押权的时间，张某、钟某作为完全民事行为能力人，在将大额度款项出借给黄某之前，应当认真审查借款人资质，在双方约定以案涉房产的租金抵扣借款利息时，亦应当对案涉房产上设立他项权利的情况进行全面了解。在案涉房产已经设立抵押权的情形下，张某、钟某仍愿意让黄某以租金的形式抵扣利息，应当认定其对相应的交易风险已经有了一定程度的了解与把控，由此产生的法律责任亦应当由其承担。张某、钟某一直以“买卖不破租赁”原则阻挠法院对案涉房产的拍卖行为，但即使本案拍卖了案涉房产，亦不影响其继续使用租赁案涉房产，其以该主张排除法院的执行行为无任何法律依据。实际上，张某、钟某的异议主张在于法院的拍卖行为侵害其领取案涉房产租金的权益，但该理由无法成为阻却法院执行行为的有效依据。

综上，在审查执行异议的过程中，要准确甄别同一物上的他项权利的属性，应当明确物权优先于债权的原则，对于当事人无正当理由提出执行异议的应依法予以驳回。

编写人：福建省厦门市集美区人民法院　龚小兰

109 执行担保与债务加入之辨析

——袁某宝申请变更、追加当事人案

【案件基本信息】

1. 裁判书字号

北京市高级人民法院（2017）京执复 101 号执行裁定书

2. 事由：变更、追加当事人

3. 当事人

申请执行人（复议申请人）：袁某宝

被执行人：实业公司

第三人：齐某

【基本案情】

2016 年 8 月 23 日，北京仲裁委员会就袁某宝与实业公司合同纠纷一案，作出（2016）京仲裁字第 1138 号仲裁裁决："一、实业公司向袁某宝返还合同款 60 万元；二、实业公司承担袁某宝因本案支付的差旅费 800 元及律师费 1.6 万元；三、仲裁费 29577.44 元，由袁某宝承担 5915.49 元，由实业公司承担 23661.95 元，实业公司直接向袁某宝支付垫付的仲裁费 23661.95 元……"袁某宝于 2016 年 9 月 12 日申请执行，北京市第二中级人民法院于 2016 年 9 月 19 日以（2016）京 02 执 830 号立案执行。

执行过程中，袁某宝与实业公司、齐某三方于 2016 年 12 月 15 日达成《执行和解协议书》并提交法院。该协议书约定，"乙

(实业公司)、丙(齐某)对裁决书确定的支付义务不持有异议”“甲(袁某宝)、乙、丙三方约定:(1)丙方承诺和乙方共同向甲方支付仲裁款项。(2)乙、丙承诺分五笔向甲方支付仲裁款项640461.95元,于2016年1月25日前向甲方支付第一笔款项18万元;2017年3月11日前向甲方支付第二笔款项……(3)乙、丙若能如期履行上述第一笔款项的约定,甲方同意于收到第一笔全部款项的次日撤回追加史晴、齐某为被执行人的申请。(4)乙、丙若能如期履行上述款项,甲方同意免除乙方逾期利息支付的责任”“丙方自愿对乙方向甲方履行本协议确定的支付款项承担连带保证责任并承诺如未能按期支付同意执行法院直接执行其个人名下全部财产直至还清全部本息止”“本协议履行过程中,如乙、丙方不履行或不完全履行和解协议约定的内容即未按期支付相应款项的视为所欠款项全部到期,甲方可向法院申请恢复对原生效文书的执行,并要求丙方承担连带保证责任”。

袁某宝申请追加齐某为案件的被执行人。袁某宝称,协议书签订后,实业公司、齐某仅支付了部分款项,未再如约履行。根据约定,应视为所欠款项全部到期,请求依法追加齐某为被执行人。

【案件焦点】

第三人作出的“担保债务履行,债务人不履行则我履行”的意思表示,究竟属于执行担保,还是债务加入。

【法院裁判要旨】

北京市第二中级人民法院经审理认为:根据法律和相关司法解

释的规定，他人提供执行担保的，人民法院可以在被执行人不履行义务的情况下，直接执行担保财产，或者裁定执行担保人的财产。首先，在执行过程中袁某宝与实业公司、齐某三方达成的《执行和解协议书》第三条约定“丙方自愿对乙方向甲方履行本协议确定的支付款项承担连带保证责任并承诺如未能按期支付同意执行法院直接执行其个人名下全部财产直至还清全部本息止”，现袁某宝依据该和解协议要求追加齐某为被执行人，无论认定齐某提供的执行担保是否成立，该理由不是追加齐某为被执行人的依据，应由执行实施部门对执行担保是否成立作出判断并径行裁定执行，故袁某宝依据该理由要求追加齐某的请求，不予支持；其次，袁某宝认为齐某为被执行人作为实业公司高管，个人财产与公司财产混同，违反《中华人民共和国公司法》有关规定，要求追加齐某为被执行人的请求，缺乏法律依据，不属于执行程序中追加被执行人的法定情形，故不予支持。综上，袁某宝要求追加齐某为被执行人缺乏事实和法律依据，不予支持。依据《中华人民共和国民事诉讼法》第一百五十四条第一款第十一项，《最高人民法院关于民事执行中变更、追加当事人若干问题的规定》第三十条的规定，作出如下裁定：

驳回袁某宝要求追加齐某为（2016）京02执830号执行案件被执行人的请求。

袁某宝不服北京市第二中级人民法院（2017）京02执异155号执行裁定，申请复议。

北京市高级人民法院经审理认为：执行中追加被执行人，应当严格按照执行方面法律、司法解释的规定进行审查，判断是否符合追加的法定情形。袁某宝提出齐某系实业公司的高管、齐某的个人财产与公司财产混同、违反公司法的规定等主张，不属于执行程序中追加被执行人的法定情形。袁某宝、齐某、实业公司三方签订的《执行和解协议书》约定，“丙方（齐某）自愿对乙方（实业公司）向甲方（袁某宝）履行本协议确定的支付款项承担连带保证责任并承诺如未能按期支付同意执行法院直接执行其个人名下全部财产直至还清全部本息止”。该约定并非第三人代为履行债务的约定，不符合法律、司法解释规定的追加被执行人的情形。综上，袁某宝要求追加齐某为案件的被执行人，缺乏事实根据和法律依据。北京市高级人民法院依法裁定如下：

驳回袁某宝追加被执行人的申请。

【法官后语】

执行程序中，基于延长履行期限、防止被人民法院立即采取措施等的考虑，与债务人相关的第三人会作出“担保债务履行，债务人不履行则我履行”的意思表示。这种意思表示究竟是执行担保，还是债务加入？由于执行担保、债务加入均有为债权的实现提供保障之功能，两者在利益指向、约定目的上存在重叠，使得人民法院在执行担保、债务加入的区分认定上存在困难。对于第三人意思表示性质的判断，决定着人民法院是直接裁定执行，还是须先经审查程序将第三人变更、追加为被执行人。为高效、规范地推进涉及执行担保、债务加入案件的执行程序，对两者进行辨析很有必要。

认定一个意思表示属于执行担保还是债务加入，应根据第三人意思表示的不同进行认定：如果第三人作出较为明显的担保意思表示，则应当认定为执行担保；如果第三人作出较为明显的债务加入意思表示，则应当认定为债务加入；如果无法判断第三人在担保、债务加入哪方面的意思表示更为明显，可倾向于将其认定为执行担保。理由如下：首先，认定为执行担保的情形下，人民法院可直接裁定执行。而在认定为债务加入的情形下，还要审查变更追加当事人，无法实现执行程序的快速启动。其次，认定为执行担保的情形下，一般是启动对担保财产的执行，即使是第三人提供的保证，也仅限于对其财产的执行。而在认定为债务加入的情形下，人民法院会对被变更追加的第三人采取间接强制执行措施或强制措施。将第三人不明确的意思表示认定为债务加入，不仅导致执行效率的损耗，更加重了第三人的诉讼风险，可能导致其人身自由、交易自由等受到侵害。最后，执行程序虽然也就某些实体争议问题进行判断，但往往限于程序性审查，不足以充分保障当事人的实体权利。即使在审判程序中，担保、债务加入的辨析也是一个十分复杂的实体法律问题，难以作出判断，更不要说执行程序了。因此，将第三人不明确的意思表示认定为执行担保，也是执行程序谦抑性的一种体现。上述认定思路与《最高人民法院关于适用〈中华人民共和国民法典〉有关担保制度的解释》第三十六条的原意也是一致的。可进一步探讨的是，若第三人在执行程序中提交的承担责任的意思表示既不属于担保也不属于债务加入，是否应给予债权人另诉要求第三人承担相应责任的权利，笔者认为是可以的。

在接收第三人作出涉及执行担保或债务加入意思表示的材料时，人民法院应当加强法律释明工作，由第三人明确其意思表示究竟属于执行担保还是属于债务加入。必要时，可以要求第三人对提交的材料作出修改或申明，甚至可以要求第三人明确其与被执行人之间有无其他实体法律关系，以防止后续在执行担保、债务加入的辨析上产生争议。

编写人：北京市高级人民法院　刘旭峰

110 保证金质押的效力认定

——某银行天津分行诉张某娜等案外人执行异议之诉案

【案件基本信息】

1. 裁判书字号

天津市滨海新区人民法院（2016）津 0116 民初 1228 号民事判决书

2. 案由：案外人执行异议之诉

3. 当事人

原告：某银行天津分行

被告：张某娜、聊某义、酒业销售公司

【基本案情】

2014 年 12 月 24 日，某银行天津分行与聊某义、酒业销售公司签订借款合同及质押担保合同，约定二被告在指定账户内存入 25 万元作为借款担保。合同签订后，聊某义、酒业销售公司将 25 万元存入指定账户，原告发放借款。现借款到期，发生逾期。后某银行天津分行收到天津市滨海新区人民法院送达的执行裁定，知悉上述账号内存款被冻结，冻结事由为张某娜与聊某义、酒业销售公司借款的强制执行程序。某银行天津分行向天津市滨海新区人民法院提出书面执行异议，法院于 2015 年 12 月 7 日作出（2015）滨执异字第 0098 号执行裁定书，驳回了某银行天津分行的申请。某银行天津分行向天津市第二中级人民法院申请复议，天津市第二中级人民法院于2016年3月8日作出（2016）津02执复00023号执行裁定书，裁定撤销（2015）滨执异字第0098号执行裁定书，指令天津市滨海新区人民法院重新作出裁定。后天津市滨海新区人民法院于2016年4月19日作出（2016）津0116执异22号执行裁定书，驳回了某银行天津分行的请求。某银行天津分行认为执行标的物系被告借款的质押财产，于单独的子账号保管，且原告与第三人签订了书面质押合同，根据物权法的规定，属于有效成立的质权，同时也符合相关司法解释关于以特定化账户形式进行担保的规定，请求立即撤销（2016）津0116执异22号执行裁定书，中止对执行标的物——聊某义在民生银行天津分行账号内全部存款的执行（截至2016年5月4日，存款余额为139916.58元）、确认某银行天津分行对上述执行标的物享有质权。

张某娜认为银行金融机构有义务协助法院进行相关的执行工作，如果聊某义、酒业销售公司与某银行天津分行存在债务关系并已违约，某银行天津分行应向有管辖权的法院提起诉讼，并依法申请强制执行，请求依法驳回某银行天津分行的诉请。经询问聊某义表示不同意某银行天津分行的诉讼请求，同意法院执行账户中的款项，但认可其在某银行天津分行处作为质押的民生银行的账号。

【案件焦点】

某银行天津分行对聊某义名下账号内的25万元存款是否享有质权。

【法院裁判要旨】

天津市滨海新区人民法院经审理认为：金钱作为一种特殊的动产，在具备条件的情况下可以用于质押。某银行天津分行主张对该账户内剩余存款享有质权，应当从某银行天津分行与聊某义之间是否存在质押合意以及质权是否设立两点来进行审查。

第一，某银行天津分行与聊某义签订了最高额担保合同，合同中明确约定了聊某义以金钱作为质押，向某银行天津分行申请贷款，并约定若聊某义无法偿还贷款，某银行天津分行有权直接扣划相应的存款以抵偿债务，证明双方具备质押的合意，质押合同成立。

第二，《最高人民法院关于适用〈中华人民共和国担保法〉若干问题的解释》第八十五条规定明确了金钱质押的设立条件，即对质押物的特定化并移交债权人占有。某银行天津分行对涉案账户账号的资金使用进行了限制，该账号内25万元存款聊某义无法用于日常的存取、结算。金钱是特殊的动产，对于金钱的特定化要求不等同于将其固定化，涉案银行卡只是保证金的物质载体，不应以外化的卡号作为否认其内含账户账号的特定化，因此该定期的账户账号符合特定化的要求。另，某银行天津分行提交的证据证明其可以随时扣划涉案定期账户账号内的保证金，对该账户账号具有实际的控制和管理权，符合对物占有的特点和事实状态，某银行天津分行对账户账号内的25万元存款享有处置权。

综上，某银行天津分行对涉案账户账号内存款的质押符合金钱质押的生效条件。根据《最高人民法院关于适用〈中华人民共和国民事诉讼法〉的解释》第三百一十二条关于案外人提起执行异议之诉的处理规定，案外人就执行标的享有足以排除强制执行的民事权益的，判决不得执行该执行标的，案外人同时提出确认其权利的诉讼请求的，人民法院可以在判决中一并作出裁判。本案中，某银行天津分行对聊某义的账号享有质权，符合法律的规定。

天津市滨海新区人民法院依照《中华人民共和国民事诉讼法》第二百二十七条、《最高人民法院关于适用〈中华人民共和国担保法〉若干问题的解释》第八十五条、《最高人民法院关于适用〈中华人民共和国民事诉讼法〉的解释》第三百一十二条的规定，作出如下判决：

一、不得执行聊某义在某银行天津分行处账号内保证金25万元；

二、某银行天津分行对聊某义账户内的保证金25万元享有质权。

判决后，双方当事人均未上诉，本判决现已生效。

【法官后语】

保证金专门账户金钱质押是信贷业务广泛采用的一种担保方式，是银行防范信贷风险、保证资金安全的一种有效措施。银行保证金专门账户是银行为客户开立的一类专门存放信用保证金的结算账户，银行对客户进行授信时要求缴存一定比例的自有资金，通过专户管理以规范客户履约行为，所担保的事项没有完结之前，保证金不得提前支取或挪作他用。现行法律没有明确规定保证金质押的担保方式，《最高人民法院关于适用〈中华人民共和国民法典〉有关担保制度的解释》第六十一条规定，债务人或者第三人将其金钱以特户、封金、保证金等形式特定化后，移交债权人占有作为债权的担保，债务人不履行债务时，债权人可以以该金钱优先受偿。此规定是实务中判断保证金专门账户金钱质押是否有效的法律依据。金钱一般不可以作为质押物，但是如果将金钱予以特定，应当认定其可以作质物。综上，保证金专门账户金钱质押生效需满足两个条件：一是保证金专门账户内金钱特定化；二是保证金账户金钱移交债权人占有。

若双方当事人按照协议约定为出质金钱开立担保保证金专户，出质人根据每次担保贷款额度的一定比例向该专户内缴存保证金，专户内转出的金钱为质权人对保证金的退还和扣划专款专用，专户未作日常结算，可以与一般结算账户、基本账户相区分，出质人不可以自由支配该专户内的金钱，保证金账户内的金钱不可以自由进出，符合金钱特定化的要求。

《中华人民共和国民法典》第四百二十九条规定，质权自出质人交付质押财产时设立。质权若要创设并生效，必须经过转移质物占有和公示。未经质权人同意，出质人不得动用担保保证金专户内的资金，担保的贷款到期未获清偿时，质权人有权直接扣划担保保证金专户内的资金，质权人作为债权人取得保证金专门账户的控制权，实际控制和管理该专户。此种控制权移交符合出质金钱移交债权人占有的要求，应当认定双方当事人已就涉案保证金账户内的资金设立质权。

保证金以专门账户形式特定化并不等同于固定化。案涉账户在使用过程中，随着担保业务的开展，保证金账户的资金余额是浮动的。出质人开展新的贷款担保业务时，需要按照约定存入一定比例的保证金，必然导致账户资金的增加；在出质人担保的贷款到期未获清偿时，扣划保证金账户内的资金，必然导致账户资金的减少。虽然账户内资金根据业务发生情况处于浮动状态，但均与保证金业务相对应，除缴存的保证金外，支出的款项均用于保证金的退还和扣划，而不得用于非保证金业务的日常结算。即质权人可以控制该账户，出质人对该账户内的资金使用则受到限制，故该账户资金浮动仍符合金钱作为质权的特定化和移交占有的要求，不影响该金钱质权的设立。

综上，保证金专门账户金钱质押满足《中华人民共和国民法典》第四百二十七条、第四百二十九条，《最高人民法院关于适用〈中华人民共和国民法典〉有关担保制度的解释》第六十一条之规定具备订立书面质押合同、保证金账户金钱特定化、保证金账户金钱移交债权人占有要件，其合法性应予以认可。

编写人：天津市第三中级人民法院　杨学秋

111　根据书面质押合同约定占有的金钱产生质权的效力

——某银行云南省分行诉邹某案外人执行异议之诉案

【案件基本信息】

1. 裁判书字号

云南省昆明市中级人民法院（2017）云01民终2645号民事判决书

2. 案由：案外人执行异议之诉

3. 当事人

原告（被上诉人）：某银行云南省分行

被告（上诉人）：邹某

第三人：担保公司

【基本案情】

2014年4月8日，第三人担保公司（甲方）与原告某银行云南省分行（乙方）签订《担保合作协议》，约定双方开展担保及其配套业务的全面合作，甲方为乙方客户提供全额连带责任保证、最高额保证金质押、保证金质押等担保。在协议签署五个工作日内，甲方应将金额不低于500万元整的风险保证金存入乙方开立的保证金账户中，并与乙方签署《最高额保证金质押合同》，风险保证金按照《最高额保证金质押合同》的约定作为主合同项下一系列债务的质押担保，乙方有权要求甲方补充、追加风险保证金。同日，双方签订了《最高额保证金质押合同》，约定甲方为多个不特定债务人在2014年4月8日至2015年4月7日与乙方签订的人民币资金借款合同、外汇资金借款合同、银行承兑协议、信用证开证合同、出具保函协议等业务提供最高额保证金质押担保。甲方应在合同签订之日起五个工作日内将500万元整的保证金存入保证金专户。非经乙方同意，甲方不得对保证金专户内资金进行使用、划转或做其他任何处分。保证金专户名称为担保公司。担保范围为主合同项下全部债务，包括但不限于全部本金、利息（包括复利和罚息）、违约金、赔偿金、债务人应向乙方支付的其他款项及乙方为实现债权而发生的费用。本最高额保证金质押项下担保责任的最高限额为5000万元整。如甲方根据本合同履行了担保义务，则该最高额按履行的金额相应递减。债务人不履行主合同项下到期债务或不履行被宣布提前到期的债务，或违反主合同的其他约定，乙方有权从保证金专户中划收相应款项。双方还对其他权利义务进行了约定。

2014年4月3日，第三人担保公司在上述保证金账户中存入500万元，该笔款项在2015年4月22日转销结息后于同日再次存入500万元，在2015年6月11日因代偿转账支取161万元，在2015年10月28日结息转账销户并扣划25万元用于代偿，同日转存入319万元。2016年4月27日被司法扣划319万元。

2014年10月10日，第三人在上述保证金账户中存入300万元，该笔款项在2015年9月11日因代偿转账支取125万元，在2015年10月10日自动转存结息，在2015年10月14日结息转账销户并扣划80万元用于代偿，同日转存入95万元，在2015年10月22日转账支取70万元。2016年4月27日被司法扣划13万元后账户余12万元，在2016年10月14日自动转存结息。

2014年11月26日，第三人在上述保证金账户中存入22.5万元，在2015年11月26日自动转存结息。2016年4月27日被司法扣划349.5万元。

根据证据及庭审中原告与第三人的陈述查明，第三人存入保证金账户的三笔款项分别以定期存单的形式存入，一年期满后自动转存，三笔款项单独结算进出账目。

2014年8月28日，原告与商贸公司签订《人民币流动资金贷款合同》，向商贸公司发放贷款800万元。2015年12月29日，原告与科技公司签订《人民币流动资金贷款合同》，向向阳公司发放贷款425万元。2015年12月24日，原告与工程公司签订《人民币流动资金贷款合同》，向工程公司发放贷款550万元。上述贷款期限均为一年，由第三人担保公司提供连带责任保证。

被告邹某与第三人担保公司借款合同纠纷一案，经法院(2015)盘法民初字3153号民事调解书确认，该公司应于2016年2月2日前一次性向邹某归还借款400万元，并承担案件受理费1.94万元。法院根据邹某的执行申请，于2016年4月27日扣划了第三人担保公司在原告处保证金账户上的款项 349.5 万元。原告提出执行异议被驳回，遂于 2016 年 10 月 11 日向法院提出执行异议之诉，主张其权利。

原告认为，其与第三人签署了《最高额保证金质押合同》，第三人交付了质物，并且原告为该笔出质的金钱开立了与合同约定一致的保证金专门账户，按合同约定及操作实际建行均取得对该专门账户的占有控制权，质权已经设立，原告享有对该笔款项的优先受偿权，法院应停止对该款项的全部执行行为。请求：确认原告对第三人存在原告城西支行营业网点环城西路支行的保证金 349.5 万元享有质权，对该款享有优先受偿权并立即终止对该款项的所有执行行为。

被告认为，其与第三人存在债权债务关系并有生效法律文书确认，按照法院执行裁定书该笔款项不符合保证金质押生效的条件，质押合同不成立，该笔款项不是质押保证金，请求法院依法驳回原告的诉请。

第三人辩称，我方与被告存在债权债务关系，签订了民事调解书，被告陈述属实，我方没有异议。我方认为该笔款项并非保证金，而是存款。

【案件焦点】

原告对第三人在原告处开立的保证金账户中的款项是否享有质权，是否足以排除强制执行。

【法院裁判要旨】

云南省昆明市盘龙区人民法院经审理认为：《中华人民共和国物

权法》第二百一十条规定，设立质权，当事人应当采取书面形式订立质权合同。质权合同一般包括下列条款：（一）被担保债权的种类和数额；（二）债务人履行债务的期限；（三）质押财产的名称、数量、质量、状况；（四）担保的范围；（五）质押财产交付的时间。本案中，原告与第三人签订了《担保合作协议》和《最高额保证金质押合同》，约定第三人为多个不特定债务人在 2014 年 4 月 8 日至 2015 年 4 月 7 日与原告签订的一系列合同提供最高额保证金质押担保，开立专门的保证金专户，合同签订之日起五个工作日内将保证金 500 万元存入保证金专户，保证金质押项下担保责任的最高限额为 5000 万元。债务人不履行主合同项下到期债务或不履行被宣布提前到期的债务，或违反主合同的其他约定，原告有权从保证金专户中划收相应款项。合同明确约定了质权合同所需具备的条款，符合法律的形式要件。原告某银行云南省分行与第三人担保公司之间订立了书面质押合同。《中华人民共和国物权法》第二百一十二条规定，质权自出质人交付质押财产时设立。《最高人民法院关于适用〈中华人民共和国担保法〉若干问题的解释》第八十五条规定，债务人或者第三人将其金钱以特户、封金、保证金等形式特定化后，移交债权人占有作为债权的担保，债务人不履行债务时，债权人可以以该金钱优先受偿。根据上述规定，金钱质权的设立必须具备书面质押合同和特定化占有两个条件。本案中，原告与第三人之间订立了书面质押合同，质押合同约定的质押物是 500 万元，在保证金专户中第三人担保公司共计存入三笔款项，根据庭审查明的事实，三笔款项分别以定期存单的形式存入，单独结算进出款项，互不混淆，即在一个保证金账号中存在三笔特定款项。第一笔款项与《最高额保证金质押合同》相对应，500 万元作为保证金质押担保 5000

万元的债务，该款项的进出由原告实际控制和管理，并已实际发生为担保债务进行代偿，此笔款项符合订立书面质押合同和特定化占有的两个条件，质权依法成立。原告对被扣划前金额为 314 万元剩余保证金依法享有质权。第二笔款项 300 万元在 2014 年 10 月 10 日存入，第三笔款项 22.5 万元在 2014 年 11 月 26 日存入，该两笔款项不在合同约定的质押金 500 万元的范围内，不属于合同约定的质押保证金，虽然也曾用于代偿债务，但是因欠缺书面合同的约定，质权没有依法设立，原告对该两笔款项不享有质权。综上所述，原告对第三人质押保证金账户中质押合同约定的保证金剩余部分 314 万元享有质权，对其余款项不享有质权。根据《中华人民共和国物权法》第二百一十条、第二百一十二条，《最高人民法院关于适用〈中华人民共和国担保法〉若干问题的解释》第八十五条，《中华人民共和国民事诉讼法》第一百一十八条、第二百二十七条及《最高人民法院关于适用〈中华人民共和国民事诉讼法〉的解释》第三百一十二条的规定，作出如下判决：

一、不得执行第三人担保公司账户中的人民币 314 万元；

二、原告某银行云南省分行对第三人担保公司账户中的人民币 314 万元享有质权。

二审法院同意一审法院的裁判意见。

【法官后语】

1. 案外人执行异议之诉的审理实质

案外人执行异议之诉与普通民事诉讼相比是一种特殊的诉讼，涉及生效裁判的执行，以及申请执行人、被执行人、案外人等多方当事人的权利。因此，对于案外人执行异议之诉的审查应当较为严格。案外人执行异议之诉的审理实质上是审查案外人所主张的对执行标的的实体权益是否足以排除强制执行。对此类案件的审理应从以下几个方面进行审查：第一，审查被执行人是否对执行标的享有实体权益。被执行人对执行标的享有实体权益是对该标的执行的前提条件，如果被执行人对执行标的不享有实体权益，则不应执行该标的；第二，审查提出异议的案外人对执行标的享有的实体权益是否优先于执行申请人的债权。一般而言，物权优先于普通债权；第三，对执行标的的执行行为是否会妨害提出异议的案外人对执行标的所享有的权益，如对执行标的享有抵押权不能作为排除执行的依据，而只能要求在执行价款中优先受偿。

2. 金钱质权成立生效的确认

根据《中华人民共和国物权法》和《中华人民共和国担保法》的相关规定，金钱质权的设立必须具备书面质押合同和特定化占有两个条件。仅根据法律条款的规定，质权的成立生效似乎很简单，但在审判实践中，书面质押合同存在各种各样的内容，书面质押合同与占有是否存在对应关系，是判断质权成立、生效与否的关键。本案中，书面质押合同约定的质押金为500万元，担保最高额5000万元的债权，为原告在2014年4月8日至2015年4月7日签订的借款合同提供质押担保。合同对质权所担保的债权合同的签订期间作出了限定，只有在此期间签订的主债权合同才能根据约定由500万元的质押金进行担保，在此期间之外的债权合同不在质押担保范围内。本案涉及的另一个问题是特定化占有，质押担保以特定的账户作为占有方式，但账户中又分别以不同的存单方式进出不同的款项，并非单一的一笔款项，区分出属于质押担保合同范围的质押保证金，是正确界定原告享有的质权范围的关键。本案的审理正是以这样的思路将不同的款项与质押合同的约定相对应，区分开质押金与非质押金，从而界定原告享有的质权范围。综上，金钱质权的成立生效以签订书面质押合同为前提，以与合同对应的金钱特定化占有为要件，两者同时具备，才能确认质权成立生效。

3. 对财产保全案件的案外人执行异议之诉的思考

根据《最高人民法院关于人民法院办理财产保全案件若干问题的规定》第二十七条的规定，人民法院对诉讼争议标的以外的财产进行保全，案外人对保全裁定或者保全裁定实施过程中的执行行为不服，基于实体权利对被保全财产提出书面异议的，人民法院应当依照《中华人民共和国民事诉讼法》第二百二十七条规定审查处理并作出裁定。案外人、申请保全人对该裁定不服的，可以自裁定送达之日起十五日内向人民法院提起执行异议之诉。此规定改变了《最高人民法院关于适用〈中华人民共和国民事诉讼法〉的解释》第一百七十一条的规定，当事人对保全或者先予执行裁定不服的，可以自收到裁定书之日起五日内向作出裁定的人民法院申请复议。人民法院应当在收到复议申请后十日内审查。裁定正确的，驳回当事人的申请；裁定不当的，变更或者撤销原裁定。《最高人民法院关于适用〈中华人民共和国民事诉讼法〉的解释》并未赋予当事人对财产保全可提出执行异议之诉的权利，而是规定了申请复议的权利。后出台的《最高人民法院关于人民法院办理财产保全案件若干问题的规定》赋予了对财产保全提出执行异议之诉的权利。根据案外人执行异议之诉的规定，案外人可同时提出确认其权利的诉讼请求，也可只要求停止执行。在提出执行异议之诉时执行行为会暂时停止，待诉讼完结根据生效裁判文书再予以处理。而对执行裁定申请复议并不产生停止执行行为的效果。对权利的确认可另案提起诉讼。《最高人民法院关于执行权合理配置和科学运行的若干意见》第二十六条规定，审判机构在审理确权诉讼时，应当查询所要确权的财产权属状况，发现已经被执行局查封、扣押、冻结的，应当中止审理；当事人诉请确权的财产被执行局处置的，应当撤销确权案件；在执行局查封、扣押、冻结后确权的，应当撤销确权判决或者调解书。根据上述规定，如在提出复议申请后进行确权诉讼的，确权诉讼案件只能中止，等待执行的处理。由此可见，针对同一个财产保全，申请复议或提起执行异议之诉会产生不同的法律后果，申请复议不产生停止执行的效果，确权的诉讼在程序上也受限制；而执行异议之诉可以产生停止执行的效果，并且可同时解决权利确认的诉请，即使未提出确权的诉讼请求，实质上也要先解决确权才能确定是否停止执行。从保护案外人权益的角度，提起执行异议之诉显然比申请复议有力得多。为了有利于司法统一和最大限度保护当事人的权益，避免同一事由因不同规定产生不同的法律后果，应尽快出台相关规定，对在财产保全中涉及的相关问题作出统一规定。

4.《中华人民共和国民法典》实施后对相关问题的规定

《中华人民共和国民法典》物权编将《中华人民共和国物权法》关于质权设立的相关规定纳入其中，《最高人民法院关于适用〈中华人民共和国民法典〉有关担保制度的解释》第七十条，将保证金账户的担保作为非典型担保作出了专门规定，其实质内涵与已废止的《最高人民法院关于适用〈中华人民共和国担保法〉若干问题的解释》的第八十五条关于金钱质权的规定一致，新的担保制度解释的规定更加全面，解决了适用中可能会产生的问题。

编写人：云南省昆明市盘龙区人民法院　陈娜

112 质权设立的认定

——赵某顺与冯某珍案外人执行异议案

【案件基本信息】

1. 裁判书字号

北京市丰台区人民法院（2017）京0106执异422号执行裁定书

2. 事由：案外人执行异议

3. 当事人

案外人：赵某顺

申请执行人：冯某珍

被执行人：杨某华

【基本案情】

原告冯某珍与被告杨某华民间借贷纠纷一案，北京市丰台区人民法院于2016年5月3日立案后，依法适用普通程序，公开开庭进行了审理。后北京市丰台区人民法院作出如下判决：（1）被告杨某华于本判决生效后十日内偿还原告冯某珍借款210万元。（2）被告杨某华自2016年4月11日起至借款还清之日止，以欠款210万元为基数，按照年利率24%的标准向原告冯某珍支付利息。如果未按本判决指定的期间履行给付金钱义务，应当按照《中华人民共和国民事诉讼法》第二百五十三条之规定，加倍支付延迟履行期间的债务利息。

判决生效后，杨某华未履行生效法律文书确定的义务。2017年2月27日，冯某珍依法向北京市丰台区人民法院申请执行，北京市丰台区人民法院依法受理，执行案号为（2017）京0106执3160号。2017年3月30日，北京市丰台区人民法院查封了杨某华名下车牌号为京AK××号汽车的车辆档案。2017年9月7日，北京市丰台区人民法院扣押了涉案车辆。

本案案外人赵某顺于2017年9月11日对执行车牌号为京AK××号车辆（以下简称涉案车辆）提出书面异议，案外人赵某顺认为其是涉案车辆的质权人，对涉案车辆享有留置权和优先受偿权。赵某顺与杨某华签订《借款合同》，根据合同约定，赵某顺向杨某华出借人民币30万元，杨某华将其所有的涉案车辆为前述借款提供质押担保。《借款合同》签订当日，杨某华即将涉案车辆交付给赵某顺，赵某顺也因此向杨某华支付了借款30万元。赵某顺认为质权自出质人交付质押财产时即设立，后来也没有在车辆管理部门备案，请求法院解除（2017）京0106执3160号案中对涉案车辆的查封和扣押。经审查，法院认为案外人赵某顺的异议请求缺乏事实和法律依据，法院不予支持。最终法院驳回了赵某顺的异议请求。

【案件焦点】

1. 案外人是否对涉案车辆享有质权；2. 作为特殊动产设立质权的效力如何；3. 对于涉案车辆的质权是否影响法院对涉案车辆的查封和扣押。

【法院裁判要旨】

案外人向法院主张自己的权利，应当提交相应的证据加以证明，如不能提交相应的证据，或提交的证据不能证明其主张的，法院将不能支持其权利主张。车牌号为京 AK××的汽车现登记在杨某华名下，杨某华未履行生效法律文书确定的义务，法院对涉案车辆采取查封及扣押措施，符合法律规定，并无不当。案外人赵某顺主张其对涉案车辆享有质权，并提交《借款合同》、收据等作为证据，但部分收据存在出借人、出借账户等多项内容空白的情形，法院现无法核实该《借款合同》、收据的真实性，不能确认赵某顺对杨某华的债权确实存在，也无法确认赵某顺所主张的对涉案车辆的质权的真实性和有效性。因此，案外人赵某顺的异议请求缺乏事实和法律依据，法院不予支持。最终法院判决如下：

驳回赵某顺的异议请求。

【法官后语】

针对本案的争议焦点即案外人是否对涉案车辆享有质权、作为特殊动产设立质权的效力如何以及对于涉案车辆的质权是否影响法院对涉案车辆的查封和扣押等问题，在《中华人民共和国民法典》中有相关规定，可以得到参考答案。

首先，《中华人民共和国民法典》第四百二十七条规定，设立质权，当事人应当采用书面形式订立质押合同。质押合同一般包括下列条款：（一）被担保债权的种类和数额；（二）债务人履行债务的期限；（三）质押财产的名称、数量等情况；（四）担保的范围；（五）质押财产交付的时间、方式。质权合同是设立质权的前提，只将动产交付而未设立有效的质权合同，则并不能形成质权。因此，在本案中，由于案外人提交的证据不能证明其主张的质权已经设立，故法院驳回其异议。

其次，车辆属于特殊动产，《中华人民共和国民法典》第二百二十四条规定，动产物权的设立和转让，自交付时发生效力，但是法律另有规定的除外。第二十四条规定，船舶、航空器和机动车等物权的设立、变更、转让和消灭，未经登记，不得对抗善意第三人。《中华人民共和国民法典》第三百九十五条规定了交通运输工具可以抵押，且抵押权自抵押合同生效时设立，未经登记，不得对抗善意第三人。《中华人民共和国民法典》第四百二十五条确定了动产可以出质，且在第四百二十九条规定了质权自出质人交付质押财产时设立。《中华人民共和国民法典》第四百四十七条规定了动产可以留置，留置权人依法可以优先受偿。《中华人民共和国民法典》第四百五十六条规定，同一动产上已设立抵押权或者质权，该动产又被留置的，留置权人优先受偿。

最后，对于涉案车辆的质权并不影响法院对涉案车辆的查封和扣押。质权是一种优先受偿的权利。《中华人民共和国民法典》第四百二十五条第一款规定为担保债务的履行，债务人或者第三人将其动产出质给债权人占有的，债务人不履行到期债务或者发生当事人约定的实现质权的情形，债权人有权就该动产优先受偿。同时，《中华人民共和国民法典》第四百二十八条规定，质权人在债务履行期限届满前，与出质人约定债务人不履行到期债务时质押财产归债权人所有的，只能依法就质押财产优先受偿。《中华人民共和国民法典》第四百二十八条规定质权人在债务履行期届满前，不得与出质人约定债务人不履行到期债务时质押财产归债权人所有。《中华人民共和国民法典》第四百四十七条规定债务人不履行到期债务，债权人可以留置已经合法占有的债务人的动产，并有权就该动产优先受偿。无论是质权还是留置权都是就债务人的财产优先受偿的权利。而法院对于被执行人财产的控制，是对于被执行人自身名下财产的占有、处置权的控制，并不受质权和留置权的影响。只要是被执行人名下的财产，在法律规定的范围内，人民法院均有权进行查封、扣押，并且对于符合处置条件的财产，及时进入处置程序，将财产变现。法院应考虑申请执行人、被执行人、案外人等各方面的权利，保护其合法权利。

编写人：北京市丰台区人民法院　王凯毅

113 质押关系中质权、保证金专户等问题的认定

——农信社诉担保公司、贸易公司案外人执行异议之诉案

【案件基本信息】

1. 裁判书字号

福建省福安市人民法院（2016）闽0981民初5838号民事判决书

2. 案由：案外人执行异议之诉

3. 当事人

原告：农信社

被告：担保公司、贸易公司

【基本案情】

2014年1月2日，贸易公司向农信社申请办理银行承兑汇票，总金额为2000万元，期限为6个月。该公司承诺：提供1000万元的保证金，敞口部分1000万元由其余担保人提供连带责任担保。2014年1月7日，申请人（甲方）贸易公司与承兑人（乙方）农

信社签订《银行承兑汇票协议书》，约定：汇票金额为2000万元；出票日期为2014年1月7日，到期日期为2014年7月7日；保证金金额为1000万元；未经承兑银行同意，甲方不得将其资产抵（质）押给他人或为他人提供担保；甲方在汇票到期前不足额交付票据款的，甲方及担保方同意将不足支付部分的票款作为甲方的逾期贷款，且在乙方凭票付款后，乙方有权对甲方及其保证人在乙方任何账户上直接或委托扣收应付票款本息及有关费用，或在价值相当的财产（包括抵押物、质物）所获得的价款中优先受偿；如到期日之前甲方不能足额交付票款，乙方有权从甲方保证金账户及甲方在乙方开立的所有存款账户上扣划，对扣划后仍不足支付部分的票款转作甲方逾期还款，等等。同时，双方以附件《权利质物清单》形式，列明质权人为农信社、出质人为贸易公司及相关质物明细，权利质物共有4笔，名称均为“单位保证金定期存款”。同日，被告贸易公司向农信社存入1000万元。

担保公司与贸易公司等追偿权纠纷一案，经宁德市中级人民法院立案、审理后，作出（2013）宁民初字第127号民事判决，判决贸易公司承担连带偿还责任等。该判决生效后，担保公司向宁德市中级人民法院申请强制执行。宁德市中级人民法院指定法院执行该案，法院于2014年4月22日立案，于2014年5月19日作出（2014）安执字第590号执行裁定，裁定如下：冻结、扣划被执行人贸易公司的银行存款280万元，或查封、扣押其价值相当的财产。当日，法院冻结了被告贸易公司在农信社的“单位保证金账户”，共计280万元。

2014年5月，农信社针对法院（2014）安执字第590号执行裁定，向法院提出执行异议申请。2014 年 8 月 5 日，法院作出（2014）安执异字第 17 号执行裁定，裁定驳回案外人农信社的异议。2014 年 8 月 19 日，原告农信社向法院提起案外人执行异议之诉。

【案件焦点】

1. 农信社与贸易公司之间是否存在质押关系；2. 案涉质押性质是保证金质押还是存单质押，是动产质押还是权利质押；3. 案涉质权是否设立。

【法院裁判要旨】

原告农信社与被告贸易公司之间存在质押关系，体现为保证金质押。案涉质权已经设立，原告农信社对诉争账户资金 280 万元享有质押权。法院在强制执行阶段，根据申请执行人担保公司的申请，于 2014 年 5 月 19 日裁定冻结被执行人贸易公司诉争账户资金 280 万元。《最高人民法院、中国人民银行关于依法规范人民法院执行和金融机构协助执行的通知》第九条规定，人民法院依法可以对银行承兑汇票保证金采取冻结措施，但不得扣划。如果金融机构已对汇票承兑或者已对外付款，根据金融机构的申请，人民法院应当解除对银行承兑汇票保证金相应部分的冻结措施。原告农信社已于案涉承兑汇票到期日（2014 年 7 月 7 日）对外承兑付款，故其申请解除冻结措施符合法律规定。诉争账户资金 280 万元系银行承兑汇票质押保证金，法院予以确认。因该笔款项 280 万元系农信社在承兑汇票逾期未还时应予以扣划用以清偿债务的款项，应当属于实现质权的情形，原告农信社对该款项 280 万元依法享有优先受偿权。因此，法院不得执行诉争账户资金 280 万元，原告农信社所提两项诉讼请求成立，予以支持。被告担保公司提出判决驳回原告农信社诉讼请求之抗辩理由，缺乏事实、法律依据，不能成立，不予支持。被告贸易公司经法院合法传唤，无正当理由拒不到庭参加诉讼，依法予以缺席审理和判决。据此，依照《中华人民共和国物权法》第二条第三款、第二百零八条、第二百一十条、第二百一十二条，《中华人民共和国合同法》第八条、第四十四条、第六十条，《最高人民法院关于适用〈中华人民共和国担保法〉若干问题的解释》第八十五条，《最高人民法院、中国人民银行关于依法规范人民法院执行和金融机构协助执行的通知》第九条，《中华人民共和国民事诉讼法》第一百四十四条、第二百二十七条以及《最高人民法院关于适用〈中华人民共和国民事诉讼法〉的解释》第三百一十二条之规定，作出如下判决：

一、不得执行被告贸易公司的 280 万元资金；

二、确认被告贸易公司的 280 万元系银行承兑汇票质押保证金，原告农信社对该 280 万元款项享有优先受偿权。

判决后，双方当事人均未上诉，本判决现已生效。

【法官后语】

保证金是信贷业务广泛采用的一种担保方式，是银行控制风险的重要手段。保证金质押是指借款人将金钱交存于其在银行开立的专用账户，并承诺以该账户中的款项作为偿还借款的保证。当借款人不履行债务时，贷款银行有权在保证金专用账户中直接扣划保证金用于偿还贷款。现行法律没有明确规定保证金质押担保方式，最高人民法院的司法解释是此种担保方式的主要依据。司法解释中涉及保证金质押的内容有：(1)《最高人民法院关于适用〈中华人民共和国担保法〉若干问题的解释》第八十五条；(2)《最高人民法院关于人民法院能否对信用证开证保证金采取冻结和扣划措施问题的规定》第一条；(3)《最高人民法院、中国人民银行关于依法规范人民法院执行和金融机构协助执行的通知》第九条。

本案中，《权利质押合同》及附件《权利质物清单》《单位定期存款开户凭证》上记载内容均能明显体现案涉1000万元的性质是“保证金”，且均有相应的权利凭证文号，在农信社城北信用社开立4个专用不同账号。贸易公司承诺以该4笔1000万元账户中的保证金款项作为偿还承兑汇票2000万元的保证。当贸易公司不履行债务时，农信社有权在该4笔保证金专用账户中直接扣划保证金用于优先偿还承兑汇票款项。由此可见，案涉存款现金1000万元系以定期存款形式交存的保证金，实质上为保证金质押，系动产质押，而非权利质押。

动产质权以转移占有为生效要件，它并不需要转移所有权。而金钱是种类物，是一种特殊的物，取得占有即取得了所有权。金钱质押在转移占有的同时转移了所有权，显然有悖于动产质押的原则。但是，如果将金钱特定化，如“特户”“封金”等形式，使之成为“特定物”，那么金钱便可以成为质权的标的物了。依照《最高人民法院关于适用〈中华人民共和国担保法〉若干问题的解释》第八十五条的规定，金钱质押生效的条件包括金钱特定化和移交债权人占有两个方面。

本案中，经查，贸易公司于2014年1月7日在农信社城北信用社开户，设立的4个账号与案涉《权利质押合同》附件《权利质物清单》上记载、约定的4个权利凭证文号、账号一致，即双方当事人已经按照协议约定为出质金钱开立了担保保证金专用账户。保证金专户开立当日，贸易公司按汇票金额的50%向该账户缴存保证金1000万元，该账户亦未作日常结算使用，故符合《最高人民法院关于适用〈中华人民共和国担保法〉若干问题的解释》第八十五条规定的金钱以“特户”形式特定化的要求。另占有是指对物进行控制和管理的事实状态，因案涉账户开立在农信社城北信用社，农信社作为质权人，已取得对该账户的控制权，实际控制和管理该账户，符合出质金钱移交债权人占有的要求。故案涉质权依法设立。而对于“特户”的外在形式，《最高人民法院关于适用〈中华人民共和国担保法〉若干问题的解释》第八十五条并未作出规定，故不应当以此作为质权生效的条件。同时，案涉账户在使用过程中，账户内的资金与保证金业务相对应，除缴存的保证金外，支出的款项均用于保证金的退还和扣划，未用于非保证金业务的日常结算，即农信社可以控制该账户，贸易公司对该账户内的资金使用受到限制，故该账户资金符合金钱作为质权的特定化和移交占有的要求，农信社对进入该账户内的资金均依法享有质权。

《中华人民共和国民法典》及其司法解释施行前，我国对保证金质押缺乏明确的规定，主要依据是《最高人民法院关于适用〈中华人民共和国担保法〉若干问题的解释》第八十五条，由于缺乏明确可依的法律规定，实践中对该条如何理解众说纷纭，未能明确何为“移交债权人占有”。因《中华人民共和国民法典》于2021年1月1日生效，《最高人民法院关于适用〈中华人民共和国担保法〉若干问题的解释》解释有效时期为2020年12月31日止。《中华人民共和国民法典》及其司法解释施行后，保证金质押设立标准更具有实操性，《中华人民共和国民法典》第四百二十五条第一款规定：“为担保债务的履行，债务人或者第三人将其动产出质给债权人占有的，债务人不履行到期债务或者发生当事人约定的实现质权的情形，债权人有权就该动产优先受偿。”《最高人民法院关于适用〈中华人民共和国民法典〉有关担保制度的解释》第七十条规定：“债务人或者第三人为担保债务的履行，设立专门的保证金账户并由债权人实际控制，或者将其资金存入债权人设立的保证金账户，债权人主张就账户内的款项优先受偿的，人民法院应予支持。当事人以保证金账户内的款项浮动为由，主张实际控制该账户的债权人对账户内的款项不享有优先受偿权的，人民法院不予支持。在银行账户下设立的保证金分户，参照前款规定处理。当事人约定的保证金并非为担保债务的履行设立，或者不符合前两款规定的情形，债权人主张就保证金优先受偿的，人民法院不予支持，但是不影响当事人依照法律的规定或者按照当事人的约定主张权利。”从条文表述来看，《最高人民法院关于适用〈中华人民共和国民法典〉有关担保制度的解释》删除了“金钱特定化”的规定，直接明确为“设立保证金账户”，删除了“移交债权人占有”的规定，扩大为“债权人实际控制”或者“将资金存入债权人设立的保证金账户”。上述规定是对保证金质押设立标准的细化规定，更具有实操性。

编写人：福建省福安市人民法院　罗彦霏

114 银行存款质押“特定化”的认定

——周某诉某银行某某分行申请执行人执行异议之诉案

【案件基本信息】

1. 裁判书字号

湖北省高级人民法院（2017）鄂民终584号民事判决书

2. 案由：申请执行人执行异议之诉

3. 当事人

原告（被上诉人、申请执行人）：周某

被告（上诉人、案外人）：某银行某某分行

第三人（被执行人）：张某某

【基本案情】

2014年3月7日，某银行某某分行（乙方）与第三人张某某（甲方）签订《个人存款质押网上自助借款合同》。合同第1条约定甲方作为借记卡的主卡持卡人，以卡内的本、外币定期存款作质押，通过乙方提供的网上银行系统，自行实施操作办理人民币贷款发放、归还、展期、续借的业务。第17.1条约定甲方同意以其自有的存于（包括本合同签订后新存入的）本合同约定的主卡内的本、外币定期储蓄存款作为甲方向乙方申请借款的质押财产，并为本合同项下的借款（包括展期后的借款）提供担保。

2014年3月7日，第三人张某某在某银行某某分行开设账户为×××226的借记卡（以下简称226借记卡），并在226借记卡项下活期结算户×××605账户（以下简称605账户）转账存入活期存款 120 万元，并将此 120 万元通过网络银行转为定期存入 226 借记卡项下一年期整存整取户×××114 账户（以下简称 114 账户）。同日，某银行某某分行向第三人张某某 605 账户发放贷款 11 笔（含 10 万元十笔，79999 元一笔），注明为“小额质押放款”。2015 年 3 月 7 日，上述 11 笔贷款到期，某银行某某分行从 114 账户中扣除 11 笔贷款本息。2015 年 3 月 11 日，某银行某某分行将 114 账户内余款及结息 112209 元转账至张某某 605 账户后，将 114 账户做销户处理。

2015 年 4 月 21 日，第三人张某某通过网络银行将其民生银行 605 账户下的 119 万元转为定期存入 226 借记卡项下一年期整存整取户×××990 账户（以下简称 990 账户）。次日，某银行某某分行向第三人张某某 605 账户发放贷款 11 笔（含 10 万元十笔，70999 元一笔），注明为“小额质押放款”。2015 年 5 月 27 日，法院裁定冻结 990 账户存款 119 万元。2016 年 4 月 21 日，990 账户结息 35700 元后账户余额为 1225700 元。

综上，张某某 226 借记卡下设三个子账户。其中，605 账户为活期结算户；114 账户为“整存整取”账户，状态为已终止；990 账户为“整存整取”账户，状态为活动的、已使用。605 账户除案涉交易外，还有多笔其他交易，114 账户和 990 账户除案涉贷款及计息外，无其他交易。

2014 年 3 月 12 日，原告周某因与第三人张某某等人借款合同纠纷一案，依照武汉仲裁委员会作出的（2014）武仲裁字第 0000054 号民事裁决书，于 2015 年 4 月 8 日向法院申请强制执行。武汉市中级人民法院作出（2015）鄂武汉中执字第00254号执行裁定书：一、解除对被执行人张某某银行账户（990 账户）存款的冻结；二、将该账户人民币 119 万元扣划到法院。次日，民生银行在回执上标注：该笔资金为我行质押款，暂无法扣划。2016 年 3 月 30 日，法院以（2015）鄂武汉中执异字第 00208 号执行裁定书撤销其于 2015 年 9 月 28 日作出的（2015）鄂武汉中执字第 00254 号执行裁定。原告周某对此不服，故诉至法院。

原告收到执行异议裁定后，认为法院撤销执行裁定的事项，缺乏事实与法律依据：被告与第三人签订的《个人存款质押网上自助借款合同》中未写明银行借记卡卡号，对被担保的贷款信息及用于质押的定期存款也没有约定。无证据证明第三人的 119 万元定期存款系《个人存款质押网上自助借款合同》所对应的担保物，标的物状态不明，质押关系并未成立。此外，被告并未实际占有该款，金钱作为动产，应当符合动产质押的一般特性，即在办理质押时应当转移占有。占有是指对动产的实际控制和管理。本案第三人的存款在其个人账户内，一直处于可随意使用的状态。被告从未实际控制和管理过该款，不符合法律对于质押转移占有的规定。被告在与第三人办理个人定期存单质押贷款时，质物既未转移占有，也未特定化，不符合法律规定。

被告某银行某某分行认为《个人存款质押网上自助借款合同》符合质押合同成立要件，合同条款均有载明，质押关系已成立。案涉质物为特定账户下的存款，具有独立性、单一性和数额特定性，在约定期限既无出账也无入账，符合动产质押的一般特性，质物已依约移交债权人实际控制和占有。

【案件焦点】

1. 案涉《个人存款质押网上自助借款合同》中的质权是否有效设立；2. 该权利是否足以排除对第三人张某某119万元存款的强制执行。

【法院裁判要旨】

湖北省武汉市中级人民法院经审理认为：

1. 案涉质押合同的成立与生效问题

《中华人民共和国物权法》第二百一十条规定，设立质权，当事人应当采取书面形式订立质权合同。质权合同一般包括下列条款：（一）被担保债权的种类和数额；（二）债务人履行债务的期限；（三）质押财产的名称、数量、质量、状况；（四）担保的范围；（五）质押财产交付的时间。本案中《个人存款质押网上自助借款合同》实际包含了产生主债权的借款合同及用于担保的质押合同。合同约定：主债权为每笔不超过10万元的借款，借款期不超过一年，质押财产为定期储蓄存款，此外还约定了质押担保的范围、质押存款交付时间等内容。由此可见，张某某与某银行某某分行形成了质押的合意，案涉合同具备质押合同的一般条款。合同虽未载明张某某借记卡卡号及质押存款账号，也未明确各笔主债权及质押财产的具体金额，但张某某在民生银行办理226借记卡后，通过民生银行网银系统以自助操作方式先后办理了两批22笔贷款业务，双方以实际行为将合同部分概括性条款予以具体化，故该质押合同已经成立并生效。需要说明的是，本案争议的119万元存款担保的主债权是张某某2015年4月22日的11笔贷款，而非2014年3月7日的11笔贷款，贷款期限并未超过合同约定。

2. 案涉质权是否设立的问题

《中华人民共和国物权法》第二百一十二条规定，质权自出质人交付质押财产时设立。

3. 案涉款项是否构成动产质押问题

《最高人民法院关于适用〈中华人民共和国担保法〉若干问题的解释》第八十五条规定，债务人或者第三人将其金钱以特户、封金、保证金等形式特定化后，移交债权人占有作为债权的担保，债务人不履行债务时，债权人可以以该金钱优先受偿。该规定是将金钱特定化后转移占有，性质上属于动产质押。本案《个人存款质押网上自助借款合同》第17.3条约定贷款发放同时，相应的质押存款就会被即时冻结，双方同意该冻结已将质押存款特定化。然而结合本案实际，119万元虽存储于990账户中，但该账户交易明细中载明账户性质为“整存整取”账户，即一年期定期存款户，在外观上无法与其他普通结算账户相区别。某银行某某分行与张某某并未将119万元以特户、封金、保证金等专用账户的形式进行保存，即未将该金钱予以特定化，不符合金钱作为特殊类动产质押的特点。如前所述，990账户既然为定期存款的一般储蓄账户，该账户下119万元定期存款本身即在某银行某某分行的管控之下，无须再次移交占有，但民生银行对该存款的实际控制、管理和占有，在性质上仅为银行因储蓄存款合同对储户金钱的控制和占有，并非将金钱特定化并交付后基于质押关系对质物的占有。因此，本案用于质押的金钱不符合特定化要求，民生银行对该119万元的占有并非基于质押，动产质押并未有效设立。

4. 案涉款项是否构成权利质押的问题

《中华人民共和国物权法》第二百二十四条规定，以汇票、支票、本票、债券、存款单、仓单、提单出质的，当事人应当订立书面合同。质权自权利凭证交付质权人时设立；没有权利凭证的，质权自有关部门办理出质登记时设立。因此，如果金钱以存款单形式设定权利质押，必须以交付权利凭证为生效要件，否则质权并未设立。案涉 990 账户中 119 万元定期存款并未以传统意义上的存款单、存折的形式表现于外部，也未存储于第三方金融机构，而是在民生银行网上银行系统中以电子数据的形式存在，不具备交付权利凭证的条件。同时，我国现行法律法规也未对此类电子存单如何办理出质登记予以明确规定。因此，在该项权利质押既无权利凭证也无特定机关登记管理的情况下，民生银行应当对该存款是否设有质权以明晰可见的方式进行公示，否则将难以区分该金钱是出质人交付的普通存款还是质押财产。然而案涉 990 账户不仅未标明“质押”字样，且在法院 2015 年 5 月 27 日采取冻结措施及 2015 年 11 月 26 日续行冻结时，均未显示出该账户性质为质押账户，未能以任何形式为第三人所识别。民生银行亦认可在银行操作系统以外仅能显示 226 借记卡及活期存款余额，无法显示下设子账户的相关情况。因此，即便认定该 119 万元为通过存款单形式办理的债权质押，也未交付权利凭证或办理质押登记，且缺乏公示性，质权并未有效设立，不能产生对抗第三人的法律效力。

据此，一审法院认为被告（案外人）某银行某某分行对第三人（被执行人）张某某 119 万元存款的质权并未有效设立，不能排除人民法院对张某某 119 万元存款的强制执行，原告（申请执行人）周某的诉请应予支持。作出如下判决：

准许执行第三人张某某在被告某银行账户内的 119 万元存款。

一审判决后，被告某银行某某分行不服，遂向湖北省高级人民法院提起上诉。

湖北省高级人民法院经审理认为：《最高人民法院关于适用〈中华人民共和国担保法〉若干问题的解释》第八十五条规定，债务人或者第三人将其金钱以特户、封金、保证金等形式特定化后，移交债权人占有作为债权的担保，债务人不履行债务时，债权人可以以该金钱优先受偿。银行以储户存款作为质押财产，应当将质押金钱放置于专门的账户，并且存在对第三人能显示出设立质押的外观，否则将难以区分是出质人交付的普通存款还是质押财产。本案中，张某某在民生银行开立的借记卡账户未对外标明为存放质押金钱的专门账户，下设的活期结算户和整存整取子账户亦未标明为专门账户。该借记卡账户除案涉交易外还发生了其他交易，其性质不属于特户。因此，本案中某银行某某分行与张某某约定用于质押的金钱不符合法律规定的特定化要求，质押并未有效设立。一审判决认定事实清楚，适用法律正确。某银行某某分行的上诉理由不能成立，应予驳回。依照《中华人民共和国民事诉讼法》第一百四十四条、第一百七十条第一款第一项之规定，作出如下判决：

驳回上诉，维持原判。

【法官后语】

本案系申请人执行异议之诉，核心问题是被告某银行某某分行与第三人张某某之间质押是否有效设立，以及在此基础上认定银行是否具有优于普通债权的质押权，以对抗法院强制执行。关涉的本案主要法律条款为《中华人民共和国物权法》第二百一十条、第二百一十二条、第二百二十四条，分别对应《中华人民共和国民法典》第四百二十七条、第四百二十九条、第四百四十一条。其中《中华人民共和国物权法》第二百一十二条的内容并未进行修改，直接被《中华人民共和国民法典》所沿用，继续确认《中华人民共和国物权法》在质权生效时间方面的规定。《中华人民共和国民法典》基本沿用了《中华人民共和国物权法》第二百一十条，经部分修改后确定为第四百二十七条，具体内容上将“质权合同”改为“质押合同”，删除了质押财产的“质量、状况”，增加了“等情况”，增加质押财产交付的“方式”，总体上范围更加全面，内容更加充实，表述更加精准。另外，《中华人民共和国民法典》基本沿用了《中华人民共和国物权法》第二百二十四条的规定，经部分修改后确定为第四百四十一条，删除了“当事人应当订立书面合同”的规定，由此适用质权设立的一般规则；就质权登记的问题，删除了“有关部门”这一登记主体的规定；另增加了“法律另有规定的，依照其规定”，更好地衔接了新旧法律规定，兼顾体系性、科学性和准确性，同时为将来的法律适用预留了空间。

某银行某某分行与张某某约定的质物为定期存款，从本质上而言，定期存款是金钱的一种外在表现形式，所以笔者认为双方开展的是以金钱为标的物的银行存款质押行为。《最高人民法院关于适用〈中华人民共和国担保法〉若干问题的解释》第八十五条规定，债务人或者第三人将其金钱以特户、封金、保证金等形式特定化后，移交债权人占有作为债权的担保，债务人不履行债务时，债权人可以以该金钱优先受偿。该条款经过考酌、细化、审订、修改，以保证金账户质押的形式确定为《最高人民法院关于适用〈中华人民共和国民法典〉有关担保制度的解释》的第七十条，归类为非典型担保。根据《最高人民法院关于适用〈中华人民共和国担保法〉若干问题的解释》第八十五条的规定，金钱质押认定的核心问题，主要是银行存款能否进行“特定化”处理，以及如何实现“特定化”。

1. 特定化的前提：银行存款的占有和所有可分性

金钱是一种特殊的动产，与其他动产存在较大区别。“由货币的性质和职能所决定，货币的所有权不得与对货币的占有相分离。凡占有货币者，不分合法、非法，均取得货币所有权；凡丧失对货币的占有，不论是否自愿，均丧失货币所有权。”① 因此，关于金钱权属的确定，一直遵循着“占有即所有”原则，申言之，随着金钱占有状态的改变，所有权一并发生转移。而与此相对的是，质押必须以转移占有权而不转移所有权为前提。依此看来，结构性缺陷似乎使金钱天然的无法作为质物实现质押功能。例如，有学者就认为当债务人将资金汇入债权人控制的账户后，由于债务人丧失对金钱的占有，也就丧失了对金钱的所有权，自然也就不能以金钱的所有权设质，此时债务人的出质行为应属无权处分。②

事实上，随着货币形式的不断变化，特别是我国电子金融的飞速发展，传统意义上的实物金钱面临巨大的冲击，其物化形式支撑的权属理念也亟待发展。类似于银行存款等形式的电子货币，似乎凭借“账户”这样一个特殊介质重新界定了占有权和所有权、占有状态和所有状态。无论是储户抑或银行，都是通过对账户的监管、控制实现对金钱的占有、所有。回到银行存款质押层面上讲，储户虽然将金钱存入银行账户，但并没有同时丧失对账户所表征金钱的占有状态、所有状态和占有权、所有权。储户和银行通过“账户”这样一个特殊介质，实现了二元主体基于金融协议对同一笔金钱进

① 梁慧星：《民法总论》，法律出版社2011年版，第156页。

② 参见孙鹏、肖厚国：《担保法律制度研究》，法律出版社1998年版，第247~254页；吴弘：《中国证券市场发展的法律调控》，法律出版社2001年版，第114页。

行权限划分，或者可以说账户本身就是金融协议在操作领域的具体化。

如果储户账户中的货币可以自由即时兑付、流通、交易、转账，可以认为储户随时占有支配自己的金钱；反之，如果储户的账户被特定的功能限制所框束，只有在特定条件成就后，储户的金钱才能获得“自由”。可以认为在账户被限定期间储户并没有占有自己的金钱，此时银行通过行使监督管理权占有账户和其中的金钱。无论哪种情况，银行对账户中的金钱都没有所有权，银行作为金融主体可以按照协议监督管理账户，通过信用中介职能实现资本盈余和短缺之间的融通，但却从来不真正拥有这些金钱。综上，银行存款作为一种资本商品，可以通过特殊介质“账户”实现占有和所有的分离，并可以在此基础上实现质押担保。本案中，某银行某某分行与张某某通过《个人存款质押网上自助借款合同》形成质押合意，双方以实际行为将合同部分概括性条款予以具体化，故该质押合同已经成立并生效。

2. 银行存款账户质押特定化的条件

在厘清了银行存款可以凭借“账户”实现占有权和所有权分离的前提下，银行存款要想实现质押，就必须对存款账户进行“特定化”剥离占有权和所有权。银行存款账户质押特定化，起码要满足以下两个条件：

(1) 账户特定化必须明确、具体、封闭，指向性清晰。银行账户是客户在银行开立的存款账户、贷款账户、往来账户的总称，是银行为国民经济各部门、各单位及个人办理资金收付的各项业务进行记录和反映而设置的簿籍。[①] 在银行存款质押贷款中，一般都涉及多个账户，大抵包括放款账户、还款账户、质押存款账户，本案中还存在主账户，等等。在多个账户并存的情况下，明晰每一个账户的具体功能和性质就显得尤为重要。这就要求质押合同中关于账户的约定条款明确具体，账户功能指向性清晰可见，以此避免质押存款账户敞口开放管理混同于一般账户。另外，质押存款账户也应与所担保的贷款账户一一对应，明确自己所担保的对象范围，以便厘清法律关系。同时，质押存款账户应符合封闭性和独立性的要求，不能进行一般的资金结算业务，从而使银行根据质押账户的约定对其进行管制、冻结、限制通兑。

本案中，银行对质押账户的特定化处理并不明朗。某银行某某分行与张某某签订《个人存款质押网上自助借款合同》约定以主卡账户内的本、外币定期存款作质押，但并没有载明定期存款子账户的账号，也未明确各笔主债权及质押财产的具体金额。张某某226借记卡（主卡）下设三个子账户，605账户为活期结算户，114账户为“整存整取”账户，990账户为“整存整取”账户。借记卡（主卡）账户虽然对外标明为存放质押金钱的专门账户，但通过其三个子账户涵摄了放贷、还款、质押三项功能，缺乏独立性、封闭性，不能作为质押账户出现。《个人存款质押网上自助借款合同》对借记卡（主卡）项下的子账户，也没有明确具体用途和性质。约定主卡内的“定期存款”作质押，但没有明示定期存款对应的账户账号，也没有明示定期存款账号的质押担保职能，更没有明示定期存款账户内的资金针对哪个账号内的贷款质押担保。因此，本案涉及的几

① 王敏：《银行法实用全书》，华夏出版社1995年版，第209页。

个账户均不符合质押账户特定化“明确、具体、封闭、指向性”的要求。

(2) 账户特定化必须具有明显的质押外观。银行存款质押作为一种特殊的动产质押，其设定生效还应进行公示，基本形式是对银行存款占有权的转移，即通过显见的交付银行存款行为实现公示效果。公示的目的和普通质物交付的公示目的相同，一是要让质押权人真正控制质押标的物，防止质押人擅自处置行为对质押权人造成的不利影响；二是对不特定第三人彰示质权的存在，宣示质押权人的优先地位。如前所述，银行存款质押是通过账户特定化的形式，实现占有权的转移，如果账户内已经既存约定数额款项，那么对该账户进行特定化处理的一瞬间，银行存款就已经实现了占有转移，也就是实现了交付行为。此种情形下，银行存款账户特定化行为本身就是一种交付行为。如果是空账户，账户没有约定数额的款项，等待以后注入质押款项，我们认为虽然账户进行了特定化，但并没有交付质物，所以质押权并没有设立。另外，如果双方已经对空账户进行了特定化，但约定将应收款项注入特定化账户，实质上已经不属于银行存款质押讨论的范畴，对空账户的特定化应属于债权质押的公示。

账户特定化作为一种交付公示形式，应该具有外观上的易识别性、标识性。对账户特定化显著的外观要求，也契合最高人民法院的指导精神，最高人民法院认为：“银行作为具有存款业务的金融机构，将出质人交付的金钱作为质押财产，应当依法将质押金钱放置于专门的账户，并且对任何第三人均能显示出设立质押的外观，否则将难以区分该金钱是出质人交付的普通存款还是质押财产。”目前，商业银行对存款账户的管理采用的是信息化数据管理系统。也就是说，按照《人民币银行结算账户管理办法》和《人民币银行结算账户管理办法实施细则》的要求，依托账户管理系统，利用技术手段对账户的开立和使用进行规范，实现了对银行账户的审核、控制、查询、统计、监测、存储和管理等功能。要对某个账户内的银行存款进行质押特定化处理，需要在技术操作时完成相应模块内的描述性录入，使其外观表现为“账户名称”“账户性质”等显性信息，注明“质押账户”字样，以使第三人通过外在信息知晓该账户已经进行了质押限权处理，不能实现普通账户支取现金、通存、通兑等功能。

结合本案实际，990 子账户中交易明细部分载明该账户性质为“整存整取”账户，即一年期定期存款户，在外观上无法与其他普通结算账户相区别。不仅未标明“质押”字样，而且在法院续行冻结时，均未显示出该账户性质为质押账户，未能以任何形式为第三人所识别。银行亦认可在银行操作系统以外仅能显示 226 借记卡及活期存款余额，无法显示下设子账户相关情况。因此，无法认定银行已经对 990 子账户进行了质押特定化处理，990 子账户只是定期存款的一般储蓄账户。该账户下的 119 万元定期存款在性质上仅为银行因储蓄存款合同对储户金钱的控制和占有，并非将金钱特定化并交付后基于质押关系对质物的占有。因此，本案用于质押的定期存款不符合特定化要求，动产质押并未有效设立。

编写人：湖北省武汉市中级人民法院　张鹏　鲍刚

115 抵押担保财产和财产保全财产系同一财产且成为执行标的时，抵押权人对抵押担保财产享有优先受偿权

——李甲诉某银行射洪支行等案外人执行异议之诉案

【案件基本信息】

1. 裁判书字号

四川省遂宁市中级人民法院（2017）川09民终716号民事判决书

2. 案由：案外人执行异议之诉

3. 当事人

原告（上诉人）：李甲

被告（被上诉人）：某银行射洪支行、贸易公司、李某乙、刘某（李某乙之妻）、李某丙（李某乙之子）、魏某（李某丙之妻）

【基本案情】

2014年8月20日，某银行射洪支行与被告李某乙签订2014年射洪（抵）字0017号《最高额抵押合同》，约定以李某乙、刘某夫妻名下位于大于镇的房屋和土地对债务人贸易公司于2014年8月20日至2019年8月19日的借款合同项下最高额度450万元的债务提供抵押担保，办理了抵押登记。同日，某银行射洪支行与贸易公司签订2014年（射洪）字第0061号《小企业借款合同》，发放借款450万元，由《最高额抵押合同》约定的抵押物提供抵押担保、李某乙和刘某提供保证担保。贸易公司按期归还了该笔贷款。2015年8月20日，某银行射洪支行与贸易公司签订2015

年（射洪）字第0052号《小企业借款合同》，发放借款450万元，由《最高额抵押合同》约定的抵押物提供抵押担保、李某丙和魏某提供保证担保。贸易公司到期后未偿还。某银行射洪支行诉至法院，经法院主持调解，借贷双方和保证人达成（2017）川0922民初64号民事调解书。该调解书送达后，借款人、担保人等在限期内未履行还款义务，某银行射洪支行于2017年1月10日申请法院依法执行。该案执行中，法院依法对李某乙、刘某夫妻名下的房屋和土地进行拍卖中。

李甲与李某乙系交往多年的朋友。李某乙于2013年9月、2014年6月向李甲借款共计200万元，按月利率2%支付利息至2014年11月。李甲于2015年6月1日诉请判令李某乙归还借款本息。法院依李甲的申请于次日作出保全裁定，对李某乙、刘某夫妻名下的房屋和土地予以查封，于2015年11月27日作出（2015）射洪民初字第1541号民事判决书，判决由李某乙于判决生效后十日内偿还李甲借款200万元及其从2014年12月起按照月利率2%计算的利息。后李某乙提起上诉，遂宁市中级人民法院于2016年4月21日判决驳回上诉、维持原判。李甲于2016年6月7日申请法院依法执行。

前述两执行案件执行中，李甲于2017年4月5日向法院提起执行异议，以李某乙、刘某夫妻名下的房屋和土地系诉讼保全财产为由，请求中止执行（2017）川0922民初64号民事调解书，诉讼保全财产的拍卖或变卖价款应当优先用于偿还其个人借款本息。法院于2017年4月19日作出（2017）川0922执异3号执行裁定书，驳回李甲的异议请求。

【案件焦点】

1. 对案涉标的物享有优先受偿权的是某银行射洪支行还是李甲；2. 李甲要求停止以抵押财产实现债权的执行的主张应否支持。

【法院裁判要旨】

四川省遂宁市射洪县人民法院经审理认为：被告贸易公司在被告某银行射洪支行借款450万元，到期偿还后又在该支行借款450万元，两次借款均以《最高额抵押合同》约定的抵押财产提供担保。被告李某乙因欠原告李甲借款200万元未还，原告李甲请求法院对李某乙夫妻名下的房屋和土地予以查封。因抵押担保财产和查封的财产是同一财产，法院根据被告某银行射洪支行的执行请求对抵押财产进行拍卖中，原告李甲提出执行异议。本案的争议焦点是：原告李甲对抵押财产是否享有实体权利？被告某银行射洪支行对原告请求查封的财产是否享有优先受偿权？根据法律规定，依法成立的合同对当事人具有法律约束力，受法律保护。本案所涉《最高额抵押合同》《小企业借款合同》均是依法成立的有效合同，被告贸易公司两次借款均发生在《最高额抵押合同》约定的最高债权额度和抵押担保期限内，其抵押财产在抵押合同成立时也依法进行了登记，则借款时设定的抵押担保并不违反相关合同约定和法律规定，该抵押担保有效，被告某银行射洪支行就2015年8月20日《小企业借款合同》项下债务对抵押财产享有优先受偿权利并对抗第三人。原告李甲虽在被告贸易公司第二次借款前依法请求人民法院对被告李某乙、刘某用于抵押的财产进行查封，但查封时被告某银行射洪支行的债权并未超出最高债权额限度，查封过程中法院亦进行了告知，不能排除被告某银行射洪支行请求对该查封财产的强制执行以实现优先受偿权；原告李甲有权就查封财产实现其债权，但只能就该查封财产的折价或者拍卖、变卖的价款按照顺位享有优先受偿权。因此，法院根据被告某银行射洪支行的执行请求和民事调解书对被告李某乙、刘某名下房屋和土地进行拍卖以所获得的价款满足某银行射洪支行的担保债权并无不当。原告的诉讼请求不能成立，法院不予支持。依照《中华人民共和国物权法》第一百七十九条、第一百八十条、第一百八十七条、第二百零三条、第二百零六条，《中华人民共和国合同法》第八条，《中华人民共和国民事诉讼法》第二百二十七条，《最高人民法院关于适用〈中华人民共和国民事诉讼法〉的解释》第三百一十二条之规定，作出如下判决：

驳回原告李甲的诉讼请求。

李甲提起上诉。

四川省遂宁市中级人民法院经审理认为：本案的争议焦点是，对案涉标的物享有优先受偿权的是某银行射洪支行还是李甲；李甲要求停止执行（2017）川0922民初64号调解书第二项的主张应否支持。

关于争议焦点一，虽然《中华人民共和国物权法》第二百零六条规定“有下列情形之一的，抵押权人的债权确定……（四）抵押财产被查封、扣押……”，即在人民法院对抵押财产查封后，最高额抵押权所担保的债权即确定，此后发生的任何债权均不属于抵押担保的范围，但是《最高人民法院关于人民法院民事执行中查封、扣押、冻结财产的规定》第二十七条又规定：“人民法院查封、扣押被执行人设定最高额抵押权的抵押物的，应当通知抵押权人。抵押权人受抵押担保的债权数额自收到人民法院通知时起不再增加。人民法院虽然没有通知抵押权人，但有证据证明抵押权人知道查封、扣押事实的，受抵押担保的债权数额从其知道该事实时起不再增加。”本案中，射洪县人民法院根据上诉人李甲的申请于 2015 年 6 月 2 日作出保全裁定，对李某乙、刘某夫妻名下的房屋和土地予以查封，但该查封未通知抵押权人某银行射洪支行，李甲亦未提交证据证明某银行射洪支行知道其查封的事实。因此，某银行射洪支行在最高额抵押合同约定的担保期间出借款项，依然在约定最高债权额限度内就担保财产享有优先受偿权。据此，上诉人李甲关于其对担保财产享有优先受偿权的主张不成立，法院不予支持。

关于争议焦点二，因上诉人李甲对担保财产不享有优先受偿权，故其要求停止执行（2017）川 0922 民初 64 号调解书第二项的主张不成立，法院不予支持。即使李甲关于其对担保财产享有优先受偿权的主张成立，该优先受偿权也不足以排除对担保财产的强制执行，李甲仅能就担保财产经执行处置后所获得的价款享有优先分配的权利。

四川省遂宁市中级人民法院依照《中华人民共和国民事诉讼法》第一百七十条第一款第一项之规定，作出如下判决：

驳回上诉，维持原判。

【法官后语】

案外人提起执行异议之诉的目的是排除对特定执行标的的执行。本案处理的焦点在于：抵押担保财产和财产保全财产系同一财产且成为执行标的时，案外人对该财产是否享有实体意义的民事权益，该民事权益是否足以阻止强制执行。

当事人的意思在法无禁止的前提下均可以自由表达，债权人在设立债权债务关系中可以请求债务人以其所有的不动产或动产提供抵押担保，案外债权人在诉讼、执行期间可以请求人民法院对债务人已经用于抵押担保的财产予以查封。由于抵押担保有效，抵押权形成，在当事人合意的期限以及数额范围内，债权人享有优先受偿权。因人民法院的查封，案外人对债务人的财产在依法强制执行时享有排除不具有法律效力的优先权而优先受偿的权利。此时，谁对债务人的财产享有优先受偿权等实体权利？是抵押权人优先还是案外人优先？

《中华人民共和国物权法》规定，担保物权属于物权范畴，其法律效力高于普通债权，但抵押权人的债权在抵押财产具有被查封、扣押等情形时确定；现行《中华人民共和国民法典》第四百二十三条第一款第四项也规定，抵押权人知道或者应当知道抵押财产被查封、扣押，抵押权人的债权确定；《中华人民共和国民事诉讼法》和《最高人民法院关于适用〈中华人民共和国民事诉讼法〉的解释》规定，案外人有权对执行标的提出异议，就执行标的享有足以排除强制执行的民事权益的，人民法院不得执行该执行标的；《最高人民法院关于人民法院民事执行中查封、扣押、冻结财产的规定》规定，人民法院查封、扣押被执行人设定最高额抵押权的抵押物的，应当通知抵押权人。抵押权人受抵押担保的债权数额自收到人民法院通知时起不再增加。人民法院虽然没有通知抵押权人，但有证据证明抵押权人知道或者应当知道查封、扣押事实的，受抵押担保的债权数额从其知道或者应当知道该事实时起不再增加。按照以上规定，执行异议之诉案件需要将“真实权属”和“能否阻止执行”纳入审理范围，主要解决：其一，抵押权人债权数额的确定。按照前述规定，人民法院采取查封措施时应当审查被查封财产上存在的抵押权人，及时将查封事实书面通知抵押权人。抵押权人的抵押财产在接到法院通知或者知晓查封事实时确定，此时起不再增加，继续增加的债权不应列入抵押担保范围；但人民法院没有通知抵押权人的，案外人就抵押权人应当知晓查封的事实承担举证责任。其二，案外人就执行标的是否享有民事权益。应当根据相关法律规定，审查执行标的的所有权、其他物权等实体权益，如果案外人对执行标的只享有建议程序性权利，是不能达到其诉讼目的的。其三，案外人对执行标的享有的实体意义上的民事权益能否阻止强制执行。案外人对执行标的不享有实体意义上的民事权益的，不能阻止法院对执行标的即被查封财产的执行；案外人对被查封财产享有实体意义上的民事权益，但基于该民事权益不具有优先的法律效力等因素，不足以阻止强制执行措施的，法院仍将继续对执行标的执行。所以，案外人执行异议之诉不得妨害抵押权人的合法债权，不得妨碍人民法院的强制执行，除非案外人对执行标的即被查封、扣押财产享有足以排除强制执行的民事权益，否则案外人的执行异议之诉不能成立，人民法院应予驳回。

编写人：四川省遂宁市射洪市人民法院　何冰军

116 提供抵押物的抵押担保人所承担的责任能否超出担保物价值范围

——投资公司与资产公司等执行复议案

【案件基本信息】

1. 裁判书字号

广西壮族自治区高级人民法院（2017）桂执复16号执行裁定书

2. 事由：执行复议

3. 当事人

异议人（复议申请人、被执行人）：投资公司

申请执行人：资产公司

被执行人（异议人、复议申请人）：投资公司

被执行人：房地产公司、建设公司、S 公司

【基本案情】

广西壮族自治区南宁市中级人民法院（以下简称南宁中院）于 2003 年 12 月受理了工程公司申请执行房地产公司、建设公司、实业发展公司拖欠工程款纠纷一案，执行案号为（2004）南市执字第 22 号。在执行过程中，根据工程公司和资产公司的申请以及工程公司将本案债权转让给资产公司的事实，南宁中院作出裁定，将权利人即申请执行人工程公司变更为资产公司。之后，南宁中院根据有关民事判决及资产公司的申请，裁定追加房地产公司的股东即 S 公司和投资公司为（2004）南市执字第 22 号执行案件的被执行人。因此，（2004）南市执字第 22 号执行案的当事人最终变更为：申请执行人为资产公司（工程款优先受偿人），被执行人房地产公司和建设公司为主债务人、投资公司和 S 公司为补充责任人。

执行中，南宁中院依法查封了主债务人房地产公司名下的商业中心综合楼（B 区）一层和四层商场（四层商场的抵押权人是 D 工作室），因该一层和四层为百货公司承租使用，故南宁中院于 2005 年 3 月 14 日向百货公司发出了（2004）南市执字第 22-2 号协助执行通知书，要求该公司将应支付给房地产公司的租金转入该院执行账户。2010 年 4 月 9 日至 2014 年 7 月 15 日，百货公司向南宁中院执行账户转入涉案商场四层租金共计 7837679.47 元。

另，(2002) 南市执字第282号执行案件是南宁中院根据交通银行南宁分行（后变更申请执行人为D工作室）的申请于2002年9月受理的执行案件，被执行人为Z公司、实业发展公司及房地产公司。在此案中，被执行人Z公司为主债务人，房地产公司和实业发展公司均为担保人。在此案中，南宁中院于2011年裁定拍卖被执行人房地产公司的抵押物即商业中心综合楼第七层和地下一层3221平方米部分房产。流拍后，D工作室申请以流拍财产抵债。南宁中院遂作出（2002）南市执字第282-13号执行裁定，将房地产公司提供抵押的上述房产作价4020万元，交付D工作室抵偿其4020万元债务，后南宁中院对此案作执结处理。但因税款缴纳问题，D工作室没能办理上述抵债房产的过户手续。

2014年6月9日，税务局向南宁中院送发《关于协助扣缴房地产公司税款的函》，主要内容：因收到D工作室请我局协调扣税的请示，我局对南宁中院裁定房地产公司以抵债方式登记过户给D工作室的部分房产，进行了核查并计算，该事项应缴地方各税费为430.14万元。请贵院协助从执行账户中扣划该税款，并据此开具相应发票以协助D工作室及时办理房产过户手续。

因在（2004）南市执字第22号案中，被执行人房地产公司名下涉案商场四层的承租人百货公司已向法院账户转入应付租金7837679.47元，2014年12月，资产公司作为（2004）南市执字第22号案件的工程款优先受偿债权人、D工作室作为（2002）南市执字第282号执行案件的债权人及（2004）南市执字第22号案查封物即涉案商场四层的抵押权人，各自向南宁中院送交了《申请报告》，同意并要求从（2004）南市执字第22号案件执行房地产公司所得租金中划转430.14万元给南宁市地方税务局，作为房地产公司在（2002）南市执字第282号执行案件中以物抵债应缴的税款。之后，南宁中院根据南宁市地方税务局的上述函件、资产公司和D工作室的申请以及（2002）南市执字第282-13号执行裁定书，于2015年1月14日从该院执行账户划转430.14万元至南宁市地方税务局账户，作为房地产公司在（2002）南市执字第282号执行案件中以物抵债应缴的税款。对此投资公司提出执行异议，称法院根据他案申请人的申请以及税务局协助扣缴税款函的要求，将本案430万元执行得款代缴至税务机关的行为违法。

【案件焦点】

1. 案件执行终结后未经恢复执行程序，能否再直接扣划被执行人的财产；2. 执行程序中以物抵债后，因抵债标的物需办过户登记所发生的费用由谁承担；3. 抵押担保人责任的范围。

【法院裁判要旨】

南宁中院经审理认为：涉案税款430万元是基于（2002）南市执字第282号案件的执行（以物抵债）产生的，该税款本应从该案房地产公司的财产中支付，但因（2002）南市执字第282号案件处理的唯一财产是抵押物，抵押在前，税款产生在后，且该税款不属于实现抵押权费用范围，根据《中华人民共和国税收征收管理法》第四十五条第一款“税务机关征收税款，税收优于无担保债权，法律另有规定的除外；纳税人欠缴的税款发生在纳税人以其财产设定抵押、质押或者纳税人的财产被留置之前的，税收应当先于抵押权、质权、留置权执行”的规定，该税款未在（2002）南市执字第282

号案件中处理并无不当；（2004）南市执字第22号案件的执行款是扣划房地产公司应收取的租金，在分配之前是属于房地产公司的财产，依据上述第四十五条的规定，非经抵押权人同意，不能从该执行款中先行支付税款。而法院在（2004）南市执字第22号案中划转给税务局的涉案税款是应D工作室和工程款优先受偿人资产公司的要求以及税务局的征收税款函而划转，即经优先权人同意划转的，同时，根据本院与税务局下发的规定，本院有协助划转税款的义务，故本院扣转税款行为合法，并不损害投资公司及其他当事人的利益。因此，投资公司的异议理由不成立，裁定如下：

驳回投资公司的异议请求。

投资公司提出复议请求。

广西壮族自治区高级人民法院经审理认为：第一，法院执行的（2002）南市执字第282号执行案件，在以物抵债的同时，已经确认被执行人房地产公司无财产可供执行，债权人D工作室也已明确放弃剩余债权的执行，为此法院裁定终结本案的执行。但在本案终结执行后，未经裁定恢复执行的情况下，再行直接扣划房地产公司的财产属程序违法。

第二，在执行案件中，以物抵债本身并不必然产生税费（如部分动产），以物抵债也没有相应的税收规定，（2002）南市执字第282号案的以物抵债裁定作出后，作为抵押人房地产公司已经将抵债标的物移交D工作室，D工作室也已接收并取得该抵偿物的所有权，以物抵债行为已经完成。抵债裁定明确由D工作室持裁定到相关机构办理相关产权的过户登记手续，并没有要求抵债债务人承担办理产权过户的任何责任，D工作室应当知道抵债后产权变更登记会产生相关的费用，仍接受了以物抵债终结执行的结果。D工作室在案件执行终结后，向有关行政管理部门申请办理抵偿物的过户登记手续时，再要求原被执行人承担相关费用没有事实和法律依据。税务部门根据D工作室的申请向执行法院发出扣税协助函而未向房地产公司作出征税决定，其扣税协助函没有收税依据，且法院与当地税务部门的会议纪要不能作为法院的裁判依据。

第三，房地产公司作为抵押人提供涉案抵押物为Z公司的借款提供担保，其承担的担保责任范围应以抵押物的全部价值为限，其抵押物已经执行完毕，无理由再要求抵押担保人承担超出抵押物价值以外的责任。即使本案抵押物因抵债或因过户发生税费需由抵押物的原所有人房地产公司负担，也应在抵押物的原价值内冲减，而不是增加抵押担保人的责任。

第四，法院将（2004）南市执字第22号案中扣划的被执行人房地产公司应收租金，为其在另外已经执行终结三年的（2002）南市执字第282号案件完税，减少了（2004）南市执字第22号案的执行所得款，对作为补充责任人的投资公司及S公司而言，加重了在该案中所应承担的责任。投资公司的复议理由成立，予以支持。

综上，D工作室在本案执行终结后，仍要求房地产公司承担抵债房产的过户税费没有依据，法院的协助划转不当，应予纠正。投资公司的复议理由成立，予以支持。依照《中华人民共和国民事诉讼法》第二百二十五条、《最高人民法院关于人民法院办理执行异议、复议案件若干问题的规定》第二十三条的规定，作出如下裁定：

一、撤销南宁中院（2016）桂01执异8号执行裁定；

二、撤销南宁中院在（2004）南市执字第22号执行案中对房地产公司被执行款430.14万元的协助划转执行行为。

【法官后语】

1. 提供担保物的抵押担保人所应承担的责任范围是否应仅限于担保物的价值

在执行实践中，抵押担保人所承担的责任偶尔出现超出担保物价值范围的现象。依据合同法的预见性规则，担保人应当承担的责任范围不应超过其订立合同时预见到或应当预见到的损失，提供抵押物的担保人是以其自有物为第三人的债务提供担保，所担保的责任范围有约定的依其约定，无约定的亦不应超出其所提供的担保物价值，如超出担保物价值，则对于担保人而言就是不可预见的，并非其本意。就（2002）南市执字第282号案而言，房地产公司作为抵押担保人，法院判决交通银行南宁分行有权从房地产公司提供的抵押物所得价款中优先受偿，已明确了房地产公司在其提供的担保物价值范围内承担赔偿责任，而执行不能脱离判决，为此，抵押物执行完毕，无理由再要求抵押担保人承担超出抵押物价值以外的责任。

2. 执行程序中以物抵债后，因抵债标的物需办过户登记所发生的费用由谁来承担

就（2002）南市执字第282号案而言，南宁中院在委托拍卖公司对涉案房产进行拍卖时，在该公告中已告知买卖双方各自承担相关的税费。以物抵债实质上与通常的买卖关系无异，特殊就在于买受人是申请执行人而已，如该物品价值未超出申请执行人获清偿的债权，则无须补足差价。D工作室申请以物抵债，其已明知或应该知道以物抵债后对房产进行过户登记必定会发生税费，其仍愿意承受以物抵债，因此应当依法承担相应的税费，原房产所有人房地产公司亦负担其依法应负担的税费。在本案以物抵债时，法院已经确

认房地产公司已无财产可供执行，D工作室同时明确放弃剩余债权，该抵押物所抵销的债权应是先行冲减执行费用、抵押担保人应承担的税费等剩余的抵押物价值，而不是增加抵押担保人的责任。虽然本次拍卖（以物抵债）发生于2011年，但南宁中院所作的拍卖公告亦是由买卖双方各自负担相应的税费，与2017年1月1日起施行的《最高人民法院关于人民法院网络司法拍卖若干问题的规定》第三十条规定不谋而合，即因网络司法拍卖本身形成的税费，应当依照相关法律、行政法规的规定，由相应主体承担；没有规定或者规定不明的，人民法院可以根据法律原则和案件实际情况确定税费承担的相关主体、数额。

3. 关于已终结执行的案件如发现仍有未执行到位的债权应如何启动执行程序

D工作室于2014年12月19日向南宁中院主张在已终结的（2002）南市执字第282号中，被执行人房地产公司以物抵债后仍应该承担过户登记的税费，从其主张来看，该税费的性质应属于未执行到位的债权。对于已经终结执行的案件发现有未执行到位的债权如何启动执行程序？《最高人民法院关于执行案件立案、结案若干问题的意见》第六条第三项规定，执行实施案件以裁定终结本次执行程序方式报结后，如发现被执行人有财产可供执行，申请执行人申请或者人民法院依职权恢复执行的，应当按照恢复执行案件予以立案。虽然该规定是属于司法指导文件，不是司法解释，但是其实际法律效力也是较高，主要用于统一裁判，在执行实践中亦应遵照执行，因此依照前述规定，在执行实施案件作结案处理后，应当重新立恢复案件后才能重启执行程序。

编写人：广西壮族自治区高级人民法院　罗素梅

117 国内信用证开证保证金属于质权具有债权担保功能

——某银行成都分行诉罗某案外人执行异议之诉案

【案件基本信息】

1. 裁判书字号

四川省成都市铁路运输中级法院（2016）川71民终3号民事判决书

2. 案由：案外人执行异议之诉

3. 当事人

原告（上诉人）：某银行成都分行

被告（被上诉人）：罗某

【基本案情】

矿业公司向某银行成都分行申请开立国内信用证，某银行成都分行同意并作出开立/注销人民币保证金账户通知书，确定101××账户（以下简称101账户）为信用保证金账户。此后，某银行成都分行与矿业公司先后签订三份不同编号的《国内信用证开证合同》，某银行成都分行按照约定分别为矿业公司开立了金额为5500万元、2000万元、7500万元的信用证，矿业公司按开证金额的20%缴纳开证保证金，某银行成都分行对矿业公司101账户内资金1100万元、400万元、1500万元进行了冻结。其中第三份《国内信用证开证合同》约定，矿业公司应当在付款到期十日前将应付款补足存入指定账户，以备某银行成都分行对外付款，否则某银行成都分行有权从矿业公司账户中扣划并对外付款。该信用证受益人为贸易公司。此后，某银行成都分行履行了对外付款责任，将款项支付给贸易公司，但矿业公司并未向某银行成都分行偿还《国内信用证开证合同》项下款项 7500 万元。成都铁路运输法院受理申请执行人罗某与被执行人矿业公司等公证债权文书执行案后，冻结了矿业公司设立于某银行成都分行的账户资金 1500 万元，某银行成都分行案外人异议被驳回后，向执行法院提起案外人执行异议之诉。

【案件焦点】

某银行成都分行就本案所涉的信用证保证金是否享有质押和优先受偿权。

【法院裁判要旨】

成都铁路运输法院经审理认为：成立金钱质押应当有明确质押合同或质押合同条款，并应有相关质押合同的内容。本案中《国内信用证开证合同》虽约定了保证金，但并未对保证金性质进行明确，没有明确质押的意思表示；虽约定了“有权从乙方账户中扣款并按信用证规定对外付款”，但未约定享有质押权以及优先受偿权，因此，本案中《国内信用证开证合同》的相关约定并不符合法律关于质押权的规定，故对某银行成都分行就本案所涉的信用证保证金享有质押和优先受偿权的主张不予以支持。

成都铁路运输法院依照《中华人民共和国担保法》第六十四条、第六十五条，《中华人民共和国物权法》第二百二十一条，《最高人民法院关于适用〈中华人民共和国民事诉讼法〉的解释》第三百一十二条第一款第二项的规定，作出如下判决：

驳回某银行成都分行的诉讼请求。

某银行成都分行持原审起诉意见提起上诉。

成都铁路运输中级法院经审理认为：国内信用证开证保证金并非一般意义上的保证金，当事人一旦约定某项资金为信用证开证保证金，其本身即具有对债权的担保功能。某银行成都分行与矿业公司之间已达成书面质押合意，案涉账户资金已以保证金形式特定化并由某银行成都分行控制、占有，该1500万元保证金的质权已经设立，且该保证金所担保的债务并未清偿，因此，某银行成都分行就该保证金享有优先受偿权。

成都铁路运输中级法院依照《中华人民共和国物权法》第二百一十条、第二百一十二条和《中华人民共和国民事诉讼法》第一百七十条第一款第二项、第二百二十七条以及《最高人民法院关于适用〈中华人民共和国担保法〉若干问题的解释》第八十五条，《最高人民法院关于适用〈中华人民共和国民事诉讼法〉的解释》第三百一十二条第一款第一项的规定，作出如下判决：

一、撤销成都铁路运输法院（2015）成铁民初字第8号民事判决；

二、某银行成都分行对矿业公司账户（账号：×）内的资金1500万元享有质权，不得执行该1500万元。

【法官后语】

本案典型意义在于确立国内信用证账户资金是否属于质权的审查标准。在审查双方是否存在质押关系时，有两种观点：一种观点认为应严格采取“保证金质押意思表示+质押合同”的审查模式，理由是按照《中华人民共和国民法典》的规定，成立金钱质押应当有明确质押合同或质押合同条款，并应有相关质押合同的内容。若虽约定为保证金，但未对保证金性质进行明确，虽约定银行有权扣划，但未约定享有质权以及优先受偿权，均不享有质权和优先受偿权。本案二审判决则认为，双方存在质押意思表示，并对质权一般条款进行约定，即使没有明确的质押合同，也应认定双方存在质押关系。《最高人民法院关于人民法院能否对信用证开证保证金采取冻结和扣划措施的规定》虽然适用对象是涉外信用证开证保证金，本案系国内信用证，但参照该司法解释的规定，可以确定以下原则：一是信用证开证保证金属于具有担保支付性质的资金；二是对于确系信用证开证保证金的，不得采取扣划措施；三是如果开证银行履行了对外支付义务，根据银行申请，应当立即解除对信用证开证保证金相应部分的冻结措施；四是信用证开证保证金账户存款已丧失保证金功能的情况下，可以采取扣划措施。因此，参照上述原则，国内信用证开证保证金并非一般意义上的保证金，当事人一旦约定某项资金为信用证开证保证金，其本身即具有对债权的担保功能，其担保对象系开证行的对外付款责任。当事人虽没有单独订立带有“质押”字样的合同，但能够认定双方对所担保债权的种类、数量、债务履行期限、质物数量和移交时间、担保范围、质权行使条件等质押一般条款达成合意的，应当认定具备质押意思表示。因此，银行对国内信用证开证保证金享有质权，对该保证金享有优先受偿权，法院不得执行该保证金。对于民法典施行后的同类型纠纷，《最高人民法院关于适用〈中华人民共和国民法典〉有关担保制度的解释》第七十条规定，债务人或者第三人为担保债务的履行，设立专门的保证金账户并由债权人实际控制，或者将其资金存入债权人设立的保证金账户，债权人主张就账户内的款项优先受偿的，人民法院应当支持。当事人约定的保证金并非为担保债务的履行设立，债权人主张就保证金优先受偿的，人民法院不予支持。根据上述规定，认定债权人是否对信用证账户保证金享有优先受偿权，只需确定该保证金账户的设立目的确系为担保债务的履行，且该账户由债权人实际控制，即使当事人并未明确约定质押合同，但能认定双方存在质押担保的实质性意思表示，即应认定双方存在质押关系。

编写人：四川省成都铁路运输中级法院　钟欣　金旭

118　银行账户的质权设立认定

——某银行荆门分行诉陈某、化工公司执行异议之诉案

【案件基本信息】

1. 裁判书字号

湖北省高级人民法院（2017）鄂民终10号民事判决书

2. 案由：执行异议之诉

3. 当事人

原告（上诉人）：某银行荆门分行

被告（被上诉人）：陈某、化工公司

【基本案情】

2014年8月25日，某银行荆门分行与第三人化工公司之间签订了《国内订单融资协议》（以下简称协议），约定融资金额为3000万元，期限为6个月，还款日期为2015年3月2日。协议第六条约

定化工公司在某银行荆门分行开立货款回款专户，作为化工公司收取订单项下销售款和存入还款资金的唯一账号，未经某银行荆门分行同意，化工公司不得自行从该账户支取任何款项，也不得发出从该账户支付任何款项的指令，该账户不得开通网上银行业务。2014 年 9 月 16 日，某银行荆门分行向化工公司发放了贷款 3000 万元。2015 年 1 月 13 日，某银行荆门分行与化工公司签订了一份《质押合同》及附质物清单，该清单显示化工公司将回款专户中的 600 万元存款出质给原告。该账户当日余额为 6000497.08 元。

在陈某与化工公司等民间借贷纠纷一案中，湖北省宜昌市中级人民法院依据（2015）鄂宜昌中执保字第 00049 号民事裁定书，于 2015 年 2 月 15 日冻结化工公司在某银行荆门分行的存款 3900 万元（当时实际冻结回款专户中的存款 6000497.08 元）。该案进入执行程序后，湖北省宜昌市中级人民法院于 2015 年 8 月 19 日作出（2015）鄂宜昌中执第 00413 号执行裁定书，裁定冻结、扣划化工公司等的银行存款 3434.7916 万元；或扣押、提取其等额的收入，或查封、扣押、冻结其同等价值的其他财产。随后，湖北省宜昌市中级人民法院于 2015 年 10 月 10 日扣划化工公司在某银行荆门分行的存款 600 万元（开户名为化工公司）。之后，某银行荆门分行向湖北省宜昌市中级人民法院提交执行异议申请书，请求撤销对化工公司质押给原告的 600 万元存款所采取的查封、冻结和扣划措施，将该款项直接退还至原告账户，以实现质权。湖北省宜昌市中级人民法院于 2016 年 2 月 3 日作出（2016）鄂 05 执异 7 号执行裁定书，裁定驳回某银行荆门分行的异议。某银行荆门分行不服该裁定，向湖北省高级人民法院提出执行复议申请，湖北省高级人民法院于2016年5月11日作出（2016）鄂执行复60号执行裁定书，裁定撤销湖北省宜昌市中级人民法院（2016）鄂05执异7号执行裁定书，并指令湖北省宜昌市中级人民法院对原告的异议重新作出裁定。2016年6月21日，湖北省宜昌市中级人民法院作出（2016）鄂05执异35号执行裁定书，驳回某银行荆门分行的异议。

【案件焦点】

本案银行账户的质权是否设立的认定。

【法院裁判要旨】

湖北省宜昌市中级人民法院经审理认为：根据《最高人民法院关于适用〈中华人民共和国担保法〉若干问题的解释》第八十五条"债务人或者第三人将其金钱以特户、封金、保证金等形式特定化后，移交债权人占有作为债权的担保，债务人不履行债务时，债权人可以以该金钱优先受偿"的规定，金钱作为一般等价物，转移占有即转移所有权，故金钱质押需经过特定化，从种类物转为特定物，使其所有权和占有权相分离，才能实现设立金钱质押的目的。银行作为具有存款业务的金融机构，将债务人交付的金钱作为质押财产时，应当将质押金钱放置于专门的账户，该账户必须特定化，并且对任何第三人均能显示出设立质押的外观，以区别于普通存款。本案中，某银行荆门分行与化工公司在协议中约定，化工公司在某银行荆门文化宫支行开立账号为18×××63的货款回款专户，作为化工公司收取订单项下销售款和存入还款资金的唯一账号。虽然《国内订单融资协议》约定18×××63的账户为专户，但约定的是作为化工公司收取订单项下销售款和存入还款资金的专户，既非为出质金钱所开设的专用账户，亦非保证金账户。同时，某银行荆门分行未提供充足的证据证明在人民法院采取保全措施时，该账户内的600万元显示出质押状态且第三人能明确识别该账户的资金性质。综上，该金钱质押不能达到特定化的法律要求，该质权并未有效设立，不能对抗第三人，某银行荆门分行对18×××63账户内的600万元不享有优先受偿权。依照《中华人民共和国物权法》第五条、第六条、第七条、第二十三条，《最高人民法院关于适用〈中华人民共和国担保法〉若干问题的解释》第八十五条之规定，作出如下判决：

驳回某银行荆门分行的诉讼请求。

某银行荆门分行不服一审判决，提起上诉。

湖北省高级人民法院经审理认为：根据《最高人民法院关于适用〈中华人民共和国民事诉讼法〉的解释》第三百一十二条“对案外人提起的执行异议之诉，人民法院经审理，按照下列情形分别处理：（一）案外人就执行标的享有足以排除强制执行的民事权益的，判决不得执行该执行标的；（二）案外人就执行标的不享有足以排除强制执行的民事权益的，判决驳回诉讼请求。案外人同时提出确认其权利的诉讼请求的，人民法院可以在判决中一并作出裁判”的规定，案外人可以在执行异议之诉中提出确认其权利的诉讼请求，某银行荆门分行有关改判某银行荆门分行对陈某诉化工公司民间借贷纠纷案执行标的（化工公司提供的本案贷款质押存款600万元）享有优先受偿权和改判某银行荆门分行有权以化工公司质押存款优先受偿上述融资本息以及某银行荆门分行实现债权的费用的上诉请求可以在执行异议之诉中一并解决。根据《中华人民共和国物权法》第五条“物权的种类和内容，由法律规定”、第六条“不动产物权的设立、变更、转让和消灭，应当依照法律规定登记。动产物权的设立和转让，应当依照法律规定交付”、第一百七十二条第一款“设立担保物权，应当依照本法和其他法律的规定订立担保合同。担保合同是主债权债务合同的从合同。主债权债务合同无效，担保合同无效，但法律另有规定的除外”、第二百一十条“设立质权，当事人应当采取书面形式订立质权合同。质权合同一般包括下列条款：（一）被担保债权的种类和数额；（二）债务人履行债务的期限；（三）质押财产的名称、数量、质量、状况；（四）担保的范围；（五）质押财产交付的时间”、第二百一十二条“质权自出质人交付质押财产时设立”的规定，某银行荆门分行主张其质权有效设立，对诉争款项享有优先受偿权，应当举证证明其与化工公司签订的主债权债务合同协议合法有效，其与化工公司签订的从合同《质押合同》合法有效，化工公司出质的质物600万元存款符合设立动产质押的法律规定和依照法律规定进行了公示。根据一审查明的事实，某银行荆门分行与化工公司在一审法院对诉争款项冻结之前签订了协议、《质押合同》，均系某银行荆门分行与化工公司的真实意思表示，也不违反法律规定，应当认定为合法有效。但是，化工公司出质的质物是600万元存款，并不是600万元存单，形式上是金钱。金钱是种类物，转移占有即转移所有权，作为特殊的质押财产，必须通过某种形式特定化，并移交债权人占有。银行作为具有存款业务的金融机构，将出质人交付的金钱作为质押财产时，应当依法将质押金钱放置于专门的账户，并且对任何第三人均能显示出设立质押的外观，以便于区分该金钱是出质人交付的普通存款还是质押财产。而本案化工公司的600万元存款，是存入了其和某银行荆门分行双方签订的协议中约定的作为化工公司收取订单项下销售款和存入还款资金的专户18×××63账户内，该账户既非为出质金钱所开设的专用账户，也非专门的保证金账户，不符合法律规定的以金钱作为质押物设立的条件。另外，某银行荆门分行也未提供充分证据证明上述账户内的600万元显示出质押状态，从而证明化工公司通过存入金钱的形式交付了质押物，达到了物权公示的效果，故某银行荆门分行的质权并未设立，其对诉争款项不享有优先受偿权，某银行荆门分行主张其质权有效设立、对诉争款项享有优先受偿权的上诉理由不能成立。由于某银行荆门分行的质权并未设立，某银行荆门分行对诉争款项不享有优先受偿权，故某银行荆门分行主张其能排除人民法院强制执行的上诉理由不能成立。

至于某银行荆门分行有关改判其与化工公司签订的《质押合同》合法有效和改判其与化工公司之间的3000万元融资借款关系合法有效的上诉请求。虽然在审查某银行荆门分行的质权是否有效设立，其对诉争款项是否享有优先受偿权中，必然要对其与化工公司签订的主债权债务合同协议和从合同《质押合同》的效力进行审查，但是，根据《最高人民法院关于适用〈中华人民共和国民事诉讼法〉的解释》第三百一十二条的规定，案外人可以在执行异议之诉中提出确认其权利的范围应是对执行标的享有的权利，并不包括其他权利，故某银行荆门分行有关改判其与化工公司签订的《质押合同》合法有效和改判其与化工公司之间的3000万元融资借款关系合法有效的上诉请求，不能在本案中一并作出裁判。

综上，某银行荆门分行的上诉请求不能成立，依法予以驳回。原审判决认定事实清楚，适用法律正确。依照《中华人民共和国民事诉讼法》第一百七十条第一款第一项的规定，作出如下判决：

驳回上诉，维持原判。

【法官后语】

1. 关于银行账户能否设立质权的问题

账户质押是指账户权利人为担保债务人依约偿还债务，与债权人（银行）约定以其账户向银行出质，承诺在债务人到期不偿还债务时，银行将账户资金优先受偿。账户质押源于英美法中德债权担保制度，主要运作方式是将银行账户资金作为担保。虽然理论界和司法界对于银行账户能否设立质权存在不同观点，但在金融实务中却广泛存在。

账户质押的特殊性在于账户自身并不存在经济价值，作为质押的是账户上存在的资金。关于账户质押的法律性质存在争议，主要存在“动产质押说”“权利质押说”“根据账户内金钱是否特定再区分为动产质押说和权利质押说”三种。原《最高人民法院关于适用〈中华人民共和国担保法〉若干问题的解释》第八十五条对金钱质押作出了规定，只要质押账户和资金可以特定化，可以认定账户质押为一种金钱质押。实践中，将账户质押认定为动产质押具有较为成熟的实践经验。因此银行账户可以设立质权。

2. 关于本案中质权是否设立的问题

原《最高人民法院关于适用〈中华人民共和国担保法〉若干问题的解释》第八十五条规定：“债务人或者第三人将其金钱以特户、封金、保证金等形式特定化后，移交债权人占有作为债权的担保，债务人不履行债务时，债权人可以以该金钱优先受偿。”一般来说，保证金账户的质权设立需同时满足以下三个条件：（1）明确约定资金专款专用于保证金质押。债务人或第三人与债权人达成质押合意，书面约定债务人或第三人开立保证金账户，账户内资金作为保证金提供质押担保。（2）保证金账户必须特定化。最高人民法院倾向认为："银行将具有存款业务的金融机构，将出质人交付的金钱作为质押财产，应当依法将质押金钱放置于专门的账户，并且对任何第三人均能显示出设立质押的外观，否则难以区分该金钱是出质人交付的普通存款还是质押财产"构成账户特定化，需要在设立时，外观有别于普通账户，以便于第三人直观的识别，进而获得公示和对抗第三人的效力。本案中，某银行荆门分行与化工公司在协议中约定，化工公司在某银行荆门分行开立货款回款专户，作为化工公司收取订单项下销售款和存入还款资金的唯一账号。虽然协议约定该账户为专户，但约定的是作为化工公司收取订单项下销售款和存入还款资金的专户，既非为出质金钱所开设的专用账户，亦非专门的保证金账户。同时，某银行荆门分行未提供充足的证据证明在人民法院采取保全措施时，该账户内的600万元显示出质押状态且第三人能明确识别该账户的资金性质。综上所述，该金钱质押不能达到特定化的法律要求，该质权并未有效设立，不能对抗第三人，某银行荆门分行对该回款专户内的600万元不享有优先受偿权。（3）质权人（银行）必须占有控制质押保证金。客户本人无法自由支配该账户及账户资金。

编写人：湖北省宜昌市中级人民法院　张灿

119 最高额金钱质押依法成立的可享有优先受偿权并阻却处分性执行措施

——农行宁乡县支行诉路桥公司等执行异议案

【案件基本信息】

1. 裁判书字号

湖南省长沙市天心区人民法院（2016）湘0103执异64号民事裁定书

2. 事由：执行异议

3. 当事人

异议人：农行宁乡支行

申请执行人：欧阳某平

被执行人：路桥公司、宁乡担保公司、周某锋

【基本案情】

欧阳某平与路桥公司、宁乡担保公司、周某锋民间借贷纠纷一案，本院于2015年6月11日作出（2015）天民初字第2354-1号民事裁定书，裁定冻结路桥公司、宁乡担保公司、周某锋银行存款380万元，或查封、扣押价值相当的财产。2015年7月1日，本院向农行宁乡支行下达了《协助冻结存款通知书》，因余额不足，只冻结宁乡担保公司510180.69元。2015年9月10日，本院作出（2015）天民初字第02354号民事判决书，判决：（1）确认解除欧阳某平与路桥公司、宁乡担保公司、周某锋于2014年10月9日签订的借款合同。（2）由路桥公司于本判决生效之日起10

日内一次性向欧阳某平返还借款 327 万元。(3) 由路桥公司于本判决生效之日起 10 日内一次性向欧阳某平支付借款利息 467610 元。(4) 由宁乡担保公司、周某锋对路桥公司的上述债务承担连带责任，宁乡担保公司、周某锋承担保证责任后，有权在承担保证责任范围内向路桥公司追偿。(5) 驳回欧阳某平的其他诉讼请求等。路桥公司不服提起上诉，但未交纳诉讼费用，长沙市中级人民法院裁定按自动撤回上诉处理。因路桥公司、宁乡担保公司、周某锋未按判决书确定的义务履行，欧阳某平申请强制执行，本院以（2016）湘 0103 执 84 号立案执行。2016 年 1 月 18 日，本院作出（2016）湘 0103 执 84-1 号执行裁定书，裁定冻结、扣划路桥公司、宁乡担保公司、周某锋的银行存款 4004402 元或查封、扣押其价值相当的财产。2016 年 1 月 19 日，本院向农行宁乡支行下达（2016）湘 0103 执 84 号《协助划拨存款通知书》，将宁乡担保公司在农行宁乡支行账号为 18020962900000×××内的 511047 元（含利息）扣划至本院账户。农行宁乡支行遂提出上述异议。根据农行宁乡支行提供的（2015）宁民初字第 02431 号民事判决书，农行宁乡支行与戴某中、戴某华、邓某波、宁乡担保公司金融借款合同纠纷一案，宁乡县法院于 2015 年 12 月 25 日作出判决：(1) 戴某中偿还农行宁乡支行借款本金 270 万元。2. 戴某中向农行宁乡支行支付 2015 年 5 月 25 日前的利息 37050 元。上述应给付款项共计 2737050. 5 元，限戴某中于本判决生效之日起十日内支付完毕。(2) 宁乡担保公司对判决第一项、第二项内容在 100 万元范围内承担连带清偿责任。(3) 驳回农行宁乡支行的其他诉讼请求等。因对戴某中、戴某华公告送达，该判决书于 2016 年 7 月 28 日生效，农行宁乡支行尚未申请强制执行。

【案件焦点】

1. 执行异议中能否审查、如何认定商业银行的最高额金钱质押权依法成立；2. 能否阻却处分性执行措施。

【法院裁判要旨】

湖南省长沙市天心区人民法院经审理认为：债务人或者第三人将其金钱以特户、封金、保证金等形式特定化后，移交债权人占有作为债权的担保，债务人不履行债务时，债权人可以以该金钱优先受偿。中国农业银行股份有限公司湖南省分行营业部与宁乡担保公司在《合作协议书》中明确约定了保证金专户及保证金缴纳比例。宁乡担保公司依照约定在异议人农行宁乡支行开立保证金专户并缴纳首期保证金，同时根据实际发生的业务量续存了保证金，该保证金专户专款专用，银行对该保证金账户的权利限制已达到了控制该资金的目的，符合司法解释"特定化"及"转移占有"的要求。农行宁乡支行发生了逾期未还的贷款业务，有权就该保证金账户内的资金优先受偿。故异议人农行宁乡支行的异议理由成立。根据《中华人民共和国民事诉讼法》第二百二十七条，《最高人民法院关于人民法院办理执行异议和复议案件若干问题的规定》第二十六条第二款之规定，作出如下裁定：

撤销本院（2016）湘0103执84号《协助划拨存款通知书》。本裁定送达后立即生效。

【法官后语】

1. 执行异议是否可以审查最高额金钱质押之优先受偿权

金钱属于一种特殊的动产，既具有货币支付的功能，也具有转移占有并作为担保物的功能，以金钱转移占有设定担保符合《中华人民共和国民法典》关于动产质押的规定，故开立保证金的性质属于金钱动产质押。笔者认为，最高人民法院司法解释确立的是以形式审查为原则、实质审查为例外的案外人异议审查规则，即一般根据登记、占有等权利表征来判断权属；但如果执行标的无登记或者占有情况的，则根据合同等证明财产权属或者权利人的相关证据进行实质审查。《最高人民法院关于人民法院办理执行异议和复议案件若干问题的规定》第二十五条第一款第五项规定，其他财产和权利，有登记的，按照登记机构的登记判断；无登记的，按照合同等证明财产权属或者权利人的证据判断权利人。笔者认为，该项规定便是实质审查。优先受偿权作为一项实体权利，本来就是质押权的核心内容。所以，执行异议有权审查最高额金钱质押之优先受偿权。

2. 须审查质权人和出质人签订的书面最高额金钱质押合同或条款

最高额金钱质押是否为要式合同，一般存在三种观点。第一种观点认为，根据《中华人民共和国民法典》第四百二十七条“设立质权，当事人应当采取书面形式订立质权合同”之规定，未签书面最高额金钱质押合同，不成立质押。第二种观点认为，质押不因未签订书面质押合同而不成立或无效。《中华人民共和国民法典》第四百二十九条规定“质权自出质人交付质押财产时设立”，因此交付是设定质权的条件，即未转移交付不影响质押合同的效力，仅导致质权不能设立。由此可见，即使出质人与质权人签订了书面质押合间，质押物如未转移占有，质权仍不成立。第四百二十七条中“应当”一词的本义，是提倡性的、劝导性的、鼓励性的，不具有强制性，故不能因双方未签订质押合同而认定质押不成立或无效。对于设立动产质权合同未采用书面形式的，一方已经履行主要义务，对方接受的，该合同成立。第三种观点认为，最高额质押合同作为双方当事人合作的框架性协议，为将来一系列的继续性交易提供担保，一般应当采取要式合同。不采取要式合同，将难以辨别质押担保的最高额。在特殊情况下，如果能够从其他证据中辨别最高额质押合同构成要素的，也可以不要求必须要式。笔者倾向于第三种观点，要式为原则，不要式为特殊、个别。

3. 须审查最高额金钱质押金特定化和移交质押权人占有

首先，考察保证金银行账户特定化，即能够与一般结算账户、基本账户相区别。在外观方面，需要在设立初始，让账户的形式外观有别于普通的结算账户，以便于第三人直观的识别，进而获得公示和对抗第三人的效力。比如，特别设立的账户名称含有“机构名称（保证金）”字样等，让第三人能够明确识别该账户资金性质。在功能方面，金钱的特定化是指实质的特定化，而非形式上的特定化，即必须采取特定的形式限制该金钱的流通功能。金钱质押要求相应账户具有封闭性和独立性，要求保证金账户不能够开放管理或者随意使用，不能进行一般的结算业务，不得支取现金、不通存、不通兑，以避免与一般账户内资金混同。银行账户其只能用于存储“保证金”，不能有任何担保之外的业务往来，做到专款专用。

其次，要考察资金特定化，需主债权明确，且具有对应关联性。主债权明确，指明确质押担保的担保范围，且需保证不得以主债权以外的事由，扣划账户内款项。对应关联性，是指具体的存入款项的数额、原因、方式、时间等，能够与主合同或质押合同明确甚至一一对应。保证金账户内的资金流动必须与所担保的主债权的增减具体关联，主债权必须明确。若存在相应担保外业务，则将被否认该货币质押的特定化，进而否认质押效力。当然，特定化不等于固定化。根据担保业务的不同，相应保证金账户金额可能具有流动性，但这是由该保证金账户所担保的标的物变动性所决定。同时，账户内保证金也可能因为实现担保权而发生变化，这并不影响特定化的构成。即使经债权人同意减少保证金账户的资金，也只表明债权人同意放弃减少部分保证金的质权，由债权人自行承担相应后果，只要债权人没有丧失对保证金账户的控制权，即不改变保证金账户剩余资金的担保性质。

最后，质押的保证金必须移交质押权人占有。占有是指对物进行控制和管理的事实状态，移交占有应当包括直接将作为保证金的金钱移交债权人占有，也包括在债权人处设立专门账户，将金钱存入该账户，由债权人对该账户实际管理和控制。开立账户的银行即质押权人能够实际控制该账户即银行取得对保证金账户的控制权，应认定符合出质金钱移交债权人占有的要求。

2021 年 1 月 1 日起施行的《最高人民法院关于适用〈中华人民共和国民法典〉有关担保制度的解释》第七十条规定："债务人或者第三人为担保债务的履行，设立专门的保证金账户并由债权人实际控制，或者将其资金存入债权人设立的保证金账户，债权人主张就账户内的款项优先受偿的，人民法院应予支持。当事人以保证金账户内的款项浮动为由，主张实际控制该账户的债权人对账户内的款项不享有优先受偿权的，人民法院不予支持。在银行账户下设立的保证金分户，参照前款规定处理。当事人约定的保证金并非为担保债务的履行设立，或者不符合前两款规定的情形，债权人主张就保证金优先受偿的，人民法院不予支持，但是不影响当事人依照法律的规定或者按照当事人的约定主张权利。"

编写人：湖南省长沙市天心区人民法院　曹淑伟

120 对正在执行中的债务提供担保是否具有可诉性

——李某香诉冯某民保证合同案

【案件基本信息】

1. 裁判书字号

广西壮族自治区宜州市人民法院（2015）宜民初字第248号民事判决书

2. 案由：保证合同纠纷

3. 当事人

原告：李某香

被告：冯某民

【基本案情】

原告李某香诉被告莫某芳民间借贷纠纷一案，广西壮族自治区宜州市人民法院于2007年4月27日作出（2007）宜民初字第167号民事判决书，判决莫某芳偿还原告借款本金27.55万元及利息（利息计算，自2006年5月19日起至还清之日止以5万元为基数；自2006年5月29日起至还清之日止以5万元为基数；自2006年6月6日起至还清之日止以5万元为基数，以上均按中国人民银行规定的同期贷款利率的四倍计付；自2006年7月26日起至2006年9月26日止以9.05万元为基数，按中国人民银行规定的同期贷款利率的四倍计付，自2006年9月27日、2006年11月25日起至本案生效判决确定履行期限最后一日止，分别以9.05万元、3.5万元为基数，按中国人民银行规定的同期贷款利率计付），案件受理费、其他诉讼费、保全费由莫某芳承担10359元。判决生效后，2007年5月25日原告申请强制执行莫某芳的财产。2008年2月10日，被告冯某民对该判决书确定莫某芳承担的债务提供保证，保证书的内容为："莫某芳所借李某香借款按法院判决书还清。（于2008年12月31日前还清）"。2009年7月30日，莫某芳不能如期还款，被告冯某民在保证书上补写内容为："莫某芳所借李某香借款，由于某些原因，往后延时"。2010年5月28日，法院作出裁定终结该案的执行程序。2011年5月23日，被告冯某民又在保证书上补签日期。2013年5月25日，莫某芳再次不能如期还款，被告冯某民在保证书上又补写内容为："由于矿山未正常生产，所以还款时限让后延期。"之后，法院强制执行得莫某芳财产94549元，尚欠191310元，现原告催款莫某芳和被告仍未偿还。原告认为该保证书的内容其实质就是被告对莫某芳债务的承担。

【案件焦点】

1. 本案应当是保证合同纠纷还是债务转让合同纠纷；2. 本案的保证合同是否合法有效；3. 关于原告请求被告支付191310元款项及利息是否有事实和法律依据。

【法院裁判要旨】

广西壮族自治区宜州市人民法院经审理认为：关于本案应当是保证合同纠纷还是债务转让合同纠纷的问题。债务转让合同也称债务承担，是指在不改变债的内容的前提下，债务人与第三人订立转让债务的协议，将债务全部或者部分转给第三人，其可分为免责的债务承担和并存的债务承担。从原告诉称的内容来看，原告的主张较为符合并存的债务承担的内容，并存的债务承担是指债务人不脱离债的关系，第三人加入债的关系，与债务人共同承担债务。保证是指第三人和债权人约定，当债务人不履行或者不能履行其债务时，由第三人承担责任的担保方式，其可分为一般保证和连带责任保证。从内容的形式来看，并存的债务承担与连带责任保证两者的内容形式非常相似，均表现为第三人加入债的关系中承担责任，因此从内容的形式上很难进行区分，现被告主张其承担的是连带保证责任，所以只能从两者的内容实质加以区分，本案被告是债权人原告李某香与债务人莫某芳双方债关系的第三人，本案被告向原告李某香出具担保书，就是第三人向债权人作为担保债务履行的意思表示，其符合保证合同的内容实质和特征；如果是债务承担，应当是第三人向债务人作出代为偿还债务的意思表示，也就是被告向债务人莫某芳出具代其偿还债务承诺书之类的文书，不应当是第三人向债权人出具的担保书。因此，本案应当属于保证合同纠纷。

关于本案的保证合同是否合法有效的问题。本案的保证是被告向原告提供的保证，是为原告正在执行过程中的债务提供保证，而不是被告向法院提供的保证，故不属于执行担保，而属于民事担保。民事担保受担保法的调整，当债务人不履行到期债务时，债权人可依法律规定和法定程序要求保证人承担保证责任，故该保证具有可诉性。本案被告为原告提供保证，属于第三人为债权人提供保证的情形，该保证合同符合合同的成立、生效的要件，没有违反法律、行政法规的强制性规定，属于合法有效的担保，所以该保证合同合法有效。被告辩解原告与主债务人莫某芳恶意串通损害被告的利益，应当为无效担保，但被告没有证据证明原告与主债务人莫某芳恶意串通的行为，故被告辩解的理由不能成立，法院不予支持。

关于原告请求被告支付191310元款项及利息是否有事实和法律依据的问题。原告请求被告支付191310元款项及利息是原告请求被告承担保证责任的诉讼，原告与被告签订保证合同时没有约定保证方式，按法律规定应属连带责任保证，连带责任保证的债权人在保证期间届满前要求保证人承担保证责任的，保证人依法应当承担保证义务。本案的主债务是正在执行过程中的债务，是履行期限已经届满的债务，债务人随时应当履行债务，保证人提供保证时就开始计算保证期间。2008年2月10日，保证人（被告冯某民）向原告提供保证时，双方约定了保证期间，即自2008年2月10日起至2008年12月31日止。根据法律规定，保证期间不因任何事由发生中断、中止、延长的法律后果，按此规定保证期间应属于除斥期间，该期间经过保证责任消灭，原告没有证据证明其在保证期间内要求被告承担保证责任，2008年12月31日之后被告的保证责任消灭。2009年7月30日，被告在保证书上补写延期履行，应视为被告对该债务重新提供保证，双方没有约定保证期间，根据法律规定，保证期间为主债务履行期满之日起6个月，如上所述，应从保证人提供保证时就开始计算保证期间，即自2009年7月30日起至2010年1月30日止，该期间内原告没有要求被告承担保证责任，故保证责任消灭。2011年5月23日，被告又在保证书上补签日期，也应视为被告对该债务重新提供保证，经过6个月原告没有提出要求的，被告的保证责任消灭。2013年5月25日，被告最后一次在保证书上补写延期履行，同理，应视为被告对该债务重新提供保证，双方没有约定保证期间，故保证期间应为6个月，也就是保证期间自2013年5月25日起至2013年11月25日止，该期间内原告没有证据证明其要求被告承担保证责任，所以被告的保证责任消灭。另外，在案件审理过程中，被告并没有提出保证期间的抗辩，法院是否应当主动审查的问题，本院认为，除斥期间与诉讼时效不同，除斥期间是预定某种权利存续的期间，当该期间经过了该权利就归之于消灭，其消灭的是实体权利，而诉讼时效经过消灭的是附着于权利之上的胜诉权，其权利本身并没有消灭，因此法院不应当主动审查诉讼时效，但除斥期间经过了权利本身已经消灭，则权利本身不存在了，法院不能判决本不应承担义务的人承担责任，所以法院应当主动审查除斥期间。本案保证期间届满后，被告的保证责任已消灭，原告才要求被告承担保证责任，本院不予支持。

广西壮族自治区宜州市人民法院根据《中华人民共和国合同法》第八条，《中华人民共和国担保法》第十九条、第二十六条，《最高人民法院关于适用〈中华人民共和国担保法〉若干问题的解释》第三十一条之规定，作出如下判决：

驳回原告李某香的诉讼请求。

判决后，双方当事人均未上诉，本判决现已生效。

【法官后语】

本案的案件事实看似简单，但结合案件是正在执行过程中已经发生法律效力的债务的实际情况，实际上是个非常复杂的法律问题，本案所涉及的法律知识几乎涵盖了担保法所有疑难知识问题。

1. 本案法律关系的定性是个重要问题

由于本案债务发生已经过了较长的时间，所以时效问题成为关键，其决定被告是否应当承担责任。为此，原告主张被告出具的担保书是属于并存的债务承担，不是保证合同关系。如果是并存的债务承担，加入的债务与原债务则具有同一性，与原债务适用同样的诉讼时效的法律规定；如果是保证合同关系，加入的债务与原债务关系则属于从债务，适用保证期间的法律规定，而保证期间属于除斥期间，保证期间不因任何事由发生中断、中止、延长的法律后果。从内容的形式看，并存的债务承担与连带责任保证两者的内容形式非常相似，均表现为第三人加入债的关系中承担责任，并存的债务承担是指债务人不脱离债的关系，第三人加入债的关系，与债务人共同承担债务，该法律关系的主体是债的加入人（第三人）与债务人，而保证合同是指第三人与债权人约定，当债务人不履行或者不能履行债务时，由第三人承担责任的担保方式，该法律关系的主体是第三人（保证人）与债权人。本案原告是债权人，被告是原告与莫某芳借款合同的第三人，属于债权人与第三人（保证人）的关系，故本案的法律关系应当属于保证合同关系。本案被告冯某民（保证人）于2008年2月10日向原告提供保证，双方约定了保证期间，即自2008年2月10日起至2008年12月31日止。在保证期间内原告没有证据证明其要求被告承担保证责任，故于2008年12月31日之后被告的保证责任消灭。2009年7月30日，被告在保证书上补写延期履行，应视为被告对该债务重新提供保证，双方没有约定保证期间，根据《中华人民共和国担保法》的相关规定，保证期间为主债务履行期满之日起6个月，本案的主债务是正在执行过程中的债务，是履行期限已经届满的债务，债务人随时应当履行债务，保证人提供保证时就开始计算保证期间，所以应从保证人提供保证时就开始计算保证期间，即自2009年7月30日起至2010年1月30日止，该期间内原告没有要求被告承担保证责任，故保证责任消灭。2011年5月23日，被告又在保证书上补签日期，也应视为被告对该债务重新提供保证，经过6个月原告没有提出要求的，被告的保证责任消灭。2013 年 5 月 25 日，被告最后一次在保证书上补写延期履行，同理，应视为被告对该债务重新提供保证，双方没有约定保证期间，故保证期间应为 6 个月，也就是保证期间自 2013 年 5 月 25 日起至 2013 年 11 月 25 日止，该期间内原告没有证据证明其要求被告承担保证责任，所以被告的保证责任消灭，被告对本案债务不承担责任。如果是并存的债务承担，就应适用诉讼时效的法律规定，一般诉讼时效为 2 年，这样，本案起诉并没有超过诉讼时效，故被告对本案债务应当承担责任。两种不同的法律关系，导致两种截然不同的法律后果，所以说本案法律关系的定性是个重要问题。

2. 对正在执行过程中的债务提供担保是否具有可诉性是个新的法律问题

本案的担保是执行担保还是一般的民事担保，是一个极具争议的新型法律问题，也是审判组织讨论最为热烈的问题。一种观点认为是执行担保，应直接执行担保人的财产；另一种观点认为是一般的民事担保，应另行起诉处理；还有一种观点是按执行和解处理，当事人不履行和解协议的，恢复对原生效法律文书的执行。如果是执行担保，将不具有可诉性；如果是一般的民事担保，当事人是可以另行提起诉讼的；如果是执行和解，也不具有可诉性。本案担保书不是申请执行人与被申请执行人协商一致的协议，很显然不是执行和解，是执行担保还是一般民事担保争议比较大。从两者的概念来看，执行担保是指执行过程中，被执行人没有偿付能力，向法院提供担保，并经申请执行人同意，由法院决定暂缓执行，执行担保可以由被执行人提供担保，也可以由第三人提供担保。一般的民事担保可分为人的担保和物的担保，本案是属于人的担保，属于保证合同关系，是指第三人与债权人约定，当债务人不履行或者不能履行债务时，由第三人承担责任的担保方式。执行担保是有限担保，一般以财产为前提的担保，由法院决定是否准许的担保，本案担保并没有经法院的准许，故不应当属于执行担保，应当属于一般的民事担保，应当受担保法的调整范畴。而对正在执行过程中的债务提供担保是否具有可诉性又是个争议问题，有几种不同的意见，此处不再阐述。正在执行过程中的债务是生效的法律文书确定的债务，属于法定的债务，该债务是经过法定程序的审理和裁判，是具有强制执行的债务，现当事人私下提供一个担保，如果另行起诉是否构成重复诉讼，根据相关法律原则，在民商事领域内，法无明文禁止即为可以实施的行为，法律并没有禁止第三人向已经具有强制执行的债务提供担保，故本案被告对正在执行过程中的债务提供一般民事担保是合法有效的担保。本案主债务虽然经过法定的审判程序，但从债务尚未经过审判程序，如果不允许另行起诉，就有剥夺当事人权利之嫌，而且主债务的诉讼与从债务的诉讼并不属于不可分之诉的情形，按现行司法理念，当事人可以先提起主债务的诉讼，在主债务经强制执行后仍不能实现时，再提起从债务的诉讼，故本案的保证合同具有可诉性。

3. 法院是否应当主动审查保证期间的问题

司法实践对这个问题的争议极为强烈，根据最高人民法院对诉讼时效的规定，当事人在诉讼中对诉讼时效不提出抗辩的，法院不应当主动审查，而本案被告在诉讼中也没有提出保证期间的抗辩，法院是否也不应主动进行审查呢？对这个问题也有几种不同的意见，此处不再阐述。笔者认为应当采纳的意见是，除斥期间与诉讼时效不同，除斥期间是预定某种权利存续的期间，当该期间经过该权利就归之于消灭，其消灭的是实体权利，而诉讼时效经过消灭的是附着于权利之上的胜诉权，其权利本身并没有消灭，因此法院不应当主动审查诉讼时效，但除斥期间经过则权利本身已经消灭了，法院不能判决本不应承担义务的人承担责任，所以法院应当主动审查除斥期间。

4. 本案的裁判思维与新法的衔接的问题

（1）本案的判决及案例编写时《最高人民法院关于执行和解若干问题的规定》尚未施行，该解释明确了执行外和解协议没有违反法律行政法规强制性规定的，应当合法有效，同时，也明确了执行和解协议与执行外和解协议的区分标准，两者均具有可诉性，但执行外和解协议仅产生实体法效果，本案的裁判思维及审判理念与上述司法解释的规定完全无缝衔接。

（2）《中华人民共和国民法典》实施后，对是否属于保证还债务加入的区分更为明确，尤其是两者的界限难以区分或者存在模糊的情况下，《中华人民共和国民法典》按“存疑时有利于债务人”的法律原则，《最高人民法院关于适用〈中华人民共和国民法典〉有关担保制度的解释》第三十六条规定，“第三人提供的承诺文件难以确定是保证还是债务加入的，人民法院应当将其认定为保证”，本案的裁判思维与《中华人民共和国民法典》对担保制度规定的衔接也非常完美。唯一不同的一点就是保证方式的认定问题，《中华人民共和国民法典》第六百八十六条规定，“当事人在保证合同中对保证方式没有约定或者约定不明确的，按照一般保证承担保证责任”，这一点与旧法规定的不一致，这也是按“存疑时有利于债务人”的法律原则，是新法对旧法的修改，但这个问题并不影响本案裁判结果，更没有影响本案对今后案件审理的指导意义。

综上所述，正确把握民商法原则对案件审理极其重要，切实保护交易安全，是民商法的重要原则，当事人自愿为他人提供担保，是当事人自由处分其民事权利的行为，应属于私法调整的范畴，国家公权力对其处置应有限度，尽量尊重合同各方当事人约定的真实意思表示。另外，在民商事领域内，法无明文禁止即为可以实施的行为。本案的审理能够正确把握这些法律原则，实现了较好的法律效果与社会效果的统一。

编写人：广西壮族自治区宜州市人民法院　廖仪就

四、对调解协议的执行

121 被执行人根据执行和解协议约定的内容申请强制执行是否予以支持

——某铝业公司与某气体公司执行异议案

【案件基本信息】

1. 裁判书字号

湖北省宜昌市中级人民法院（2020）鄂05执复43号执行裁定书

2. 事由：执行异议

3. 当事人

申请执行人（异议人、复议申请人）：某铝业公司

被执行人：某气体公司

【基本案情】

某气体公司起诉某铝业公司买卖合同纠纷一案，双方达成调解协议：某铝业公司使用某气体公司的配套供气设备，由某铝业公司协助某气体公司予以拆除；某气体公司自愿放弃其他诉讼请求；某气体公司与某铝业公司往来纠纷解决完毕，双方自愿放弃其他与履行本合同相关的利益主张。

某气体公司向法院申请执行。在执行过程中，双方达成执行和解协议：某气体公司于2017年8月19日进场拆除并运走设备，

某铝业公司予以协助；某气体公司拆除设备给某铝业公司厂区造成破坏要进行恢复；如果某气体公司在8月19日不将设备拆除运走，自8月20日起，某铝业公司要按每天1000元收取某气体公司的仓储费。但双方未能完全履行执行和解协议。

某铝业公司向法院提起诉讼，要求某气体公司依据调解协议履行拆除设备的“义务”以及按执行和解协议支付仓储费，该案一审法院认为：案涉设备不能拆除以及执行案件不能顺利结案的责任在某铝业公司，故驳回某铝业公司的诉讼请求。某铝业公司不服提起上诉，二审法院同意一审法院的裁判意见。

某气体公司向法院申请恢复执行。现场协调执行过程中，某气体公司运出了已由某铝业公司先行拆除的相关零件，现场遗留有相关未拆除的设备。在拆除前述设备的过程中，某铝业公司厂区生产正常进行。某气体公司当场表示放弃余下设备的所有权，并表示这个案子已经全部执行完毕，依据某气体公司的声明及执行的实际情况，该案结案。

某铝业公司向法院提交《强制执行申请书》，请求强制某气体公司履行民事调解书确定的“义务”，并要求某气体公司赔偿因拆除供气配套设备给某铝业公司造成的损失。该案经合议庭评议，认为某铝业公司赔偿损失的请求非民事调解书确定的执行标的，且该损失亦未实际发生，无法强制某气体公司拆除设备，依照相关法律规定，裁定终结该案的执行。后某铝业公司提出了对本案的异议请求。

【案件焦点】

1. 某铝业公司、某气体公司对案涉设备进行拆除时的权利、义务；2. 某气体公司应否支付迟延履行金；3. 某铝业公司申请的执行案件应否继续执行。

【法院裁判要旨】

湖北省长阳土家族自治县人民法院经审理认为：需正确理解某气体公司的权利和某铝业公司的义务。某气体公司与某铝业公司在调解书中约定：双方解除合同，某气体公司运回设备，双方减少货款数额、放弃违约金并对拆除行为造成的损害进行包容，在民事调解书生效之后，其他未决纠纷不复存在。协议达成后，某气体公司享有拆除并运回案涉设备的权利，为实现此权利而必然产生拆除行为。某气体公司除故意或者重大过失造成某铝业公司经济损失外，对符合民事调解协议的性质、目的以及一般性原则等拆除设备的行为，应当认定为某气体公司适当地、客观地行使权利和为实现权利实施相应的行为，某铝业公司有协助拆除的义务，同时必须容忍权利人合理、适度地采取拆除措施。

执行过程中，双方对调解书确定的权利、义务产生歧义，后双方达成的执行和解协议设定了某气体公司拆除设备的“义务”及其违约责任。根据《最高人民法院关于执行和解若干问题的规定》第九条“被执行一方不履行执行和解协议的，申请执行人可以申请恢复执行原生效法律文书，也可以就履行执行和解协议向执行法院提起诉讼”的规定，某铝业公司选择了提起诉讼方式解决纷争、实现“权利”，但因某铝业公司不协助、不配合甚至阻挠拆除设备等行为，致使执行和解协议未能完全履行。

某气体公司明确表示放弃拆除相关案涉设备的权利，应理解为自放弃权利之日起相关案涉设备以零价值处理，某铝业公司可以自行处理某气体公司的相关案涉设备。

根据《最高人民法院关于执行和解若干问题的规定》第九条的规定，某铝业公司选择以诉讼的方式寻求法院支持执行和解协议中的约定，一审法院及二审法院经审理后认为因某铝业公司存在阻挠拆除行为以及不积极协助配合等违约行为，致使执行和解协议未能完全履行。故对其诉讼请求予以驳回。至此，依据民事调解书进入执行程序的执行案件执行终结，双方都不再享有申请执行的权利。

湖北省长阳土家族自治县人民法院根据《中华人民共和国民事诉讼法》第二百二十五条、《最高人民法院关于人民法院办理执行异议和复议案件若干问题的规定》第十七条第一项的规定，作出如下裁定：

驳回某铝业公司的异议请求。

某铝业公司不服该执行裁定，申请复议。

湖北省宜昌市中级人民法院经审理认为某铝业公司的复审理由不能成立，裁定驳回某铝业公司的复议申请，维持湖北省长阳土家族自治县人民法院的执行裁定。

【法官后语】

本案的亮点在于被执行人能否根据执行和解协议中对申请执行人设定的“义务”及违约责任，申请“申请执行人”强制履行。笔者认为，要从权利义务的主体及违约责任的分配等因素进行综合分析。

第一，权利义务的主体需要明确，本案中某气体公司享有拆除设备并取回的权利，该权利源于某气体公司对设备享有的物权所有权，基于此对设备享有返还原物请求权。为实现此权利而必然产生的拆除行为，是某气体公司行使物权的必要措施，某气体公司依据已经发生法律效力的调解书享有对原物的取回权，并不是对某气体公司的约定义务。某铝业公司作为义务相对人负有返还设备的义务，必然具有协助拆除的义务，同时必须容忍权利人合理、适度地采取拆除措施，也即容忍因拆除行为改变现状而需恢复原状和因拆除需停工造成的损失。

第二，明确违约责任的分配，违约金的约定是为了促使合同双方当事人及时、全面、恰当地履行合同义务。本案中，某气体公司与某铝业公司约定需在一定期限内将设备运走，否则将按每天1000元支付仓储费，是为敦促某气体公司及时履行拆除行为而附的条件。某气体公司行使该权利的前提是某铝业公司积极履行协助拆除的义务，包括附随的容忍义务。某铝业公司未履行协助拆除义务及容忍义务，反复要求某气体公司拆除余下供气配套设备须以赔偿损失为前提，导致拆除行为无法继续，视为某铝业公司不正当阻止合同履行，合同履行条件并未成就，某气体公司不存在违约行为。另外，违约金的主张应当以实际损失为基础。本案中，某铝业公司并未因某气体公司的拆除行为或未履行拆除行为而产生实际损失，拆除过程中某铝业公司正常经营生产，未拆除的设备也没有影响到某铝业公司的正常生产经营。某气体公司明确表示放弃取回相关案涉设备，某铝业公司可以自行处理该设备，这是符合民事活动中经济效益原则的。

第三，根据《最高人民法院关于执行和解若干问题的规定》第九条“被执行一方不履行执行和解协议的，申请执行人可以申请恢复执行原生效法律文书，也可以就履行执行和解协议向执行法院提起诉讼”的规定，既然某铝业公司选择以诉讼的方式寻求法院支持执行和解协议中享有的“权利”，而导致执行和解协议未能履行的原因是某铝业公司不履行协助拆除义务及适度容忍义务，故某铝业公司依据执行和解协议中对某气体公司设定的“义务”及违约责任的约定申请强制执行无法得到支持。

编写人：湖北省长阳土家族自治县人民法院　吕媛　吕小玲

122 诉讼外和解全部履行完毕方可裁定终结执行

——家品公司与F公司、魏某启执行复议案

【案件基本信息】

1. 裁判书字号

北京市第二中级人民法院（2019）京02执复130号执行裁定书

2. 事由：执行复议

3. 当事人

申请执行人（复议申请人）：家品公司

被执行人（复议被申请人）：F公司、魏某启

【基本案情】

北京市大兴区人民法院受理的家品公司诉F公司、魏某启及第三人塑料制品厂买卖合同纠纷一案，经审理判决F公司、魏某启给付家品公司货款若干及利息损失。F公司、魏某启不服一审判决，向北京市第二中级人民法院提起上诉。上诉期间，原、被告与夏某光等其他主体签订协议，约定将包括本案在内的相互之间已发生的十四件诉讼或执行案件一并了结，或者撤诉，或者和解结案，各自履行完毕后，视为债务全部了结。同时原、被告又

签订专项和解协议，约定F公司、魏某启撤回上诉，家品公司申请解除对F公司、魏某启的财产保全。后F公司、魏某启在二审期间撤回上诉，家品公司申请解除了财产保全，北京市第二中级人民法院裁定准许撤诉，一审判决生效。家品公司向北京市大兴区人民法院申请执行，该院立案执行。执行过程中，F公司、魏某启提出异议，认为其已与家品公司达成和解且已履行完毕，本案债权债务已消灭，家品公司不应再申请执行。家品公司辩称其并未与F公司、魏某启及其他主体签订协议，在协议上代表其签字的夏某光没有授权，且所盖公章系假章，现一审判决已生效，其申请执行并无不当。

【案件焦点】

1. 被执行人依据双方诉讼外达成的和解协议在执行中提出异议要求终结执行，是否应当审查；2. 如果应当予以审查，审查判断的标准和依据是什么。

【法院裁判要旨】

北京市大兴区人民法院经审理认为：被执行人以债权消灭等执行依据生效之后的实体事由提出排除执行异议的，虽然人民法院要对实体事由进行实质审查，但我国目前没有建立配套的债务人异议之诉制度，将其作为债务人异议案件，参照《中华人民共和国民事诉讼法》第二百二十五条规定进行审查。本案中，被执行人F公司、魏某启以执行依据生效后双方达成协议书、和解协议书为实体事由提出异议，属于债务人异议……在（2017）京0115民初2673号民事判决书生效后，家品公司等与F公司、魏某启签订协议书、和解协议书，对包括涉案债权债务在内的十四个案件统一做和解处理。根据协议书、和解协议书的约定，双方历史业务中发生的所有纠纷、问题或遗留事项，不再互相追究责任，各自承担损失。对于3号案件，即涉案买卖合同纠纷，由F公司、魏某启向本院撤回上诉或调解结案，家品公司申请本院解除保全措施。对于6号、7号案件，即朝阳区人民法院作出的（2017）京0105民初9621号、（2017）京0105民初20837号民事判决书，由魏某启向三中院撤回上诉或调解结案。协议书、和解协议书签订后，家品公司于2018年8月24日申请执行法院解除对F公司的保全措施，该院于2018年10月18日解除对F公司账户的冻结。F公司、魏某启以与家品公司达成庭外和解为由，于2018年11月27日向本院申请撤回上诉，本院于2018年12月7日裁定准许撤回上诉。而6号、7号案件，夏某光于2018年8月14日向三中院分别申请撤回上诉，同日三中院裁定准许撤回上诉。从上述双方后续行为来看，家品公司、F公司、夏某光均按照协议书、和解协议书的约定实际履行了各自义务，双方的债权债务经相互免除后消灭。因此，执行依据（2017）京0115民初2673号民事判决书确定的F公司、魏某启的债务已消灭，（2019）京0115执5489号案件应停止执行。F公司、魏某启的债务人异议成立，应予支持。

北京市大兴区人民法院依照《中华人民共和国民事诉讼法》第一百五十四条第一款第十一项、第二百二十五条及《最高人民法院关于人民法院办理执行异议和复议案件若干问题的规定》第七条第二款的规定，作出如下裁定：

一、停止对（2019）京0115执5489号案件的执行；

二、驳回家品公司的执行申请。

家品公司不服一审裁定申请复议。

北京市第二中级人民法院经审理认为：案涉协议书约定解决的事项包括甲、乙各方之间已发生的相关诉讼纠纷共计九件案件、甲方因与乙方开展历史业务而与第三方发生的相关诉讼纠纷共计五件案件，以及甲方已经处理完毕的甲、乙各方历史业务中所涉纠纷和甲、乙各方未提起诉讼但可能存在的潜在纠纷等。协议书中的“后续事项安排”约定了上述十四件案件的处理方式，并特别约定上述后续事项安排是一个综合整体，只有全部各项安排均实现后本协议的目的方为实现，如一方故意拖延、全部或部分拒绝履行而导致后续事项安排无法全部实现的，则另一方有权对于已履行的内容予以撤销、解除本协议，并可以采取相关法律措施将已履行部分恢复至本协议签订前的状态且继续享有本协议签订前所涉内容项下的全部法律权利。

一审法院在本案审查过程中只审查了上述协议书中 3 号、6 号、7 号案件的后续事项处理情况，并未审查其他案件的后续事项处理情况，甲、乙各方是否已按照协议书的约定全部履行了各自义务尚不明确，故一审法院认定 3 号案件即本案的债权债务经相互免除已消灭，并据此裁定停止本案的执行并驳回家品公司的执行申请，显属认定基本事实不清。

北京市第二中级人民法院依照《中华人民共和国民事诉讼法》第一百五十四第一款第十一项、《最高人民法院关于人民法院办理执行异议和复议案件若干问题的规定》第二十三条第一款第三项的规定，作出如下裁定：

一、撤销北京市大兴区人民法院（2019）京 0115 执异 199 号执行裁定；

二、发回北京市大兴区人民法院重新审查。

【法官后语】

本案属于执行裁决类型案件，明确了对执行依据生效前发生的实体事由能否排除执行的异议可以按照债务人异议进行审查，以及只有和解协议约定的条件和内容全部履行完毕才能裁定终结执行，对类案的审查有一定的参考和借鉴意义。

第一，2005 年 5 月 5 日施行的《最高人民法院关于人民法院办理执行异议和复议案件若干问题的规定》第七条第二款和第三款分别规定了被执行人以债权消灭或丧失强制执行效力等执行依据生效之前和之后的实体事由提出排除执行异议的审查处理方式，以之后发生的实体事由提出异议的，应当参照《中华人民共和国民事诉讼法》第二百二十五条的规定审查，以之前发生的实体事由提出异议的，告知其依法申请再审或通过其他程序解决。本案的情况是被执行人 F 公司和魏某启以二审中双方达成和解协议并已履行完毕为由，在执行中向一审法院提出异议，认为债权债务已消灭，要求终结执行。按照上述规定，其所提异议所依据的实体事由发生于执行依据生效之前，应当通过申请再审或其他法定程序解决，一审法院不应审查其所提异议，直接裁定驳回异议申请。但 2018 年 3 月 1 日施行的《最高人民法院关于执行和解若干问题的规定》第十九条规定，被执行人根据当事人自行达成但未提交人民法院的和解协议，依照《中华人民共和国民事诉讼法》第二百二十五条规定提出异议的，人民法院区分和解协议是否履行完毕等情形分别予以处理，如果和解协议已全部履行完毕，应当裁定终结原生效法律文书的执行。该条规定中所述当事人自行达成但未提交法院的和解协议，应当理解为可以在诉讼或执行任何一个程序和阶段达成的和解协议，所以即使双方在执行依据生效前达成和解协议，但未提交法院，在之后的执行程序中被执行人也可以依据该协议提出异议要求终结执行，一审法院应当予以审查。这就打破了上述第七条第三款的规定，而两个规定都是司法解释，依据“后法优于先法”原则，一审法院对被执行人F公司和魏某启所提异议按照债务人异议进行审查并无不当。

第二，双方当事人在诉讼外达成附多项条件消灭债权债务的和解协议，只有所附条件全部达成，才能认定和解目的实现，债权债务消灭，如果仅达成其中部分条件，不能认定和解目的全部实现，可视为一方未履行完毕和解协议，另一方可申请执行生效法律文书。本案中，申请执行人家品公司与被执行人F公司、魏某启以及其他几方在二审中达成诉讼外和解，协议约定解决的事项包括各方之间已发生的包含本案在内的相关诉讼纠纷共计九件案件、与第三方发生的相关诉讼纠纷共计五件案件等。协议书中的“后续事项安排”约定了上述十四件案件的处理方式，并特别约定上述后续事项安排是一个综合整体，只有全部各项安排均实现后该协议的目的方为实现。一审法院在异议审查过程中只审查了协议约定的部分案件的后续事项处理情况，并未审查其他案件的情况，各方是否已按照协议书的约定全部履行了各自义务尚不明确，故一审法院认定本案的债权债务经相互免除而消灭，径行裁定停止本案的执行并驳回家品公司的执行申请，显属认定基本事实不清，依法应当发回重审。

编写人：北京市第二中级人民法院　侯成成

123 和解协议迟延履行完毕能否申请执行

——银行广州机场路支行与Y公司等执行复议案

【案件基本信息】

1. 裁判书字号

广东省广州市中级人民法院（2019）粤01执复827号执行裁定书

2. 事由：执行复议

3. 当事人

申请执行人（复议申请人）：银行广州机场路支行

被执行人：B公司、Y公司、刘甲、刘乙、蔡某生、蔡某娟

【基本案情】

关于银行广州机场路支行诉B公司等借款合同纠纷一案，执行法院于2016年10月20日作出（2015）穗云法民二初字第2277号民事调解书：（1）B公司于2016年12月15日前归还银行广州机场路支行借款本金及利息、罚息520万元；（2）B公司于2016年12月15日前支付银行广州机场路支行案件受理费23520.5元、财产保全费5000元；（3）Y公司、刘乙、刘甲、蔡某生、蔡某娟对B公司基于上述调解协议第一项、第二项所负债务承担连带清偿责任；（4）银行广州机场路支行就上述调解协议第一项、第二项中B公司所负债务对处理蔡某生、林某萍提供的蔡某生名下的房产所得价款享有优先受偿权；（5）如B公司在2016年12月30日前未足额清偿本调解协议第一项、第二项所涉债务，Y公司、刘

乙、刘甲、蔡某生、蔡某娟在2016年12月30日前未承担连带清偿责任的，银行广州机场路支行可以以贷款本金500万元及利息、罚息、复息合并计算本案受理费23520.5元、财产保全费5000元之总额，扣除已经支付的部分，余款作为执行标的物向法院申请执行。

银行广州机场路支行（甲方）与蔡某生、林某萍（乙方），蔡某娟、纪某峰（丙方），邓某林、黄某兰（丁方）于2016年10月签订协议书记载："鉴于丁方欲购买甲方享有抵押权的、乙方和丙方享有所有权的不动产，各方经协商达成如下条款：第一条，为解决部分购房资金问题（指除车位外的两套房产），丁方可以自身名义向甲方及/或甲方上级单位申请贷款。第二条，本协议书签署之日起五个工作日内，丁方应在甲方开立个人账户（以下简称监管账户），并向监管账户存入不低于人民币235万元的交易保证金，就该笔资金，丁方授权甲方可在甲方认可适合的任一时点进行冻结。第三条，甲方及/或甲方上级单位如审核同意贷款的（放款前提为丁方取得上述不动产产权后放款前必须将不动产抵押登记至甲方及/或甲方上级单位名下），上述交易保证金即全额转为购房款，且甲方有权将该资金全部划入甲方自己的账户；如甲方及/或甲方上级单位如审核同意贷款的金额加上上述人民币235万元交易保证金数额仍不足人民币520万元，就不足部分，丁方应予以补足并供甲方扣往甲方账户；就该部分资金（指甲方从丁方账户上扣往甲方账户的资金）而言，（1）视为丁方就购房事宜已向乙方及/或丙方支付了等额的购买款；（2）甲方可在自己认为合适的时候全部用于偿还乙方及/或丙方抵押担保的B公司所欠甲方的债务。第四条，在第四条述及的款项被甲方扣划后十个工作内，甲方向法院申请办理上述三套不动产的解除查封手续。在法院出具解除查封手续后五个工作日内，甲方、乙方、丙方、丁方同时向房地产登记管理部门申请办理上述不动产的涂销抵押、过户登记及再次抵押给甲方及/或甲方上级单位的手续……第六条，俟贷款划入甲方上述账户后，（1）视为丁方就购房事宜已向乙方及/或丙方支付了等额的购房款；（2）甲方可在自己认为适合的时候全部用于偿还乙方及/或丙方抵押担保的B公司所欠甲方的债务。第十一条，本协议书约定事项应于2016年12月30日前完成（完成的时间标准为甲方收妥抵押物全部转让价款及因追索债权发生的全部费用）……"

2017年，上述四方当事人又签订《补充协议》，对上述协议进行补充约定。补充部分主要如下："本补充协议书签署之日起三个工作日内，丁方以自身名义向交易监管账户存入不低于520万元的交易保证金。本补充协议约定事项应于2017年2月28日完成，逾期不能完成的，甲方有权单方解除《协议书》及本《补充协议》，且甲方无须承担任何责任。"

同年，银行广州机场路支行（甲方）与B公司（乙方）、Y公司（丙方）、刘乙（丁方）、刘甲（戊方）、蔡某生（己方）、林某萍（庚方）、蔡某娟（辛方）另外签订《补充协议》，再次就上述《协议书》补充约定如下："第一条，《协议书》第二条第二款、第三条、第四条约定的期限延长至2017年2月28日。第二条，鉴于第一条原因，自2016年12月31日起至甲方按照《协议书》及本《补充协议》收妥人民币520万元及甲方为实现债权支出的全部费用期间，乙方应另外向甲方按照乙方所欠甲方融资本金500万元的基数，以年化11.25%（日利率万分之三点一二五）的利率标准按天计付利息，并应在2017年2月28日之前全额向甲方偿付。第三条，丙方、乙方、戊方、己方、辛方就《补充协议》第二条所述乙方所欠甲方全部债务承担连带保证责任。第四条，本《补充协议》签署后，《协议书》与本《补充协议》不一致的，以本《补充协议》为准；如《协议书》及本《补充协议》的约定内容最终未能实现或未能全部实现，则甲方有权选择解除《协议书》及《补充协议》，并有权根据相关法律文书选择包括但不限于申请强制执行等途径追索乙方所欠甲方的全部融资债务，并有权向作为该债务保证人的丙方、丁方、戊方、己方、辛方追索债务……"

截至2017年2月20日，上述《补充协议》约定的交易监管账户中存款余额为5201358.75元。次日，执行法院依申请依法对涉案两套房产、一个车位进行解封。2017年2月27日，银行广州机场路支行在（2015）穗云法民二初字第2277号案的委托代理人李某发短信给异议人称"按协议约定，B公司及各保证人需在2月28日之前向招行支付按年化11.25%支付的利息合计93750元及此前案件撤诉产生的诉讼费、保全费合计28520元，以上款项合计122270.5元。具体还款可联系李某辉"。异议人确认收到。2017年3月22日，银行广州机场路支行冻结划扣520万元。银行广州机场路支行同时提交《广州市不动产登记查册表》作为证据，拟证实上述不动产分别于2017年3月16日、3月17日、3月29日登记至买方名下，故其才于2017年3月22日进行划扣。2017年3月

30 日，异议人发短信给李某称“我们这边按原定金额今天汇款，可以吗?”李某回复“好的，具体可以联系李某辉确认收款账户”。2017 年 3 月 31 日，异议人通过汤某梅向某银行广州分行招行广州分行转账 122270.50 元，用途备注“B 公司此尾款付清为结案、诉讼费”。2017 年 4 月 6 日，某银行广州分行将上述 122270.50 元退还汤某梅，交易用途备注“按资保部指令退 3.31 汤某梅入账”。同日，李某发短信给异议人称“备注代 B 公司还欠款”2017 年 4 月 11 日，异议人通过刘乙转账银行广州分行 122270.50 元，备注“代 B 公司结案还款”。后银行广州机场路支行向执行法院申请执行，执行法院于 2017 年 7 月 10 日以（2017）粤 0111 执 5904 号立案执行。2017 年 11 月 6 日，银行广州机场路支行的委托代理人郑某、异议人、蔡某生来执行法院接受询问，异议人出示《补充协议》等证据后提出：根据协商，银行原经办人同意我方迟延还款，后因银行要求必须在招行做房屋按揭，但最终无法办理，才造成还款时间的迟延，为此原经办人也同意我方迟延还款，并减免了部分利息和罚息；因此，调解书所确定的权利义务已经双方协商变更，并履行完毕。郑某确认了相关证据的真实性，但表示“具体情况需与原经办人核实”。郑某立即核实后陈述：经核实，并与被执行人进行协商，我方同意与被执行人进行和解，即确认本案已经履行完毕。郑某的代理权限为一般代理，银行广州机场路支行随后没有提交特别授权的委托书，并另行委托了其他代理人，认为异议人没有严格按照协议履行。2018 年 1 月 8 日，因经执行法院采取多项执行调查措施，未发现被执行人有其他可供本案执行的财产等，执行法院依法裁定终结本次执行程序。异议人刘甲对执行法院的执行行为不服，提出书面异议，请求不再对异议人采取强制执行措施。

【案件焦点】

申请执行人与被执行人之间的债权债务是否已经履行完毕。

【法院裁判要旨】

广东省广州市中级人民法院经复议审理认为：本案的争议焦点是申请执行人与被执行人之间的债权债务是否已经履行完毕。根据本院查明的事实，本案的执行依据即（2015）穗云法民二初字第2277号民事调解书。该调解书作出后，各方当事人多次签订协议及补充协议，对上述调解书履行的具体方式作出了约定，并对履行期限进行了延长，被执行人最终按照约定的内容支付了相应的款项。复议申请人银行广州机场路支行认为本金520万元、诉讼费28520.5元及自2016年12月31日起的利息的支付时间违反了各方协议的约定，要求继续执行。对此广州市中级人民法院认为，一方面，民事活动应当遵循诚实信用原则，执行前和解协议达成后，债务人应依约履行义务；债权人依约获得全部给付后，不得再依据生效法律文书向法院申请强制执行。本案中各方当事人达成的协议合法有效并已履行完毕，基于公平和诚实信用原则，即使履行存在瑕疵，也不应再立案申请执行。另一方面，《最高人民法院关于〈中华人民共和国民事诉讼法〉的解释》第四百六十七条规定："……和解协议已经履行完毕的，人民法院不予恢复执行。"《最高人民法院关于执行和解若干问题的规定》第十五条规定："执行和解协议履行完毕，申请执行人因被执行人迟延履行、瑕疵履行遭受损害的，可以向执行法院另行提起诉讼。”本案中，虽然各方当事人达成的协议系在申请执行前达成，但其与执行过程中达成的和解协议在性质上是相同的，都是法律文书生效后，当事人对法律文书确定的债权债务关系的自行处分，执行前的和解是否得到履行，与执行中的和解是否得到履行，具有相同的法律效果。因此，执行前的和解可以比照执行中的和解来处理。对于执行中达成的执行和解协议已经履行完毕的，人民法院不予恢复执行，本案尚未进入执行程序，各方签订的协议已经履行完毕，更不应该立案执行。参照上述司法解释的规定，对被执行人迟延履行的，复议申请人可以另循法律途径解决。再者，综观本案的履行过程，被执行人一直在积极主动履行各方所签订的协议，主观并无怠于履行其义务的故意，且复议申请人银行广州机场路支行并无证据证实其在被执行人履行协议的过程中提出过异议，反而在被执行人履行完毕后向法院申请执行，亦有违情理。综上所述，执行法院认为复议申请人银行广州机场路支行向执行法院申请执行不符合执行案件的受理条件并无不当，应予维持。复议申请人银行广州机场路支行的复议请求不能成立，应予以驳回。故裁定如下：

驳回复议申请人银行广州机场路支行的复议申请，维持广东省广州市白云区人民法院作出的（2018）粤0111执异87号执行裁定。

【法官后语】

民事执行和解是我国民事强制执行程序中一项重要的法律制度，对此最高人民法院先后在《中华人民共和国民事诉讼法》及其司法解释，以及关于执行的多个司法解释中有所规定。然而，司法实践中出现得较多的另一类和解则是执行前和解。所谓执行前和解，是指当事人在一审判决作出后尚未生效前，或者判决生效后向法院申请强制执行前，对原法律文书的履行内容达成的变更协议。关于执行前和解的性质、效力及争议的解决在此进行讨论。

1. 民事执行前和解协议的性质与执行中和解协议不同，不能产生中止执行的法律后果

执行前和解协议包括判决生效后达成的执行前和解协议和一审判决作出后尚未发生效力前达成的执行前和解协议。执行前和解协议与执行中和解协议性质不同，主要体现在如下几个方面：(1) 作出的时间不同。执行前和解协议产生于生效判决作出后、强制执行程序启动前；执行中和解协议则产生于强制执行程序中。(2) 调整的法律规范不同。执行前和解是双方当事人达成的协议，受民事实体法律的规范和调整；执行中和解协议则进入司法程序，受民事实体法和民事诉讼法的规范和调整。(3) 作出时法律文书的效力不同。执行前和解协议作出时判决有可能是生效的也有可能尚未生效，而执行中和解协议作出时判决已经生效。(4) 具有的法律效力不同。执行前和解协议是当事人私下达成的协议，不具有公法上的效力；而执行中和解协议的效力则有法律明确规定，具有中止强制执行程序的法律后果。例如，《最高人民法院关于执行和解若干问题的规定》第二条规定："和解协议达成后，有下列情形之一的，人民法院可以裁定中止执行：(一) 各方当事人共同向人民法院提交书面和解协议的；(二) 一方当事人向人民法院提交书面和解协议，其他当事人予以认可的；(三) 当事人达成口头和解协议，执行人员将和解协议内容记入笔录，由各方当事人签名或者盖章的。"第十九条规定："执行过程中，被执行人根据当事人自行达成但未提交人民法院的和解协议，或者一方当事人提交人民法院但其他当事人不予认可的和

解协议，依照民事诉讼法第二百二十五条规定提出异议的，人民法院按照下列情形，分别处理：……（二）和解协议约定的履行期限尚未届至或者履行条件尚未成就的，裁定中止执行，但符合民法典第五百七十八条规定的情形除外；（三）被执行人一方正在按照和解协议约定履行义务的，裁定中止执行……”从上述司法解释的规定可以看出，执行和解协议不仅体现了当事人各方的自由意志，同时也赋予了其中止强制执行程序的法律效力。而执行前和解协议，由于其更多的是当事人对其权利实现程序的选择，体现了意思自治的本质。但由于此时双方的争议尚未进入执行程序，双方签订的和解协议并非法律意义上的执行和解协议，也不具有变更或者排除生效判决的法律效力。在此情况下的和解协议只能由双方自愿履行，在一方不愿履行的情况下，双方签订的和解协议不能产生阻却执行的法律效果，申请执行人申请执行生效判决并无不当。

2. 民事执行前和解协议履行完毕的，可以参照执行中和解协议履行完毕的相关规定处理

虽然民事执行前和解协议由于其私法性质，不具有中止强制执行程序的法律效力。但是，即使是当事人在执行程序外达成的和解协议，也是通过合意解决生效裁判执行问题的方式，其内容亦是对原生效法律文书债权实现与债务履行作出的新的约定，与执行和解并无本质不同。在处理与生效判决的关系上，二者也有相似之处。首先，从两者达成的目的看，最终都是不启动强制执行程序或者终结强制执行程序而实现权利义务。其次，二者都与原判决并存，都需要处理在此状态下产生的争议。最后，两种协议履行完毕的，都可以产生消灭生效法律文书权利义务关系的效力。比如，《最高人民法院关于适用〈中华人民共和国民事诉讼法〉的解释》第四百六十

五条规定："……和解协议已经履行完毕的，人民法院不予恢复执行。"《最高人民法院关于执行和解若干问题的规定》第八条规定："执行和解协议履行完毕的，人民法院作执行结案处理。"至于执行前和解协议，最高人民法院倾向认为，当事人之间在执行前达成的和解协议，具有民事合同的效力。但协议并不当然影响债权人申请强制执行的权利。债权人在法定的申请执行期限内申请执行的，人民法院应当受理。如果四方协议确实已经履行了，则说明原调解书确定的债务已经消灭，不能再以该调解书为依据强制执行；否则可以强制执行。从上述复函的内容看，首先，如前文分析所述，执行前和解协议不能产生阻却执行的法律后果；其次，执行前和解协议确已履行完毕的，不应该再进入强制执行程序。因为和解协议的达成，通常是债权人作出了一定的让步。根据诚实信用原则，债务人应当按照和解协议履行义务。若债务人不履行该和解协议，按照原判决的执行可视为对其不诚信行为的惩罚。这既是尊重当事人的自由处分权，也是维护生效判决的权威的处理方法。在债务人不按照和解协议履行义务的情况下，债权人有权申请强制执行以维护自身利益。由于债务人已通过自身行为否定了该和解协议，则不能再以和解协议作为自己对抗生效判决的理由，否则即违反诚实信用原则。此外，如果债务人按照执行和解协议的约定履行完毕，则基于诚实信用原则，债权人不应再申请强制执行。

3. 民事执行前和解瑕疵履行可视为履行完生效判决的义务的情形下，不能申请强制执行

在履行民事执行前和解协议的时候，可能存在瑕疵履行的情况，导致当事人各方对此产生争议，尤其是在该和解协议已经履行完毕的情况下，能否申请执行，法律及司法解释亦无明确规定。最高人

民法院先是有了对执行和解协议履行瑕疵问题的答复，后才有了关于执行前和解协议瑕疵履行的案例。《最高人民法院关于执行和解若干问题的规定》第十五条对该情形作了明确规定：“执行和解协议履行完毕，申请执行人因被执行人迟延履行、瑕疵履行遭受损害的，可以向执行法院另行提起诉讼。”至于执行前和解协议的情形，最高人民法院在2019年12月24日发布的最高人民法院指导性案例第119号中认定当事人各方签订的案涉《和解协议书》合法有效且已履行完毕，若申请执行人认为被执行人延期付款对其造成损害，可另行提起诉讼解决，而不能仅以此为由申请执行原生效判决。

回到本案的处理，各方当事人在执行依据作出后签订协议，对调解书履行的具体方式作出了约定，并对履行期限进行了延长，被执行人最终按照约定的内容支付了相应的款项。虽然支付时间与协议约定相比有所迟延，但是综观本案的履行过程，被执行人一直是在积极主动履行协议，并通过短信与申请执行人的代理人进行协商沟通，主观上并无怠于履行义务的故意，且申请执行人并无证据证实其在被执行人履行协议的过程中提出过异议，反而在被执行人履行完毕后向法院申请执行，违反了诚实信用原则。本案中，虽然各方当事人达成的协议系在申请执行前达成，但其与执行过程中达成的和解协议在性质上是相同的，都是法律文书生效后，当事人对法律文书确定的债权债务关系的自行处分，执行前的和解是否得到履行，与执行中的和解是否得到履行，具有相同的法律效果。因此，执行前的和解可以比照执行中的和解来处理。对于执行中达成的执行和解协议已经履行完毕的，人民法院不予恢复执行，本案尚未进入执行程序，各方签订的协议已经履行完毕，更不应该立案执行。即使履行存在瑕疵，参照最高人民法院指导性案例的处理原则以及

《最高人民法院关于执行和解若干问题的规定》的规定，对被执行人迟延履行的，复议申请人可以另循法律途径解决。

综上所述，法院在处理执行前和解协议的迟延履行瑕疵争议时，应根据诚实信用原则，注意审查执行前和解协议的履行情况，如执行前和解协议合法有效并已履行完毕的，被执行人在履行协议过程中主观上并无故意拖延或规避执行的故意，客观上也无未足额履行的行为，仅仅存在迟延履行的瑕疵，而该瑕疵又并未对申请执行人的权益造成重大损害，法院应当认定和解协议已经履行完毕，基于公平和诚实信用原则，应作执行结案处理，不应再按照生效判决强制执行。如果申请执行人认为被执行人迟延履行和解协议的行为造成其损失，可以向法院另行提起诉讼解决。

编写人：广东省广州市中级人民法院　符锐兰　刘皓

124　执行程序中不宜直接认定民事调解书以违约为条件的给付内容

——葛某清、吴某英与房产开发公司执行异议案

【案件基本信息】

1. 裁判书字号

江苏省高级人民法院（2017）苏执复160号执行裁定书

2. 事由：执行异议

3. 当事人

申请执行人：葛某清、吴某英

被执行人（异议人、复议申请人）：房产开发公司

【基本案情】

葛某清、吴某英与房产开发公司、投资控股公司、郭某商铺置换合同纠纷一案，江苏省无锡市中级人民法院（以下简称无锡中院）作出（2014）锡民初字第0111号民事调解书，明确：（1）房产开发公司于2016年8月31日前交付葛某清、吴某英相应商铺（对于目前由第三人占用的面积，葛某清、吴某英同意宽限至2016年10月31日前由房产开发公司全部交付）。（2）因第二层商铺的功能、结构更改，房产开发公司于2016年8月31日前支付葛某清、吴某英违约金300万元。（3）房产开发公司支付葛某清、吴某英担保不能的补偿款1400万元（自2014年4月26日起至2016年8月26日止，按每年600万元计算）。付款期限：2016年9月30日前支付700万元；2016年10月31日前支付700万元。（4）房产开发公司支付葛某清、吴某英租金补偿款600万元（自2015年10月1日起至2016年8月26日止）。付款期限：2016年8月31日前支付500万元；2016年9月30日前支付100万元。（5）房产开发公司于2016年10月31日前将商铺产权证办至葛某清、吴某英名下，葛某清、吴某英应予以协助。（6）房产开发公司如期完成产权办证手续，葛某清、吴某英不再向房产开发公司主张2016年8月27日之后的担保不能补偿款。（7）如房产开发公司因自身原因未如期完成产权办证手续，房产开发公司应承担自2016年8月27日起至完成办证手续之日止的担保不能补偿款（按600万元/年计算）；如由于葛某清、吴某英的原因致使房产开发公司未能如期完成产权办证手续的，房产开发公司不承担相关责任。（8）投资控股公司、郭某对房产开发公司关于上述第二项、第三项、第四项、第七项的付款、违约责任承担连带责任。

因房产开发公司未履行上述义务，葛某清、吴某英向无锡中院申请执行。无锡中院在执行中作出（2016）苏02执490号执行裁定并冻结房产开发公司银行存款213.7万元。房产开发公司向无锡中院提出执行异议，称其已履行完毕调解书规定的义务，延迟办证不是基于其自身原因故不应承担责任，请求法院停止执行，解除对其银行账户的查封。

【案件焦点】

案件进入执行程序后，执行法官发现生效民事调解书给付内容不明确、须以新发生的违约事实为条件的，能否在执行程序中直接解决当事人在履行民事调解书过程中新产生的违约责任争议。

【法院裁判要旨】

江苏省无锡市中级人民法院经审理认为：依据调解书约定，房产开发公司须于2016年10月31日前将涉案商铺产权证办至葛某清、吴某英名下。但因房产开发公司取得初始登记证延期，未如期将产权证办理至葛某清、吴某英名下。且房产开发公司未能举证证明2016年10月31日前未办理产权证系葛某清、吴某英导致，根据调解书应承担违约责任。又因调解书第七条已明确房产开发公司违约责任的计算方法，即承担自2016年8月27日起至完成办证手续之日止的担保不能补偿款（按600万元/年计算），故无须另行诉讼。执行法官依据调解书确定担保不能补偿款的数额并进行查封并无不当。无锡中院裁定如下：

驳回房产开发公司的异议请求。

房产开发公司不服无锡中院所作的执行裁定，申请复议。

江苏省高级人民法院经审理认为：本案民事调解书第五项、第六项、第七项三项规定并未明确房产开发公司承担担保不能补偿款的内容。房产开发公司是否因自身原因未如期完成产权办证手续；如果是，则其因自身原因导致产权办证手续延误的时间应如何计算；相应的担保不能补偿款应如何承担等问题，均属于与案件审结后新发生事实相结合而形成的新的实体权利义务争议，并非简单的事实判断，在执行程序中直接予以认定，缺乏程序的正当性和必要的程序保障。为能够更加有效地保障各方当事人的合法权益，应通过另行提起诉讼的方式予以解决。江苏省高级人民法院遂裁定如下：

一、撤销无锡中院（2017）苏02执异78号执行裁定；

二、撤销无锡中院（2016）苏02执490号执行裁定。

【法官后语】

1. 生效民事调解书确定的给付内容以新发生的违约事实为条件，不宜在执行程序中直接认定违约责任

《最高人民法院关于适用〈中华人民共和国民事诉讼法〉的解释》第四百六十一条第一款规定："当事人申请人民法院执行的生效法律文书应当具备下列条件：（一）权利义务主体明确；（二）给付内容明确。"由此可见，申请法院强制执行的调解书必须给付内容明确、具体，具有可执行性。本案生效调解书第五项、第六项、第七项规定了房产开发公司限期办理产权证义务、葛某清和吴某英的协助义务、各自违约所应当承担的违约责任等内容，但对协助义务、各自原因为何并未明确，导致双方就违约主体各执一词，不能达成

一致。况且，双方当事人在履行生效调解书过程中是否违约、是否系自身原因造成的违约、对方是否存在违约、因自身原因导致产权办证手续延误的时间应如何计算等均属于与案件审结后新发生事实相结合而形成的新的实体权利义务争议。而审执分离原则及执行程序的特殊性决定了在执行程序中无法审查判断当事人超出执行依据的实体权利诉求，否则缺乏程序的正当性和必要的程序保障。本案中，执行法官对房产开发公司未按调解书确定的期限履行义务，延期办产权证导致的违约责任径直予以判断，出具执行裁定并对房产开发公司财产采取强制执行措施显属执行权的扩张。《中华人民共和国民事诉讼法》第二百三十二条规定，当事人、利害关系人认为执行行为违反法律规定的，可以向负责执行的人民法院提出书面异议。故本案中通过执行异议复议程序对执行行为是否违法问题进行判断并裁定撤销相关执行行为。

2. 生效法律文书执行内容不明确在实践中的具体情形

实践中，生效法律文书尤其是民事调解书易出现给付内容不明确的问题，容易给执行工作造成困扰。生效法律文书执行内容不明确在实践中较为常见，民事调解书等生效法律文书确定的给付内容以违约为条件或附有其他履行条件，对于是否违约、违约程度以及双方是否违约或所附的其他履行条件是否具备，当事人之间就执行内容无法达成一致，执行法官亦难以判断，属于执行内容不明确。具体而言，生效法律文书主文内容中有以下情形的，亦为执行内容不明确：（1）判决被告在欠付工程款范围内承担清偿责任，但是否拖欠工程款及拖欠工程款数额不明确；（2）判决合同继续履行，但继续履行的具体内容不明确；（3）判决或调解被告返还原告土地并恢复原状，但原状是什么不明确；（4）判决或调解确认夫妻一方享有探望权，但对探望权的行使时间、期限、方式、地点不明确；(5) 判决被告向原告交付水面或土地，但水面或土地的面积及四至未明确；(6) 判决被告向原告赔礼道歉，如不道歉，应登报道歉，但对登报道歉的载体究竟应为国家级、省级还是市级报刊不明确；(7) 判决被告（楼上）维修房屋至不漏水为止，但维修何处不明确；(8) 判决被告向原告返还财产，但财产的名称、数量、规格等特定信息不明确；(9) 判决被告某公司于某年某月某日前为原告办理房产证，逾期未办理支付违约金，但支付违约金的标准未明确；(10) 判决被告向原告移交按照国家有关规定应当移交的工程竣工资料，但究竟应移交哪些资料未明确；(11) 在妨害通行纠纷中，判决被告于某年某月某日前开通通道，但在何位置开通、道路的宽度未明确。

3. 生效法律文书执行内容不明确的解决路径

根据《最高人民法院关于人民法院立案、审判与执行工作协调运行的意见》第十五条的规定，若生效法律文书执行内容不明确的此类案件已经执行立案，执行人员应通过下列方式明确执行内容后予以执行：(1) 由当事人自行协商或组织当事人协商，尽可能协商一致使执行内容明确；(2) 若生效法律文书事实认定、说理部分对有关给付内容已进行认定的，可视为执行内容明确，经合议研究后予以执行；(3) 书面征询审判部门的意见，由审判部门在15日内作出书面答复或者裁定予以补正；(4) 与当事人沟通，力促达成执行和解并履行。经采取上述方式执行内容仍无法明确的，可裁定驳回执行申请，告知当事人另行诉讼确认。

编写人：江苏省无锡市中级人民法院　杨曦　朱金彩

125 规避执行的调解书应被撤销

——贺某源诉王某晶、王某菲第三人撤销之诉案

【案件基本信息】

1. 裁判书字号

北京市第一中级人民法院（2017）京 01 民终 9165 号民事判决书

2. 案由：第三人撤销之诉（所有权确认纠纷）

3. 当事人

原告（被上诉人）：贺某源

被告（上诉人）：王某晶

被告：王某菲

【基本案情】

贺某源和王某菲原是夫妻关系，后二人离婚。王某晶是王某菲的母亲。王某晶起诉贺某源和王某菲，要求二人偿还借款，法院认定是夫妻共同债务，判决贺某源和王某菲共同偿还借款。王某晶申请执行该债权判决，法院查封了登记在王某菲名下的房屋（以下简称涉案房屋）。后王某晶撤回执行申请，法院对涉案房屋予以解封。解封后，王某晶以所有权确认纠纷为由将王某菲诉至法院，主张王某晶借用王某菲名义买房，审理过程中，王某晶和王某菲达成调解协议，王某菲将涉案房屋过户至王某晶名下，法院依据调解协议作出调解书。房屋过户后，王某晶再次向法院申请对债权判决书的执行。该次执行过程中，贺某源知悉涉案房屋依

据调解书已经过户，遂将王某晶、王某菲诉至法院，认为其执行顺位受到损害，遭受损失，要求撤销王某晶和王某菲达成的所有权确认调解书。

【案件焦点】

1. 第三人撤销之诉的提出主体如何确定；2. 如何理解裁判文书确有错误；3. 如何判断是否损害第三人民事权益。

【法院裁判要旨】

北京市昌平区人民法院经审理认为：首先，本案需要判断的是贺某源是否有权提起第三人撤销之诉。第三人既可以是有独立请求权的第三人也可以是无独立请求权的第三人。王某晶和王某菲达成的民事调解书可能影响到贺某源的执行利益，故贺某源与该案有法律上的利害关系，其是无独立请求权的第三人，有权提起第三人撤销之诉。其次，王某晶和王某菲明确表示调解时没有告知贺某源，贺某源未能参加诉讼不能归责于其本人，贺某源在执行时知道调解书的存在，其在法定6个月时间内提起诉讼，符合程序要求。再次，王某晶虽然支付了全部购房款，但不是借用王某菲名义购买。在王某晶本人所写的《承诺书》中，明确表明王某晶有居住权，涉案房屋是王某菲的婚前个人财产。由此可知，王某晶当初并没有借用王某菲名义的意思表示。王某晶在该调解案件中主张是借名买房，并以此为调解依据。因借名买房的事实不存在，故法院认定调解书错误。最后，在双方不存在借名买房关系的情况下，再结合各方之间的利益纠葛，王某晶和王某菲之间具有恶意串通之嫌。对于王某晶的债务，王某菲和贺某源是共同清偿责任，不分先后顺位。对于王某晶的债务，王某菲和贺某源均有偿还义务。偿还完毕后，两人之间债务最终应如何分担，是二人内部之间的法律关系，偿还债务一方对另一方享有追偿权。贺某源表示其名下现有财产可供执行，但王某菲名下没有财产，势必造成贺某源行使追偿权受损。

北京市昌平区人民法院依照《中华人民共和国民事诉讼法》第五十六条，《最高人民法院关于适用〈中华人民共和国民事诉讼法〉的解释》第二百九十二条、第三百条第一款第二项之规定，作出如下判决：

撤销（2016）京0114民初12484号民事调解书。

王某晶不服一审判决，提起上诉。

北京市第一中级人民法院认定的事实和理由与一审一致。依照《中华人民共和国民事诉讼法》第一百七十条第一款第一项之规定，作出如下判决：

驳回上诉，维持原判。

【法官后语】

民事诉讼中损害案外第三人权益的现象时有发生，有些甚至是双方恶意诉讼，假借公权力侵害第三人权益。法律从制度上赋予第三人不同的救济途径，主要有三种：执行异议制度、审判监督制度、第三人撤销之诉制度。

执行异议制度限于执行程序，案外人对执行标的主张权利，可以提起执行异议，进而提起执行异议之诉。执行异议之诉的核心要点是有明确的排除对执行标的执行的诉讼请求，且诉讼请求与原判决、裁定无关。如果诉讼请求与原判决、裁定有关，就需要通过审判监督程序进行救济。

审判监督程序针对的是已经发生法律效力的裁判。当事人对已经发生法律效力的判决、裁定、调解认为有错误的，可以申请再审。案外人权益受到侵害时也可以申请再审，但要符合法律规定。

第三人撤销之诉是法律新规定的制度。第三人撤销之诉和审判监督程序在维护第三人权益时有相同之处，即都是否认生效法律文书的效力，但不同点在于，再审是基于原判决，是对原案件的继续审理。而第三人撤销之诉是基于新的事实主张撤销原判决，是一个新的诉讼。

提起第三人撤销之诉，必须符合一定条件。

第一，主体条件：第三人。提起主体既可以是有独立请求权第三人，也可以是无独立请求权第三人。对于无独立请求权第三人应当从宽把握，即案件处理结果影响到第三人利益的，都可以作为无独立请求权第三人。

第二，程序条件：第三人因不能归责于自己的事由未参加诉讼，第三人负有举证证明责任证明自己未参加诉讼不是自身过错造成。如果第三人知道或应当知道诉讼已经存在，其应当申请参加诉讼，未申请参加诉讼的，则应当被认为有过错。同时，未参加诉讼是指没有成为诉讼的第三人，而不是指第三人没有实际参加诉讼过程。例如，在诉讼中，第三人旁听，但是没有申请作为第三人参加诉讼，此时，该第三人具有过错，不能提起第三人撤销之诉。又如，如果第三人成为诉讼案件当事人，即使在诉讼中放弃自己权利未实际参与到诉讼过程中，也不能视为未参加诉讼，应当视为其已经参加诉讼，无权提起第三人撤销之诉。

第三，时间条件：自知道或应当知道其民事权益受到损害之日起6个月。该6个月规定是不变期间，不适用期间的延长、中止和中断。该时间的确定，可以参考裁判文书送达第三人时间、执行时通知第三人时间等综合进行判断。

第四，实体条件：有证据证明发生法律效力的判决、裁定、调解书部分或全部内容错误。判决、裁定、调解书内容错误，是指判决、裁定、调解书中裁决事项有错误，主要是因为事实认定错误和法律适用错误导致的实体处理错误。这里的错误仅指实体处理内容，不包括程序内容。如果是程序方面，应当通过审判监督程序救济。

第五，结果条件：损害其民事权益。即因为判决、裁定、调解书的错误损害了第三人民事权益。要求判决、裁定、调解书的内容与第三人民事权益损害之间具有因果关系。

本案就是从事实出发，紧紧围绕第三人撤销之诉的构成要件，逐一判断，最终作出判决。

编写人：北京市昌平区人民法院　陆婧

126 执行前达成和解协议，债权人在协议履行中能否申请强制执行

——商贸公司长沙分公司与物流公司、再生资源分公司执行异议案

【案件基本信息】

1. 裁判书字号

湖南省长沙市中级人民法院（2016）湘01执复34号民事裁定书

2. 事由：执行异议

3. 当事人

申请执行人：商贸公司长沙分公司

被执行人（异议人、申请复议人）：物流公司、再生资源分公司

【基本案情】

商贸公司长沙分公司与再生资源分公司、物流公司买卖合同纠纷一案，法院于2015年11月16日作出（2015）长县民初字第03532号民事判决：（1）被告再生资源分公司、物流公司在本判决生效之日起五日内共同给付原告商贸公司长沙分公司货款9519219.4元；（2）被告再生资源分公司、物流公司在本判决生效之日起五日内共同给付原告商贸公司长沙分公司利息损失（其中，2015年9月30日前的利息为812948元；2015年10月1日至清付之日止的利息以货款本金9519219.4元为基数，按银行一年期贷款利率上浮30%计算）；（3）驳回商贸公司长沙分公司的其他诉讼请求。

2015年12月23日，商贸公司长沙分公司与再生资源分公司、物流公司三方达成《和解协议》，该协议明确：甲方系原告商贸公司长沙分公司，乙方系被告物流公司，丙方系被告再生资源分公司。甲方诉乙、丙双方买卖合同纠纷一案，长沙县人民法院于2015年11月16日出具（2015）长县民初字第03532号《民事判决书》（以下简称“03532民事判决”），现三方经友好协商，达成如下和解协议：

一、根据上述《民事判决书》条款，乙、丙双方共欠甲方货款人民币9519219.4元；截至2015年9月30日欠甲方利息共计人民币812948元；乙、丙双方须共同承担法院受理费及财产保全费

共计人民币 89026 元；

二、乙、丙双方通过和中信银行股份有限公司长沙分行协商，并根据公司实际情况制订还款计划；

……

六、本协议自各方签字（盖章）之日起成立；自乙、丙方从人民法院撤回上诉，且乙、丙双方名下物业抵押权人中信银行长沙分行出具“同意其原冻结的乙方名下物业租金账户中的 25 万元自其与乙方达成和解协议的当月开始直接按月划付给甲方”的工作函后生效；

……

上述协议签订后，因异议人（乙、丙双方）名下物业抵押权人中信银行长沙分行至今未向申请执行人（甲方）出具“同意其原冻结的乙方名下物业租金账户中的 25 万元自其与乙方达成和解协议的当月开始直接按月划付给甲方”的工作函。随即，申请执行人商贸公司长沙分公司以被执行人未履行《和解协议》中第六条的约定，致使三方签订的《和解协议》因条件未成就而没有生效以及被执行人存在转移财产逃避债务的行为为由，于 2016 年 1 月 27 日向本院申请按原判决书强制执行。同年 1 月 29 日，异议人向申请执行人支付 30 万元。随后，物流公司、再生资源分公司向法院提出书面的执行异议：异议人认为已按和解协议的要求履行付款义务，并未有其他损害商贸公司长沙分公司收回欠款的行为，故请求法院中止执行程序，双方继续按 2015 年 12 月 23 日签订的《和解协议》履行。

【案件焦点】

申请执行前和解协议履行中，债权人能否申请强制执行。

【法院裁判要旨】

根据《中华人民共和国民事诉讼法》第二百三十六条第一款“发生法律效力的民事判决、裁定，当事人必须履行。一方拒绝履行的，对方当事人可以向人民法院申请执行，也可以由审判员移送执行员执行”的规定，第二百三十九条第一款：“申请执行的期间为二年。申请执行时效的中止、中断，适用法律有关诉讼时效中止、中断的规定”之规定，申请执行人商贸公司长沙分公司就生效法律文书在法定期限内向本院申请执行，符合上述法律规定。因此，异议人请求本院中止执行，于法无据，本院不予支持。因上述《和解协议》是在该案判决生效后立案执行之前双方在庭外自行达成的协议，并非在执行过程中的执行和解协议。双方如有争议，可另谋途径解决。

湖南省长沙县人民法院依照《中华人民共和国民事诉讼法》第二百二十五条、《最高人民法院关于适用〈中华人民共和国民事诉讼法〉的解释》第四百六十七条、《最高人民法院关于人民法院办理执行异议和复议案件若干问题的规定》第十七条第一项之规定，作出如下裁定：

驳回异议人物流公司、再生资源分公司的异议申请。

物流公司、再生资源分公司持异议意见申请复议。

湖南省长沙市中级人民法院经审理认为：商贸公司长沙分公司与物流公司、再生资源分公司签订的《和解协议》是在该案判决生效后立案执行之前双方在庭外自行达成的协议，属于执行前的和解协议。当执行前的和解协议无法继续履行时，当事人一方申请法院强制执行生效判决符合诚实信用原则。本案中，由于申请复议人物流公司、再生资源分公司未履行《和解协议》中第六条的约定，致使和解协议未生效而无法继续履行，故申请执行人商贸公司长沙分公司在法律规定的期限内向法院申请强制执行，符合法律规定。至于申请复议人物流公司、再生资源分公司已经履行的部分，在执行该生效判决时应当扣除。双方如有其他争议，可另案解决。综上，申请复议人物流公司、再生资源分公司提出的复议理由不成立，法院不予采纳。

湖南省长沙市中级人民法院依照《中华人民共和国民事诉讼法》第二百二十五条和《最高人民法院关于适用〈中华人民共和国民事诉讼法〉执行程序若干问题的解释》第八条之规定，作出如下裁定：

驳回申请复议人物流公司、再生资源分公司的复议申请。

【法官后语】

本案涉及在申请执行前双方达成的和解协议履行过程中，债权人能否申请强制执行原生效判决的问题。《中华人民共和国民事诉讼法》第二百三十条第二款（2021 年修正后为第二百三十七条第二款）规定，“当事人不履行和解协议的，人民法院可以根据当事人的申请，恢复对原生效法律文书的执行”。该“和解协议”是指执行过程中达成的协议，并非申请执行前达成的和解协议，但两者都是对生效判决所确定的权利义务关系进行的再处分，有别于一般情况下当事人达成的协议或合同。生效判决非经法定程序任何人包括法官和当事人均不得随意变更，一方当事人不履行执行中和解协议的法律后果只能是恢复生效判决的执行，不能因此追究其违约责任或据此协议以合同纠纷为案由另行起诉。同理，不能将执行前和解协议看作双方当事人对生效判决所确定的权利义务关系的一次重新安排，一方当事人不履行该和解协议，只能申请恢复原生效判决的执行。另外，本案的一个特别之处在于执行前和解协议为附生效条件协议，因异议人凯风公司、凯风再生资源分公司未按执行前和解协议的约定履行义务，和解协议并未生效，申请执行人商贸公司长沙分公司在法定期间申请执行原生效判决，符合法律规定，也符合诚实信用原则。

关于本案的法律适用问题，因《中华人民共和国民事诉讼法》于 2017 年、2021 年均做了修正，后《最高人民法院关于适用〈中华人民共和国民事诉讼法〉的解释》也进行了修正，并于 2022 年 4 月 10 日起施行。本案发生在上诉法律条文修改之前，故本案裁判文书中适用的是均是当时生效的《中华人民共和国民事诉讼法》及其司法解释。虽然经过了修正，但所适用的相关条文内容并未发生实质变化，只是条款位置不同。2012 年修正的《中华人民共和国民事诉讼法》第二百二十五条、第二百三十六条、第二百三十九条对应的是 2021 年修正后的第二百三十二条、第二百四十三条，第二百四十六条。《最高人民法院关于适用〈中华人民共和国民事诉讼法〉的解释》第四百六十七条修正后为第四百六十五条。

编写人：湖南省长沙县人民法院　何姣

127 执行前和解协议的效力认定

——施某祥与陈某正、狄某江执行异议案

【案件基本信息】

1. 裁判书字号

浙江省台州市中级人民法院（2016）浙 10 执复 23 号民事裁定书

2. 事由：执行异议

3. 当事人

申请执行人（复议申请人）：施某祥

被执行人（异议人）：陈某正、狄某江

【基本案情】

台州市路桥区人民法院在执行申请执行人施某祥与被执行人陈某正、狄某江房屋租赁合同纠纷一案中，被执行人陈某正、狄某江以本案债务已履行完毕为由，向路桥法院提出执行异议，要求驳回申请执行人施某祥的执行申请。

台州市路桥区人民法院经公开听证查明：2016 年 1 月 19 日，台州市路桥区人民法院作出（2015）台路民初字第 2470 号民事判决，判决“被告陈某正、狄某江于判决发生法律效力之日起十日内支付原告施某祥截至 2015 年 12 月 25 日的前期租金人民币 74 万元，并支付原告自 2015 年 12 月 26 日起至判决发生法律效力后一个月止按年租金55万元标准计算的租金……”2016年2

月 1 日，施某祥与陈某正签订和解协议，约定租金自和解协议签订之日付 20 万元，2 月底前付 10 万元，3 月 31 日付 10 万元。若按期付款，则付清上述款项即为全部付清；若没有按照上述期限付款，则施某祥可以申请执行原判决书判定的租金 74 万元。而后，陈某正的付款经过如下：第一笔：2 月 1 日付款 6 万元，征得施某祥同意后次日支付 16 万元；第二笔：2 月 29 日征得施某祥同意后，以现金 5 万元、刷卡 5 万元的形式由施某祥姐姐施某丽代收。第三笔：4 月 1 日通过银行转账方式支付 10 万元。

【案件焦点】

陈某正第三笔付款逾期一日是否违约。

【法院裁判要旨】

浙江省台州市路桥区人民法院经审理认为：2016 年 5 月 12 日的通话记录中，施某丽对异议人陈某正多次提到的 3 月 31 日到其店里付款的事实一直没有否认，并不断提到其拒绝收款的事实。结合异议人陈某正提供的证人证言以及 2 月 29 日按期到施某丽处付款的事实，法院认定其于 2016 年 3 月 31 日到施某丽处付款但被拒绝的事实发生具有高度盖然性。因陈某正曾于 2 月 29 日在征得施某祥同意后付款给施某丽，在之后未接到施某祥取消施某丽代收的通知前，仍于 3 月 31 日到施某丽处付款，应认定其具有积极付款的主观意愿。现和解协议已履行完毕，逾期一天的履行瑕疵，未根本违反双方达成的分期付款约定，亦未对施某祥造成损失。施某祥以轻微瑕疵要求陈某正按原判决继续承担 34 万元的付款义务，不利于化解双方纠纷，法院不予支持。综上，依照《中华人民共和国民事诉讼法》

第二百二十五条的规定，作出如下裁定：

异议人陈某正的异议成立，驳回申请人施某祥对被执行人陈某正、狄某江的执行申请。

申请执行人施某祥不服上述裁定，向台州市中级人民法院提出执行复议。

台州市中级人民法院经审查，在事实认定上对路桥区人民法院查明的事实予以确认。台州市中级人民法院经审理认为：申请执行人施某祥与被执行人陈某正为履行执行法院生效法律文书确定的义务，在执行前达成和解协议，系双方当事人处分民事权利的合同行为，其意思表示真实，不违反国家法律、法规的禁止性规定，具有民事合同的效力，一经成立即对双方当事人具有约束力。虽然该协议本身并不当然影响债权人申请强制执行的权利。债权人可以在法定的申请执行期限内申请执行，但如果被执行人主张和解协议已经履行完毕，则说明原生效法律文书确定的债务已经消灭。鉴于目前我国没有债务人异议之诉制度，执行法院应当在实际执行前进行审查核实，如果确已履行，不能再强制执行。本案中，执行法院在实际执行前对和解协议履行情况进行了听证审查，查明和解协议约定的债务确已履行，认定事实清楚，据此裁定支持被执行人陈某正的异议主张，驳回申请人的执行申请，符合相关司法解释的规定，并无不当。复议申请人的复议理由不能成立，对其请求法院不予支持。依照《最高人民法院关于人民法院办理异议和复议案件若干问题的规定》第二十三条第一款第一项的规定，作出如下裁定：

驳回复议申请人施某祥的复议申请，维持台州市路桥区人民法院的（2016）浙 1004 执异 15 号执行裁定。

【法官后语】

当事人在法律文书生效后，申请强制执行前达成的和解协议，是一种区别于诉前和解、诉讼中和解及执行中和解的一种新型和解方式。执行程序启动后，执行前和解协议中达成的约定，自动转为执行程序中和解协议的内容，对双方当事人的债务履行方式继续产生约束力。既然执行前和解协议已自动转为执行中的和解协议，故对执行前和解协议的争议处理等同于对后者的处理，在我国目前的执行异议处理框架内，只能选择执行行为异议程序。

对执行前和解协议争议的实体判断，并未有法律、法规的明文规定。一般来说，原则上应以化解矛盾为主，首先从被执行人的情况考虑，一方面要考虑客观原因，如银行转账系统延迟等原因不作为迟延履行；另一方面要考虑主观原因，一般不把极短时间的迟延履行情形视为被执行人具有不履行和解协议的主观故意；其次从和解协议的履行情况考虑。若被执行人前几期存在迟延履行情形，债权人领受且未提出异议，而在最后一期履行完毕后提出的，法院也不应支持申请人恢复执行原生效法律文书的请求。本案中，被执行人第二笔付款逾期一天但被债权人认可。最后一笔付款虽逾期一天，但逾期付款的部分原因在于债权人的姐姐拒绝收款（债权人曾授权姐姐代收过被执行人的第二笔还款）。基于上述事实，路桥区人民法院认定被执行人主观上有积极付款的意愿，客观上有债权人方面迟延受领的原因，而且最后也已履行完毕。故从化解双方纠纷的角度出发，对被执行人的异议请求予以支持，台州市中级人民法院对此亦予以维持。

2021 年施行的《中华人民共和国民法典》，未涉及强制执行部分。2020 年修正的《最高人民法院关于人民法院执行工作若干问题的规定（试行）》和《最高人民法院关于执行和解若干问题的规定》，亦未对执行前和解协议的相关问题有所涉及。本文撰写后的六年时间里，仍有不少当事人达成执行前和解协议，故本文对该问题的探讨仍有现实意义。

编写人：浙江省台州市中级人民法院　李宏亮

浙江省台州市路桥区人民法院　陈丰

128 和解协议未经法院确认不具有执行和解协议的效力

——李某与马某芹执行异议案

【案件基本信息】

1. 裁判书字号

江苏省南通市中级人民法院（2016）苏06执复52号执行裁定书

2. 事由：执行异议

3. 当事人

申请执行人：李某

被执行人（异议人、申请复议人）：马某芹

【基本案情】

申请执行人李某与被执行人马某芹分期付款买卖合同纠纷一案，2009年10月30日，启东法院作出（2009）启民一初字第3013号民事判决。2010年1月18日，李某申请执行。执行过程中，双方协商待另案诉讼结束后再恢复执行。2010年2月，马某芹起诉李某支付货款57544.5元。同年4月，双方庭外达成还款协议。2015年9月，李某申请恢复执行。同年10月28日，启东法院依法扣划了被执行人马某芹名下存款21100元。马某芹不服，提出执行异议。马某芹异议称：（2009）启民一初字第3013号民事判决的执行标的是52145元（含诉讼费）。2010年2月，马某芹起诉李某支付货款57544.5元。同年4月，双方庭外达成协议，以3.5万元了结双方之间的债权债务。同年年底，马某芹又电话与李某约定，由马某芹汇给李某3万元，双方再无纠葛。马某芹依约支付了3万元。然李某申请恢复执行，法院扣划了马某芹银行存款2.11万元。马某芹认为法院的扣划与事实不符，请求启东法院返还扣划的执行款2.11万元。

【案件焦点】

马某芹电话与李某的约定是否具备执行和解协议的效力。

【法院裁判要旨】

江苏省南通市中级人民法院经审理认为：当事人应自觉履行已发生法律效力的民事判决、裁定。一方拒绝履行的，对方当事人可以向人民法院申请强制执行。本案中，被执行人马某芹未主动履行启东法院（2009）启民一初字第3013号民事判决确定的全部义务，李某向启东法院申请恢复执行，启东法院立案后，依法扣划被执行人的存款，于法有据，并无不当。至于马某芹称其与李某曾电话约定支付30000元了结双方之间的债权债务纠纷的主张，因该约定未经执行法院确认并记录在卷，且李某对该约定不予认可，故本院不予采纳。启东法院驳回马某芹的异议，并无不当，应予维持。

江苏省南通市中级人民法院根据《中华人民共和国民事诉讼法》第二百二十五条、《最高人民法院关于人民法院办理执行异议和复议案件若干问题的规定》第二十三条第一款第一项之规定，作出如下裁定：

驳回马某芹的复议申请，维持启东市人民法院作出的（2016）苏0681执异24号执行裁定。

【法官后语】

本案中的约定是否属于执行和解协议是本案审查的要点。《最高人民法院关于人民法院执行工作若干问题的规定（试行）》第八十六条规定："在执行中，双方当事人可以自愿达成和解协议，变更生效法律文书确定的履行义务主体、标的物及其数额、履行期限和履行方式。和解协议一般应当采取书面形式。执行人员应将和解协议副本附卷。无书面协议的，执行人员应将和解协议的内容记入笔录，并由双方当事人签名或盖章。"《中华人民共和国民事诉讼法》第二百三十条第一款规定："在执行中，双方当事人自行和解达成协议的，执行员应当将协议内容记入笔录，由双方当事人签名或者盖章。"根据上述法律规定，执行和解协议应同时具备以下几个要件：一是和解协议要形成在执行程序中，如果是在执行程序开始前或在执行程序终结后，均不能称为执行和解协议。二是和解协议应该向法院提交或由执行员记录在卷。三是和解协议要双方具有合意，这一点如合同类似，没有合意，则不能成为和解协议。四是要求采取书面形式，即便没有书面形式，也要法院记录在卷。满足以上四点，才是执行程序中的执行和解协议。执行和解协议一旦成立，则具备法律赋予的效力，其效力具体可表现在三个阶段。一是执行和解协议成立后具备的效力。《最高人民法院关于适用〈中华人民共和国民事诉讼法〉的解释》第四百六十六条规定，申请执行人与被执行人达成和解协议后请求中止执行或者撤回执行申请的，人民法院可以裁定中止执行或者终结执行。也就是指在双方当事人达成和解协议后，可以形成中止执行或终结执行的法律效力。二是执行和解协议在履行中的效力，即一方当事人不履行执行和解协议的法律效力。《最高人民法院关于适用〈中华人民共和国民事诉讼法〉的解释》第四百六十七条规定，一方当事人不履行或者不完全履行在执行中双方自愿达成的和解协议，对方当事人申请执行原生效法律文书的，人民法院应当恢复执行，但和解协议已履行的部分应当扣除。此处的执行和解协议的效力其实是具有部分效力，一方当事人不履行或者不完全履行时，人民法院恢复执行原生效法律文书，执行和解协本身则失去了效力。换言之，原生效法律文书的既判力"否定"了执行和解协议的效力，仅有的部分效力表现在履行的部分应该扣除。三是执行和解协议履行完毕的效力。同在《最高人民法院关于适用〈中华人民共和国民事诉讼法〉的解释》第四百六十七条中规定，和解协议已经履行完毕的，人民法院不予恢复执行。《最高人民法院关于人民法院执行工作若干问题的规定（试行）》第八十七条更直接规定了和解协议履行完毕的效力，即当事人之间达成的和解协议合法有效并已履行完毕的，人民法院作执行结案处理。换言之，如果双方当事人履行完毕，则申请执行人不可再依据生效法律文书申请执行，即执行和解协议履行完毕的效力"否定"了生效法律文书的既判力。

本案中，异议人的异议请求基础是执行和解协议履行完毕的法律效力，认为双方电话约定的已经履行完毕，不应再恢复执行。但异议人忽略了执行和解协议成立所具备的法律要件。一是假设异议人主张双方曾电话约定了以3万元了解该案的债权债务是成立的，但是该约定没有向法院提交，执行人员也没有记录在卷，所以不能认定为执行和解协议。二是本案的和解不是在执行中形成，本案已经终结执行，执行程序已经完毕，不具备在“执行程序中”这一法律要件。三是没有形成书面协议，也未由法院记录在卷。综上，即便本案中的和解协议成立，也不属于执行和解协议。

编写人：江苏省南通市中级人民法院　范加庆

129　人民法院能否直接裁定执行和解中担保的财产
——黄某伟诉康某国承揽合同案

【案件基本信息】

1. 裁判书字号

北京市通州区人民法院（2015）通民（商）初字第4260号民事判决书

2. 案由：承揽合同纠纷

3. 当事人

原告：黄某伟

被告：康某国

【基本案情】

2014年5月至2014年8月，原告黄某伟向被告康某国的工厂承揽电工活，被告康某国已支付1万元，尚欠价款22960元，至今未付。原告黄某伟多次向康某国催要未果，故诉至法院请求判令：

(1) 被告康某国支付承揽款22960元；(2) 被告康某国承担本案诉讼费用。2015年3月10日经法院法庭调解，双方达成如下和解协议：(1) 被告康某国给付原告黄某伟价款2.05万元，于2015年5月1日前付清；(2) 被告康某国如未按期支付上述款项，则需另行支付违约金1万元。

2015年5月15日，黄某伟向北京市通州区人民法院申请强制执行。启动执行程序后，被执行人康某国与申请人黄某伟达成和解协议，为补偿黄某伟的损失，康某国自愿偿还黄某伟欠款3.5万元，分3期偿还，共计3个月还清，康某国的朋友李某以自己名下的一辆金杯牌汽车为康某国履行和解协议提供担保，并将金杯车交由黄某伟保管，直到欠款还清后黄某伟返还李某金杯汽车，但3个月后康某国并未按期履行和解协议。

【案件焦点】

人民法院能否参照执行担保的规定，直接裁定执行执行和解中担保人李某提供的担保财产金杯汽车。

【法院裁判要旨】

北京市通州区人民法院经审理认为：不能直接裁定执行执行和解中担保人李某担保的金杯汽车。依据《中华人民共和国民事诉讼法》第二百三十一条①的规定，在执行中，被执行人向人民法院提供担保，并经申请执行人同意的，人民法院可以决定暂缓执行及暂

① 现变更为《中华人民共和国民事诉讼法》第二百三十八条：“在执行中，被执行人向人民法院提供担保，并经申请执行人同意的，人民法院可以决定暂缓执行及暂缓执行的期限。被执行人逾期仍不履行的，人民法院有权执行被执行人的担保财产或者担保人的财产。”

缓执行的期限。被执行人逾期仍不履行的，人民法院有权执行被执行人的担保财产或者担保人的财产。执行担保中，担保财产是向人民法院提供的，人民法院可以直接执行担保财产，而在本案中双方当事人在执行过程中达成了和解协议，为保证和解协议的按期履行，担保人李某向申请人提供了担保财产，人民法院没有参与到和解协议以及和解担保的达成过程中，只是将和解协议记录在案。执行和解中的担保与执行担保在法律架构和实践操作中存在很大区别：

第一，执行担保是被执行人直接向人民法院提供的担保，并且应当向人民法院提交担保书，一般来说，担保书应当载明以下详细内容：被担保的债权及数额、担保方式、被执行人履行义务的期限、担保人作出的自愿接受人民法院强制执行的意思表示等。执行担保的成立具有明确的法律程序，而本案中担保人李某只是将自己名下的金杯汽车交由黄某伟保管，以担保和解协议按期履行，并不是向人民法院提供担保。

第二，执行担保中担保的对象是生效法律文书所确定的被执行人尚未履行的法律义务，是经过审判程序确定的；而执行和解中担保的对象是当事人双方放弃原生效法律文书而重新达成的和解协议，为确保和解协议正常履行而提供的担保。本案中生效法律文书判决康某国偿还欠款 2.05 万元、违约金 1 万元，但双方当事人达成和解协议，康某国偿还 3.5 万元，担保人李某为康某国的 3.5 万元提供了担保，明显超出了生效法律文书的确定的标的额，如果强制执行李某的金杯汽车，如何确定标的额尚没有定论。

第三，依据《中华人民共和国民事诉讼法》第二百三十条第二款[①]的规定，当事人不履行和解协议的，人民法院可以根据当事人的申请，恢复对原生效法律文书的执行。《最高人民法院关于适用〈中华人民共和国民事诉讼法〉若干问题的意见》[②]第二百六十六条规定，一方当事人不履行或者不完全履行和解协议的，对方当事人申请执行原生效法律文书的，人民法院应当恢复执行，但和解协议已履行的部分应当扣除。从现行法律规定可知，当事人不履行和解协议的，只能根据申请恢复原生效法律文书的执行，和解协议本身没有强制执行效力，依托于和解协议作出的担保也不具有强制执行效力。

综上所述，人民法院不能参照执行担保的规定，直接裁定执行执行和解中担保人李某提供的担保财产。

【法官后语】

本案处理重点主要在于对执行和解中担保的理解。能否将执行和解中的担保制度直接参照执行担保规范执行，还需要根据具体案件从执行和解担保的设立主体、设立形式、担保目的和担保效力上仔细分析。

具体到本案，从设立主体上看，该担保的设定是申请人、被执行人和担保人三方，人民法院只是将和解协议记录在案，没有直接参与担保的设立，显然不符合执行担保需向人民法院作出的条件；从设立形式上看，该和解担保是以将担保财产交付给申请人的方式进行，并没有向人民法院提交详细的执行担保书；从担保目的上看，

---

① 现变更为《中华人民共和国民事诉讼法》第二百三十七条第二款："申请执行人因受欺诈、胁迫与被执行人达成和解协议，或者当事人不履行和解协议的，人民法院可以根据当事人的申请，恢复对原生效法律文书的执行。"

② 现已失效。

该和解担保是为了督促和保证被执行人能够按照执行和解协议履行法律义务，而不是为了让人民法院暂缓执行；从担保效力上看，执行担保具有明确的强制执行力，人民法院可以直接执行担保财产，但执行和解协议没有强制执行效力，依附于执行和解的担保是否具有强制执行力尚存争论。因此本案中的担保不能直接参照执行担保的规范，人民法院不直接裁定执行担保人提供的担保财产金杯汽车。

编写人：北京市通州区人民法院　王辉

130　执行和解中约定一次性支付抚养费后能否再次起诉要求增加抚养费

——王某某诉王某华抚养费案

【案件基本信息】

1. 裁判书字号

北京市西城区人民法院（2015）西少民初字第 13176 号民事判决书

2. 案由：抚养费纠纷

3. 当事人

原告：王某某

被告：王某华

【基本案情】

原告王某某之母石某青与被告王某华原系夫妻关系，双方于 2011 年 11 月 29 日经北京市西城区人民法院判决离婚，婚生子王某某由石某青抚养，王某华每月支付王某某抚养费800元，至王某某成年止。王某华提起上诉，北京市第一中级人民法院经审理于2012年2月9日作出判决：驳回上诉，维持原判。石某青于2012年向北京市西城区人民法院提起离婚后财产纠纷的诉讼，经法院审理判决：北京市宣武区南菜园街1号内4号楼1层×号房屋归石某青所有；石某青给付王某华上述房屋之补偿款719850元。

在上述民事判决书的执行阶段，王某华曾向北京市西城区人民法院执行庭交纳抚养费50732.5元，于本次诉讼期间王某华与原告之母石某青达成协议：（1）石某青不再就判决确定房产归石某青到王某华实际腾退完毕止期间，王某华使用房屋的行为，提起关于租金的诉讼；（2）撤回正在进行的王某某的抚养费诉讼，并且今后不再以王某某的名义提起任何诉讼；（3）案款50732.5元同意发放给石某青。现案款50732.5元已发还给原告之母石某青，上述两份民事判决书均已执行完毕。

在庭审过程中，王某某认可王某华一次性支付抚养费50732.5元，但不认可被告的抚养费已经支付到王某某年满18周岁。此外，原告之母石某青作为原告的法定代理人在庭审中表示，本次诉讼是依法提起的，上述执行和解协议中关于撤诉的约定是无效的。

原告为证明自父母离婚后生活支出大幅增加，提交了两张辅导老师书写的复印件，证明辅导费用每小时300元，每周两次，每次两小时，家教从2014年7月开始，从未间断。被告为证明其收入状况，提交了北京某公司于2015年7月15日出具的基本工资证明，证明王某华系该公司正式员工，每月基本工资为1971元。在案件审理中，经原告申请，法院前往北京市地方税务局核实王某华的收入及纳税情况，证实王某华自2014年5月至2015年

4月的收入总额为71375.92元，纳税总额为760.51元。被告认为该收入额包括社保、饭补等，不是稳定收入，所以不能作为抚养费的计算依据。

原告诉至法院，要求王某华自2011年12月开始每月增加抚养费至1500元。被告认为已经一次性支付抚养费至王某某18周岁，故不同意增加抚养费。

【案件焦点】

本次诉讼之前的民事判决书所确定的抚养费数额，已经在执行阶段以执行和解协议的形式一次性履行完毕，原告之母石某青亦在执行和解协议中表示撤回本次诉讼，并不再就抚养费问题再次诉讼。在这种情况下，原告仍坚持本次诉讼，并要求自2011年12月起增加抚养费至每月1500元，能否得到支持。

【法院裁判要旨】

北京市西城区人民法院经审理认为：关于子女生活费和教育费的协议或判决，不妨碍子女在必要时向父母任何一方提出超过协议或判决原定数额的合理要求。原告要求自2011年12月起增加抚养费，但本次诉讼之前的抚养费数额，已由生效的法律文书所确定，具有确定力和执行力，故本次诉讼之前的抚养费仍应按照生效的法律文书所确定的数额进行履行。随着年龄的增加和物价上涨，原告要求增加抚养费的诉讼请求，符合法律规定，具体数额由法院根据子女的实际需要、被告的负担能力和当地的实际生活水平等因素综合予以确定。根据双方在执行庭所做的谈话笔录，对于被告已经支付每月800元抚养费至原告年满18周岁的事实，法院予以确认，对于已经支付的部分，应在本次诉讼所确定的抚养费数额中予以扣除。

北京市西城区人民法院根据《中华人民共和国婚姻法》第三十七条，《最高人民法院关于人民法院审理离婚案件处理子女抚养问题的若干具体意见》第七条、第十一条、第十八条之规定，作出如下判决：

一、自2015年5月起，王某华每月给付王某某抚养费1100元，至王某某年满18周岁止（王某华已按照每月800元的标准一次性支付抚养费至王某某18周岁，故应在本项执行中予以扣除）；

二、驳回王某某的其他诉讼请求。

判决后，双方当事人均未上诉，本判决现已生效。

【法官后语】

本案中存在两个问题：第一，原告之母石某青与被告曾达成执行和解协议，表示撤回本次增加抚养费的诉讼，但是现在表示坚持本次诉讼，法院能否以已经达成执行和解协议为由，驳回原告的诉讼请求；第二，在离婚判决书执行阶段，被告已经一次性支付原告抚养费至原告年满18周岁，原告现在再次起诉增加抚养费，能否得到支持？

第一，关于执行和解协议的效力问题。《最高人民法院关于适用〈中华人民共和国民事诉讼法〉的解释》已经于2022年进行了修正，但是关于执行和解协议效力的规定并未发生任何变化。根据2022年修正的《最高人民法院关于适用〈中华人民共和国民事诉讼法〉的解释》第四百六十五条规定："一方当事人不履行或者不完全履行在执行中双方自愿达成的和解协议，对方当事人申请执行原生效法律文书的，人民法院应当恢复执行，但和解协议已履行的部分应当扣除。和解协议已经履行完毕的，人民法院不予恢复执行。”也就是说，虽然原告之母石某青在执行和解协议中表示撤回本次诉讼，但是没有履行该执行和解协议，被告王某华可以申请执行原生效法律文书，法院应当恢复原法律文书的执行。但是在审理关于抚养费的诉讼时，不能以原告之母石某青已经在执行和解协议中表示放弃增加抚养费的诉讼为由，驳回原告的诉讼请求。

第二，关于增加抚养费的问题。《中华人民共和国民法典》对于抚养费的规定，基本沿用了已经废止的婚姻法及司法解释的相关规定。《中华人民共和国民法典》第一千零八十五条规定“离婚后，子女由一方直接抚养的，另一方应当负担部分或者全部抚养费。负担费用的多少和期限的长短，由双方协议；协议不成的，由人民法院判决。前款规定的协议或者判决，不妨碍子女在必要时向父母任何一方提出超过协议或者判决原定数额的合理要求。”① 根据该条规定，虽然被告在执行阶段已经向原告一次性支付抚养费到18周岁，但是从程序上讲并不影响原告再次起诉要求增加抚养费的诉讼权利；从实体上讲，根据法院查明的事实，被告收入确实比上一次诉讼有较大的提高，而原告因为升学的需要，现有的抚养费数额也确实不足以满足生活的实际需要，在这种情况下，原告要求增加抚养费，符合法律规定，应予支持。但是对于被告已经履行的抚养费部分，应当在今后的抚养费执行中予以扣除。

编写人：北京市西城区人民法院　程乐

① 《中华人民共和国婚姻法》第三十七条规定：“离婚后，一方抚养的子女，另一方应负担必要的生活费和教育费的一部或全部，负担费用的多少和期限的长短，由双方协议；协议不成时，由人民法院判决。关于子女生活费和教育费的协议或判决，不妨碍子女在必要时向父母任何一方提出超过协议或判决原定数额的合理要求。”

五、对债权的执行

131 到期债权的执行

——胡某芳诉童某堂等案外人执行异议之诉案

【案件基本信息】

1. 裁判书字号

湖北省武汉市中级人民法院（2021）鄂 01 民终 504 号民事判决书

2. 案由：案外人执行异议之诉

3. 当事人

原告（上诉人、案外人）：胡某芳

被告（被上诉人、申请执行人）：童某堂、李某东、童某平、李某

第三人（被执行人）：某建设公司、罗某

【基本案情】

童某堂等人申请执行罗某、某建设公司民间借贷纠纷一案，被执行人在某房地产开发公司可能有到期债权后，于 2019 年 10 月 11 日前往某房地产开发公司实地调查得知：某房地产开发公司与某建设公司于 2014 年签订了《建设工程施工合同补充协议（一）》，根据协议内容，某房地产开发公司仍有 280 万元工程质保金未退还某建设公司，已到期未返还的部分约为 130 万元。人民法院确认上述到期债权后，当场向某房地产开发公司送达了执

行裁定书——提取某建设公司在某房地产开发公司的到期工程款质保金 1289085.58 元。

2019 年 10 月 22 日，第三人某房地产开发公司提交执行异议申请书，请求撤销上述执行裁定书。

2019 年 11 月 8 日，某房地产开发公司来函：确认某建设公司在其公司实有到期质保金 1114492.771 元，但认为到期质保金应优先支付劳动者工资及某建设公司工程实际承包人胡某芳。当日，某建设公司、某建筑工程公司向我院提交情况说明，工程项目实际承包人为胡某芳。

2019 年 11 月 25 日，某房地产开发公司提交《执行扣款事宜的报告》，请求暂缓对该到期质保金的扣划，同意春节过后主动配合执行扣划，同时撤回对执行裁定书提出的执行异议申请。

2020 年 1 月 9 日，案外人胡某芳提交执行异议申请书，其认为：（1）胡某芳为该工程投资人、实际施工人，依法享有工程价款（包括工程质保金）的优先受偿权，享有工程价款优先受偿权、所有权足以排除上述裁定书和协助执行通知书的执行；（2）胡某芳在该项目中有部分劳动者工资未支付，劳动者工资支付优先于其他一切债权；（3）法院执行裁定书和协助执行通知书认定事实不清，适用法律错误，程序违法，要求撤销该裁定书。

【案件焦点】

1. 法院在执行到期债权过程中，第三人、利害关系人在执行过程中提出执行异议时，执行法院能否对其异议进行审查；2. 法院能否对被执行人在第三人处享有的到期债权进行强制执行。

【法院裁判要旨】

湖北省武汉市黄陂区人民法院经审理认为：申请执行人童某堂等人诉罗某、某建设公司民间借贷一案中，因总承包施工合同系发包人某房地产开发公司与承包人即被执行人某建设公司签订，根据合同的“相对性原则”，被执行人某建设公司对某房地产开发公司应支付的工程价款（含质保金）享有所有权，异议人胡某芳对执行标的不享有足以排除强制执行的权益。被执行人罗某、某建设公司逾期未履行生效文书确定的义务，我院采取上述强制执行措施于法有据，并无不当，异议人以此提出异议的理由没有事实依据和法律基础，异议人的申请我院不予支持。我院依照《中华人民共和国民事诉讼法》第二百二十七条规定作出裁定：驳回案外人胡某芳提出的执行异议申请。胡某芳不服异议裁定，向本院提起执行异议之诉，我院经审理认为：原告胡某芳是否系岳阳碧桂园一期第二标段工程项目的投资人与实际施工人，我院依据执行裁定书提取的质保金是否归其所有，在未经法院审理的情况下不足以阻却人民法院的强制执行，故驳回其诉讼请求。

胡某芳不服一审判决，提起上诉。

湖北省武汉市中级人民法院经审理认为：胡某芳主张其为实际施工人的主要依据为各方所认可，但各方认可不足以证明其为实际施工人的事实；即便胡某芳能被确认为实际施工人，其合同相对方亦为某建设公司，胡某芳对岳阳某房地产开发公司是否可突破合同相对性享有债权在本案中证据不足无法确定；仅有与发包人订立建设工程施工合同的承包人才享有建设工程价款优先受偿权，实际施工人并不享有该权利。因此，胡某芳在本案中的证据不足以证明其系岳阳某房地产开发公司应付到期工程质保金的真实权利人，不能排除本案执行。故二审法院判决驳回上诉，维持原判。

【法官后语】

本案争议焦点在于第三人、利害关系人在执行过程中提出执行异议时，执行法院能否对其异议进行审查，是否能继续执行到期债权。在本案中，笔者认为对被执行人某建设公司在第三人某房地产开发公司处到期债权的执行必须符合三个要件：一是被执行人的债务人（统称为第三人）向被执行人负有金钱债务；二是该债务已届履行期限；三是第三人对该债务并未提出异议。根据《最高人民法院关于适用〈中华人民共和国民事诉讼法〉的解释》第五百零一条第二款及《最高人民法院关于人民法院执行工作若干问题的规定（试行）》第四十六条、第四十七条的规定，人民法院执行被执行人对第三人的到期债权，第三人对到期债权有异议的，人民法院对异议部分不得强制执行，对第三人的异议不进行审查。上述司法解释规定了申请执行人在执行程序中根据到期债权执行制度对第三人申请执行有程序要求，关键在于第三人对债务是否向执行法院提出异议，一旦提出异议，则不得对该第三人强制执行，且对异议不进行审查，这是现行法律对限缩执行裁量权的制度要求。所以，法院可以执行被执行人的到期债权，但前提是须征得该第三人同意。本案中，该第三人某房地产开发公司在履行通知指定的期间内向法院提出了书面异议，且该异议不属于法律规定除外的情形，法院依法不应执行该到期债权，也不应对该异议进行审查，执行部门应避免出现以执代审的局面。在法院与该第三人某房地产开发公司释法明理、积极沟通后，其自愿撤销执行异议申请，并确认了某建设公司在其处享受到期债权的数额，法院依据债的相对性原则，对其已经确认部分可以依法强制执行。在司法实践中，执行法院在收到第三人提出执行异议后继续执行该到期债权的现象时有发生，笔者认为在这种情况下，第三人对法院执行行为不服提出异议的，执行法院应依照《中华人民共和国民事诉讼法》的规定进行审查，裁定撤销或变更已经采取的执行行为，避免对第三人造成其他负面影响。本案中，在第三人撤销执行异议申请后，案外人胡某芳向法院提出书面异议，法院经审理认为，被执行人某建设公司对第三人某房地产开发公司应支付的工程价款（含保证金）享受所有权，异议人胡某芳对执行标的不享受足以排除强制执行的权益，故案外人的异议申请不成立，但案外人有提起异议之诉的权利。最终，因案外人胡某芳执行异议之诉的诉求被一审、二审法官均驳回，法院依法对该到期债权强制执行。笔者认为，在当前总体信用环境不佳，当事人及第三人滥用程序权利阻碍执行现象较为突出的情况下，赋予义务相对人、案外人以充分有效的抗辩机会是程序正义的基本要求，为此，法院应当保障第三人、案外人对履行到期债权的异议权，以防止其合法权益受到不当侵害。但在实务中，操作层面上如何处理第三人、案外人异议，做法不一，亟待规范。本案通过执行被执行人对第三人享有到期债权，不但保障了申请执行人的期待利益，而且对解决"三角债"等法律关系有显著的实践意义，达到了节约司法资源与服务人民群众的效果统一，对营造稳定公平透明的营商环境具有积极意义。

编写人：湖北省武汉市黄陂区人民法院　沈杰

132 民间借贷类公证债权文书申请执行的审查要点及证明标准

——许某与左某阳、朱某执行公证债权文书案

【案件基本信息】

1. 执行书字号

江苏省无锡市江南公证处（2019）锡江证执第 4 号执行证书

2. 事由：执行公证债权文书

3. 当事人

申请执行人：许某

被申请执行人：左某阳、朱某

【基本案情】

许某从汤某贵处受让债权并至江苏省无锡市江南公证处进行公证，该公证处于 2019 年 7 月 12 日作出（2019）锡江证执第 4 号执行证书。该执行证书载明：申请执行人可持本执行证书向有管辖权的人民法院申请强制执行。被申请执行人为左某阳、朱某，执行标的为：借款本金人民币 64 万元整；利息、罚息、违约金（自 2015 年 12 月 17 日起至被申请执行人实际履行完毕为止，以人民币 64 万元为基数，按年 24%计算）；为实现债权支出的相关费用。

在执行过程中，左某阳、朱某至无锡市惠山区人民法院反映其自2015年12月15日起每月按约定还款29648元至双方指定的

账户，但不知因何原因至2016年12月19日左某阳、朱某还款至该账户后未能扣款，故上述强制公证书内容与事实不符，请求法院不予执行。

执行过程中另查明如下事实：左某阳、朱某至财富管理公司借款，财富管理与左某阳、朱某签订个人借款与咨询协议，约定由财富管理公司指定特定借款人出借相应款项给左某阳、朱某，并由财富管理公司指定的特定借款人与左某阳、朱某签订抵押借款合同。在签订该合同后由财富管理公司指定的特定借款人汤某贵出借相关款项。还款由出借人将款项汇入财富管理公司指定账户后由第三方支付系统扣款。财富管理公司在此笔交易中收取咨询费、审核费、管理费共计143106元，由出借方代左某阳、朱某支付，后由借款人在还款时一并支付。自2015年12月15日起该指定账户开始通过协议的第三方支付系统扣款，至2017年10月15日该账户内一直余额充足，但扣款至2016年12月19日后未有扣款记录，账户内余额充足。

2019年5月8日，出借人汤某贵与许某签订债权转让协议。在协议中并未提及第三方平台公司财富管理公司，亦未提及左某阳、朱某通过财富管理公司还款的相关事宜。汤某贵与许某对转让债权进行公证时亦未提及相关情况。

承办人查明相关情况并向申请执行人出示相关证据后，申请执行人自行撤销本案的执行申请。

【案件焦点】

本案中，被执行人提交法院的相关证据与本院依职权调取的相关证据能否达到证明江苏省无锡市江南公证处作出的（2019）锡江证执第 4 号执行证书的内容与事实不符证明效力。

【法院裁判要旨】

江苏省无锡市惠山区人民法院经审理认为：本案综合被申请执行人提出的异议及相关证据来看，动摇了法官对公证债权文书与客观真实一致性的心证，故法官对此心证进行公开，并赋予申请执行人反驳的机会。如申请执行人的反驳不足以让法官再次确信公证债权文书与客观真实是一致的，那么本院将依照《中华人民共和国民事诉讼法》第二百三十八条第二款（现为第二百四十五条第二款）、《最高人民法院关于适用〈中华人民共和国民事诉讼法〉的解释》第四百八十条第一款第三项（现为第四百七十八条第一款第三项）的规定裁定不予执行。在法官公开相关心证后，申请执行人自动撤销了执行申请，江苏省无锡市惠山区人民法院经审理认为：本院在执行许某与左某阳、朱某公证债权文书纠纷一案中，申请人许某向本院提出撤销本案的执行申请。经本院审查，该申请符合相关法律规定，依照《中华人民共和国民事诉讼法》第二百五十七条第一项、《最高人民法院关于适用〈中华人民共和国民事诉讼法〉的解释》第五百二十条的规定，作出如下裁定：

终结本案的执行。

【法官后语】

1. 人民法院对公证债权文书具有法定审查权

《中华人民共和国民事诉讼法》规定了人民法院对公证机关依法赋予强制执行效力的公证债权文书具有审查权，《最高人民法院关于适用〈中华人民共和国民事诉讼法〉的解释》更进一步规定了公证债权文书审查要点。

2. 民间借贷类公证债权文书的审查要点

强制执行效力的公证债权文书具有程序简便、快捷高效、可以方便快捷地解决纠纷的作用。然而，正因其程序简便，公证债权文书的作出没有经过缜密的审判程序，有可能存在错误，损害当事人的合法权益。当前由于民间借贷纠纷中存在种种乱象，对于民间借贷类公证债权文书的审查更应坚持实体审查，从实践来看对于民间借贷类公证文书的实体审查应从以下几个方面重点进行：(1) 出借人实际提供的借贷本金数额；(2) 是否存在服务费、管理费、咨询费、顾问费等名目；(3) 出借人资金是否自有资金；(4) 是否存在第三方收支借贷款项的情形；(5) 是否存在预先扣除利息的情形；(6) 约定的利率是否超过最高利率的限额；(7) 是否存在逾期利息与违约金竞合；(8) 借款期限内或逾期利息是否约定不明；(9) 综合审查出借人与借款人关系、款项交付情形，出借人经济能力、交易方式、交易地点、交易习惯、财产变动情况；(10) 交易双方是否通过第三方平台公司；(11) 对于债权转让的案件要坚持从借款源头审查，从实际出借人与借款人之间借款关系审查。本案正是在被申请执行人反映相关情况后从以上几个方面对上述公证债权文书进行了甄别。通过上述要点式审查可以有效避免有问题的民间借贷案件通过公证债权文书及执行程序进入司法进程中来。

3. 民间借贷类公证债权文书审查中被执行人的举证责任

从本案审查的情况来看，被申请执行人提供了与第三方签订的咨询协议，银行流水及承办人询问了公证处人员，从公证处人员处得悉公证后出借人在与公证人员的交谈中表示该笔借款有第三人的存在。本案从被申请执行人提供的证据来看，虽被申请执行人提供的证据还不足以形成一个完整的证据链闭环，还缺失从指定账户委托第三方扣款后钱款的流向，财富管理公司与汤某贵之间资金往来等证据，但我们认为公证债权文书的内容与事实不符并不需要达到民事审判时的高度盖然性证明标准。因为法院执行部门作出不予执行公证债权文书裁定后，当事人、公证事项的利害关系人可以就债权争议提起诉讼，通过诉讼对公证的事项作出最终的认定。所以我们认为从《中华人民共和国民事诉讼法》及其解释和执行中的审查与诉讼审查的制度安排可以看出，在公证债权文书审查中只要相关证据能够动摇法官对该公证债权内容与事实相符的心证，被申请执行人即达到了请求法院对公证债权文书不予执行的证明标准，但相关证据动摇法官对债权类公证文书内容与事实相符性的心证后，法官应及时公开自己的心证，并允许申请执行人提出反驳意见，在此可参照证据规定的举证期限，由法官指定一个合理的举证期限，以提高审查的效率在本案中承办人在被申请执行人提出异议并提供了相关的证据材料并向公证人员调查核实后及时对心证进行开示，申请执行人在承办人公开心证后主动撤销了执行申请，本院认为该撤销申请并不违反法律规定，故予以准许。

编写人：江苏省无锡市惠山区人民法院　倪乔怡

133 公证债权文书效力判断不属于案外人执行异议之诉受理范围

——张某东诉柳某等案外人执行异议之诉案

【案件基本信息】

1. 裁判书字号

北京市怀柔区人民法院（2019）京0116民初6980号民事裁定书

2. 案由：案外人执行异议之诉

3. 当事人

原告：张某东

被告：柳某、李某焕、余某国

【基本案情】

2016年11月17日，北京市西城区人民法院就张某东与余某国民间借贷纠纷一案作出民事调解书，确认余某国于2016年11月23日前偿还张某东借款527万元。履行期届满后，余某国未按照民事调解书约定履行义务，张某东向该院申请强制执行，目前该案正在执行过程中，并对余某国名下位于北京市怀柔区的某房产进行处置。

余某国与李某焕曾系夫妻关系，二人（共同债务人）与债权人柳某（李某焕之子）签订借款协议，明确二人于2016年10月18日、10月27日向柳某借款共计703万元。2017年3月29日，北京市中信公证处出具《公证书》，对上述借款协议予以公证，并赋予借款协议以强制执行效力。2017 年 4 月 18 日，该公证处出具《执行证书》，确认被执行人为余某国、李某焕；执行标的为借款本金 703 万元及借款利息。2017 年 5 月 8 日，北京市怀柔区人民法院依据该执行证书立案执行柳某与余某国、李某焕公证债权文书一案，案号为（2017）京 0116 执 1320 号。执行过程中，北京市怀柔区人民院对余某国名下位于北京市怀柔区的房屋进行了轮候查封。后该院依据柳某的申请，向首轮查封案涉房屋的北京市西城区人民法院发送参与分配函。

张某东于 2019 年 8 月 13 日向北京市怀柔区人民法院提出执行异议申请，以余某国、李某焕与柳某串通，通过公证债权文书虚构债权债务，意图参与分配涉案房屋拍卖款为由申请不予执行（2017）京 0116 执 1320 号案件。北京市怀柔区人民法院于 2019 年 8 月 26 日作出执行裁定书，裁定驳回了案外人张某东的异议请求。张某东对该执行裁定不服，向北京市怀柔区人民法院提起案外人执行异议之诉。

【案件焦点】

作为执行依据的公证债权文书的效力认定，是否属于案外人执行异议之诉案件的受理范围。

【法院裁判要旨】

北京市怀柔区人民法院经审理认为：《最高人民法院关于适用〈中华人民共和国民事诉讼法〉的解释》第三百一十二条规定："对案外人提起的执行异议之诉，人民法院经审理，按照下列情形分别处理：（一）案外人就执行标的享有足以排除强制执行的民事权益的，判决不得执行该执行标的；（二）案外人就执行标的不享有足以排除强制执行的民事权益的，判决驳回诉讼请求。案外人同时提出确认其权利的诉讼请求的，人民法院可以在判决中一并作出裁判。”由此可见，案外人执行异议之诉提起的前提在于案外人对执行标的享有足以排除强制执行的民事权益。本案中，张某东以余某国、李某焕与柳某虚构债权债务为由提起执行异议之诉，本质上是要求否定作为执行依据的公证债权文书的效力，不属于案外人执行异议之诉的受理范围，因此对于张某东的起诉，本院予以驳回。

综上所述，根据《中华人民共和国民事诉讼法》第一百一十九条、《最高人民法院关于适用〈中华人民共和国民事诉讼法〉的解释》第三百一十二条之规定，作出如下裁定：

驳回张某东的起诉。

判决后，双方当事人均未上诉，本判决现已生效。

【法官后语】

第一，《中华人民共和国民事诉讼法》第二百二十七条的原判决、裁定是否包含公证债权文书。

根据《中华人民共和国民事诉讼法》第二百二十七条的规定，案外人执行异议之诉的诉讼请求应该与原判决、裁定无关，认为原判决、裁定错误的，依照审判监督程序办理。因此，案外人执行异议之诉不审查原判决、裁定是否正确。根据本法条，对原判决、裁定本身提出异议，不在案外人执行异议之诉的受理范围之内。本条仅提到了判决和裁定，对于公证债权文书本身提出异议能否适用该法条，尚有讨论空间。笔者认为，对于该法条不能仅从字面上去理解，应该结合案外人执行异议之诉的制度设计初衷以及该类案件审判焦点来综合判断公证债权文书能否被容纳在此法条之内。

为实现裁判文书所确定的债权，人民法院对债务人采取的强制执行措施可能会损害到案外人对执行标的物所享有的合法民事权益。为弥补公权力的实施可能造成的利益失衡，作为救济程序之一的案外人执行异议之诉制度被引入。案外人执行异议之诉案件要判断案外人对执行标的物是否享有权利、享有何种权利以及该权利能否足以排除强制执行。通过对上述三个问题的审理，进而判断案外人对执行标的物享有的权益能否阻止执行标的物的转让、交付，从而保护案外人的合法权益。因此，案外人执行异议之诉审理的焦点在于判断案外人对执行标的物民事权益的对抗性强度，并不涉及对作为执行依据的生效裁判文书的审理。公证债权文书与生效判决、裁定相同，是属于人民法院作为执行依据的法律文书，对于其是否存在与事实不符的问题不应属于案外人执行异议之诉案件的审查范围。

第二，案外人张某东是否有权就公证债权文书提出不予执行申请？

《最高人民法院关于人民法院办理执行异议和复议案件若干问题的规定》第十条规定了当事人不服驳回不予执行公证债权文书申请的裁定的，可以向上一级人民法院进行复议。此处的“当事人”，除包含公证债权文书的债权人、债务人外还包括哪些人？案外人是否被包含在这一主体之内？法律对这一问题并没有明确的规定。笔者认为，案外人不应成为不予执行公证债权文书的申请人及复议人，理由如下：

(1) 从法律条文来看。《中华人民共和国民事诉讼法》第二百三十八条第二款规定：“公证债权文书确有错误的，人民法院裁定不予执行，并将裁定书送达双方当事人和公证机关。”从该条款看，提出公证债权文书不予执行申请的主体为债权人和债务人。《最高人民法院关于适用〈中华人民共和国民事诉讼法〉的解释》第四百八十条第三款规定：“公证债权文书被裁定不予执行后，当事人、公证事项的利害关系人可以就债权争议提起诉讼。”该条规定的主体除债权人、债务人外还包括公证事项的利害关系人。有观点认为利害关系人包含案外人，但案外人与利害关系人是两个不同的法律术语，各自有着不同的法律含义。案外人并不是民事诉讼中的当事人，也不是利害关系人，它是民事执行程序中特有的主体。从目前的法律体系来看，并没有关于案外人针对公证债权文书错误提出申请进行救济的条文规定，我们不应该混淆法律概念，也不应对法律条文作任意扩大解释。

（2）从保护的利益主体来看。人民法院对公证债权文书进行实质审查从而确定其是否具有强制执行效力的司法审查前置程序，目的是最大限度地保护公证债权文书当事人的合法权益，避免公证机构未对当事人之间的权利义务进行实质性审查所造成的权益损害。从《最高人民法院关于适用〈中华人民共和国民事诉讼法〉的解释》第四百八十条第一款关于对公证债权文书确有错误的认定情形的规定中也可以看出公证债权文书本身只是涉及公证债权人、债务人及利害关系人的利益，对于案外人的利益并不涉及，因此无利益即无救济。

（3）从诉的利益来看。根据法律规定，法院裁定公证债权文书不予执行后，当事人、利害关系人可就公证债权文书中的债权债务关系提起诉讼以明确。案外人既非债权债务当事人也非利害关系人，不具备该民事诉讼中诉的利益，因此也无法成为该类诉讼的适格原告，达不到实现权利救济的目的。

综上，本案中的张某东无权对公证债权文书的执行与否提出异议，更不能通过执行异议之诉来否定公证债权文书的效力。

这里特别就法条条文序号的调整进行说明：根据《全国人民代表大会常务委员会关于修改〈中华人民共和国民事诉讼法〉的决定》，新修改的《中华人民共和国民事诉讼法》于2022年1月1日施行，本案涉及的法条条文序号作相应调整：原第一百一十九条序号调整为第一百二十二条、原第二百二十七条调整为第二百三十四条、原第二百三十八条第二款调整为第二百四十五条第二款。根据《最高人民法院关于适用〈中华人民共和国民事诉讼法〉的解释》的决定，新修改的民事诉讼法司法解释于2022年4月10日起施行，本案涉及的条文序号调整如下：原第三百一十二条调整为第三百一十条、原第四百八十条第一款调整为第四百七十八条第一款、原第四百八十条第三款调整为第四百七十八条第三款。

编写人：北京市怀柔区人民法院　李晓霞　李文玉

134　竞买人在执行程序中可撤销网络司法拍卖
——胡某与黄某琴等执行复议案

【案件基本信息】

1. 裁判书字号

重庆市第三中级人民法院（2019）渝03执复16号执行裁定书

2. 事由：执行复议

3. 当事人

案外人（异议人、复议申请人）：胡某

申请执行人：黄某琴

被执行人：董某志、胡某莉

被申请人：董某、余某文

【基本案情】

黄某琴与胡某莉、董某志民间借贷纠纷一案，重庆市垫江县人民法院在执行过程中，委托指定网络平台司法拍卖董某志所有的七套房产，并在网络购物平台上发布《竞买公告》和《拍卖公告》。2018 年 4 月 7 日，董某、余某文联合竞买以 218.36 万元的最高价竞得。重庆市垫江县人民法院于 2018 年 5 月 2 日作出拍卖成交裁定，将拍卖房产所有权过户给了董某、余某文，国土局也已为董某、余某文办理了新的不动产权证。但该院在交付过程中出现了该房屋实际情况和房产证记载内容有出入，无法和房产证一一对应，需要国土局协助指认具体位置以及买受人拒绝接受法院移交的除违章建筑外的有证房屋等问题。2018 年 8 月 9 日，重庆市垫江县人民法院向国土局送达了公函，委托该局对董某志涉案房屋现状进行调查核实并予以函告。2018 年 8 月 14 日，该局出具复函称经测绘，拍卖房产实际建筑面积比产权证记载面积共计相差 261.29 平方米。2018 年 8 月 27 日，董某、余某文向该院申请撤销本次网络司法拍卖。该院执行局遂作出裁定，撤销该院作出的拍卖成交裁定书。2018 年 11 月 19 日，案外人胡某向该院提出书面执行异议。本案在执行异议审查过程中，国土局再次对涉案房屋进行了测量，并出具补充复函称原证面积与实测建筑面积相差 119.52 平方米。

【案件焦点】

执行法院作出的撤销网络司法拍卖的裁定是否合法。

【法院裁判要旨】

重庆市垫江县人民法院经审理认为：胡某可作为利害关系人就撤销拍卖行为提起执行行为异议。根据《最高人民法院关于人民法院网络司法拍卖若干问题的规定》第三十一条第一款和《最高人民法院关于审理商品房买卖合同纠纷案件适用法律若干问题的解释》第十四条第二款的规定，涉案房屋由于经国土局现场测量，最终确定原证面积与实测建筑面积相差 119.52 平方米，面积误差比绝对值超出 3%，已致使买受人产生重大误解，买受人请求撤销拍卖于法有据。

重庆市垫江县人民法院依照《中华人民共和国民事诉讼法》第二百二十五条、《最高人民法院关于人民法院网络司法拍卖若干问题的规定》第三十一条第一款、《最高人民法院关于审理商品房买卖合同纠纷案件适用法律若干问题的解释》第十四条第二款和《最高人民法院关于人民法院办理执行异议和复议案件若干问题的规定》第十七条第一项之规定，作出如下裁定：

驳回异议人胡某的异议请求。胡某不服异议裁定，向重庆市第三中级人民法院申请复议。

重庆市第三中级人民法院经审理认为：根据国土局前后两次测量及说明，拍卖的涉案房屋有证面积与无证面积并存，而有证面积与实测面积有较大偏差及情况变化，无法一一对应，交付范围无法确定。即法院向涉案房屋的买受人董某、余某文客观上交付不能。据此，董某、余某文提出撤销涉案房屋的拍卖，符合《最高人民法院关于人民法院网络司法拍卖若干问题的规定》第三十一条第一款的规定。

重庆市第三中级人民法院依照《中华人民共和国民事诉讼法》第二百二十五条、《最高人民法院关于办理执行异议和复议案件若干问题的规定》第二十三条第一款第一项的规定，作出如下裁定：

驳回胡某的复议申请，维持重庆市垫江县人民法院（2018）渝0231执异47号执行裁定。

【法官后语】

本案的争议焦点是执行法院作出的撤销网络司法拍卖的裁定是否合法。虽然我国在2017年1月1日起正式施行的《网络司法拍卖规定》中已针对网络司法拍卖的撤销权作出一些规定，但在司法实践中仍有一些适用上的难题，如竞买人如何行使撤销权等。

具体到本案，主要涉及两个问题：一是竞买人行使撤销权的前提条件。法院在拍卖前应当先期公告并公示相关信息，并对拍卖财产已知瑕疵和权利负担等事项予以特别提示。《最高人民法院关于人民法院网络司法拍卖若干问题的规定》第十二条至第十五条规定，网络司法拍卖应先期公告，公告应包括拍卖财产、竞买人条件、拍卖财产已知瑕疵等信息。法院应在公告发布当日通过网络司法拍卖平台公示拍卖公告、竞价规则、拍卖财产权属、占有使用、附随义务等现状的文字说明、视频或者照片等信息，并对竞买人应当具备的资格或条件、拍卖财产已知瑕疵和权利负担等事项予以特别提示，否则可能承担瑕疵担保责任。在网络司法拍卖中，竞买人一般只能通过网络平台查看拍卖财产的相关信息，对于在建工程、土地使用权、房屋等牵涉法律关系较为复杂或财产权属不明晰或有瑕疵的拍卖财产，竞买人难以真正了解拍卖财产的属性和特点，因此启动网络司法拍卖程序前的对拍卖财产相关信息的公示公告和披露程度要求应高于传统司法拍卖。为有效维护竞买人合法权益和司法公信力，法院在拍卖前应对拍卖财产的瑕疵等情况进行全面细致调查，且在履行交付拍卖财产的主合同义务外，还应履行作为拍卖人的说明拍卖财产权属、瑕疵及权利负担等附随义务。本案中，法院之所以无法将拍卖房产顺利交付给买受人，就是因未在拍卖前对拍卖房产的实际情况和房产证记载内容进行全面调查和核实。二是竞买人行使撤销权的标准。竞买人应作为行使撤销权的主体。《最高人民法院关于人民法院网络司法拍卖若干问题的规定》第三十一条中规定行使撤销权的主体为"当事人、利害关系人"，从该条规定的具体内容来看，应对"利害关系人"作扩大解释，网络司法拍卖的竞拍结果将直接影响竞买人的利益，在出现损害其竞买利益的法定可撤销情形时，应赋予竞买人行使撤销权的主体资格。同时，竞买人要启动撤销网络司法拍卖的程序，必须符合网络司法拍卖行为严重违反程序、损害当事人或竞买人利益等六种法定情形之一。本案中，买受人向法院申请撤销本次网络司法拍卖即符合《最高人民法院关于人民法院网络司法拍卖若干问题的规定》第三十一条第一款规定的情形：一是拍卖房产的房产证记载面积与实际建筑面积相差较大，属于拍卖标的物的重大瑕疵；二是因买受人竞买前对拍卖房产以上重大瑕疵不知情，并由此产生重大误解，而现买受人不愿接受拍卖财产，结合其购买意图，可认定为购买目的无法实现；三是拍卖房产有证面积与无证面积并存，而有证面积与实测面积有较大的偏差及情况变化，无法一一对应，交付范围无法确定，法院向买受人客观上交付不能。综上，买受人董某、余某文请求法院撤销拍卖于法有据，法院据此作出的撤销拍卖的裁定并无不当。

作为法官，不应机械地套用法律条文，而应对法律条文进行准确理解、深入解读，以实现法律效果和社会效果相统一。

编写人：重庆市第三中级人民法院　张晓霞

135　执行程序中救济权滥用现象的思考

——吕某民与姜某林、汽配公司执行复议案

【案件基本信息】

1. 裁判书字号

北京市顺义区人民法院（2019）顺执字第2405号执行裁定书

2. 事由：执行复议

3. 当事人

复议申请人（利害关系人）：吕某民

申请执行人：姜某林

被执行人：汽配公司

【基本案情】

姜某林与汽配公司民间借贷合同纠纷一案，顺义区人民法院于2008年11月7日作出（2008）顺民初字第8736号民事判决书，判决汽配公司于判决生效之日起三十日内给付姜某林借款400万元及利息。汽配公司不服该判决，上诉至北京市第二中级人民法院，北京市第二中级人民法院于2009年4月3日作出（2009）二中民终字第01810号民事判决书，判决：驳回上诉，维持原判。

后姜某林向北京市顺义区人民法院申请执行，该院依法立案，案号为（2009）顺执字第2405号。2010年4月13日，该院对涉案地块上建筑物、机器设备及50亩土地使用权予以查封。后经该院委托评估拍卖，2014年1月20日，买受人北京某投资管理有限公司竞得被拍卖物。

之后，案外人北京某机械设备制造有限公司（法定代表人为吕某民）和吕某民以其为涉案土地使用权人阻却法院执行为由，先后三次提出案外人异议，后续案外人执行异议之诉均被驳回。

吕某民又以利害关系人、以其为涉案地块使用权人及该院拍卖侵害其优先购买权为由，要求撤销拍卖并停止对涉案地块的查封，均被裁定驳回。

北京市顺义区人民法院认为，吕某民曾以利害关系人的身份对涉案地块上的厂房的拍卖行为提出异议，已经生效的法律文书审查并驳回了其异议请求。现吕某民就同一执行行为再次提出异议，不符合受理条件。该院在执行过程中，在汽配公司未主动履行生效法律文书的情况下，该院依法对汽配公司所有的厂房进行评估拍卖，在拍卖成交后依法将涉案地块上的厂房等腾退移交买受人，符合相关强制执行法律的规定。吕某民要求撤销该院腾退行为的主张，没有事实及法律依据，该院不予采纳。另，吕某民以其代表即将成立的公司签订的土地使用协议合法有效为由，主张作为承租人在该院查封之前一直占有使用合同约定的不动产，故有权阻止本院移交腾退。本案中，该院腾退的标的物为涉案地块上的厂房及附属设施等，而吕某民根据土地使用协议所主张其占有的不动产实际为涉案地块，故吕某民所主张占有使用的标的物并非本院腾退的标的物，在此种情况下，其所提异议实为作为利害关系人对该院腾退之行为提出的异议。据此，北京市顺义区人民法院裁定：驳回吕某民的异议请求。

吕某民不服，向本院申请复议。

本案中，吕某民主张其享有涉案地块上其中九间办公用房的所有权，据此请求法院停止对涉案地块上的厂房等采取强制执行措施。复议申请人吕某民基于实体权利既提出排除执行异议又提出了对执行行为的异议，但其针对的执行标的均为位于北京市顺义区杨镇工业区×号土地（涉案土地）及地上物。

【案件焦点】

复议申请人吕某民提出的本次请求是否属于“重复提出异议”。

【法院裁判要旨】

北京市第二中级人民法院经审理认为：根据法律规定，当事人、利害关系人对同一执行行为有多个异议事由，但未在异议审查过程中一并提出，撤回异议或者被裁定驳回异议后，再次就该执行行为提出异议的，人民法院不予受理。案外人撤回异议或者被裁定驳回异议后，再次就同一执行标的提出异议的，人民法院不予受理。

首先，关于吕某民主张其享有涉案地块上其中九间办公用房的所有权，据此请求法院停止对涉案地块上的厂房等采取强制执行措施。从该请求看，复议申请人吕某民系基于实体权利既提出排除执行异议又提出了对执行行为的异议，但其针对的执行标的均为位于涉案土地及地上物。根据法律规定，案外人基于实体权利既对执行标的提出排除执行异议又作为利害关系人提出执行行为异议的，人民法院应当依照《中华人民共和国民事诉讼法》第二百二十七条规定进行审查。北京市顺义区人民法院认定吕某民提出的异议属于执行行为异议错误，应予以纠正。复议申请人吕某民曾以案外人身份就涉案地块提起过案外人异议，在裁定驳回后又提起执行异议之诉，经审理终审判决驳回了其诉讼请求。现吕某民再次就同一执行标的提出异议，人民法院应不予受理，已经受理的，应裁定驳回异议申请。

其次，关于吕某民请求撤销北京市顺义区人民法院对拍卖标的物采取腾退执行行为一节。本案中，买受人已经通过司法拍卖程序获得拍卖标的物的所有权，执行实施机构将拍卖标的物腾退交付买受人系财产处置程序应有之义，实为执行行为的延续。而复议申请人吕某民曾对北京市顺义区人民法院针对同一拍卖标的物采取执行行为提出过执行行为异议，法院审查后驳回了吕某民的请求，相关裁定已经发生法律效力，现吕某民再次提出执行行为异议，根据法律规定应裁定驳回其申请。

综上，复议申请人吕某民提出的本次异议属于“重复提出异议”。据此，北京市第二中级人民法院作出如下裁定：

一、撤销北京市顺义区人民法院（2019）京 0113 执异 302 号执行裁定；

二、驳回吕某民的异议申请。

【法官后语】

上述案例引发的是一个据以执行的生效法律文书派生出的异议、复议、执行异议之诉一审和二审案件多达十余件。诚然，人民法院在执行程序中面对的实际情况纷繁复杂，既要保障申请执行人的权利，又不能对被执行人的执行救济权加以限制。但是，引发我们思考的是执行程序中如何能够避免此类案件的发生，使申请执行人更快受偿，也同时避免司法资源的浪费。

强制执行的价值追求有两个：一是执行的效率；二是执行的合法性和正当性，但此两项价值之间存在一定的冲突和紧张。在义务人不主动履行执行根据所确定的义务时，法律规定，权利人可以向人民法院申请强制执行。一旦符合强制执行的条件，人民法院便可以通过实施相应的执行措施强制实现其权利。在执行程序中，如果出现不当或不合法的执行，法律赋予了当事人及当事人以外的公民、法人和其他组织提出执行异议的权利，即执行救济制度。

但在实践中，笔者发现执行救济制度易被异议申请人滥用，造成执行程序拖延。异议人所提出的异议请求及事实理由，大多没有事实和法律依据，很多情况是被执行人或利害关系人恶意利用执行行为异议程序规避执行，已严重影响了执行程序的顺利开展，并会造成恶劣影响：第一，使执行案件久拖不执，申请执行人的权益迟迟得不到应有的维护。第二，极大损害了司法权威。被执行人恶意利用执行审查程序的主要意图不仅是拖延执行程序，有些还据以要挟申请执行人达成和解减轻责任，使得生效执行依据的效力大打折扣。第三，浪费了司法资源。被执行人或者利害关系人一旦提起异议申请，即便是形式上没有正当法律依据的案件，人民法院都要审查，有的需要组织听证，其中有些还需要经过上级法院的执行复议程序，造成人民法院大量的人力、物力和时间的不必要浪费。

人民法院在审理该类案件时，首先，要注意类案检索。现有的执行办案系统中的“检索功能”为法官在办案时提供了很好的途径。

在审查过程中，一般我们会进行谈话和要求被申请人进行答辩，注意在谈话和答辩中询问是否存在“重复提出申请”的情形，在案件审查之初即对案件做到全面了解。

其次，明确其针对的是生效执行依据提出的还是确实享有对标的的实体权利，应走审判监督程序。

笔者发现，多数案外人在执行程序中提出案外人异议其实质均是针对生效执行依据确定的权属不予认可。严格遵照执行依据所确定的内容执行，是强制执行工作应该遵循的基本原则，执行实施机构不得违背执行依据而变更执行内容。多数案件中，对于案外人以主体权利主张的异议请求，执行法院应就其理由进行分析，如其系针对生效执行确定的内容提出的，那么正确的救济途径应为审判监督程序，而不应是案外人执行异议之诉程序，那么此时案外人的权利不会中断案件的执行，也可避免案外人执行异议之诉审查影响案件执行进度。

最后，针对因该类情形拖延执行的情形，北京法院积累相关经验做法，并达成了以下共识：在同一个执行案件或关联执行案件的执行过程中，多个案外人依据《中华人民共和国民事诉讼法》第二百三十四条的规定提出相同或相似的异议，可能对案件执行的效率造成较大影响的，可以通过本市三级法院或两级法院会商研究，予以妥善处理。共识考虑到了实践中面临的问题，在保证当事人合法救济权利的同时，执行案件的进程不能因此延缓。出现上述问题时，北京市高级人民法院的谨慎考虑和全面布局值得借鉴。笔者认为，执行效率仍是第一出发点，面对执行救济权可能产生滥用的情形，上下级法院应该联动，共同研究解决，避免上下级法院在不沟通的情况下，从单一案件角度考虑，可能会出现对案件性质理解不全面的情况。

执行异议和复议程序也存在容易为被执行人滥用的弊端，《最高人民法院关于人民法院办理执行异议和复议案件若干问题的规定》建立了禁止重复提起异议等防止执行异议和复议程序被恶意利用的制度。执行机构办理案件中要注意上述问题的发现并随案研究形成统一的裁判尺度。从出现的执行异议和复议案件中，对相关类案分析到厘清是否针对原生效执行依据提出的异议再到上下级法院共同协商妥善解决，是每一位法官都在为之不断努力的方向。

编写人：北京市第三中级人民法院　李宏哲　戴梦依

136 名为项目重组实为公司分立可追加受让资产的公司为被执行人

——F 公司与杨某平、J 公司执行复议案

【案件基本信息】

1. 裁判书字号

重庆市第三中级人民法院（2019）渝 03 执复 33 号执行裁定书

2. 事由：执行复议

3. 当事人

申请执行人（申请人）：杨某平

被执行人（复议申请人）：F 公司

被执行人：J 公司

【基本案情】

J公司成立于2010年2月11日，2014年4月11日发生股东登记变更，股东为刘1、张某军、贺某生，法定代表人为刘1；2014年10月20日，变更为刘1、杨某、刘2，法定代表人为杨某。F公司成立于2014年4月17日，股东为刘某群、马某武。

2012年4月，J公司经受让开发建设某花园保障性住房D区项目。J公司在开发过程中，将该项目的部分开发手续转移至F公司名下。

2015年2月16日，J公司与F公司签订《项目重组（转让）协议书》，约定：J公司将正在开发建设的某花园项目转让给F公司，由F公司继续进行房地产开发；F公司受让的标的物除已经建成的建筑物（约3.3万平方米）及附属设施设备外，还有J公司为开发项目对外所签订的建设工程施工合同、勘察设计合同、工程物资采购合同等合同的权利，销售合同、会员卡、认筹卡等合同的权利义务，以及J公司的全部财务资料；转让后，项目部的工程师、会计、项目副总全部留用，工资、奖金按原J公司的标准执行。

F公司接收某花园项目的对价为：（1）土地出让金626万元；（2）J公司债权人杨某平等人的债务及项目拖欠的民工工资、材料费等欠款，债务本金共计4142.65万元；（3）J公司应分得的项目利润；（4）项目发起人刘1应获得的收益。

2015年4月9日，J公司法定代表人杨某代表公司与F公司签订《补充协议》，双方确定项目转让费为3900万元，债务总额为2762.45万元，并确定债权人杨某平等人债权仍留在J公司。《补充协议》与《项目重组（转让）协议书》相比，转让对价（含债务总额）大幅下降。

2015年6月4日，陕西省安康市汉滨区人民法院作出（2015）汉滨民初字第01024号民事调解书，确认：J公司与F公司签订的《项目重组（转让）协议书》合法有效，双方继续履行。

2016年12月15日，重庆市涪陵区人民法院判决J公司归还杨某平借款本金300万元及利息等。后因J公司无财产可供执行，杨某平申请追加F公司为被执行人。2019年5月8日，该院作出（2019）渝0102执异60号执行裁定书，裁定追加F公司为被执行人。

【案件焦点】

J公司与F公司签订的《项目重组（转让）协议书》及《补充协议》是否实质上构成公司分立，追加F公司为被执行人是否有事实和法律依据。

【法院裁判要旨】

重庆市涪陵区人民法院经审理认为：F公司与J公司签订《项目重组（转让）协议书》时，接受了J公司移交的杨某平的债权，后签订《补充协议》时却将杨某平的债权排除在外，仅选择性地接受J公司部分债务。上述情形导致J公司无财产承担还款责任，侵害了杨某平作为债权人的合法权益。后J公司也未能与杨某平就债务清偿达成书面协议。J公司将其所有的某花园项目工程转让给F公司应视为J公司法人的分立行为，应当追加接受某花园项目的F公司为被执行人。依照《中华人民共和国民事诉讼法》第一百五十四条第一款第十一项，《最高人民法院关于民事执行中变更、追加当事人若干问题的规定》第十二条、第三十条之规定，作出如下裁定：

追加F公司为被执行人，对被执行人泰璟房公司应归还杨某平的借款本息承担连带清偿责任。

F公司不服该异议裁定，向重庆市第三中级人民法院申请复议。

重庆市第三中级人民法院经审理认为：J公司与F公司的交易行为与公司分立的法律后果完全一致，应认定为公司分立，并可以追加F公司为被执行人。理由如下：公司财产是对公司全部债务的一般担保，公司以其全部财产对公司的全部债务承担责任。J公司将公司全部经营资产、项目开发资格、部分债务、部分工作人员转移到F公司，导致其责任财产完全丧失，其行为后果与公司分立的法律后果完全相同，应认定为公司分立。J公司在决定与F公司合并分立后，仅实际进行了财产分割，未依法编制资产负债表及财产清单，未通知所有债权人以及在报纸上公告，也未依法到工商行政管理部门办理公司分立登记手续，属于未依照法定程序分立。根据《最高人民法院关于人民法院执行工作若干问题的规定（试行）》（2008年）第七十九条的规定，本案可以追加F公司为被执行人。人民法院生效法律文书已经确定由F公司承接杨某平等人的债务，F公司没有按照协议约定与杨某平完善债务转移手续或向杨某平清偿债务，J公司怠于申请执行人民法院生效法律文书，根据《最高人民法院关于依法制裁规避执行行为的若干意见》第十二条的规定，人民法院有权直接执行F公司。

综上，依照《中华人民共和国民事诉讼法》第二百二十五条、《最高人民法院关于人民法院办理执行异议和复议案件若干问题的规定》第二十三条第一款第一项之规定，作出如下裁定：

驳回F公司的复议申请，维持重庆市涪陵区人民法院（2019）渝0102执异60号执行裁定书。

【法官后语】

司法实践中，当事人滥用公司有限责任、通过各种方式转移财产逃避债务而规避执行的情况时有发生。为精准打击逃避债务、规避执行的非法行为，人民法院应对具有涉嫌欺诈和损害债权人合法权益的交易行为的性质，进行与交易实质相符的重新认定。此案处理的重点在于对公司合并和分立的理解。笔者认为，对此应当严格审查以下几个方面：

1. 是否正当交易的资产处置行为

一般来说，企业正常进行资产重组时采取资产转让、转投资或是分立的方式，应当尊重企业自己在交易安排中的定性。资产转让和转投资，企业能够获得合理对价，原资产不会因此明显减少，而是以股权或其他财产权的形式继续存在。本案中，J公司将公司全部经营资产、项目开发资格、部分债务、部分工作人员转移到F公司，导致其责任财产完全丧失，其行为后果与公司分立的法律后果完全相同，应认定为公司分立。认定公司是否分立的一个重要标准即公司之间的资产转让是否连同负债共同转让。

2. 是否符合公司分立的法定程序

《中华人民共和国公司法》第一百七十五条规定，公司分立，应当编制资产负债表及财产清单。公司应当自作出分立决议之日起十日内通知债权人，并于三十日内在报纸上公告。J公司与F公司签订的《项目重组（转让）协议书》仅实际对财产进行分割，既未依法编制资产负债表、财产清单，未通知所有债权人以及在报纸上公告，也未依法到工商行政管理部门办理公司分立登记手续，属于未依照法定程序分立。而根据《最高人民法院关于人民法院执行若干问题的规定（试行）》（2008 年）第七十九条的规定，被执行人按法定程序分立为两个或多个具有法人资格的企业，分立后存续的企业按照分立协议确定的比例承担债务；不符合法定程序分立的，裁定由分立后存续的企业按照其从被执行企业分得的资产占原企业总资产的比例对申请执行人承担责任。因此，本案中 F 公司应当对 J 公司的债权人承担还款责任，并可将其追加为被执行人。

3. 是否侵害其他债权人的合法权益

对于被执行人已经生效法律文书确认的债权，执行法院可以书面通知被执行人在限期内向有管辖权的人民法院申请执行该生效法律文书。期限届满被执行人仍怠于申请执行的，执行法院可以依法强制执行该到期债权。本案中，依据《项目重组（转让）协议》，J 公司全体股东均能收回全部投资并获利，但《补充协议》不仅将《项目重组（转让）协议》约定的生效条件全部去掉，还将项目转让价款大幅降至 3900 万元的严重亏损价，以至于 J 公司和该公司股东均不能收回全部投资并获利。J 公司、F 公司对非正常的降价行为不能作出合理解释。因此，《补充协议》涉嫌 J 公司部分股东与 F 公司恶意串通逃避债务，损害 J 公司债权人及 J 公司其他股东的利益。在 J 公司怠于申请执行汉滨区人民法院生效民事调解书时，执行法院可以依法强制执行该到期债权。

4. 追加被执行人是否严格遵循法定原则

在执行程序中变更追加被执行人，必须符合法律及司法解释的规定，严格遵循法定原则。目前，在执行程序中直接变更和追加案外人为被执行人的法律和司法解释有：《中华人民共和国民事诉讼法》、《最高人民法院关于适用〈中华人民共和国民事诉讼法〉的解释》、《最高人民法院关于民事执行中变更、追加当事人若干问题的规定》等。而《最高人民法院关于依法制裁规避执行行为的若干意见》第二十条则是强调了，在符合上述法律和司法解释规定的情形下可以依法变更和追加被执行人。对此，人民法院在执行实践中应注意区分。

编写人：重庆市第三中级人民法院　李能文

137 未依法清算注销公司属于规避执行，法院可以追加股东为被执行人

——H 公司与 B 公司申请追加被执行人案

【案件基本信息】

1. 裁判书字号

北京市顺义区人民法院（2019）京 0113 执异 232 号执行裁定书

2. 事由：申请追加被执行人

3. 当事人

申请执行人：H 公司

被申请执行人：B 公司（已注销）

第三人：许某、杨某、蒋某坤

【基本案情】

H 公司诉 B 公司建设工程合同纠纷一案中，北京市顺义区人民法院于 2018 年 12 月 26 日作出（2018）京 0113 民初 31030 号民事判决书，判决 B 公司返还 H 公司工程款二十六万余元并赔偿利

息损失二万四千余元，该判决于2019年1月11日生效。B公司企业类型为有限责任公司（自然人投资或控股），股东为许某、杨某、蒋某坤。2019年1月11日，B公司召开股东会，决议：(1) 全体股东一致确认清算报告内容。(2) 全体股东一致确认注销本公司。(3) 注销后的未尽事宜由全体股东承担。清算报告显示：债权债务已清理完毕；各项税款、职工工资已经结清；已于2018年10月12日在报纸上发布注销公告。2019年1月11日，B公司被准予注销。H公司以许某、杨某、蒋某坤在知悉H公司为B公司的债权人的情况下，违反法律规定，未通知债权人便将公司注销，且清算报告与事实不符，许某、杨某、蒋某坤作为股东应对公司债务承担连带清偿责任为由，提出执行异议，要求追加许某、杨某、蒋某坤为被执行人。

【案件焦点】

1. 公司在判决生效后、被申请执行前，不履行清算通知义务的注销行为，能否认定为规避执行；2. 公司注销的股东会决议内容能否构成第三人清偿债务的书面承诺。

【法院裁判要旨】

北京市顺义区人民法院经审理认为：《最高人民法院关于适用〈中华人民共和国公司法〉若干问题的规定（二）》第十一条规定："公司清算时，清算组应当按照公司法第一百八十五条的规定，将公司解散清算事宜书面通知全体已知债权人，并根据公司规模和营业地域范围在全国或者公司注册登记地省级有影响的报纸上进行公告。清算组未按照前款规定履行通知和公告义务，导致债权人未及时申报债权而未获清偿，债权人主张清算组成员对因此造成的损失承担赔偿责任的，人民法院应依法予以支持。”《最高人民法院关于民事执行中变更、追加当事人若干问题的规定》（2016 年）第二十三条规定：“作为被执行人的法人或者其他组织，未经依法清算即办理注销登记，在登记机关办理注销登记时，第三人书面承诺对被执行人的债务承担清偿责任，申请执行人申请变更、追加该第三人为被执行人，在承诺范围内承担清偿责任的，人民法院应予支持。”

本案中，H 公司与 B 公司建设工程合同纠纷一案，已经法院公开审理并判决，许某、杨某、蒋某坤作为 B 公司的股东及清算组成员，理应知道 H 公司系 B 公司的债权人，其应将清算事宜书面通知 H 公司，现许某、杨某、蒋某坤未提供证据予以佐证，应承担不利法律后果。本院确认 B 公司清算过程存在瑕疵。依据其向工商登记机关提交的股东会决议“注销后的未尽事宜由全体股东承担”，许某、杨某、蒋某坤应向 H 公司承担清偿责任。北京市顺义区人民法院依照《最高人民法院关于适用〈中华人民共和国公司法〉若干问题的规定（二）》第十一条及《最高人民法院关于民事执行中变更、追加当事人若干问题的规定》第二十三条之规定，作出如下裁定：

追加许某、杨某、蒋某坤作为执行依据为（2018）京 0113 民初 31030 号民事判决书的执行案件的被执行人。

【法官后语】

本案系股东合意注销公司规避执行的典型案例。案件焦点一是对于公司在判决生效后、被申请执行前，不履行清算通知义务的注销行为，能否认定为规避执行；二是股东在股东会决议中“注销后的未尽事宜由全体股东承担”的约定是否构成第三人承诺的债务承担，进而追加股东为被执行人。

1. 关于规避执行的认定

依据《中华人民共和国公司法》第一百八十三条、第一百八十五条，以及《最高人民法院关于适用〈中华人民共和国公司法〉若干问题的规定（二）》第十一条的规定：（1）公司解散应成立清算组；（2）清算组应当自成立之日起十日内通知债权人申报债权；（3）未履行通知义务的，清算组应对债权人承担赔偿责任。

本案原审被告B公司于民事判决生效当日召开股东会，决议注销公司，其主观规避执行意图明显。B公司股东兼清算组成员许某、杨某、蒋某坤不履行法定通知义务，未将公司解散事宜告知债权人H公司，导致H公司因未申报债权而无法获得清偿，对债权人权益造成损害，客观上构成不依法清算行为。依据《最高人民法院关于依法制裁规避执行行为的若干意见》第二十条的规定，不依法清算属于规避执行的方式之一，执行法院可以通过依法变更追加被执行人。综上，B公司的注销行为可以认定为规避执行。

2. 关于第三人债务承担的认定

在执行案件中，第三人承诺对被执行人的债务承担清偿责任有以下几种常见形式：（1）在执行和解协议中承诺对案涉债务承担清偿责任；（2）在执行笔录中承诺对案涉债务承担清偿责任；（3）向申请人或执行法院出具独立的担保书，承诺对案涉债务承担清偿责任。B公司股东向市场监督管理局登记部门提交的股东会决议与常见的第三人承诺形式存在差异，如承诺对象并非针对申请执行人或执行法院，承诺内容未直接明确地指向案涉债务。

对于承诺内容未直接明确地指向案涉债务的问题。本案中，股东会决议“注销后的未尽事宜由全体股东承担”，其中“未尽事宜”

应涵括公司存续期间产生且注销后尚未清偿完毕的债务。

对于承诺对象并非针对申请执行人或执行法院的问题。第三人承诺的债务承担可以分为免责的债务承担和并存的债务承担。前者指免除原债务人的清偿责任，由第三人成为新的债务人；后者指原债务人不脱离债务关系，第三人加入债的关系成为共同债务人。二者的成立要件有所区别。在并存的债务承担中，债权人的同意并非第三人承诺生效的必需要件。本案中，股东会决议“注销后的未尽事宜由全体股东承担”系对包括未清偿债务在内的未尽事宜作出的单方负担承诺，属于并存的债务承担。鉴于B公司股东规避执行的主观恶意明显，且对清算程序瑕疵存在过错，对其先前作出承诺行为的认定不宜过于严苛，故即使该承诺并非针对申请执行人及执行法院作出，也不影响债务承担承诺的成立和生效。

综上，北京市顺义区人民法院确认B公司股东会决议内容构成第三人对被执行人的债务承担清偿责任的承诺，裁定追加B公司股东为被执行人。本案在确认公司股东规避执行的基础上，适当放宽对第三人承诺的认定，依法追加公司股东为被执行人，让规避执行者无处遁形，有效维护了执行权威，切实保护债权人的合法权益，具有典型的普法意义。

编写人：北京市顺义区人民法院　杨洪涛　李昱

138 执行中债务加入与执行担保的认定标准与区分

——K 公司与 H 公司申请追加被执行人案

【案件基本信息】

1. 裁判书字号

北京市第一中级人民法院（2019）京 01 执异 112 号执行裁定书

2. 事由：申请追加被执行人

3. 当事人

申请追加人：K 公司

被申请追加人：H 公司

被执行人：N 公司、J 公司、G 公司、李某林、石某卿、石某峰、郗某红、黄某凤、钟某锋

【基本案情】

2017 年 10 月 26 日，K 公司与 N 公司签订了《保理合同（有追索权保理）》，N 公司将其拥有的相关应收账款转让给 K 公司作为商业保理融资，保理融资额度是人民币 5000 万元，保理服务期限为 1 年，K 公司对 N 公司具有追索权。同日，J 公司、G 公司、李某林、石某峰、郗某红、石某卿、黄某凤、钟某锋为 K 公司对 N 公司的追索权提供无限连带责任担保，分别向 K 公司出具了《第三方无限连带责任保证书》。2017 年 11 月 1 日，公证处作出第 69577 号、第 69578 号、第 69579 号、第 69580 号、第 69581 号、第 69582 号、第 69583 号、第 69584 号、第 69585 号公证书，赋予上述《保理合同（有追索权保理）》《第三方无限连带责任保

证书》强制执行效力。

2018年9月18日，公证处出具执字第0262号执行证书：(1)被执行人：N公司、J公司、G公司、李某林、石某峰、郗某红、石某卿、黄某凤、钟某锋。(2)执行标的：①保理预付款本金人民币5000万元；②违约金，按照未付保理预付款本金为基数，年利率24%计算，自2018年8月12日起计算至实际履行之日；③出具执行证书的公证费1万元。(3)申请执行期限：根据《中华人民共和国民事诉讼法》第二百三十九条的规定，申请执行的期间为二年。申请执行时效的中止、中断，适用法律有关诉讼时效中止、中断的规定。前款规定的期间，从法律文书规定的履行期间的最后一日起计算；法律文书规定分期履行的，从规定的每次履行期间最后一日起计算；法律文书未规定履行期间的，从法律文书生效之日起计算。因N公司、J公司、G公司、李某林、石某峰、郗某红、石某卿、黄某凤、钟某锋未履行法律文书确定的义务，K公司向本院申请强制执行，本院于2018年9月25日立案执行。

2018年10月17日，N公司、J公司、G公司、李某林、石某峰、郗某红、石某卿、黄某凤、钟某锋（乙方）与K公司（甲方）达成《执行和解协议》，主要内容：（1）乙方同意承担(2018)京01执918号案件的执行费11.75万元，同意承担实现债权的费用1万元，以上费用由乙方直接支付给甲方；甲方同意在和解的前提下给予乙方一定程度的优惠减免，放弃（2018）京方圆执字第0262号《执行证书》确定的违约金。具体还款金额及还款期限的计算方式如下：以5000万元为基数按照15%/年（或

0.042%/日）的标准自2018年10月1日开始计算至本协议约定的本息实际还清之日止；还款顺序：按照先清偿实现债权和担保权利的费用，再清偿利息，最后清偿本金的顺序进行清偿。（2）协议签订后三个工作日内，乙方向甲方偿还第一笔还款人民币500万元；H公司作为乙方的执行担保人向法院出具《承诺函》，承诺如果乙方不履行或不完全履行《执行和解协议》，则其自愿成为本案被执行人且以全部财产接受法院直接强制执行。（3）甲方向法院递交撤回执行申请书后十个工作日或2018年11月10日前，乙方应向甲方全额履行完毕本《执行和解协议》第一条确定的还本付息义务。乙方全额履行完毕本《执行和解协议》第一条确定的还本付息义务后三个工作日，甲方向法院递交《执行和解协议履行完毕确认函》，确认本《执行和解协议》已履行完毕。乙方全额履行完毕本《执行和解协议》第一条确定的还本付息义务后五个工作日内，甲方协助乙方办理解除账户监管及返还章、证、照、解除股权质押手续等事项。

2018年10月17日，H公司向本院作出《承诺函》，主要内容为：如在K公司撤回（2018）京01执918号案件的执行申请后，N公司等被执行人不履行《执行和解协议》，无论K公司重新申请执行还是申请恢复执行，H公司均同意按照K公司的请求对H公司的全部财产直接强制执行。H公司提供执行担保的范围为第0262号执行证书申请法院强制执行的全部执行标的（扣除已实现部分），担保期限为K公司撤回（2018）京01执918号案件的执行申请之日起两年。K公司重新申请执行或者申请恢复执行时，法院对H公司的财产采取执行措施不以被执行人的财产不足以履行债务为前提，法院可以对H公司的全部财产直接强制执行且不需要提前通知H公司。

2018年10月19日，本院依据K公司提交的撤回执行申请书，作出（2018）京01执918号之二裁定书，裁定公证处第69577号、第69578号、第69579号、第69580号、第69581号、第69582号、第69583号、第69584号、第69585号公证书及第0262号执行证书终结执行。

2019年2月25日，因被执行人未履行上述《执行和解协议》，K公司向本院申请追加H公司为本案被执行人。

【案件焦点】

1. 在执行和解过程中第三人H公司向法院出具的《承诺函》，属于书面承诺自愿代被执行人履行生效法律文书确定债务的情形，还是为被执行人提供执行担保；2. 能否追加H公司为本案被执行人。

【法院裁判要旨】

北京市第一中级人民法院经审理认为：围绕本案争议焦点，分析如下：

1. H公司向法院出具的《承诺函》是否属于执行中第三人承诺代被执行人履行的情形

本院认为，《最高人民法院关于民事执行中变更、追加当事人若干问题的规定》第二十四条规定："执行过程中，第三人向执行法院书面承诺自愿代被执行人履行生效法律文书确定的债务，申请执行人申请变更、追加该第三人为被执行人，在承诺范围内承担责任的，人民法院应予支持。”该法律规定的情形系指第三人自愿作为被执行人之一加入执行程序，对生效法律文书确定的义务承担连带清偿责任。本案中，第三人H公司虽然向法院出具的是《承诺函》，但其真实意思表示并非直接加入本案执行程序对N公司等被执行人的债务承担清偿责任，故不属于上述法律规定的情形。

2. H公司向法院出具的《承诺函》是否属于为被执行人提供的执行担保

本院认为，《中华人民共和国民事诉讼法》第二百三十一条规定：“在执行中，被执行人向人民法院提供担保，并经申请执行人同意的，人民法院可以决定暂缓执行及暂缓执行的期限。被执行人逾期仍不履行的，人民法院有权执行被执行人的担保财产或者担保人的财产。”《最高人民法院关于执行和解若干问题的规定》第十八条规定：“执行和解协议中约定担保条款，且担保人向人民法院承诺在被执行人不履行执行和解协议时自愿接受直接强制执行的，恢复执行原生效法律文书后，人民法院可以依申请执行人申请及担保条款的约定，直接裁定执行担保财产或者保证人的财产。”

执行担保系指保证人经申请执行人同意，向执行法院作出保证，当被执行人不履行生效法律文书确定的义务时，由其代为清偿的行为。执行担保是通过执行担保实现暂缓执行的目的，给被执行人留出足够的时间履行债务，必须得到申请执行人的同意。执行担保应具备以下要件：（1）执行担保人要向执行法院提供担保；（2）执行担保不仅要取得申请执行人同意，还应得到执行法院批准；（3）如果提供财产担保，还应参照物权法、担保法的有关规定办理相应手续。

本案中，从第三人H公司向法院出具的《承诺函》，以及各方当事人达成的《执行和解协议》来看，首先，各方当事人约定将和解协议向执行法院提交，其中约定有附条件的担保条款，即向执行法院明确，当约定的保证责任事由即被执行人不履行和解协议时，由H公司在约定的担保范围内承担担保责任。同时，和解协议还明确约定如被执行人不履行和解协议，H公司自愿成为被执行人且以其全部财产接受法院直接强制执行。故H公司作为担保人是以自己的财产向执行法院提供担保。其次，执行法院已经将该和解协议入卷，且已经根据K公司的申请解除了被执行人名下的财产查封，实质上暂缓执行被执行人名下的财产。故H公司提供的担保已经取得K公司的同意，也已经得到执行法院的批准。综上，H公司的《承诺函》应属于执行担保。

3. 能否追加H公司为本案被执行人

《最高人民法院关于执行担保若干问题的规定》第十一条第一款规定："暂缓执行期限届满后被执行人仍不履行义务，或者暂缓执行期间担保人有转移、隐藏、变卖、毁损担保财产等行为的，人民法院可以依申请执行人的申请恢复执行，并直接裁定执行担保财产或者保证人的财产，不得将担保人变更、追加为被执行人。"

本案中，K公司与N公司等被执行人达成的执行和解协议约定，各方当事人将《执行和解协议》《承诺函》向执行法院提交，并向执行法院明确，当约定的保证责任事由出现时，H公司需在约定的担保范围内承担担保责任。H公司以自己的财产向执行法院提供担保，构成上述规定中的执行担保，应由K公司向法院申请恢复执行，直接裁定执行H公司的财产，不得将H公司追加为被执行人。

【法官后语】

执行中，必须严格按照生效法律文书，执行其确定的应当履行义务的义务人，不得执行第三人的财产。但法律出于减少诉累、及时维护债权人合法权益等价值考量，在执行程序中符合法定条件下允许将第三人追加进来，如出资不足、抽逃出资的股东等，或直接执行第三人财产，如第三人执行担保。其中，执行中的债务加入与第三人执行担保在司法实践中很容易混淆，下面就逐项予以分析，以利于准确适用法律，提高执行效率，助力解决执行难。

1. 执行中债务加入的构成要件及法律后果

在执行过程中，第三人向执行法院书面承诺自愿代被执行人履行生效法律文书确定的债务，是司法实践中常见的第三人自愿偿债的情形，该第三人往往和被执行人关系密切，有的系亲人、朋友，或被执行公司的法定代表人、实际控制人、关联企业等。执行中的第三人自愿偿债，就是民法理论中的债务加入，系指第三人自愿加入债权人与债务人之间既存的债权债务关系中，与原债务人一起向债权人承担债务，同时不免除原债务人履行义务的债务承担方式。执行中债务加入须符合以下五个要件。

(1) 时间要件：第三人自愿偿债的承诺必须在执行程序开始后、终结前发生。该承诺必须是在执行过程中，如果在执行开始前发生，债权人须通过诉讼程序予以追加。

(2) 形式要件：第三人自愿偿债的承诺必须是书面形式。第三人自愿偿债的行为，涉及第三人的程序及实体权利，为了证实第三人自愿偿债的真实意思表示，需要严格要求该证据要件，仅以口头形式表达的容易引起新的争议。

(3) 主体要件：第三人的承诺系自愿行为，意思表示真实。包含两个方面的含义：其一，第三人的意思表示是自愿的，任何个人和组织都不得强迫；其二，第三人的意思表示是真实的，其主观意愿和外在的意思表示是一致的。

（4）客体要件：第三人自愿偿债的承诺必须向执行法院作出，或经过执行法院审查认可。第三人只有向法院作出履行承诺，才能具有公法上的效力，即强制执行效力，法院才能据此在执行中对第三人执行。

（5）范围要件：第三人自愿偿债的承诺有其承担责任的范围。法院只能在第三人承诺承担的债务范围内强制执行，不得要求第三人承担超出该范围的债务，不能侵犯第三人的合法权益。

只要符合上述五个要件，在执行程序中，申请执行人向执行裁决部门申请追加该第三人为被执行人，执行裁决部门应裁定予以追加为被执行人。且第三人因书面承诺自愿代被执行人偿还债务而被追加为被执行人后，无正当理由反悔并提出异议的，人民法院不予支持。正当理由指的是第三人因受强迫、欺诈、重大误解而影响意思表示真实的理由，审查中应与民事诉讼中的证明标准相同，需要相应证据支持。

2. 第三人执行担保的构成要件及法律后果

执行担保系指担保人经申请执行人同意，为担保被执行人履行生效法律文书确定的全部或者部分义务，向人民法院提供的担保。执行担保可以由被执行人提供财产担保，也可以由他人提供财产担保或者保证。《中华人民共和国民事诉讼法》第二百三十八条规定："在执行中，被执行人向人民法院提供担保，并经申请执行人同意的，人民法院可以决定暂缓执行及暂缓执行的期限。被执行人逾期仍不履行的，人民法院有权执行被执行人的担保财产或者担保人的财产。”

这里讨论第三人执行担保的情形，须符合以下五个要件。

(1) 目的要件：执行担保是通过执行担保实现暂缓执行的目的，给被执行人留出足够的时间履行债务。

(2) 期限要件：执行担保要求约定暂缓执行的期限，但最长不得超过一年。执行担保尽管强调尊重执行当事人的意思自治，但为避免执行担保对执行程序的消极影响，尤其防止执行当事人滥用执行担保制度而拖延执行，要求暂缓执行的期限应当与担保书约定一致，但最长不得超过一年。

(3) 主体要件：第三人提供执行担保时须在担保书中明确承诺自愿接受强制执行。担保人应当在担保书中明确载明“被执行人于暂缓执行期限届满后仍不履行时担保人自愿接受直接强制执行的承诺”。执行和解协议中若约定担保条款，且担保人向人民法院承诺在被执行人不履行执行和解协议时自愿接受直接强制执行的，恢复执行原生效法律文书后，人民法院可以依申请执行人申请及担保条款的约定，直接裁定执行保证人的财产。

(4) 客体要件：执行担保不仅要取得申请执行人同意，还应向执行法院提供担保，得到执行法院批准。

(5) 范围要件：其责任范围限于担保财产或保证人的财产，第三人提供财产担保的，应当参照法律有关规定办理相应手续。

暂缓执行期限届满后被执行人仍不履行义务，或者暂缓执行期间担保人有转移、隐藏、变卖、毁损担保财产等行为的，人民法院可以依申请执行人的申请恢复执行，并直接裁定执行担保财产或者保证人的财产，不得将担保人变更、追加为被执行人。在担保法原理中，担保人提供财产担保系就特定财产设定的担保，其责任范围仅限于担保财产，若将提供物保的第三人追加为被执行人，则其担保财产的范围将会及于担保人的全部财产，有悖于担保法原理。

3. 执行中债务加入与第三人执行担保的区别

执行担保与变更、追加被执行人，属于两种不同性质的制度，适用范围亦不同，二者不能混同，有以下五个方面的区别。

(1) 性质不同。债务加入中第三人与原债务人承担同一债务；而第三人执行担保承担的债务为从债务，其所担保的债务为主债务。

(2) 目的不同。债务加入系第三人自愿加入原先的债权债务关系，增加债务主体和责任财产的范围，更有利于债权人权益的实现，无须经过债权人同意。执行担保要实现暂缓执行的目的，给被执行人留出足够的时间履行债务。

(3) 履行债务顺序不同。债务加入中第三人与原债务人履行债务顺序上没有区别，而执行担保第三人有先诉抗辩权，须首先由债务人承担债务，在其不履行或无财产可供履行的情况下，才执行担保财产或保证人，且受保证期间的保护。

(4) 履行债务后是否享有追偿权不同。债务加入第三人是否享有追偿权缺乏法律规定，执行担保人在承担保证责任后无疑可向主债务人追偿。

(5) 法律后果不同。符合债务加入的构成要件，执行中自愿偿债的第三人可被追加为被执行人；符合执行担保的构成要件，法院直接裁定执行担保财产或者保证人的财产，但不得追加为被执行人。对追加为被执行人的第三人，未按规定履行生效法律文书确定的义务时，适用法律关于对被执行人可以采取的执行措施，包括罚款、拘留、限制出境，纳入失信被执行人名单，采取限制消费措施等。对提供执行担保的第三人，法院直接执行财产，不得采取上述针对被执行人的执行措施。

在司法实践中，判断是否债务加入还是执行担保，不能简单依据当事人提交的是承诺书还是担保书来判断，必须深入分析其真实的意思表示，如果第三人承担债务的意思表示中有较为明显的保证含义，可以认定为执行担保，否则应认定为债务加入。

本案中，K公司与N公司等被执行人达成的执行和解协议约定，各方当事人将《执行和解协议》《承诺函》向执行法院提交，并向执行法院明确，当约定的保证责任事由出现时，H公司需在约定的担保范围内承担担保责任。H公司以自己的财产向执行法院提供担保，构成上述规定中的执行担保，应由K公司向法院申请恢复执行，直接裁定执行H公司的财产，不得将H公司追加为被执行人。

编写人：北京市第一中级人民法院　范红萍

139　到期债权在执行异议中的实现路径

——工程机械公司诉供热节能科技中心案外人执行异议之诉案

【案件基本信息】

1. 裁判书字号

北京市第一中级人民法院（2018）京01民终2112号民事裁定书

2. 案由：案外人执行异议之诉

3. 当事人

原告（被上诉人）：工程机械公司

被告（上诉人）：供热节能科技中心

第三人：租赁中心

【基本案情】

2011 年 10 月 8 日，北京市海淀区人民法院对供热节能科技中心诉租赁中心租赁合同纠纷一案作出（2011）海民初字第 5386 号民事判决，判决：（1）租赁中心于判决生效后十日内给付供热节能科技中心租赁费 33.6 万元；（2）租赁中心于判决生效后十日内给付供热节能科技中心车辆占用费 56.96 万元；（3）驳回供热节能科技中心的其他诉讼请求。因租赁中心未履行生效法律文书确定的义务，2012 年 2 月 22 日，供热节能科技中心向该院申请强制执行。执行过程中，该院于 2013 年 3 月 15 日作出（2012）海执字第 4094 号强制执行裁定书及协助执行通知书，要求工程机械公司协助扣发并提取租赁中心在工程机械公司的工程承包款 94 万元人民币。2013 年 11 月 15 日，该院冻结了工程机械公司在银行北京沙河支行的账户内存款 94 万元。工程机械公司就此向该院提出案外人执行异议，后该院于 2015 年 2 月 3 日作出（2015）海执异字第 019 号执行裁定书，裁定驳回工程机械公司对执行标的提出的执行异议申请。故工程机械公司提起诉讼，请求：（1）确认执行标的账户内存款为工程机械公司所有；（2）终止对工程机械公司的执行，解除对上述账户中 94 万元存款的冻结。

【案件焦点】

工程机械公司是否有权利提起案外人异议之诉。

【法院裁判要旨】

北京市海淀区人民法院经审理认为：根据《中华人民共和国物权法》第二条第三款的规定，物权是指权利人依法对特定的物享有直接支配和排他的权利，包括所有权、用益物权和担保物权。银行账户内的款项体现为一定的货币资金，而货币资金是具有高度流通性和可替代性的特殊种类物，其使用价值就在于交换。若交易过程中接受货币一方需调查占有货币资金的一方是否具有所有权，则会导致交易成本过高，影响交易安全，使货币作为一般等价物的流通机能丧失。因此，银行账户内货币资金采用“占有即所有”的一般原则，即银行账户内的货币资金属于账户所有人，但以特户、专户、封金等形式将货币资金特定化，向社会公示银行账户内货币资金处于所有和占有分离状态的除外。本案中，工程机械公司并非（2011）海民初字第5386号民事判决书确定的付款义务人，即便工程机械公司与租赁中心存在债权债务关系，但双方并未以任何形式对涉案款项进行公示以表明其特定化，涉案款项无法与工程机械公司自有货币资金相区分，故应依据货币资金占有状态认定涉案款项属性。现本案所涉银行账户登记的账户名称系工程机械公司，工程机械公司亦不认可其银行账户中含有租赁中心的财产，故涉案款项应系工程机械公司所有。工程机械公司的诉讼请求，于法有据，该院予以支持。

北京市海淀区人民法院依照《中华人民共和国物权法》第二条第三款，《最高人民法院关于人民法院民事执行中查封、扣押、冻结财产的规定》第二条的规定，作出如下判决：

一、对工程机械公司在中国银行账户内的存款停止执行；

二、该账户内存款系工程机械公司所有。

供热节能科技中心不服原审判决，提起上诉。

北京市第一中级人民法院经审理认为：首先，对案外人异议之诉的法律适用问题进行辨析。《中华人民共和国民事诉讼法》第二百二十七条规定："执行过程中，案外人对执行标的提出书面异议的，人民法院应当自收到书面异议之日起十五日内审查，理由成立的，裁定中止对该标的的执行；理由不成立的，裁定驳回。案外人、当事人对裁定不服，认为原判决、裁定错误的，依照审判监督程序办理；与原判决、裁定无关的，可以自裁定送达之日起十五日内向人民法院提起诉讼。"由此可知，《中华人民共和国民事诉讼法》第二百二十七条对案外人执行异议与案外人异议之诉的相关程序性衔接问题进行了规定。具体而言，第一个流程是案外人对执行标的提出书面异议的，启动案外人执行异议程序；第二个流程是对执行异议程序作出的裁定不服的，若认为原判决、裁定错误，则进入审判监督程序，若不服的事由与原判决、裁定无关的，则进入案外人异议之诉程序。

其次，对到期债权执行异议的程序救济路径进行探究。《最高人民法院关于适用〈中华人民共和国民事诉讼法〉的解释》第五百零一条第一款规定："人民法院执行被执行人对他人的到期债权，可以作出冻结债权的裁定，并通知该他人向申请执行人履行。"第二款规定："该他人对到期债权有异议，申请执行人请求对异议部分强制执行的，人民法院不予支持。利害关系人对到期债权有异议的，人民法院应当按照民事诉讼法第二百二十七条规定处理。"第三款规定："对生效法律文书确定的到期债权，该他人予以否认的，人民法院不予支持。"结合上述法律条文的内容可知，除生效法律文书确定的到期债权外，人民法院执行被执行人对他人的到期债权时，存在两种情形下的不同路径选择：一是“他人”提出异议时，人民法院对申请执行人的请求不予支持；二是除了“他人”以外的“利害关系人”提出异议的，则按照民事诉讼法中案外人执行异议的程序推进。因此，《最高人民法院关于适用〈中华人民共和国民事诉讼法〉的解释》第五百零一条第二款的“利害关系人”即《中华人民共和国民事诉讼法》第二百二十七条中的“案外人”，只有落到该概念项下的主体方可提起案外人执行异议以及案外人异议之诉。倘若到期债权所指向的次债务人（“他人”）提出异议，申请执行人就无权再通过执行程序向次债务人求偿，而是应当通过代位权诉讼途径主张权利。

最后，对工程机械公司的主体类型及纠纷应有的程序路径进行判定。具体而言，供热节能科技中心向一审法院申请对租赁中心进行强制执行。执行过程中，一审法院依据相关合同要求工程机械公司协助扣发并提取租赁中心在工程机械公司银行账户上的工程承包款 94 万元。也就是说，工程机械公司的主体类型系到期债权所指向的次债务人（“他人”），一旦其提出异议，所带来的法律效果是供热节能科技中心无权再通过执行程序向工程机械公司求偿，针对工程机械公司的执行行为应当立即停止。倘若现实中执行行为未予停止，工程机械公司则有权依据《中华人民共和国民事诉讼法》第二百二十五条“当事人、利害关系人认为执行行为违反法律规定的，可以向负责执行的人民法院提出书面异议”的规定，对执行行为提出异议；倘若执行行为停止，但供热节能科技中心仍主张工程机械公司系次债务人，则应当通过代位权诉讼维护自己的正当权益。

综上所述，工程机械公司并非《最高人民法院关于适用〈中华人民共和国民事诉讼法〉的解释》第五百零一条第二款中的“利害关系人”，现有法律并未给其设立从执行程序转入案外人执行异议以及案外人异议之诉中的程序通道，故应当裁定驳回其起诉。

北京市第一中级人民法院依照《中华人民共和国民事诉讼法》第一百一十九条、第一百五十四条第一款第三项、第一百七十条第一款第二项、第二百二十五条、第二百二十七条，《最高人民法院关于适用〈中华人民共和国民事诉讼法〉的解释》第二百零八条第三款、第五百零一条的规定，作出如下裁定：

一、撤销北京市海淀区人民法院（2015）海民（商）初字第11120号民事判决；

二、驳回工程机械公司的起诉。

【法官后语】

本案涉及的争议焦点是工程机械公司是否系案外人异议之诉的适格原告，而更深层次的问题引申为对现行《最高人民法院关于适用〈中华人民共和国民事诉讼法〉的解释》第四百九十九条条文的理解与适用。

强制执行程序，是人民法院运用国家强制力，通过对个人自由或财产加以干涉或者处分，实现债权人经生效法律文书确定的债权，进而达到维护社会公序目的的程序。[①] 强制执行权的行使在保障当事人合法权益的同时，也有利于维护司法权威，培树社会诚信体系。诉争条文即在上述价值功能项下建立的到期债权执行制度，该制度的态度并不模糊，但因其文字表述的模糊，导致了司法实践中理解与适用的难点。

---

① 江必新、刘贵祥主编，最高人民法院执行局编著：《最高人民法院关于人民法院办理执行异议和复议案件若干问题规定理解与适用》，人民法院出版社2015年版，第1页。

1.“模糊路径”的原因分析

首先，从法律条文的文字表述上来看。诉争条文第二款提到“他人”对到期债权有异议的，人民法院不予支持；“利害关系人”有异议的，人民法院按照《中华人民共和国民事诉讼法》第二百三十四条规定处理。鉴于该诉争条文并未就上述主体进行解释，存在“他人”与“利害关系人”是并列关系或包含关系两种理解。我们进一步参照该条指引的《中华人民共和国民事诉讼法》第二百三十四条条文来看，条文内容的主体部分表述为“案外人”“当事人”，并无与诉争条文一一对应的表述，从而更加扩大了诉争条文的盲点与痛点。本案一审法院就诉争条文的理解，实质上是模糊了“他人”与“利害关系人”的区别，在“他人”提出异议的情况下，直接进入“利害关系人”可用的案外人执行异议之诉通道。

其次，从制度价值的角度考察。债权，无疑包含了债权人、债务人两相对应的概念，也即其具有合同相对性。而诉争条文的执行标的系债务人对第三人的到期债权，也就是说在执行程序中，司法将手伸到了与合同法基本原则相悖的区域。在做制度价值选择时，一种观点认为，强制执行的效率性原则优先，从而偏差地理解了任何主体均可启动执行程序中的执行异议及民事诉讼中的案外人执行异议之诉制度。另一种观点则认为，“利害关系人”与“他人”具有相同的异议权，但凡有人提出异议，法律的基本原则不可破，从而直接对申请执行人的申请不予支持，实际架空了诉争条文第二款转入案外人异议之诉的路径。

2.“模糊点”的概念厘清

法律的正确理解，需要明晰相应制度价值之功能。第一，我们应当正确把握对债权执行的制度精神，既要保证申请执行人生效法律文书确定债权的实现，也要注意保护次债务人、相关利害关系人的合法权益。[①] 第二，要正确理解代位权制度与债权执行的关系。结合诉争条文的其他条款表述可知，只有次债务人对债权无异议的，法院才能予以执行，一旦次债务人提出异议，申请执行人只能转入代位权诉讼途径去主张权利。第三，注意以案外人异议之诉通道去保护次债务人以外的利害关系人的权利。

由此，我们可以确认以下概念：诉争条文中的“他人”，仅指次债务人，经常又表述为第三人；诉争条文中的“利害关系人”系除次债务人以外的其他当事人，如主张是该到期债权的真实权利人，其与《中华人民共和国民事诉讼法》第二百三十四条中的“案外人”同义。

3. 程序路径的梳理

由此，在执行程序中，对于到期债权的执行，我们需要区分不同主体的不同情形，以不同的程序路径去保护当事人的合法权利。具体而言：

第一，人民法院可以作出冻结债权的裁定，执行被执行人对次债务人的到期债权；次债务人若无异议，则以效率最高的方式保护了申请人的权利。

第二，倘若次债务人提出异议，人民法院应对异议部分不予执行，申请执行人仅能通过行使代位权，在另案诉讼中解决纠纷，而不宜在执行中进行。倘若人民法院未停止执行，次债务人可依据《中华人民共和国民事诉讼法》第二百三十二条，对执行行为提出执

① 最高人民法院修改后民事诉讼法贯彻实施工作领导小组编著：《最高人民法院民事诉讼法司法解释理解与适用》（下），人民法院出版社2015年版，第1329页。

行异议。

需要说明的是，《最高人民法院关于适用〈中华人民共和国民事诉讼法〉执行程序若干问题的解释》第十七条、第十八条规定，债权人或者被执行人对分配方案有异议的，应当自收到分配方案之日起十五日内向执行法院提出书面异议，十五日内未提出异议，执行法院将具体执行。司法实践中，根据次债务人提出异议的时间不同，救济路径亦存在区别：（1）在十五日期限内提出异议，人民法院立即停止执行；（2）在十五日期限经过后提出的异议如何处理，并无明确法律规定。一种观点认为，应参照《最高人民法院关于人民法院办理执行异议和复议案件若干问题的规定》第六条“当事人、利害关系人依照民事诉讼法第二百二十五条规定提出异议的，应当在执行程序终结之前提出，但对终结执行措施提出异议的除外。案外人依照民事诉讼法第二百二十七条规定提出异议的，应当在异议指向的执行标的执行终结之前提出；执行标的由当事人受让的，应当在执行程序终结之前提出”的规定对于尚在异议程序中的予以解决。另一种观点则认为，由于没有明文规定，十五日后才提出异议的，依然应当按照此前梳理的路径予以保护。对此，笔者认为，从效率优先、兼顾公平的类案审判理念出发，应当参照适用案外人异议之诉的相关司法解释，即采用第一种观点。

第三，倘若除次债务人外的案外人提出异议的，可依据《中华人民共和国民事诉讼法》的规定进入案外人异议之诉程序处理。

第四，对生效法律文书确定的到期债权，次债务人予以否认的，人民法院不予支持，但其有权提出债务已经履行或部分履行的异议。

编写人：北京市第一中级人民法院　杨力

140 特许经营合同中非典型执行异议之诉的司法认定

——张甲诉张乙申请执行人执行异议之诉案

【案件基本信息】

1. 裁判书字号

北京市东城区人民法院（2018）京0101民初7280号民事判决书

2. 案由：申请执行人执行异议之诉

3. 当事人

原告：张甲

被告：张乙

【基本案情】

原告与贸易公司特许经营合同纠纷一案，北京市东城区人民法院（以下简称东城法院）作出民事判决书，判令贸易公司赔偿原告经济损失2.2万元。该判决生效后，原告申请东城法院执行该判决，但因被执行人贸易公司无可供执行的财产，东城法院作出执行裁定书，裁定终结本次执行。此后，原告向东城法院申请追加贸易公司的原股东张乙为被执行人，东城法院以张乙已不是贸易公司股东，且其认缴期限未到期为由，作出执行裁定书，裁定驳回追加张乙为被执行人的申请。原告认为，张乙的认缴期限为2024年11月6日，认缴金额为245万元，其仅通过上家股东刘某实缴了0.5万元出资，就于2015年1月13日将股权转让给韩某民，故其作为贸易公司的原股东，在未足额缴纳出资的情况下即转让股权，依据《最高人民法院关于民事执行中变更、追加当事人若干问题的规定》第十九条、《最高人民法院关于适用〈中华人民共和国公司法〉若干问题的规定（三）》第十三条第二款的规定，应当追加为被执行人，并在未出资的244.5万元范围内对贸易公司不能清偿的2.2万元债务承担补充赔偿责任。

【案件焦点】

1. 基础执行案件中的被执行人是否需要追加为共同被告；2. 未届认缴期限的股东出资义务能否因债权人起诉而加速到期。

【法院裁判要旨】

北京市东城区人民法院经审理认为：本案中，张甲主张张乙作为贸易公司的原股东，在未足额缴纳出资的情况下即转让股权，应在贸易公司不能清偿债务时被列为被执行人，在其尚未缴纳出资的范围内依法承担责任。根据已查明的事实，张乙认缴的金额为245万元，现张甲认可张乙通过贸易公司的前股东刘某实际出资0.5万元，但其未缴纳的244.5万元的出资时间为2024年11月6日，该期限尚未届满，且张乙已于2015年1月13日将股权转让给了韩某民，不再是贸易公司的股东。法院认为，有限责任公司的注册资本为在公司登记机关登记的全体股东认缴的出资额，股东应当按期足额缴纳公司章程中规定的各自所认缴的出资额，股东依法获得分期缴纳出资的期限利益受法律保护，且股东认缴的金额、实缴期限等均可通过企业信用信息系统查询，作为一种公示信息，债权人对此应当知晓，对于交易过程中的风险也可以并且应当预见，在无证据显示股东存在欺诈或者其他恶意损害债权人利益的情形下，直接要求股东放弃期限利益对公司债务承担责任，并不符合股东出资认缴制度的设立初衷。《最高人民法院关于民事执行中变更、追加当事人若干问题的规定》第十九条和《最高人民法院关于适用〈中华人民共和国公司法〉若干问题的规定（三）》第十三条第二款的规定并未明确在公司认缴制中，作为被执行人的企业法人在不能清偿生效法律文书确定的债务时，可以追加在认缴期未至前已转让股权的原股东为被执行人。现张甲亦未举证证明其他符合追加张乙为被执行人的法定情形，故张甲主张追加张乙为被执行人并在其未出资的范围内承担给付义务的诉讼请求，于法无据，不予支持。债权人张甲有权通过其他合法方式保护其财产权益。

北京市东城区人民法院依照《中华人民共和国公司法》第二十六条、第二十八条，《最高人民法院关于适用〈中华人民共和国公司法〉若干问题的规定（三）》第十三条第二款，《最高人民法院关于民事执行中变更、追加当事人若干问题的规定》第十九条、第三十二条、第三十四条之规定，作出如下判决：

驳回张甲的诉讼请求。

判决后，双方当事人均未上诉，本判决现已生效。

【法官后语】

本案系基于特许经营合同提起的非典型执行异议之诉，其不同于《最高人民法院关于适用〈中华人民共和国民事诉讼法〉的解释》规定的执行异议之诉，本案不存在该解释所指的案外人或申请执行人所提起的执行异议之诉，本案的前提是人民法院在因被执行人无财产可供执行而终结本次执行程序后，申请执行人要求追加未全面履行出资义务的股东为被执行人时被执行法院驳回，申请执行人据此提起本案之诉。

关于本案所涉焦点问题，解析如下：

1. 基础执行案件中的被执行人是否需要追加为共同被告

《最高人民法院关于民事执行中变更、追加当事人若干问题的规定》第三十二条第二款规定，被申请人提起执行异议之诉的，以申请人为被告。申请人提起执行异议之诉的，以被申请人为被告。据此，根据上述规定是将其他执行当事人与被申请执行人予以区分的，故其他执行当事人应理解为包括被执行人在内，也即被执行人与被申请执行人并非同一概念，且不追加被执行人并不影响其实体利益，故在对被执行人终结执行程序后，申请执行人仅将未全面履行出资义务的股东列为被申请执行人时，本案无须追加被执行人为共同被告。

2. 未届认缴期限的股东出资义务能否因债权人起诉而加速到期

现有法律并无明确规定，在理论界也无统一意见。法院不支持加速到期的主要理由如下：

(1) 对认缴制修改的初衷的解读。2013 年，《中华人民共和国公司法》将公司注册资本由“实缴制”修改为“认缴制”，修改的初衷是为了实现市场的决定作用，降低国家行政权力的干预，使资源实现最大限度的自由流通。为保障认缴制的顺利实施，国务院颁布条例要求公司必须将公司章程等内容进行公示。法律赋予公司更大的自由，而自由相对的就是责任，故市场主体在交易过程中需承担起更多的审慎的义务，尤其对于交易对象的股东出资情况等的调查责任。在此背景下，司法机关不宜武断地停止股东的期限利益。

(2) 基于法律体系的解释。《中华人民共和国企业破产法》中规定法院受理破产申请后，要求出资人缴纳认缴的出资可以不受认缴期限的限制。这是认可突破缴纳期限的唯一法律规定，但是在特殊情况下才允许的突破。在其后的《最高人民法院关于适用〈中华人民共和国公司法〉若干问题的规定（三）》及《最高人民法院关于民事执行中变更、追加当事人若干问题的规定》中，均没有对认缴期限作出突破性规定，一方面是为了保护市场主体的自由及股东的期限利益；另一方面是为了保护所有债权人的合法权益，由此可见立法者的慎重态度。

（3）关于债权人的救济途径。实践中，当《中华人民共和国企业破产法》第二条第一款规定的破产条件成就时，债权人可以申请债务人破产。另，当股东出现为规避法定义务或合同义务，或假借公司之名从事非法行为，或股东与法人财产混同、股东对公司过度控制，或法人资本与法人经营的规模及其隐含的风险相比明显不足等损害债权人利益的行为，债权人可以申请适用法人人格否认制度即通过刺破公司的面纱以获得保护。

（4）关于法律衔接问题。本案判决时，所依据的《最高人民法院关于民事执行中变更、追加当事人若干问题的规定》在2020年12月23日最高人民法院审判委员会第1823次会议通过的《最高人民法院关于修改〈最高人民法院关于人民法院扣押铁路运输货物若干问题的规定〉等十八件执行类司法解释的决定》中予以修正，所依据的《最高人民法院关于适用〈中华人民共和国公司法〉若干问题的规定（三）》在2020年12月23日最高人民法院审判委员会第1823次会议通过的《最高人民法院关于修改〈最高人民法院关于破产企业国有划拨土地使用权应否列入破产财产等问题的批复〉等二十九件商事类司法解释的决定中第二次修正，但上述修正并未对本案判决所依据条文进行修改。故上述法律依据的条文及立法精神亦未发生改变。

综上，笔者认为，在没有证据证实股东存在恶意损害债权人利益的情况下，不能适用认缴期限加速到期。

编写人：北京市东城区人民法院　高翡　申会英

141 罚金刑执行中涉夫妻共同财产的审查与处置

——廖某与傅某罚金刑执行案

【案件基本信息】

1. 裁判书字号

广东省江门市中级人民法院（2018）粤07执6号之三执行裁定书

2. 事由：罚金刑执行

3. 当事人

被执行人：廖某

案外人：傅某

【基本案情】

2018年1月9日，江门市中级人民法院立案执行被执行人廖某罚金人民币300万元一案。在执行中，被执行人未主动履行缴纳罚金的义务，已查明的现金等可供执行的财产，不足以缴纳全部罚金。因查明被执行人名下有位于茂名市的房产一套（面积约250平方米），执行法院立即对该房产予以查封，并进行现场实地调查，了解涉案房产现状。随后，委托评估公司对房产进行评估，评估公司受托后出具了相应评估报告，认定该房产市场价值为人民币226.65万元。执行法院遂将评估报告送达被执行人廖某与案外人傅某（被执行人妻子），二人未对评估价格提出异议，但认为法院不应拍卖该住房。

【案件焦点】

涉夫妻共同财产的罚金刑执行案件中，一方为被执行人，夫妻共同财产应如何审查与处置。

【法院裁判要旨】

广东省江门市中级人民法院经审理认为：罚金刑执行案件所需执行的罚金，仅针对被执行人个人，为其个人之债，并不因罚金在被执行人夫妻关系存续期间作出，而转化为夫妻共同债务。对罚金的执行，只能以被执行人的个人财产或其在共有财产中的份额为限进行强制执行，不能执行非被执行人的夫妻另一方财产。然而，执行已查明的被执行人名下财产，往往因婚姻关系的存在，变成实际执行夫妻共同财产。

对夫妻共同财产的执行，始终面临夫妻共同财产如何全部确认、应当如何分割、各方所占份额如何确定、如何处置确定份额的夫妻共同财产、整体处置还是按被执行人所占份额处置等问题。正因为这类案件执行起来面临的问题多、难度大、耗时长等，有的法官对不可分割的共有财产仅予以查封，但不处置，将其束之高阁，只执行被执行人的其他财产，在一定程度上影响了罚金类案件的执行到位率。

考虑到涉案房产面积较大，其常住家庭成员不超过3名，执行法院认为超出正常家庭住宅用房需求，应当予以拍卖变现。随后，启动对该房产的网络司法拍卖，并定于 2018 年 8 月 30 日上午 10 时至 8 月 31 日上午 10 时在淘宝网司法拍卖平台对该房产进行公开拍卖。

尚未开拍前，案外人傅某提出对该房产拥有 50%份额，并申请以该房产价值的 50%为被执行人廖某代缴罚金，执行法院将上述情况通知被执行人廖某后，其未对傅某提出拥有该房产 50%份额的主张提出异议，但不认可法院对该房产进行评估拍卖。由于涉及夫妻共同财产的处置，执行法院较为审慎，合议庭经合议后认为，在无法完全调查清楚夫妻全部共同财产的情况下，执行被执行人名下房产的 50%份额并无不妥，应当继续推进网络司法拍卖。综合考虑该案情况，执行法院对案外人傅某拥有该处房产 50%份额的主张予以确认，并允许案外人傅某作为优先购买人参与竞买。

最终，该房产历经一拍和二拍，由案外人傅某以人民币 160. 5 万元的最高价竞得，在支付完毕一半价款 80. 25 万元后，执行法院解除该房产的查封，并协助过户至案外人傅某名下。

本案执行结合实际调查了解的情况，绕开较为棘手的夫妻共同财产确认、份额分割等问题，对已查明的被执行人名下财产，执行法院直接予以执行。在被执行人与另一方共有人提出各占一半份额后，执行法院进行确认并继续执行，避免了执行法院主动审查夫妻财产份额的问题，应视为一种较为妥当的执行方案。此举既有效提高了被执行人财产的处置变现率，也打消了被执行人以共有房产法院不得执行为借口逃避履行法律义务。

广东省江门市中级人民法院依照《最高人民法院关于适用〈中华人民共和国刑事诉讼法〉的解释》第五百二十三条第一款、《最高人民法院关于适用〈中华人民共和国民事诉讼法〉的解释》第五百一十七条的规定，作出如下裁定：

终结本次执行程序。

【法官后语】

在执行实践中，时常面临执行夫妻共同财产的情形，而夫妻共同财产形式又较为广泛，既包括房屋、土地等不动产以及汽车、生活用品等动产形式的实物财产，又包括知识产权、股权等非实物财产。因此，夫妻共同财产类型和范围的复杂性，决定了涉及该类共同财产的执行规则必然是复杂的，涉及夫妻共同财产的执行也一直是强制执行程序中的难点问题。在夫妻一方为被执行人的罚金类执行案件中，被执行人所处罚金仅为其个人法律义务，不能连带至另一方。而处置被执行人名下的财产，直接关涉另一方财产权益，被执行人只是共同财产部分所有权主体，执行法院对被执行人在共有财产中的权益或份额采取强制处分措施，很可能改变基于夫妻关系而存在的财产共有关系，采取执行措施时必须尤为谨慎。

关于夫妻一方共有人在涉及共有财产强制处置的问题，在执行阶段若想完全查明被执行人夫妻共同财产，可行方案是追加另一方为被执行人。本案中，对于是否追加案外人傅某进入本案，以查明被执行人夫妻全部的共同财产情况，执行法院合议庭持审慎态度，认为追加被执行人必须经法定程序。同时，对于能否依职权追加非被执行人的共有人作为被执行人，《最高人民法院关于民事执行中变更、追加当事人若干问题的规定》给出了否定回应，明确变更、追加法定原则，非因法定情形不得变更、追加被执行人。因而，在对夫妻共同财产的调查上，既有婚姻关系存续期亦不能提起析产诉讼的限制，又有无法定情形不得追加非被执行人的共有人作为被执行人的限制，想厘清被执行人夫妻共同财产困难重重。

虽然执行中存在诸多限制因素，但是亦应从执行的基本理念、罚金刑的刑罚目的等角度综合考量执行措施的选择运用。执行的目的在于迅速、及时地实现生效法律文书中所确定的义务。因此，无论是罚金刑的执行，还是普通民事案件的执行，追求的首要价值都是效率。依照当前法律规定，不能查明夫妻全部财产以及各自所占份额的情况下，根据个案实际，不突破当前执行相关规定和基本原则，适当赋予执行法院对已查明的共同财产，在夫妻双方提出对该财产各占一半份额后，直接进行确认，并予以强制处置，不失为一种可行办法。这一做法既能有效避免执行法官越位审查划分夫妻共同财产份额等实体问题，也利于当前不能追加共有人为被执行人的限制下，最大限度地实现罚金刑的刑罚目的。

编写人：广东省江门市中级人民法院　张孟楠

142 非举债方在执行过程中对夫妻共同债务的追认，应作为参与分配的执行依据

——林某诉蔡某、吴某执行分配方案异议之诉案

【案件基本信息】

1. 裁判书字号

福建省南平市中级人民法院（2018）闽 07 民终 1344 号民事判决书

2. 案由：执行分配方案异议之诉

3. 当事人

原告（被上诉人）：林某

被告：蔡某

被告（上诉人）：吴某

第三人：钱某、彭某

【基本案情】

2016年9月18日，福建省武夷山市人民法院受理林某与钱某、彭某（钱某、彭某系夫妻关系）民间借贷纠纷一案。同年9月21日，福建省武夷山市人民法院根据林某的申请查封了钱某、彭某所有的坐落于武夷山市的房产，并作出民事调解书，确认钱某、彭某尚欠林某借款本息共计160万元。后钱某、彭某未按该民事调解书履行义务，林某于2017年4月27日向福建省武夷山市人民法院申请强制执行。执行过程中，福建省武夷山市人民法院依法对钱某、彭某所有的房产进行评估拍卖，2017年11月6日，买受人以1750745元竞得该房产。蔡某于2017年11月申请参与分配该拍卖款。

2017年11月2日，福建省武夷山市人民法院作出（2017）闽0782民初2050号民事调解书：确认钱某尚欠吴某借款245万元及利息。钱某未按时还款，吴某于同年11月6日向武夷山市人民法院申请强制执行，并要求参与分配前述房产拍卖款。

2018年1月8日，福建省武夷山市人民法院作出钱某、彭某执行案件款项分配表，参与分配的申请执行人为林某、蔡某。2018年2月1日，彭某出具《关于与吴某债务纠纷的说明》，确认（2017）闽0782民初2050号民事调解书中钱某所欠吴某的借款本息属其与钱某的夫妻共同债务，并同意从夫妻共同财产中偿还。2018 年 2 月 9 日，福建省武夷山市人民法院作出钱某、彭某执行案件款项分配表（修正），参与分配的申请执行人为林某、蔡某、吴某。之后，林某对该分配方案提出异议，并提起本案诉讼。

【案件焦点】

彭某就案涉债务作出的认可为夫妻共同债务的声明是否可认定为参与分配的执行依据。

【法院裁判要旨】

福建省武夷山市人民法院经审理认为：《最高人民法院关于适用〈中华人民共和国民事诉讼法〉的解释》（法释〔2015〕5 号）第五百零八条规定，被执行人为公民或者其他组织，在执行程序开始后，被执行人的其他已取得执行依据的债权人发现被执行人的财产不能清偿所有债权的，可以向人民法院申请参与分配。该解释第五百零九条第二款规定，参与分配申请应当在执行程序开始后，被执行人的财产执行终结前提出。蔡某、吴某参与分配的申请系在取得合法的执行依据后及林某与钱某、彭某民间借贷纠纷案件执行程序开始后，并在被执行人的财产执行终结前提出，且申请时钱某、彭某的财产确实不能清偿其所有的债权，故蔡某、吴某申请参与分配具有合法的执行依据，依照法定程序提出申请，符合法律的规定。林某关于目前钱某、彭某的财产能清偿蔡某、吴某的债权的主张证据不足，法院不予采纳。但彭某的声明未经审理确认，吴某没有对彭某合法的执行依据，彭某不是吴某申请执行案件的被执行人，故吴某不得参与彭某财产的分配，林某的该主张有理，法院予以采纳。

福建省武夷山市人民法院依照《中华人民共和国民事诉讼法》第六十四条第一款,《最高人民法院关于适用〈中华人民共和国民事诉讼法〉的解释》第五百零八条、第五百一十二条的规定,作出如下判决:

一、吴某无权参与对钱某、彭某所有的房产拍卖款中彭某的财产部分的分配;

二、驳回林某的其他诉讼请求。

吴某不服一审判决,提起上诉。

福建省南平市中级人民法院经审理认为:林某依据生效裁判文书于2017年4月27日向一审法院申请对钱某、彭某的财产采取强制执行措施,在一审法院对钱某、彭某名下房产的执行程序开始后,吴某依据已生效民事调解书,作为钱某的其他已取得执行依据的债权人,在对被执行人钱某、彭某上述财产执行终结前,申请参与分配钱某、彭某名下房产的拍卖款,符合法律规定。虽然生效的(2017)闽0782民初2050号民事调解书未载明彭某为债务人,但彭某已在执行过程中自愿出具《关于与吴某债务纠纷的说明》,且彭某、钱某均在一审法院的执行笔录中对此予以确认,钱某、彭某夫妻俩对钱某拖欠吴某的债务系夫妻共同债务作出真实意思表示,符合《最高人民法院关于审理涉及夫妻债务纠纷案件适用法律有关问题的解释》(已废止)第一条"夫妻双方共同签字或者夫妻一方事后追认等共同意思表示所负的债务,应当认定为夫妻共同债务"的规定。相关法律规定夫妻共同债务需经案件审理才能作出确认是基于夫妻间非举债一方对共同债务提出异议,才需要经过案件审理作出确认,以保证非举债一方配偶的民事权利。而本案彭某作为非举债一方,已自认钱某拖欠吴某的债务属于夫妻共同债务,一审法院作出确认，既未侵犯彭某的权利，也未侵害其他债权人的权利。因此，一审法院执行部门依据（2017）闽0782民初2050号民事调解书、彭某出具的《关于与吴某债务纠纷的说明》和相关法律规定，认定钱某拖欠吴某的债务属于钱某与彭某的夫妻共同债务，准许吴某申请参与分配钱某与彭某夫妻的执行财产，并作出对钱某、彭某执行财产的分配方案，符合法律规定，吴某对此提出的上诉主张成立，予以支持。一审法院认定吴某尚未取得合法执行依据确有错误，应予纠正。林某没有证据证明钱某、彭某名下尚有其他可供执行的财产且足以清偿债务，即使在查明钱某、彭某名下另有其他财产可供执行，包括林某在内的钱某、彭某的所有债权人均有权申请参与分配，并不能剥夺吴某在本案中享有的分配权利。

综上所述，吴某的上诉请求成立。福建省南平市中级人民法院依照《最高人民法院关于审理涉及夫妻债务纠纷案件适用法律有关问题的解释》第一条、《中华人民共和国民事诉讼法》第一百七十条第一款第二项、《最高人民法院关于适用〈中华人民共和国民事诉讼法〉的解释》第五百零八条之规定，作出如下判决：

一、撤销福建省武夷山市人民法院（2018）闽0782民初812号民事判决；

二、驳回林某的诉讼请求。

【法官后语】

法律规定的参与分配程序系基于平等保障债权人合法权益实现的目的设立，当债务人的财产不足以清偿全部债权时允许其他已取得执行依据的债权人启动该程序，但法律规定的“执行依据”并未局限于生效法律文书的框架内，也未将审理程序作为必要条件。《最高人民法院关于依法妥善审理涉及夫妻债务案件有关问题的通知》虽规定“未经审判程序，不得要求未举债的夫妻一方承担民事责任”，但该通知的目的应是保障未具名举债夫妻一方的诉讼权利，如夫妻双方均认可一方所举之债系夫妻共同债务，且均表明偿还之意，则非举债一方的合法权益不存在受到侵害的可能。此时，为保护非举债一方权利而设立的审判程序已无存在的必要，如必须经过审理确认，根据《最高人民法院关于审理涉及夫妻债务纠纷案件适用法律有关问题的解释》（法释〔2018〕2号）第一条“夫妻双方共同签字或者夫妻一方事后追认等共同意思表示所负的债务，应当认定为夫妻共同债务”的规定，也应当认定为夫妻共同债务。因此，在非举债夫妻一方对夫妻共同债务作出明确追认时，应认定债权人已经取得申请参与分配非举债一方夫妻共同财产的执行依据。

笔者认为，在涉及夫妻共同债务的执行程序中认定非举债一方作出的关于夫妻共同债务的追认为债权人参与分配的依据，应同时具备以下几个条件：

1. 非举债方对举债方所负债务的追认主动且自愿

对未经生效法律文书确认的夫妻共同债务，执行法院应在非举债方向债权人或执行法院作出愿意承担债务的意思表示，或者债权人取得非举债方作出认可的书面依据并提交后，再行与非举债方本人确认并记录，不宜主动询问非举债方的意思，否则有可能损害其他债权人的利益。

2. 必须意思表示明确且未附条件

债权人申请参与分配即表示债务人已有可供执行的财产，故非举债方一旦作出确认为夫妻共同债务意思表示且得到执行法院认定，即表示其财产将被执行。如此时非举债一方将确认夫妻共同债务附上条件，则有可能存在无法在执行中确认条件是否成就的情形，也就失去了平等保护债权人的基础性目的。

3. 需在举债方债务已经生效的法律文书确认后，执行终结前作出

非举债方如在申请参与分配的债权人取得生效法律文书前已在其他债权人执行程序中一并对此作出了确认，则属申请参与分配的债权人在诉讼时已经取得的证据，不属于非举债方的追认，应在诉讼过程中作为证据提交，并经法院审理，否则不属于参与分配时提交的执行依据，不予认定。

4. 不得损害第三人的合法权益

如非举债方作出的追认可能损害他人合法权益，则不能作为执行依据。

本案中，主要争议焦点在于彭某就案涉债务作出的认可为夫妻共同债务的声明是否能认定为参与分配的执行依据。作为未具名举债方的彭某，已在吴某取得生效判决后，执行终结前作出书面声明，并向福建省武夷山市人民法院执行部门明确表示认可钱某所负的债务系夫妻共同债务，自愿以夫妻共同财产偿还且未附加条件。据此，彭某事实上已经完成了对钱某所负债务为共同意思表示所负债务的追认，且该追认并未对他人的合法权益造成损害，故钱某对吴某所负的案涉债务系其与彭某的夫妻共同债务已然成为一种确定的事实状态，若此时要求吴某必须经人民法院审理才能确认为夫妻共同债务，不仅造成当事人的诉累，更有违立法本意。因此，法院执行部门在制作执行分配方案时直接将彭某列为被执行人符合法律规定，吴某有权参与分配彭某与钱某的夫妻共同财产。

此外，《中华人民共和国民法典》（以下简称民法典）于2021

年1月1日施行后，本文所涉法律规定已做相应调整，现说明如下：

（1）最高人民法院于2020年12月29日发布《最高人民法院关于废止部分司法解释及相关规范性文件的决定》，决定自2021年1月1日起废止《最高人民法院关于审理涉及夫妻债务纠纷案件适用法律有关问题的解释》（法释〔2018〕2号），该解释第一条的相关内容已包含于民法典第一千零六十四条第一款规定“夫妻双方共同签名或者夫妻一方事后追认等共同意思表示所负的债务，以及夫妻一方在婚姻关系存续期间以个人名义为家庭日常生活需要所负的债务，属于夫妻共同债务”之中。

（2）《最高人民法院关于适用〈中华人民共和国民事诉讼法〉的解释》（2014年12月18日由最高人民法院审判委员会第1636次会议通过，自2015年2月4日起施行）已由2022年3月22日最高人民法院审判委员会第1866次会议通过的《最高人民法院关于修改〈最高人民法院关于适用《中华人民共和国民事诉讼法》的解释〉的决定》进行第二次修正，并自2022年4月10日起施行，原第五百零八条、第五百零九条、第五百一十二条的法律条文序号相应修改为第五百零六条、第五百零七条、第五百一十条。

（3）《全国人民代表大会常务委员会关于修改〈中华人民共和国民事诉讼法〉的决定》（2021年12月24日第十三届全国人民代表大会常务委员会第三十二次会议通过）对《中华人民共和国民事诉讼法》进行了修改，自2022年1月1日起施行，原第六十四条、第一百七十条的法律条文序号相应修改为第六十七条、第一百七十七条。

编写人：福建省南平市中级人民法院　曹滢颖

143 实际施工人享有的工程债权请求权不能阻却法院针对承包方（名义施工人）享有的对发包方到期工程债权的执行

——卢某诉商贸公司案外人执行异议之诉案

【案件基本信息】

1. 裁判书字号

四川省资阳市中级人民法院（2018）川20民终363号民事判决书

2. 案由：案外人执行异议之诉

3. 当事人

原告（上诉人）：卢某

被告（被上诉人）商贸公司

第三人：建筑安装工程公司、建筑安装工程公司第四工程处

【基本案情】

2013年7月3日，四川省资阳市雁江区人民法院作出（2013）雁江民初字第1767号民事判决书，判决建筑安装工程公司、建筑安装工程公司第四工程处给付商贸公司购油款318398元及利息。该判决发生法律效力后，商贸公司于2013年8月16日向四川省资阳市雁江区人民法院申请执行，在执行中，四川省资阳市雁江区人民法院于2014年1月30日冻结了被执行人建筑安装工程公司在买业发展公司的破产债权50万元，案外人卢某以该笔破产债权

系其以资阳市建筑安装工程公司名义在实业发展公司承包工程所应得的工程款、保证金、违约金对应的破产债权分配额为由，提出执行异议，请求法院解除对该款项的冻结。法院审查后驳回其异议，卢某不服，提起执行异议之诉。

另查明，2007 年 5 月 28 日，卢某以建筑安装工程公司名义与实业发展公司签订建设施工合同，2008 年解除合同，解除协议约定由实业发展公司退还乙方资阳市建筑安装工程公司（代表人：卢某）保证金、工程款、违约金 2325000 元。2013 年四川省资阳绿康实业发展有限公司破产，卢某之父卢某华受建筑安装工程公司委托代表该公司申报债权 3951356.92 元。四川省安岳县人民法院（2015）安岳民初字第 1380 号判决确认建筑安装工程公司在实业发展公司享有债权 630 万余元，（2015）安岳民初字第 1381 号判决书确认建筑安装工程公司在实业发展公司享有债权 390 余万元。

【案件焦点】

法院冻结的 500000 元属于资阳市建筑安装工程公司还是卢某。

【法院裁判要旨】

四川省资阳市雁江区人民法院经审理认为：四川省安岳县人民法院生效民事判决书已确认被执行人资阳市建筑安装工程公司在实业发展公司享有债权，因此法院在执行中根据执行申请人商贸公司的申请，冻结被执行人建筑安装工程公司在实业发展公司的债权，符合法律规定，并无不妥。综上，作出如下判决：

驳回原告卢某的诉讼请求。

卢某不服一审判决，提起上诉。四川省资阳市中级人民法院经审理认为：本案系案外人执行异议之诉，并非实际施工人以发包人和承包人为被告提起的建设工程施工合同纠纷，原判决认定卢某为实业发展公司工程的实际施工人，一方面，超出了本案的审理范围，实际施工人是《最高人民法院关于审理建设工程施工合同纠纷案件适用法律问题的解释》中规定的概念，旨在对于那些诉争工程已实际施工但无法因合同关系主张工程款的人予以限制性保护，因其规范情形之特定性，故亦应在该规范所涉之建设工程施工合同纠纷案件中，才适宜对实际施工人的身份作出认定。另一方面，因一审、二审法院并非针对建设工程施工合同纠纷进行审理，并未围绕该工程所涉各方之诉辩主张、举证质证情况进行庭审、判断及裁决，故作出该认定可能有失公正且可能对于该工程所涉各方之权利义务关系造成一定影响。

四川省安岳县人民法院确认的《破产财产初步分配方案》确认债权人是建筑安装工程公司，上诉人卢某认为其是该债权的享有者的证据不足。因此四川省资阳市雁江区人民法院在执行中根据执行申请人商贸公司的申请，冻结被执行人建筑安装工程公司在实业发展公司的债权，符合法律规定，并无不妥。

综上所述，上诉人卢某的上诉请求不能成立，应予驳回；一审判决认定事实基本清楚，适用法律正确，应予维持。四川省资阳市中级人民法院依照《中华人民共和国民事诉讼法》第一百七十条第一款第一项之规定，作出如下判决：

驳回上诉，维持原判。

【法官后语】

《最高人民法院关于审理建设工程施工合同纠纷案件适用法律问题的解释》第二十六条[①]规定：实际施工人以转包人、违法分包人为被告起诉的，人民法院应当依法受理。实际施工人以发包人为被告主张权利的，人民法院可以追加转包人或者违法分包人为本案当事人。发包人只在欠付工程价款范围内对实际施工人承担责任。由于实际施工人主张的工程款性质上属于合同之债，因此产生的请求权依法仅能针对合同相对人，而该条第二款明确突破了合同相对性原则，是基于实际施工人与发包人之间已然形成的事实上的权利义务关系，为保护农民工合法权益而特别规定的，旨在对于那些已实际施工诉争工程但无法因合同关系主张工程款的人予以限制性保护，因其规范情形之特定性。

另外，建设工程款即一定数量的货币，按照"占有即所有"的原则，在该物权实现之前，债权人享有的是相应的物权请求权，其实质仍为债权。当该一定数量的货币进入债权人账户后，则成为现实的物权，即工程款进入谁的账户，即推定为归谁所有。具体到本案中，经检支队账户中的建设工程款及利息，在尚未支付给他人时，所有权人只能是经检支队；生效判决确认经检支队向建筑施工企业支付建设工程款及利息，该款项交付后即为建筑施工企业所有。但无论该款项是否支付，卢某都不是该款项合法的权利人。

---

① 该规定已修改，《最高人民法院关于审理建设工程施工合同纠纷案件适用法律问题的解释（一）》（法释〔2020〕25号，2021年1月1日起施行）第四十三条规定：实际施工人以转包人、违法分包人为被告起诉的，人民法院应当依法受理。实际施工人以发包人为被告主张权利的，人民法院应当追加转包人或者违法分包人为本案第三人，在查明发包人欠付转包人或者违法分包人建设工程价款的数额后，判决发包人在欠付建设工程价款范围内对实际施工人承担责任。

具体到本案中，在商贸公司申请执行建筑安装工程公司、建筑安装工程公司第四工程处买卖合同纠纷一案中，建筑安装工程公司、建筑安装工程公司第四工程处系被执行人，本案所涉被执行财产为生效判决确认的该企业在实业发展公司的债权，法院依法强制执行该财产是正当合法的。并且本案所涉工程系实业发展公司发包，建筑安装工程公司、建筑安装工程公司第四工程处作为合同约定的建设工程承包方，有权向合同约定的发包方要求支付工程款。在本案中，无论案外人卢某是否为涉案工程实际施工人，其与发包方之间不存在合同关系。虽然，最高人民法院出于保护农民工合法权益的目的，在相关司法解释中赋予实际施工人突破合同相对性原则向发包人主张工程款的权利，但该条亦作出了限定性规定，即发包人只在欠付承包人工程款范围内对实际施工人承担责任，且该条并未赋予实际施工人取代承包人合同地位的权利。综上，卢某不能取得排除人民法院执行该笔工程款的权利。

编写人：四川省资阳市中级人民法院　柯劲

144　赋予强制执行效力的债权文书执行中申请执行人涉嫌刑事犯罪的应如何处理

——杨某与施某申请不予执行公证债权文书案

【案件基本信息】

1. 裁判书字号

北京市第三中级人民法院（2018）京03执复302号执行裁定书

2. 事由：申请不予执行公证债权文书

3. 当事人

申请人（被执行人）：杨某

被申请人（申请执行人）：施某

【基本案情】

施某与杨某公证债权文书一案，公证机构于2017年4月11日作出第00490号执行证书。

该执行证书生效后，施某于2017年4月19日向北京市朝阳区人民法院（本案以下简称朝阳法院）申请强制执行，朝阳法院以（2017）京0105执9445号立案受理。执行过程中，杨某提出不予执行公证债权文书的申请，朝阳法院于2018年10月15日作出执行裁定，裁定驳回杨某的不予执行申请。杨某不服，向北京市第三中级人民法院（本案以下简称三中院）申请复议。

杨某所持主要理由是：（1）公证机构出具的公证债权文书内容与事实严重不符。杨某称其已经偿还了部分欠款，但公证机构在出具执行证书时未将已偿还部分予以扣除，且在公证机构向其核实具体欠款金额时，其明确表示金额有误，但公证机构并未尽到核实审查义务。（2）申请执行人施某涉嫌诈骗一案已经移送至北京市顺义区人民检察院，处于公诉阶段，杨某将上述材料提交给朝阳法院裁决庭法官，但朝阳法院裁决法官并未查明该部分事实。

施某主张杨某借款本息均未归还，不同意其不予执行申请。

朝阳法院及三中院查明，2017年4月11日公证机构出具了第00490号执行证书，确认以下执行事项：（1）被执行人：杨某；（2）执行标的：①借款本金人民币捌佰万元整。②借款利息（自

2015年9月16日起至还款之日止，以本金人民币陆佰万元整为基数，按月利率2%计算)。③借款利息（自2015年9月23日起至还款之日止，以本金人民币贰佰万元整为基数，按月利率2%计算)；(3）责任范围：杨某作为债务人，就上述债务向施某承担清偿责任。

三中院与北京市顺义区人民检察院联系确认，施某因其与杨某的该笔借款涉嫌刑事犯罪，已被北京市顺义区人民检察院提起公诉，并且该案由北京市人民检察院督办。施某于2018年7月被公安机关采取了强制措施。

【案件焦点】

强制执行债权文书案件中，申请执行人涉嫌刑事犯罪的应如何处理。

【法院裁判要旨】

朝阳法院经审理认为：债务应当清偿。依据第00490号执行证书认定的事实清楚，债务关系明确。杨某的异议理由不能成立，其不予执行的请求亦不予支持。作出如下裁定：

驳回杨某的不予执行申请。

杨某不服，申请复议。

三中院经审理认为：该案件存在两大问题。第一，异议裁定认定基本事实不清。(1）杨某在异议程序中提交了第00490号执行证书关联的借款内容涉嫌刑事犯罪的相关证据；(2）杨某在公证程序中明确表示对欠款情况存在异议的情形。以上基本事实朝阳法院并未在异议程序中进行审查。第二，复议案件审查过程中，经三中院核实，施某涉嫌诈骗一案已移送北京市顺义区人民检察院公诉，公诉案件涉及的法律依据与本案执行依据载明的法律事实一致，朝阳法院在审查中应注意刑事案件的审查结果。

综上，三中院依据《最高人民法院关于人民法院办理执行异议和复议案件若干问题的规定》第二十三条第一款第三项之规定，作出如下裁定：

一、撤销（2018）京0105执异133号执行裁定；

二、发回朝阳法院重新审查。

【法官后语】

1. 赋予强制执行效力的债权文书确有错误时审查时应予以查明

对公证机关依法赋予强制执行效力的债权文书，一方当事人不履行的，对方当事人可以向有管辖权的人民法院申请执行，受理申请的人民法院应当执行。公证债权文书确有错误的，人民法院裁定不予执行，并将裁定书送达双方当事人和公证机关。《最高人民法院关于适用〈中华人民共和国民事诉讼法〉的解释》第四百八十条第一款（现为第四百七十八条第一款）规定了公证债权文书确有错误的法定情形，本案被执行人杨某主张公证债权文书的内容与事实不符或者违反法律强制性规定，其认为本案关联的执行依据确认的欠款数额与实际事实不符。根据《最高人民法院、司法部关于公证机关赋予强制执行效力的债权文书执行有关问题的联合通知》第一条第二项的规定，债权债务关系明确，债权人与债务人对债权文书有关给付内容无疑义。本案中，作为债务人、被执行人的杨某在公证程序以及执行审查程序中多次表示对欠款数额有异议，但在公证程序和异议审查程序中均未予采信，笔者认为，该被赋予强制执行效力的债权文书有存在错误的可能性，应对上述事实予以查明。

2. 刑民交叉的执行案件，应等待刑事案件的审查结果

该案件是典型的刑民交叉的执行案件，在实践中具有较强的借鉴异议。刑法具有区别于其他部门法的特有属性，一般部门法都只是调整和保护某一方面的社会关系，而刑法是规定犯罪及其法律后果的法律规范，是其他法律的保障法，只要行为违法的严重程度构成犯罪，就应由刑法调整。所谓刑民交叉案件，是指在法律主体、法律事实、法律关系、法律责任等方面存在适用刑事法律与民事法律的交叉和重合。根据《最高人民法院、最高人民检察院、公安部关于办理非法集资刑事案件适用法律若干问题的意见》第七条的规定，人民法院在执行过程中，发现有非法集资犯罪嫌疑的，应当裁定中止执行，并及时将有关材料移送公安机关或者检察机关。本案中，施某涉嫌刑事犯罪已被北京市顺义区人民检察院提起公诉，虽然并非非法集资，但同属于经济类刑事犯罪，可做相应类比。朝阳法院对于施某申请执行杨某公证债权文书一案，应裁定中止执行，并将相关材料移送相应机关，等待刑事案件的审判结果。

3. 不予执行公证债权文书，存在合理的救济途径

本案所依据的是具有强制执行效力的公证债权文书，区别于生效判决等不可在执行程序中予以撤销的生效法律文书。相关法律规定赋予了执行部门在执行程序中可裁定不予执行公证债权文书的职权，但同时也明确赋予了当事人或利害关系人可对争议内容向人民法院提起民事诉讼的权利。笔者认为，相关法律明确规定了不予执行公证债权文书后续的救济方式，结合多方因素，如在执行程序中遇到上述涉及刑事犯罪的情形，应当予以重视，并配合公安机关、检察院等移交相关证据材料，妥善解决类似纠纷。

编写人：北京市第三中级人民法院　李宏哲　戴梦依

145 可否直接执行被执行人对第三人的到期债权

——某银行北京分行与投资公司等执行生效判决案

【案件基本信息】

1. 裁判书字号

北京市西城区人民法院（2017）京0102执685号执行裁定书

2. 事由：执行生效判决

3. 当事人

申请执行人：某银行北京分行

被执行人：投资公司、建设公司、混凝土公司

第三人：电气公司

【基本案情】

2014年12月1日，某银行北京分行与投资公司签订《最高债权额合同》，约定合同项下最高债权额为1.5亿元，债权确定期间为2014年12月1日起至2015年12月1日止。同时，担保人建设公司和混凝土公司分别与某银行北京分行签订《最高额保证合同》，对《最高债权额合同》项下主债权承担连带保证责任。此后，某银行北京分行与投资公司分别签署了六份《人民币流动资金借款合同》，借款金额总计4900万元，投资公司偿还了部分借截至2016年6月16日，投资公司尚欠某银行北京分行本款，但金40773743.05元和利息、罚息及复利共计1625445.08元。故某银行北京分行诉至法院，诉讼请求为：（1）判令投资公司立即偿还贷款本金40773743.05元和截至2016年6月16日的利息、罚息

及复利共计1625445.08元，并清偿自2016年6月17日起至实际清偿之日止的利息、罚息和复利；（2）判令投资公司偿还某银行北京分行实现债权的费用；（3）判令建设公司和混凝土公司对上述债务承担连带保证责任；（4）判令各被告承担本案诉讼费用。

经询，被告投资公司认可借款事实和欠款数额，同意与某银行北京分行协商解决本案纠纷。被告建设公司和混凝土公司同意承担连带保证责任。

本案在审理过程中，经法院主持调解，双方当事人自愿达成协议如下：

（1）被告投资公司在2016年12月31日前偿还原告某银行北京分行贷款本金40773743.05元；

（2）被告投资公司在2016年12月31日前偿还原告某银行北京分行截至2016年6月16日的欠付利息、罚息和复息共计1625445.08元，并清偿自2016年6月17日起至实际清偿之日止的贷款罚息、复利（罚息、复利按照双方签订的《最高债权额合同》及《人民币流动资金借款合同》的相关约定计算）；

（3）被告投资公司在2016年12月31日前支付原告某银行北京分行律师费2万元；

（4）被告建设公司和被告混凝土公司根据各自与原告南京银北京分行签订的《最高额保证合同》的相关约定对本调解协议所确认的被告投资公司负担的第一项、第二项及第三项给付金钱义务承担连带保证责任，被告建设公司和被告混凝土公司在承担保证责任后有权向被告投资公司追偿。

本案在执行程序中查明被执行人建设公司对第三人电气公司享有到期债权132402859.81元，北京市西城区人民法院依法向第三人电气公司送达冻结到期债权裁定和到期债权履行债务通知书，并告知其异议权利和异议期限。

【案件焦点】

在执行程序中可否直接执行被执行人对第三人的到期债权。

【法院裁判要旨】

北京市西城区人民法院经审理认为，在执行某银行北京分行与投资公司、建设公司、混凝土公司金融借款合同纠纷一案中［执行依据（2016）京0102民初16889号］向第三人电气公司送达冻结到期债权裁定和到期债权履行债务通知书，第三人电气公司在指定期限内未对到期债务提出异议，亦未主动履行。依照《最高人民法院关于人民法院执行工作若干问题的规定（试行）》四十九条之规定，作出如下裁定：

强制执行被执行人建设公司对第三人电气公司的到期债权132402859.81元。

【法官后语】

《最高人民法院关于适用〈中华人民共和国民事诉讼法〉的解释》《最高人民法院关于人民法院执行工作若干问题的规定（试行）》中均规定了可以对到期债权进行执行，但是基于审执分离的考虑，在执行程序中既要维护申请执行人生效法律文书确定的债权的实现，也要注意保护第三人（次债务人）、相关利害关系人的合法权益。执行被执行人对第三人的债权仅限于到期债权，这是债权请求权的本质使然。为了体现对到期债权执行的规范性和对第三人程序权益的保护，一方面法院需要以裁定的形式冻结该到期债权，并以到期债权履行通知书形式通知第三人向申请执行人履行；另一方面对执行到期债权履行通知书的送达需要符合法律规定，以直接送达方式进行（狭义理解即当面现场送达），不能通过邮寄等其他方式送达。

关于第三人及相关权利人的救济。第三人对其与被执行人之间的债权债务关系在收到通知后十五日内提出异议的，执行法院不得继续执行该债权，同时基于审执分离原则，执行实施部门对其提出的异议不进行审查，而应由申请执行人通过代位诉讼的方式进行权利救济，需要注意对于实践中第三人提出自己无履行能力或其与申请执行人无直接法律关系等意见，不属于规定所指的异议。如果相关利害关系人对到期债权有异议的，如主张其是该到期债权的真实权利人，可以按照《中华人民共和国民事诉讼法》第二百三十四条的规定进行救济。

对生效法律文书确定的到期债权，第三人予以否认的，人民法院不予支持，即第三人不能对已生效法律文书确定的到期债权提出否认异议。需要注意的是，这里只是规定当事人不能否认生效法律文书确定的到期债权，但是如果在判决作出后自己已履行了该债权义务，则有权提出债务已履行的异议。

应当注意保护相关利害关系人的权利，如果其提出的异议符合《中华人民共和国民事诉讼法》第二百三十四条规定的案外人异议条件，或者其债权符合参与分配的条件时，应依法保护其程序性权利和实体性权利。

编写人：北京市西城区人民法院　樊创

146 经质押登记且经法院生效判决确认的应收账款债权可以强制执行

——A 县交通运输局与江某臻等执行异议案

【案件基本信息】

1. 裁判书字号

江苏省靖江市人民法院（2017）苏 1282 执异 28 号执行裁定书

2. 事由：执行异议

3. 当事人

异议人（利害关系人）：A 县交通运输局

申请执行人：江某臻

被执行人：建设公司、葛某、刘某

【基本案情】

A 县交通运输局与建设公司于 2013 年 1 月 9 日签订了《324 省道灌云段二期路面 BT 项目建设工程合同》及《324 省道工程建设回购及抵押专项合同》，合同约定建设公司承建 324 省道项目工程，2013 年 12 月底完成全部工程，工程结束后 9 个月进入回购期。合同工程量为 349919177.34 元（含暂定金），最终工程量以审计结论为准。回购分三年进行，分别按实际完成工程量的 40%、30%、30%比例进行，支付时间分别为项目交工验收次日起 9 个月、21 个月、33 个月内。该工程已于 2016 年 4 月 20 日通过交工验收。工程建设期间，建设公司向江某臻陆续借款 5010 万元。

2015 年 8 月 26 日，A 县交通运输局出具承诺书，表示因建设公司向江某臻融资（总额 6500 万元内）进行 324 省道剩余工程建设，A 县交通运输局同意将在偿还第一笔回购款时通知江某臻，与建设公司一并来办理资金交付手续。若建设公司出具委托支付手续，A 县交通运输局同意在 6500 万元额度范围内直接支付给江某臻。

2015 年 9 月 1 日，江某臻与建设公司签订应收账款质押合同，合同约定建设公司以其在 A 县交通运输局的应收账款 349919177.34 元（截至合同签订之日）为 6500 万元借款提供质押担保。同年 9 月 2 日，江某臻在中国人民银行征信中心办理了应收账款质押登记手续，质押债权数额为 6500 万元，到期日为 2016 年 9 月 1 日。2016 年 8 月 3 日，江某臻与建设公司签订应收账款质押展期登记协议一份，将应收账款质押登记期限延展 1 年。

江某臻于 2016 年 5 月 17 日起诉建设公司，要求其归还借款。审理中江某臻申请保全冻结了建设公司在 A 县交通运输局的工程款 6500 万元。法院审理后于 2017 年 2 月 21 日判决建设公司归还江某臻借款 5010 万元及利息，并且确认了江某臻有权就建设公司质押的在 A 县交通运输局的应收工程款中 6500 万元限额内优先受偿。2017 年 3 月 22 日，江某臻申请执行。2017 年 4 月 11 日，法院书面通知 A 县交通运输局履行到期债务，要求其支付 6500 万元。

A 县交通运输局对法院执行 6500 万元工程款提出书面异议，理由是第三人蒋某于 2016 年 10 月向江苏省连云港市中级人民法院提起诉讼，主张其为 324 省道 BT 项目的实际施工人，要求建设公司及A县交通运输局连带支付工程款。因该案未审理结束，A县交通运输局是否欠付建设公司工程款尚不能确定，故请求法院对建设公司的6500万元工程款暂缓执行。

【案件焦点】

被执行人享有的应收账款债权，在办理质押登记且经生效法律文书确认的情况下，次债务人否定债务的异议能否成立。

【法院裁判要旨】

江苏省靖江市人民法院经审理认为：建设公司与A县交通运输局签订了建设工程合同，建设公司履行了道路工程施工义务，工程已经交工验收，工程款给付期限已经届满，A县交通运输局应当给付工程款。建设公司将其对A县交通运输局享有的应收工程款债权出质给申请执行人，申请执行人质权实现条件成就时，依法对相应工程款优先受偿，A县交通运输局作为付款义务人应当径行向申请执行人付款。法院书面通知A县交通运输局履行付款义务，A县交通运输局提出执行异议，以第三人以实际施工人主张权利、应收账款权利人尚待确定为由请求暂缓支付。因生效判决确认了江某臻有权就建设公司质押的在A县交通运输局的应收账款中6500万元限额内优先受偿，根据《最高人民法院关于适用〈中华人民共和国民事诉讼法〉的解释》第五百零一条第三款“对生效法律文书确定的到期债权，该他人予以否认的，人民法院不予支持”的规定，法院对A县交通运输局的异议主张不予支持。

江苏省靖江市人民法院依照《中华人民共和国民事诉讼法》第二百二十五条之规定，作出如下裁定：

驳回异议人A县交通运输局的异议。

【法官后语】

在现代社会中，债权已经成为财产权的重要组成部分。对被执行人享有的到期债权强制执行，既能扩大被执行人清偿债务的责任财产范围，保障申请执行人的权利实现，也能减少债权实现的环节，提高执行效率。执行实践中，法院执行到期债权时常面临次债务人的法定异议权阻却执行。若次债务人滥用异议权，使得法院对到期债权的执行中断，申请执行人只好另行代位诉讼，增添诉累。《最高人民法院关于适用〈中华人民共和国民事诉讼法〉的解释》（2022年）第四百九十九条第一款、第二款规定了"人民法院执行被执行人对他人的到期债权，可以作出冻结债权的裁定，并通知该他人向申请执行人履行。该他人对到期债权有异议，申请执行人请求对异议部分强制执行的，人民法院不予支持"，该条第三款又规定了"对生效法律文书确定的到期债权，该他人予以否认的，人民法院不予支持"，该款法理是禁止第三人否定生效法律文书确定债权的存在。《中华人民共和国民法典》第四百四十五条规定"以应收账款出质的，质权自办理出质登记时设立"。从执行角度审视应收账款出质形成的法律关系，债务人出质的应收账款，于质权人而言属于典型的可执行到期债权。质权人的质权一经判决确认，次债务人径行清偿应无阻碍。应收账款办理了出质登记，且经生效法律文书确认的情况下，次债务人不得否认该应收账款债权，对此提出否认异议的，应予驳回，仍不履行债务的，人民法院可以对次债务人强制执行。

本案中，建设公司将其对A县交通运输局的工程款债权出质给江某臻，办理了应收账款出质登记。江某臻在诉讼中主张质权，法院作出的生效判决确认其对出质工程款的优先受偿权。执行中，法院按照到期债权的执行程序通知A县交通运输局履行债务，其以他人提起实际施工人诉讼为由否定建设公司的债权，依前述规定对该异议法院不予支持。A县交通运输局异议被驳回后，按法院通知要求履行了债务。

编写人：江苏省靖江市人民法院　叶海华

147 未变更登记的特殊动产受让人能否对抗转让人的强制执行债权人

——余某芳诉徐某军案外人执行异议之诉案

【案件基本信息】

1. 裁判书字号

浙江省台州市中级人民法院（2016）浙10民终1366号民事判决书

2. 案由：案外人执行异议之诉

3. 当事人

原告（上诉人）：余某芳

被告（被上诉人）：徐某军

【基本案情】

2015年5月18日，徐某军因与张某福民间借贷纠纷一案向法院起诉，同时申请对张德某福所有的牌号为浙JG2××小型汽车财产保全。2015年5月19日，余某芳与张德某福签订《台州市二手车买卖合同》一份，载明：张某福有权出售属于自己的车牌号为浙 JG2××旧机动车；旧机动车价格（不含税费）：9 万元；付款方式（现金）：已付清；付款时间：2015 年 5 月 19 日；验收时间：2015 年 5 月 19 日等内容。同日，余某芳以自己及丈夫余某柱名义为张某福支付案涉车辆违章罚款人民币 1200 元，支付该车银行抵押贷款人民币 34054.71 元，支付张某福购车尾款人民币 54700 元。2015 年 6 月 11 日，徐某军与张某福就民间借贷纠纷一案达成调解协议。由于张某福未按调解书确定的期限履行义务，徐某军向法院申请执行，法院于 2015 年 12 月 11 日对余某芳正在使用的案涉车辆进行扣押。同日，余某芳向法院提出执行异议。法院裁定驳回案外人余某芳的异议。余某芳不服，向法院提出案外人执行异议之诉。余某芳认为其已经付清全部购车款，车辆也已经交付占有使用，该车应属于其所有，不属于第三人张某福所有，请求法院确认车辆所有权为原告所有，停止对该车辆的执行。徐某军认为，车辆买卖应当办理过户手续，张某福将车辆出卖给原告，但未办理过户手续，法院保全有效，请求驳回原告的诉讼请求。

【案件焦点】

未变更登记的特殊动产受让人能否对抗转让人的强制执行债权人。

【法院裁判要旨】

浙江省台州市天台县人民法院经审理认为：本案争议焦点为余某芳是否享有足以排除强制执行的民事权益。根据《中华人民共和国物权法》第二十四条之规定：“船舶、航空器和机动车等物权的设立、变更、转让和消灭，未经登记，不得对抗善意第三人。”本案中，余某芳虽支付购车款并实际占有使用车辆，但未办理车辆过户登记，不享有案涉车辆的完整物权，不享有对案涉车辆足以排除强制执行的民事权益，故依法驳回余某芳的诉讼请求。

宣判后，余某芳不服一审判决，提起上诉。

浙江省台州市中级人民法院经审理认为：机动车等特殊动产仍以交付作为物权变动的生效要件，未经登记只是不能对抗善意第三人。本案中，上诉人余某芳提供的证据足以证明双方车辆买卖关系的真实性，且移转占有的行为发生了车辆所有权变动的法律效力。上诉人余某芳在法院查封涉案车辆时虽未办理车辆过户登记手续，但这并不影响其对涉案车辆享有所有权，其要求阻却执行的上诉理由正当，予以支持。原判认定事实清楚，但适用法律不当，依法应予纠正。本案经本院审判委员会讨论决定，依照《中华人民共和国物权法》第二十三条、第二十四条，《中华人民共和国民事诉讼法》第一百四十四条、第一百七十条第一款第二项之规定，作出如下判决：

一、撤销天台县人民法院（2016）浙 1023 民初 173 号民事判决；

二、确认车牌号为浙 JG2××的黑色丰田小型汽车为上诉人余某芳所有，并停止对该车辆的强制执行。

【法官后语】

本案的争议焦点为未变更登记的特殊动产受让人能否对抗转让人的强制执行债权人，主要有两种意见：

第一种意见认为：未变更登记的特殊动产受让人，即使实际交付占有，也不享有完整物权，不能对抗强制执行债权人。

第二种意见认为：机动车等特殊动产以交付作为物权变动的生效要件，登记作为物权变动的对抗要件，交付之后未经登记的，物权发生变动，但不得对抗善意第三人。“善意第三人”应为对该特殊动产具有正当物权利益的人，强制执行债权人不属于“善意第三人”的范围，未变更登记的特殊动产受让人享有阻却执行的权利。

笔者赞同第二种意见，理由如下：

根据《中华人民共和国物权法》第二十三条、第二十四条的规定，机动车等特殊动产以交付作为所有权转移的生效要件，以变更登记作为对抗要件。《中华人民共和国民法典》第二百二十五条、第二百二十六条延续了该类动产采登记对抗主义原则的规定[①]。本案中，余某芳受让了涉案车辆，并实际占有使用，即使未变更登记，仍应认定其为车辆所有权人。

由于车辆未变更登记，是否可以对抗出让方的强制执行债权人徐某军，这需要注意对“善意第三人”的范围如何把握问题，对此，法律未予明确。笔者认为，“善意第三人”应为对该特殊动产具有正当物权利益的人，具体范围包括以取得所有权为目的的相对人、抵押权人、质权人和留置权人，如“一物二卖”情形中，A 通过占有改定的方式将机动车交付 B，后又将机动车出卖给不知情的 C，并交付给 C，此时，C 买卖标的具有正当物权利益，即可认定为善意第三人。又如，A 将车辆转让给 B，但未办理过户登记，后 A 向 C 举债，以车辆抵押并办理登记，B 不得对抗 C 的强制申请执行。

而强制执行债权人在性质上同于一般债权人，债务人以其所有

---

① 本案法律事实引发的民事纠纷在民法典施行前，根据《最高人民法院关于适用〈中华人民共和国民法典〉时间效力的若干规定》第一条的规定，本案适用《中华人民共和国物权法》的规定。

财产作为责任财产，即使查封登记在债务人名下的机动车，债权人债权所指向的债务人的财产也不必然是该查封的机动车，故强制执行债权人对该机动车没有特定的物权利益。《最高人民法院关于人民法院民事执行查封、扣押、冻结财产的规定》第十七条规定，被执行人将其所有的需要办理过户登记的财产出卖给第三人，第三人已经支付全部价款并实际占有，但未办理过户登记手续的，如果第三人对此没有过错，人民法院不得查封、扣押、冻结。该规定针对不动产，而不动产物权变动为登记生效主义，没有办理登记尚不能执行。而机动车变动采纳登记对抗主义，根据举重若轻的原则，机动车交付未登记的，更不能成为强制执行债权的标的。

当然，笔者认为，在司法实践中，对转让行为的真实性、合法性进行严格审查，由买受人承担相应的举证责任，防止债务人转移财产逃避债务。买受人应对存在合法的转让关系，已经实际占有执行标的，已经支付相应对价，对未办理登记无过错四个方面要件承担举证责任。支付相应对价，一般情况下需支付全部价款，但如果合同约定系分期付款的，受让人已按照合同约定支付部分价款且将剩余价款按照人民法院的要求交付执行；未办理登记无过错的条件，受让人应举证证明已要求转让人履行协助过户登记义务，或者过户不能系客观原因造成的。本案中，原告余某芳提供了双方买卖合同，支付全部购车款并实际占有使用车辆，并由于法院的查封行为导致过户不能，故可以依法认定转让行为具有合法性、真实性，原告为车辆实际所有权人，能够对抗法院的强制执行。

编写人：浙江省台州市天台县人民法院　陈中云

148 平等债权人中仅一人接受流拍财产抵债时应如何处置

——韩某与张某平执行复议案

【案件基本信息】

1. 裁判书字号

四川省高级人民法院（2016）川执复5号执行裁定书

2. 事由：执行复议

3. 当事人

异议人（复议申请人）：韩某

申请执行人（被申请人）：张某平

被执行人（被申请人）：李某明、彭某华

【基本案情】

执行法院在执行（2014）成执字第1639号案过程中作出（2014）成执字第1639-1号执行裁定，查封了被执行人李某明、彭某华与案外人杨某柏共同共有的位于成都市×区×街×号1栋1层4号、5号、6号、7号汽车库，成都市×区×街×号1栋2层1号汽车库、3层3号办公用房、3层4号汽车库、4层1号汽车库、5层1号汽车库、5层2号汽车库。2015年5月，执行法院委托拍卖公司对前述房产进行拍卖，经过三次拍卖均因无人竞买而流标，第三次拍卖保留价为20988928元。2015年7月30日申请执行人张某平提出申请，请求以第三次拍卖保留价20988928元接受前述流拍财产以抵偿相应债务，后张某平自愿将案外人所占房产份额对应价款83955712元交至执行法院。其他债权人未向执行法院提交接受以物抵债申请。2015年10月27日，执行法院作出(2014)成执字第1639-3号裁定："一、将被执行人彭某华、李某明以及案外人杨某柏共同共有的位于成都市×区×街×号1栋1层4号、5号、6号、7号汽车库，成都市×区×街×号1栋2层1号汽车库、3层3号办公用房、3层4号汽车库、4层1号汽车库、5层1号汽车库、5层2号汽车库以第三次拍卖保留价2098.8928万元抵偿给申请执行人张某平，以清偿被执行人所欠其相应债务。二、申请执行人张某平可持本裁定书单方到房屋登记机关办理相关产权过户手续。三、解除执行法院(2014)成执字第1639-1号执行裁定对被执行人彭某华、李某明以及案外人杨某柏共同共有的位于成都市×区×街×号1栋1层4号、5号、6号、7号汽车库，成都市×区×街×号1栋2层1号汽车库、3层3号办公用房、3层4号汽车库、4层1号汽车库、5层1号汽车库、5层2号汽车库进行拍卖的查封。"

韩某认为，在该案执行过程中，韩某已向法院申请了参与分配，对被裁定以物抵债的被执行人彭某华财产享有30%的份额(相应折抵价约600万元)，以物抵债财产应当按照彭某华的债权人的债权数额按比例分配，张某平应交出相应款项由其他债权人进行分享。故诉至法院，请求：撤销(2014)成执字第1639-3号执行裁定，对执行标的物重新分配。

【案件焦点】

存在多个平等执行债权人的执行案件中，仅有一人接受以流拍财产抵偿其债务，该执行债权人对抵债财产究竟是依照债权比例分享还是可以独享该财产。

【法院裁判要旨】

四川省成都市中级人民法院经审理认为：根据《最高人民法院关于适用〈中华人民共和国民事诉讼法〉的解释》第五百一十条的规定，参与分配的分配对象是具有可分性质的执行所得价款即执行标的物处置变现后的金钱，也就是分配的前提是执行标的物成功变现。本案执行中，被执行财产经法院依法拍卖未成交变现，没有可以分配的金钱，参与分配因不存在可分配的对象无法适用。执行法院依照《最高人民法院关于人民法院民事执行中拍卖、变卖财产的规定》第十九条的规定，根据唯一提出申请的张某平的请求裁定以物抵债并无不当。异议人要求受抵偿债权人只能按参与分配的原则根据债权比例分享受抵偿的财产，多受偿部分应当补出价款由其他债权人分享的主张没有法律依据，与上述法律规定不符。

四川省成都市中级人民法院依照《中华人民共和国民事诉讼法》第二百二十五条，《最高人民法院关于适用〈中华人民共和国民事诉讼法〉的解释》第四百九十三条、第五百一十条，《最高人民法院关于人民法院民事执行中拍卖、变卖财产的规定》第十九条，《最高人民法院关于人民法院办理执行异议和复议案件若干问题的规定》第五条、第十七条第一项之规定，作出如下裁定：

驳回韩某的异议请求。

韩某持原审意见申请复议。

四川省高级人民法院经审理认为：本案执行标的物系李某明、彭某华与案外人杨某柏按份共有的房产，经法院三次拍卖均流拍。经执行法院协调，案外人杨某柏同意以第三次拍卖保留价 2098.8928 万元在支付其所占份额的对价的前提下以物抵债，换言之，本次以物抵债是附条件的以物抵债。执行法院在征询各债权人是否申请以物抵债时，韩某未提交申请。执行法院在收到张某平交至法院的案外人杨某柏所占房产份额对应价款 839.55712 万元后，将执行标的物裁定与张某平以物抵债。根据民法公平原则中权利义务对等的要求，本案中韩某基于不愿承担支付案外人房产份额对价的义务，放弃以物抵债的意思表示应视为其自动放弃本次受偿。本案执行标的物的按份共有人李某明、彭某华系申请执行人张某平的共同债务人，本次以物抵债，张某平的债务并未足额受偿，故张某平不存在补交差额的情形。综上，复议申请人的复议请求不能成立。

四川省高级人民法院依照《最高人民法院关于人民法院办理执行异议和复议案件若干问题的规定》第二十三条第一项之规定，作出如下裁定：

驳回韩某的复议请求，维持执行法院（2015）成执异字第 402 号执行裁定。

【法官后语】

一审、二审法院均认为在存在多个平等执行债权人的执行案件中，仅有一人同意以流拍财产抵偿其债务的，以物抵债裁定生效后该债权人可独享该财产价值，其他债权人无权要求该债权人补出价款以达按债权比例分享该财产之目的。虽然一审、二审裁判结果一样，但理由却大相径庭。二审法院的理由是本案中仅有张某平同意补出争议财产中本属案外人所有部分的价款，韩某基于不愿承担支付案外人房产份额对价的义务，放弃以物抵债的意思表示应视为其自动放弃本次受偿，故以此为由驳回韩某的复议请求。但该理由仅限于债权人需要补足巨额差价时才有说服力，不能涵盖全部情形。而一审法院的理由主要有两点：第一，根据《最高人民法院关于适用〈中华人民共和国民事诉讼法〉的解释》第五百一十条的规定，执行分配的前提是财产已经变现，而争议财产系整体物，具有不可分性，自然不具备分配条件。第二，根据《最高人民法院关于人民法院民事执行中拍卖、变卖财产的规定》第十九条“……受偿顺位相同的，以抽签方式决定承受人”的规定，可以看出以流拍财产抵债的承受人一旦确定，便可独自享有抵债财产。若接受流拍财产抵债的债权人仅能按照债权比例享受抵债财产，那么抽签这种带有赌博性质的做法自然失去了其存在意义。法律规定的初衷就是，谁作为以流拍财产抵债的承受人，谁就有权利单独享有抵债财产。若接受流拍财产抵债的债权人不能独享抵债财产，那么可以预料到，几乎没人愿意在抵债财产是否可变现存疑但还得补出多余价款给其他债权人分配的情况下接受以物抵债，这将极大打击执行效率，不利于执行工作的开展。另需说明的是，《最高人民法院关于适用〈中华人民共和国民事诉讼法〉的解释》于2022年4月10日修正施行后，原第五百一十条规定内容已变更为第五百零八条规定内容；《最高人民法院关于人民法院民事执行中拍卖、变卖财产的规定》于2020年12月23日修正施行后，原第十九条规定内容已变更为第十六条规定内容。

编写人：四川省成都市中级人民法院　唐国峰

149 债权人否认债务人提交的还款凭证关联性的应当承担相应举证责任

——林某与孔某金不予执行公证债权文书案

【案件基本信息】

1. 裁判书字号

北京市朝阳区人民法院（2016）京0105执异37号民事裁定书

2. 事由：不予执行公证债权文书

3. 当事人

不予执行申请人（被执行人）：林某

不予执行被申请人（申请执行人）：孔某金

被执行人：胡某

【基本案情】

2014年11月14日，借款人林某与出借人孔某金、担保人胡某签订《借款合同》，约定林某向孔某金借款人民币240万元，借款期限三个月，胡某以其名下北京市×区×里×号楼×层×单元×号的房屋提供抵押担保。2014年12月9日，公证处出具公证书，对上述《借款合同》予以公证，并赋予强制执行效力。2015年7月24日公证处依孔某金申请，出具执行证书，确定被执行人为林某、胡某。执行标的为：（1）借款本金：人民币（大写）贰佰肆拾万元整（小写2400000.00元）；（2）借款利息人民币（大写）壹拾贰万玖千陆百元整（小写129600.00）；（3）违约金（每日支付尚欠借款本金的千分之二）；自二〇一五年二月十四日起截止到执行之日；（4）实现债权所支付的费用。2015年8月19日，孔某金据上述公证债权文书向本院申请强制执行，本院以（2015）朝执字第14617号立案受理。被执行人林某以执行证书确有错误为由，向本院提出不予执行申请。

林某就其主张向本院提交汇款凭证两张，分别为2014年12月18日林某名下账户向孔某金名下账户汇款100万元的汇款凭证、2014年12月16日林某坤账户向孔某金账户汇款62.5万元的汇款凭证。案件审查中，经询林某坤，其称与孔某金并无任何经济往来，因对林某负有债务，故按照林某指示将62.5万元汇至孔某金账户。此外，林某称其名下有宝马车一辆，现由孔某金占有使用，并主该车辆系用于抵偿本案债务。

孔某金认可上述两笔汇款确已收到，认可与林某坤并无其他经济往来，亦认可林某名下的宝马车现在确由其占有，但主张两笔汇款均系林某代其亲属徐某清偿还另案借款，与本案无关，并对于林某所述“宝马车用于抵债”不予认可。孔某金就此提交（2015）东民（商）初字第14225号案件卷宗材料，主张该案审理当中徐某清已将本案中林某提交的两张汇款凭证作为证据提交，因此两张汇款凭证均与本案无关。此外，孔某金主张林某及林某坤两笔汇款均未汇至本案借款合同中载明的账户，100万元汇款汇至的账户实际系其与徐某清的借款合同约定的账户，并提交与徐某清的借款合同，主张林某汇款与本案无关。

另查明，2016年8月10日，孔某金接受询问时出示借据一张，载明借款人徐某清，金额170万元，落款日期为2014年11月

13日。当日，孔某金称林某偿还的100万元以及宝马车均系基于该笔借款，并非本案借款。2016年8月23日，孔某金之代理人又提交书面代理意见，当中称林某100万元汇款及林某坤62.5万元汇款均是偿还徐某清向孔某金另案借款的利息。

【案件焦点】

还款义务的实际履行情况与执行证书中载明的是否相符，即林某主张之还款是否与本案借款有直接关系。

【法院裁判要旨】

北京市朝阳区人民法院经审理认为：公证债权文书的内容与事实不符的，可以认定为公证债权文书确有错误。本案中，双方争议在于还款义务的实际履行情况与执行证书中载明的是否相符。林某主张其通过两种形式已经将本案债务清偿完毕，即一部分以宝马车以物抵债，另一部分通过其本人及林某坤账户汇款。就其主张以物抵债的部分，林某提交的证据材料不足以证明其与孔某金达成了抵债的相应合意，故法院对其此项主张不予认可。就汇款的部分，各方对借款合同约定的借款期限内林某及林某坤向孔某金账户汇款之事实不持异议，争议焦点在于款项的用途。前述款项虽未汇至借款合同中载明的账户，而是汇至孔某金的其他账户，但是鉴于各方就林某本人与孔某金仅本案一笔借款之事实不持异议，孔某金提交的证据材料均无法反映林某本人就“代他人偿还另案欠款”之事实曾予以认可，孔某金提交的另案生效法律文书中亦未对汇款用途予以确认，且孔某金及其代理人就相应款项用途的陈述存在前后不一致的情形，孔某金的反驳意见难以采信。林某之主张应予以采信。执行证书载明就该部分债务载明的未履行或未完全履行义务情况与实际履行情况不符，属于确有错误。林某之不予执行申请，应当予以支持。

北京市朝阳区人民法院依照《中华人民共和国民事诉讼法》第一百五十四条第一款第十项、第二百三十八条第二款，《最高人民法院关于适用〈中华人民共和国民事诉讼法〉的解释》第四百八十条第一款第三[①]项之规定，作出如下裁定：

对公证处作出的执行证书不予执行。该裁定送达即生效。

【法官后语】

本案属于不予执行公证债权文书类案件，依据《中华人民共和国民事诉讼法》的规定，公证债权文书确有错误的，人民法院裁定不予执行。其中一种情形即为公证债权文书的内容与事实不符或者违反法律强制性规定的。本案的争议焦点亦在于不予执行申请人是否财产已经履行或部分履行债务之情况。

依债务人（不予执行申请人）主张，其分别通过自己向债权人（不予执行被申请人）账户汇款、委托他人代为汇款、以物抵债（宝马车）三种形式偿还债务。债权人对于收到汇款之事实以及实际占有车辆之事实均予以认可，但是对于款项及车辆与偿还本案债务之间的关联性予以否认，并主张债务人该笔资金虽确系汇至其名下账户，但该账户并非合同约定的指定账户，该笔款项实际是债务人代第三人偿还之债务，与本案无关。因债务人并未就双方达成以物

① 因法律及司法解释后进行修改，对应的现行法律及司法解释条文序号应为《中华人民共和国民事诉讼法》第一百五十七条第一款第十项、二百四十五条第二款以及《最高人民法院关于适用〈中华人民共和国民事诉讼法〉的解释》第四百七十八条第一款第三项。

抵债的合意予以举证，因此对于该项主张不予认可并无争议。本案审查中，争议焦点主要在于债务人主张的两笔汇款与本案债务的关联性。

本案中债务人已经就其还款提交还款凭证，债权人应当就否认关联性的主张进行证明。具言之，案件各方对于债务人本人与债权人仅此一笔借款的事实，以及汇款收取之事实均不持异议。在债务人举证已经向债权人汇款之后，债权人否认关联性的，应该由债权人就还款与其他债务的关联性进行举证，而不应该再由债务人承担排除其他关联性的举证责任。就债务人未按照合同约定账户汇款一节，结合民间借贷的实际情况，两笔汇款均汇至债权人本人账户，债权人亦认可收到。在债务人并无其他债务的情况下，应当认定为系本案还款。至于未按约定账户偿还，只能算是履行的瑕疵，不应以此否认与本案债务的关联性。就该两笔款项是否是代第三人还款一节，应当认为，债务人本人对其名下的金钱具有处分权。审查中本院调阅涉及第三人的另案卷宗材料，结合双方提交的证据材料，债务人本人从未认可该两笔款项系代第三人偿还。另案生效的法律文书中亦未对该两笔汇款的用途予以认定。因此本案债权人仅凭第三人所述，即认定债务人该两笔汇款系偿还另案借款，证据不足。此外，债权人本人与其代理人在陈述该两笔汇款的用途之时，亦存在前后不一的情形，其所述更加难以采信。综上，债权人并未就两笔汇款与其他借贷纠纷的关联性尽足举证责任，其主张不应予以采信。债务人主张债务已经履行应当部分予以认可。据此，执行证书载明未履行情况与事实不符，应当裁定不予执行。

需要特别指出的是，2018 年 10 月 1 日《最高人民法院关于公证债权文书执行若干问题的规定》施行，当中对当事人申请不予执行的救济途径进行了变更。基于上述司法解释的规定，此后被执行人以公证债权文书的内容与事实不符或者违反法律强制性规定等实体事由申请不予执行的，应当依照该司法解释的第二十二条提起诉讼，而非在执行中提出不予执行的异议。但是本案中关于债务履行争议的裁判思路，亦可适用于执行中的债务人异议案件审查当中①。

编写人：北京市朝阳区人民法院　苏辰园

150 公证债权文书执行审查

——赵某德申请不予执行公证债权文书案

【案件基本信息】

1. 裁判书字号

北京市海淀区人民法院（2016）京 0108 执异 166 号执行裁定书

2. 事由：不予执行公证债权文书

3. 当事人

不予执行申请人（被执行人）：赵某德

申请执行人：郭某利

被执行人：张某红、赵某

① 依照《最高人民法院关于人民法院办理执行异议和复议案件若干问题的规定》第七条第二款的规定："被执行人以债权消灭、丧失强制执行效力等执行依据生效之后的实体事由提出排除执行异议的，人民法院应当参照民事诉讼法第二百二十五条规定进行审查。"

【基本案情】

2014年8月26日，张某红（借款人/抵押人，甲方）、赵某德（借款人/抵押人，甲方）、郭某利（出借人/抵押权人，乙方）、赵某（保证人，丙方）签订《借款合同》。合同约定：甲方因经营需要，向乙方申请人民币借款，乙方同意向甲方发放上述借款，丙方同意为上述借款承担连带保证责任。乙方同意出借金额为人民币200万元，借款于合同生效后以银行转账方式支付。借款月利率为同期银行贷款利率的四倍。借款期限为1个月，自2014年8月28日起到2014年9月27日止，以实际放款日期为准。甲方同意以其有全部所有权及处分权的房屋向乙方提供抵押担保，并承诺在本合同签订之日起两日内配合乙方办理抵押登记手续。抵押房产为张某红名下坐落于北京市×区×路×号院×区×号-1层至2层全部的房产。甲、乙、丙三方同意对本合同办理赋予强制执行效力的债权文书公证，且各方对赋予强制执行效力的债权文书公证之含义、内容、程序、效力等完全清楚。《借款合同》签字处，赵某德名字由张某红代为签署。2014年8月29日，公证处出具第45376号公证书，证明：甲方张某红作为赵某德的委托代理人、乙方郭某利和丙方赵某于二零一四年八月二十六日在北京，签署了前面的《借款合同》；各方当事人的签约行为符合《中华人民共和国民法通则》第五十五条的规定，该合同内容符合《中华人民共和国合同法》的规定；合同上各方当事人的签字、印鉴均属实。根据《中华人民共和国民事诉讼法》《中华人民共和国公证法》和《公证程序规则》的规定，自前面的《借款合同》生效及该合同项下债权债务形成之日起，本公证书具有强制执行效力。

2015年7月15日，公证处出具第01176号执行证书，确定：被执行人为张某红、赵某德、赵某，执行标的为：（1）借款本金人民币200万元；（2）借款利息（自2014年9月28日起至还款之日止的利息，利率按同期银行贷款利率的四倍计算）；（3）实现债权所支付的费用（按实际发生额计算）。申请执行人郭某利应自2014年9月28日起二年内，持公证处签发的赋予强制执行效力的公证债权文书及本执行证书，向被执行人住所地法院或执行财产所在地人民法院申请执行。2015年7月23日，郭某利向法院申请强制执行。

另查明，2014年6月4日，赵某德与张某红到公证处办理委托书公证。赵某德在《办理国内公证申请表》中填写申请公证内容为："委托张某红办理×区×路×号院×区×号-1层至2层全部房产的抵押借款手续。具体内容详见委托书。"《委托书》载明：委托人为赵某德，受托人为张某红。委托人与受托人系夫妻关系。在张某红名下有一套房地产，位于×区×路×号院×区×号-1层至2层全部。现二人欲以上述房地产办理相应借款和抵押手续，但委托人工作繁忙，特此委托张某红为受托人，全权办理与该借款和抵押相关的一切事宜和手续，具体包括但不限于：（1）在上述房地产已存在抵押时，代为办理提前还款、领取解除抵押证明材料、办理解除抵押登记及与之有关的一切手续，领取解除抵押后的权属证书。（2）代为以受托人名义（作为借款人）借款，并以上述房地产就借款提供抵押担保。具体包括代为决定下列问题：选择出借人，借款具体数额和方式，借款期限和利率，担保方式等，并代为签署相关借款合同法律文件、抵押合同法律文件以及其他相关法律文件，代为开立相关银行账户，代为领取借款。(3) 代为办理下列事宜：……（六）代为办理相应借款合同法律文件、抵押合同法律文件，以及借款延期后签署的相应法律文件的公证并赋予其强制执行效力手续。中信公证处在办理委托书公证时，接谈赵某德，询问其委托事项，赵某德陈述为："委托人与受托人系夫妻关系；委托人赵某德的妻子张某红名下有一套房地产，位于×区×路×号院×区×号-1层至2层全部。现二人欲以上述房地产办理相应借款和抵押手续，但委托人工作繁忙，特此委托张某红为受托人，全权办理与该借款和抵押相关的一切事宜和手续，具体内容见委托书。"2014年6月4日，公证处出具第26701号公证书，证明：赵某德于二零一四年六月四日来到我处，在公证员的面前，在前面的《委托书》上签名、按右手食指指纹，并表示知悉委托的法律意义和法律后果。赵某德的委托行为符合《中华人民共和国民法通则》第五十五条的规定。2014年8月26日，张某红向北京市中信公证处提交上述委托书和公证书，代赵某德签署了《借款合同》。公证处据此出具了作为本案执行依据的第45376号公证书。

【案件焦点】

公证债权文书是否确有错误。

【法院裁判要旨】

北京市海淀区人民法院经审理认为：公证债权文书确有错误的，人民法院裁定不予执行。本案中，争议焦点在于张某红代理赵某德签订的《借款合同》，是否对赵某德发生效力，换言之，即张某红的行为是否超出赵某德在公证《委托书》中的授权范围。通观《委托书》及赵某德在办理委托书公证时的陈述，特别是《委托书》第二条中“代为以受托人名义（作为借款人）借款”的表述，对于赵某德是否为借款人的表述并不明确。赵某德作为借款人与张某红共同借款，还是作为配偶为张某红的借款协助办理房产抵押，在《委托书》的表述下已产生歧义。公证处在办理委托书公证以及借款合同公证时均未就此进一步询问核实，就出具了赵某德作为借款人的借款合同公证书，存在不当之处。现赵某德对张某红代其签订借款合同的行为不予认可，该合同效力处于待定状态，应通过审判程序对合同效力予以审查认定。法院不应再依据公证债权文书直接将赵某德作为被执行人予以强制执行。

海淀区人民法院依照《中华人民共和国民事诉讼法》第二百三十八条第二款、《最高人民法院关于适用〈中华人民共和国民事诉讼法〉的解释》第四百八十条第一款第三项之规定，作出如下裁定：

不予执行公证处作出的第 45376 号公证书以及第 01176 号执行证书。

【法官后语】

本案是不予执行公证债权文书的典型案件。

《中华人民共和国民事诉讼法》第二百三十八条第二款规定，公证债权文书确有错误的，人民法院裁定不予执行。关于认定公证债权文书是否错误的具体情形，《最高人民法院关于适用〈中华人民共和国民事诉讼法〉的解释》第四百八十条第一款作出规定，包括公证债权文书属于不得赋予强制执行效力的债权文书、严重违反法律规定的公证程序、公证债权文书的内容与事实不符或者违反法律强制性规定、公证债权文书未载明被执行人同意接受强制执行、公证债权文书违背社会公共利益等。①

本案中，申请执行人郭某利与被执行人赵某德之间就公证债权文书是否对赵某德发生效力产生争议，亦即赵某德作为公证《借款合同》的借款人是否合法有效。由于赵某德本人未直接签署《借款合同》，《借款合同》中赵某德的签名系由其配偶张某红（借款人）代为签署，故本案争议焦点为：张某红是否有权利代理赵某德签署以赵某德为借款人的《借款合同》?

申请执行人郭某利主张张某红有权代赵某德签署《借款合同》，依据是张某红与赵某德之间经过公证的《委托书》。由于双方对《委托书》内容的理解产生歧义，因此，对《委托书》中是否包含

① 2018年10月1日起施行的《最高人民法院关于公证债权文书执行若干问题的规定》第十二条规定："有下列情形之一的，被执行人可以依照民事诉讼法第二百三十八条第二款规定申请不予执行公证债权文书：（一）被执行人未到场且未委托代理人到场办理公证的；（二）无民事行为能力人或者限制民事行为能力人没有监护人代为办理公证的；（三）公证员为本人、近亲属办理公证，或者办理与本人、近亲属有利害关系的公证的；（四）公证员办理该项公证有贪污受贿、徇私舞弊行为，已经由生效刑事法律文书等确认的；（五）其他严重违反法定公证程序的情形。被执行人以公证债权文书的内容与事实不符或者违反法律强制性规定等实体事由申请不予执行的，人民法院应当告知其依照本规定第二十二条第一款规定提起诉讼。"第二十二条规定，有下列情形之一的，债务人可以在执行程序终结前，以债权人为被告，向执行法院提起诉讼，请求不予执行公证债权文书：（一）公证债权文书载明的民事权利义务关系与事实不符；（二）经公证的债权文书具有法律规定的无效、可撤销等情形；（三）公证债权文书载明的债权因清偿、提存、抵销、免除等原因全部或者部分消灭。据此，司法解释区分不予执行公证债权文书的事由为：严重违反法定公证程序的程序性事由以及公证债权文书的内容与事实不符或者违反法律强制性规定等实体性事由，通过不同的法律程序处理。前者通过在执行裁决程序审查，后者应通过诉讼程序审理。具体到本案中，赵某德认为张某红代其签订的《借款合同》对其无效，属于上述司法解释第二十二条规定的实体性事由，在司法解释施行后，应通过向执行法院提起诉讼的方式请求不予执行公证债权文书。

以赵某德名义进行借款的委托事项，即成为本案审查的重点内容。《委托书》条文中明确载明："委托人为赵某德，受托人为张某红。委托人与受托人系夫妻关系。在张某红名下有一套房地产，位于×区×路×号院×区×号-1层至2层全部。现二人欲以上述房地产办理相应借款和抵押手续，但委托人工作繁忙，特此委托张某红为受托人，全权办理与该借款和抵押相关的一切事宜和手续，具体包括但不限于：……二、代为以受托人名义（作为借款人）借款，并以上述房地产就借款提供抵押担保。"从文义解释的角度出发，《委托书》已经限定了借款人的身份为受托人张某红，而非委托人赵某德。虽然申请执行人主张根据《委托书》的其他内容，可以认定赵某德委托张某红以赵某德名义进行借款，但对委托合同作出进一步解释以及对其效力进行判定，已经超出了执行中对公证债权文书是否应予以强制执行的审查范围。由于公证债权文书在效力上存在不确定性，因此，法院经审查认为，未避免损害当事人的权利，公证债权文书不应继续予以强制执行，应由各方当事人对合同效力通过审判程序予以明确。

编写人：北京市海淀区人民法院　潘亮洁

151　赋予强制执行效力的民间借贷公证债权文书是否需审查款项交付

——朱某梅申请不予执行公证债权文书案

【案件基本信息】

1. 裁判书字号

江苏省阜宁县人民法院（2016）苏0923执750号执行裁定书

2. 事由：不予执行公正债权文书

3. 当事人

申请人：朱某梅

被申请人：葛某奎、谌某英、吴某旺、孙某红

【基本案情】

2011年10月14日，吴某旺、孙某红夫妇（甲方）与葛某奎、谌某英夫妇（乙方）签订民间借款抵押协议书一份，约定甲方以房产作抵押，向乙方借款320万元，还款期限为2012年3月30日，月利率0.12%。同日，公证处出具第631号公证债权文书，对上列借款抵押协议进行公证并赋予强制执行效力。2012年4月11日，公证处对上列借款出具第2号执行证书。同年4月17日，阜宁县法院受理葛某奎、谌某英申请执行吴某旺、孙某红夫妇公证债权文书一案，后终本执行。2016年3月9日，阜宁县人民法院受理朱某梅申请执行吴某旺民间借贷纠纷案。同年4月14日，朱某梅以吴某旺、孙某红与葛某奎、谌某英之间存在虚假借贷为由，申请对案涉公证债权文书不予执行。听证中，葛某奎、谌某英未能举证证明款项交付事实。阜宁县人民法院函询盐城市公证处有无对案涉款项交付进行审查，公证处答复：一般来说，双方当事人到场，对借条、借款事实无异议即可办理公证，公证员不可能做到核实好每一笔借款的真实性。

【案件焦点】

公证机构对民间借贷债权文书进行公证并赋予强制执行效力时，是否需要审查款项交付。

【法院裁判要旨】

江苏省阜宁县人民法院经审查认为：公证是公证机构根据自然人、法人或者其他组织的申请，依照法定程序对民事法律行为、有法律意义的事实和文书的真实性、合法性予以证明的活动。盐城市公证处对案涉借款办理公证时，无证据证明已对借款的真实性予以审查，而申请执行人葛某奎、谌某英亦未能举证证明款项交付事实，故可以认定案涉公证债权文书的内容与事实不符，应当不予执行。依照《中华人民共和国民事诉讼法》第二百三十八条第二款、《最高人民法院关于适用〈中华人民共和国民事诉讼法〉的解释》第四百八十条第一款第三项的规定，作出如下裁定：

不予执行江苏省盐城市公证处第631号公证债权文书。

【法官后语】

在办理涉民间借贷的赋予强制执行效力的公证债权文书过程中，审查出借款项交付是公证机构的义务，否则经利害关系人的申请，法院应当裁定不予执行。理由如下：

1. 从对公证债权文书赋予强制执行效力需要具备的条件来看，《最高人民法院、司法部关于公证机关赋予强制执行效力的债权文书执行有关问题的联合通知》（以下简称《联合通知》）第一条规定："公证机关赋予强制执行效力的债权文书应当具备以下条件：（一）债权文书具有给付货币、物品、有价证券的内容；（二）债权债务关系明确，债权人和债务人对债权文书有关给付内容无疑义；（三）债权文书中载明债务人不履行义务或不完全履行义务时，债务人愿意接受依法强制执行的承诺。"由此可见，无给付即无执行，公证债权文书之所以在"未审先判"的情况下，能被直接赋予强制执行效力，前提之一就是必须具有明确、无争议的给付内容。对于民间借贷执行而言，该“给付内容”当然是指借款人的到期本（息）返还义务，而只有当出借人兑现了款项交付，借款人才负有返还义务，所以说赋予民间借贷公证债权文书强制执行效力的先决要件就是确保款项出借到位，否则执行证书将因缺乏执行标的而成为“一纸空文”。

2. 从对赋强制执行效力的公证债权文书的制作程序规范来看，《联合通知》第五条规定，公证机关签发执行证书前，应当审查不履行或不完全履行的事实确实发生。民间借贷作为一种民事法律行为，以借款协议为形式载体，公证机构对该协议予以公证并赋予强制执行效力，直至签发执行证书，从逻辑上讲，至少要经历两个层面、三个阶段的审查：一是对民间借贷的成立和生效事实，即借贷双方经由要约、承诺，意思表示一致而建立合法有效的借贷关系进行公证；二是对借贷协议具有确实的给付内容，即“有借有还，出借在先，承诺归还在后”的事实进行公证；三是对强制执行条件成就，即借款人未按期还款的违约事实进行公证。三个阶段前后相连，环环相扣，第一阶段既包含事实审查，也包括法律评价；第二阶段、第三阶段则为纯粹的事实审查，且前一阶段是后一阶段的前提和基础，只有当前一阶段的条件得到满足时，后一阶段的动作才有意义，否则缺少对任何一个环节的公证审查，公证债权文书均不具有可执行性。

3. 从对赋予强制执行效力的公证债权文书的司法审查标准来看，《中华人民共和国民事诉讼法》第二百四十五条规定，对公证机关依法赋予强制执行效力的债权文书确有错误的，人民法院应当裁定不予执行。而《最高人民法院关于适用〈中华人民共和国民事诉讼法〉的解释》第四百七十八条规定，公证债权文书的内容与事实不符或者违反法律强制性规定的，可以认定为公证债权文书确有错误。公证是一种准司法程序，通过赋予公证债权文书强制执行效力，可以让当事人免受诉累、节约司法资源并能规范民商事交易活动、维护正常的交易秩序。然而，正因为程序简便、快捷高效，公证债权文书的作出未经过缜密的审判程序，有可能存在错误而损害当事人的合法权益，所以法院在强制执行时，势必要对债权文书进行实体审查，以确保文书的内容符合客观事实且不违反法律强制性规定，有序实现准司法程序与司法程序之间的过渡衔接。由于司法实践中，出借人不仅要举证证明借贷双方存在借贷的合意，还需举证证明出借款项已经交付的事实，否则其诉讼请求不予支持，因此公证机构对民间借贷协议进行公证并赋予强制执行效力时，自然也应当采用同样的实体审查标准，否则赋予公证债权文书强制执行效力制度将沦为当事人逃避证明责任，规避虚假诉讼制裁的“后门”。缘此，《最高人民法院关于防范和制裁虚假诉讼的指导意见》第八条亦明确要求，在执行公证债权文书和仲裁裁决书、调解书等法律文书过程中，对可能存在双方恶意串通、虚构事实的，要加大实质审查力度，注重审查相关法律文书是否存在损害国家利益、社会公共利益或者案外人的合法权益。如果存在上述情形，应当裁定不予执行。必要时，可向仲裁机构或者公证机构发出司法建议。

综上，在赋予民间借贷公证债权文书强制执行效力的过程中，本着“先借后还”的原则，公证机构应当尽到实质性审查义务。

编写人：江苏省阜宁县人民法院　刘干　曹礼坤

152 与船舶无关的普通债权不能当然执行挂靠被执行人名下的船舶股份

——燃料供应公司诉某银行宁波分行、船务公司案外人执行异议之诉案

【案件基本信息】

1. 裁判书字号

浙江省宁波海事法院（2015）甬海法执异初字第 5 号民事判决书

2. 案由：案外人执行异议之诉

3. 当事人

原告：燃料供应公司

被告：某银行宁波分行、船务公司

【基本案情】

A 船由原告燃料供应公司从案外人处订造并实际经营。2010 年 8 月，为取得该船舶的经营资质，燃料供应公司与被告船务公司签署了一份《运输船舶委托经营管理合同》，约定将 A 船挂靠在船务公司经营。2010 年 9 月，A 船取得了船舶所有权登记证书，证书载明该船建成日期为 2010 年 8 月 13 日，船务公司占股份 51%，燃料供应公司占股份 49%。2013 年 10 月 18 日，燃料供应公司与船务公司又签署了一份《关于 A 船船舶产权股份共有归属确认书》，进一步明确虽然A船51%股份登记在船务公司名下，但

该船经营人、产权人均为燃料供应公司，船舶股份100%归属燃料供应公司。2014年8月4日，被告某银行宁波分行向宁波海事法院起诉船务公司，同月8日，依某银行宁波分行申请，宁波海事法院裁定限制船务公司转让、抵押登记在其名下的A船51%的股份。同年9月12日，船务公司以该船所有权100%归属燃料供应公司为由提出保全异议，该异议申请被宁波海事法院依法驳回。2014年10月，燃料供应公司为与船务公司船舶所有权纠纷一案诉至宁波海事法院，同年11月，宁波海事法院作出判决确认A船的所有权100%属燃料供应公司所有，但登记在船务公司名下的51%的所有权变更登记前不得对抗第三人。2015年1月22日，就某银行宁波分行与船务公司等船舶抵押合同纠纷一案，宁波海事法院作出（2014）甬海法商初字第580号民事判决，判决：（1）船务公司于本判决生效后十日内归还某银行宁波分行贷款本金1000万元及利息，并支付律师费3万元；（2）某银行宁波分行就上述款项对船务公司所有的A船享有抵押权。该判决生效后，某银行宁波分行申请强制执行并得到受理。同年4月23日，燃料供应公司提出执行异议，要求停止对A船的执行，立即解除对该船登记在船务公司名下的51%股份的保全措施，被宁波海事法院裁定驳回。燃料供应公司不服该异议，提起本诉。

【案件焦点】

因抵押船舶不足以清偿债权，债权人对虽在被执行人名下但实为他人所有的他船股份申请强制执行，并主张其为《中华人民共和国物权法》第二十四条[①]规定的善意第三人，法院是否及如何予以实质审查。

【法院裁判要旨】

浙江省宁波海事法院经审理认为：本案系执行过程中案外人就执行标的提出的异议之诉。某银行宁波分行虽就另案船舶享有船舶抵押权，但对抵押船舶以外的财产包括涉案51%船舶股份并无优先清偿权，其权利属于一般债权。某银行宁波分行未能证明其对船务公司的债权发生时，对涉案51%船舶股份的登记有合理信赖，某银行宁波分行不属于《中华人民共和国物权法》第二十四条不得对抗的“善意第三人”。按照物权优于一般债权的原理，燃料供应公司以上述船舶股份的所有权可以对抗某银行宁波分行的一般债权，并足以排除对该船舶股份的强制执行。宁波海事法院依照《中华人民共和国民事诉讼法》第二百二十七条、《最高人民法院关于适用〈中华人民共和国民事诉讼法〉的解释》第三百一十二条第一款第一项之规定，作出如下判决：

（2015）甬海法执民字第224号案件不得执行燃料供应公司所有的现登记在船务公司名下的A船51%的股份。

判决后，双方当事人均未上诉，本判决现已生效。

【法官后语】

本案审理面临的难题是挂靠船舶能否强制执行。2015年5月5日起施行的《最高人民法院关于办理执行异议和复议案件若干问题

① 该条规定：“船舶、航空器和机动车等物权的设立、变更、转让和消灭，未经登记，不得对抗善意第三人。”《中华人民共和国民法典》第二百二十五条保留了该规定，内容未作变动。

的规定》第二十六条第二款规定，金钱债权执行中，案外人依据执行标的被查封、扣押、冻结后作出的另案生效法律文书提出排除执行异议的，人民法院不予支持。据此，实际所有人在船舶股份被冻结后经确权诉讼取得法院判决后提出执行异议的，法院不予支持。该规定属于司法解释，效力高于前述答复，但是又存在一般与特殊规则的关系，不能轻易得出据此否彼的结论。

在案外人执行异议之诉中，判断是否停止强制执行涉案船舶股份，应当考虑的首要标准是案外人有无足以排除强制执行的民事权益。在登记对抗主义下，《中华人民共和国海商法》第九条和《中华人民共和国民法典》第二百二十五条的适用应当具备一定条件。某银行宁波分行如据此主张其为善意第三人，应当举证证明其为物权请求权人，或者其债权的发生与船舶股份变动有关，或者其已履行谨慎义务后合理确信船舶股份由船务公司所有，可为债权提供责任财产担保。然而，某银行宁波分行不能完成前述举证义务。某银行宁波分行在申请保全该股份时并不知道其实际权属，不属于物权法和海商法规定的第三人①。燃料供应公司与船务公司的船舶股份挂靠关系事实清楚，燃料供应公司作为实际所有人对于船舶挂靠并无重大过错，理由有两点：一是船舶所有权证书对燃料供应公司与船务公司的股份比例进行了记载，载明船务公司占股51%，燃料供应

① 最高人民法院吸收总结司法实践经验，在2016年3月1日施行的《最高人民法院关于适用〈中华人民共和国物权法〉若干问题的解释（一）》第六条规定："转让人转移船舶、航空器和机动车等所有权，受让人已经支付对价并取得占有，虽未经登记，但转让人的债权人主张其为物权法第二十四条所称的'善意第三人'的，不予支持，法律另有规定的除外。"2021年1月1日施行的《最高人民法院关于适用〈中华人民共和国民法典〉物权编的解释（一）》第六条保留了该规定，内容未作变动。在船舶挂靠登记情形下，参照该规定，被挂靠人的债权人不属于物权法意义上的善意第三人，实际所有人有权要求停止执行船舶。

公司占股49%，燃料供应公司借此一定程度上表明股份挂靠关系；二是由于燃料供应公司和船务公司按份共有船舶，燃料供应公司借船务公司名义经营油船，形式上符合相关行政管理制度。在某银行宁波分行所主张债权与船舶股份无直接关联基础上，结合实际所有人过错较小，判决停止对涉案船舶股份强制执行。

编写人：浙江省宁波海事法院　罗孝炳

153　夫妻债权债务抵销权行使之抗辩事由

——酒店公司与刘某敏执行异议案

【案件基本信息】

1. 裁判书字号

上海市第一中级人民法院（2015）沪一中执复字第6号执行裁定书

2. 事由：执行异议

3. 当事人

申请执行人：酒店公司

被执行人（异议人、申请复议人）：刘某敏

【基本案情】

申请异议人刘某敏因未能履行法院作出的已经发生法律效力的（2014）松民三（民）初字第2125号、第2124号、第2118号、第2119号、第2120号、第2121号、第2122号、第2123号民事判决确定之义务，根据申请执行人酒店公司的申请，法院分别以（2015）松执字第1517号、第1521号、第1529号、第1532号、第1534号、第1535号、第1536号、第1537号立案执行，但被执行人刘某敏至今未能履行支付位于上海市松江区松东路×弄“颐思殿广场”×号12层1212、1211、1201、1202、1207、1208、1209、1210室房屋的房款及相应的逾期付款违约金等义务。

酒店公司因未能履行法院作出的已经发生法律效力的（2014）松民二（商）初字第1543号民事判决确定义务，根据申请执行人高某军的申请，法院以（2014）松执字第6246号立案执行，但被执行人酒店公司至今未能履行偿付借款本金500万元及相应利息的义务。

酒店公司在法院还涉及其他被执行案件，申请执行人有洛忻公司、易和公司、松江民生村镇银行等，上述申请执行人的债权均未完全受偿。

2015年2月12日，刘某敏、高某军共同向法院提出要求将其各自在酒店公司的债权和债务等额部分以系夫妻共同债权债务为由主张予以抵销。因刘某敏的抵销权主张法院未予准许，刘某敏遂向法院提出了执行异议。

【案件焦点】

1. 申请复议人刘某敏对第三人负有的债务与其丈夫对该第三人享有的债权是否为夫妻共同债权债务；2. 刘某敏主张其丈夫债权抵销其债务，而其丈夫表示同意，实质上是刘某敏主张受让其丈夫的债权，并通过其丈夫债权优先抵销其债务。刘某敏丈夫的债权相对于其他债权人可否优先受偿。

【法院裁判要旨】

上海市松江区人民法院经审理认为：公民、法人的合法民事权益受法律保护，任何组织和个人不得侵犯。本案中，即便异议人刘某敏对酒店公司所负的债务和高某军对酒店公司所享有的债权均归于夫妻共有，但是刘某敏的债务与高某军的债权均已进入法院的执行程序，且酒店公司涉及的被执行案件较多（其他债权人均未完全受偿），故酒店公司对刘某敏所享有的债权并非可以完全支配、处分的债权。由此可见，刘某敏与高某军债权债务标的物的种类并非相同，刘某敏主张的抵销权并不适用于《中华人民共和国合同法》第九十九条规定的互负债务的抵销。更何况，高某军对酒店公司的债权并非优先债权，该债权债务的抵销必将损害其他案件当事人的合法权益。故判决如下：

对申请异议人（被执行人）刘某敏提出的执行行为异议，法院不予支持。

【法官后语】

本案中，申请复议人刘某敏主张对第三人的债务与其丈夫对第三人的债权属于夫妻共同债权债务，可以行使法定抵销权。但第三人的其他债权人表示刘某敏与其丈夫并非同一执行案件当事人，且刘某敏对第三人的债务与其丈夫对第三人的债权并非同一种类，并不符合法定抵销权的行使条件。此外，该第三人对外有多笔债务，已无能力全部清偿，如同意抵销，则其他债权人的权益将受到侵害。在办理本案过程中，首先分析夫、妻对外债权债务能否视为夫妻共同债权债务，其次分析执行过程中抵销权行使的条件，再次分析执行过程中财产分配顺序，最后分析债权受让后行使抵销权的范围及执行阶段涉及第三人合法利益的抵销权行使限制。通过对各个矛盾焦点涉及的法律关系层层分析，将夫妻对同一第三人的债权债务抵销可行性进行了系统分析，对审理同类型案件有一定参考作用。

编写人：上海市松江区人民法院　崔宁

154　对于发生在夫妻关系存续期间，但执行依据未明确夫妻共同债务、也未明确夫妻一方个人债务的执行案件，可否执行夫妻共同财产与被执行人配偶财产

——农村信用合作联社与吴某国等金融借款合同案

【案件基本信息】

1. 裁判书字号

山东省淄博市淄川区人民法院（2011）川执字第3430号执行裁定书

2. 事由：金融借款合同

3. 当事人

申请执行人：农村信用合作联社

被执行人：吴某国、翟某、王某波、马某胜

【基本案情】

关于农村信用合作联社与吴某国、翟某、王某波、马某胜金融借款合同纠纷一案，人民法院作出的（2011）川商初字第1280号民事判决书已经发生法律效力，判决书确定：（1）被告吴某国偿还原告农村信用合作联社贷款本金199999.99元；（2）被告吴某国偿付原告农村信用合作联社贷款利息127032.98元（自2008

年 8 月 22 日起至 2011 年 7 月 6 日止按借款合同约定利率计算)；(3) 被告吴某国偿付原告农村信用合作联社自 2011 年 7 月 7 日起至借款本金付清之日止按借款合同约定利率计算产生的贷款利息；(4) 被告翟某、马某胜、王某波分别对被告吴某国应付原告农村信用合作联社上述借款本息承担连带清偿责任；在承担保证责任归还欠款后，有权向借款人被告吴某国追偿。

法律文书生效后，被告未自动履行义务，申请人农村信用合作联社向法院申请强制执行。

法院在执行过程中，发现被执行人吴某国配偶翟某杰名下有银行存款。

【案件焦点】

对于发生在夫妻关系存续期间，但执行依据未明确夫妻共同债务，也未明确夫妻一方个人债务的情况，可否在执行程序中不予追加另一方为当事人，直接执行夫妻共同财产与另一方的个人财产。

【法院裁判要旨】

山东省淄博市淄川区人民法院经审理认为：执行依据未明确债务为夫妻一方个人债务的，如果债务发生在夫妻关系存续期间，且配偶不能证明非夫妻共同债务的，可以推定为夫妻共同债务。法院经过调查发现，涉案借款发生在吴某国和翟某杰婚姻关系存续期间，且翟某杰不能证明该借款并非夫妻共同债务。故法院根据《中华人民共和国民事诉讼法》第二百四十二条之规定，依法冻结、划拨了翟某杰的银行存款，并向翟某杰送达了执行裁定书，翟某杰对此未提出执行异议。

【法官后语】

能否执行被执行人配偶的财产一直是横亘在执行工作之中的重要难题。在审判程序中，因为合同的相对性，往往不会把债务人配偶列为被告，故而就不会明确该债务为夫妻共同债务。在执行程序中，不适合直接将债务人配偶追加为被执行人，故而出现大量被执行人向其配偶转移财产的现象，增加了执行工作的难度。

关于能否执行被执行人配偶财产，实践中有三种执行方案：

第一种方案是直接追加被执行人配偶为被执行人。这种做法便捷、高效，但是这种做法使没有参加诉讼的配偶一方失去了举证、质证及上诉等诉讼权益，违背“程序正义”。再者，有关被执行主体的变更与追加的规定主要是：（1）《中华人民共和国民事诉讼法》第二百三十二条①、《最高人民法院关于适用〈中华人民共和国民事诉讼法〉的解释》第四百七十二条至第四百七十五条②关于作为被执行人的法人或其他组织名称变更或公民死亡的；（2）《最高人民法院关于人民法院执行工作若干问题的规定（试行）》第七十六条至第八十三条③关于无法人资格的私营独资企业、个人合伙组织或合伙型联营企业、企业法人分支机构、上级主管部门或开办单位等。由此可见，执行程序法规范中对能否追加被执行人配偶为被执行人并没有明确规定。

---

① 该规定现为《中华人民共和国民事诉讼法》第二百三十九条：“作为被执行人的公民死亡的，以其遗产偿还债务。作为被执行人的法人或者其他组织终止的，由其权利义务承受人履行义务。”

② 上述规定现为《最高人民法院关于适用〈中华人民共和国民事诉讼法〉的解释》第四百七十条至第四百七十三条。

③《最高人民法院关于人民法院执行工作若干问题的规定（试行）》于2020年进行了修正，修正后删除了原规定中第七十六条至第八十三条的规定，但相关内容被2016年施行的《最高人民法院关于民事执行中变更、追加当事人若干问题的规定》所吸收。

第二种执行方案是只要执行依据没有明确为夫妻共同债务，一律不予执行被执行人配偶的财产。笔者认为，这种做法容易缩小执行标的的范围，且容易造成被执行人向其配偶转移财产，逃避执行，对申请执行人的合法权益造成极大的损害。

第三种执行方案是对于发生在夫妻关系存续期间、但判决未明确夫妻共同债务的情况，在执行程序中不予追加另一方为当事人，而是直接执行共同财产与另一方的财产。笔者认为，这一执行方案不仅兼顾了实体法的规定及审执分离原则，也实现了打击逃避执行的目的，同时也给另一方留出案外人异议之诉的机会，是目前法律框架下较为妥当的安排。关于夫妻共同债务的认定与夫妻共同财产的执行问题要分两种情况：第一种情况，执行依据明确债务为夫妻一方个人债务的，除能执行债务人的个人财产外，可以执行夫妻共同财产中的一半份额，配偶对于执行共同财产有异议的，可以根据《中华人民共和国民事诉讼法》第二百二十七条①的规定进行救济；第二种情况，执行依据未明确债务为夫妻一方个人债务的，如果债务发生在夫妻关系存续期间，配偶不能证明非夫妻共同债务的，可以推定为夫妻共同债务，并可以直接执行夫妻共同财产、配偶（包括已离婚的原配偶）的个人财产，配偶有异议的，可以根据《中华人民共和国民事诉讼法》第二百二十七条的规定进行救济。我们认为，对于第一种情况，执行夫妻共同财产中的一半份额，是基于夫

---

① 该条规定现为《中华人民共和国民事诉讼法》第二百三十四条："执行过程中，案外人对执行标的提出书面异议的，人民法院应当自收到书面异议之日起十五日内审查，理由成立的，裁定中止对该标的的执行；理由不成立的，裁定驳回。案外人、当事人对裁定不服，认为原判决、裁定错误的，依照审判监督程序办理；与原判决、裁定无关的，可以自裁定送达之日起十五日内向人民法院提起诉讼。"下同。

妻共同财产理论；对于第二种情况，则是基于夫妻共同债务理论。两种情况下，都会涉及配偶财产，但所依据的理论不同，并且在执行程序中均不予追加被执行人配偶为当事人，给其留出案外人异议之诉的机会。

编写人：山东省淄博市淄川区人民法院　姚弘韬

155　公证机构对于赋予强制执行效力的公证债权文书不予签发执行证书的，当事人不能就公证书上所载债权债务关系直接向人民法院提起诉讼

——关某臣诉陈某生民间借贷案

【案件基本信息】

1. 裁判书字号

北京市第三中级人民法院（2015）三中民（商）终字第02930号民事判决书

2. 案由：民间借贷纠纷

3. 当事人

原告（上诉人）：关某臣

被告（被上诉人）：陈某生

【基本案情】

关某臣主张其与陈某生系朋友关系，2004年至2007年，因陈某生所干工程需要大量资金，经中间人介绍撮合，陈某生多次向关某臣借款累计金额为300万元，并约定年利率为15%，资金使用期限为3年，利息累计为135万元。

关某臣向北京市第三中级人民法院提交（2007）平证字第435号公证书一份。该公证书内容如下：申请人：债权人（以下简称甲方）关某臣，委托代理人王某；债务人（以下简称乙方）管道维修队，经营者姓名陈某生。公证事项：还款协议。甲、乙双方于2007年6月12日向本处申请办理前面的《还款协议》公证。经查，甲、乙双方经协商一致订立了前面的《还款协议》。双方在订立《还款协议》时具有法律规定的民事权利能力和民事行为能力。代理人具有相应的代理权。双方签订《还款协议》意思表示真实，协议内容具体、明确。乙方在协议中承诺：届时乙方若不还款或没有按约定清偿全部欠款本息，乙方愿意接受人民法院强制执行，不必经过诉讼程序。依据上述事实，兹证明关某臣与管道维修队于2007年6月12日签订了前面的《还款协议》。双方当事人的签约行为符合《中华人民共和国民法通则》第五十五条的规定，协议内容符合我国法律的有关规定。协议上双方当事人的签名、印鉴均属实。根据《中华人民共和国民事诉讼法》第二百一十八条，《中华人民共和国公证法》第三十七条第一款的规定，本处赋予该《还款协议》具有强制执行效力。当乙方不按协议约定履行义务时，甲方可持本公证书到本处申请签发执行证书，并凭本公证书及执行证书直接向人民法院申请强制执行。

陈某生认可上述公证书的真实性，但主张关某臣、陈某生双方不存在借款合同关系、未发生借款的事实，该公证书系案外人王某强迫陈某生签订。

关某臣称因双方延长还款期限并在公证书上标注，公证机构不予签发执行证书，其就涉诉债权未向法院申请强制执行，法院亦未作出不予执行的裁定。

【案件焦点】

当事人对赋予强制执行效力的公证书的内容变更后，因公证机构对该公证书不予签发执行证书致使债权人无法向法院申请强制执行，债权人直接通过诉讼程序主张债权，人民法院是否应当审理。

【法院裁判要旨】

北京市顺义区人民法院经审理认为：当事人、公证事项的利害关系人对具有强制执行效力的公证债权文书的民事权利义务有争议直接向人民法院提起民事诉讼的，人民法院依法不予受理。据此，依照《中华人民共和国民事诉讼法》第一百一十九条，《最高人民法院关于审理涉及公证活动相关民事案件的若干规定》第三条之规定，裁定：驳回关某臣的起诉。

北京市第三中级人民法院认为：本案中，关某臣已经取得了具有强制执行力的公证债权文书，其债权应当通过向人民法院申请执行的方式来实现。现债务人陈某生在债权人关某臣所持有的公证书上单方变更了债务履行的期限，这种单方变更行为是否能够改变原有公证书的内容从而构成新的债权使原公证书失去效力尚不确定，因此公证机构根据该单方变更行为对原公证书不予签发执行证书是合法行为还是违约行为亦不确定，该争议是公证机构与关某臣之间的纠纷，在该争议未解决前，难以认定原公证书已经失去效力，在此情形下，根据《最高人民法院关于审理涉及公证活动相关民事案件的若干规定》第三条第二款的规定：当事人、公证事项的利害关系人对赋予强制执行效力的公证债权文书的民事权利义务有争议直接向人民法院提起民事诉讼的，人民法院依法不予受理，因此一审法院裁定驳回关某臣的起诉并无不当。

【法官后语】

公证债权文书仅仅是对当事人之间债权债务关系设立的确认，在公证债权文书签订后至进入强制执行程序前，公证债权文书载明的债权债务关系还会随着当事人的履行行为发生变化，这种权利义务是变化的、动态的，不是固定的、终局性的。因此，不同于生效判决书、调解书和仲裁裁决书，当事人不能直接持公证债权文书向人民法院申请强制执行，此前还需经过一个相应的类似法院或仲裁机构的裁决程序，对公证债权文书上载明的债权债务关系的履行情况进行固定与确认，而这一程序，由公证机关来承担，签发公证执行证书就是这一程序的载体与结果。公证执行证书的功能在于固定公证债权文书所载债权债务的履行状况，确保当事人向法院申请强制执行的可操作性。公证执行证书本身并不重新设立或者改变公证债权文书当事人之间的债权债务关系。

公证机关不签发公证执行证书，当事人对此有异议，这本身就是一个纠纷，其性质为公证法律关系纠纷，纠纷主体产生于公证当事人与公证机关之间，公证当事人可依据双方建立的公证法律关系提起民事诉讼，即就公证机关不予签发执行证书行为是否违反双方订立的公证法律关系中公证机关应承担的义务进行诉讼。最终，根据公证法律关系诉讼结果来决定，是走直接执行的道路，还是走诉讼的道路。具体来讲：如果法院判决认为公证机关违反其应承担的公证义务，要求其履行签发公证执行证书责任，当事人可依判决要求公证机关履行义务，如公证机关不履行义务，公证当事人可依法院判决直接申请执行公证债权文书；如法院判决认为公证机关不签发公证执行证书符合公证的相关规定与要求，则驳回公证申请人要求公证机关履行出具公证执行证书义务的诉讼请求，这证明法院已通过裁判的方式判决公证债权文书不能进入执行程序了，则当事人可依该民事判决直接到法院进行诉讼，而不再需要以法院不予执行的裁定为前提。

编写人：北京市第三中级人民法院　宋毅

156 执行中到期债权能否认定为收入

——房地产公司与王某杰等执行异议案

【案件基本信息】

1. 裁判书字号

河北省邢台市中级人民法院（2015）邢执异字第26号执行裁定书

2. 事由：执行异议

3. 当事人

异议人：房地产公司

申请执行人：王某杰

被执行人：诸某明、张某、张某革、高纤科技公司

【基本案情】

河北省邢台市中级人民法院在执行王某杰与被执行人诸某明、张某、张某革、高纤科技公司借款合同纠纷一案中，因被执行人未履行法律文书确定的义务，河北省邢台市中级人民法院于2015年5月19日作出（2015）邢执字第42-1号执行裁定书，裁定："提取被执行人张某、张某革在房地产公司尚未支取债权5000万

元。”并于2015年5月20日，向房地产公司发出（2015）邢执字第42-1号协助执行通知书，要求其协助提取债权的执行。房地产公司对该协助执行通知不服，向法院提出执行异议。经查，被执行人诸某明、张某、张某革、高纤科技公司因涉郑某银、郑某晓、徐某诉其民间借贷纠纷一案，河北省邢台市中级人民法院于2014年2月21日、同年3月17日向房地产公司分别发出（2014）邢民三初字第7号、（2014）邢民三初字第7-1号协助执行通知，让其协助停止支付并扣留张某、张某革汇入该公司的债权5000万元。异议人房地产公司认为，张某、张某革在异议人处并无可提取的收入，且对异议人的债权也未到期，另外该债权还涉及其他法院和当事人的诉讼与执行纠纷，故提出执行异议，要求撤销（2015）邢执字第42-1号协助执行通知书。

【案件焦点】

张某、张某革对房地产公司的债权能否作为收入认定。

【法院裁判要旨】

河北省邢台市中级人民法院经审理认为：被执行人张某、张某革在异议人房地产公司的债权，因在诉讼中已被河北省邢台市中级人民法院依法采取了保全措施，故进入执行程序后，对该债权依法进行执行并无不当。但是依据《最高人民法院关于人民法院执行工作若干问题的规定（试行）》第三十六条规定作出的（2015）邢执字第42-1号执行裁定和（2015）邢执字第42-1号协助执行通知书，将被执行人张某、张某革在异议人处的“债权”按“收入”提取欠妥，属适用法律错误，依法应予纠正。因而，异议人房地产公司关于法院将债权按收入提取的异议理由成立，法院应予支持。

河北省邢台市中级人民法院依照《中华人民共和国民事诉讼法》第二百二十五条之规定，作出如下裁定：

一、撤销河北省邢台市中级人民法院作出的（2015）邢执字第42-1号执行裁定书；

二、撤销河北省邢台市中级人民法院作出的（2015）邢执字第42-1号协助执行通知书。

【法官后语】

被执行人的收入和到期债权都是被执行人对案外人所享有的财产性利益，两者之间具有一定的相似性。执行实践中，时常发生因对被执行人收入和到期债权的认识不同或理解上的偏差，将两者混同或错误适用。由于对被执行人收入的执行和对被执行人到期债权的执行所适用的法律不同，执行程序不同，如果适用错误，将会对第三人的程序权利和实体权利造成重大影响。因此，执行中对被执行人的收入和到期债权严格区分尤为重要。

从法律规定的文义上来看，被执行人收入和到期债权存在以下区别：(1)《中华人民共和国民事诉讼法》第二百四十三条“应当保留被执行人及其所扶养家属的生活必需费用”“被执行人所在单位、银行、信用合作社和其他有储蓄业务的单位必须办理”；《最高人民法院关于人民法院执行工作若干问题的规定（试行）》第三十五条“作为被执行人的公民，其收入转为储蓄存款的”、第三十六条“被执行人在有关单位的收入尚未支取的”，从这些法条用语可以看出，关于执行被执行人收入的“被执行人”，应理解为自然人，而且只能从有关单位、银行、信用合作社和其他有储蓄业务的单位扣留、提取收入或收入转成的储蓄存款。而执行被执行人到期债权，没有被执行主体和第三人主体资格的限制，被执行人既可以是单位，也可以是自然人，到期债权的债务人（第三人）既可以是单位，也可以是自然人。（2）执行被执行人收入无须具备被执行人不能清偿债务这个条件；而执行被执行人到期债权须在被执行人不能清偿债务时（没有可供执行的财产，不是没有财产）才可向第三人发出履行到期债权通知书。（3）被执行人收入不需要申请执行人或被执行人申请；而执行被执行人到期债权必须由申请执行人或被执行人申请。（4）执行被执行人收入要向有关单位发出协助执行通知书，且有关单位必须办理；执行被执行人到期债权则要向相关债务人（第三人）发出履行到期债权通知书，第三人享有异议权，第三人在指定期限内提出异议的，人民法院不得对第三人强制执行，且不对提出的异议进行审查，第三人异议权的行使直接导致法院履行到期债权通知书效力的终止。

本案例是对2015年办理案件的分析和总结，案件裁定的作出距今已有数年。随着《中华人民共和国民法典》施行，相关的法律制度和司法解释也进行了修订，总体上来说，本案例中涉及的执行被执行人收入和到期债权的有关规定没有太大变化。比如，上文中引用2012年第二次修正的《中华人民共和国民事诉讼法》第二百四十三条内容，在该法2017年第三次修正、2021年第四次修正时均予全文保留，目前，对被执行人收入的执行规定在民事诉讼法第二百五十条。又如，2020年12月23日修正的《最高人民法院关于人民法院执行工作若干问题的规定（试行）》中，保留了执行被执行人收入、到期债权的条款，原第三十五条、第三十六条规定的内容调整至第二十八条、第二十九条；原第六十一条至第六十九条规定的内容调整至第四十五条至第五十三条。其中，修正后的规定第二十八条“作为被执行人的自然人，其收入转为储蓄存款的”，在表述上用“自然人”替换了原条文中的“公民”一词，是民法典中平等原则的具体体现，也符合民事活动日益国际化、多样化的特征，更加明确了执行“收入”时被执行人的自然属性，在执行对象上继续将“收入”区别于第三十六条（原规定第五十一条）规定的“已到期的股息或红利等收益”。同时，第二十八条还删除了原规定第三十五条中法院向金融机构发出协助执行通知书时，需要“并附生效法律文书”的内容，与最高人民法院关于网络执行查控中扣划被执行人银行存款时的相关要求保持一致，“线上线下”两种方式，提高了“收入转为储蓄存款”情形下执行的效率。

编写人：河北省邢台市中级人民法院　杨刚印

六、特殊情况下的执行

157 超标的查封的认定

——杨某与某矿业公司等执行异议案

【案件基本信息】

1. 裁判书字号

北京市丰台区人民法院（2020）京0106执异701号执行裁定书

2. 事由：执行异议

3. 当事人

申请执行人：杨某

被执行人（异议人）：某矿业公司

被执行人：赵某杰、李某江、沈某嘉、邓某

【基本案情】

北京市丰台区人民法院于2018年9月20日作出的（2017）京0106民初30126号民事判决书已经发生法律效力，判决如下：

（1）某矿业公司于本判决生效之日起十日内偿还杨某借款本金2669643.83元；（2）某矿业公司于本判决生效之日起十日内向杨某支付利息（以2669643.83元为基数，从2016年10月10日起，按年利率24%计算至实际付清之日止，以不超过2830356.17元为限）；（3）赵某杰、李某江、沈某嘉、邓某对某矿业公司上述还款义务承担连带保证责任；

（4）赵某杰、李某江、沈某嘉、邓某承担连带保证责任后，有权向某矿业公司追偿；（5）驳回杨某其他诉讼请求。

如果未能按本判决指定的期间履行给付金钱义务，应当依照《中华人民共和国民事诉讼法》第二百五十三条的规定，加倍支付迟延履行期间的债务利息。

2019 年 4 月 17 日，杨某向北京市丰台区人民法院申请强制执行，法院予以受理，执行案号为（2019）京 0106 执 5170 号。2020 年 6 月 4 日，法院查封某矿业公司所有的碎石 15 万吨。（2019）京 0106 执 5170 号案件的申请执行标的为借款本金 2669643.83 元，利息（以 2669643.83 元为基数，从 2016 年 10 月 10 日起，按年利率 24%计算至实际付清之日止，以不超 2830356.17 元为限）、迟延履行期间的债务利息及相关费用。法院于 2019 年 8 月 30 日发还杨某 56577.63 元，2020 年 5 月 21 日发还杨某 68366 元，2020 年 6 月 19 日发还杨某 10 万元。2020 年 6 月 29 日，法院委托某资产评估事务所（普通合伙）对涉案碎石进行价值评估。2020 年 7 月 21 日，某资产评估事务所（普通合伙）向法院出具评估报告，评估结果为碎石单价为 63 元/吨，总价为 945 万元。

【案件焦点】

法院查封某矿业公司所有的碎石 15 万吨是否系超标的查封。

【法院裁判要旨】

北京市丰台区人民法院经审理认为：查封被执行人的财产，以其价额足以清偿执行依据确定的债权额及执行费为限，不得明显超标的额查封。本案争议的焦点为，法院查封某矿业公司所有的碎石

15 万吨是否系超标的查封。现涉案碎石的评估价值为 945 万元，且拍卖过程中，第一次拍卖的起拍价和保留价最低为评估价的 70%，一拍流拍后，再次拍卖的起拍价降价幅度最大为前次起拍价的 20%。故法院查封涉案碎石并未明显超出本案未履行的本金、利息、迟延履行期间的债务利息、执行费、评估费及其他费用等各项金额的总和。因此，综合考虑本案的执行标的金额、市场波动、拍卖保留价下浮比例等多重因素，法院对涉案碎石进行查封，并无不当，不属于明显超标的额查封的情形。故某矿业公司的异议请求不能成立，法院不予支持。

北京市丰台区人民法院依照《中华人民共和国民事诉讼法》第二百二十五条，《最高人民法院关于人民法院民事执行中查封、扣押、冻结财产的规定》第二十一条，《最高人民法院关于人民法院网络司法拍卖若干问题的规定》第十条、第二十六条，《最高人民法院关于人民法院办理执行异议和复议案件若干问题的规定》第十七条第一项之规定，作出如下裁定：

驳回某矿业公司的异议请求。

【法官后语】

《最高人民法院关于在执行工作中进一步强化善意文明执行理念的意见》规定，严禁超标的查封和乱查封。合理选择执行财产，被执行人有多项财产可供执行的，人民法院应选择对被执行人生产生活影响较小且方便执行的财产执行。禁止明显超标的查封，是指查封被执行人财产的价额，不得明显超出其应当清偿的执行债务及执行费用金额，但该财产为不可分且被执行人无其他可供执行的财产的除外。这是比例原则在查封环节的体现，其制度目的是保护被执行人的合法权益。比例原则，是指执行机构在能采取的各种执行手段中，应采取侵害最小的执行措施；采取的执行措施应当与造成的侵害成比例。在执行异议审查中，应当查明执行债权额、查封标的价额、查封标的能否分别查封，进而判断是否构成“明显超标的查封”。

1. 执行债权额

执行债务是指生效法律文书确定的主债权、约定利息、迟延履行债务利息等。对于持续计算的利息等债务，可以根据预计的财产得以处置的时间预留利息。执行费用是指执行费及其他实际支出的费用，包括网络询价费、评估费等。在判断是否构成明显超标的查封时，应将执行债务及执行费用一并计算在内。

2. 被执行财产的价额

如何确定被执行财产的价值，是判断是否构成超标的查封的关键，也是司法实践中的难点，需在个案中分别对待。对于价值较高且执行机构难以确定价值的财产，可以适用财产处置参考价的确定方法确定被执行财产的价额。如果被执行的财产存在优先受偿权或者该被执行的财产被轮候查封，应当在确定的价值中予以扣除。

3. 明显超出的认定

由于被执行财产受其估值可能不准、市场波动、执行债务随着利息的增长不断增加，其他债权人可能参与分配等因素影响，故《最高人民法院关于人民法院民事执行中查封、扣押、冻结财产的规定》第十九条使用了不得“明显超标的额”这一表述。如何判断“明显超标的额”，因财产类型、债务人不同也有所差异，只能在个案中分别判断。

4. 除外情形

若被执行人只有一项财产且不可分时，即使该财产的价值明显超出其应清偿的债务金额，查封该财产也不构成明显超标的查封。

本案的争议焦点即执行机构查封的某矿业公司所有的碎石15万吨是否系超标的查封。该执行案件的申请执行标的为借款本金2669643.83元，利息（以2669643.83元为基数，从2016年10月10日起，按年利率24%计算至实际付清之日止，以不超过2830356.17元为限）、迟延履行期间的债务利息及相关费用。法院于2019年8月30日发还杨某56577.63元，2020年5月21日发还杨某68366元，2020年6月19日发还杨某10万元。执行机构查封的碎石的评估总价为945万元。考虑到在拍卖过程中，第一次拍卖的起拍价和保留价最低为评估价的70%，一拍流拍后，再次拍卖的起拍价降价幅度最大为前次起拍价的20%。故法院查封涉案碎石并未明显超出本案未履行的本金、利息、迟延履行期间的债务利息、执行费、评估费及其他费用等各项金额的总和。因此，综合考虑本案的执行标的金额、市场波动、拍卖保留价下浮比例等多重因素，法院对涉案碎石进行查封，并无不当，不属于明显超标的额查封的情形。

编写人：北京市丰台区人民法院　赵乾

158 股东出资应否加速到期在执行程序中的认定

——某建筑设备租赁公司与某劳务公司等执行异议案

【案件基本信息】

1. 裁判书字号

浙江省温岭市人民法院（2020）浙1081执异10号执行裁定书

2. 事由：执行异议

3. 当事人

申请执行人：某建筑设备租赁公司

被执行人：某劳务公司

被申请人：赵某、叶某辉

【基本案情】

某建筑设备租赁公司与某劳务公司建筑设备租赁合同纠纷一案，浙江省温岭市人民法院于2019年5月24日作出（2019）浙1081民初3462号民事判决。判决生效后，某劳务公司未按期履行判决的给付金钱义务，某建筑设备租赁公司向法院申请执行。法院于2019年7月3日立案执行，案件标的额为90万元。在执行过程中，法院未发现被执行人有财产可供执行，法院于2019年12月17日作出裁定，终结本次执行程序。

某劳务公司成立于2011年6月23日，现赵某、叶某辉为公司自然人股东，股东出资方式为认缴出资，其中赵某认缴出资630万元，99.9万元已足额缴纳，剩余530.1万元于2064年12月31

日到位；其中叶某辉认缴出资70万元，11.1万元已足额缴纳，剩余58.9万元于2064年12月31日到位。

申请执行人某建筑设备租赁公司向法院提出书面申请，要求追加认缴出资股东赵某、叶某辉为被执行人。

【案件焦点】

公司作为被执行人的案件，人民法院能否在执行程序中判定股东认缴出资应加速到期并追加出资未到期的股东为被执行人。

【法院裁判要旨】

浙江省温岭市人民法院经审理认为：执行过程中，申请执行人或其继承人、权利承受人可以向人民法院申请变更、追加当事人。申请符合法定条件的，人民法院应予支持。《最高人民法院关于民事执行中变更、追加当事人若干问题的规定》第十七条规定："作为被执行人的企业法人，财产不足以清偿生效法律文书确定的债务，申请执行人申请变更、追加未缴纳或未足额缴纳出资的股东、出资人或依公司法规定对该出资承担连带责任的发起人为被执行人，在尚未缴纳出资的范围内依法承担责任的，人民法院应予支持。"即法院可在法定条件下依法追加未缴纳或未足额缴纳出资的股东、出资人或依公司法规定对该出资承担连带责任的发起人为被执行人，但没有在执行审查程序中判定股东出资加速到期的规定。本案中，两被申请人（股东）认缴的出资未届履行期限，其依法享有期限利益，在公司债务产生后，被执行人及两被申请人未以公司股东会决议或其他方式延长股东出资期限。在执行过程中，法院穷尽执行措施也未发现被执行人有财产可供执行，已终结本次执行程序，但申请执行人未申请被执行人破产。综上，在执行审查程序中，无法判定股东出资应加速到期，故法院对申请执行人的追加请求不予支持。

浙江省温岭市人民法院依照《最高人民法院关于民事执行中变更、追加当事人若干问题的规定》第十七条和第三十二条的规定，作出如下裁定：

驳回申请执行人某建筑设备租赁公司的追加申请。

【法官后语】

1. 股东认缴出资加速到期特定情形的立法评析

（1）法定情形限于公司破产与清算。在注册资本认缴制下，规定股东的认缴出资加速到期的，目前只有《中华人民共和国企业破产法》第三十五条规定和《最高人民法院关于适用〈中华人民共和国公司法〉若干问题的规定（二）》第二十二条第一款规定。前者是破产情形，后者则是清算情形。

（2）执行立法无规定能在执行程序中判定股东出资加速到期。根据《最高人民法院关于民事执行中变更、追加当事人若干问题的规定》第十七条的规定，法院可在法定条件下依法追加未履行或未足额履行出资义务的出资股东、出资人或依公司法规定对该出资承担连带责任的发起人为被执行人，但并无规定在执行审查程序中判定股东认缴出资加速到期，也无规定可追加认缴出资未到期的股东为被执行人。所以，从立法上看，股东出资应加速到期的特定情形不包括执行程序。

2. 在执行程序中，无法判定股东出资应加速到期

（1）股东出资加速到期问题的实质透视分析。股东出资义务是否加速到期，实质是股东出资的期限利益是否应予保护的问题。笔

者认为法院无法直接在执行程序中剥夺股东出资期限利益。第一，立法是明确肯定认缴制下股东享有的期限利益的，对此不存在歧义。第二，尽管公司营业执照中未公示实缴资本，但企业信用信息网中公示了注册资金与实缴资本的情况栏。分期认缴出资经过公示，也就不存在股东出资期限权益侵害了债权人求偿权益的说法。如债权人自甘冒险或怠于注意，应风险自担。第三，为防止股东假借认缴制开空头支票，法律已设计了公司破产与清算程序中的加速到期制度，与个别受偿的执行加速到期制度不同，其制度合理性在于保障全体债权人公平受偿。为保障个别自甘冒险或怠于注意的债权人受偿，剥夺股东合法的出资期限利益，其合理性、合法性令人质疑。第四，穷尽执行措施无财产可供执行并不代表面临注销风险。

（2）股东出资加速到期问题的实践需求分析。经法院执行，公司仍不能履行完毕的有两种情形：一种是持续不能清偿债务。这种情形下，其往往也资不抵债，具备破产条件。此时，根据《中华人民共和国企业破产法》第二条的规定，更应保障全体债权人的利益，如果允许单个债权人向出资未届履行期限的股东直接追索，就等于个别清偿，不符合企业破产法精神。另外，申请执行人追求在执行中判定股东出资加速到期，实质所钻营的是执行个别清偿的高清偿率。另一种是暂时不能清偿债务。这种情形下，申请执行人完全可以通过执转破程序申请破产以倒逼股东履行出资义务，从而实现债权清偿。从经济角度来考虑，股东也愿意支付。若增设执行加速到期，那么申请人为了私利定会在执行程序中极力追求加速到期，不利于市场持久活力发展。而破产制度的深远意义恰恰是通过个案的较大成本去降低社会总成本。

综上，公司作为被执行人的案件，穷尽执行措施无财产可供执行的，法院无权也无法在执行程序中判定股东认缴出资应加速到期，无法追加出资未到期的股东为被执行人，增设执行加速股东出资到期制度亦毫无实际意义。

编写人：浙江省温岭市人民法院　潘慧斌

159　追加一人公司原股东为被执行人的司法认定标准

——金某有诉施某梅案外人执行异议之诉案

【案件基本信息】

1. 裁判书字号

北京市第二中级人民法院（2020）京02民终1432号民事判决书

2. 案由：案外人执行异议之诉

3. 当事人

原告（上诉人、案外人）：金某有

被告（被上诉人、申请执行人）：施某梅

第三人（被执行人）：甲商贸公司

【基本案情】

2016年2月14日，北京市丰台区人民法院依法作出（2015）丰民（商）初字第23191号民事判决书，判决甲商贸公司于判决生效之日起十日内给乙商贸公司货款545064.5元；甲商贸公司于判决生效之日起十日内给乙商贸公司货款23165元。

2016年5月24日，乙商贸公司向北京市丰台区人民法院申请执行，该法院依法作出（2016）京0106执3310号执行裁定书。2018年9月28日，施某梅向北京市丰台区人民法院提交变更申请执行人申请书；2018年11月21日，北京市丰台区人民法院依法作出（2018）京0106执异637号执行裁定书，裁定变更施某梅为（2016）京0106执3310号案件的申请执行人。2019年5月27日，施某梅向北京市丰台区人民法院申请追加金某有为（2016）京0106执3310号案件的被执行人；2019年7月26日，北京市丰台区人民法院作出（2019）京0106执异590号执行裁定书，裁定追加金某有为（2016）京0106执3310号案件的被执行人。金某有对（2019）京0106执异590号执行裁定书不服。

【案件焦点】

金某有作为一人公司原股东，转让股权后，是否还应追加其为被执行人，要求其对甲商贸公司债务承担连带责任。

【法院裁判要旨】

北京市丰台区人民法院经审理认为：作为被执行人的一人有限责任公司（以下简称一人公司），财产不足以清偿生效法律文书确定的债务，股东不能证明公司财产独立于自己的财产，申请执行人申请变更、追加该股东为被执行人，对公司债务承担连带责任的，人民法院应予支持。故在一人公司财产不足以清偿生效法律文书确定的债务时，股东应举证证明其财产独立于公司财产，如果股东无法就此提交相应证据，则应当承担相应的法律后果。本案中，乙商贸公司与甲商贸公司形成买卖合同关系并发生纠纷及法院（2015）丰民（商）初字第23191号民事判决书作出时，金某有系被执行人甲商贸公司的唯一股东。现甲商贸公司财产不足以清偿生效法律文书确定的债务，金某有应当就其在担任甲商贸公司股东时个人财产独立于甲商贸公司财产加以证明。金某有提交的《验资报告书》仅能证明其在甲商贸公司成立时缴纳了出资，但不足以证明其财产独立于甲商贸公司，故施某梅作为涉案债权的受让人，有权申请变更、追加金某有为被执行人，对公司债务承担连带责任。金某有辩称根据《最高人民法院关于民事执行中变更、追加当事人若干问题的规定》第二十条的规定仅能追加现股东为被执行人，于法无据，不予采信。

北京市丰台区人民法院依照《最高人民法院关于民事执行中变更、追加当事人若干问题的规定》第二十条、第三十三条之规定，判决如下：

驳回金某有的诉讼请求。

金某有不服一审判决，提起上诉。

北京市第二中级人民法院经审理认为：本案中，各方对《最高人民法院关于民事执行中变更、追加当事人若干问题的规定》中相关规定的理解和适用出现争议，施某梅要求追加金某有为被执行人，金某有、甲商贸公司主张根据前述规定仅能追加现股东为被执行人。就此，应结合公司法基本原则和一人公司的相关规定，综合予以分析。

一人公司的股东依法负有将其个人财产与公司财产相独立的义务。股东个人财产与公司财产相独立，是法律承认一人公司独立人格、赋予股东有限责任的前提条件。一人公司股东对公司财产与股东个人财产是否独立负举证责任。根据《中华人民共和国公司法》第六十三条“一人有限责任公司的股东不能证明公司财产独立于股东自己的财产的，应当对公司债务承担连带责任”的规定，一人公司与债权人发生纠纷时，公司股东应当提供证据证明公司财产与自身财产相互独立，如不能证明，则应对公司债务承担连带责任。

否认公司法人人格，由滥用公司法人独立地位和股东有限责任的股东对公司债务承担连带责任，是股东有限责任的例外情形。公司法人独立地位与股东有限责任是公司法人人格制度的根本特征，司法实践中应注意平等保护公司法人独立地位、股东有限责任和债权人利益。但公司法人独立地位和股东有限责任亦不得滥用。《中华人民共和国公司法》第二十条第一款、第三款“公司股东应当遵守法律、行政法规和公司章程，依法行使股东权利，不得滥用股东权利损害公司或者其他股东的利益，不得滥用公司法人独立地位和股东有限责任损害公司债权人的利益”“公司股东滥用公司法人独立地位和股东有限责任，逃避债务，严重损害公司债权人利益的，应当对公司债务承担连带责任”，《最高人民法院关于民事执行中变更、追加当事人若干问题的规定》第二十条“作为被执行人的一人有限责任公司，财产不足以清偿生效法律文书确定的债务，股东不能证明公司财产独立于自己的财产，申请执行人申请变更、追加该股东为被执行人，对公司债务承担连带责任的，人民法院应予支持”的规定，即是禁止滥用公司法人独立地位和股东有限责任的具体体现。

本案中，（2015）丰民（商）初字第23191号民事判决确认的乙商贸公司对甲商贸公司的债权经两次转让后，由施某梅取得，且施某梅已经生效法律文书确认变更为（2016）京0106执3310号案件的申请执行人，甲商贸公司应向施某梅清偿债务。根据（2016）京0106执3310号执行裁定，作为被执行人的甲商贸公司财产不足以清偿生效法律文书确定的债务，申请执行人施某梅有权申请追加甲商贸公司的股东为被执行人，对甲商贸公司该债务承担连带责任。金某有作为（2015）丰民（商）初字第23191号民事判决生效时甲商贸公司的唯一股东，该案所涉乙商贸公司与甲商贸公司之间形成的买卖合同关系发生于金某有作为甲商贸公司股东和法定代表人期间，即本案所涉债务是金某有作为甲商贸公司一人股东期间发生。依据《中华人民共和国公司法》第六十三条之规定，金某有应当就其在担任甲商贸公司股东期间个人财产独立于甲商贸公司财产加以证明，否则应当承担法律后果。金某有在一审、二审期间均不能就此证明，构成滥用公司法人独立地位和股东有限责任，逃避债务，严重损害公司债权人利益。故金某有应当对涉案债务承担连带责任。

金某有上诉主张甲商贸公司股东已于2016年3月25日经股东会决议由金某有变更为金某昌，其不应承担相应责任。依据《中华人民共和国公司法》第二十条的规定，只要存在滥用公司法人独立地位和股东有限责任，逃避债务，严重损害公司债权人利益的行为，该股东即应对公司债务承担连带责任。金某有逃避债务、严重损害公司债权人利益的行为，发生在其担任甲商贸公司一人股东期间，不因后来其股东身份的变更该行为即不复存在、形成的损害后果就自然消失，该次股东变更发生在一审法院作出要求甲商贸公司向乙商贸公司给付货款的判决之后，且金某有作为股东时，存在个人财产与公司财产混同的情形，直到北京市丰台区人民法院追加其为被执行人时仍未得到改变，故金某有仍应对其所实施的行为承担责任。

北京市第二中级人民法院依照《中华人民共和国民事诉讼法》第一百七十七条第一款第一项的规定，作出如下判决：

驳回上诉，维持原判。

【法官后语】

法人人格独立制度与股东有限责任制度是现代公司法的两大基石，在推动我国公司制度蓬勃发展的同时，也为社会经济的繁荣提供了强大动力。但随之而来的是，个别股东滥用该两项制度逃避债务、损害公司及其他股东或债权人利益的现象愈演愈烈，进而引发市场经济秩序的混乱。一人公司作为我国公司法中规定的一类特殊公司形式，其特殊性集中体现为“一人股东”，即意味着该股东在公司享有绝对控制权，使得股东滥用公司法人人格独立地位及股东有限责任制度的风险性大大提高。司法实践中，一人股东“滥用”行为也的确屡见不鲜。

法人人格否认制度的设计，为合理约束该两项制度带来的弊端、治理“滥用”行为，进而实现公司、股东及债权人之间的利益平衡提供了路径。而基于一人公司的前述特殊性，立法对于一人公司法人人格否认，则设置了更低的门槛，主要体现为：(1) 在《中华人民共和国公司法》第六十三条中，明确了举证责任倒置规则，即需由一人股东举证证明其个人财产独立于公司财产，否则对公司债务承担连带责任；(2) 在《最高人民法院关于民事执行中变更、追加当事人若干问题的规定》中，实现了追加一人公司股东的程序便利，即一人股东只要满足一人公司法人人格否认条件，公司财产不足以清偿债务，则该股东直接被列为被执行人承担连带责任。但在现行法律框架下的司法实践中，当事人仍会就相关问题产生争议。

本案中，各方当事人的争议焦点为对《最高人民法院关于民事执行中变更、追加当事人若干问题的规定》第二十条的法律理解与适用问题，具体为该条中规定的“股东”范围是否及于已经进行股权转让的“原股东”。笔者认为，在因现行规定未予详尽而引起当事人之间发生争议时，应立足立法目的并结合实践及案件中的具体情况进行理解与认定。

基于实践中大量出现借助违规注销企业、滥用公司法人独立地位及股东有限责任等方式逃避债务、规避执行的情况，《最高人民法院关于民事执行中变更、追加当事人若干问题的规定》旨在反制规避执行，迅速实现债权，保障债权人的合法权益。具体到该规定第二十条规制的一人公司股东追加问题，实践中也的确经常发生如下情形：一人公司原股东欠付大量债务后，通过变更股权退出公司，从而达到逃避公司债务的目的。因此，对于《最高人民法院关于民事执行中变更、追加当事人若干问题的规定》第二十条中的“股东”承担连带责任，不应以其为“原股东”还是“现股东”“一刀切”认定是否担责，而应结合债务发生的时间、股东与一人公司是否存在财产混同情况以及股权转让发生的时间等因素综合考量认定。

回归本案，涉案债务发生于金某有担任甲商贸公司一人股东期间，金某有不能举证证明其任股东期间个人财产与公司财产相互独立。本案纠纷发生时，虽然金某有已将甲商贸公司的股权转让给案外人金某昌，但涉案债务经生效判决确认发生于金某有转让股权之前。案涉债务系在金某有担任甲商贸公司股东期间产生，因此，金某有在不能证明其任股东期间个人财产独立于公司财产的情况下，应就该期间发生的债务承担连带责任。

需要另外说明的一点是，对于本案中金某有以其作为原股东已实缴出资为由主张其不应承担责任的观点，是将股东出资瑕疵责任与人格混同责任相混淆的结果。该两种责任基于股东不同的行为而产生，责任承担形式也不相同，不应混为一谈。在现有法律框架下，股东基于人格混同产生的连带责任不因其全面履行出资义务而豁免。

编写人：北京市第二中级人民法院　赵银豪　洪靓

160 执行特定标的物灭失应另行起诉请求赔偿损失

——某科技公司与某电子工业公司执行异议案

【案件基本信息】

1. 裁判书字号

广东省深圳市福田区人民法院（2019）粤0304执异178号执行裁定书

2. 事由：执行异议

3. 当事人

申请执行人（复议申请人）：某科技公司

被执行人（异议人、复议申请人）：某电子工业公司

【基本案情】

广东省深圳市中级人民法院（2011）粤深中法民二终字第1569号民事判决书（以下简称生效判决）已于2011年11月30日发生法律效力，判决某科技公司应在判决生效之日起十日内向某电子工业公司支付227161.83美元，某电子工业公司应在收到上述款项后十日内向某科技公司交付E553型手机主板471个、E558型手机主板6334个（以下简称涉案货物）；某科技公司应在判决生效之日起十日内向某电子工业公司赔偿逾期付款的利息损失（以227161.83美元为基数，从2009年2月4日起，按中国银行股份有限公司执行的同期美元贷款基准利率计至判决确定的还款期限届满之日止）。

某科技公司在另案执行过程中向法院支付应向某电子工业公司支付的执行款2572547.79元后，因某电子工业公司未交付涉案货物，某科技公司向法院申请执行，案号为（2019）粤0304执5083号。立案后，法院依法向某电子工业公司发出执行通知书，要求交付涉案货物。因某电子工业公司一直未能交付涉案货物，某科技公司以某电子工业公司无法履行交付义务，要求法院退还其交纳的执行款。2016年3月16日，法院向某电子工业公司发出限期交货通知，告知其某科技公司已全额履行判决确定的金钱给付义务，要求某电子工业公司在收到通知后五日内交货。鉴于某电子工业公司未在法院指定期限内交付涉案货物，法院执行机构作出（2019）粤0304执5083号《退还执行款通知书》，通知某电子工业公司拟将执行到的执行款2572547.79元退还某科技公司。某电子工业公司不服法院关于将执行款退还某科技公司的决定，遂对上述通知书提出执行异议，请求将执行款支付给某电子工业公司。

2019年4月26日，某电子工业公司与某科技公司在执行人员的见证下对货物进行查验。经双方确认，某电子工业公司交付的货物并非生效判决确定的涉案货物。

【案件焦点】

某电子工业公司不能向某科技公司交付特定货物时，是应将货款及利息直接退还某科技公司，还是另行起诉赔偿损失。

【法院裁判要旨】

广东省深圳市福田区人民法院经审理认为：执行标的为特定物

的，应当执行原物。原物确已毁损或者灭失的，经双方当事人同意，可以折价赔偿。双方当事人对折价赔偿不能协商一致的，人民法院应当终结执行程序，申请执行人可另行起诉请求赔偿损失。本案执行依据中确定交付的货物为按合同约定定制的手机主板，属于特定物。而在交付特定物执行中，当特定物已经毁损或灭失，当事人对原物折价赔偿又不能协商一致时，由此产生的赔偿争议就是一个新的实体权利义务争议，已经超出了原执行依据确认的权利义务，根据审执分离原则，这一新的实体权利义务的审查和判定应当通过审判程序解决。某科技公司支付的款项并非单纯是某电子工业公司未交付的涉案货物的对价，不能因为某电子工业公司未交付涉案货物，就不考虑双方在判决生效后的履行情况及电子产品的市场价格波动，简单地将执行款退还给某科技公司。法院执行机构发出《退还执行款通知书》，拟将某科技公司支付的执行款2572547.79元退还某科技公司的执行行为不当，应予撤销。因此，广东省深圳市福田区人民法院依照《中华人民共和国民事诉讼法》第一百五十四条第一款第十一项、第二百二十五条的规定，作出如下裁定：

一、撤销（2019）粤0304执5083号《退还执行款通知书》；

二、驳回异议人某电子工业公司的其他异议。

双方当事人均不服，申请复议。广东省深圳市中级人民法院裁定维持福田区人民法院的执行裁定。

【法官后语】

在执行过程中，执行的标的物根据物在交易中的取得方式可分为种类物、特定物。种类物与特定物的区别是可替代性和价值的易得性。而种类物有较高的可替代性，其价值比较容易确定，往往有市场价格可供参考。而特定物则具有明显的个别特征，不具有可替代性或可替代的程度较低，且其价值不易确定。正是由于二者的上述本质区别，导致不同的物在执行时所适用的法律和执行方式不同。

1. 关于种类物损毁、灭失情况下的处理

判决交付为种类物的，由于具有较强的可替代性，有市场价作为判断其价值的参考，其价值通常容易确定。即使种类物灭失，仍可通过交付同样的种类、品质、数量的物进行同一义务的履行，并不消灭义务人的履行义务。为了避免当事人诉累，提高法院执行效率，执行法官可在调查了解市场价格的基础上确定其价值，继续执行折价赔偿，而不需要当事人另行起诉以确定赔偿数额。因此，《最高人民法院执行办公室关于判决交付特定物灭失后如何折价问题的复函》（〔2000〕执他字第31号）对种类物的执行进行规范，即被执行人有种类物的，执行法院直接执行即可；如被执行人无该种类物，应发出履行通知书要求被执行人依判决购买该种类物偿还债务；被执行人拒不购买交付的，执行法院可以该种类物的现时市场价格及运费确定其债务数额，命被执行人预行交付；拒不交付的，可裁定强制执行被执行人的其他财产。

2. 关于特定物损毁、灭失情况下的处理

《最高人民法院关于人民法院执行工作若干问题的规定（试行）》第四十一条规定，生效法律文书确定被执行人交付特定标的物的，应当执行原物。原物被隐匿或非法转移的，人民法院有权责令其交出。原物确已毁损或灭失的，经双方当事人同意，可以折价赔偿。《最高人民法院关于适用〈中华人民共和国民事诉讼法〉的解释》第四百九十二条规定，执行标的为特定物的，应当执行原物。原物确已毁损或者灭失的，经双方当事人同意，可以折价赔偿。双方当事人对折价赔偿不能协商一致的，人民法院应当终结执行程序。申请执行人可另行起诉。那是基于特定物一旦损毁、灭失，交付特定物的义务则无法继续履行，义务人只能通过金钱赔偿代替交付义务的履行。而当事人在执行过程中往往难以就赔偿数额协商一致，而且双方会对特定物的价值产生较大争议。从执行程序本身的功能来看，执行程序旨在实现执行依据确定的执行内容的权利。而执行依据确定的是交付特定物，而特定物已经毁损或灭失的情况下，当事人对原物折价赔偿又不能协商一致时，双方当事人由此产生的赔偿纠纷就涉及新的实体权利义务争议的认定，已经超出了原执行依据确认的权利义务，根据审执分离原则，这一新的实体权利义务的审查和判定应当通过另一个审判程序解决。在此情况下，执行案件只能终结执行。而并非在执行阶段直接推翻整份生效判决确定的义务，由执行法官确定申请执行人的损失金额。

编写人：广东省深圳市福田区人民法院　徐海玉

161　申请执行人怠于申请处置财产案件终结执行程序

——李某明与工业公司执行异议案

【案件基本信息】

1. 裁判书字号

北京市朝阳区人民法院（2019）京0105执1264号执行裁定书

2. 事由：执行异议

3. 当事人

申请执行人：李某明

被执行人：工业公司

【基本案情】

李某明依据（2018）京0105民初87916号民事调解书申请执行工业公司借款合同纠纷一案，北京市朝阳区人民法院（以下简称朝阳区人民法院）于2019年1月14日以（2019）京0105执1264号立案执行。朝阳区人民法院向被执行人工业公司发出执行通知后，根据财产查询反馈冻结该公司银行账户。并查明，本案李某明之债权系从案外人某银行北苑路支行受让取得，该债权之担保物权，工业公司名下位于北京市西城区西直门南小街×号楼×层×号房产（以下简称抵押房产）抵押权由李某明一并取得。另查，抵押房产由其他法院在先查封，该查封案件债权系一般债权。

2019年2月，双方当事人共同向朝阳区人民法院提交李某明作出的《申请书》，其中申请朝阳区人民法院解除本案对工业公司存款账户的冻结，同时申请不查封抵押房产，不对工业公司采取限高、列入失信等间接强制措施。经询问，双方均向朝阳区人民法院确认《申请书》意思表示真实，其目的在于缓解工业公司清偿债务压力，协商执行和解。双方同时确认该申请书并非执行和解协议，如达成和解将共同书面确认。

2019年8月，朝阳区人民法院向申请执行人李某明就执行和解情况进行询问，李某明方称尚未达成执行和解协议，并再次表示不申请对抵押房产的查封，亦不申请采取其他执行措施。朝阳区人民法院向李某明释明，执行和解协商期间不应超过法定执行期限。

2019年11月，朝阳区人民法院再次向李某明进行询问，李某明称仍未达成执行和解协议，工业公司未履行义务。朝阳区人民法院向其释明，如李某明继续怠于申请对被执行人财产查封、处置，同时不申请采取其他执行措施，则应向法院撤回本案执行申请。李某明未作出查封处置申请，亦未申请撤回执行。

【案件焦点】

1. 申请执行人以协商执行和解为由向执行法院申请不对被执行人财产采取执行措施，该行为性质在执行程序中应如何评价；2. 本案中李某明怠于行使权利的行为，是否应依职权认定为撤销执行请求，而终结执行程序。

【法院裁判要旨】

北京市朝阳区人民法院经审理后认为：执行中，本院向被执行人工业公司发出执行通知、财产报告令等，并依法冻结其名下存款账户。2019 年 2 月 18 日，申请执行人与被执行人双方经传唤到庭。申请执行人书面申请解除本案对被执行人存款账户冻结，并以协商执行和解为由申请在本案中不对被执行人财产及其法定代表人采取执行措施。执行中本院多次向申请执行人询问执行和解情况。截至 2019 年 12 月 6 日，申请执行人与被执行人仍未达成执行和解。申请执行人亦未向本院申请对被执行人财产及负责人采取执行措施。

法院认为，在执行程序中，申请执行人与被执行人就执行和解协商的期限不应超过法定执行期限。本案双方当事人协商期间已逾六个月，且申请执行人仍未申请本院对被执行人财产采取执行措施。申请执行人李某明在执行程序中怠于行使权利的行为应视为其向本院撤回执行请求。依照《中华人民共和国民事诉讼法》第二百五十七条第六项之规定，裁定终结（2019）京 0105 执 1264 号案件的执行。

【法官后语】

在金钱给付类执行案件中，被执行人以协商执行和解为名拖延、规避执行的情况时有发生。随着经济的发展，法院执行案件数量呈跨越式增长，申请执行人在程序中怠于行使权利，拖延执行的案件亦占有一部分比重，具体体现在申请法院不对被执行人及财产采取执行措施甚至要求解除已采取的措施。此类案件中权利人消极拖延行为本身与通过公权力实现债权这一强制执行制度设立原则相悖。本案中，执行法院在法定执行期限届满而当事人未达成执行和解的情况下，以终结执行程序对“消极”权利人作出程序上的回应，体现了执行程序效率原则，节约司法资源的同时通过职权主义维护了司法威严。本案在程序上的探索性适用对此类案件的适用机制的确立具有良好的借鉴价值。

本案首先属于有财产可供执行的案件，被执行人工业公司名下之银行存款、房产均可通过强制执行以清偿债务，且申请执行人李某明通过受让债权取得了对被执行人房产的抵押权。即便在房产已有另案在先查封的情况下，执行法院仍可依照《最高人民法院关于首先查封法院与优先债权执行法院处分查封财产有关问题的批复》的规定在轮候查封的状态下取得房产的处置权。本案申请执行人李某明申请撤销对工业公司存款的冻结，并明确申请不查封抵押房产及采取其他执行措施，造成本案客观上无财产执行，无执行内容。债务人及其财产的状态均恢复到执行程序开始前。显然，此种状态在实质要件方面符合《中华人民共和国民事诉讼法》第二百六十四条第一项所规定的申请人撤销申请而终结执行的法律后果。执行法院认为本案应裁定终结执行。

对于本案是否属事实上的执行和解而适用《最高人民法院关于适用〈中华人民共和国民事诉讼法〉的解释》第四百六十四条至第四百六十六条的“和解终结”，执行法院通过审查后在法律适用上予以否定。当事人在不违反禁止性规定的前提下，于执行和解协议中对实体权利及程序权利的处分，执行法院不存在干涉或调整的法律依据。申请撤销案件的部分或全部执行措施作为执行和解协议的内容，执行法院可以据此裁定终结执行。此种撤销的本质是权利人处分程序权利以促使协议所确定的实体权利顺利实现，此种终结执行的性质是“不免责”的终结，即法定条件成就时，权利人可以再次申请或恢复执行。本案中，申请执行人李某明并非在和解协议中撤销执行措施，而是欲通过撤销执行措施并消极行使权利而“协商执行和解”，事实上被执行人工业公司并未因李某明消极行权而履行债务，双方亦未就原生效法律文书所确定的履行数额、履行方式作出变更。故执行法院认为本案实质要件不适用“和解撤销终结”的法律规定，而应参照适用申请执行人撤销申请终结。此外需要指出的是，《最高人民法院关于适用〈中华人民共和国民事诉讼法〉的解释》第四百六十六条规定再次申请执行的期间因执行中的执行和解而中断，而中断的期间由和解协议的履行期届满而截止。而撤销执行终结仅适用《中华人民共和国民事诉讼法》第二百四十六条的规定。故本案执行法院对执行和解状态的否定，对权利人在执行时效方面起到了约束的作用。

执行法院认为，在本案申请人李某明怠于行使权利的行为已符合申请人撤销执行实质要件的前提下，其逾法定执行期限六个月

"协商和解"与其在法院释明程序后的默示行为应认定为满足撤销执行的形式要件。民事执行程序中，并未禁止当事人在执行期间内协商和解，且尊重当事人意思自治，以体现"处分权主义"原则。而法定执行期限的设立，系出于提高执行效率与平衡司法资源配置的考量。故权利人对执行中程序权利处分的期间不能逾越法定执行期限，否则应由执行法院依法调整，以体现执行程序的"职权主义"原则。据此，本案李某明逾期"谈和解"的行为应由法院依职权规制。在司法实践中，申请执行人撤销执行应以书面形式确认，本案中在法院释明并要求李某明作出撤销或申请执行的意思表示后，其仍保持消极行权的状态。执行法院可以判断李某明对撤销执行的法律后果是明知且默示的，由此进一步依职权认定此种默示即为满足撤销申请这一形式要件。综上，执行法院参照撤销执行处理，以《中华人民共和国民事诉讼法》第二百六十四条第六项裁定本案终结执行。在条文适用中，执行法院考虑到《中华人民共和国民事诉讼法》第二百六十四条第一项系法定情形，本案李某明的行为虽然符合要件，但要件认定系法院依职权作出，而第二百六十四条第六项之规定本系执行法院依职权认定应当终结的"兜底条款"，故在文书中释明"视为其向本院撤回执行请求"，以明确再次申请执行的时效，而在援引中使用该第六项以体现法院依职权认定在程序上更为严谨。

执行程序的效率原则对申请执行人债权的实现与被执行人或第三人合法权利的保护尤为重要。在有财产可供执行的案件中，对于当事人意思自治的法定边界应予以明确，边界之外，法院应依职权积极采取执行措施，推进财产处置变现，从而提高执行效率，达到均衡司法资源的社会效果。本案的执行程序，体现了"处分权主义"

与“职权主义”的平衡，在不侵犯权利人实体权利的前提下，对其消极行权的行为从程序上予以规制。本案适用法律严谨规范，为日益增多的此类案件今后的法律适用与研究提供了有益样本。

编写人：北京市朝阳区人民法院　杜辰辰

162　公司发起人资本充实责任的判定

——H 公司诉李某达执行异议之诉案

【案件基本信息】

1. 裁判书字号

北京市第一中级人民法院（2019）京 01 民终 1208 号民事判决书

2. 案由：执行异议之诉

3. 当事人

原告（上诉人）：H 公司

被告（被上诉人）：李某达

【基本案情】

2008 年 10 月 20 日，赵某赞、王某、李某达、T 公司共同签署 C 公司章程，约定四方共同出资 300 万元设立 C 公司，其中赵某赞承诺认缴出资 20 万元，在公司设立时实际缴付 20 万元；王某承诺认缴出资 10 万元，于 2010 年 9 月 30 日缴付；李某达承诺认缴出资 10 万元，于 2010 年 9 月 30 日缴付；T 公司承诺认缴 260 万元，于公司设立时实际缴付 40 万元，于 2010 年 9 月 30 日前缴付220万元。上述章程签署后，C公司于2008年10月28日注册登记，注册资本为300万元（实收资本60万元，第二期出资时间为2010年9月30日）。在公司设立时，股东赵某赞实际出资20万元，王某未出资，李某达未出资，T公司实际出资40万元。

2014年9月19日，一审法院作出（2014）海民初字第724号民事判决，判决C公司返还H公司人民币270万元并赔偿利息损失518400元。该判决生效后，因C公司未履行付款义务，H公司向该院申请强制执行。在上述案件执行过程中，H公司请求追加T公司、王某、李某达为该案被执行人，在审查期间，由于李某达将未实际缴纳的出资款10万元直接给付了H公司，H公司向该院撤回了追加李某达为被执行人的申请。此后，因C公司无财产可供执行，该案不具备继续执行之条件，终结此次执行程序。

后H公司又以C公司股东李某达作为公司发起人股东应对公司其他未出资到位股东在出资不实的220万元范围内承担连带责任为由，向该院申请追加李某达为执行案件的被执行人。一审法院于2017年10月20日作出（2017）京108执异410号执行裁定，以H公司上述申请没有法律依据为由，裁定驳回了其追加请求。H公司不服该裁定，提起本案诉讼。

H公司向一审法院起诉请求：追加李某达为（2014）海民初字第724号民事判决项下执行案件的被执行人，对被执行人T公司在C公司出资不实的220万元内对上述判决项下所负债务承担连带清偿责任。

【案件焦点】

公司发起人李某达是否应就其他发起人未履行的出资义务承担连带责任。

【法院裁判要旨】

北京市海淀区人民法院经审理认为：T公司作为C公司的发起人，依据公司章程的约定，其对C公司的出资分两期缴纳，现其已足额认缴了在公司设立时承诺的第一期出资。虽然T公司在公司设立后未按期认缴第二期出资，但该事由不符合相关司法解释中关于发起人对公司设立时未履行或者未全面履行出资义务的股东在未到位资金范围内承担连带责任的规定，故H公司的诉讼主张，缺乏事实及法律依据，一审法院驳回了H公司追加李某达为被执行人的诉讼请求。

H公司不服一审判决，上诉至二审法院。

北京市第一中级人民法院经审理认为：结合《公司法》第九十三条第一款的规定，对《最高人民法院关于适用〈中华人民共和国公司法〉若干问题的规定（三）》第十三条第三款进行解读，发起人的资本充实责任范围应当与公司设立时股东在公司章程中承诺的出资义务一致，而不论该出资系在某一时间节点的一次性出资还是分期出资。具体到本案中，2008年10月20日，赵某赞、王某、李某达、T公司共同签署C公司章程，约定四方共同出资300万元设立C公司，其中T公司承诺认缴260万元，于公司设立时实际缴付40万元，于2010年9月30日前缴付220万元。其后，T公司并未按照公司设立时承诺的期限与数额缴纳第二期的出资，因此，李某达作为签署该公司章程的公司发起人，应当承担相应的连带责任。因此，二审法院判决如下：

一、撤销北京市海淀区人民法院（2017）京0108民初55284号民事判决；

二、追加李某达为（2014）海民初字第724号民事判决项下执行案件的被执行人，在T公司未依法出资的220万元范围内，对C

公司债务不能清偿部分的补充赔偿责任承担连带责任。

【法官后语】

本案争议焦点是公司发起人李某达是否应就其他发起人未履行的出资义务承担连带责任，更进一步而言，我们需要探讨的问题是公司发起人的资本充实责任内容与范围。

1. 问题的聚焦

《最高人民法院关于适用〈中华人民共和国公司法〉若干问题的规定（三）》第十三条第三款规定："股东在公司设立时未履行或者未全面履行出资义务，依照本条第一款或者第二款提起诉讼的原告，请求公司的发起人与被告股东承担连带责任的，人民法院应予支持；公司的发起人承担责任后，可以向被告股东追偿。"关于本条款的适用，存在不同的理解。一种观点认为，法条的行文表述上存在时间状语"在公司设立时"，那么，应当仅审查该时间点对应的出资义务是否履行完毕。比如，本文案例中，一审法院认为，T公司虽然承诺认缴出资额共计260万元，但于公司设立时仅缴付40万元，所以，只需要考察这40万元是否出资到位。另一种观点认为，该条款不能机械适用，应当审查公司设立时股东在公司章程中承诺的全部出资义务。以本案二审法院观点为例，T公司在公司设立时做出的承诺为分期认缴，设立时缴付40万元，于2010年9月30日前再缴付220万元。那么，应当整体把握其出资义务。

2. 话题的展开

法律责任源于责任主体的义务，而义务又以主体的法律地位为依托。公司发起人是公司设立过程中所产生的权利义务的主要承担者，公司设立后即成为公司的原始股东，其对应着公司法上的一种特殊的民事责任制度——资本充实责任。资本充实责任是指为贯彻资本充实原则，由公司设立者共同承担的相互担保出资义务履行的民事责任。[①]

从资本充实责任的特点出发，可以梳理出同一脉络下与公司相关纠纷案件的处理思路。具体而言：（1）从主体上来看，该责任因公司设立行为所产生，所以，其承担者仅限于公司发起人。在公司成立后，因公司增资扩股或股权转让等事由获得公司股东身份的主体，不再承担该责任。同理，该责任源于发起人身份，不论此后股权是否转出，都不影响其作为发起人的义务承担。（2）从主观上来看，资本充实责任属于无过错责任，不论发起人是否存在过错，只要公司存在未足额缴纳出资款的客观事实即可。（3）从责任承担的方式来看，全体公司发起人对任一主体非足额出资的事实均承担连带责任，但责任承担后，基于发起人之间的合同约定（公司章程）及公平原则，既可以向未足额出资方追偿，亦可以向其他方要求责任分担。（4）从内容上来看，其重点落在公司发起人对违反出资义务的其他发起人的监督义务上，其并非违反出资义务股东所承担的出资违约责任。例如，虽然本案当事人李某达抗辩自己足额补缴了出资，但仍然需要对其他公司发起人未足额出资部分承担连带责任。

3. 具体案例的辨析

回到本案中，首先，我们需要考虑公司发起人的资本充实责任是否与公司认缴制存在冲突。以一审判决为代表的，持第一种观点者认为：《最高人民法院关于适用〈中华人民共和国公司法〉若干问题的规定（三）》施行于2011年，但2013年年末，我国公司法

① 最高人民法院民事审判第二庭编著：《最高人民法院关于公司法司法解释（三）、清算纪要理解与适用》，人民法院出版社2016年版，第210页。

资本制度改革并确立了完全认缴制的新格局，取消了最低注册资本和首要出资的要求。因此，在新格局之下，对股东或发起人的出资义务要求降低，应当仅对争议法条做字面解释。笔者认为，“资本之于企业有如血液之于人体，人体缺乏血液，生命不能存在，企业没有资本，其生产经营活动将无法启动或运营”①。公司认缴制仅是将股东的出资义务延伸至股东承诺的远期出资义务，但并不意味着公司法认可公司可以开出无须兑现的空头支票，更不会允许公司发起人借由认缴制的外衣，丢失公司资本三原则或是发起人对外的诚信原则，对自己的承诺以及法定的义务予以涤除。

其次，从裁判文书的指引作用来判断。倘若我们按照第一种观点审查，仅考虑T公司在设立时的出资额情况，那么，社会公众从该份判决中可以得出这样一个结论：公司章程中只要约定的出资义务不在设立时，则可以完全排除发起人之间相互监督、保持公司资本充实的连带责任。商人都是追逐利益最大化，公司发起人只要稍微将承诺的出资义务期间进行调整，《最高人民法院关于适用〈中华人民共和国公司法〉若干问题的规定（三）》第十三条第三款即被架空。相反，倘若按照第二种观点予以审查，公司发起人义务与其公司章程中承诺的金额、期间一一对应，从而衡平了公司股东的有限责任与债权人交易安全，有利于夯实现代商业社会的诚信基石。

最后，从股份公司相关法条予以推定。《中华人民共和国公司法》第九十三条第一款规定：“股份有限公司成立后，发起人未按照公司章程的规定缴足出资的，应当补缴；其他发起人承担连带责任。”最高人民法院就《关于适用〈中华人民共和国公司法〉若干

① 施天涛：《公司法论》，法律出版社2005年版，第195页。

问题的规定（三）》答记者问时明确：将《中华人民共和国公司法》第九十三条第一款对股份公司场合中其他发起人的连带出资义务也适用到有限责任公司场合，即有限责任公司股东如果未按章程规定缴纳出资的，发起人股东与该股东承担连带责任。具体到本案中，T公司在设立时的公司章程承诺认缴260万元，于公司设立时实际缴付40万元，于2010年9月30日前缴付220万元。截至本案诉讼中，T公司也并未如期、足额缴纳第二期的出资款，因此，李某达作为签署该公司章程的公司发起人，应当承担相应的连带责任。

综上所述，发起人的资本充实责任范围应当与公司设立时股东在公司章程中承诺的出资义务相一致，而不能仅以"公司设立时"这一具体时间节点的承诺出资额为限。

编写人：北京市第一中级人民法院　杨力

163　股东在违法减资范围内对公司债务承担补充责任

——S公司诉谭某、Y公司执行异议之诉案

【案件基本信息】

1. 裁判书字号

北京市第三中级人民法院（2019）京03民终15484号民事判决书

2. 案由：执行异议之诉

3. 当事人

原告（被上诉人、申请执行人）：S公司

被告（上诉人、案外人）：谭某

被告（上诉人、被执行人）：Y公司

【基本案情】

2010年8月10日，Y公司设立。2014年3月6日，Y公司注册资本由500万元增加至1000万元，股东谭某增资500万元，出资时限为2019年12月31日。

2018年9月25日，生效法院判决：Y公司于本判决生效后七日内支付S公司70万元。

在该案执行过程中，S公司与Y公司达成执行和解协议，Y公司仅支付10万元后未再履行执行和解协议。S公司于2019年3月26日申请恢复执行，但Y公司未清偿剩余债务。2019年5月15日，S公司提出执行异议，申请追加谭某等作为被执行人。2019年6月29日，法院驳回S公司的申请。S公司不服提起本诉。

另查，Y公司在工商部门备案的2019年3月5日和2019年6月2日股东会决议，将注册资本由1000万元减少至500万元，由谭某减少出资500万元。2019年6月2日，Y公司工商登记的注册资本由1000万元变更至500万元。

Y公司工商登记备案材料中有其在报纸上刊登的减资公告一份。S公司称未收到Y公司的减资通知。Y公司未提交证据证明其编制了资产负债表、财产清单，未提交证据证明其将减资情况直接通知了S公司。

【案件焦点】

1. Y公司减少注册资本行为的性质；2. 谭某认缴出资义务是否

加速到期；3. 谭某承担责任的形式及内容。

【法院裁判要旨】

北京市顺义区人民法院经审理认为：Y 公司减少谭某认缴出资额的行为严重违反了法定程序。其一，未有证据显示 Y 公司编制了资产负债表及财产清单。其二，未有证据显示 Y 公司通过合理方式通知了已知债权人 S 公司。其三，Y 公司未清偿 S 公司债务或提供担保。其四，在明知公司对外负有到期未偿还债务的情况下仍向登记机关作出虚假陈述，并将公司注册资本从 1000 万元减至 500 万元。Y 公司股东谭某、杨某芳以股东会减资决议形式免除了谭某认缴但尚未履行的出资义务，且未依法向 S 公司履行通知义务，使其丧失要求 Y 公司清偿债务或提供担保的机会。在法院执行 Y 公司之时、认缴期马上届满之际，谭某减持 500 万元，恶意逃避出资义务明显，其行为严重损害了 S 公司利益，本院认为谭某未全面履行出资义务，应在 500 万元范围内对 Y 公司债务承担补充赔偿责任。

北京市顺义区人民法院判决：追加被告谭某为被执行人，由被告谭某在 500 万元范围内承担补充赔偿责任。

被告 Y 公司、谭某不服一审判决，提出上诉。

北京市第三中级人民法院经审理认为：Y 公司作出减少注册资本的股东会决议时处于其与 S 公司执行和解协议的履行期限，且此时 Y 公司已经迟延履行执行和解协议约定的支付款项义务并后续再未履行。虽然作出了减少注册资本的股东会决议并在报纸上进行了公告，但 Y 公司并未提交证据证明其按照法定程序编制了资产负债表并通知了已知债权人 S 公司，故应当认定 Y 公司减少注册资本的行为存在恶意并损害了 S 公司的利益。公司恶意减少认缴出资侵犯债权人利益，而债权人对该出资具有确信和依赖，债权人可以主张股东的出资义务加速到期。Y公司存在恶意减少注册资本之情形且谭某已经丧失认缴出资的期限利益，故谭某应当在其未足额缴纳的500万元范围内承担责任。

北京市第三中级人民法院判决：

驳回上诉，维持原判。

【法官后语】

公司资本是评价其经济实力的重要指标，构成相对人信赖交易的基础，认缴登记的出资是公司股东将来投入的资本，是公司对外偿债能力的保障。

公司减资是指公司依法对已经注册的资本通过一定的程序进行削减的法律行为。在依法减资的情况下，公司按规定提前清偿债务或提供担保，债权人利益可以得到有效维护。在公司违法减资时，公司的减资决议不应对抗未清偿债务或未对其提供担保的公司债权人。因该情形下，股东通过公司股东会减资决议恶意减少个人出资，相当于公司放弃即将到期的对股东的债权，严重损害公司债权人利益，基于债权人撤销权理论，善意债权人有权请求撤销。在减资决议不能对抗善意债权人的情况下，股东减持的认缴的出资是否加速到期呢？

《中华人民共和国企业破产法》第三十五条规定："人民法院受理破产申请后，债务人的出资人尚未完全履行出资义务的，管理人应当要求该出资人缴纳所认缴的出资，而不受出资期限的限制。"《最高人民法院关于适用〈中华人民共和国公司法〉若干问题的规定（二）》第二十二条第一款规定："公司解散时，股东尚未缴纳的出资均应作为清算财产。股东尚未缴纳的出资，包括到期应缴未缴的出资，以及依照公司法第二十六条和第八十条的规定分期缴纳尚未届满缴纳期限的出资。”上述规定，适用于公司破产或清算情形下，股东出资加速到期。《全国法院民商事审判工作会议纪要》规定了两种非破产、清算情形股东出资加速到期，即公司作为被执行人的案件，人民法院穷尽执行措施无财产可供执行，已具备破产原因，但不申请破产的；在公司债务产生后，公司股东（大）会决议或以其他方式延长股东出资期限的。

现行法律法规对违法减资时股东如何承担责任没有明确规定，个案认定减资股东出资加速到期，应持审慎态度。在破产情形下，股东应向公司缴纳出资，加速到期出资属于破产财产，实际利益最终归于全体债权人，全体债权人按照财产分配方案取得应得财产。在非破产或清算的情况下，如认定股东出资加速到期，加速到期的出资利益最终归于对公司股东提起诉讼的个别债权人。如何在全体债权人利益和个别债权人利益中寻找平衡？在审判实践中需深入思考、仔细辨别。如果坚决维护全体债权人利益，则个别债权人需要启动复杂、冗长的破产清算程序，效率无法保障，陷入“迟来的正义即非正义”困境。如果个别债权人可以随意“个别清偿”，则其他债权人利益无法保护。

《最高人民法院民事审判第二庭法官会议纪要》一书中强调如债权人对股东未届出资期限的出资额产生高度确信和依赖时，股东出资加速到期。本案中，债权人对股东未届期限的出资享有信赖利益，且执行程序中公司亦无财产可以执行，由此确认股东出资加速到期。

编写人：北京市顺义区人民法院　张翔鹏

164 股权代持中的隐名权利人是否有足以排除强制执行的权益

——张某诉潘某、陆某执行异议之诉案

【案件基本信息】

1. 裁判书字号

重庆市第二中级人民法院作出（2020）渝02民终382号民事判决书

2. 案由：执行异议之诉

3. 当事人

原告（上诉人）：张某

被告（被上诉人）：潘某、陆某

【基本案情】

2006年，张某与潘某签订《参股协议》，约定由张某投股到某烟花爆竹工艺厂，同时约定张某在潘某名下持股，张某股份占全厂的5%，占潘某股份的50%，并对参与经营管理、股权转让等事宜进行了约定。该烟花爆竹工艺厂改制为烟花爆竹有限公司后，由于公司章程约定股东入股需达到10%才能进行工商登记，于是潘某登记为该公司股东之一，张某继续在潘某名下持股。2014年，该公司修改章程，持股5%的股东即可纳入工商登记。2015年，张某预备变更登记，其他股东均签字认可，由于潘某拒绝签字，张某未成功办理股东变更登记手续，因此张某于2017年起诉请求确认其与潘某于2006年签订的《参股协议》有效，该案生效判决确认该《参股协议》有效，张某享有潘某在该烟花爆竹公司10%股权中的50%。另案中，法院确认潘某应偿还陆某借款5万元及利息，判决生效后，申请执行人陆某申请执行潘某在案涉烟花爆竹有限公司的基于其10%股权的企业转型补偿款，张某提出执行异议，认为潘某名下企业补偿款的一半应归其所有。

【案件焦点】

张某作为股权实际出资人即隐名股东的权益能否排除第三人对显名股东潘某的执行。

【法院裁判要旨】

重庆市梁平区人民法院经审理认为：虽经生效判决确认张某与潘某间的《参股协议》有效，张某享有潘某所持烟花爆竹公司10%股权的50%，但根据商事外观主义原则，对于外部第三人而言，股权登记具有公信力，隐名股东对外不具有公示股东的法律效力，不得以《参股协议》有效而对抗外部债权人对显名股东的正当权利，张某并未依法向公示登记机关对其股权进行变更登记，张某享有的民事权益不能排除强制执行。且物权的设立和转让，自交付时发生法律效力，但法律另有规定的除外。货币系一般等价物的特殊商品，具有高度替代和流通等属性，货币一旦交付，所有权即发生转移。一审法院判决：驳回张某的诉讼请求。

张某不服，提起上诉。

重庆市第二中级人民法院经审理认为：根据工商行政管理机关的登记和企业信用信息系统显示，案涉烟花爆竹公司的10%股权确系登记在潘某名下。根据《中华人民共和国公司法》及其司法解释的规定，股权变更后，公司内部应当对股东名册及出资额进行相应变更，股东可依据变更后的股东名册记载行使股东权利，张某并未完成变更登记，因而未实际取得案涉股权。因此，根据商事外观主义和物权公示主义推导出的公司股权实际权利人与善意第三人的对抗原则，隐名股东在公司对外关系上不具有显名股东的法律地位，不能以其与显名股东间的内部约定对抗公司的外部债权人主张对显名股东的主张权利。另外，经生效判决确认的张某与潘某之间的《参股协议》系有效协议，该判决的实质为确认张某与潘某之间的合同权利义务，而非对案涉股权所有权的确认，张某基于该协议取得的实际权益是基于合同之债而非基于公司法的规定。综上，张某的权益不能排除强制执行。

【法官后语】

该案例中讨论的情形，通常是显名股东（名义出资人）的债权人，基于其与显名股东的交易法律关系，申请法院对显名股东所持有的争议股权予以强制执行，该股权的实际出资人请求排除强制执行。此种情形下，执行异议人认为自己具有股东权利“显名化”权益，且该权益足以排除强制执行。对于代持股异议纠纷情形，人民法院一般认为隐名股东不能排除强制执行，主要根据以下几个因素考量：

1. 股份代持合同的相对性

股份代持法律关系归根结底是一种债权债务法律关系，代持股合同即合同之债，是显名股东与隐名股东的内部约定，受合同相对性原则的约束。实际投资人的权益是基于合同之债而享有的，不对合同相对人以外的第三人产生效力。在公司对外关系上，显名股东具有公司股东的法律地位，隐名股东不能以其与显名股东的内部约定对抗显名股东的合法债权人。

2. 商事外观原则与善意第三人信赖利益保护

法律是为纷繁复杂的世界定下明确的规则指引，对于更加复杂多变的商事行为，商事外观原则是对遵守交易规则的善意第三人信赖利益的保护。交易行为的效果应以交易当事人行为外观为准，如果隐名股东能够根据显名股东的代持股协议对抗外部善意第三人(债权人)，那么无疑会对第三人课以过于严格的义务，要求第三人在进行商事交易时必须查清相对人权利义务负担的所有情况，这无疑会增加交易成本、强化交易不稳定性，与市场经济健康发展的目标背道而驰。通过商事外观原则保护善意第三人也体现了司法维护交易安全、降低交易成本的政策理念。

3. 隐名股东应承担的代持股交易的商业风险

自由不是无限制的自由，隐名股东基于各种原因选择隐于显名股东身后进行商事活动，代持股行为从诞生之日起就充满未知的商业风险，隐名股东与显名股东都应是知晓该风险的，既然如此，在享受股东权利且不用承担股东义务的同时，隐名股东也需要承担不能对抗外部善意第三人的商业风险，更别提在特殊场合，如持有上市公司股份、商业银行股权等情形下，代持股行为本身就是不被法律许可的。当然，一般情形下，若是隐名股东提起确认股东资格之诉，且按照相应程序“显名化”则另当别论。

4. 隐名股东的损害有其相应的法律救济机制

既然隐名股东是基于合同之债对显名股东享有权益，那么在其权益不能排除第三人提起强制执行之时，自然可以通过其与显名股东的股权代持约定以及信托、委托等法律制度主张损害，获得救济。隐名股东在执行异议之诉中走不通的路，可以依靠另外的法律制度去请求显名股东进行赔偿。

编写人：重庆市第二中级人民法院　付丽姝

165 融资租赁合同约定租赁物由出租人所有时，出租人的所有权足以排除强制执行

——Z公司诉李某森、W公司案外人执行异议之诉案

【案件基本信息】

1. 裁判书字号

北京市顺义区人民法院（2019）京0113民初5269号民事判决书

2. 案由：案外人执行异议之诉

3. 当事人

原告：Z公司

被告：李某森、W公司

【基本案情】

2013年12月31日，Z公司与W公司签订买卖合同，约定Z公司向W公司购买设备若干并出租予W公司，价款为446.5万元，自签约之日起，标的物之所有权移转Z公司，同时视作标的物由Z公司适当交付W公司，并由W公司予以验收。

2013年12月31日，Z公司与W公司签订租赁合同，约定了租赁物及租赁期间、租金数额等事项，并约定“租赁物之交付与

验收依下列方式为之：（一）出卖人负责直接将租赁物交付承租人。……十四、租赁物之返还。本合同终止或出租人根据本合同收回租赁物时，承租人应承担一切风险及费用，将租赁物恢复原状，并送至出租人指定地点，返还予出租人。……二十一、优先购买权。若租赁事项表格中标明优先购买权及购买价格时，本合同租赁期满时，若没有承租人违约发生或正在继续，则承租人有权以标明之购买价格取得租赁物所有权。承租人付清上述购买价款时，租赁物将按届时状态转为承租人所有，优先购买价格：人民币 0 元”。

2013 年 12 月 31 日，W 公司向 Z 公司出具《租赁物交付与验收证明书》，确认租赁合同中所有设备已交付 W 公司。后五加公司未足额支付租金，Z 公司向法院提起诉讼，法院于 2015 年 12 月 10 日判决 W 公司给付 Z 公司租金 158 万元以及利息、违约金。

李某森于 2018 年向 W 公司提起诉讼，北京市顺义区人民法院于 2018 年 4 月 18 日作出民事判决，判决 W 公司给付李某森食堂补贴及餐费共计 49808 元。执行过程中，北京市顺义区人民法院分别作出执行裁定书，裁定查封并拍卖被执行人名下机器设备。

执行过程中，Z 公司提出书面异议。北京市顺义区人民法院审查后作出执行裁定，驳回案外人 Z 公司的异议请求。后 Z 公司向法院提起诉讼，故形成本案。

【案件焦点】

售后回租型融资租赁合同关系中，出租人对于租赁物所享有的权利是否可以排除强制执行。

【法院裁判要旨】

北京市顺义区人民法院经审理认为：本案中，买卖合同及租赁合同均明确机器设备系Z公司根据W公司的选择出资购买，租赁合同中约定W公司向Z公司交付租金，Z公司将机器设备交付W公司使用收益，故本院认定Z公司与W公司之间形成的法律关系为售后回租型融资租赁合同关系。

在融资租赁合同中，租赁期间届满租赁物的归属，应以约定为先。综合合同条款内容可以看出，对租赁物的所有权归属，双方以承租人是否违约为条件进行了区分性的约定。在承租人违约时，租赁物的所有权归属于出租人。现生效判决已经认定W公司构成违约，故依据双方约定，机器设备所有权应归属于出租人Z公司。

本案中，Z公司对于23台机器设备享有的权利为物权中的所有权，足以排除李某森因债权申请的强制执行。北京市顺义区人民法院依照《中华人民共和国合同法》第一百三十三条、第二百三十七条、第二百五十条，《中华人民共和国物权法》第二十三条、第二十七条，《中华人民共和国民事诉讼法》第一百四十四条，《最高人民法院关于适用〈中华人民共和国民事诉讼法〉的解释》第三百一十一条、第三百一十二条，《最高人民法院关于审理融资租赁合同纠纷案件适用法律问题的解释》第二条，《最高人民法院关于人民法院办理执行异议和复议案件若干问题的规定》第二十四条的规定，作出如下判决：

一、对（2018）京0113执3792号、（2018）京0113执3792号之一及（2018）京0113执3792号之二执行裁定查封并拍卖的机器设备中的二十三台机器设备停止执行；

二、确认（2018）京0113执3792号、（2018）京0113执3792

号之一及（2018）京 0113 执 3792 号之二执行裁定查封并拍卖的机器设备中的二十三台机器设备为原告（执行案外人）国际租赁公司所有；

三、驳回原告（执行案外人）国际租赁公司其他诉讼请求。

判决后，双方当事人均未上诉，本判决现已生效。

【法官后语】

本案主要的争议焦点在于两个法律问题的判断：一是 Z 公司与 W 公司之间法律关系的类型；二是 Z 公司享有的实体权利是否足以排除强制执行。

第一个问题涉及融资租赁合同与借款合同、买卖合同等相关法律关系的区分。融资租赁作为仅次于银行业、信托业的融资方式，一直处于一种蓬勃发展的状态。随着行业的发展和创新，融资租赁合同纠纷日益呈现类型新、复杂性高的特点。融资租赁的交易模式主要为直租和售后回租，而售后回租被法律明确认可后，更是呈现出强劲的发展态势。售后回租作为现实生活中融资租赁的一种特殊模式，是指承租人将其自制或外购的资产出售给出租人，然后从出租人处租回使用。在司法实践中，法院审理此类案件主要适用《中华人民共和国民法典》及《最高人民法院关于审理融资租赁合同纠纷案件适用法律问题的解释》的相关规定。在售后回租业务中，由于出卖人和承租人是同一人，合同关系的定性以及租赁物的所有权是否发生实际转移是案件审理中较为常见的两个争议焦点。融资租赁交易具有融资和融物的双重属性，缺一不可。如无实际租赁物或者租赁物所有权未从出卖人处转移至出租人或者租赁物的价值明显偏低无法起到对租赁债权的担保，应认定该类融资租赁合同没有融物属性，仅有资金空转，系以融资租赁之名行借贷之实，应属借款合同。

第二个问题涉及案外人执行异议之诉中对于各种权利的审查和甄别原则。执行异议之诉中，要判断当事人主张的民事实体权利是否具有阻却执行的效力，需要在对执行标的物上实体权利类型查明的基础上，对案外人实体权利与申请执行人债权发生冲突时，做好法律上的评价，进而对执行标的物的权属以及是否符合继续执行条件作出判断。首先要坚持实质审查原则。《最高人民法院关于人民法院办理执行异议和复议案件若干问题的规定》确立了“以形式审查为主，实质审查为辅”的案外人异议程序审查原则，以强调案外人异议程序侧重效率的价值取向。基于此，执行异议之诉应当坚持实质审查原则，以纠正民事执行机构因表面权利判断规则可能带来的执行错误，充分保障案外人作为实际权利人的合法权益。本案中涉及的标的物是动产，对于动产物权的判断，在可能出现名义权利人与实际权利人不一致的情况时，不能仅依据权利外观表象即作出裁判，而要根据融资租赁合同中的约定，确认标的物所有权的实际归属，否则将会使执行异议之诉制度目的落空。其次要坚持权利甄别原则。执行异议之诉案件涉及权利义务关系相对复杂，应当按照实体法的规定，严格做好权利甄别。在正确认定相关权利属于物权还是债权、是否具有优先权属性等基础上，按照物权优先于债权、法律规定的特殊债权优先于普通债权的原则，正确处理纠纷。本案中，根据合同约定，案外人对于标的物享有的是物权中的所有权，故应当优先于申请执行人的债权。

编写人：北京市顺义区人民法院　牛佳雯　王耀飞

166 执行依据生效之后发生的重大调整足以影响判决公正执行的，被执行人可通过执行异议程序进行救济

——杨某梅与万某桂、肖某执行异议案

【案件基本信息】

1. 裁判书字号

上海市宝山区人民法院（2019）沪 0113 执异 176 号执行裁定书

2. 事由：执行异议

3. 当事人

申请执行人：杨某梅

被执行人（异议人）：万某桂、肖某

【基本案情】

异议人万某桂、肖某称：（2016）沪 0113 民初 7252 号民事判决判令，万某桂、肖某按每日人民币 70 元（以下币种均为人民币）的标准，支付杨某梅自 2015 年 8 月 13 日起至原有户口迁出上海市宝山区乾溪路×弄×号×室房屋（以下简称系争房屋）之日止的逾期迁出户口违约金。但 2018 年 5 月 1 日起施行的《上海市常住户口管理规定》规定，房屋所有权因交易已发生转移，可由权利人申请将拒不迁出的户口强制迁至社区公共户。万某桂、肖某在 2018 年 4 月即与杨某梅联系，表示愿意配合其办理系争房屋内原有户口迁出事宜，但杨某梅拒绝前往办理。因按规定强制迁移户口必须由产权人申请，故万某桂、肖某无法自行办理。万某

桂、肖某认为，杨某梅无理拒绝申请办理强制迁移户口手续，故其无权再继续主张违约金，故请求停止执行2018年5月1日以后的逾期迁出户口违约金。审理中，万某桂、肖某表示同意支付办理强制迁移户口手续所需的约4个月内发生的违约金。

申请执行人杨其梅称，万某桂、肖某虽然通知过她公安部门出台的强制迁移户口的政策，但她认为（2016）沪0113民初7252号民事判决是有拘束力的，万某桂、肖某仍然有义务按照生效判决支付从2018年2月14日起至2019年2月13日止共365天，按每日70元，共计25550元的逾期迁出户口违约金。其已于2019年3月26日前去派出所咨询办理强制迁移房屋内原有户口的手续，目前公安机关尚在材料审核过程中，审核大约需要3个月的时间。

上海市宝山区人民法院经审理查明，本院于2016年5月26日对杨某梅与万某桂、肖某之间房屋买卖合同纠纷，作出（2016）沪0113民初7252号民事判决，以系争房屋中尚留有案外人马某麟的户口，万某桂、肖某违约为由，判令万某桂、肖某于该判决生效之日起十日内，按每日70元的标准向杨某梅支付2015年8月13日起至原有户口迁出系争房屋之日止的逾期迁出户口违约金；案件受理费减半收取为708元，由万某桂、肖某负担。2016年8月8日，上海市第二中级人民法院作出（2016）沪02民终5965号民事判决，判令驳回上诉，维持原判。后杨某梅向本院申请执行，要求万某桂、肖某支付2018年2月至2019年2月的逾期迁出户口违约金共计25550元，本院于2019年3月12日以（2019）沪0113执1403号案件立案执行。

另查明，2018年4月，肖某与杨某梅联系，表示2018年5月

1日后可以申请强制迁户口。2018年5月11日，肖某又通过微信与杨某梅联系，让其带好身份证、产权证去派出所办理户口迁移手续，并称现在强迁户口必须要产权人申请。但杨某梅一直未前往办理，直至2019年3月才前去派出所办理。

再查明，根据上海市常住户口管理规定，房屋所有权或者公有居住房屋承租权因交易已发生转移，现权利人或者承租人申请将房屋内原有户口迁出的，房屋所在地公安派出所应当通知原有户口人员迁出，对拒不迁出或者无法通知的，可以直接将其户口迁至社区公共户。

【案件焦点】

被执行人是否有权提出排除执行异议。

【法院裁判要旨】

上海市宝山区人民法院经审理后认为：被执行人以债权消灭、丧失强制执行效力等执行依据生效之后的实体事由提出排除执行异议的，人民法院应当参照《中华人民共和国民事诉讼法》第二百二十五条的规定进行审查。

本案中，因万某桂、肖某向杨某梅出售的系争房屋中留有案外人马某麟的户口，导致万某桂、肖某违约，故本院生效民事判决判令万某桂、肖某按每日70元的标准支付逾期迁出户口违约金直至原有户口迁出系争房屋之日止。但上述执行依据生效后，上海市常住户口管理规定明确对在房屋所有权因交易已发生转移的情况下，房屋权利人可申请办理房屋内原户口人员强制迁出手续。在此种情况下，杨某梅完全可以通过向公安机关申请将系争房屋内原有户口迁出，从而终止原有户口继续滞留在系争房屋内的状态。因根据法律的有关规定，当事人一方违约后，对方应当采取适当措施防止损失的扩大，没有采取适当措施致使损失扩大的，不得就扩大的损失要求赔偿。故杨某梅因怠于行使救济措施，对造成扩大的违约金，其无权主张。又因异议人在上述户口管理规定实施前已通知申请执行人前去办理，并表示愿意配合办理手续，且相关户口管理规定出台时也在新闻媒体公开宣传过，故申请执行人对相关政策于 2018 年 5 月 1 日起施行应当明知。考虑到办理强制迁移户口的手续需要一定审核期间，异议人亦同意支付公安机关审核办理期间的违约金，故本院酌情确定异议人应当支付申请执行人 2018 年 2 月 14 日至 2018 年 8 月 31 日（计 199 天），按每日 70 元计算的违约金 13930 元，不予执行申请执行人主张的 2018 年 9 月 1 日以后的逾期迁出户口违约金。

综上，上海市宝山区人民法院依照《中华人民共和国民事诉讼法》第二百二十五条，《最高人民法院关于人民法院办理执行异议和复议案件若干问题的规定》第七条第二款、第十七条第二款之规定，作出如下裁定：

执行本院（2016）沪 0113 民初 7252 号民事判决确定的自 2018 年 2 月 14 日至 2018 年 8 月 31 日止的逾期迁出户口违约金 13930 元；不予执行申请执行人杨某梅主张的自 2018 年 9 月 1 日以后的逾期迁出户口违约金。

【法官后语】

本案其实存在两个争议焦点：第一，案件是否符合《中华人民共和国民事诉讼法》规定的执行异议的受理条件。对于判决生效后，因法律法规政策的作出、调整、变更，致使继续执行原生效判决可能产生当事人权利义务的失衡、造成不公的情形的，当事人应当如何救济，审判实践中存在不同的观点。第二，法院应当根据怎样的法律规则进行裁判。现逐一分析如下：

1. 当事人另行起诉并非适合的救济路径选择

对于此类情形，根据“一事不再理”的诉讼原则，当事人无权另行起诉要求调整违约金。就本案而言，生效裁判已一揽子处理了逾期迁出户口违约金的起付日期、截止支付日期、支付标准、支付对象等所有相关事项。被告如起诉要求对违约金重新计算，则该诉与前诉的当事人相同、该诉与前诉的诉讼标的相同、该诉的诉讼请求实质上是否定前诉裁判结果，已构成了重复起诉，属于不应当受理的范畴。

2. 此类案件不属于审判监督程序的受理范围

根据《中华人民共和国民事诉讼法》的规定，当事人对已经发生法律效力的判决、裁定，认为有错误的，可以申请再审；当事人的申请符合《中华人民共和国民事诉讼法》第二百零七条规定的相应情形的，人民法院应当再审。但是逐一对照《中华人民共和国民事诉讼法》第二百零七条所列举的13项情形，裁判文书生效后法律法规及政策调整并不属于任何一种法院应当再审案件的情形。法院作出生效裁判时，无法预料此后的法律法规政策的调整，法院的判决本身亦不存在实体及程序上的瑕疵，因而即使当事人申请再审，该申请亦不符合再审立案条件。

3. 被执行人有权申请执行异议进行救济

在此种情况下，当事人请求调整生效判决书的判决主文属合法合理亦合情的诉求，应当在制度层面给予其救济的途径及程序。纵观民事诉讼的整个体系，在执行异议乃至执行异议之诉的架构中给予救济是最为合理的制度安排。

根据《最高人民法院关于人民法院办理执行异议和复议案件若干问题的规定》第七条第二款的规定，被执行人以债权消灭、丧失强制执行效力等执行依据生效之后的实体事由提出排除执行异议的，人民法院应当参照《中华人民共和国民事诉讼法》的规定进行审查。法律法规政策的重大调整及变更，应当被认定属于执行依据生效之后发生的实体事由，被执行人以此为由申请执行异议的，法院应当受理。

4. 执行异议的审查内容及审查依据

对于此类案件，解决了立案受理系第一步，第二步即解决实体问题，即审查的内容是什么，以及应当适用怎样的实体法进行审查。

一方面，关于审查的内容。法院需审查的是，其一，法律法规政策调整是否系执行依据生效之后新发生的；其二，法律法规政策调整的内容是否足以覆盖或对抗生效执行依据的既判力从而能够排除执行的。

另一方面，关于审查的依据。《中华人民共和国民法典》第五百九十一条明确规定，合同一方当事人违约后，对方应当采取适当措施防止损失扩大的义务，且进一步明确了若其未采取适当措施致使损失扩大的，不得就扩大的损失要求赔偿。该条法律规定是诚实信用原则和公平原则在违约责任项下的具体化。但诚实信用原则和公平原则不仅适用于民商事合同的履行过程中，在生效裁判文书的执行过程中亦应当得以适用。

本案中，法院建立了这样一条裁判规则，即在生效裁判文书的执行过程中，申请执行人应当配合被执行人采取适当措施，防止被执行金额的扩大；如果没有采取适当措施致使被执行金额扩大的，不得就扩大的金额要求执行。该裁判规则将诚实信用原则、公平原则及《中华人民共和国民法典》第五百九十一条的适用范围扩大到了执行范畴，具有较好的法律效果及社会效果。

编写人：上海市宝山区人民法院　蒋梦娴

167 执行异议案件中，被执行人应当作为必要的共同诉讼人参与诉讼

——张某卫诉陈某君案外人执行异议之诉案

【案件基本信息】

1. 裁判书字号

河北省邯郸市中级人民法院（2019）冀04民终1996号民事判决书

2. 案由：案外人执行异议之诉

3. 当事人

原告（上诉人）：张某卫

被告（被上诉人）：陈某君

【基本案情】

陈某君与郭某国、张某娟、林业科技公司民间借款纠纷一案，河北省邯山区人民法院（以下简称邯山区人民法院）于2016年10月10日作出（2016）冀0402民初1781号民事判决书，判决郭某国、张某娟、林业科技公司偿还陈某君借款205万元及利息。郭某国、张某娟、林业科技公司不服该判决向河北省邯郸市中级

人民法院（以下简称邯郸市中级人民法院）提起上诉。在审理期间，郭某国、张某娟、林业科技公司提出撤回上诉的请求，邯郸市中级人民法院于2017年3月30日作出（2017）冀04民终267号民事裁定书，裁定准许郭某国、张某娟、林业科技公司撤回上诉。因郭某国、张某娟、林业科技公司未履行判决书确定的义务，陈某君向法院申请强制执行。在执行过程中，邯山区人民法院于2017年7月27日作出（2017）冀0402执恢86号之一执行裁定书，裁定：查封张某卫名下位于某小区×号楼×单元×层×号房屋。张某卫向邯山区人民法院对执行标的即涉案房产提出书面异议，法院于2018年11月6日作出（2018）冀0402执异98号执行裁定书，裁定驳回张某卫的异议请求。张某卫不服该裁定，于2018年11月8日诉至法院，诉请如前。另查明，张某海系张某卫的父亲。2012年4月27日，张某海、张某卫与郭某国、张某娟签订《商品房房屋买卖协议》，该协议约定：张某海、张某卫以65万元的价格将位于邯郸市丛台区某小区×号楼×单元×层×号房屋出售给郭某国、张某娟。张某卫当庭陈述郭某国将涉案房屋出售给解某飞；2015年7月3日，张某海与解某飞签订《商品房房屋买卖协议》，约定将涉案房产出售给解某飞。2015年12月7日，张某海与解某飞签订《中止购房协议书》，约定“经双方自愿协商，同意自2015年7月3日签订的某小区×号楼×单元×层×号房屋购房协议中止；原卖方2015年12月7日收到买方陆拾伍万元后即退出该房屋的一切使用权利”。2015年12月7日，石某娥、任某平分别通过银行账户向解某飞转款50万元、15万元，同日解某飞出具收据。再查明，某小区×号楼×单元×层×号房屋位于邯郸经济技术开发区，张某卫于2018年10月11日办理了涉案房屋的不动产权属证书。

【案件焦点】

执行异议案件中，被执行人是否应当作为必要的共同诉讼人参与诉讼。

【法院裁判要旨】

河北省邯郸市邯山区人民法院经审理认为：当事人对自己提出的主张，有责任提供证据。本案系案外人张某卫在陈某君与郭某国、张某娟、林业科技公司民间借款纠纷一案生效判决书的执行中，对执行标的即涉案房产提起的执行异议之诉。张某卫对本案诉争房产是否享有足以阻却执行的权利是本案争议的焦点，本院认为张某卫不享有阻却执行的权利，理由如下：（1）张某卫诉称，郭某国将涉案房屋出售给解某飞，再由其父亲张某海代表其与解某飞签订《商品房房屋买卖协议》，但张某卫未提交证据证明郭某国将涉案房屋出售给解某飞的事实，结合张某卫庭审中的陈述，其亦自认郭某国、张某娟将房产转让给解某飞没有依据。同时，张某卫当庭自认其于2012年将涉案房屋出售给郭某国，张某娟通过银行向其支付65万元，2015年12月，其以65万元将涉案房屋买回，且房屋买回来时进行了重新装修，法院认为，张某卫将房屋买回来时已时隔三年，房屋应有所增值，且涉案房屋已经过重新装修，故张某卫通过其亲戚银行账户转账的方式，以65万元将涉案房屋买回的陈述不符合生活常理，且张某卫提交的证据不足以证明实际占有涉案房屋。综上，法院对《商品房房屋买卖协议》及《中止购房协议书》中约定的事实不予采信。（2）法院于2017年7月27日作出查封执行裁定书，不动产权属证书在涉案房产被查封期间办理，不符合法律规定。因此，张某卫提交的现有证据不足以证明其享有阻却本案执行的权利。

综上所述，依照《中华人民共和国民事诉讼法》第六十四条[①]、第二百二十七条[②]的规定，作出如下判决：

驳回张某卫的诉讼请求。

宣判后，张某卫不服一审判决，向邯郸市中级人民法院提起上诉。

河北省邯郸市中级人民法院经审理认为：人民法院应当将案外人提起执行异议之诉的事实告知被执行人，以便其作出是否反对案外人异议的表示，保护其诉讼权利和实体权益。由于案外人执行异议之诉必然会涉及执行标的的权属问题，从查清案件事实、彻底解决纠纷的角度考虑，应当将被执行人作为必要的共同诉讼人，列为被告或第三人。依照《中华人民共和国民事诉讼法》第一百七十条第一款第四项、《最高人民法院关于适用〈中华人民共和国民事诉讼法〉的解释》第三百零七条的规定，作出如下裁定：

一、撤销邯郸市邯山区人民法院（2018）冀 0402 民初 3449 号民事判决；

二、本案发回邯郸市邯山区人民法院重审。

【法官后语】

1. 在执行异议中，被执行人应否作为必要的共同诉讼人参加诉讼

根据《最高人民法院关于适用〈中华人民共和国民事诉讼法〉的解释》第三百零五条的规定，案外人提起执行异议之诉，必须有明确的排除对执行标的执行的诉讼请求，而案外人这一诉讼请求的

① 修改后《中华人民共和国民事诉讼法》第六十七条。

② 修改后《中华人民共和国民事诉讼法》第二百三十四条。

依据是其对执行标的享有实体权益，且人民法院的强制执行措施会妨害其所享有的实体权益。故无论案外人是否在排除对执行标的执行的诉讼请求之外提出对执行标的进行确权的诉讼请求，人民法院均会对案外人对执行标的是否享有实体权益进行审查。案外人执行异议之诉的诉讼标的表现为人民法院的强制执行措施是否妨害了案外人的实体权益，实质是对于同一执行标的，案外人所享有的实体权益与执行债权人所享有的债权谁应当优先保护，而这一诉讼标的通常与案外人和被执行人对该执行标的的权属纠纷相联系。案外人提起执行异议之诉后，必然会涉及执行标的的权属问题，故被执行人应当作为当事人参加诉讼。

在申请人提起的执行异议之诉中，争议本质也是对于同一执行标的，案外人所享有的实体权益与执行债权人所享有的债权谁应当优先保护的问题，申请人提起的执行异议也会涉及执行标的的权属问题，故被执行人应当作为当事人参加诉讼。

2. 被执行人的诉讼地位

在案外人执行异议之诉中，被执行人在诉讼中是作为被告还是第三人参加诉讼，应当视其对案外人诉讼请求的态度而定。即如果被执行人对案外人的权属主张无异议，则应作为该案的第三人；如果被执行人对案外人的权属主张有异议，则应当作为该案的被告。需要特别注意的是，这里所说案外人的权属主张既包括案外人对该执行标的提出确权诉讼请求，也包括案外人虽未对该执行标的提出确权诉讼请求但将其对该标的享有实体权益作为支持其排除执行诉讼请求的理由。所谓“被执行人反对案外人异议”，实质是指被执行人反对案外人对该执行标的主张实体权益。

在申请人执行异议之诉中，被执行人在诉讼中是作为被告还是第三人参加诉讼，视其态度而定，如果被执行人对申请人的异议主张无异议，则应作为该案的第三人；如果被执行人对申请人的异议主张有异议，则应当作为该案的被告。

3. 审判实践中应当注意的问题

第一，在案外人执行异议之诉中，人民法院应当将案外人提起执行异议之诉的事实告知被执行人，以便其作出是否反对案外人异议的表示，保护其诉讼权利和实体权益。

第二，有关执行异议之诉的当事人。执行异议之诉，对原告的主体资格均无争议，案外人提起的异议之诉，案外人为原告；申请执行人提起的异议之诉，申请人为原告。申请执行人与案外人的主张相对，在一方提起的执行异议之诉中，另一方为被告。关于执行异议之诉的第三人，由于执行异议之诉必然会涉及执行标的的权属问题，即使被执行人不反对异议，从查清案件事实、彻底解决纠纷的角度考虑，也有必要将被执行人列为第三人。虽然解释规定的是“可以列被执行人为第三人”，人民法院原则上应当将被执行人列为第三人。另外，在执行异议案件的裁判文书中，应当在原告、被告、第三人后面标明其执行身份。

关于新旧法衔接的说明：一审、二审判决时所依据的《中华人民共和国民事诉讼法》第六十四条、第二百二十七条、第一百七十条第一款第四项以及《最高人民法院关于适用〈中华人民共和国民事诉讼法〉的解释》第三百零七条，现对应的是《中华人民共和国民事诉讼法》（2021 年修订）第六十七条、第二百三十四条、第一百七十七条第一款第四项以及《最高人民法院关于适用〈中华人民共和国民事诉讼法〉的解释》（2022 年修订）第三百零五条；法官后语中《最高人民法院关于适用〈中华人民共和国民事诉讼法〉的解释》第三百零五条对应的是《最高人民法院关于适用〈中华人民共和国民事诉讼法〉的解释》（2022年修订）第三百零三条。以上修改后的法律、司法解释条文均与原条文内容一致。

编写人：河北省邯郸市中级人民法院　宋世忠　连方宇

168　执行中股东未届期限的认缴出资应加速到期的认定标准

——Z公司与J杂志社执行异议案

【案件基本信息】

1. 裁判书字号

福建省福州市鼓楼区人民法院（2019）闽0102执异42号执行裁定书

2. 事由：申请执行人执行异议

3. 当事人

申请执行人（异议人）：Z公司

被申请人：J杂志社

被执行人：J网络服务公司

【基本案情】

被执行人J网络服务公司成立于2004年11月1日，注册资本为5600万元，实缴金额为500万元，其中本案被申请人J杂志社认缴出资额为3360万元，实缴出资额为300万元，另一自然人股东严某（兼法定代表人）认缴出资额为2240万元，实缴出资额为200万元。J杂志社和严某认缴出资时间均为2024年10月31日。

在福州市鼓楼区人民法院（2018）闽0102执4996号案件执行过程中，执行局通过福建法院司法查控系统、全国法院网络执行查控系统查询被执行人的银行存款、车辆、房产、证券、工商登记等情况，并冻结了被执行人名下账户，其被查封冻结的金额不足以清偿生效法律文书确定的债务，除此之外也未发现被执行人有其他可供执行的财产。

鉴于被执行人无财产可供执行，申请执行人Z公司向法院提交《追加被执行人申请书》，要求根据《最高人民法院关于民事执行中变更、追加当事人若干问题的规定》第十七条的规定，追加J杂志社为本案被执行人。

被申请人J杂志社认为其认缴的出资时间系2024年10月31日前，申请执行人要求追加被申请人为被执行人实质是要求被申请人的出资义务提前到期。《最高人民法院关于民事执行中变更、追加当事人若干问题的规定》第十七条规定的“未缴纳或未足额缴纳出资”指的是出资期限届满而未缴纳或未足额缴纳出资的情形下，符合该情形的股东才能被追加为被执行人。本案中，判断被申请人是否足额缴纳3060万元出资，应以2024年10月31日这一天被申请人的出资是否到位来判断。公司章程中的出资时间尚未届满，不存在出资不到位的情况。

【案件焦点】

申请执行人以公司不能清偿到期债务为由，请求追加未届出资期限的股东为被执行人是否成立。

【法院裁判要旨】

福建省福州市鼓楼区人民法院经审理认为：在执行阶段，对债务人是否能清偿到期债务的事实已能确定，并非处于待定状态。在公司财产不足以清偿债务的情况下，其情形类似强制清算和破产时公司的财产状态。在公司处于结算清算、破产程序状态时，股东所未缴出资作为其向公司所负未到期债务，视为提前到期，需提前向公司履行，即需向公司债权人代位清偿。在执行程序中，在公司已无财产可供执行的情形下，即使未届股东出资缴纳期限，股东所未缴出资，作为其向公司所负未到期债务，视为提前到期，需向公司债权人代为清偿公司债务。福州市鼓楼区人民法院依照《中华人民共和国民事诉讼法》第一百五十四条第一款第十一项，《最高人民法院关于民事执行中变更、追加当事人若干问题的规定》第十七条、第三十二条第一款的规定，作出如下裁定：

一、追加J杂志社为（2018）闽0102执4996号执行案件的被执行人；

二、J杂志社在未缴纳的3060万元出资范围内向申请执行人承担责任。

【法官后语】

在注册资本认缴制下，股东依法享有期限利益。本案的争议焦点在于，债权人以公司不能清偿到期债务为由，请求未届出资期限的股东在未出资范围内对公司不能清偿的债务承担补充清偿责任，是否侵犯了股东的期限利益。

当执行机构已对被执行人穷尽执行措施仍无财产可供执行时，申请执行人往往向法院提起追加申请，要求追加未缴纳或未足额缴纳出资的股东作为被申请人。《最高人民法院关于民事执行中变更、追加当事人若干问题的规定》(2020年修订)第十七条规定:“作为被执行人的营利法人,财产不足以清偿生效法律文书确定的债务,申请执行人申请变更、追加未缴纳或未足额缴纳出资的股东、出资人或依公司法规定对该出资承担连带责任的发起人为被执行人,在尚未缴纳出资的范围内依法承担责任的,人民法院应予支持。”但该条文未明确“未缴纳或未足额缴纳出资”是否包括股东出资期限未届满的情形。

2019年9月11日,最高人民法院审议通过《全国法院民商事审判工作会议纪要》载明:“在注册资本认缴制下,股东依法享有期限利益。债权人以公司不能清偿到期债务为由,请求未届出资期限的股东在未出资范围内对公司不能清偿的债务承担补充赔偿责任的,人民法院不予支持。但是,下列情形除外:(1)公司作为被执行人的案件,人民法院穷尽执行措施无财产可供执行,已具备破产原因,但不申请破产的;(2)在公司债务产生后,公司股东(大)会决议或以其他方式延长股东出资期限的。”本案中,福州市鼓楼区人民法院执行局已对被执行人J网络服务公司穷尽执行措施仍无财产可供执行,J网络服务公司已具备破产原因,但不申请破产的,其结果与《中华人民共和国企业破产法》第二条规定的公司资产不足以清偿全部债务或者明显缺乏清偿能力完全相同,故此种情形下应比照《中华人民共和国企业破产法》第三十五条关于“人民法院受理破产申请后,债务人的出资人尚未完全履行出资义务的,管理人应当要求该出资人缴纳所认缴的出资,而不受出资期限的限制”的规定,股东未届期限的认缴出资,应当加速到期,债权人可以直接向股东主张清偿债务。

我国公司法实行无条件的公司资本认缴制度，意味着股东可以自主决定公司资本的认缴期限和金额。该制度的目的在于放低公司设立门槛，鼓励投资兴业，赋予股东更大的自治空间。然而，法律在赋予公司股东无须实际出资的期限利益的同时，要强化对债权人利益的保护，以实现公司、股东与债权人的利益平衡。在公司现有资产难以清偿负债的情况下，若不要求股东认缴出资加速到期，反而要求债权人对负债公司提起破产申请，则违背了认缴出资制度设立之目的，也使恶意股东利用认缴出资制度，逃废债务，损害债权人利益、破坏市场经济秩序。另外，股东出资的意义在于维持公司的正常运行，这也是股东最基本的责任，当公司出现危机时这种责任尤为凸显，因此，即使提前缴纳出资也是在履行股东正常范围内的责任，并未加重股东的责任。

《最高人民法院关于民事执行中变更、追加当事人若干问题的规定》第十七条规定的“未缴纳或未足额缴纳出资”既包括期限已届满也包括期限未届满的出资。对于法院已对被执行人穷尽执行措施，但仍无财产可供执行的案件，其股东出资期限加速到期，债权人要求追加未缴纳或未足额缴纳出资的股东为被执行人，并在未认缴出资范围内对公司不能清偿的债务承担补充清偿责任的，应予以支持。

编写人：福建省福州市鼓楼区人民法院　赵南　李榕

169 签订信托财产现状分配协议取得信托财产申请执行的认定

——A 信托公司变更申请执行人案

【案件基本信息】

1. 裁判书字号

北京市第二中级人民法院（2019）京 02 执异 961 号执行裁定书

2. 事由：变更申请执行人

3. 当事人

申请人：C 银行

申请执行人：A 信托公司

被执行人：Z 建设公司、Z 投资公司

【基本案情】

2016 年 10 月 26 日，G 银行与 A 信托公司签订《流动资金》贷款单一资金信托合同》（以下简称信托合同）将 13 亿元信托资金委托给 A 信托公司，用于发放信托贷款。2016 年 11 月，G 银行与申请人签订两份《G 银行信托受益权转让协议》，将信托合同项下全部信托受益权转让给申请人。申请人成为唯一信托受益人。该受益权转让已通知受托人 A 信托公司，并取得后者出具的《信托受益权变更确认书》。

2016 年 10 月 26 日，A 信托公司与 Z 建设公司签订《流动资金贷款单一信托资金信托》，向 Z 建设公司发放信托贷款。2018 年 12 月 5 日，公证处作出第 19 号执行证书。2019 年 3 月 12 日，北京市第二中级人民法院立案执行该案件，案号为2019年京02执350号。2019年7月5日，申请人C银行向我院提出变更其为申请执行人的申请。理由为C银行已经成为涉案信托的唯一受益人，依据信托合同约定，“信托存续期间或信托期限届满需分配信托利益时，若存在全部或者部分非现金形式的信托财产，受托人有权按照项目运行情况，在项目存续期间或信托结束（包括提前结束）需分配信托利益时，向受益人采取现状分配方式，受托人向受益人和债务人送达《非现金形式信托财产现状分配通知书》并交付相关权利证明文件及其他附属文件后即视为信托利益分配完毕，相关权利义务一并转让给受益人，信托终止”。目前，A信托公司已按前述条款执行完毕现状分配程序，与申请人于2019年6月20日签订《流动资金贷款单一资金信托财产现状分配协议》。同时，A信托公司分别向申请人、Z建设公司、Z投资公司送达《非现金形式信托财产现状分配通知书》，并将相关权利证明文件及其他附属文件交付申请人。自此，申请人已经取得了信托合同及各份担保合同项下对Z建设公司、Z投资公司的全部债权、担保权利和其他从权利，根据《最高人民法院关于民事执行中变更、追加当事人若干问题的规定》第九条的规定，向我院申请将（2019）京02执350号案件的申请执行人变更为C银行。

【案件焦点】

信托受托人与受益人签订《信托财产现状分配协议》是否属于债权转让。

【法院裁判要旨】

北京市第二中级人民法院经审理认为：申请人C银行撤回变更申请执行人的申请，系其真实意思表示，不违反法律强制性规定，应予准许。依照《中华人民共和国民事诉讼法》第一百五十四条（现第一百五十七条）第一款第十一项的规定，作出如下裁定：

准许C银行撤回变更其为（2019）京02执350号执行案件申请执行人的申请。

【法官后语】

本案例属于当时较新的类型案例。在信托关系中，信托受托人为申请执行人，信托受托人与信托受益人签订信托财产现状分配协议，信托受益人是否有权申请变更其为申请执行人。

《最高人民法院关于民事执行中变更、追加当事人若干问题的规定》第一条规定，执行过程中，申请执行人或其继承人、权利承受人可以向人民法院申请变更、追加当事人。申请符合法定条件，人民法院应予支持。该条规定确定了变更、追加当事人需要符合法律和司法解释的规定的法定原则。第九条规定，申请执行人将生效法律文书确定的债权依法转让给第三人，且书面认可第三人取得该债权，该第三人申请变更、追加其为申请执行人的，人民法院应予支持。该规定的法理基础是通过继受实体权利义务关系而实现执行名义、执行力主观范围的扩张。民事执行实现的是债权人的私权，当事人可以对其进行自由处分。但是，第三人在执行程序中通过受让生效法律文书确定的权利而申请变更其为申请执行人，将会导致民事执行当事人的变更，人民法院应当对债权转让进行依法审查。

本案的焦点是信托受托人与受益人签订《信托财产现状分配协

议》是否属于债权转让。信托财产具有独立性，信托财产独立于委托人和受托人。《中华人民共和国信托法》第十五条规定，信托财产与委托人未设立信托的其他财产相区别。《中华人民共和国信托法》第十六条规定，信托财产与属于受托人所有的财产相区别，不得归入受托人的固有财产或者成为固有财产的一部分。因此，受托人对信托财产不享有所有权。信托终止后进行的信托财产分配本质上属于信托终止过程中受益人信托受益权的实现。但关于信托受益权的法律性质，依照物权法定的原则以及《中华人民共和国信托法》的相关规定，信托受益权既非债权又非物权，而是属于一种依据该法创设的类似股权的特设权利，其性质内容及产生和行使，适用于该法的特殊规定。信托财产经过清算分配后归属于受益人。该分配程序与解散法人经由清算将剩余财产分配给股东的过程较为相似。而受托人与受益人之间并非债权转让的法律关系。在信托财产分配过程中，受托人与受益人之间并无关于债权的转让。因此，本案中A信托公司与C银行所签订的《信托财产现状分配协议》不属于债权转让协议，不符合《最高人民法院关于民事执行中变更、追加当事人若干问题的规定》第九条关于债权转让的规定。依据追加变更规定法定原则，受益人以取得信托财产为由向法院申请变更为申请执行人的，不应予以支持。

本案经过与申请人充分的释明，申请人根据案件实际情况撤回了申请。本案涉及信托终止过程中信托财产的转移以及变更追加当事人的债权转让的认定，因此仍具有一定的研究意义。

编写人：北京市第二中级人民法院　詹同　朱涛

170 申请执行时效届满后被执行人同意履行，应视为放弃时效抗辩权

——吕某与孙某执行异议案

【案件基本信息】

1. 裁判书字号

北京市第三中级人民法院（2019）京03执复88号执行裁定书

2. 事由：执行异议

3. 当事人

申请执行人：孙某

被执行人（异议人、复议申请人）：吕某

【基本案情】

孙某与吕某离婚纠纷一案，双方经北京市朝阳区人民法院主持达成调解协议，北京市朝阳区人民法院于2014年8月28日作出（2014）朝民初字第21696号予以确认。其中协议第四条约定："被告吕某给付原告孙某8000万元：本调解书作出前被告吕某已给付原告孙某2980万元；被告吕某于2014年10月31日前给付原告孙某1520万元；被告吕某于2015年1月31日前给付原告孙某3500万元。"2018年4月17日，孙某就该项内容向北京市朝阳区人民法院申请对吕某强制执行，北京市朝阳法区人民院以（2018）京0105执8716号登记立案。案件执行过程中，北京市朝阳区人民法院于2018年5月16日传唤双方到庭进行询问。谈话中，就本

案债务，吕某称“已经偿还3000万，还差2000万”，并表示“我5月底先给300万，8月底再给700万，剩余的10月底还清。还是打入孙某个人账户。但是申请人要先把我的限制消费解除，如果我不按时给的话再恢复强制执行”。2018年10月，吕某以孙某申请执行时效届满为由提出异议，请求对该案不予执行，返还扣划款项并解除对其的限制消费措施。

【案件焦点】

申请执行时效届满后，被执行人同意履行的，能否认定为放弃执行时效抗辩权。

【法院裁判要旨】

北京市朝阳区人民法院经审理认为：被执行人以超过申请执行期间为由提出阻止执行的，应当按照执行异议处理。被执行人作出同意履行义务的意思表示后，又以超过申请执行时效为由提出异议的，人民法院不予支持。该案申请执行人申请强制执行的时间距法律文书生效虽已超过两年，但案件执行过程中，被执行人在获知申请执行人已经立案执行之后并未及时提出时效届满的抗辩，而是在执行谈话中明确表示同意履行义务。现被执行人数月之后，又反悔以时效届满为由提出异议，与其先前承诺相悖，亦于法无据，其异议难以支持。

北京市朝阳区人民法院依照《中华人民共和国民事诉讼法》第二百二十五条之规定，作出如下裁定：

驳回异议人（被执行人）吕某的异议。

吕某不服，向北京第三中级人民法院提起复议，北京第三中级人民法院经审理认为，依据《最高人民法院关于适用〈中华人民共和国民事诉讼法〉的解释》第四百八十三条之规定，申请执行人超过申请执行时效期间向人民法院申请强制执行的，人民法院应予受理。被执行人履行全部或者部分义务后，又以不知道申请执行时效期间届满为由请求执行回转的，人民法院不予支持。本案中，复议申请人吕某在执行过程中作出了同意履行义务的意思表示并向申请执行人履行了部分还款义务，现复议申请人又以申请执行人超过申请执行时效为由提出异议，本院不予支持。朝阳区人民法院裁定认定事实清楚，适用法律正确，结果应予维持。

北京市第三中级人民法院依照《最高人民法院关于人民法院办理执行异议和复议案件若干问题的规定》第二十三条第一款第一项之规定，作出如下裁定：

驳回复议申请人吕某的复议申请，维持北京市朝阳区人民法院（2019）京0105执异307号执行裁定。

【法官后语】

1. 被执行人吕某在执行中同意履行剩余债务的意思表示并不导致申请执行时效中止、中断

《中华人民共和国民事诉讼法》第二百四十六条规定，申请执行时效的中止、中断，适用法律有关诉讼时效中止、中断的规定。而学理上及立法上，均要求申请执行时效的中止、中断事由发生在时效进行过程中。本案中，孙某申请执行的时间点距调解书确定最后一期债务的履行期限已经超过两年的申请执行时效。吕某系在申请执行时效届满后作出履行剩余债务的意思表示，该行为并不导致申请执行时效的中止、中断。

2. 诉讼时效抗辩权之放弃规则同样适用于申请执行时效

申请执行时效届满后的履行承诺如何定性，需要厘清申请执行时效届满后的效力。以诉讼时效届满后的效力为例，我国立法及学术通说采纳“抗辩权发生主义”。而《最高人民法院关于审理民事案件适用诉讼时效制度若干问题的规定》第十九条及《中华人民共和国民法典》第一百九十二条均确立了“诉讼时效抗辩权之放弃规则”。然而，在《中华人民共和国民事诉讼法》未明确规定的情况下，申请执行时效能否适用诉讼时效的抗辩权放弃规则？

一种观点认为，申请执行时效从1991年《中华人民共和国民事诉讼法》规定的“申请执行期限”演变而来，属于公法上强制执行申请权存续的不变期间，与私法上的诉讼时效（消灭时效）有着本质差别。申请执行时效届满后申请执行权直接消灭，不与被执行人发生关系，更不因被执行人的履行承诺而恢复，故不适用抗辩权发生主义及抗辩权放弃规则。

另一种观点认为，诉讼时效和申请执行时效均是对实体性债权的程序性实现进行时间限制，只不过诉讼时效针对尚不可执行债权，申请执行时效针对可执行债权。2007年《中华人民共和国民事诉讼法》将申请执行期间更改为申请执行时效，并适用诉讼时效中断、中止的规定，已对执行时效和诉讼时效的同一性进行认可。因此，诉讼时效的抗辩权发生主义和时效抗辩权放弃规则均应适用于申请执行时效。

笔者同意第二种观点，申请执行时效规定的不仅仅是公法上申请执行人与法院之间的关系，也是申请执行人与被执行人之间实体债权的体现。实际上，《最高人民法院关于适用〈中华人民共和国民事诉讼法〉的解释》第四百八十一条已对申请执行时效的抗辩权发生主义进行了肯定，法院不主动审查执行时效，仅当债务人行使时效抗辩权提出异议时，才触动法院时效审查。既然肯定了申请执行时效届满后被执行人抗辩权发生的效力，时效抗辩权作为一项程序性权利，当然可以基于被执行人的自由意志而放弃。

3. 申请执行时效抗辩权之放弃的认定和效力

申请执行时效抗辩权的放弃，属于单方处分行为，要求行为人明确作出放弃时效抗辩权的意思表示。本案中，被执行人吕某在双方执行谈话中，对剩余债务进行承认并作出分期履行的意思表示，且在谈话当时即到达对方，因此吕某对执行时效抗辩权的放弃已经发生效力。该效力于被执行人而言，不得再以该次时效完成为由而拒绝执行；于申请执行人而言，即恢复了强制执行请求力。故本案中，被执行人吕某放弃其执行时效抗辩权后，执行部门依据申请执行人的请求予以执行立案并采取执行措施并无不当。被执行人吕某在放弃时效抗辩权后又主张时效抗辩，其异议请求应予驳回。

编写人：北京市朝阳区人民法院　曹秦云

171　电信公司未变更手机号码过户登记时执行异议的审查

——关某与网络通信公司许昌市分公司执行异议案

【案件基本信息】

1. 裁判书字号

河南省许昌市中级人民法院（2018）豫10执复114号执行裁定书

2. 事由：执行异议

3. 当事人

申请执行人：关某

复议申请人（利害关系人）：网络通信公司许昌市分公司

【基本案情】

关某与宋某、张某、许某和商贸公司民间借贷纠纷案，许昌仲裁委员会于2015年12月30日作出许仲裁字（2015）44号裁决书，裁决：宋某、张某自收到裁决书之日起十日内偿还关某借款本金330万元和利息，许某和商贸公司对上述裁决内容承担连带保证还款责任。裁决书生效后，关某向河南省许昌市魏都区人民法院申请执行，该院于2017年8月23日向网络通信公司发出协助执行通知书，将被执行人张某名下的电话号码186×××88888予以查封，查封期间不得为其办理过户、买卖、变更登记等手续。当日，网络通信公司签收协助执行通知书。2017年8月24日，网络通信公司出具书面回复，称“法院要求对张某186×××88888予以查封，因业务系统原因不能协助”。

2018年3月2日，河南省许昌市魏都区人民法院向网络通信公司发出书面通知，要求其在接收通知后七日内将涉案电话号码变更至张某名下，如未按期履行，将按法律规定追究该公司及相关责任人的责任，并予以罚款。

网络通信公司许昌市分公司向河南省许昌市魏都区人民法院提出书面异议，称：2017年5月17日，张某和案外人赵某共同申请，在营业厅办理了过户手续，手机号码已经过户给赵某。但因业务系统原因，造成客户名称与账户名称不一致，显示账户名称仍是张某，无法履行将手机号码186×××88888过户至张某名下的义务。

另查明：2017 年 8 月 14 日，河南省增值税电子普通发票显示手机号码名称仍为被执行人张某。2017 年 9 月 5 日，张某在查封（扣押）清单上签字并按指印确认。

【案件焦点】

手机号码权利人是否按照权利外观原则审查，协助义务单位以实际过户后未变更登记为由主张无法协助办理查封手续的，能否支持。

【法院裁判要旨】

河南省许昌市魏都区人民法院经审查认为：该院于 2017 年 8 月 23 日将案涉号码予以查封后，利害关系人网络通信公司于 2017 年 8 月 24 日向法院出具书面回复，称“法院要求对张某 186×××88888 予以查封，因业务系统原因不能协助”，但并未提及该号码已过户他人，后又以案涉号码已于 2017 年 5 月 17 日过户至他人名下为由对法院的执行不予协助。该院向网络通信公司发出的协助执行通知书已发生法律效力，其应当积极协助执行，利害关系人以业务系统原因不能协助和案涉号码已过户为理由提起执行异议，不能排除法院的执行。

河南省许昌市魏都区人民法院依照《中华人民共和国民事诉讼法》第二百二十五条，《最高人民法院关于人民法院办理执行异议和复议案件若干问题的规定》第五条第四项、第十七条第一项之规定，作出如下裁定：

驳回利害关系人网络通信公司的异议请求。

网络通信公司不服，提起复议。

河南省许昌市中级人民法院经审查认为：执行法院于2017年8月23日向网络通信公司作出协助执行通知书，当日网络通信公司对该协助执行通知书予以签收，表明网络通信公司对法院要求查封被执行人手机号码没有异议。网络通信公司关于业务系统原因不能协助的理由，并不能免除其协助执行义务，且2017年8月14日河南省增值税电子普通发票显示涉案号码名称仍为被执行人张某名下，遂裁定：

驳回网络通信公司的复议申请，维持一审法院执行裁定。

【法官后语】

1. 手机号码的法律属性

根据物权法定原则，物权种类和内容由法律规定，作为物权客体的物原则上为有体物。手机号码作为一种无线电频谱，目前民法主流观点认为，无线电频谱表现为无形形态的物，因可以被感知、控制和利用，在法律上可以排他支配，作为有体财产手机的延伸，属于有体物的一部分，且手机号码是独一无二的特定物，具有经济价值，满足“物”的要素所具备的各种特征。因此，从交易观念上作为物进行调整，属于物权法保护的范畴。值得注意的是，《中华人民共和国电信条例》第二十八条、第二十九条分别以“占有、使用”“取得电信资源使用权”来表述电信业务经营者对码号资源的权益。而“占有”即人对于物管领控制的事实，是一种受法律保护的财产权益，其客体为物，因此该条例的表述与民法主流观点一脉相承。国家是手机号码的所有权主体，电信业务经营者和用户享有除处分外的占有、使用、收益等所有权权能。用户基于电信服务合同继受取得手机号码的物权权能，在服务合同有效期内通过履行合同义务，直接对手机号码这一特定物进行事实上的占有、支配和使用，享有其经济利益，是直接占有且为排他性的单独占有。手机号码通常归持有人“所有”，也符合社会观念和通常认知。否则，强制执行程序中司法拍卖手机号码将缺失法理基础。

由此可见，用户在转让手机号码时，是发挥其物的经济价值的一种形式，受让人概括取得用户对手机号码的物权，其性质上并非电信服务合同权利义务的一并转让。物权的享有和物权变动的公示方法只能法律作出规定，具有公示公信效果。2012 年 12 月，全国人大常委会颁布了《关于加强网络信息保护的决定》，将公民个人电子信息保护和电话用户实名制纳入法律层面。实名制虽然不具有法定的物权变动效力，但手机号码转让后，出让人和受让人应按照实名登记制的要求，履行变更登记的附随义务，变更登记使手机号码转让行为在外观上具备了公示公信的效果。

2. 协助义务单位执行异议的审查

执行行为异议指向的对象是程序性事项，基于执行程序产生，如执行措施、实施执行措施的方式、方法、期间和顺序等，该异议指向的一般不是执行标的所涉及的实体权利本身，即利害关系人所提异议所依据的基础性权利为程序权利。本案中，网络通信公司以手机号码已经实际过户但未办理变更登记为由，主张登记的名义权利人与事实的实际权利人并不一致，变更登记通知与权利现实状态相冲突，直接影响受让人合法权益，法院协助执行超出其协助范围，无法履行变更协助义务，据此提出执行异议。换言之，网络通信公司以手机号码受让人的实体权利为理由基础，提出了无法履行变更登记协助义务的异议。

执行异议以“形式审查为原则，实质审查为例外”，形式审查标准主要遵循物权公示原则和权利外观主义，根据法律规定的物权公示方法和权利外观，以及特定情形下为实践广泛认可的非典型权利公示方式，作出权利判断。《最高人民法院关于人民法院办理执行异议和复议案件若干问题的规定》第二十五条规定，“对案外人的异议，人民法院应当按照下列标准判断其是否系权利人……其他财产和权利，有登记的，按照登记机构的登记判断”，因此在对执行异议是否成立的判断标准上，应坚持较高的、外观化的判断标准，认定登记名义人为权利人。法院生效裁判则以事实为依据，认为手机号码仍登记在被执行人张某名下，依照外观主义原则，张某是手机号码权利人。出让人与受让人存在其他法律关系，未经变更登记的，不能作为判断权利归属的依据。据此，协助义务单位以手机号码实际过户后未变更登记为由主张无法协助办理查封、变更手续的，不予支持。

编写人：河南省许昌市中级人民法院　李锐　郭晓峰

172　汇款错误不构成“足以排除强制执行的实体权益”

——环保技术公司诉郭某案外人执行异议之诉案

【案件基本信息】

1. 裁判书字号

北京市第三中级人民法院（2018）京03民终2986号民事判决书

2. 案由：案外人执行异议之诉

3. 当事人

原告（上诉人）：环保技术公司

被告（被上诉人）：郭某

第三人（被执行人）：电气公司、技术研究所

【基本案情】

郭某于2016年诉电气公司、技术研究所劳务合同纠纷一案，一审判决电气公司、技术研究所共同给付郭某劳动报酬共计130277.90元，北京市第三中级人民法院二审判决维持一审的结果。

郭某前述判决申请强制执行，北京市顺义区人民法院于2017年2月22日作出（2016）京0113执4760号执行裁定书，裁定划拨电气公司存款13.7万元。

电气公司账户在2017年1月12日余额23027.32元，在2017年2月17日进账39万元（对方户名为环保技术公司），余额413027.32元，于2017年2月17日发生四笔出账各15元，于2017年2月18日出账200元，于2017年2月22日向“北京市顺义区人民法院全国执行网络查控系统账户”转账13.7万元，于2017年2月27日和28日分别出账15元和200元，于2017年3月1日向环保技术公司退款26万元，退款后余额为15552.32元，于2017年3月21日利息进账46.97元，于2017年3月23日和27日分别出账90元和15元。

后环保技术公司对执行标的提出执行异议并被驳回。环保技术公司遂以其汇入电气公司账户中的预付款属于支付错误，认为郭某请求强制执行以及法院实行强制执行电气公司账户款项的行为损害了其合法权利提起诉讼，而郭某认为环保技术公司汇入电气公司账户款项正确且未发生混同，因此可以申请强制执行。

【案件焦点】

1. 本案中是否存在环保技术公司错误汇款的事实；2. 假设环保技术公司确系错误汇款，其主张返还相应款项的请求权基础是否为所有权；3. 本案中该笔汇款是否存在环保技术公司主张的特定化的事实及其法律后果；4. 环保技术公司的返还请求权有无优先性，能否阻却执行。

【法院裁判要旨】

北京市顺义区人民法院经审理认为：公司作为经济活动的主要主体，对于大额合同理应审慎，并也应当有能力做到审慎。环保技术公司已从电气公司得到退款26万元，但环保技术公司起诉状中所写的支付错误要求返还的金额对应涉诉被冻结账户转账进北京市顺义区人民法院全国执行网络查控系统账户的13.7万元，未对应39万元扣除26万元后的13万元。

案外人提起执行异议之诉的，案外人应当就其对执行标的享有足以排除强制执行的民事权益承担举证证明责任。货币为种类物。根据本案具体情况，39万元与电气公司账户的原有款项已经实际发生混同。环保技术公司并未提供充分证据证明其对执行标的享有足以排除强制执行的民事权益。环保技术公司无权要求停止对涉诉从被冻结账户转账进入北京市顺义区人民法院全国执行网络查控系统账户的款项进行强制执行。

北京市顺义区人民法院依照《最高人民法院关于适用〈中华人民共和国民事诉讼法〉的解释》第三百一十一条、第三百一十二条规定，作出如下判决：

驳回环保技术公司的诉讼请求。

环保技术公司不服一审判决，提起上诉。

北京市第三中级人民法院经审理认为：首先，环保技术公司没有确切证据证明其所汇款项是错误操作，且在汇款之后没有迅速主张归还，而是时隔多日，在法院采取执行划款措施之后才提出异议，故法院认为，环保技术公司关于双方无转移所有权的意思表示，汇款仅属于事实行为的主张自不能成立。其次，假设环保技术公司确有错误汇款之实，其失去的亦非对存款的所有权，而是对银行的债权，所得主张者亦非基于所有权的物上请求权，而是对收款人的不当得利返还请求权，该权利为一般性债权，并不足以阻碍执行。再次，环保技术公司向电气公司的账户汇款 39 万元，该账户虽被查封，但该款项并未以特户、封金、保证金等形式特定化，电气公司名下账户中原有存款 2 万余元，且该账户此后亦发生多笔出账，在电气公司向环保技术公司退款 26 万元后，该账户中仍剩有款项。该笔款项与电气公司名下存款账户内的原有款项已经混同，环保技术公司汇出的款项既未特定化，其要求优先保护而取回的主张亦不能成立，法院不予支持。最后，环保技术公司并不享有对相应款项的所有权及相应的物上请求权，其对电气公司仅可以行使不当得利返还请求权，而该请求权为一般性债权，并无优先于申请执行人之处。

北京市第三中级人民法院依照《中华人民共和国民事诉讼法》第一百七十条第一款第一项之规定，作出如下判决：

驳回上诉，维持原判。

【法官后语】

依据法律之规定，物权的客体是特定的物，但在法律有明确规定的情况下，权利也可以成为物权的客体。① 因此，钞票、硬币等现金货币，具备物理意义上的有形实体，独立于他物而存在，可以成为物权的客体。因为货币的占有与所有合而为一，所以对于货币而言，一般不发生所有物返还请求权与占有之回复诉权问题，仅发生债权请求权。

被执行人账户所对应的现金货币，其所有权人依据前述货币“占有即所有”的原则，应是银行。其理由在于：第一，存款行为的完成或存款法律关系成立，必须以一定数量的现金货币这一可代替物的交付为条件，而交付现金货币这一可代替物的过程就是现金货币的占有转移以及所有权由存款人转移给银行的过程。第二，存款人实施存款行为的动机和银行吸存资金的目的以及实践中银行的运作，同样决定存款人依法不能对存入银行的现金货币仍然享有所有权。

就存款货币而言，首先，其本身并非作为一般等价物的货币；其次，存款货币不同于现金货币，现金货币依托于特定的有形载体而存在，满足物的要件，而存款货币本身只是一种记账符号，并非客观存在的实体，是存款人对银行享有的要求给付对应金额现金货币的债权的表征，本质上属于债权，并不属于物权法意义上物的范畴。最后，不论是依据本案审理之时所适用的《中华人民共和国物权法》及《中华人民共和国民法总则》之规定，抑或是依据现行的《中华人民共和国民法典》之规定，权利成为物权客体须有法律之明确规定，而我国法律并未明确规定存款货币所表征的债权可以成为

---

① 参见《中华人民共和国物权法》第二条，《中华人民共和国民法总则》第一百一十四条、第一百一十五条，《中华人民共和国民法典》第一百一十四条、第一百一十五条，法条的沿袭清楚表明了这一点。

所有权之客体。

有学者认为，《中华人民共和国民法通则》第七十五条以及《中华人民共和国物权法》第六十五条明确了公民的储蓄受法律保护，可以理解为法律明确规定了存款货币可成为物权之客体，但我们认为法律的相关规定亦可理解为基于存款货币在现实生活中的重要性与特殊性，法律给予更多的保护，也就是为这一债权赋予优先性，但并未想要为存款名义人设立对存款货币或存款现金的所有权。[①] 所以，笔者认为存款货币并非物权法意义上的物，也并非可成为所有权客体的权利，存款货币之上并不产生所有权，本案中，环保技术公司主张的对于被执行人账户存款货币享有所有权自然亦不成立。

在错误汇款案件类型中，收款人因为银行转账而没有法律根据（欠缺对价关系）地取得他人财产（收款人对收款银行的债权增加），导致错误汇款人受到损失（错误汇款人对汇款银行的债权减少），故而错误汇款人针对收款人享有不当得利返还请求权这一债权请求权。

债权的性质和特点决定了案外人债权之实现和法院对特定标的物强制执行并不冲突，因而原则上债权不足以排除强制执行。就本案所涉错误汇款而言，是否形成足以排除强制执行的权益，主要涉及存款特定化问题。依据《最高人民法院关于适用〈中华人民共和国担保法〉若干问题的解释》第八十五条的规定，债务人或者第三人将其金钱以特户、封金、保证金等形式特定化后，移交债权人占有作为债权的担保，债务人不履行债务时，债权人可以以该金钱优

① 在《中华人民共和国民法典》条文之中现已无法找到“储蓄”相关条文，似可佐证立法机关并无将存款货币规定为物权客体之意。

先受偿。该条之规定，实际上包含两种情况：其一，是对现金货币的特定化；其二，是对存款货币的特定化。①

就现金货币而言，基于货币的特性，货币的所有权与占有融为一体，导致其所有权缺乏追及效力，从而不产生所有物返还请求权。但是，在特殊情况下，作为种类物与消费物的货币经由特定化而成为特定物，此时，其占有与所有权不再融为一体，在其之上亦得以产生所有物返还请求权，从而基于所有权而生的所有物返还请求权，得以对抗基于一般债权而生的执行债权。此种现金货币的特定化，其实质是排除现金货币的流通性以及实际占有人对货币的绝对支配，从而否定占有人对现金货币的所有权，成为货币“占有即所有”规则的例外。

就存款货币而言，其本质是一个债权，此条之规定，相当于赋予了特定化了的存款货币所表征的债权以优先性，属于债权物权化的一种情形。我们认为，参考现金货币特定化的本质，对于存款货币是否可以认定为已经特定化，应注意审查以下两点：第一，存款货币所在账户是否具有流通性，不具备流通性系存款货币特定化的前提。第二，该笔存款货币是否可以区别于存款名义人在该账户内的其他存款货币。如若无法将二者加以区分，则自然不足以认定该笔存款货币已经“特定”。

① 在《中华人民共和国民法典》实施之后，《最高人民法院关于适用〈中华人民共和国担保法〉若干问题的解释》虽已失效，民法典及其司法解释中虽对金钱质押问题暂无明确规定，但笔者认为《最高人民法院关于适用〈中华人民共和国担保法〉若干问题的解释》第八十五条与《中华人民共和国民法典》的有关规定特别是权利质权、动产质权的规定并不冲突，最高人民法院发布的指导案例54号——中国农业发展银行安徽省分行诉张大标、安徽长江融资担保集团有限公司执行异议之诉纠纷案也进一步明确，金钱以保证金形式特定化并移交债权人占有后，应当认定当事人已就保证金账户内的资金设立质权，故我们认为该条的内涵在实践中仍可继续适用。

就本案而言，环保技术公司向电气公司的账户汇款39万元，该账户虽被冻结，但该款项并未以特户、保证金账户等形式特定化，而且电气公司名下账户中原有存款2万余元，且该账户此后亦发生多笔出账，在电气公司向环保技术公司退款26万元后，该账户中仍剩有款项，无法看出该笔存款货币所对应的债权能区别于电气公司在该账户中的其他存款货币所对应的债权。故笔者认为，环保技术公司所主张的汇款并未特定化，其要求优先保护而取回的主张亦不能成立，在此情形下，环保技术公司所能主张的不当得利返还请求权仅是一般债权并无优先性。

综上所述，环保技术公司自身名下账户内的存款货币已经因为汇款到电气公司名下而消灭，而转移给电气公司的该笔存款货币与电气公司账户内其他存款货币已经混同，不具有特定化之特征。环保技术公司并不享有对相应存款现金的所有权，其对电气公司只得行使相应金额的不当得利返还请求权，而该请求权也为一般性债权，并无优先于申请执行人之处。故环保技术公司对本案中的执行标的不享有足以排除强制执行的民事权益，即便其所主张的错误汇款事实成立，对其要求排除法院对电气公司名下存款账户内款项的强制执行的主张，亦不应予以支持。

编写人：北京市第三中级人民法院　黄海涛　杨俊逸

173 协助执行义务人不协助法院执行而承担相应法律责任的条件

——刘某与陈某、建设工程公司执行复议案

【案件基本信息】

1. 裁判书字号

云南省昆明市中级人民法院（2018）云01执复4号执行裁定书

2. 事由：执行复议

3. 当事人

申请执行人：刘某

被执行人（异议人、复议申请人）：建设工程公司

被执行人：陈某

【基本案情】

原告刘某诉被告陈某债权转让合同纠纷一案，2015年11月10日，刘某向云南省禄劝彝族苗族自治县人民法院（以下简称禄劝法院）申请保全被告陈某在公路工程公司的工程款98.6万元，同年11月12日，禄劝法院向公路工程公司送达了（2015）禄民保字第156号民事裁定书及（2015）禄执字第268号执行裁定书和协助执行通知书，要求公路工程公司将被执行人陈某的工程款98.6万元依法予以冻结。公路工程公司办公室主任赵某签收了上述文书，并表示属于被告陈某的工程款昆明市公路局还未结算，要等结算后将工程款拨付到公司账户才能协助执行。2016年11月

15日，公路工程公司经核准变更为建设工程公司。后该案经两审终审，判决被告陈某于判决生效后十日内归还原告刘某借款本金80万元及逾期利息，逾期利息之和以13.6万元为限。判决生效后陈某未履行还款义务，刘某于2017年2月7日向禄劝法院申请强制执行。同年2月17日，昆明市公路局将云龙水库环库段一标段的工程款681876.33元拨付到建设工程公司的中国农业银行账户。同年2月18日，禄劝法院到建设工程公司扣划保全的案件款时，办公室主任赵某称，除了要缴纳4万元的税款以外，剩下的钱市公路局交代要用于发放农民工工资，该笔款项已支付了一部分，现只有20万元。同年2月28日禄劝法院向昆明市公路局调查查明，拨付到建设工程公司账户内的681876.33元工程款是云龙水库环库段一标段的工程款尾款，不是农民工工资，农民工工资是要经过劳动稽查部门界定的。同日禄劝法院作出（2017）云0128执209号执行裁定书，依法冻结了建设工程公司的银行账户的203998元存款。2017年3月8日禄劝法院责令建设工程公司十日内追回已被其发放的工程款，3月18日因建设工程公司未追回案件款，同日禄劝法院作出（2017）云0128执209号之一裁定书追加建设工程公司为被执行人，裁定建设工程公司向申请执行人刘某清偿债务641876.33元。3月20日禄劝法院强制扣划了建设工程公司在银行的存款203998元。因建设工程公司办公地点不是注册地址，禄劝法院无法查找到该公司的实际办公地点，公告送达了（2017）云0128执209号之一执行裁定书。

2017年7月20日，建设工程公司向禄劝法院书面提出执行异议申请，请求禄劝法院撤销（2017）云0128执209号及（2017）

云 0128 执 209 号之一执行裁定书，对其公司账户予以解冻并返还扣划的 203998 元存款。禄劝法院受理后，于 2017 年 7 月 28 日召开听证会，于 2017 年 9 月 7 日作出（2017）云 0128 执异 12 号裁定书，驳回建设工程公司的执行异议。建设工程公司对该裁定提出复议，云南省昆明市中级人民法院作出（2017）云 01 执复 10 号执行裁定书，撤销（2017）云 0128 执异 12 号裁定书，发回禄劝法院重新审查。禄劝法院于 2018 年 1 月 16 日作出（2018）云 0128 执异 2 号执行裁定书，裁定驳回建设工程公司的执行异议。建设工程公司不服，以禄劝法院执行裁定书送达违法及其无协助义务为由，申请再次复议。

【案件焦点】

1. 执行文书送达程序是否符合法律规定要求；2. 协助执行义务人不按法院规定履行协助义务，承担相应法律责任的条件。

【法院裁判要旨】

禄劝法院经审理认为：《最高人民法院关于人民法院执行工作若干问题的规定（试行）》第三十七条规定，有关单位收到人民法院协助执行被执行人收入的通知后，擅自向被执行人或其他人支付的，人民法院有权责令其限期追回；逾期未追回的，应当裁定其在支付的数额内向申请执行人承担责任。本案中，建设工程公司收到人民法院的诉讼保全裁定书及协助执行通知书后，未经法院同意擅自向他人支付保全案款的行为违反法律规定。（2017）云 0128 执 209 号及（2017）云 0128 执 209 号之一执行裁定书，认定事实清楚，符合法律规定。

禄劝法院依照《中华人民共和国民事诉讼法》第二百二十五条、第二百四十二条的规定，作出如下裁定：

驳回异议人建设工程公司执行异议。

建设工程公司不服，申请复议。

云南省昆明市中级人民法院经审理认为：关于禄劝法院（2018）云 0128 执异 2 号执行裁定书是否程序违法的问题，禄劝法院 2015 年 11 月 12 日向公路工程公司送达（2015）禄民保字第 156 号民事裁定书及（2015）禄执字第 268 号执行裁定书和协助执行通知书，要求公路工程公司将被执行人陈某的工程款 98.6 万元依法予以扣留的法律文书均是由该公司办公室主任赵某签收的，并表示属于被告陈某的工程款昆明市公路局还未结算，要等结算后将工程款拨付到公司账户才能协助执行。之后公路工程公司变更为建设工程公司，且其于 2016 年 11 月变更法定代表人，作为办公室主任赵某在建设工程公司变更法人以前已离职等情况并未告知禄劝法院，禄劝法院向前办公室主任赵某送达文书并无不妥。之后，因建设工程公司办公地点不是注册地址，禄劝法院无法查找到该公司的实际办公地点，并公告送达了（2017）云 0128 执 209 号之一执行裁定书，符合法律规定。

关于复议申请人建设工程公司提出的解冻建设工程公司账户，退还其账户内的 203998 元的问题，《最高人民法院关于人民法院执行工作若干问题的规定（试行）》第三十六条规定：“被执行人在有关单位的收入尚未支取的，人民法院应当作出裁定，向该单位发出协助执行通知书，由其协助扣留或提取。”第三十七条规定：“有关单位收到人民法院协助执行被执行人收入的通知后，擅自向被执行人或其他人支付的，人民法院有权责令其限期追回；逾期未追回的，应当裁定其在支付的数额内向申请执行人承担责任。”本案中，禄劝法院依法向公路工程公司送达（2015）禄民保字第156号民事裁定书及（2015）禄执字第268号执行裁定书和协助执行通知书，符合法律规定，建设工程公司理应配合法院做好协助执行工作，但建设工程公司擅自支付，且在法院规定的期限内没有追回已被其发放的工程款，禄劝法院于2017年3月18日作出（2017）云0128执209号之一裁定书追加建设工程公司为被执行人，裁定建设工程公司向申请执行人刘某清偿债务641876.33元。3月20日强制扣划了建设工程公司的存款203998元，符合上述法律规定。综上，复议人建设工程公司的复议请求没有法律和事实依据，不予支持。

云南省昆明市中级人民法院依据《最高人民法院关于人民法院办理执行异议和复议案件若干问题的规定》第二十三条第一款第一项的规定，作出如下裁定：

驳回复议申请人建设工程公司的复议请求。

【法官后语】

执行送达程序应当依据我国民事诉讼法及其司法解释规定的送达方式进行。就本案而言，建设工程公司称该公司办公室主任赵某在其变更公司名称及法定代表人之前就已辞职，但并没有提供可信证据，禄劝法院在向赵某送达相应法律文书时，赵某并没有提出其已辞职的情况，且该公司也没有将赵某已辞职的情况向法院说明，因此，法院向作为该公司办公室主任的赵某送达法律文书是符合民事诉讼法司法解释规定的。建设工程公司变更办公地点，没有在管理部门及时作变更登记，造成法院无法通过正常途径查找到其私自变更的办公地点，法院通过公告送达相应法律文书符合民事诉讼法规定。

近年来，全国法院为基本解决执行难，保障胜诉当事人的合法权益得以实现，从最高人民法院到全国其他各级法院都付出了艰辛的努力，但案件胜诉当事人的合法权益的兑现，与协助执行单位法律意识、法律思维的强弱存在一定的联系。本案中，作为协助执行单位建设工程公司在收到法院执行裁定书和协助执行通知书后，本应高度重视，配合法院将应付被执行人陈某的相应工程款予以冻结扣留。即使遇有如农民工工资等急需支付、必须支付的款项，也应及时、如实地向法院说明沟通，只要在法律允许或者申请执行人认可的情况下，法院也可解冻部分款项，允许其予以支付。但其不能自认为没有协助义务，随意支付法院已作保全冻结扣留的款项，更不能欺骗法院，用支付农民工工资来当作挡箭牌，以达到逃避协助执行的不法目的。再者，如果认为自己没有协助执行义务，法律也赋予了可就该协助执行行为向法院提起执行行为异议，由法院进行审查裁定，如对法院的该执行行为异议裁定不服，还可向上一级法院申请复议，而不能对法院的协助执行要求不理不睬，擅自处分有协助执行要求的财产。否则，法院可依据法律规定，要求协助执行义务人限期追回被擅自支付的款项，如不能追回，应在支付款项范围内向申请执行人承担法律责任。

如果协助执行义务人不履行协助义务，甚至拒不协助就容易导致被执行人恶意转移财产的情况。在这种情况下，被执行人责任财产的非正常减少，导致申请执行人经过生效法律文书确定的债权利益难以实现甚至无法实现，极大地损害了申请执行人的切身利益。协助义务人违反协助执行义务的行为既侵犯了司法机关正常的执法秩序，又侵害了申请执行人的民事利益。但我国现行立法体系中，对违法协助执行义务的主体，在制裁方式上，通过罚款、拘留条款的设置，规定了较为明确、具体的民事制裁制度。而在补偿性方式方面，则没有系统完整的表述。因此，还需国家层面加强协助执行的立法，依法确立协助执行的主体范围、协助程序、协助职责和责任承担方式，从而根除实践中选择性协助的消极现象。

编写人：云南省昆明市中级人民法院　冯丽萍　付琼　蒋志平

174　案外人申请不予执行仲裁裁决案件的法律适用
——蔡某与建设发展公司等申请不予执行仲裁裁决案

【案件基本信息】

1. 裁判书字号

北京市高级人民法院（2018）京执复102号执行裁定书

2. 事由：申请不予执行仲裁裁决

3. 当事人

案外人（复议申请人）：蔡某

申请执行人：建设发展公司

被执行人：S公司、物业公司

【基本案情】

建设发展公司与S公司、物业公司之间因《大厦物业经营管理权转让协议》及补充协议等仲裁纠纷一案，北京仲裁委员会作出（2014）京仲裁字第0755号裁决书（以下简称涉案仲裁裁决），上述仲裁裁决生效后，建设发展公司向法院申请强制执行，法院以（2015）二中执字第00692号立案执行，并查封被执行人物业公司名下位于朝阳区的房屋。执行过程中，案外人蔡某以涉案仲裁裁决认定事实不清，存在虚假仲裁，执行涉案房屋侵犯其合法权益为由向法院提出不予执行申请。申请执行人建设发展公司不同意蔡某的不予执行请求，认为案外人与仲裁裁决无关，其对涉案房屋曾提出过执行异议及执行异议之诉均未获支持，故其对涉案房屋不享有实体权利。法院审查过程中，蔡某确定其提出不予执行涉案仲裁裁决申请，系认为涉案仲裁裁决执行过程中对涉案房屋的执行侵犯了蔡某对涉案房屋的所有权。并且，蔡某曾就涉案房屋向法院提出案外人执行异议及执行异议之诉，均被驳回。

【案件焦点】

在仲裁裁决结果为金钱给付债务的情况下，执行过程中案外人以其对某具体执行标的物享有实体权利为由请求不予执行仲裁裁决，是否可以认定属于案外人申请不予执行仲裁裁决的情形。

【法院裁判要旨】

北京市第二中级人民法院经审理认为：案外人申请不予执行仲裁裁决，符合下列条件的，人民法院应当支持：（一）案外人系权利或者利益的主体；（二）案外人主张的权利或者利益合法、真实；（三）仲裁案件当事人之间存在虚构法律关系，捏造案件事实的情形；（四）仲裁裁决主文或者仲裁调解书处理当事人民事权利义务的结果部分或者全部错误，损害案外人合法权益。本案中，蔡某对涉案房屋主张所有权，并以涉案仲裁裁决执行过程中对涉案房屋采取强制执行措施侵犯其所有权为由，提出不予执行仲裁裁决申请，因涉案房屋并未登记在蔡某名下，蔡某对涉案房屋提出的执行异议、执行异议之诉均被驳回，故现并无证据证明蔡某系涉案房屋的所有权人。同时，对于蔡某主张的建设发展公司、物业公司已丧失"涉案房屋的经营、管理权"，进而认为涉案仲裁裁决所裁决的债权系虚假债权的不予执行理由，因上述事实蔡某并未提交充分证据予以证明，对于该不予执行理由，不予支持。并据此裁定：

驳回案外人蔡某不予执行涉案仲裁裁决的申请。

【法官后语】

案外人申请不予执行仲裁裁决或仲裁调解，是自 2018 年 3 月 1 日起实施的《最高人民法院关于人民法院办理仲裁裁决执行案件若干问题的规定》新创设的法律制度，本案系该司法解释实施后，新受理的案件类型。故本案的审理重点和难点是《最高人民法院关于人民法院办理仲裁裁决执行案件若干问题的规定》在司法实践中的具体运用标准和审理规范的确定。

1. "案外人"的主体范围应予以限缩解释

《最高人民法院关于人民法院办理仲裁裁决执行案件若干问题的规定》中没有明确规定申请不予执行仲裁的"案外人"的主体范围，这导致"案外人"的外延过大，应予以限缩解释。案外人申请不予执行仲裁制度的设计目的在于制裁虚假仲裁，因此，此处的"案外人"应与执行标的有利害关系：一是要求案外人与仲裁裁决或仲裁调解的标的具有"直接的、法律上的利害关系"；二是仲裁结果损害案外人的合法权益。

2. 案外人不能以被执行人存在民事诉讼法规定的不予执行法定情形进而提出案外人不予执行仲裁裁决申请

对于仲裁裁决不予执行的法律制度设计，《中华人民共和国民事诉讼法》第二百四十四条规定了被执行人申请不予执行的法定情形，但如果案外人以被执行人存在上述法定情形，进而提出案外人不予执行仲裁裁决或仲裁调解的申请，应不属于案外人不予执行仲裁裁决的审理范围。第一，案外人申请不予执行仲裁，所针对的应是虚假仲裁侵犯其合法权利或利益，所针对的并非仲裁程序本身，而是仲裁结果。而《中华人民共和国民事诉讼法》第二百四十四条所规定的情形，应是被执行人针对仲裁程序本身存在法定不予执行情形而提出申请，系法院对仲裁程序本身的司法审查与监督。二者的制度目的与审查内容并不相同。第二，被执行人是否依据《中华人民共和国民事诉讼法》第二百四十四条的规定申请不予执行件裁裁决，系被执行人的诉讼权利，案外人代位行使存在法律障碍。

3. 虚假仲裁的判断原则

《最高人民法院关于人民法院办理仲裁裁决执行案件若干问题的规定》本身对虚假仲裁的判断标准并没有直接的规定，但是最高人民法院在 2016 年 6 月 20 日颁布的《最高人民法院关于防范和制裁虚假诉讼的指导意见》中对虚假诉讼的情形有所列明，对虚假仲裁的判断具有相当的参考意义。当然，上述指导意见的规定亦只是列出虚假诉讼的一般判断要素，而并非具体的审查规则，是否构成虚假诉讼仍然需要根据个案的情形进行审查。因此，司法实践中，虚假仲裁的情形可能千差万别，难以规定明确的认定标准，对于虚假仲裁的判断标准仅能列明一般原则，以防止成文法法条规定不周延的漏洞出现。

4. 案外人申请不予执行仲裁与案外人异议制度的厘清与界定

案外人异议系案外人针对执行标的主张足以排除执行的实体权利而提出异议，在执行依据是法院作出的判决或裁定的情况下，当事人、案外人在执行异议程序之后，如认为原判决、裁定错误的，可依照审判监督程序办理；与原判决、裁定无关的，可以自裁定送达之日起十五日内向法院提起诉讼。但是在执行依据是仲裁裁决或仲裁调解的情况下，则不存在审判监督程序的适用空间，因此，案外人不予执行仲裁裁决或仲裁调解制度也在一定程度上起到了案外人异议的后续救济途径的功能。从这个角度而言，在执行依据是仲裁裁决或仲裁调解的情况下，案外人异议程序可以视为案外人不予执行的前置程序，二者并不具有排他关系。但是，案外人不予执行制度毕竟不同于案外人异议之诉或者案外人申请再审，并不以案外人异议为必经的前置程序，其与案外人异议程序之间又可能存在重复或冲突。

笔者认为，从仲裁裁决或仲裁调解结果类型角度分析，仲裁裁决或仲裁调解可以分为特定财产给付类型、一般金钱债权给付类型、行为履行类型。

对于“特定财产给付类型”的仲裁裁决或仲裁调解，执行过程中，案外人对该特定财产主张实体权利，当然可以提出案外人异议，但由于此时案外人实质系对作为执行依据的仲裁裁决或仲裁调解结果不服，在案外人异议被驳回后，其应当可以提出不予执行申请。同理，此时如案外人提出案外人执行异议之诉，应不予受理，已经受理的应驳回其起诉。当然，此时案外人不经案外人异议程序而径行提出不予执行申请，亦不存在法律障碍。

对于“一般金钱债权给付类型”的仲裁裁决或仲裁调解，如果执行程序中法院查封、扣押、冻结了被执行人的特定财产，而案外人对该特定财产提出案外人异议被驳回后，应当通过案外人执行异议之诉的程序寻求救济，此时，案外人所主张的权利与作为执行依据的仲裁裁决或仲裁调解本身无关，该事由应不属于不予执行案件的受理范围。故此时，案外人以相同事由提出不予执行申请的，应不予受理，已经受理的应驳回其不予执行申请。当然，此时，如果案外人以其他事实和理由主张作为执行依据的仲裁裁决或仲裁调解存在虚假仲裁侵害其合法权利或利益的情形，则应当直接申请不予执行而不应当提出案外人异议。换言之，在“一般金钱债权给付类型”仲裁裁决或仲裁调解中，应对案外人申请不予执行和案外人异议程序加以区分：案外人所提事实和理由针对执行标的的，应通过案外人异议及案外人执行异议之诉程序解决；针对执行依据本身的，应通过案外人申请不予执行程序解决。

对于“行为履行类型”的仲裁裁决或仲裁调解，一般不存在案外人异议程序的适用空间，案外人只能通过申请不予执行寻求救济。因此，如果这种情况下，案外人提出案外人异议和案外人执行异议之诉均被驳回后，其以相同理由提出不予执行申请的，应不予受理，已经受理的应驳回其不予执行申请。从这个角度而言，案外人申请不予执行仲裁制度，应建立程序性退出机制，对于不属于不予执行审查范围的案件，应允许法院程序性驳回案外人不予执行申请。

编写人：北京市第二中级人民法院　连强　张楠

175 公司作为被执行人时能否追加、变更股东为被执行人

——商贸公司与伍某、王某追加执行人执行异议案

【案件基本信息】

1. 裁判书字号

北京市昌平区人民法院（2018）京0114执异208号执行裁定书

2. 事由：追加、变更被执行人执行异议

3. 当事人

申请追加人（申请执行人）：商贸公司

被申请追加人：伍某、王某

被执行人：甲公司

【基本案情】

甲公司向商贸公司购买导航仪，双方于2011年5月3日对账，确认截至2011年5月3日甲公司欠商贸公司货款未还。后商贸公司诉至法院，请求判令被告支付货款及利息。2012年3月28日，（2012）昌民初字第01766号民事判决书判令甲公司于判决生效后七日内支付商贸公司货款356654.04元及自2011年8月1日起至实际支付之日止的利息。甲公司对一审判决不服，提起上诉，2012年6月20日，北京市第一中级人民法院驳回上诉，维持原判。判决生效后，因甲公司未履行判决确定的义务，商贸公司向法院申请强制执行。2012年11月19日，因甲公司名下无可供执行的财产，法院作出（2012）昌执字第3489号执行裁定书，裁定：

本次执行程序终结。2017 年 5 月 23 日，因甲公司名下无可供执行的财产，法院作出（2017）京 0114 执恢 11 号执行裁定书，裁定：本次执行程序终结执行。商贸公司向法院提出追加、变更被执行人申请，要求追加甲公司股东伍某、王某为本案被执行人。

【案件焦点】

伍某和王某是否应被追加为案件被执行人。

【法院裁判要旨】

北京市昌平区人民法院经审理认为：甲公司为自然人投资或控股的有限责任公司，于 2009 年 10 月 10 日成立，法定代表人为伍某，股东为伍某、王某。公司注册资本为 10 万元，股东出资为实缴，2009 年 10 月 10 日，伍某、王某已经缴纳了注册资本 10 万元。甲公司在某银行天通苑支行开设基本户，该银行天通苑支行为法院出具该账户自开户之日起至 2018 年 9 月 29 日止的交易明细及对手信息，未发现伍某、王某有抽逃出资的情形。当事人对自己的主张应提供证据予以证明，否则应承担举证不能的不利后果。作为被执行人的企业法人，财产不足以清偿生效法律文书确定的债务，申请执行人申请变更、追加未缴纳或未足额缴纳出资的股东、出资人或依公司法规定对该出资承担连带责任的发起人为被执行人，在尚未缴纳出资的范围内依法承担责任的，人民法院应予支持。作为被执行人的企业法人，财产不足以清偿生效法律文书确定的债务，申请执行人申请变更、追加抽逃出资的股东、出资人为被执行人，在抽逃出资的范围内承担责任的，人民法院应予支持。本案中，伍某、王某已经实缴出资，不存在未缴纳或未足额缴纳出资的情形，亦无证据证明伍某、王某有抽逃出资的情形，故商贸公司所提追加申请缺乏事实及法律依据，不予支持。

北京市昌平区人民法院依据《中华人民共和国民事诉讼法》第一百五十四条第一款第十一项，《最高人民法院关于民事执行中变更、追加当事人若干问题的规定》第十七条、第十八条、第三十二条之规定，作出如下裁定：

驳回商贸公司提出的追加伍某、王某为本案被执行人的申请。

【法官后语】

法院执行中，经常会遇到查询不到作为被执行人的公司有可供执行的财产情况，而申请执行人经常会向法院主张，申请执行人就是与被执行人的股东从事的经营活动，要求法院直接执行被执行人股东的财产。

2016年11月4日，中共中央、国务院下发的《关于完善产权保护制度依法保护产权的意见》载明："采取查封、扣押、冻结措施和处置涉案财物时，要依法严格区分个人财产和企业法人财产……对企业违法，在处置企业法人财产时不任意牵连股东、企业经营管理者个人合法财产。"最高人民法院也多次要求各级人民法院应严格依照《最高人民法院关于民事执行中变更、追加当事人若干问题的规定》，避免随意扩大变更、追加范围。据此，执行实施法官不能仅凭当事人的主张或自己判定对被执行人的股东及股东名下的财产采取强制执行措施，而应当引导当事人进入执行裁判的被执行人追加、变更程序，由执行裁判法官判定被执行人作为公司的股东是否应当被追加、变更。

公司作为被执行人承担责任时股东被追加、变更为被执行人应严格依照“当事人变更、追加的法定原则”，即非因法定事由，不得变更、追加当事人。该法定事由有两种：一是股东出资不足。是指作为被执行人的企业法人，财产不足以清偿生效法律文书确定的债务，申请执行人申请变更、追加未缴纳或未足额缴纳出资的股东、出资人或依公司法规定对该出资承担连带责任的发起人为被执行人，在尚未缴纳出资的范围内依法承担责任的，人民法院应予支持。二是股东抽逃出资。是指作为被执行人的企业法人，财产不足以清偿生效法律文书确定的债务，申请执行人申请变更、追加抽逃出资的股东、出资人为被执行人，在抽逃出资的范围内承担责任的，人民法院应予支持。

编写人：北京市昌平区人民法院　王帅

176 执行款不足额时本金、利息、迟延履行金的清偿顺序

——商某与陈某、翁某执行复议案

【案件基本信息】

1. 裁判书字号

福建省厦门市中级人民法院（2017）闽02执复39号执行裁定书

2. 事由：执行复议

3. 当事人

申请执行人：商某

被执行人：陈某、翁某

【基本案情】

商某与陈某、翁某民间借贷纠纷一案，执行法院（福建省厦门市思明区人民法院）于2012年11月20日作出（2012）思民初字第10755号民事判决书，判决陈某、翁某于判决生效之日起十日内共同偿还商某借款本金300万元及利息（利息按月利率2%，从2011年4月8日起计至实际还款日止）。陈某、翁某不服该判决，提起上诉。2013年1月23日，福建省厦门市中级人民法院作出（2013）厦民终字第346号民事裁定书，裁定按陈某、翁某自动撤回上诉处理，双方均按原审判决执行。该裁定于2013年1月30日生效。

2013年2月16日，商某向执行法院申请强制执行，要求陈某、翁某共同偿还借款本金300万元及利息（利息按月利率2%，从2011年4月8日起计至实际还款日止）。执行法院受理后，于2013年3月8日扣划陈某、翁某存款459425.83元，2013年6月6日扣划陈某、翁某存款6609.65元。2013年7月9日，陈甲代陈某、翁某偿付5万元。2013年7月11日，陈某、翁某自行支付5万元。2013年7月16日，执行法院扣划陈某、翁某1313.04元。2013年8月13日、8月30日、8月31日、12月27日，陈乙代陈某、翁某分别偿付10万元、20万元、10万元、25万元。2013年12月31日、2014年1月2日及2014年5月31日，陈某、翁某分别交款10万元、15万元、25万元。2014年7月23日、10月10日、10月11日及10月13日，陈甲代陈某、翁某分别偿付10万元、5万元、4万元、4万元。2014年10月31日，陈丙代陈某、翁某偿付10万元。2015年1月14日、1月27日，执行法院分别扣划陈某、翁某保险保单现金37460.33元及3096.73元。

之后，执行法院作出《被执行人陈某案件还款明细》，载明2011年4月8日至2013年2月9日的一般债务利息计算结果为132.4万元，之后未计算一般债务利息。2014年8月1日之前的执行到位款项，按照本金、利息以及迟延履行期间的债务利息三者按比例并还方式清偿。2014年8月1日后，执行到位款项按照先清偿债务本金再抵充债务一般债务利息的顺序进行计算。最后计算得出陈某、翁某截至2015年7月16日尚欠商某本息总计4271727.87元。

商某遂提出异议，认为债务清偿顺序均应按一般债务利息优先的方式进行清偿，迟延履行期间均应计算一般债务利息直至还清全部借款之日止。

【案件焦点】

被执行人部分还款，对于本金、利息、迟延履行金的清偿顺序如何判定。

【法院裁判要旨】

福建省厦门市思明区人民法院经审理认为：相关法律规定迟延履行期间的一般债务利息应按生效法律文书确定的方法计算，故陈某、翁某在实际还清欠款之前，以尚欠款项为基数，继续按生效判决的标准支付商某一般债务利息直至全部还清欠款之日。根据法律规定，2014年8月1日之前，执行款不足以偿付全部债务的，应当根据并还原则按比例清偿法律文书确定的金钱债务与迟延履行期间的债务利息，但当事人在执行和解中对清偿顺序另有约定的除外。

2014年8月1日之后，被执行人的财产不足以清偿全部债务的，应当先清偿生效法律文书确定的金钱债务，再清偿加倍部分债务利息，但当事人对清偿顺序另有约定的除外。对上述金钱债务，当事人没有约定的并给付不足以清偿全部债务的，应当按照实现债权的有关费用、利息、主债务的顺序进行抵充。因此，在陈某、翁某的被执行款不足以清偿全部债务时，应按照先抵充利息后抵充本金再计算迟延履行期间的加倍部分债务利息的顺序计算。

福建省厦门市思明区人民法院依照《中华人民共和国民事诉讼法》第二百二十五条，《最高人民法院关于适用〈中华人民共和国合同法〉若干问题的解释（二）》第二十一条，《最高人民法院关于人民法院办理执行异议和复议案件若干问题的规定》第十七条，《最高人民法院关于执行程序中计算迟延履行期间的债务利息适用法律若干问题的解释》第一条、第四条、第七条，《最高人民法院关于在执行工作中如何计算迟延履行期间的债务利息等问题的批复》第二条之规定，作出如下裁定：

变更《被执行人陈某案件还款明细》为截至2015年7月16日，被执行人陈某、翁某尚欠异议人商某本金300万元、一般利息1147471.18元、迟延履行期间的加倍利息718489.17元。

翁某不服，向福建省厦门市中级人民法院申请复议。

福建省厦门市中级人民法院经审理认为：债务本金与一般债务利息是生效法律文书基于当事人之间的债权债务关系确定应予支付的金钱债务的组成部分，执行中二者的清偿顺序，在执行相关法律未作特别规定的情况下，应适用调整该债权债务法律关系的相关法律规定进行规范。因《最高人民法院关于适用〈中华人民共和国合同法〉若干问题的解释（二）》第二十一条已明确规定债务人在给付不足以清偿全部债务且当事人没有约定时，应先清偿利息再清偿主债务，故执行法院据此确定陈某、翁某的执行款中用于清偿生效法律文书确定的金钱债务部分，应先清偿一般债务利息再清偿借款本金，并无不当。翁某对此的复议请求理由不能成立，不予支持。

但对于2014年8月1日之前的迟延履行期间应否计算一般债务利息的问题，2009年5月18日施行的《最高人民法院关于在执行工作中如何计算迟延履行期间的债务利息等问题的批复》虽未作具体规定，但2014年8月1日施行的《最高人民法院关于执行程序中计算迟延履行期间的债务利息适用法律若干问题的解释》已对此进行了明确。根据该解释第一条及第七条规定，迟延履行期间的债务利息包括迟延履行期间的一般债务利息和加倍部分债务利息两项，对该两项的计算，其中2014年8月1日之后应适用该解释规定的计算方式分别计算；而对2014年8月1日之前尚未执行完毕的部分，则应适用该解释施行前的规定计算，即适用《最高人民法院关于在执行工作中如何计算迟延履行期间的债务利息等问题的批复》规定的计算公式“清偿的迟延履行期间的债务利息=清偿的法律文书确定的金钱债务×同期贷款基准利率×2×迟延履行期间”，将两项统一计算，不单独计付一般债务利息。因此，执行法院作出的《被执行人陈某案件还款明细》对2014年8月1日之前的迟延履行期间未计算一般债务利息并不不当。商某对此的异议主张，与相关法律规定不符，不应予以支持。

福建省厦门市中级人民法院依照《中华人民共和国民事诉讼法》第二百二十五条、《最高人民法院关于人民法院办理执行异议和复议案件若干问题的规定》第二十三条第一款第二项的规定，作出如下裁定：

变更（2016）闽0203执异52号执行裁定为：截至2015年7月16日，陈某、翁某尚欠商某借款本金2570935.14元、一般债务利息401643.78元、迟延履行期间的加倍部分债务利息634358.94元。

【法官后语】

本案涉及被执行人的财产不足以清偿全部债务的情况下，对于本金、利息、迟延履行金清偿顺序的问题。具体分析如下：

第一，对执行依据确定为金钱债务的，执行款=清偿的法律文书确定的金钱债务+清偿的迟延履行期间的债务利息。迟延履行期间的债务利息，包括迟延履行期间的一般债务利息和加倍部分债务利息。迟延履行期间的一般债务利息，根据生效法律文书确定的方法计算；生效法律文书未确定给付该利息的，不予计算。加倍部分债务利息（2014年8月1日之后）的计算方法为：加倍部分债务利息=债务人尚未清偿的生效法律文书确定的除一般债务利息外的金钱债务×万分之一点七五/日×迟延履行期间天数。

第二，2014年8月1日之前，执行款不足以偿付全部债务的，应当根据并还原则按比例清偿法律文书确定的金钱债务与迟延履行期间的债务利息，但当事人在执行和解中对清偿顺序另有约定的除外。2014年8月1日之后，被执行人的财产不足以清偿全部债务的，应当先清偿生效法律文书确定的金钱债务，再清偿加倍部分债务利息，但当事人对清偿顺序另有约定的除外。对上述金钱债务，当事人没有约定的并给付不足以清偿全部债务的，应当按照实现债权的有关费用、利息、主债务的顺序进行抵充。

第三，笔者注意到，迟延履行利息是一种间接强制执行措施，与生效判决所确定的逾期付款违约金在法律依据、性质、起算时间及适用范围等方面均存在本质不同。其中，执行中加倍部分债务利息兼具补偿性和惩罚性，其目的是督促被执行人及时履行生效法律文书确定的义务，计算方法和方式法定，具有强制性。而利息部分则尊重当事人的约定，体现意思自治原则。通常，金钱债务执行第一顺序为实现债权费用（诉讼费、执行费、律师费），第二顺序为利息（违约金利息、一般债务利息），第三顺序为主债务（本金、货款等）。理由参照《中华人民共和国民法典》第五百六十一条的规定。故执行法院据此确定陈某、翁某的执行款中用于清偿生效法律文书确定的金钱债务部分，应先清偿一般债务利息再清偿借款本金，并无不当。

编写人：福建省厦门市思明区人民法院　曾仁东

177 隐名股东不得以内部股权转让协议排除法院强制执行显名股东股权

——科技公司与丝织厂、纺织服装公司案外人执行异议案

【案件基本信息】

1. 裁判书字号

浙江省临海市人民法院（2018）浙 1082 执异 79 号执行裁定书

2. 事由：案外人执行异议

3. 当事人

异议人（案外人）：科技公司

申请执行人：丝织厂

被申请执行人：纺织服装公司

【基本案情】

2005年，电子公司购得农村信用合作联社部分股权。2012年，农村信用合作联社改制为农村商业银行，上述股份由纺织服装公司挂名持有。2018年2月6日，临海市人民法院作出（2018）浙1082民初802号民事判决书，判决纺织服装公司支付丝织厂货款1771820元。2018年5月9日，丝织厂申请立案执行。5月11日，临海市人民法院作出（2018）浙1082执4017号之一执行裁定书，裁定冻结、划拨被执行人纺织服装公司银行存款1776820元及利息，或扣留、提取其同等数额的收入，或查封、扣押、冻结、拍卖、变卖其同等价值的其他财产。2018年5月29日，临海市人民法院冻结纺织服装公司在农村商业银行的股权798861股。2018年6月23日，异议人科技公司与电子公司、纺织服装公司签订三方协议，约定电子公司将实际所有的挂名在纺织服装公司名下的农村商业银行的268649股股权转让给异议人科技公司，股权转让费用由异议人承担。协议签订后，异议人科技公司发现法院冻结了纺织服装公司在农村商业银行的股权798861股，损害其权益，故向法院提起执行异议，请求法院解除该股权的冻结。

【案件焦点】

隐名股东能否以内部股权转让协议排除法院强制执行显名股东股权。

【法院裁判要旨】

浙江省临海市人民法院经审理认为：记载于股东名册的股东，

依股东名册主张行使股东权利。公司应当将股东的姓名或名称向公司登记机关登记，登记事项发生变更的，应当办理变更登记，未经登记，不得对抗第三人。异议人所称的股权代持仅具有内部效力，对于外部第三人而言，股权登记具有公信力，隐名股东对外不具有公示股东的法律地位，不得以内部股权代持协议为由对抗外部债权人对显名股东的正当权利。况且本院于 2018 年 5 月 29 日冻结了纺织服装公司在农村商业银行股权 798861 股，异议人于 2018 年 6 月 23 日与电子公司、纺织服装公司三方签订协议，约定电子公司将实际所有的股权转让给异议人，协议转让时间迟于法院冻结。综上所述，异议人科技公司的主张不足以阻却法院对纺织服装公司股权的冻结，异议人的异议不能成立。

浙江省临海市人民法院依照《中华人民共和国民事诉讼法》第二百二十七条、《最高人民法院关于人民法院办理执行异议和复议案件若干问题的规定》第二十五条第一款第四项的规定，作出如下裁定：

驳回科技公司的异议请求。

【法官后语】

本案处理重点主要在于有限责任公司隐名股东能否以其享有的民事权益排除法院强制执行显名股东股权。第一，从合同的相对性出发，隐名股东与显名股东签订代持协议后，仅能向显名股东主张股权代持协议涉及的相关权利，对合同之外的第三人并无法律效力，也即隐名股东不得以基于股权代持获得的权利排除外部债权人对显名股东享有的正当债权。《中华人民共和国民法典》颁行后，合同的相对性原则并无变化。第二，从商事外观主义原则分析，股东名册与工商登记具有对外的公示公信效力，申请执行人基于该权利外观产生信赖利益。如果侧重于承认和保护隐名股东的权利而阻却执行，会增加隐名股东以代持股份逃避债务、规避监管的风险，损害交易安全，增加交易成本。故即使真实状况与权利外观不符，未经合法登记或变更之前，隐名股东也不得以自己是实际权利人为由，对抗善意的申请执行人，进而排除强制执行。第三，从风险与利益上衡量，根据《最高人民法院关于人民法院办理执行异议和复议案件若干问题的规定》第二十五条第一款第四项的规定，股权按照工商行政管理机关的登记和企业信用信息公示系统公示的信息判断其是否系权利人，故尽管隐名股东系实际权利人，但其在享受让显名股东代持股份并获得某种利益的同时，也预见了法院无法通过审查对其进行权利认定并进行权利保护的风险。第四，从股东认定角度来看，存在内外有别的判断标准，进入执行阶段后对股东股权的执行应保持一致性。在股东资格认定上存在两种法律关系。第一种为外部法律关系，第三人与显名股东、第三人与公司产生纠纷时，应当遵从保护善意第三人和交易安全的角度出发，以商法公示主义与外观主义确认股东身份，形式要件优于实质要件。第二种为内部法律关系，显名股东与隐名股东之间或隐名股东与公司之间产生纠纷时，应遵循意思主义原则，尊重显名股东与隐名股东之间的契约关系，实质要件优于形式要件。进入执行程序后，申请执行人与被执行人（也即显名股东）之间的关系为外部法律关系，无论隐名股东是否为实际权利人，都应适用商法公示主义与外观主义原则认定显名股东为权利人，故隐名股东不得以内部股权转让协议排除法院强制执行显名股东股权。以上规则，《中华人民共和国民法典》颁行后并无变化。

具体到本案中，虽然异议人科技公司与电子公司、纺织服装公司三方签订协议，约定电子公司将实际所有的股权转让给异议人，但这三方协议系属隐名股东科技公司与显名股东纺织服装公司签订的内部股权转让协议，隐名股东科技公司不得以该内部股权转让协议排除法院强制执行显名股东纺织服装公司的股权而要求法院解除相应股权的冻结手续。

编写人：浙江省临海市人民法院　黄远

178　追加未足额履行出资义务即转让股权的股东为被执行人的责任认定

——建筑工程公司诉贺某等申请执行人执行异议之诉案

【案件基本信息】

1. 裁判书字号

北京市第三中级人民法院（2018）京 03 民终 12807 号民事判决书

2. 案由：申请执行人执行异议之诉

3. 当事人

原告（被上诉人）：建筑工程公司

被告（上诉人）：贺某、资产管理公司

被告：Y 公司

【基本案情】

2015 年 6 月 18 日，北京市朝阳区人民法院就建筑工程公司与 Y 公司建设工程施工合同纠纷一案作出（2014）朝民初字第 32008 号民事调解书，主要内容为 Y 公司给付建筑工程公司工程款及赔偿金共计 13503088 元等。因 Y 公司并未履行调解书，故建筑工程公司于 2015 年向朝阳区人民法院申请对（2014）朝民初字第 32008 号民事调解书强制执行，朝阳区人民法院以 2015 年朝执字第 15423 号执行案件立案受理。在强制执行过程中，2015 年 12 月 28 日，资产管理公司向朝阳区人民法院出具保证书，自愿以公司全部财产为被执行人 Y 公司就上述执行案件债务提供保证，并承诺如下还款方案：（1）案件全部本金、利息、迟延履行利息等全部欠款。（2）自本担保书签订之日起，保证人自愿接受朝阳区人民法院对保证人任何财产进行查封、评估、拍卖等强制措施，所得款项用来偿还被执行人应当履行的义务。由于 Y 公司、资产管理公司均未清偿上述全部债务，故建筑工程公司向朝阳区人民法院申请追加资产管理公司为 15423 号执行案件的被执行人，2017 年 3 月 2 日，朝阳区人民法院作出 15423 号执行裁定书，裁定朝阳区人民法院 15423 号执行案件中，追加资产管理公司为被执行人，与被执行人 Y 公司向申请执行人建筑工程公司共同承担清偿责任。2017 年，建筑工程公司作为申请人向朝阳区人民法院申请追加资产管理公司股东贺某为 15423 号执行案件的被执行人，2017 年 11 月 17 日，朝阳区人民法院作出（2017）京 0105 执异 305 号执行裁定书，裁定驳回建筑工程公司的追加请求。2018 年 1 月 17 日，建筑工程公司提起本案诉讼。

资产管理公司的工商登记档案显示，资产管理公司于2013年6月7日依法登记成立，公司类型为有限责任公司，注册资本为3000万元，公司成立时的股东为齐某、高某，其中齐某以货币形式认缴出资1530万元，设立时以货币形式实缴出资510万元，高某以货币形式认缴出资1470万元，设立时以货币形式实缴出资490万元，未实际出资约定认缴期限为2015年4月1日。2016年5月11日，齐某将其对资产管理公司1530万元出资额全部转让给贺某，高某将其对资产管理公司570万元出资额转让给贺某，高某将其对资产管理公司150万元的出资额转让给樊某，在2016年6月10日的公司章程中，股东及出资额变更为贺某以货币形式出资2100万元，高某以货币形式出资750万元，樊某以货币形式出资150万元，出资时间均为2016年5月25日。2017年4月26日，贺某将其对资产管理公司2100万元的出资全部转让给常某，资产管理公司亦修改公司章程，将出资期限变更为2042年12月31日。

【案件焦点】

追加未足额履行出资义务即转让股权的股东为被执行人的责任如何认定。

【法院裁判要旨】

北京市朝阳区人民法院经审理认为：资产管理公司作为15423号执行案件的被执行人，未清偿对建筑工程公司的债务。贺某未提交任何证据证明其已经履行出资义务，属于未依法履行出资义务的情形，现贺某已经将全部出资转让给常某，但其在出资期限届满之后未依法履行出资义务即转让股权，仍然应当承担相应责任，故建筑工程公司申请追加贺某为15423号执行案件的被执行人，存在事实和法律依据，法院应予支持。贺某未依法履行出资义务即转让股权，应当在其未出资本息范围内对Y公司、资产管理公司对建筑工程公司的债务不能清偿的部分承担补充赔偿责任，故建筑工程公司主张某某在对资产管理公司未出资的2100万元范围内对Y公司、资产管理公司对建筑工程公司的债务不能清偿的部分承担补充赔偿责任。

北京市朝阳区人民法院依照《中华人民共和国民事诉讼法》第六十四条第一款、第一百四十四条，《最高人民法院关于适用〈中华人民共和国公司法〉若干问题的规定（三）》第十三条第二款，《最高人民法院关于民事执行中变更、追加当事人若干问题的规定》第十九条的规定，作出如下判决：

一、追加贺某为（2015）朝执字第15423号执行案件的被执行人；

二、贺某在对资产管理公司未出资的1590万元范围内对Y公司、资产管理公司对建筑工程公司的债务不能清偿的部分承担补充赔偿责任；

三、驳回建筑工程公司的其他诉讼请求。

贺某、资产管理公司对一审判决不服，提起上诉。

北京市第三中级人民法院经审理认为：首先，根据相关证据，难以认定资产管理公司财产足以清偿案涉生效法律文书确定的债务。其次，贺某受让的齐某和高某的股权均未完全实缴出资，贺某亦未能提交证据证明其受让上述股权后履行相应的出资义务，其在公司章程约定的出资期限届满之后将全部出资转让给常某，属于未依法履行出资义务即转让股权的情形，故建筑工程公司申请追加贺某为15423号执行案件的被执行人的理由成立。最后，贺某应当在其未出资范围内承担补充赔偿责任。关于贺某受让的齐某股权对应的出资份额，因各方当事人对齐某实缴出资510万元均无异议，故此部分实缴数额不属于贺某未依法出资的范围。关于高某向贺某转让的股权对应的出资份额，因贺某未提供证据证明贺某受让的高某的股权中对应的属于高某实缴出资的部分，且贺某未提交证据证明其在受让股权后履行过任何出资义务，故本院依法确认贺某未缴纳的出资数额为其受让的齐某和高某股权总额对应的出资2100万元减去齐某已经实缴的510万元，共计1590万元。贺某应当在其对资产管理公司未出资的1590万元范围内对Y公司、资产管理公司对建筑工程公司的债务不能清偿的部分承担补充赔偿责任。

北京市第三中级人民法院依照《中华人民共和国民事诉讼法》第一百七十条第一款第一项的规定，作出如下判决：

驳回上诉，维持原判。

【法官后语】

本案例为基于变更或追加被执行人提出的执行异议之诉中被执行人的责任承担问题，主要问题有二：一是追加作为被执行人的公司股东为被执行人的认定标准；二是股东作为被执行人应当承担的责任范围如何界定。

追加公司股东为被执行人的条件：一是作为被执行人的公司财产不足以清偿生效法律文书确定的债务；二是股东未依法履行出资义务即转让股权。根据《中华人民共和国民事诉讼法》和司法解释的相关规定，执行异议之诉中，申请人主张变更或追加被申请人为被执行人的，应对被申请人存在未缴纳或未足额缴纳出资、抽逃出资、未依法出资即转让股权、资产混同、未经清算即办理注销登记等行为承担举证责任。被申请人否认申请人主张的，应对不应变更或追加其为被执行人等主张承担举证责任。

关于股东是否履行出资义务应当结合出资期限和股权转让的时间节点判断。章程约定的出资期限未到期时，股东是否应当承担相应的责任，应区分债务形成于章程修正案备案之前还是之后。章程修正案备案之前产生的债务，债权人仍有权要求股东在未出资范围内承担责任。章程规定的缴纳出资的期限已过，股东通过召开股东会、修改公司章程延长实缴出资期限的，并不能免除股东对公司债权人所承担的民事责任。本案中，贺某未能在受让股权后履行相应的出资义务，且贺某将其全部出资转让给常某的行为发生在修改后的公司章程约定的出资期限到期后，该行为属于未依法履行出资义务即转让股权的情形。值得注意的是，未履行或未全面履行出资义务的股东所承担的补充赔偿责任，仅限于其按照公司章程应当出资的本金及其利息的范围，而这一限制包括该股东对外所承担的全部责任，但其所承担的责任已达到限额时，任何人均不能再向该股东主张权利。

另需说明的是，《最高人民法院关于执行担保若干问题的规定》第十一条第一款规定："暂缓执行期限届满后被执行人仍不履行义务，或者暂缓执行期间担保人有转移、隐藏、变卖、毁损担保财产等行为的，人民法院可以依申请执行人的申请恢复执行，并直接裁定执行担保财产或者保证人的财产，不得将担保人变更、追加为被执行人。"本案中，资产管理公司作为执行担保人在执行程序中被追加为被执行人为上述规定施行之前，且各方当事人对于追加资产管理公司为被执行人并无异议，故法院判决追加保证人股东为被执行人。实践中，当需要“刺破公司面纱”时，应当严格遵循“法人人格否定”法定原则，与股东有限责任制度相结合认定股东责任。

编写人：北京市第三中级人民法院　曹炜　田晔

ISBN 978-7-5216-2972-9

9 787521 629729 >

图书在版编目（CIP）数据

执行纠纷裁判规则理解与适用 / 国家法官学院，最高人民法院司法案例研究院编．—北京：中国法制出版社，2023.3

（中国法院年度案例集成丛书）

ISBN 978-7-5216-2972-9

Ⅰ.①执… Ⅱ.①国…②最… Ⅲ.①民事纠纷-审判-案例-中国 Ⅳ.①D923.15

中国版本图书馆 CIP 数据核字（2022）第 193736 号

策划编辑：李小草　韩璐玮（hanluwei666@163.com）
责任编辑：孙静　　封面设计：李宁

执行纠纷裁判规则理解与适用

ZHIXING JIUFEN CAIPAN GUIZE LIJIE YU SHIYONG

编者/国家法官学院　最高人民法院司法案例研究院
经销/新华书店
印刷/三河市紫恒印装有限公司
开本/880 毫米×1230 毫米　32 开　　印张/32.5　字数/754 千
版次/2023 年 3 月第 1 版　　2023 年 3 月第 1 次印刷

中国法制出版社出版
书号 ISBN 978-7-5216-2972-9　　定价：150.00 元

北京市西城区西便门西里甲 16 号西便门办公区
邮政编码：100053　　传真：010-63141600
网址：http://www.zgfzs.com　　**编辑部电话：010-63141787**
市场营销部电话：010-63141612　　**印务部电话：010-63141606**

（如有印装质量问题，请与本社印务部联系。）

中国法院2012~2023年度案例系列

国家法官学院　最高人民法院司法案例研究院　编

简便易用、专业实用——打造“好读有用”的案例

1. 专业的作者：国家法官学院自2012年起推出“中国法院年度案例丛书”，至今已有12年，旨在探索编辑案例的新方法、新模式，以弥补当前各种案例书的不足。自2020年起，丛书由国家法官学院与最高人民法院司法案例研究院共同编辑，每年年初定期出版。

2. 强大的规模：2012、2013年各推出15本，2014年推出18本，2015年推出19本，2016年推出20本，2017年推出21本，自2018年起推出23本，含传统和新近的热点纠纷，这些案例是从全国各地法院收集到的上一年度审结的近万件典型案例中挑选出来的，具有广泛的选编基础和较强的代表性。

3. 独特的内容：不再有繁杂的案情，高度提炼案情和裁判要旨，突出争议焦点问题。不再有冗长的分析，主审法官撰写“法官后语”，展现裁判思路方法。

4. 数据库增值服务：2023年继续推出数据库增值服务，凡购买本书，扫描前勒口二维码，即可免费使用往年同类案例数据库。

《中国法院2023年度案例系列（全23册）》

1. 婚姻家庭与继承纠纷
2. 物权纠纷
3. 土地纠纷（含环境资源纠纷）
4. 房屋买卖合同纠纷
5. 合同纠纷
6. 买卖合同纠纷
7. 借款担保纠纷
8. 民间借贷纠纷
9. 侵权赔偿纠纷
10. 道路交通纠纷
11. 雇员受害赔偿纠纷（含帮工损害赔偿纠纷）
12. 人格权纠纷
13. 劳动纠纷（含社会保险纠纷）
14. 公司纠纷
15. 保险纠纷
16. 金融纠纷
17. 知识产权纠纷
18. 行政纠纷
19. 刑事案例一
20. 刑事案例二
21. 刑事案例三
22. 刑事案例四
23. 执行案例